越南

世界史的失語者

The Penguin History
of
Modern Vietnam

Christopher Goscha
克里斯多佛・高夏

譚天——譯

推薦序一

一把了解越南歷史最好的鑰匙

中央研究院歷史語言研究所博士後研究員
「故事：寫給所有人的歷史」網站主編　胡川安

從考古現場說起

一九八三年六月在廣州發現了一座大墓，以石塊砌成，墓室中飾有彩繪的壁畫，墓主人身著玉衣，出土的貴重物品高達一千多件，還有一塊金印，上面寫著「文帝行璽」，是中國考古首次發現的「皇帝」印璽。此一大墓讓考古學家大為驚訝！漢代只有帝王和貴族才能身著玉衣入葬，而且皇帝墓為何會座落在廣州？經過抽絲剝繭，並且以多重證據相互比對，終於揭開了墓主人的身分，原來是第一代南越王趙佗的孫子，史書上稱文王。除此之外，南越王墓發現尚且發現來自非洲的象牙，也有來自印度洋的香料，說明彼此間的海上交流。

南越王墓驚人的考古發現說明了一項重要的歷史事實，東亞世界的中國，從秦帝國建立以來，乃至隨後的漢帝國，讓日本、韓國和越南都受到巨大的影響。中華帝國統治越南北部將近千年的時間，越南一直是中國最南方的省分，其中只有一小段時間獨立，越南人從中華文化中學到了儒家的統治方式、大乘佛教、漢字、建築、飲食文化和生活習俗，甚至連死後的埋葬方式也學習，還帶著「皇帝」的稱號進入墓室。

類似的狀況也發生在歐亞大陸的另一端，羅馬帝國影響高盧、日耳曼、伊比利半島和地中海世界，羅馬與中國都是世界帝國，且都讓周邊的族群受其文化影響，西方的羅馬帝國崩潰後，羅馬只存在於歷史和文化中，不同的族群，像是日耳曼人或是法蘭克人都可以宣稱是羅馬的繼承者，但東漢帝國在二世紀崩潰之後，後來又重整，繼承以往帝國的秩序，周邊的族群像越南雖然採用中國的文化，但無法宣稱自己是中華文明的繼承者，只能附隨於大國之旁。

越南對我們而言既熟悉且陌生，學中國歷史的人視其為偏遠的南疆，在近代殖民過程中，越南又被西方勢力所征服和殖民。由於越戰的關係，對於美國媒體而言，它也是冷戰中的一章。不管是中國、法國或是美國的主流歷史敘事，「越南」都不是主體。如果我們如果繼續追問下去，「越南」可以成為一個歷史研究的主體嗎？或者越南永遠只是一個附隨、沒有聲音的邊緣呢？

理解越南的方法

魁北克大學蒙特婁分校的歷史系教授高夏的新作《越南》，是一本有觀點且系統性的作品，對於區域史研究而言，開啟了一道新的大門，多元的史觀讓「越南」成為一個複雜且有個性的歷史主角。

去年美國歷史學會公布各項獲獎名單，高夏的《越南》獲得費正清獎，對於亞洲歷史研究而言，是相當重要的指標。高夏所任教的魁北克大學蒙特婁分校雖然位於北美，卻是一間法語學校。

相較於大多越南史學者出身冷戰史背景，高夏的學術背景顯得有點「特殊」，於喬治城大學取得國際關係學士，又分別在澳洲和法國求學，後於巴黎索邦大學獲得博士。求學的多元背景，讓他能以更全面性的角度思考越南。魁北克在加拿大是相當特殊的區域，除了有豐富而特殊的人文背景，越戰期間接受相當多的難民，此地的多元環境也成為新學術產生的沃土。

以往西方的主流歷史敘事中，可以分為兩個部分，一個是美國的冷戰史架構，在美國媒體和主流文化中，越南總是和二十世紀六〇年代越戰的歷史連繫在一起，美軍在越南戰場上損失慘重，輸了面子也沒了裡子，冷戰史架構中的越南集中在國際關係和圍堵共產主義的過程，越南史本身不是其中的主角。另外一個架構則是以法國為主的論述，西方帝國侵略性的擴張政策在十九世紀進入東亞和東南亞，英國占得機先，優先殖民新加坡、緬甸和馬來亞等地。約莫同時間，美國跨越太平洋，將目標放在菲律賓和日本，越南則成為法國人的目標。越南和中南半島成為法國的「印度支那」，在法國學界的論述中，理解越南近代史最重要的方法就是征服前後的改變，法國人帶來西方的技術文明，並且引進歐洲的價值觀，促成越南人的「文明化」。

相較於西方的殖民者史觀，越南史也發展出「本土論述」，將越南視為是殖民主義的「被害者」，強調殖民過程中的抵抗和認同。藉由凸顯越南的反抗，鼓動民族主義的情緒，強化越南和「列強」間的對抗與差異性。

過去的史觀中，將西方勢力視為越南史最重要的改變動力，然而，《越南》指出，西方人進來之前，越南就因為地理位置的關係，受到中國覬覦，處於印度洋與太平洋中間的絕佳位置，從南越王墓所發現印度洋的奇珍異物就可以看到密切的往來，或是到十五世紀時，明政府想要拓展與印度洋的關係，越南又成為中華帝國進出印度洋的前哨站。中華帝國在越南的影響巨大，導入相當多的制度，早在十一世紀初，越南引進中國的科舉制度，直到二十世紀才廢除，法國的殖民政策得以成功，多少植基於中華帝國在當地的影響。

作為殖民者的越南

越南的歷史從來不是獨自的發展，整部越南史就是受到外在影響的歷史，從北方來的中國、西方來的法國和冷戰時期的美國，都是關鍵性的影響者。對於當代越南人而言，主體就是建立在不同大國的侵略和殖民，並且站起來的認同過程中。

面對大國的侵略，越南人不是消極的被害者，只會逆來順受，他們學到中國的統治技術，開始對周邊的族群發動戰爭、征服和殖民。一開始在紅河河谷，靠近現在的河內，經過幾個世紀的往南擴張，目前湄公河三角洲附近的領土是從鄰近的族群所占領而來。越南從來不只有一個越南，有好多不同的越南，聽起來很奇怪的一句話，卻是高夏書中重要的觀點。現在地圖上的越南不是自古如此，大部分的領土也不是「神聖不可分割」的一部分，而是在歷史過程中慢慢地形成。

其實越南的例子在近代的世界史上並不特別，高夏曾在訪問時以美國歷史加以說明，本來歐洲殖民者在北美大陸的殖民地只有十三州，他們繼續往西到加州，殖民美國中西部，成為現在的美國；越南則是往中部和南部征服，並且殖民當地的原住民，越南的發展史就像世界其他國家的殖民過程。有趣的是，如同美國一樣，越南本身的殖民擴張也造成南北的內戰，只是南北越南的內戰比美國早了四個世紀。

《越南》豐富了「殖民主義」的向度，以往殖民史研究中，認為被殖民的人群為消極的受難者，殖民者的文化和意識形態強加於被殖民者之上。的確，殖民者的行政機構和政策都相當地嚴厲，但並不代表被殖民者在這個過程中是消極的，從被殖民者的角度觀察，就是嘗試在殖民的情境中觀察到他們所做的努力。高夏提供多樣化的角度分析越南史，其中有知識分子的地方／國族認同和反殖民活動，同時也考察地方政權的建立和地方史的編纂，說明越南人面對中華帝國、法國和美國殖民政權時，不是被動地接受殖民者的文化，而是改造它們以為己用，同時創造出新的文化。即使到今日，越南共產黨也遭遇到類似的情形，他們學習中國共產黨的發展模式，在改革開放和專制統治間找到一條路，但當中國前進南海，與越南的國家發展衝突時，他們同時仰賴中國的模式，但也必須抵抗以尋求自己的未來。

《越南》透過通史的方式，系統性地分析越南歷史的複雜性，尋求一套新的歷史敘事。通史性的作品最需要觀點，是高度整合且分析性的作品，也是學術發展成熟且具備影響力的作品。歐美學界或是日本學界長期經營越南史，具有豐富的觀點；鄰近越南的台灣，何時才會有一本台灣觀點的越南史呢？

推薦序二

歷史的壟斷，記憶的鬥爭：美國越戰史學與高夏《越南現代史》

自由撰稿人、「說書」（Speaking of Books）編輯委員　江懷哲

「所有戰爭都會打兩次，第一次是在戰場上，第二次是在記憶裡。」

——阮越清《不朽：越南和戰爭的記憶》

一九九九年二月，美國加州橘郡一名越裔電器用品店老闆，在下車後遭數名高喊「共產黨下台」、「滾回越南」的越裔移民擊倒。事件的起因，是這位陳姓老闆聲稱根據美國憲法第一修正案，他有權拒絕將店內懸掛的胡志明像與越南社會主義共和國國旗撤下。然而當地越裔社群顯然不這麼認為。在數次龐大的反共遊行、暴力攻擊與死亡威脅後，陳姓老闆最終被迫關店離去。此事件並非單獨案例：代表共產主義敵人的金星紅旗，至今仍被美國越裔移民社群極力抵制，就如同在越南本土，黃底三線的越南共和國國旗還是禁忌一般——那場屍橫遍野的越南內戰，仍在記憶層次裡廝殺著。

但在美國主流越戰敘事裡，這些越南人間的痛苦爭辯並不是主角。焦點總是在遠赴異地的美

國大兵身上，呈現他們的英勇舉動、袍澤情誼與殘暴罪行，越南人則僅能在美國越戰文藝、影視作品裡扮演猙獰越共士兵、廉價性工作者、溫柔女性愛人或無語群眾。越戰世代的歷史研究亦有這特徵；當時美國的越南史著作即被後人切分成「傳統」（Orthodox）與「修正」（Revisionist）兩陣營。前者由反戰的左翼／自由派學者組成，強調越南民主共和國先是國族主義者，其次才是共產主義者。傳統陣營認為吳廷琰總統與保大皇帝僅是美國扶植的傀儡，但同情共產黨的國族與反殖民立場，並大力批判美國犯下的戰爭暴行——對他們來說，美國從不可能在這場戰爭得勝，因為越南人民可是抵抗外侮千年、不屈不撓的堅實民族。傳統陣營內另有重要的東方主義（Orientalist）分支，最著名的代表即是費茲傑羅（Frances Fitzgerald）一九七二年的得獎名作《湖中之火：越戰中的越南人與美國人》。費茲傑羅對越南採取文化本質論的詮釋，和今日一些外媒說「中國儒家文化和自由民主價值無法相合」是類似路數。儘管獲主流輿論擁護的傳統陣營位居學界多數，仍有不少持相對立場的右翼學者著書反對——這群學者即為所謂修正陣營。他們強調胡志明與越南民主共和國是死忠共產主義者，並認為南方的共黨游擊隊是由越南民主共和國操縱。修正陣營同時認為美國越戰失利是被錯誤戰略、國內媒體反戰輿論拖垮，並強調美國當初畏懼骨牌理論（Domino Theory）並非全無根據。

這種激烈對撞的學術戰爭，正是越戰期間美國社會輿論的縮影，然而「越南」本身雖為傳統與修正兩陣營對抗的場域，卻長期未獲得適切關懷；傳統陣營掌門人、已故紐約大學教授瑪麗蓮・楊（Marilyn B. Young）即為中國史／美國外交史專業出身，本身並不諳越南語，而修正陣營著名學者、麻薩諸塞大學榮譽教授萊衛（Guenter Lewy）亦是。當時參與越戰主題辯論的學者大多數不諳越南語、不熟悉越南文史料，最終形成「絕大多數死傷者為越南人」的戰爭，主要學術討論卻集中在美國人身上的詭異窘況。然這類越戰世代的辯論還尚未完全消失，二〇〇六年的泰勒－布贊柯辯論（Taylor-Buzzanco Debate）即是一例。康乃爾大學的資深越南研究學者泰勒（Keith Taylor）該年發表一篇梳理自身對越戰觀點轉變的文章，裡面並談到一則他於一九九〇年代親身經歷的小插曲。在當年一場研討會中，泰勒有問題想請教一位曾在南越政府服公職的越裔移民，然這位先生卻要求先確認泰勒的立場：「你覺得我們打這場戰爭有高貴的理由嗎？」泰勒給出他內心深處的答案：「對，我認為是如此。」這位先生疑慮頓消，和他解釋說他遇過的多數美國學者都不尊重他，因為他們認為他在戰爭時選錯陣營。泰勒在文章中憐憫地說，這位先生唯一的罪就是「期望民主」與「相信美國」。該篇評論刊出後，休士頓大學歷史系的左翼學者布贊柯（Robert Buzzanco）表示無法苟同這種論述，選擇公開撰文批評這企圖美化越戰的論述，嚴正重申「越戰是場道德與政治災難」。這場揉合學術與人身攻擊的論辯，當年獲得美國外交史與越南史研究社群高度關注。

然就如同新秀越戰史學者米勒（Edward Millar）評論這場論辯時所言，泰勒與布贊柯的衝突確實該被看作是舊世代的復古新產物，僅是越南史／美國外交史兩學術社群長年不合的又一新表徵，而兩位學者自冷戰視角看待越戰，皆忽略越戰做為不同現代化（modernization）路徑競爭的延伸框架。近二十年的新世代越戰史學者積極將越南史與越戰史置於區域／全球框架重新探討，明瞭同時涉略越南史／美國外交史兩領域的重要性，並積極運用越南文、法文、中文等多語史料，不再如部分越戰世代學者被局限於英語材料裡；這類新世代的越戰史學者被外界統稱為「越南中心」（Vietnam-Centric）陣營。而若要說越南中心陣營的越南史／越戰史研究目前有何集大成的作品，那就是讀者們手裡這本《越南》。魁北克大學蒙特婁分校歷史系的高夏教授於二〇一六年出版的《越南》，嘗試跳脫越戰世代史學窠臼，同時企圖抗衡越南共產黨對歷史詮釋的壟斷，確實不容易；其價值不能單自文本解讀，還須知悉上述美國越戰史學發展脈絡，才能一窺本書的重要現實意涵。

「聲稱」要還越南人話語權，總比實踐來得簡單。在高夏這本《越南》前有兩例著名嘗試，但都各有缺陷：阮越清二〇一六年的《不朽：越南與戰爭的記憶》及布萊德利（Mark Bradley）二〇〇九年的《戰爭裡的越南》。當紅的南加大越裔教授阮越清因越戰／移民主題小說《同情者》而聞名全美，然其《不朽：越南與戰爭的記憶》一書受限於作者本身的越語能力及專業領域，較像美國亞裔研究／文化研究的作品，對越戰本身的歷史議題反而欠缺該有的深度探討。而儘管芝加哥大學歷史系著名的布萊德利教授在《戰爭裡的越南》一書表示欲開發越南中心歷史詮釋的意圖，然而這本過度仰賴二手英文材料、過度傾向傳統陣營史觀詮釋的專書，最終顯然沒有達標。加州大學柏克萊分校歷史系的齊諾曼（Peter Zinoman）教授即於書評裡寫道，該書將胡志明貼標籤為「視國族主義為優先的共產黨員」、責怪中國對越南民主共和國錯誤政策的責任、緩頰越南民主共和國的殘酷土改、忽略越南共和國的能動性與主體性，明顯和近來史學研究成果相悖。阮越清與布萊德利的失敗嘗試，明顯地凸顯高夏《越南》的難能可貴，並展現高夏長年鑽研相關主題的深厚功力。

高夏曾於公開演講表示《越南》有三項目標：要「去動員化」（De-mobilize）、「去例外化」（De-exceptionalize）與「去簡單化」（De-simplify）越南史。去動員化是希望將越南史學抽離越戰世代的政治對抗；去例外化則是將越南領土擴張、分斷與統合的歷程置入比較視野；而去簡單化則是希望對抗越南共產黨的歷史詮釋，呈現當前越南官方國族主義與「自古以來即有S形越南國土」的虛妄。這三項目標除對越南史研究有貢獻，亦對抗衡傳統陣營論述在全球大眾文化裡不斷複製有積極意義。這些刻板敘事不但壓制海外越裔社群培養話語權、抵抗主流歷史汙名化越南共和國的努力，還成為威權越南政府穩固統治的助力——儘管方法論與敘事軸線惹爭議，美國記者特絲（Nick

Turse）二〇一三年出版的《殺掉任何會動的東西：美國在越戰時不為人知的殘暴》一書除了是該年《紐約時報》暢銷書外，其越文「修訂」版並被越南政府與親政府輿論運用來打擊冀望政治改革的越南民主派。

高夏的《越南》為三次印度支那戰爭鋪排詳細脈絡，並持平討論不同政權的歷史角色，成功跳脫傳統／修正兩陣營的學術遺緒，讓我們看見越南中心的越戰史學帶來的全新可能。而在越戰史學外，《越南》成功呈現各族群複雜互動、現代性影響，兼具區域與全球視野，確實無愧其二〇一七年獲得的美國歷史學會重量級獎項「費正清獎」。在解構越南共產黨官方歷史敘事，還原越南共和國能動性、正當性外，高夏於書裡進一步拆解越族（京族）中心的歷史敘事：越南除了曾是中國、法國與美國軍事入侵的受害者外，其本身也殖民、屠戮過其他族群／領土，並沒那麼「無辜」，而非越族對構築現代越南亦有相當影響。另外，高夏對法國殖民時期的詳細描摹，亦是本書一大特點。若台灣讀者想培養在外配故鄉、新興市場、觀光勝地與中國儒家文化圈外的越南認識，高夏的《越南》絕對是本值得再三閱讀的優秀入門書。

推薦序三
如何閱讀越南史

國立政治大學歷史系名譽教授
淡江大學外交與國際關係學系榮譽教授 陳鴻瑜

當代人每提起越南，就會直覺地想到那個長期跟美國打仗的東南亞國家。長達十多年的戰爭，每天打開報紙和電視新聞都會看到越戰的報導，然而時間過久，已讓人忘記了它們為何開戰。在冷戰時期，越南這個共黨國家和民主的美國打仗，自是脫不了意識形態衝突，很少人會去探究越南何以長期陷於戰爭泥淖中。

高夏以其歷史學者的專業學識，對現代越南的歷史進行了有系統的分析。他的寫作方式跟一般通史的寫法不同，他很少在本文中引經據典做為旁證，而是以說故事的方法將歷史現象呈現，然後將該項歷史事件做周圍相關例證的敘述，讓讀者得以知悉相關的歷史關聯性。

面對此一龐大篇幅的歷史書，如何閱讀？茲分章導讀如下。

第一章是從越南的古早歷史寫到十八世紀。此章有一特別論點值得提出來討論，書中提到近代越南出現南北越戰爭，以致很多人會以為越南出現兩個政權是近代的事。高夏說其實不然，打開越南史，可發現長期以來越南境內一再出現兩到三個政權相互征戰，而真正出現大一統的時間僅在黎利王朝初期以及阮福映王朝初期六十多年，其他時候，越南都有多個政權並立。該一觀點是正確的，畢竟越南形成今天的S狀，乃是經過長期征服異民族所形成，中部的占城、南部的賓童龍和柬埔寨領土，都一一被越族征服，然後越南內部再出現爭奪統治權的不同政權。

關於法國為何入侵越南，作者舉出如下原因：第一，傳播天主教，不過作者說此一理由最微不足道。第二，拿破崙三世想打造一個跟英國一較長短的帝國，因受到西方列強在十九世紀中葉掀起的亞洲殖民熱影響，欲在海外建立殖民地以取得原料和市場。第三，越南嗣德帝在一八五七年處決兩名西班牙傳教士，此前也處決和關押法國傳教士，從而引發兩國翌年進攻峴港。不過，這三個原因一樣可套用到其他國家，作為入侵的解釋，而無法較精準地說明為何法國要去入侵越南。筆者認為，天主教徒受迫害是法國入侵越南的主因。

本來法國並無意侵犯越南，法國曾在一八二六年遣使到越南要求通商及傳教自由，遭越南拒絕。一八二九年，法國領事被迫驅逐返國。越南國王明命並在一八三二年五月公布禁教令，下令拘捕越南境內的外國傳教士，將之送至順化，命其將西方書籍譯成越南文，目的不是在譯書，而是為了不讓他們到各地傳教。他要求傳教士放棄神職工作，教士不從，教堂和傳教所就遭到破壞，教士受到凌虐。但教風仍熾，由是引發衝突。另外，明命王亦禁止法國商人在越南貿易。一八三三年，交趾支那的加格林神父遭逮捕，並被殺頭。一八三五年，馬昌德神父被判處一百下的鞭刑。一八三六年，除了土倫港（今峴港）外，禁止歐洲人進出越南的港口。對違反規定的外國傳教士立即解送到順化，予以監禁處分。一八三七年，柯內神父被判砍斷手足。一八三八年，明命王遣使到法國，商討法國傳教事宜。法王路易菲律普拒絕接見該越南使節，越南使節被迫返國。明命王採取迫害天主教的政策，處死眾傳教士，包括傑出神職人員波瑞、狄爾加度主教。一八四〇年，狄拉莫特神父死於監獄。一八四一年，明命王去世後，由紹治繼位，壓迫天主教的形勢才稍緩。

由於越南仇視天主教及將所有傳教士監禁在順化，引起法國不滿，遂決定派遣軍艦救出這些傳教士。一八四三年，法艦「女英雌號」開入沱瀼（即土倫，今峴港），要求釋放五名傳教士。一八四五年，法艦「阿爾米尼號」開進沱瀼，救出一名被判處死刑的法國主教。一八四七年，由拉皮埃爾（De Lapierre）率領兩艘法艦又至沱瀼，法艦砲轟港口，摧毀許多越南船隻，要求越南放棄禁教令並允許人民有信教自由。一八四八年，嗣德帝（一八四七至一八八三年）下令懸賞法國傳教士人頭。

一八五一年，嗣德帝又指控天主教徒陰謀推翻其位，下令將歐洲傳教士投入海中或河中，越南傳教士則砍為兩半。該年將史崔福勒神父斬首，翌年將波恩那德神父斬首。一八五五年，下令所有信仰天主教的官員宣誓在一個月內放棄信仰，其他人則須在半年內放棄信仰；同時發布懸賞：每逮捕一名歐洲傳教士給賞四百八十銀元，每逮捕一名越南傳教士給賞一百六十銀元。英國商船同年進入沱瀼、平定要求通商，亦被拒絕。一八五六年七月二十日，特魯神父被斬首，越南又開始屠殺傳教士。該年法艦再度砲轟沱瀼港。一八五七年，西班牙主教狄亞茲被處死。該年法使蒙蒂尼赴順化要求嗣德帝保證天主教徒的傳教自由，允許法國在順化設立法國商務代辦處和法國領事館，均遭拒絕。一八五八年一月，天主教徒占領一處村莊，並放火燒村，全村村民遭屠殺。此後法國便展開對越南的侵略。

從以上越南採取的排教措施可知，越南對於法國等西方國家的天主教採取過激手段，引發法國不滿，進而採取武力行動，最後占領越南。

其次，當時法國控制在印度科羅曼德爾海岸的本地治里，從該處到中國路途遙遠，中間需要一個靠港的加油站；在該航路上，新加坡已被英國占領，越南的沿岸港口因此成為法國覬覦的對象。

法國原先想占領的是峴港，但試過幾次後發現該港越軍守衛甚嚴，占領不易，遂轉向南部越軍兵力及守衛較弱的西貢。一八五九年，法軍輕取西貢，沒有遭到重大抵抗。越軍隨後出動一萬兵力包圍西貢，當地法軍僅八百人，因有一八六〇年英法聯軍後從中國退出的三千五百名法軍轉到西貢，才擊潰越軍。西貢遂成為法國前進中國的跳板。

作者在第四章主要討論抵禦法國殖民統治的抗法派，以及接受法國統治之改革派的想法和做法。抗法者有潘佩珠，潘佩珠後遭法國逮捕，軟禁在其住家。另一位潘周楨則主張與法國合作推行共和、民主，結果因涉嫌謀畫對法軍下毒，而被關進昆崙島，一九一一年被流放到法國。作者對於這些越南知識分子的描述相當生動。在後續章節中，可以看到作者不時回顧提及潘周楨的觀點和故事，似乎對他情有獨鍾。

第五章討論法國殖民越南無法推行共和體制的問題。法國跟歐洲其他殖民國家一樣，對殖民地的觀念、政策沿襲以前對非洲大陸土著的做法，將之當成奴隸，剝削勞動力及經濟資源，缺乏教化提升土著之政策。一九四三年開羅會議上，美國總統羅斯福曾批評法國統治越南，使越南仍停留在野蠻狀態，比不上美國對於菲律賓之殖民統治，給予菲人民主素養。因此羅斯福反對法國在戰後重返印度支那，主張交由國際託管。相較而言，歐洲國家殖民東南亞之中，以法國對越南的統治最為差勁，法國只知道如何從越南榨取資源，卻未給予越南人現代學校教育和提升民主素養。法國在越南僅設立一所印度支那大學，但開辦第二年就因為學潮而關閉十年。在全越南僅設有三所中學，北中南各一所。法國只有在交趾支那設立議會，但參加的越南人很少，議會也僅是諮詢功能，未有充分的立法權。

本章對於胡志明從事的左派革命運動，有相當多的篇幅介紹，比較可惜的是，對於右派的越南國民黨則僅稍微提及阮海臣、阮祥三等人，對於他們的運動則鮮少介紹。尤其是在二戰後不久，一九四六年三月越南民主共和國實施聯合政府，這些右派政黨都有參加，越南革命同盟會的阮海臣為國家副主席，張廷芝為社會部長，普律春為農業部長；越南國民黨的阮祥三為外長，周伯鳳為經濟部長；武鴻卿為軍事委員會副主席。在中國軍隊交防給法軍陸續撤退之際，「越盟」軍隊乘機攻擊越南革命同盟會及越南國民黨的部隊，革命同盟會的部隊向廣西撤退，有一部分竄入廣西憑祥而經中國邊防當局解除武裝。至五月時，越南國民黨已與「越盟」關係惡化，其領導人相繼撤出河內，避至中、越邊境，並尋求中國的軍事援助。但中國政府對於越南國民黨與「越盟」決裂，並未給予支持，反而勸其與「越盟」合作，參加政府，團結以達獨立之目標。至於與胡志明不和的右派分子，在十一月舉行國民議會第二次會議時，參加聯合政府的阮海臣、阮祥三、武鴻卿等人因與越南共黨無法相處而拒絕出席，離開越南，轉赴中國。聯合政府正式宣告瓦解。

高夏對於越南在該一階段實施的聯合政府給予高度的評價，他說靠著中國軍隊的保護傘，越南政府組成聯合政府，右派和左派都能共存，反共產黨的報紙和諷刺胡志明的漫畫等都能刊登，這可能是越南史上最具有新聞自由的年代。的確，往後的越南，充滿戰爭，及北越落入共黨統治，已失去對自由民主的辨識能力。不過，儘管如此，南越共和國時期，雖然政治混亂、充滿宗教鬥爭之氛圍，卻有著新聞自由，從一九五五到一九七五年，南越政府企圖恢復儒家社會和文化，以及接受西化的同時，在崎嶇路上顛簸前進，最後卻遭到北越摧毀。

高夏提到二戰結束後，中華民國軍隊在北緯十六度以北接受日軍投降一事，反而有助於胡志明的越南民主共和國的生存，因為蔣介石承認該一政府的存在，決定不推翻胡志明的政府，胡志明才可以直到一九四六年十二月以前充實國力、動員人民，免受法國立即的干預和摧毀。這也是持平之論，在那短暫的聯合政府時期，受到中國蔣介石支持的右派，在聯合政府中享有一席之地，無奈當中國軍隊撤出越北後，越南右派亦同時遭到清洗，而逃至中國避難。

作者在第十二章處理戰爭文化及文學的表現，這是諸多寫越南史的人很少處理的議題。作者對於幾位作家和音樂家的介紹，鋪陳越戰對於當時人們情感的衝擊。作者強調印刷、媒體、網路等的出現，刺激越南文化的改變。由於共黨強調集體主義，而作者認為在新文化革命下，會出現個人主義，有了個人主義，就有機會出現民主自由。作者在結論中亦是以此做為對越南未來發展的期許。

作者在第十四章討論西元前南島語族到達越南的歷史，該文承襲以前人類學學者貝爾伍德（Peter Bellwood）的說法，認為台灣是南島語族的發源地，從台灣發展到東南亞。又說南島語族約於西元一千年以前在今日越南中部登陸，這些人類學的論點跟歷史學的證據主義差距較大。高夏也討論了越南北部和南部住在高地的少數民族問題，大部分有關越南史的書中甚少處理此一領域，因此也成為這本書的特色。

最後在結論中，高夏探討越南若干共和主義主張之案例，對於未來越南朝向民主化發展有所期許。在現代傳播科技發達之情況下，尤其人民財富日益增長，其追求政治開放將成為一股難以阻擋的潮流。

綜而論之，作者對於現代越南的歷史和文化有相當深入的了解，方能從全面的角度重新解析越南現代史的特徵，此為本書值得讚許之優點。

目次

越南
世界史的失語者

The Penguin History of Modern Vietnam

克里斯多佛・高夏 Christopher Goscha——著
譚天——譯

用詞說明

用字遣詞很重要。這本書在文字處理上面對最大的難題就是「越南」（Vietnam）這兩個字。早自西元前三世紀起，住在今天從華南直到紅河河谷地區的部族已經開始自稱「越」（Viet）人，但在一八〇二年以前，這些人沒有一個稱自己的王國、王朝或國家為「越南」。到一八〇二年，在建了一個勢力從紅河盆地直到湄公河三角洲的統一王國以後，嘉隆帝才起意要為他的新國家定名為「南越」（Nam Viet）或「南方之越」。當時的中國皇帝認為，「南越」這個國號有向中國南部領土擴張勢力之嫌，於是將這兩個字顛倒，成了「越南」。一八〇四年，為換取中國承認他建立的這個由北而南的獨立國，嘉隆帝接受中國設計的這個國號。但中國人在稱呼「越南」時，仍然沿用自唐朝以來一直使用的老稱號「安南」，意即「安定南方的土地」。不過在阮王朝統治下，「越南」這個國號也沒有沿用多久。一八一三年，阮王朝暫時恢復了「大越」（Dai Viet）舊稱。嘉隆帝第四子明命在繼嘉隆登基為王之後，於一八三八年將國號改為「大南」（Dai Nam）。之後歷任阮朝國君都使用「大南」國號，直到一九四五年中期。伍德賽（Alexander Woodside）在談到「越南」這個名詞時指出，「這是一個人造的國號，無論是中國人或越南人都不常使用。」直到一九四五年，陳仲金與胡志明這類民族主義人士以「越南」為國號宣布獨立以後，「越南」一詞才廣為世人使用。❶

這本書列為探討對象的越南層面過廣，也使我們面對的問題更加複雜。問題不僅是我們用「越南」一詞描述一九四五年以前那段事實上幾乎沒有人聽過這個名詞的時代而已，我們討論的究竟是哪一個越南也是問題。自十六世紀以降，就有兩個「越南」並存；一個建都於河內附近，統有紅河三角洲地區，另一個以順化為都，勢力延伸進入湄公河三角洲。一九四五年以後，胡志明的越南民主共和國（Democratic Republic of Vietnam），與保大的越南合眾國（Associated State of Vietnam）以及吳廷琰的越南共和國（Republic of Vietnam）三方角逐，同樣問題再次出現。為求明確起見，我用「紅河越南」或「大越」這兩個詞，專指首先出現在北方，之後以一種或另一種形式呈現、一直持續到十八世紀末葉的越南政體。十七到十八世紀之間，這個地區因內戰而分裂為幾個政體，我以在這段期間相互角逐的三大軍事勢力為名，用鄭氏越南、阮氏越南與西山越南加以區分。這種化繁為簡的做法，既能讓我把事情說清楚，讀者也能一目了然。在法國殖民統治期間，越南不存在，我在探討這段期間的歷史時，除了談到民族主義者自二十世紀起又開始使用「越南」以外，大體上不用這個名詞。在探討一九四五年以後的歷史時，我用「越南」一詞指稱胡志明、保大與吳廷琰這類領導人治下的民族國家。不過，在談到這些國家時，我會分別用越南民主共和國、越南合眾國、越南共和國一一指明。在談到「越南共產黨」時，我不用「越盟」（Viet Minh）、「京越」（les Viets）或「越共」（Viet Cong）。在談到越南共和國時，我們也不使用「西貢政權」這類政治意味濃厚的字眼。這倒不是因為我有意識形態上的偏見。我之所以不願使用這類字眼，是因為一旦使用這類字眼，複雜是複雜，但畢竟醉人的主權國爭強鬥勝的故事會因而模糊。

最後，無論它用的是什麼名字、處於什麼型態或形式，「越南」就種族而言，從來不是一個類同政治體。各式各樣種族群體一直生活在今天的越南這塊土地上，而且據有這塊土地大部分地區，直到民族國家於二十世紀中葉崛起以後，他們才成為所謂「少數族裔」。這些族裔團體在現代越南史上占有重要地位，不能簡略地只用「越南」這個同質化的民族主義名詞，就將他們悉數納入。許多世紀以來，他們不是「越南人」，而且其中許多人直到今天仍然不想當越南人，本書在第十四章有專文探討這些非越人的故事。在兩個族裔團體之間需要有所區分時，我會用「越」這個字而不用「越南」，就像我們會用「漢人」指稱中國最大族裔，以別於西藏人與維吾爾人等中國少數族裔團體一樣。同樣的，我這麼做也不單純只是為了在政治意義上有所匡正而已。用字遣詞很重要，精確而仔細地使用字詞，能幫助我們以一種多樣性、而不以一種單一或同質性的意義，進一步解讀現代越南的複雜。我已竭盡全力，不讓這些與語意有關的顧慮干擾本書行文或讓讀者困惑。在行文過程中，為了做廣義泛指，我有時也使用「越南」或「越南人」，以及使用「中國」或「中國人」這樣的字，因為不這麼做會讓讀者看得一頭霧水。

【簡稱名表】

ARVN	越南共和國軍（Army of the Republic of Vietnam）
ASEAN	東南亞國家協會（Association of South East Asian Nations）
ASV	越南合眾國（Associated State of Vietnam）
BIC	印度支那銀行（Banque de l'Indochine or Bank of Indochina）
CCP	中國共產黨（Chinese Communist Party）
CIA	中央情報局（Central Intelligence Agency）
COSVN	南越南中央局（Central Office of Southern Viet Nam，共產黨在南越南的組織）
DRV	越南民主共和國（Democratic Republic of Vietnam）
FCP	法國共產黨（French Communist Party）
FULRO	為受壓迫種族鬥爭聯合陣線（Front unifié de lutte des races opprimées or United Front for the Struggle of Oppressed Races）
GDP	國內生產毛額（Gross Domestic Product）

GMD	中國國民黨（Guomindang or Chinese Nationalist Party）
ICP	印度支那共產黨（Indochinese Communist Party ）
MAAG	軍援顧問團（Military Assistance Advisory Group ）
MACV	軍援指揮部，越南（Military Assistance Command, Vietnam ）
MEP	巴黎海外傳教會（Missions étrangères de Paris or Paris Overseas Missions ）
MRP	人民共和運動（Mouvement républicain populaire or the Popular Republican Movement）
NLF	南越南民族解放陣線（National Liberation Front of South Vietnam，在越共控制下）
PAVN	越南人民軍（People's Army of Vietnam，在共產黨控制下）
PLAF	人民解放武裝部隊（People's Liberation Armed Force ，越共控制下的軍隊，作業地區在北緯十七度線以南）
PRG	南越南共和國臨時革命政府（Provisional Revolutionary Government of the Republic of South Vietnam，在越共控制下）
RV	越南共和國（Republic of Vietnam ）
SEATO	東南亞公約組織（South East Asia Treaty Organization）
SRV	越南社會主義共和國（Socialist Republic of Vietnam）

SV	越南國（State of Vietnam）
TLVD	獨立文團（Tu Luc Van Doan or the Self-strengthening Literary Movement）
UNHCR	聯合國難民事務高級專員公署（ United Nations High Commissioner for Refugees ）
Viet Minh	越盟，越南獨立同盟（Viet Nam Doc Lap Dong Minh or Vietnamese Independence League）簡稱
VNQDD	越南國民黨（Viet Nam Quoc Dan Dang or Vietnamese Nationalist Party）
VWP	越南勞動黨（Vietnamese Workers Party，於一九五一年取代印度支那共產黨）

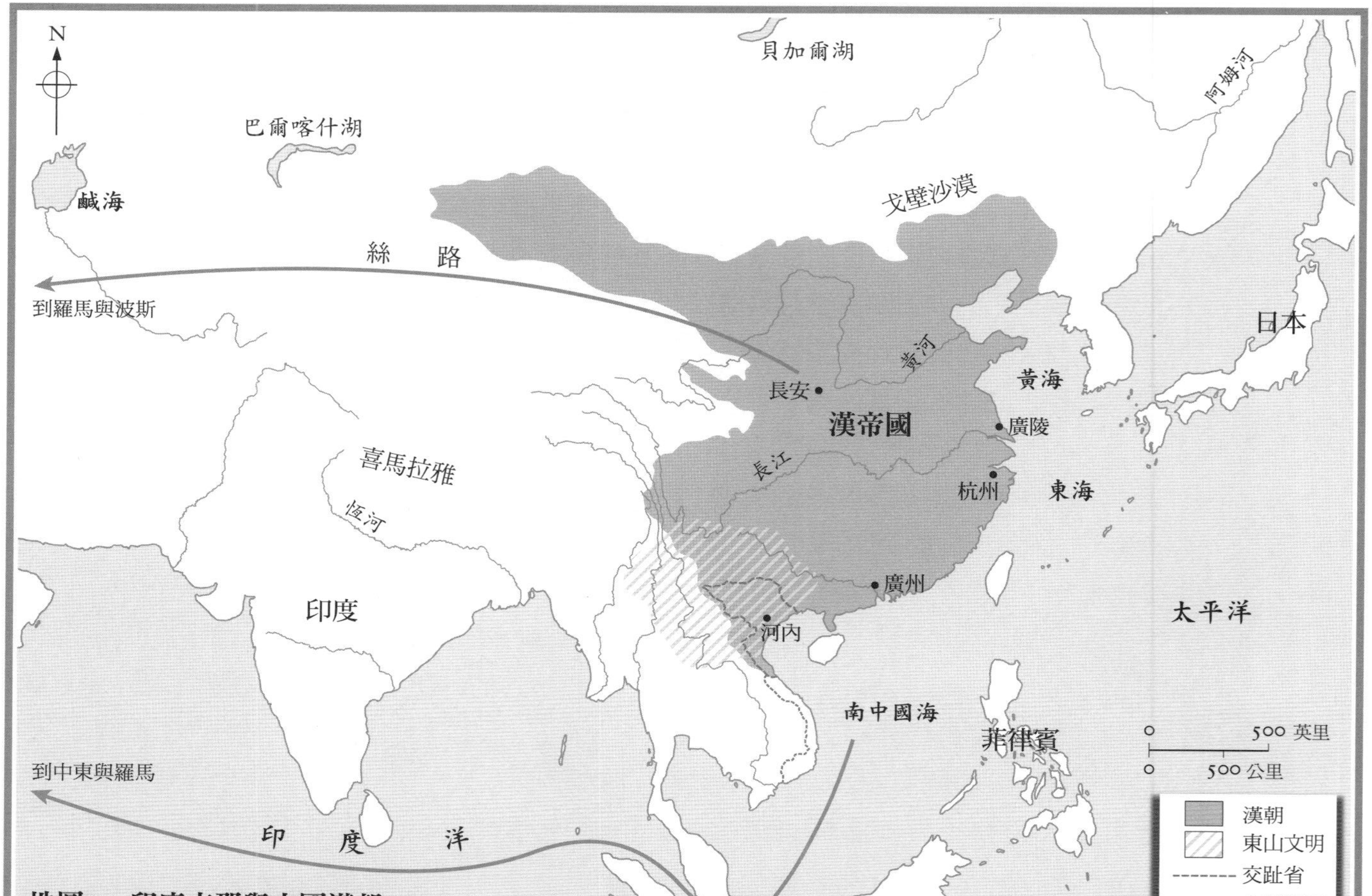

地圖1：印度支那與中國漢朝

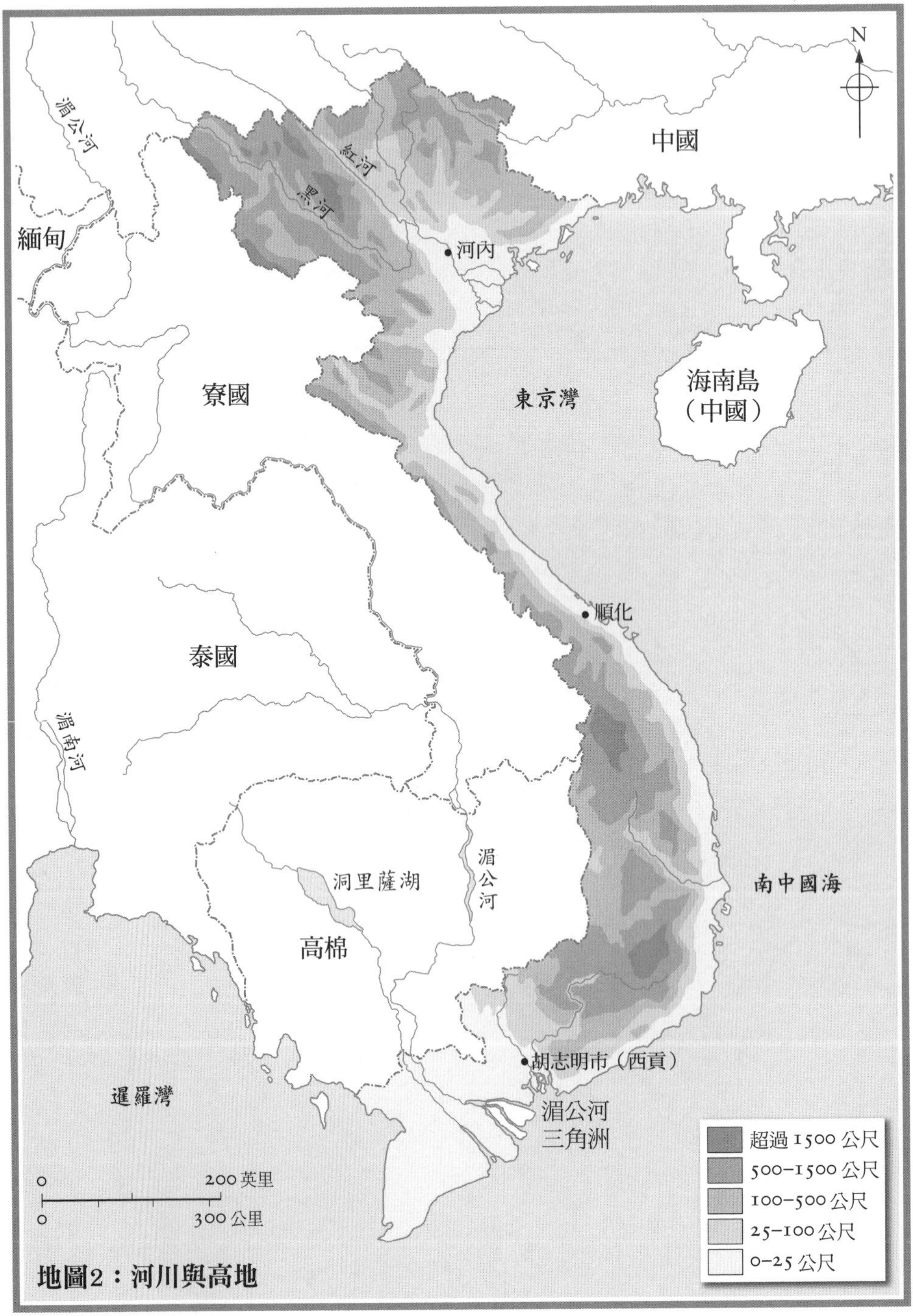
N
中國
湄公河
紅河
黑河
緬甸
河內
寮國
東京灣
海南島
（中國）
順化
泰國
湄南河
洞里薩湖
湄
公
河
南中國海
高棉
胡志明市（西貢）
暹羅灣
湄公河
三角洲
超過 1500 公尺
500–1500 公尺
100–500 公尺
25–100 公尺
0–25 公尺
0
200 英里
0
300 公里

地圖2：河川與高地

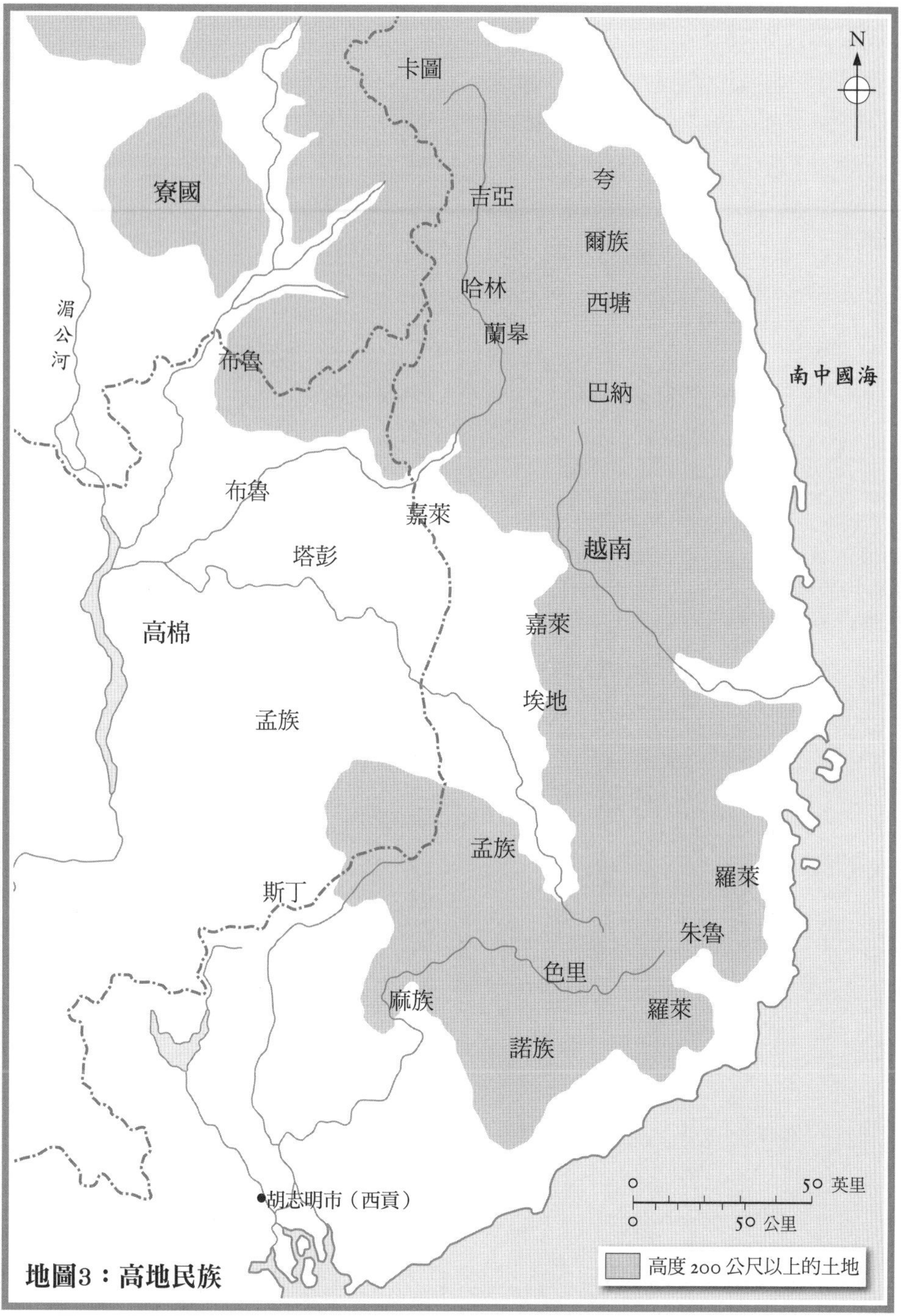

N
卡圖
寮國
吉亞
夸
爾族
哈林
西塘
蘭皋
湄
公
河
布魯
巴納
南中國海
布魯
嘉萊
越南
塔彭
高棉
嘉萊
埃地
孟族
孟族
羅萊
斯丁
朱魯
色里
麻族
羅萊
諾族
0 50 英里
0 50 公里
胡志明市（西貢）
高度 200 公尺以上的土地

地圖3：高地民族

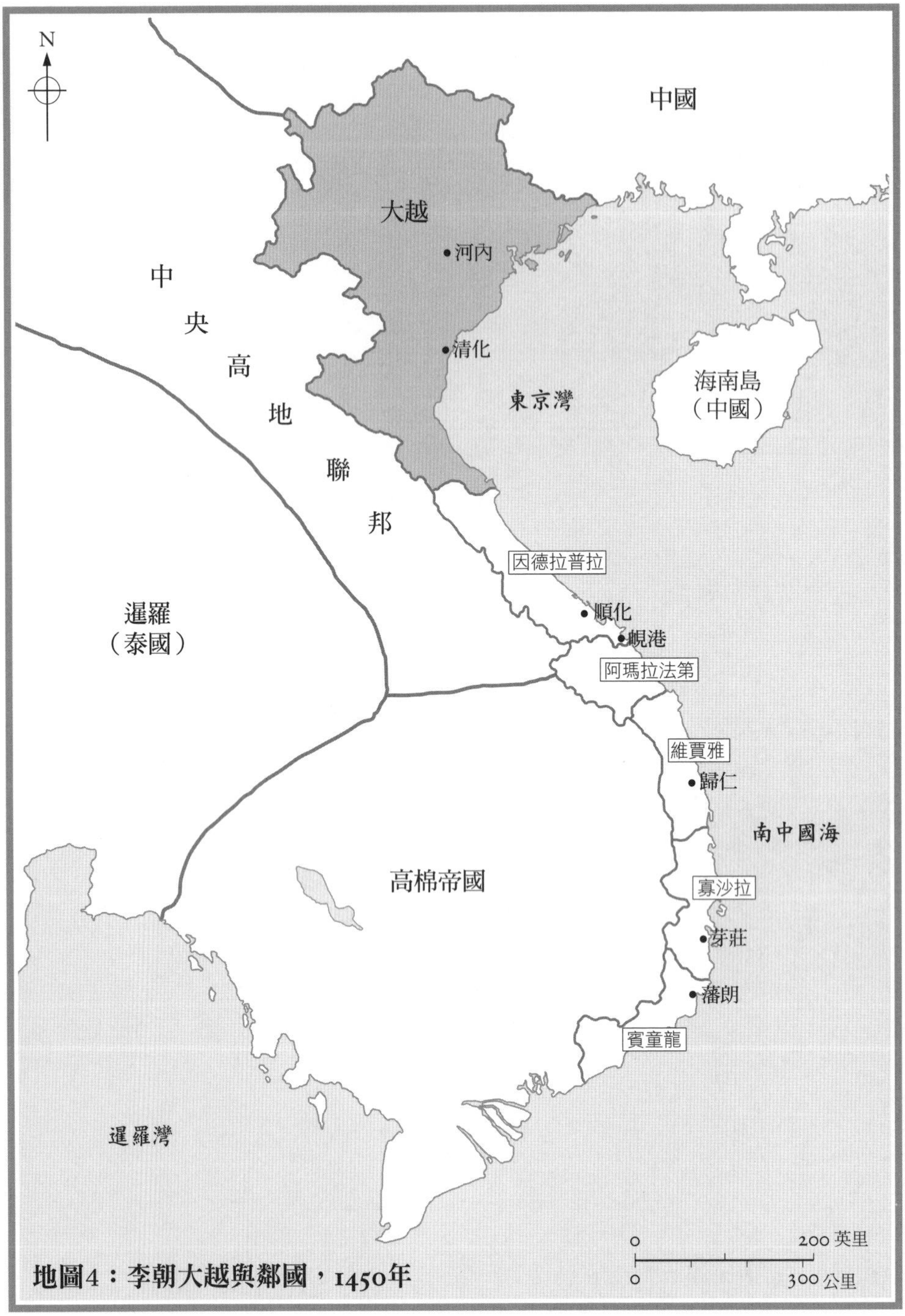

地圖4：李朝大越與鄰國，1450年

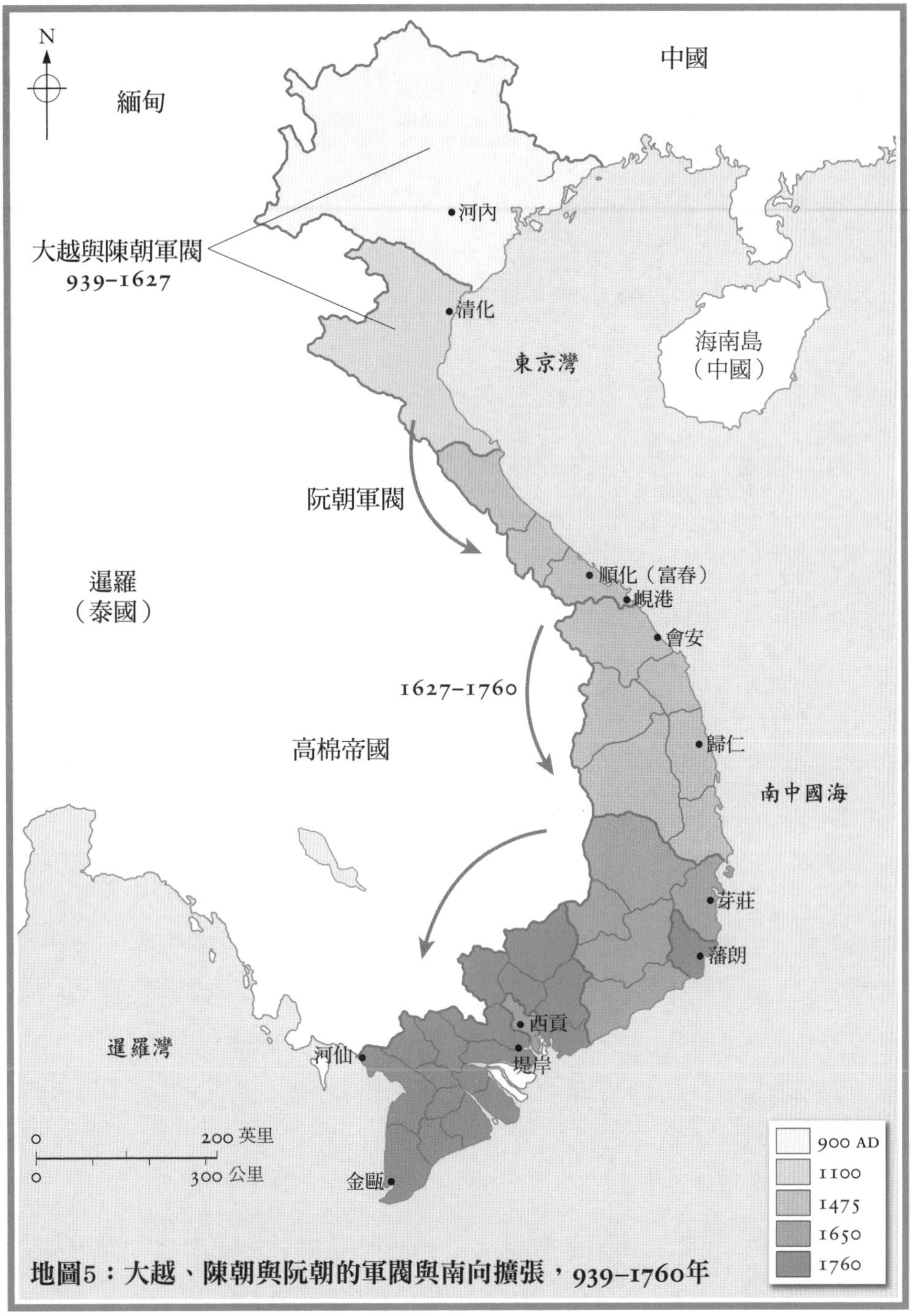

地圖5：大越、陳朝與阮朝的軍閥與南向擴張，939–1760年

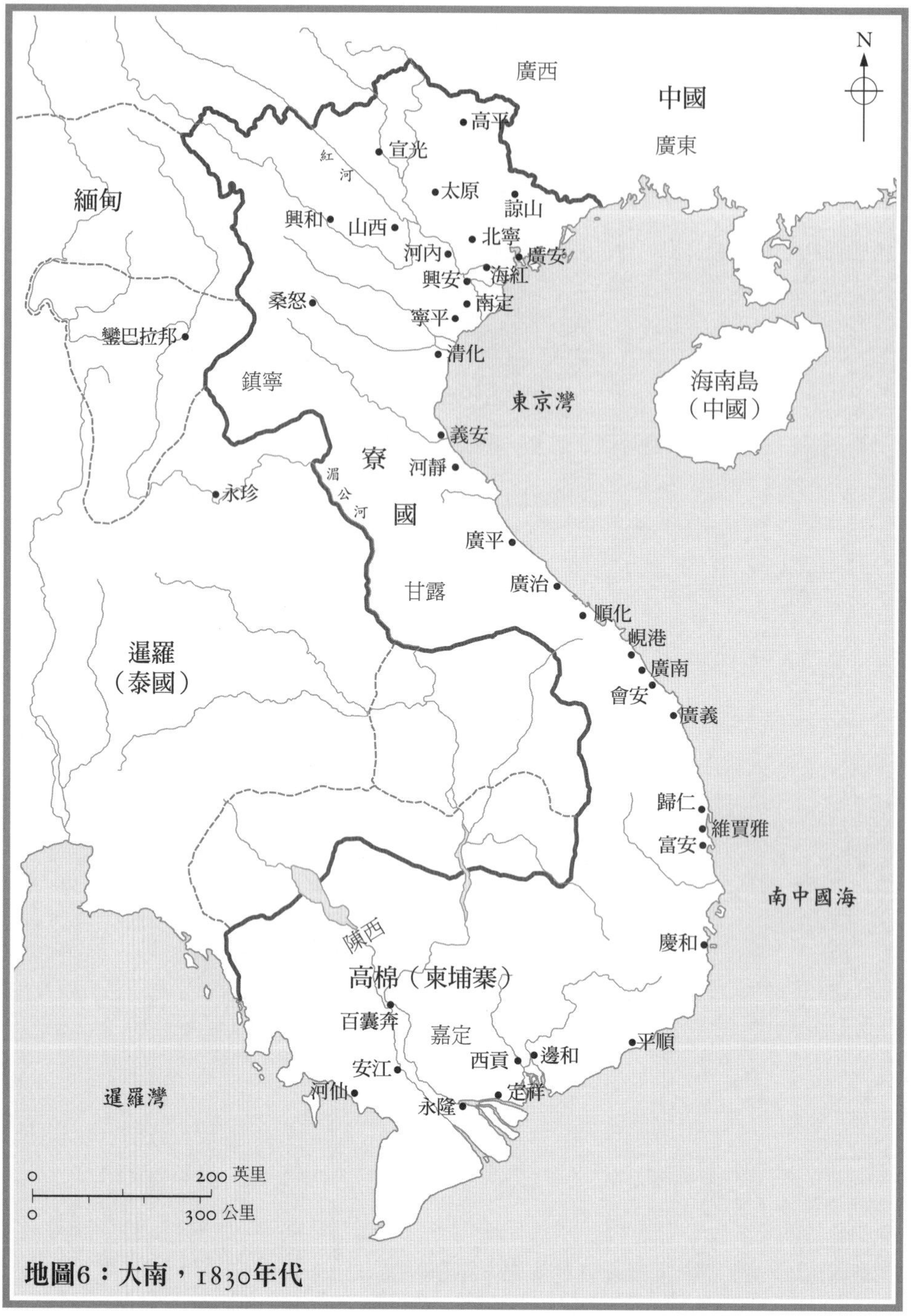

地圖6：大南，1830年代

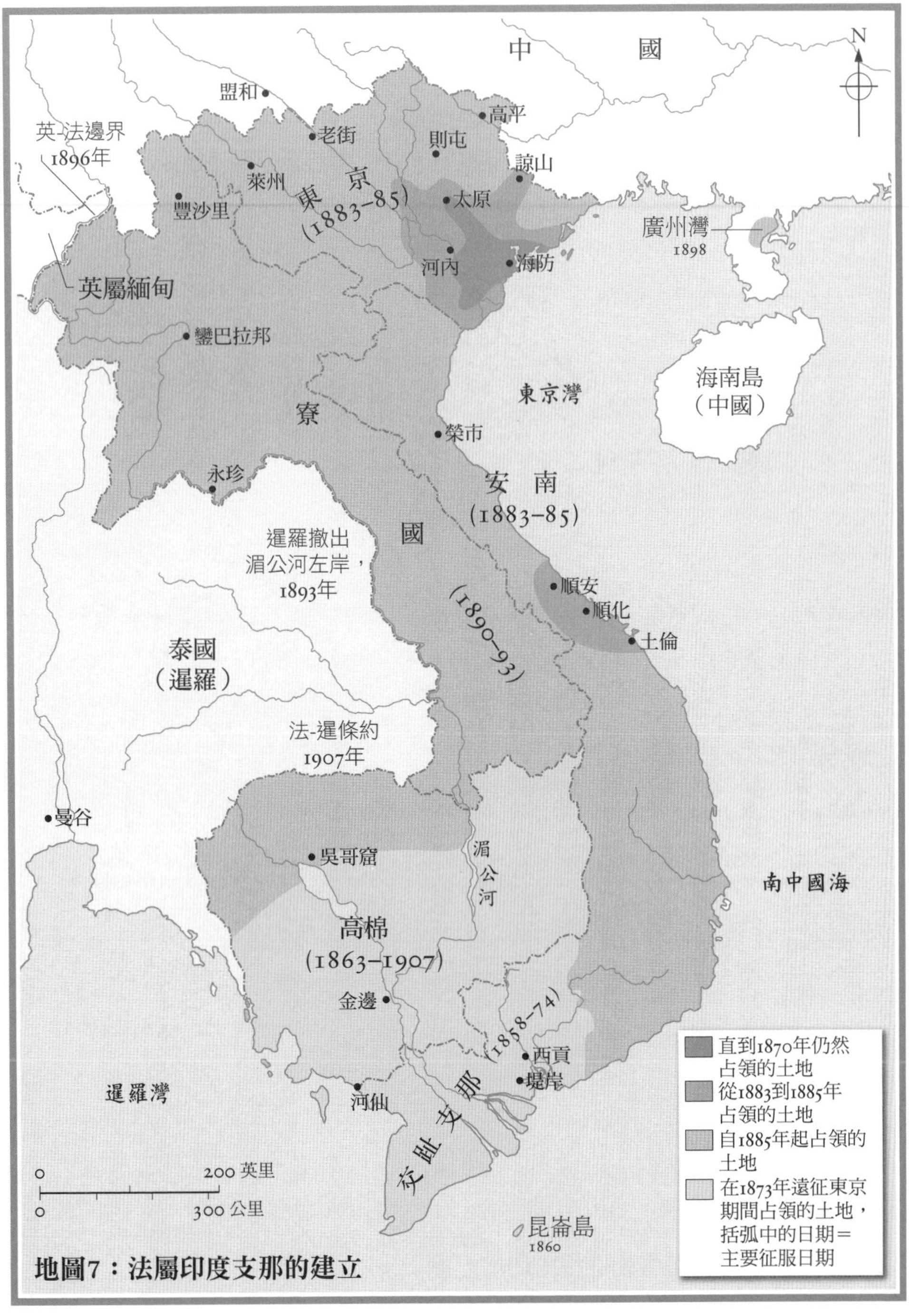
中國
盟和
高平
老街
則屯
諒山
英-法邊界
1896年
萊州
東京
(1883-85)
太原
豐沙里
廣州灣
1898
河內
海防
英屬緬甸
鑾巴拉邦
東京灣
海南島
(中國)
寮
榮市
安南
(1883-85)
永珍
國
暹羅撤出
湄公河左岸，
1893年
(1890-93)
順安
順化
土倫
泰國
(暹羅)
法-暹條約
1907年
曼谷
吳哥窟
湄公河
南中國海
高棉
(1863-1907)
金邊
(1858-74)
西貢
堤岸
暹羅灣
河仙
交趾支那
200 英里
300 公里
崑崙島
1860
直到1870年仍然占領的土地
從1883到1885年占領的土地
自1885年起占領的土地
在1873年遠征東京期間占領的土地，括弧中的日期=主要征服日期

地圖7：法屬印度支那的建立

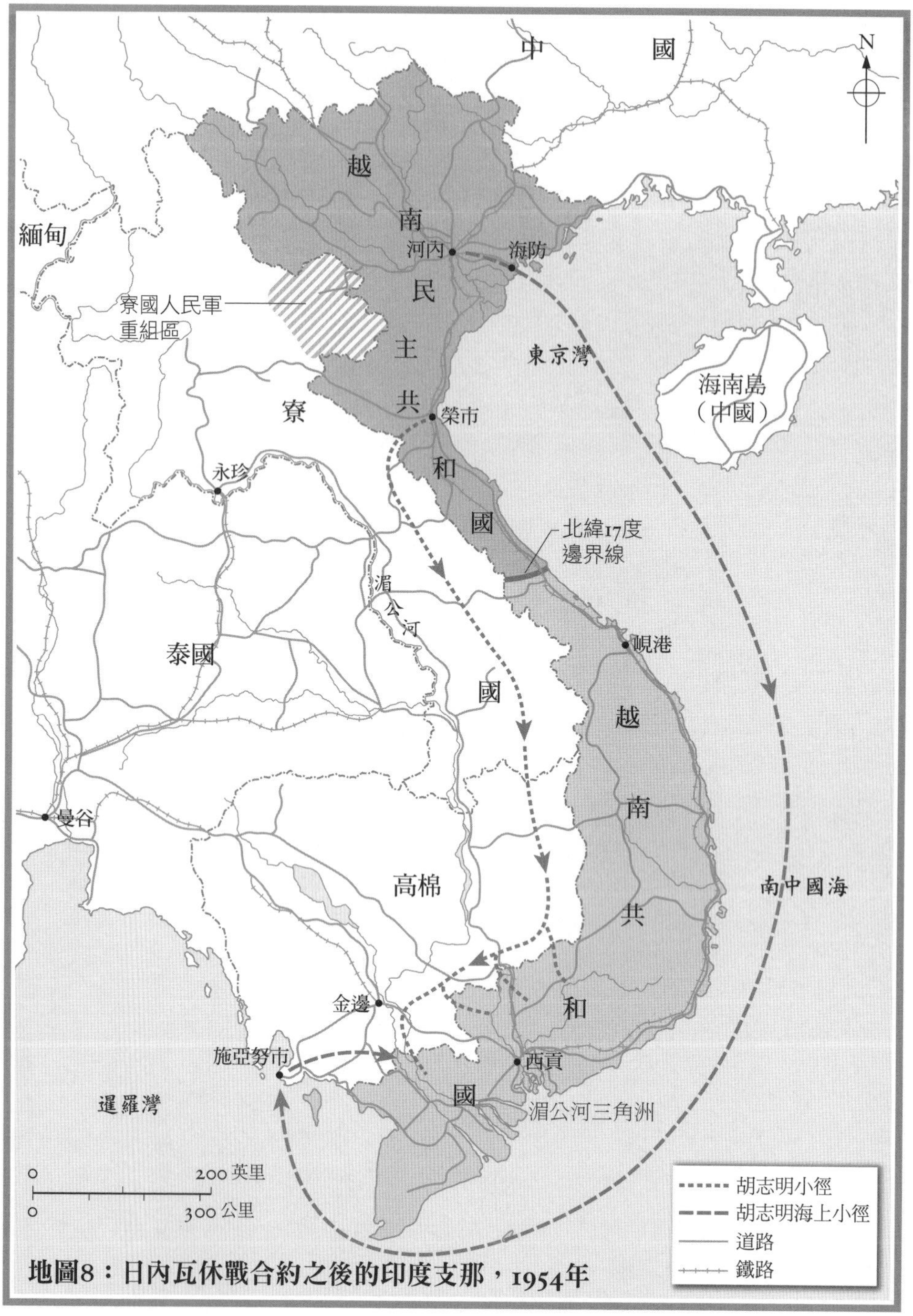

地圖8：日內瓦休戰合約之後的印度支那，1954年

The Penguin History *of* Modern Vietnam

前言　各式各樣的越南

一提到「越南」，大多數美國讀者想到的準是那場為阻止蘇聯與中國共產黨侵吞東南亞，而把美軍拖入泥沼、打了十年的戰爭。越戰在一九七五年以美國慘敗而畫下句點。直到今天，直升機忙著從西貢美國大使館撤僑，送往守候在越南海岸外航空母艦的影像，仍讓美國人歷歷在目，對當年的敗績難以釋懷。

美國絕不是第一個將軍艦派駐越南外海的「大國」。事實上，今天所以會有這麼多人知道世上有越南這個國家，主要原因就在於這個小國位於一處令人垂涎、「大國」勢力不斷衝突的地區。自西元前一世紀左右起，在與印度洋貿易的誘惑吸引下，中華帝國統治北越南幾近千年。中國人將越南視為與東南亞貿易的門戶，越南還能讓中國將勢力伸入印度洋市場，並延伸到中東。越南在十世紀重獲獨立，但在十五世紀之初，明朝派遣艦隊跨越印度洋，進抵非洲與紅海，越南也再次短暫地淪為中國領地。

也就在這段期間，一組新的帝國勢力透過太平洋與印度洋開始伸入東南亞地區。這股歐洲帝國主義勢力的氣焰，隨著法國殖民越南，英國占領新加坡、緬甸與馬來亞，而在十九世紀達於頂峰。另一方面，美國人跨過太平洋，從西班牙人手中奪去菲律賓，而日本人則全力經營對朝鮮半島與台灣的殖民。眾殖民列強在中國漫長的海岸進行割據，建立許多通商口岸與租借領地。

法國人當然知道越南地當印度、太平兩洋與歐陸要衝，也完全了解這塊殖民地在這場帝國主義大角逐中的戰略重要性。在二十世紀之交，法國人在越南東南方海岸完成金蘭灣深水港建港工程。為阻止日本將殖民勢力擴張進入中國與朝鮮，俄國曾派遣艦隊從波羅的海繞道而來，這支艦隊先在金蘭灣集結，之後於一九〇五年在對馬海戰遭日本擊敗。在日本於一九三七年侵入中國以後，美國總統小羅斯福密切注視日本人在中國海岸線動向，並在日本皇軍於一九四〇年開始進入越南以後，對東京實施禁運。事實證明，小羅斯福對日本人會大舉南侵的擔心頗有道理。一九四一年十二月七日，在攻擊珍珠港、占領整個越南以後，日本人先將艦隊集中在金蘭灣，然後展開對東南亞的攻擊，矛頭遠至安達曼海的尼科巴群島。

一九四二年成軍的美國第七艦隊，在擊敗日本帝國之後留守駐地，以保護美國戰後在太平洋與印度洋的控制權。在中國共產黨於一九四九年取勝之後，第七艦隊於一九五〇年第一次訪問越南，向法國人重申支持。在越戰期間，美國一直將海軍主力留在金蘭灣。在美國於一九七三年四月撤出越南以後，俄國人接管了金蘭灣（編注：一九七九年，蘇聯和越南簽訂協議，無償租用金蘭灣二十五年。）。❶

今天，越南外海的地緣政治緊張情勢再次升高。自明帝國於一四三三年召回它派駐印度洋的艦隊以來，中國第一次展開行動，積極設法將海軍軍力延伸進入太平洋。美國正與它過去在越南的敵手相商，考慮最佳因應之道。俄國人自冷戰結束以來，再次展現對越南與金蘭灣的興趣。日本人也在擔心中國海軍軍力坐大的同時，改善他們與越南的關係。越南直到今天仍是全球激烈角逐的核心，透過「大國」衝突的角度觀察越南及其歷史，自然順理成章。

不過這種做法有個問題：它以那些垂涎越南、為占領這個國家而戰的人的觀點為出發點。將越南視為一個前殖民地或一個戰略地區，或將越南簡化為一場戰爭或一連幾場戰爭，都會使越南史變成它與外來強權的關係史。透過外在觀點觀察越南的過去，未必一定有錯；但這種做法稍有不慎，就會以相當片面的方式呈現越南歷史：越南只是隨大國起舞而已，本身並沒有扮演什麼角色。根據大國衝突論的觀點，越南是殖民與霸權的犧牲品，本身從來不是殖民者或征服者。越南本身的內部分裂、族裔多元性與衝突，就在這種歷史過程中模糊了。

不過時代變了。由於近年來出現許多有關越南的新研究，加上越南自一九八〇年代以來逐漸對外開放，以及有關五〇、六〇與七〇年代西方干預的激烈政治辯論，寫一本新的越南史，現在已經是一件可以辦到的事。這本書就是在這種情況下寫成的。書中談到越南因地緣關係而成為帝國勢力角逐焦點，但同時也強調越南本身在塑造越南史過程中扮演的角色，以及越南特有的多樣性與複雜性。

最重要的是，它強調這世上的越南從來就不僅只有一個，而是有好幾個大異其趣的越南同時並存。十七至十八世紀期間，至少有兩個越南政治實體並立，其中一個在河內附近的紅河三角洲扎根，另一個不斷南進，經過順化，將勢力伸入湄公河平原。直到阮王朝開國國君嘉隆帝經過數十年內戰，於一八〇二年完成統一之後，越南才呈現如今那種S形相貌。不過就算統一以後的越南，也絕非就此平靜無事。阮朝領導人不斷擴張勢力，將高棉與今天寮國東部地區納入帝國版圖，揚言建立「大南」帝國，直到一八四〇年代才停下來。

法國殖民主義者在沿湄公河向北擴張、尋求「支那黃金國」之夢的過程中，自然樂得引用早年「大南」帝國的說法，為自己的殖民野心辯護。不過，如果法國人在一八八七年宣布的印度支那聯邦（Indochinese Union）將越南、寮國與高棉置於同一殖民結構，他們也將越南在土地上劃分為三個各不相屬的次單位：交趾支那（Cochinchina，南部）、安南（Annam，中央）與東京（Tonkin，北部）。在一八六二至一九四五年間，於一八〇二年統一越南土地的阮王朝獨立國不復存在。隨著第二次世界大戰於一九四五年進入尾聲，情況也出現變化：法國在印度支那的殖民統治崩潰，民族主義勢力崛起，宣布越南獨立，並大體上以嘉隆帝當年劃定的界線為界，重申領土統一。只是這樣的統一沒能維繫多久。殖民統治解體、冷戰，以及持續不斷的激烈內戰，在一九四五至一九七五年間把越南分割成幾個相互角逐的國家。在整個越南史上，越南以今天的國家形式存在，前後加起來總共只有八十三年又幾個月（截至二〇一六年止）——在一八〇二年以前完全沒有，在十九世紀有四十三年，在一九四五年有六個月，自一九七六年起有四十年。以「大國」論分析越南歷史的做法，容易忽略這種多變性。❷

紅河三角洲的越南勢力南伸、進入人口稠密地區的發展過程，也使越南轉型為一個多種族、多語言與多文化的國度。越人或稱京族，是今天越南人最主要的民族（在一九九九年占全民人口總數八五・七％），但與他們共享這塊土地的另有五十幾個少數族裔團體。在所謂「京城之人」的京族從紅河盆地外移之前許多世紀，住在紅河低地四周的高地、中央海岸地區沿線，以及整個湄公河三角洲的民族，主要是泰族、嘉萊、占族與高棉族。直到十五世紀末年，紅河以南——甚至紅河三角洲內部——的越南史，與京族扯不上什麼關係。那個「S」並不存在。直到進入二十世紀許多年後，在幅員比半個越南還大的高地地區，今天生活在越南境內的非越人人數仍超過京族。越南現代史之所以如此引人入勝，原因也就在它這種多樣化統治形式、種族與文化差異，以及它有中國、法國與越南人等等各不相同的殖民統治經驗。❸

越南國內外專家知道這一點，這個國家的多元性也讓學者們越來越著迷。這已經成為探討越南通史的新走向。這本書不從一個越南、不從單一同種民族、不從一個歷史、甚至不從一種殖民主義角度切入，而從它的各種形式與令人印象深刻的多樣性著手，對現代越南的過去進行探討。❹

多樣化的越南

直到不久以前，根據一般了解，所謂「越南」指的是越南社會主義共和國（Socialist Republic of Vietnam，簡稱SRV），也就是胡志明在一九四五年九月宣布獨立時說的那個「越南民主共和國」。傳統敘述方式從法國於一八五八年攻擊阮朝越南開始，首先討論法國的征服、殖民發展、現代化，接著討論越南反殖民主義、民族主義與共產主義的崛起，迅速談到一九四五年越南民主共和國的立國。在這種敘述過程中，胡志明是主要人物。他讓歷史學者可以跟著他（與他的越南），從一九一一年的西貢到一九一九年的巴黎，之後由於胡志明擁抱共產主義，認定共產主義是達成越南在一九四五年獨立大業的最佳「道路」；歷史學者又可以跟著他來到莫斯科與香港。之後，這種敘述方式聚焦於法國與美國在印度支那的戰敗，再談到越南民主共和國在一九七五年擊敗越南共和國，取得最後勝利。它說的是一個越南的故事。

美國記者費茲傑羅（Frances Fitzgerald）所著、影響深遠、贏得普立茲獎的《湖中之火》（*Fire in the Lake*），更上一層樓，建立了用英文記述現代越南史的標準模式。甚至在共產黨於一九七五年取勝以前，她已經宣稱胡志明的越南才是真正的越南。在越南問題上，美國人首先支持法國人支持的越南國領導人保大，當吳廷琰於一九五五年以越南共和國取代越南國時，美國人又支持吳廷琰。費茲傑羅說，美國人不僅支持了錯誤的越南領導人，也因此在越南歷史上站錯了邊。根據費茲傑羅的說法，越南歷史自古以來，就是一本對外國入侵與殖民霸權的反抗史，而胡志明與他的越南就是這種根深柢固的反抗文化化身。在費茲傑羅筆下，胡志明就像他之前的那些有道明君一樣，崛起於大動盪的時代，受人民支持下成為「真命天子」。在反戰運動進入最高潮期間發行的《湖中之

火》，最主要的目的在於向世人宣示，就像法國與它們的殖民帝國一樣，美國與它們的殖民帝國也必將覆亡。❺

無論你贊成或反對美國對越南的干預，用這樣一種以美國人為重心的戰事記述來代表越南史，有一些嚴重的問題。費茲傑羅認為，胡志明在一九四五年建立的越南，是一種千古不變、古老越南傳統的化身，它的勝利是必然的。根據這種說法，我們見到的是一個非常典型、一成不變的越南。這種以目的論方式為越南歷史設立框架的做法，使我們見不到越南歷史經驗的多樣性與複雜性，見不到時代呈現在我們眼前的各種未來可能性。誠如本書所述，以胡志明為首的共產黨民族主義分子自然很重要；但共產黨統治的越南不過是幾種可能性之一而已。談越南史而不談與共產黨越南角逐的國家與領導人——例如薩活（Albert Sarraut）、巴斯齊（Pierre Pasquier）與畢榮（Léon Pignon）領導的法屬越南（一八五八至一九五五年）；保大（一九四九至一九五四年）領導的越南合眾國；吳廷琰、阮文紹等人領導的越南共和國（一九五五至一九七五年）；以及薩巴奇（Léopold Sabatier）、刁文龍與伊班（Y Thih Eban）領導的高地越南——就不算完整。

這些與共產黨越南角逐的政體都無可否認地敗下陣來，往往還敗得很慘，但他們的故事前後超過一個世紀，想了解今天的越南，我們就不能不談他們的事。再怎麼說，胡志明的越南自一九一〇年代對抗薩活起，必須與他們一一周旋才能最終勝出。誠如一位敏銳的觀察家在討論美國內戰時所說，「排斥所有另類思考，會讓我們在窺探難以預期的未來時，無法感受到可能有的感受」。簡言之，把「越南」歷史寫成勝利者獨享的故事已經不再有其必要。我們需要認清，就像世上任何其他地方一樣，越南的歷史也是一連串相互關聯的勢力與人物、在特定時空的風雲際會，每個單元各有其本身一套可能性，同時也不斷除去其他的可能性。既然如此，就讓我們至少抱持幾種「另類想

法」，一起展開對越南過去的探討吧！❻

現代越南

在思考「現代」的時候，我們也不妨抱持類似觀念。所謂「現代」與「現代文明」原本就是相當難以捉摸的概念，有關的討論也已經很多，至於「後現代」一詞的定義，更加不提也罷。在許多人眼中，所謂「現代」指的不過就是「近年」、不很「古早」而已。對於主張這種定義的人士而言，十九與二十世紀一般來說最能代表所謂現代越南。在其他人眼中，「現代」指一種特定的西方歷史性轉型，這項轉型隨著工業化、都市化、世俗化、科學與官僚理性化、資本主義，以及民族國家的崛起，而於十九世紀在歐洲與北美達到頂峰。究竟什麼是「現代」則言人人殊，或許這世上永遠也不會有一個精確的定義，但大多數人都同意這種歷史性轉型是構成「現代」的主要成分。

根據這一派思想，十九與二十世紀的西方殖民擴張，以各種形式將這些「現代」成分輸出到非西方世界。這類輸出有些如日本、泰國與土耳其，是獨立完成的，就是例證，還有些如越南、緬甸或阿爾及利亞，則是透過直接的西方殖民而完成。直到不久以前，大多數中國現代史都以一八四二年中國在第一次鴉片戰爭中敗於英國為開端。根據這些中國現代史的說法，中國直到這一年起，才走上「現代化」與「進步」之路。一位中國問題專家即曾指出，我們總是用「非現代」一詞描述「一八〇〇年以前的歐洲」，描述歐洲人抵達、改變當地人們行事方式以前的世上其他地區，或描述世上其他地區的人在歐洲理念與機會傳來、讓他們可以採納或應用於在地情勢以前的世上其他地區。「現代埃及」史也遵循這種途徑，以拿破崙（Napoléon Bonaparte）一七九八年入侵、迫使埃

及向西方大開門戶為開端。❼

一些撰文討論越南與印度支那殖民時期歷史的學者，就採用這種以西方為中心的現代概念，以及隨這種概念而來的時代劃分做法。伯許（Pierre Brocheux）甚至將法國的「殖民時刻」做為他的越南現代史近作的基石。他與樂莫黑（Daniel Hémery）在合著的法屬印度支那（中南半島）通史中，堅持法國殖民統治的現代化特性。他們當然也承認殖民主義的剝削特性，也承認越南在殖民統治前的重要成就，但兩位作者仍然在結論中指出，法國殖民當局透過基礎建設、都市化、科學與醫藥、資本主義開發、官僚理性化與民族國家等形式，將現代化引進越南。就像寫中國現代史的人以一八四二年為開端、寫埃及現代史的人以一七九八年為開端一樣，伯許與樂莫黑的越南現代史，也以一八五八年越南與法國殖民當局初步接觸為開端。兩人強調，法國殖民當局從這一年起開始塑造現代越南。抱持這種看法的人絕非只有他們兩人而已。我自己也曾認定法國殖民當局是現代越南的締造者，無心探討越南在殖民統治以前既有的現代化接觸與成就。❽

西方殖民主義是越南史上一項重要的現代化因素，這一點沒有人不同意。我也同意這種說法。不過，透過這種斷代做法，訂定時空框架，將越南的一切現代化成就歸功於西方殖民主義，會帶來某些重大問題。首先，這麼做等於將越南從歷史上一分為二，一是「殖民前」或「法國統治前」的越南，一是更加詳盡得多、走向「現代化」的「十九到二十世紀的越南」。其次，認定現代越南因法國在一八五八年入侵而揭開序幕，我們將見不到早在法國入侵以前已經存在的複雜歷史現象，見不到造成一連串「新越南」、變化多端的「失落的現代」或「多元化現代」。儒家科舉考試制度，以及它衍生的重理性、但競爭氛圍濃厚的官僚系統，是中國、韓國與越南現代化的重要成分。伏爾泰（譯注：啟蒙運動時期法國著名哲學家）曾在十八世紀對中國律法、制度與世俗倫理推崇有加，並且極力鼓吹以中國這些典章制度改變當時法國現狀。第三，法國當局在統治越南以後，非但沒有汰除既有官僚與文官系統，往往還將殖民政府與既有系統結合，成為一種實用的社會控制機制，一種有效的政治管理手段，一種少了它，所謂「殖民時刻」將無以為繼的情資來源。法國人在既有基礎上繼續在越南開發道路、運河、水壩，以及利潤甚豐的亞洲稻米貿易。若是討論「現代越南」史，明命帝在十九世紀初葉的統治恐怕不宜輕描淡寫、一筆帶過。明命帝的政策以領土整合、中央集權、官僚理性化、經濟發展、意識形態同質化為目標。這倒不是說他達成了所有這些目標（他沒有！），但這說明一件事：「現代」不是一種非是即非的現象。它以多種形式存在於不同的時空，而且往往與既有成就融合、構築於既有成就之上。它來也匆匆，去也匆匆，還可以與「非現代」同時並存！直到一九四五年，法國與越南婦女都沒有投票權就是例證。❾

我們雖說沒有必要另建一套亞洲核心式做法，以取代這種西方核心式做法，但在探討現代化過程中，能抱持一種較廣的時空觀點會有用得多。我在這本書裡，所以刻意不對越南現代化的確切誕生時刻設限，所以不堅持「現代」越南直到一八五八年以後才出現，原因就在這裡。因為唯有這麼做，我們才能探討多樣性現代化、殖民統治新舊結合，以及更廣泛接觸這類法國核心式做法無法探討的議題。這種不設限的時代劃分做法固然會使故事情節更加複雜，但也會使它有趣得多。中國曾於十五世紀初葉在越南實施短期殖民統治，這段歷史之所以如此重要，原因之一就在於，早在法國人到來很久以前，中國已經讓越南接觸到當時最現代的火藥武器，為越南引進精密的官僚模式，還使越南人有了屬於自己的殖民意識，讓他們重新思考、打造新越南。❿

帝國主義的越南

越南帝國主義也是一個重要議題。如果以一八五八年為討論越南現代史的開端，我們將無緣得知今天的越南，不僅是法國殖民、也是它本身殖民史的產物。只須將探討矛頭指向一八五八年略前幾年，我們就能發現，最初在湄公河三角洲或在紅河盆地殖民的不是法國人。人稱越南文明發源地的紅河盆地，曾是中國版圖一部分，而且前後長達一千年之久。在脫離中國獨立以後，越南人開始打造、並且向南方擴張屬於他們自己的帝國，在遙遠邊區建立保護國，推動屯墾殖民，針對偏遠地區各族裔團體進行「直接」、「間接」統治手段，實驗文化同化，發展屬於他們本身的「教化」。當法國人抵達越南時，越南人的這些工作還遠遠談不上已經完成。法國在殖民統治越南以後，不但沒有制止越南人的擴張，還往往將越南人視為他們的欽命夥伴，在許多地方為越南人的帝國主義方案補強，幫越南人建立另一個殖民政府。就這樣，法式印度支那殖民方案內部，另有一個既已存在、屬於越南本身的亞洲式次方案。想了解現代越南，就得認識這些盤根錯節的帝國主義方案。

對於這本書強調「前法國」，強調亞洲帝國在現代越南形成過程中重要性的做法，有人不以為然。不過，批判這種做法的人忘了一件事：殖民地聯繫與帝國並非西方或十九世紀的專利。自古以來，這個世界的歷史，就是從歐亞大陸一端到另一端的各式帝國史。想了解今天的中國，就得探討清帝國在十八世紀對中亞（西藏就是一個例子）的擴張。事實上，不理會既已存在的亞洲式帝國主義的角色，我們也難以窺知中國與越南這類國家的複雜性，無法了解它們在統治形式方面的種種創意。這種廣義帝國方案的探討做法，能讓我們不致以同質化的種族與國家認同概念，探討更加豐富多彩、也因此更加引人入勝的歷史過去。它還能為我們帶來一扇窗，讓我們窺見國家逐步形成的過程，讓我們知道「一八五八年」之前、之後與之間的越南權力消長、時空變化的狀況。最後，就像他們的中國、俄國、美國與法國同路人一樣，越南殖民統治者也造就一種複雜的歷史經驗。他們與他們征服的原住民族暴力對抗，也與他們征服的原住民族和平共存，而這些經驗每一種都對今天的越南有重大影響。今天世上的國家，往往是早先存在的多種族帝國的歷史性產物。像美國與俄羅斯聯邦一樣，今天的越南也是幾個帝國歷史、包括它自己的帝國歷史的產物。⓫

分化的越南

最後，基於時代劃分的理由，我們也有必要將一八五八年以前的越南史納入討論。只須再從這個傳統日期往前追溯一次，我們很快就會發現，嘉隆在一八〇二年創建的一統越南，事實上大體屬於一種例外而不是常規。在鄭氏與阮氏軍閥於一六二七年兵戎相向而分裂以後，越南分由兩個個別國家統治（但兩國名義上仍尊奉後黎朝統治），直到西山兄弟於十八世紀末葉殺出中央高地、另建第三國為止。換言之，在嘉隆統一以前，越南已經分裂了不止一個半世紀。也因此，「兩個越南」在二十世紀後半並存的事其實不足為奇。越南人也並非只有在二十世紀才彼此相爭。十七與十八世紀（以及之前很長一段時間）的越南一直內戰不斷，其中幾場內戰還像二十世紀末期一樣，演成與泰國以及中國的區域性衝突。非越人種族，如占族、泰族與高棉族，都曾抗拒越南征服，或曾攻擊越人以擴張他們自己的帝國，也因此，族裔團體彼此之間的暴力衝突在越南也不是新聞。想認識今天的越南，了解這一切歷史事件的影響很重要。⓬

這本書儘管確實也偏重十九與二十世紀，但探討一八五八年以前越南史的三篇專章，提供的不僅是「前法國時期」的歷史背景簡述而已。我寫這本書，志在從過去到現在，為現代越南的形形色色提供一種精緻的紀錄，一種不以一八五八年「法國殖民時刻」為大分水嶺，劃分「東方」與「西方」、「現代」與「非現代」、「之前」與「之後」、「統一」與「分裂」、「越」與「非越」的紀錄，而這三篇專章是達成這個目標的重要部分。或許有人會提出異議說，我這樣熱衷探討越南過去的殖民、互異與分裂，是在搞後現代主義對「解構」的崇拜；甚或比這更惡劣的是，有人會說，我這麼做是在為外國干預越南提供「保守」的合法化論據。恕我不能同意這類說法。我寫這本越南史，如果有挑戰任何政治議題的企圖，這個議題是越南內外人士不斷想將越南「例外化」的傾向。這種傾向在美國外交史上尤其明顯。在美國外交史上，越戰直到今天仍是批判——或辯護——「美帝」與「美國例外主義」的中心議題。我不反對批判美帝，也不反對批判美國民族主義，但我不認為我們想做到這類批判，就必須將越南人與他們的過去「例外化」。薩依德（Edward Said，編按：著名批判家，後殖民論創始人）曾經警告我們，不要鼓吹以西方為核心的東方主義；而採取「例外化」做法的人可能犯下薩依德所誡的這項錯誤。[13]

想將這一切平衡處理極端困難。我難免有所疏漏，讓讀者讀不到想讀的東西。我當然可以增加這本書的篇幅，用更詳盡的描述解決這個問題。不過我一直深信更大未必就是更好。這本書的好壞應由讀者評判。越南問題專家能從這本書裡找到他們有興趣的東西嗎？我盼望他們能，因為我必須向他們每一位致上我最深的謝忱。我特別為那些希望藉由這本書進行教育與研究工作的讀者建了一個網站，蒐羅線上書目，有關越南問題的編史辯論材料，以及學者們不同詮釋的有關短文。這個網站在我的主頁www.cgoscha.uqam.ca。

嘉隆於一八〇二年統一越南，法國於一八五八年攻擊交趾支那／南越南。我將一八五八年減去一八〇二年，得到五十六年這個數。又因為自一八三四到一八四七年的十三年間，大南帝國的版圖除越南以外，還包含大部分高棉以及今天寮國東部大部地區，所以我用五十六年再減十三年，遂得到四十三年這個數。雖說胡志明領導的越南民主共和國與保大領導的越南合眾國都宣稱享有對越南全境的主權，在一九四五至一九五四年整個印度支那戰爭期間，兩國都未能全面控制越南土地。這種情況一直持續到一九五四年過後。兩個越南繼續並存。越南民主共和國靠軍事力量在一九七五年消滅了越南共和國，從一九七六年起，一個由共產黨領導、享有完整領土主權的單一民族國於是正式成立，就是越南社會主義共和國。這也就是說，S形的越南在十九世紀存在了四十三年，在一九四五年有六個月，在二十與二十一世紀（到二〇一六年為止）有四十年，兩個數目加起來是八十三年又幾個月。

★

01

The Penguin History *of* Modern Vietnam

第一章　北方態勢

一六九四年春，華南港都廣州長壽寺住持方丈石蓮大汕接到兩封來自越南的信，一封來自此刻正在大越宮廷擔任佛教事務顧問的一名前弟子，另一封的發信人是大越國君本尊阮福凋。阮福凋自幾年前掌權以來，一直就在設法讓這位聲望甚高的住持能移駕順化，協助他推廣佛教。阮福凋所以這麼熱衷，部分基於個人理由，因為他想信佛教，部分也因為他想透過佛教將皇室權力合法化，幫助阮朝在勢力角逐非常激烈的土地上建國。為了向大汕大師表明誠意，阮福凋在信中寫道「我現在獻身燒香禮佛」，「懇求大師能改變心意，同意移駕。唯有如此，我們的王國才能興旺。」❶

阮福凋這番努力顯然奏效。一年以後，大汕帶著一百多人來到今天的越南中部地區。這位中國高僧立即展開工作，首先舉行儀式收阮福凋為他的越南開門弟子，之後又將皇室成員、宮廷官員與各行各業精英一一納入佛教。大汕主持新寺廟落成，推動舊寺廟翻新；為宮廷官員與阮主講解佛教教義、建議治國之術，協助阮福凋不再受北方那個舊王朝箝制，另建一個新越南。

大汕在一六九六年乘船返回中國時，當然已經發現，所謂「大越」事實上不是一個國家，而是隱藏在這同一國號下的兩個國家：其中一個幾百年來一直盤踞在紅河三角洲，另一個正越過順化，將勢力朝南方延伸。駐在廣州、對泛亞事務極有興趣的大汕，當然也知道這兩個越南，早已透過陸地與海上交通，與中國、南海以及印度洋取得聯繫。許多世紀以來，中國商販與僧侶一直在這些地區縱橫來去，將佛教從印度傳播到朝鮮、日本與紅河地區。儒家與道家學術思想也經由類似途徑傳入這些國度。此外，大汕在帶領弟子返回長壽寺時，當然也一定知道，在世上這處各式種族群體、交通路線與思想理念薈萃的角落，還有一群宗教信徒也在努力工作：基督徒。就這樣，這一章越南史就在這個今天的中央越南與南中國之間的開放區間展開了。

帝國態勢

百越圖

我們今天認為，紅河三角洲以及三面環抱它的山區，是越南文明的搖籃，乃今日越南追溯數千年民族傳承的聖土。從空中鳥瞰，這是一塊美得不可方物的土地：發源於華南崇山峻嶺中的紅河，緩緩蜿蜒於綿綿不斷的稻田阡陌之間，流經都城河內，最後注入東京灣。幾千年來，經由東部海岸與附近山區而來的許多民族，一直就以這塊平坦的紅河谷地為家。一般認為，經由華南進入東南亞大陸的澳亞語系民族，是第一批在新石器時代（西元前一萬年到前兩千年）期間進入這個地區的人。在出現類似遷徙的西邊，另有三條與紅河平行的水道也流入東南亞：伊洛瓦底江穿越緬甸進入安達曼海；湄南河流經泰國注入暹羅灣；湄公河則從西藏緩緩而下，從永富出海。

紅河平原部分原本沼澤遍布的地區，約於西元前三千年左右因氣候變化而乾涸，一些最早期的農墾社區於是出現。稻米耕作術也如影隨形地從北方長江河谷引進。隨著時間流逝，拜水壩與運河開發之賜，居民漸能治水有術，還學會運用灌溉達成一年兩穫。就像早期與亞洲的海上貿易一樣，這種密集式水稻農業能養活眾多人口。擁有主控勢力的家族開始出現，派系結合成為部落，較複雜的社會政治結構逐漸應運而生。隨著鑄鐵、鑄銅科技的傳播，工匠開始製造農耕工具與武器，之後織布生產日趨旺盛，各式各樣藝品也出現了。

這個地區的居民，屬於一個較廣大的文明體系，這個文明體系涵蓋今天的華南與東南亞大陸大片地區，考古學者大體上稱它為「東山文化」。憑藉考古發掘、放射性碳定年技術，以及歷史語言學的探討，我們知道這個文明大約盛行於西元前六世紀到西元二世紀之間，分布地區從紅河平原擴及今天的泰國東北部，往北一路延伸到中國西南的雲南省。現今在河內國家博物館展出的銅鼓，就是這個文明的代表性產物。這種具有宗教與政治用途的銅鼓，有的鐫有優雅的鶴鳥圖案，不僅是東山文化富麗堂皇的象徵，對許多人而言，還是越南民族認同的源起。這種銅鼓有許多在越南的東山村出土，東山村也確實是這個史前文明的生產重鎮，但住在今天距北越南北方極遠的民族也在同一時期生產同樣藝品的事實，讓人質疑這種民族認同說法的正確性。❷

東山文化是許多民族與文化的大本營，但它未必是一處平和或統一的地區。只要有一個團體的富裕讓另一個團體眼紅，衝突在所難免。地方性的金屬與銅器生產，表示武器已經可以取用。有野心的統治者組織戰士，替他們擴張領土，控制人口。小王朝、小部落與他們的強人不斷衝突，地方性政體也隨之興衰起落。事實上，東山鼓的製作往往有作戰用意。就我們所知，沒有一個統治者能憑藉足夠軍事優勢或統治實力，打造一個領土從華南延伸到越南北部的「東山聯邦」。有些學者認為，在東山文化中，權力可能以一群有魅力的軍事領導人或以一群王為核心，出現在地性整合。在地性權力均勢似乎是主流常態。中央控制應該一直處於散漫狀態，在多中心的各式小型領地之間穿梭來去，是「一種由許多往往重疊的曼陀羅或『小王國』拼湊在一起的大雜燴」，而這些所謂的曼陀羅或小王國，往往得倚仗一種精神世界為他們的統治帶來合法性。不過新的研究顯示，一個強大的中央集權政治實體於西元前三世紀在河內附近的古螺出現。它有複雜的城牆、護城河與壁壘，護持著當時一群極其重要的都市人口。建造與防衛這樣一種中心需要大量人力的事實也說明，古螺當年可能憑藉它建立的高階層政治與經濟組織，管控集中在紅河谷內各處的其他東山小國。❸

當中國秦朝（西元前二二一到前二〇六年）、特別是在漢朝（西元前二〇六年到西元二二〇年）展開統治，逐步弭平集中在黃河與長江之間相互爭戰的部落、建立單一核心的帝國時，這個古國的結構性質仍在繼續演變。秦帝國與漢帝國都以皇帝為核心，皇帝立於天地之間，奉承天意而實行統治。理論上，他透過官僚政府與軍隊，統合、管理多種族聚居的大片土地。秦朝與漢朝皇帝在掌權以後，很快派遣軍隊南下征服新土地。當帝國不斷擴張，將勢力從核心區伸入周邊地區時，能否取用人民與資源就成為帝國長治久安的要件。而為了取用人民與資源，當局就得設計各種直接與間接手段，以統治遙遠、多種族的土地與人民。❹

自認為是全天下領導人的中國統治者、帝國官員、殖民督護，以及與他們一起開疆拓土的人，以一種好奇、自大、嫌厭與恐懼兼而有之的態度，看待他們在長江以南（以及在中亞草原上）碰到的那些民族。就像在歐亞大陸另一邊為營造帝國而奔忙的羅馬人一樣，漢人也創造了許多名詞，描述他們眼中那些住在帝國邊陲之外、未經漢文明教化，因此理當征服的民族。羅馬人從希臘借來「野蠻人」一詞，以區別自己與生活在帝國文明外的人。漢當局則用「夷」、「蠻」之類的名詞，稱呼生活在「中國」外的「化外」之民。漢人還使用「外面」與「跨過」等字眼描述住在長江以南的人，「越」就是這樣一個字，意指「來自那一邊的人」。中國官員在使用「越」這個字的時候，往往加上一個「南」字，以說明當地與中國的地緣位置關係，「越南」與「南越」這兩個名詞就這樣出現了。中國歷史也證明，在華南到紅河盆地這塊土地上，從來就不僅只有一個「越」國，而是有許多王朝與部落實體同時並存。在楚國於西元前三三三年消滅位於中國東海岸的古國越國時，許多越人逃進這個地區。漢人且一度用「百越」一詞，描述生活在長江以南「邊陲」地區的「上百個越人」部落。❺

納入中華帝國❻

中國統治者就是在這種不斷變化的地緣政治時空背景中，逐漸將南部邊陲納入本身也時消時長的帝國版圖，「越南」與它的成文歷史紀錄，於是開始納入中華帝國範疇。根據十五世紀的越南文獻，西元前二五七年，在地領導人安陽王統一甌越與雒越部落，在紅河地區建了一個叫做甌雒的單一政體。住在甌雒的有來自紅河三角洲與附近高地的人民。安陽王雖說看來控制了古螺中心地區，但這個古國沒能持續多久。約於西元前二〇七年，它為駐在廣州的漢朝將領趙佗攻陷。趙佗未經朝廷同意，在邊陲割據一塊土地自立建國，國號「南越」，領有紅河三角洲的古螺地區，以及廣東與廣西省部分地區。❼

隨著漢軍逼近，趙佗的政權比之前的甌雒也長不了多久。漢朝在西元前一一一年正式兼併這些南「夷」之地，成立軍區，將住在當地的越人與非越人納入帝國版圖。紅河流域的居民儘管也曾幾度享有短暫的獨立，但直到第十世紀，他們一直就在中國交趾郡治下。交趾郡最初領有紅河三角洲與今天的廣東省大部地區，高地與三角洲都在郡界境內。在五世紀末葉，中國將郡界縮減到今天的越南北部。❽

對漢朝來說，對這個南疆領土的控制事關重大。所以如此，當地肥沃的平原與豐富的農產固然是一個原因，但貿易也是導致漢帝國戰略家往南眷顧的重要誘因。為了在來自南方之海與印度洋（他們往往用「南海」一詞泛指南方之海與印度洋）的國際商務中獲利，秦朝與漢朝都曾向南方海岸擴建運河。今天的北越海岸，為中國與東南亞、與印度次大陸、與中東，以及遠至地中海的貿易提供了絕佳窗口。在這裡和底下的探討過程中，我們宜將南海的誘惑長記在心，因為就像陸地的絲路聯結中國與羅馬以及波斯帝國，誘使中國向北方擴張、將帝國勢力不斷伸入中亞草原一樣，印度洋世界的市場、人民與物產，也誘使中國向南方擴張、將帝國勢力不斷伸入紅河與東南亞。二三一年，漢朝派駐交趾郡的太守在向上司提出的書面報告中，盛讚越南的商業價值。他在報告中指出，與國際貿易的收益相比，農業稅收簡直不值一提：「這個地方以來自遠方的奇珍異寶聞名：珍珠、薰香、鼓、象牙、犀牛角、龜殼、珊瑚、天青石、鸚鵡、翠鳥、孔雀，還有各式各樣足以滿足一切欲求的珍奇寶貝。所以說，要使中國獲利，不必依靠正規稅收。」而中國則可以將陶瓷與絲這類需求甚殷的產品外銷國際客戶。❾

儘管漢朝皇帝宣揚文明、優雅，但就像羅馬與波斯帝國一樣，漢帝國軍隊的規模也相當驚人，征服手段亦往往十分殘忍。拒絕向帝國勢力臣服的「蠻子」經常得賠上性命。就算僥倖存活，他們縱使不淪為階下囚，也難逃流亡、貶抑或無家可歸的厄運。不過，一些講究實用的漢當局已經了解，就長遠而言，這種強制高壓手段不能為他們帶來任何利益。盲目進行軍事征服與同化，卻提不出政治解決方案的做法，不僅耗費巨大，而且只會造成一片仇恨，迫使那批「蠻子」召集自己的軍隊。一些有見解的殖民官員也已經發現，帝國雖然可以派遣眾多漢人文武官員與屯墾民前往南疆工作，但派遣的人數再多，也不足以在絕大多數人不通華語、但非常重要的較低階管理層上進行有效治理。一名派赴南疆的中國官員，就曾在報告中抱怨殖民理論與實際間的差距：「風俗各不相同，語言互不相通，要找好幾名譯員才能溝通……地區層級的官員任用與否，沒有兩樣。」❿

許多漢管理當局由於距離人口聚居中心太遠，只得在郡政府內部安插在地領導人，以示拉攏。面對在地貴冑家族、軍閥或薩滿教巫師，漢當局使用的手段一般不是擊敗，而是妥協與讓步。在省城以外地區，殖民當局儘管奉上命進行整合、同化，仍然運用殖民前既已存在的行政結構、家族網路與教派組織以實行間接統治。一段時間過後，漢朝廷終於向紅河越人開啟帝國軍隊、政府與學界大門，藉以灌輸忠誠、營造合法性與統治效益。

漢帝國的擴張雖說遇到反抗，但許多越人想在帝國體制內改善人生也是事實。特別是一些在原本社會制度下遭到邊緣化的群體，尤其認為這是他們在新權力均勢、在新帝國環境下自我伸張的大好時機。直到進入二十世紀許多年以後，仍不乏越人精英在中國政府與軍隊最高階層擔任要職。同樣重要的是，事實證明漢文化與漢帝國新穎的科技、軍事與政治做法都極具吸引力，特別是它們還是提升地方利益、貿易與認同的利器。就這樣，經過幾世紀起伏演變，一群新的中越精英在位於今天河內附近的都城崛起，不很「漢化」的部落酋長與貴胄家族則仍在地方層級上掌權。不過，若得不到這些在地中越精英，以及掌控偏遠地區又了解當地風土、人情與方言的族閥合作，中國在越南的帝國勢力絕不可能持續千年。⓫

在成為中國一部分以後，越南的發展進入一種新層面。前述那名漢交趾郡太守盛讚的對外貿易，繼續推動著開發。但與他的說法有異的是，農業發展也越來越重要。事實上，到二世紀時，農業生產已經大幅提升，足以養活約一百萬人口。隨著水壩與灌溉手段的改善，新的農耕技術與工具也在越南傳布。地方製造業者用碳酸鉀生產玻璃器皿，供在地消費與外銷。銅鼓上的裝飾說明有組織、部分依靠奴工的紡織生產已經出現。紅河製造業者將銅鼓賣給附近的非漢族領導人，供這些領導人做為地方權威象徵，鑄鼓於是成為一項有厚利可圖的生意。中國朝廷徵收貿易、農耕與製造稅，並將部分歲收撥給交趾族閥。⓬

帝國從來就具有一種推動改革的作用。它們可以連接、流通民族，可以散播思想、物質文化與語言，而且不以帝國本身的文化、語言為限。它們還是一種加速整合，加速科技、文化與經濟改革的過程。前後一千年的中國統治將漢文化的層層面面帶進交趾。中國行政官員引進有關法律、時空的新觀念（法典、曆法、度量衡、地圖等等），還將官僚治理術、武器、紙張，以及方塊字文字系統也帶進交趾。在引進中國式宮廷建築、音樂、藝術，以及使用筷子等用餐習慣之後，紅河精英文化也改變了。數以千計的中國移民在殖民統治期間遷入三角洲，帶來各式各樣新理念、技術與文字。異族通婚、混血與雙語也成為常態。就像中世紀英語因諾曼人在十二世紀征服英格蘭而出現一樣，一種類似「中世紀安南語」的語言也在殖民統治下的越南城鎮應運而生，許多中國字就在這段期間流入越南語言。帝國聯繫也為越南帶來來自更遠的海外理念。舉例說，大乘佛教（北傳佛教）於西元前五世紀就從發源地印度，由商販與傳教士經由絲路，通過華南與海岸地區，透過交趾走入越南史。印度傳教士也曾造訪越南，不止一名越南僧侶曾遠赴印度取經，研究佛學。⓭

儒家強調開明君權、仁政與社會和諧的做法也流向南方。以最簡單的形式來說，儒家學術以三個基本關係為主軸：臣民必須向君王效忠；兒子必須孝敬父親；妻子必須順服她們的丈夫與兒子。理論上，這種以男性為主的家庭階級觀，是構築理想政府與和諧社會秩序的基石。就像兒子必須孝敬父親一樣，臣民也必須效忠他們的君主。祖先崇拜的習俗——活人要以儀式禮拜祖先，保佑已逝家屬來生幸福——也使這種觀念更加根深柢固。歷經數百年政治動盪與社會不安的中國人，就靠這種儒家理論建立中央化官僚政體，散播儒家文化。現代化文官系統與講究唯才是用（不以家族出身、身分貴賤或軍事淵源為用人標準）的科舉考試制度，就是這種文化的產物。儒家理論的影響力與實用性隨時空變化而有起伏消長。就一門做法而言，它集結了安邦治國的技術與指導原則。⓮

從一種比較性世界史觀而言，值得在這裡強調的有四件事。首先，儘管民族主義者不以為然，越南加入中國人的帝國，並且擴大參與帝國事務一事，並無特別離奇之處。就像自西元前三世紀起面對漢人的甌雒越人一樣，塞爾特的高盧人也在西元前一二一年遭到羅馬人攻擊，之後凱撒於西元前五十一年征服高盧。前後五百年間，羅馬將今天的法國、當時的高盧這塊土地做為一個省統治著。就像中國一樣，羅馬帝國也發揮載具的作用，將制度、法律、建築術、宗教，以及以拉丁文為基礎的文字系統，傳進高盧與其他羅馬人征服的土地。就像歐洲使用拉丁文一樣，漢字也成為東亞地區（包括越南）官僚政治與宗教文獻的書寫文字。韓國諺文、日本漢字與越南儒字的書寫都以漢字為範本。每一個儒字都是中文漢字，但讀音是越南拼音。越南精英之後還根據越南人口語加以調整，用漢字編製一套通俗版本的本土文字，就稱為「字喃」（編按：即「南方的文字」之意）。就像羅馬帝國塑造法國歷史一樣，中國在越南前後一千年的帝國統治對越南歷史也有深遠影響。[15]

其次，無論是在歐亞大陸西方或在它的東方，這類權力轉移在實際運作上從來不是一件簡單的事。中國一般而言會透過少數小型越南城市，由住在這些行政中樞和讀書識字的中、越精英經手，發揮它在越南的帝國勢力。在大多數越人（大體上都是文盲）居住的鄉村地區，帝國勢力直接進駐的管道很少。雖說精英在他們的「中世紀安南語」中使用許多從中國借來的文字，紅河三角洲其他地方使用的卻是孟－高棉越南語（與其他越南語）。帝國當局如果想介入這一部分的越南，就必須找上既已存在的統治結構。這些結構由地方要員組成，他們熟悉漢化方式，但以本身的語言、且根據本身的習俗運作。位於帝國版圖最外緣的紅河越南，主要是鄉村居民，由十幾個貴胄家族控制。這裡的人崇信鬼神，遵奉許多年代久遠的精靈神祇。佛教氣息在這裡也很濃厚，有時還讓人有一種這裡自古以來就是佛國的感覺。[16]

越南的儒家化過程自然是在中國統治下展開的，不過大體而言，它始終是一種都市、行政與男性精英經驗。此外，由於交趾在中國統治下的都市化進程一直相當有限，精英與通俗宗教、通俗文化間的界線始終很模糊。它們相互重疊。住在河內的越人精英或許精通儒家理論、規則，或許以能寫一手好漢字為榮，但他們同樣也對佛家僧侶、鬼神、精靈、教派雜處並存的宗教世界甘之如飴。再以歐亞大陸歷史做對比，歐洲人並不是因羅馬皇帝康士坦丁一世在四世紀時支持基督教，法蘭西人也不是因為一名叫做克洛維的法蘭西部落領袖在康士坦丁大帝此舉一個世紀以後受洗，才突然間都成為「基督徒」的。他們並沒有突然間都成為基督徒，這是一段十分長的進程。東亞與越南的「儒家化」進程也是如此。在這段早期歷史過程中，如果說越南人與中國、甚或與整個歐亞大陸其他部分有任何淵源，這淵源就是這種精靈世界、地方教派、鬼神、占卜巫師，以及精英與平民百姓千年來一直一體奉行的各種信念。[17]

第三，除了文化性潛移默化以外，當然還有武力。並非所有的皇帝都那麼慈眉善目。許多皇帝只知用軍隊取得所需，對於這麼做會在地方上造成什麼效應並不在意。繁重的勞役、苛捐重稅與貪腐往往導致社會不滿與叛亂。殖民文化與治國之術，往往與既有政治結構、特權、文化、認同與語言相互衝突。中國朝廷每在厲行同化政策，每在忘卻妥協、彈性與間接統治之利，而進行直接統治時，往往遭遇反抗。徵氏兩姊妹在西元三九至四三年間英勇反抗的事蹟，讓兩姊妹在越南青史留名。當時漢帝國強令地方貴族階級同化，引起不滿，兩姊妹之一的丈夫因此而遭帝國處決，兩姊妹於是起兵造反。此外，漢人移民不斷湧入，奪取地方精英的權力，威脅他們的社會地位與土地利益，或許也是造成這場叛變的導火線。中國皇帝派遣伏波將軍馬援進行征剿，馬援弭平叛軍，之後順勢引兵北上，剿滅了不遠處另一場變亂。[18]

最後，無論對中國或對越南人而言，帝國統治都造成殖民精英的轉型。歷經數百年寒暑，長年累月留在帝國南疆的中國移民、軍官與行政官員逐漸與地方家族通婚，使用地方語言，開始融入地方生活。他們在這樣的過程中，自我在實體、文化，甚至在心理上都與帝國中心漸行漸遠。侵入南疆的漢軍軍官就曾訝然發現一名前秦官員「結髮為髻，盤坐在地」。八世紀中國唐代詩人沈佺期，寫了一首歌詠越南生活的詩，在詩的開場白中寫道：「我曾聽人談論交趾郡，說南方習俗如何深中人心。當地冬日甚短，其餘三季總是豔陽高照。」（編注：節錄自〈度安海入龍編〉，原文為「我來交趾郡，南與貫胸連。四氣分寒少，三光置日偏。」）他隨即憶述千年前漢將趙佗如何在南方建立獨立國的舊事。而這在當年確是實情：中國移民、官員與他們的子嗣可以與越南精英聯手，提升他們共同的利益，包括脫離帝國統治而獨立。特別是在當中國朝廷陷於困境、無暇他顧之際，尤其為邊區一些桀驁不馴的悍將帶來可乘之機。這些叛軍有時是「中國人」，有時是「越南人」，還往往兩者都是。最重要的是他們能不能取得地方支持，運用精神、鬼神世界的力量將軍力轉化為持久的政治變革。五四一年，乘中國朝廷因應北方內戰、無力南顧之便，交趾人李賁（又稱李南帝）起兵反抗貪腐的帝國統治，五四四年還建了又一南越王國，自稱南越帝。李南帝原本一直在中國政府任官，儒家學術出身，是中國屯墾民之後。其他幾名類似強人也紛紛在中華帝國南疆割據稱雄。不過李南帝的南越王國壽命不長（編注：在五四八年被討平），中國在六〇二年重新掌控這個外洋貿易樞紐之領土（編注：平定交趾李佛子之亂），與境內的農耕心腹重地。[19]

獨立的大越

交趾終於在十世紀脫離中國，成為一個獨立國。一連串錯綜複雜的因素可以說明這個越南史上重要事件。首先，唐朝在九〇七年（其實敗象在這之前已經顯露）崩潰，帝國朝廷無力管控偏遠領土，遂為地方精英或軍頭帶來可乘之機。殖民地的刺史或是未奉上級明確授權，或是沒有足夠調遣使用的兵力，也只有束手旁觀，或設法走避。其次，對紅河地區殖民當局發動攻擊的，不是從中亞草原南下、後來占據中國的蒙古與滿州游牧民族。不滿來自殖民當局內部，來自認定脫離唐朝能做得更好的軍、政精英（兩者往往相互重疊）。九三九年，交趾高官、兼統兵將領吳權，利用唐勢力瓦解之機，擊敗敵軍水師攻擊，確立交趾獨立地位。事實上，對吳權發動那場水師攻擊的，是廣州境內一個與吳權狀況非常類似的政體，它的領導人在九一七年宣布脫離唐朝獨立建國，國號大越，一年後改名「南漢」。吳權其實沒有從「中國」手中取得獨立；他擊敗的，是這塊越、華共處的水陸要衝地區的一個對手政體。不到一個世紀，吳權的手下也建了他們自己的大越。[20]

出現在附近區域的權力均勢迅速變化，也是吳權獲勝的一個原因。原是中國南疆將領的吳權，像其他類似他的將領一樣，一定很清楚當時附近地區還有許多鄰國，而且其中幾國經過幾世紀經營，還變得非常強大。在大越南方，占族與高棉族已經建國，而且不斷向外擴張，兩國領導人當然不樂意見到大越國出現，瓜分他們獲利頗豐的對華貿易，把他們擠出印度洋市場，甚至一旦中國人整理行囊、打包撤離，還不讓他們將勢力伸入紅河盆地。在大越的西方與西北方，泰族聯邦的政治與軍事影響力有增無已，將越來越多的人口與商隊貿易路線納入勢力範圍。一個特別強大的南詔在雲南省崛起。南詔人一直經營用馬匹換取越南鹽（馬與鹽是當時兩項非常重要的產品）的陸路貿易，賺得不亦樂乎。由於唐朝官員揚言攔阻這項貿易，南詔遂於八四六、八六〇與八六二年進軍安南都城龍編，還在八六三年屯兵安南，兩年後才撤軍。所以說，在吳權於九三八年因白藤江之戰而取得獨立以前，唐朝在南疆的情勢已經岌岌可危。在大越北方，唐帝國對廣西非漢人地區的逐漸失控，也使一些部落首領自立門戶，實質上形同自治。吳權的建國獨立，顯然有先例可循。最後，在唐朝統治期間，由於重心北移，交趾做為與印度洋貿易主要港埠的重要性已經降低。所有這些因素都促使地方將領、貴族與官員從帝國內部起事，而唐的策略專家或許也有意坐視不管，任由安南事態之發展。[21]

無論屬於哪一種狀況，奪權是一回事，如何保住權力又是截然不同的另一回事。占城與高棉這類區域性強權，持續嚴重威脅著新興的大越，中國也始終很有可能展開反擊。同樣重要的是，紅河地區還有十幾個世居當地的土閥，這些人也不會眼睜睜看著吳權在他們的地盤上擴張勢力。唐朝軍事與殖民統治人員的迅速撤出，在紅河地區造成權力真空，像吳權一樣，這些土閥也渴望把握此一良機來大舉擴張。殖民帝國的解體每每引發內戰，這一次也不例外。前後半個世紀，各式各樣團體跨過紅河平原，進入交趾高地進行角逐。直到李太祖（李公蘊）勝出，於一〇〇九年建立李朝，內戰才終告平息。[22]

所有這些想將交趾郡轉變為獨立大越國的權貴家族，都面對類似挑戰：想獨立統治，應該在多大程度上依賴既有殖民秩序與中國治理之術？應該建一個全新的東西，還是應該依賴那些一直存在、從未消失的東西？如何在意識形態、宗教與歷史上，建構一個後殖民時代政治實體，並為它賦予一種法統意義？在那些從來沒有遭過真正敗績的土閥與在地豪門環伺下，一個家族或一個有魅力的領導人，能夠統治一個國家超過三十年嗎？還是說，此時此刻，應該運用佛教這類廣被全球的宗教，架構、建立、實施一種傾向中央集權的統治形式？[23]

吳權與李太祖等等早期軍事領導人雖說都以君主政體為核心模式，他們在一種、或在另一種形式上，都得面對這類更深一層的問題。政治法統是他們必須解決的第一批問題之一。再怎麼說，在九三九或在一〇〇九年，在經過一千年中國統治、又沒有任何文字紀錄的情況下，誰又能舉證歷歷、說明自己是皇室與立國國君之後？沒有人能辦到這一點。從歐亞大陸一端到另一端，太多面對同樣問題的統治者都做過一件事：編造一個神話，誇耀他們的過去，然後將神話與他們的現在與當前政治需求相互結合。大越的王也採取同樣做法。朝廷派遣史官在過去尋根，尋找最早的統治者。他們找上古螺的安陽王，之後繼續深入過去挖掘，讓文郎（杜撰人物）、馮興（真實人物，在七九一年反唐朝）與鴻龐（杜撰人物）諸王死而復生。這些歷史人物或許確曾存在、或許只是無中生有的杜撰，但這無關緊要，重要的是神話編得好不好。[24]

其次，儘管大越那些史官竭盡全力、將殖民內容從他們的歷史上去除，但他們還是愛用中國文字，需要中國人幫他們尋根，用中國歷史佐證他們本國的歷史。事實上，由於能編造一個與中國本身起源旗鼓相當的大越古史，再添枝加葉、提出針對中國古史的各式各樣參考資料，大越王可以進一步鞏固他們的皇權法統，就像中世紀歐洲那些國王刻意強調他們自己、他們的國家與「第一個」光榮羅馬帝國的關係一樣。就像查理曼大帝與他的繼任人自稱新羅馬人，自稱凱撒——例如沙皇與神聖羅馬帝國皇帝——這些越南國王也自稱「漢人」，是自己的「中國」的領導人，而且就像中國文化、治術、以及古史所述一樣，是「天子」。不過這些越南統治者（還有日本與韓國統治者）得應付一項挑戰：與羅馬帝國不同的是，中華帝國始終存在；事實上，它直到今天依然存在。高盧人與日耳曼人一旦獨立以後，再也不必擔心羅馬人會回過頭來挑戰他們建的新帝國，會駁斥他們編造的法統故事。無論怎麼說，在編織歷史故事這方面，有些大越王做得確實比其他大越王好一點；不過這項編織過程倒也並非無中生有。大越史官運用中文、以中國人文史料為基礎創造本國傳統，使大越史就像歐洲那批史官用拉丁文與羅馬檔案建立的歐洲國家史一樣真實。[25]

第三，國王需要借助偏遠地區的教派、神祇、英雄、精靈，以及他們在鄉間的人脈網路結合民眾，將他們象徵性的形象投射到上至統治精英、下至村民百姓等每一個人的身上，然後回歸永恆的過去（事實上，就這種過去而言，他們大體上都是外國人）。統治者需要借助鬼神「宣布」它們對新統治者的支持，新國王需要編一套鬼神支持他的故事昭告全國，以控制新臣民。這在中國整個帝國史上是一種屢見不鮮的政治策略；幾世紀以來，中國派在交趾的行政大員一直運用這種策略，越南人於是也如法炮製。統治者透過託夢、神蹟與預言，處心積慮地找出可以動化且往往可以人性化的鬼神，支援他們的政治行動。佛教僧侶也經常幫著他們，讓他們可以在靈異王國暢行無阻、不費吹灰之力。十四世紀初葉完成的《越甸幽靈集》就收錄有一篇故事，說神話中的人物馮興王，曾以超自然力支援吳權與越人在十世紀獨立。故事中說，吳權當時面對中國軍隊來自北方的攻擊，馮興王託夢給吳權，要吳權不要害怕，因為「我已派遣一萬神兵團進駐戰略要地，準備進行伏擊」。結果果如夢境所說。吳權在因此擊敗敵軍之後建了一座大廟與一個皇家教團祭祀馮興王。這篇十四世紀的故事在結論中說，這項祭祀「已經逐漸成為一種古老儀式」。但事實上，它是不久以前才問世的發明。[26]

不過，建立君權，輔以皇家認同、神話與儀式，再用軍事力量保衛它，用神兵支援它——並不表示做到這一切就能因此安邦定國。在立國之初，大越掙脫中國千年來統治未久，並不具備完整的中央化官僚體系，無法以最先進的儒家治術治理國事。唐朝已經把大多數公務員撤離交趾，中國人也從未在交趾將理想的儒家系統往下推廣到草根層級。由於戰亂不斷，勢力龐大的貴冑家族、軍事家族崛起，無論是李朝（一〇〇九到一二二五年）或是繼之而起的陳朝（一二二五到一四〇〇年），都沒能將他們的勢力徹底剷除。儘管李朝與陳朝統治者也都在他們的書裡編織了神話，也都建了廟宇祭祀鬼神，但他們都沒能在一夜之間扭轉靈異世界，以遂行其政治目的。特別是在與中國的外交關係上，李朝與陳朝都繼續沿用殖民時代留下的儒家慣例做法，但地方貴族與大地主大體上仍像過去一樣進行統治，與朝廷只維持一種脆弱的皇家聯盟關係。農民或許已從殖民當局的臣民搖身成為皇家臣民，但他們像過去一樣，繼續與地方權貴、特別是與遊走在他們身邊的鬼神和僧侶互動。他們未必完全遵奉李朝與陳朝新統治者號令，李朝與陳朝真正控制的，也只有河內附近的核心要地而已。

大越幾位最有效率的領導人，喜歡一腳踏在朝廷，另一腳踏在佛教與靈異世界久已融為一體的鄉間，也因此不足為奇。李朝開國國君李太祖是佛教徒。在佛寺受過教育的他深諳佛經，知道僧侶如何透過全國各地寺廟網路運作、如何與左鄰右舍各種教派與鬼神之說相輔相成之道。在主政以後，李太祖把佛教升格為國教，由國王主持修會，與僧侶合作，以促進繁榮、信仰，並希望藉以帶來更有效的政治與經濟控制。越南僧侶（包括一些曾赴印度取經的僧侶）也幫著他投入這項「保衛皇家領地」的大業。有一名李朝國君曾規定臣民必須遵奉他為佛祖轉世化身。還有幾名國君根據佛教建立皇家寺廟，「供奉梵天神金身」，由國君「頂禮膜拜」。這些統治者與高棉（在吳哥建廟）、泰國（在素可泰建廟）以及緬甸（在蒲甘建廟）那些統治者的做法頗相類似，不過這類做法也出現在中國、日本與韓國。[27]

李朝統治者也設法吸引既已存在的地方性宗教信仰，加以統一，將它們的儀式、神祇和迷信說法導入政治權力中心。這一點也不奇怪。在十一世紀，李朝國王經過一場頓悟，發現大地女神有護國安民法力。他於是下令在京城為大地女神建廟，將這個靈異領域與他本身的政治基礎銜接。最後，李朝的王還運用跨國、跨派通婚，確保與強大鄰國的友好外交關係，鞏固對內的政治控制。李朝與陳朝都大力發展農業，建了更多、更好的水壩與運河。農業發展帶來豐收與穩定而充足的米糧供應，紅河地區人口因此迅速增加。[28]

這個重視宗教、以內陸農耕為基礎、人口迅速增長的國度，就這樣在河內附近出現。也就在同一時間，由於中國宋朝（九六〇到一二七九年）的商務起飛，又一次將東京灣轉型為繁榮的商業中心，另一種走勢也出現在大越海岸地區。宋室因面對來自歐亞草原游牧民族的威脅，而將京城南遷到杭州，加速了這項轉型。宋朝強有力的文化、知識與商業活動，也隨遷都而將重心南移，進入沿海地區。隨著中國與印度洋的貿易不斷升溫，彷彿種族大雜燴的近岸商販進入大越，開始充當將中國瓷器與絲綢外銷占城、高棉、東南亞內陸與中東市場的仲介。優雅的越南製瓷器也生意興隆，銷路深入印度洋地區腹地。從華南到海南島，到北占婆的闍盤城（即維賈雅）附近、今天的歸仁，南下北上的商貿交通大盛，而大越的雲屯港也成為這個商務板塊的中心。地方商販稱這個與大越交界的地區為交趾洋。在地需求強化了這種商業活動，而這種活動也從中國、占婆以及更遠的地方引來更多的人。[29]

在李朝不很嚴密地從河內附近統治整個大越的同時，沿海地區的商販、旅人與移民引進各式各樣新理念、產品與技術。占人的藝術逐漸流入李朝、陳朝與早期的黎朝人家。占人的音樂也深入李朝宮廷。有聽過這種音樂的人如此寫道：「它的音調極其可悲、傷感，讓聽者淒然落淚。」這不奇怪，因為製作這些音樂的人許多是戰俘。不過占人的印度教理念也流入紅河村落，村民用它們造了屬於自己的地方教派。南中國的商販，以及在十三世紀蒙古人征服中國期間逃亡的宋朝政治難民，往往也隨身為大越帶來藝術、文化與一些非常儒家的政治理念。他們還帶來紙張、印刷術；流亡的文人學者在海岸地區闡揚中國文化理念，讓許多在地人成為中國文學與毛筆字的信徒。佛教禪宗也於這段期間在海岸地區植根、發展。前文提到的那位來自廣州的石蓮大汕，在十七世紀的華南與大越地區絕非特例。造就他的，是海洋色彩非常濃厚、源遠流長的佛教。[30]

就這樣，立國初期的大越在早年獨立進程中可以說是雙軌並進：位於內陸的首都河內，統治務農的平原與山區，其餘地區則透過紅河，與熱鬧滾滾的印度洋海路貿易接軌。在出身海岸世界的領導人領導下，新的陳朝崛起。這些領導人在一二二五到一四〇〇年間從河內統治大越。他們是佛教徒，但也受海岸地區宋朝儒家文化影響甚深。他們都是移居大越海岸地區、與李朝家族通婚的福建富商與漁民的後裔。這種聯姻關係有重要象徵意義。它不僅幫著陳朝領導人奪得在河內的佛教徒王位寶座，還讓專注於內陸農業發展的大越，也將目光擺在強調對外商務的海岸地區。這種雙管齊下的做法，使大越既能充分利用它的農耕腹地，又能發揮對外貿易之效，一個欣欣向榮的國度就此出現。[31]

它也因此成為一塊讓人垂涎的土地。陳朝打了幾仗，擊退強鄰占城從南方發動的多次進擊。在十三世紀，陳朝還被迫與他們在海岸地區的競爭對手聯手，擊退更強大的蒙古從海、陸兩路發動的攻勢。我們不能忘了，蒙古人打算進一步擴張他們橫跨歐亞兩洲的龐大帝國，把勢力從波斯延伸到中國，再沿越南海岸南下，進入東南亞的香料群島。占人與越南人在紅河擋住了蒙古大軍，日本人與爪哇人則憑藉大海屏障達到這個目標。[32]

緬甸與泰國統治者，分別將都城從內陸河都蒲甘與素可泰遷都到伊洛瓦底三角洲（仰光）與湄南河三角洲（曼谷），大越統治者也一樣。陳朝統治者曾在河內與設在海岸的清華王宮間來回。國都仍在河內，但陳朝將重心移往海岸是不爭之實。宋室已經將國都遷往靠近海岸的杭州。當時越來越多醉心儒家的文人與政治人物，私下已經開始對佛家思想表示鄙夷，認為想打造現代國家與文明，運用宋朝儒家理念比運用佛家思想更加有效。就政治角度而言，陳朝也為這類人士開啟了一處喘息空間。陳朝大員仍然篤信佛教，但宗教信仰是一回事，他們以及為他們工作的人仍然大力提倡儒家理念，認為這是組織政府權力、建立王權法統的另類選項。在陳朝統治期間，儒家與佛教有關安邦治國之術的理念做法時而摻雜糾結，時而相互競爭。直到中國明朝（一三六八到一六四四年）建國以前，哪一種選項最後勝出的問題一直沒有答案。明帝國終於推翻統治中國的蒙古，並侵入越南，展開又一輪中華帝國版圖的擴張。[33]

明與大越的帝國雄圖[34]

明帝國在一三六八年趕走了蒙古人，但就像蒙古「世界征服者」一樣，他們也決心把中華帝國勢力伸進東南亞。明帝國不僅派軍在一四〇六年進入河內，再建中國統治，還像蒙古人一樣，派軍跨越雲南，深入非漢人聚居的高地，進駐蘭那這類泰族政治實體，勢力達到今天的緬甸北部地區。在這些跨越雲南的南部高地，明帝國借用蒙古人建立的土司（即地方酋長）系統，實施間接統治。蒙古與明的系統兩者之間有持續性，為泰族建立的間接統治一直持續到進入二十世紀多年以後。[35]

在經由陸路深入東南亞北部地區的同時，明帝國也派遣艦隊深入南海，決心建一個讓他們滿意的海上秩序。本身是雲南回教徒的明帝國水師提督鄭和，率領遠征艦隊一連幾次通過馬六甲海峽進入印度洋，足跡遠至東非海岸，並可能去過麥加。為掌控東南亞的香料貿易路線，中國艦隊搶在葡萄牙艦隊百年以前，已經向馬六甲開火。明朝用進貢與貿易手段進一步擴建一個非正式的海上帝國，而這一切作為都有非常先進的造船與火藥技術做為後盾。就這樣，中國船艦不僅攜帶商品，還滿載數以萬計的軍隊。事實上，在十五世紀，明軍擁有精密的大砲、槍械、手槍與榴彈，是亞洲威力最強的軍隊。歐洲人不是唯一想在東南亞建立「槍砲帝國」的人；首先將新的現代化形式、治國術與暴力帶進這個地區的也不是歐洲人，而是中國人。[36]

最了解這件事的，恐怕莫過於越南人。一四〇七至一四二八年間，就在明朝極力將帝國勢力向南擴張之際，大越重新納入中華帝國版圖，成為明帝國第十三個郡，以及明帝國進一步海、陸擴張的重要基地。姑且不論影響是好是壞，這是越南現代史的一條分水嶺。就一方面來說，明朝以高壓軍事行動對大越進行再征服，之後的直接政治統治與文化同化也強制執行，毫不容情。明軍在控制大越以後，焚燒大越書籍，企圖讓越南唯中國馬首是瞻。中國派出幾十名官員治理交趾郡，把地方領導人逐出政府，一方面還嘲笑原有大越體制，說它們是「野蠻人」習俗。這些官員幾乎沒有人會說越南話，而且他們也認為沒有學說越南話的必要。在他們眼中，交趾本來就是、今後也應該是中華帝國的一部分。[37]

這麼做的結果可以預期：抵抗與合作。為反對這種高壓統治，也因為不甘權力被奪，以黎利為首的一群人於一四一八年撤入南方、回到他們在今天的清化與義安省境的基地，拿起武器，對抗中國占領。明朝的反應既迅速又凶狠：派出數以萬計裝備精良的軍隊鎮壓反抗軍。但由於反抗軍擄獲明軍的現代化武器，抄襲明軍的軍事科學與火藥生產技術（反抗軍也通曉漢字），黎利的軍官把他們原本由社會賤民組成的雜牌軍逐漸轉型為一支越來越強的武力。黎利的同夥人也開始運用中國官僚治術，組建與部署數以萬計屬於本身的武力。經過十年戰事，在黎利指揮下，越南人在打了幾場規模超過簡單「游擊戰」的戰鬥之後，於一四二七年將明軍逐出國境。頗具反諷意味的是，明帝國在越南實行統治的時間雖然短暫，但就在這短短幾年間，他們幫越南人完成一場屬於越南本身的現代軍事革命，讓越南人用來對抗殖民當局，建立新國家。[38]

吸引越南人注目的，不僅是中國的火藥與武器而已，還包括明朝的官僚模式與文官系統。在這二十年殖民統治期間，中國人在越南建了許多以儒家為主軸的學校與訓練學府。到一四〇八年，中國人已經根據中國行政管理做法，建了四十一個府與二百零八個縣。明朝官員燒毀越文書籍，但也重新引進儒家經典、印刷科技、紙張，還有中國法典以及安邦治國的概念。某些大越精英於是選擇與明朝合作，以便運用明朝的書籍與手段，倡導一種非常越南的進程，包括一場已經在海岸地區推動了幾十年的儒家革命。[39]

對反殖民主義者來說，情況尤其如此。在奪回大越、自立稱帝之後，黎利與他的繼承人根據儒家模式改造大越。大越過去的統治者一直夢想在這塊難以管控的土地上建立中央集權，只是始終苦無對策。黎利一夥人現在見到實現這個美夢的大好良機。他與他的後人建立更多專業學堂與學校，推動儒家治術，加速實施文官考試制度，並且頒布以儒家精神為主軸的黎朝法典。新法典將貴族擁有的私有土地減少，以削弱他們的權力，並將村落控制權交到政府手中。根據新財政系統，財稅收入直接上繳中央政府。在鄉村地區，原本屬於土閥的權力逐漸流入省級行政首長手中。黎利等人繼續重用許多過去與明朝合作的官員，因為他們需要這些人，而且這麼做能確保這批人的忠誠。[40]

率先發動這場革命的，是黎利最著名後人之一的黎聖宗（約一四六〇至一四九七年）。黎聖宗勵精圖治，徹底改革儒家考試系統，推出援引自中國的法律與刑法法典。他建立國子院，訓練一批忠誠的官僚精英，派遣到全國各地，在地方基層宣揚儒家規範，使這種政治意識形態無論在社會、或在地方官僚結構內部，都能獲得民眾支持。一四六三年，隨著佛教理念在精英政治中逐漸褪色，他推出三年一次的科舉考試。為進一步削弱佛教影響力，朝廷欽定神鬼英雄榜，讓所有百姓膜拜。這些作為的用意是將國家意識形態注入社會各階層，不過控制精神世界始終不是一件簡單的事。[41]

中國人也為他們提供了帝國模式。在成功將中國人趕走以後，黎利等人為建立自己的帝國，向中國人借用了許多東西。這些東西包括「皇帝」名號，包括現代軍事學、火藥科技、組織領土與人民的官僚模式等等。越南人也因積極加入東亞儒家世界，成為「禮義教化之邦」，而取得強有力的殖民意識形態與階級民族文化觀，並因此自我提升到一個較高的文明秩序。這種東亞文明使越南人得以與周遭那些非漢人、缺乏教化的「野蠻人」有所區隔，也使越南人認為他們理應征服那些缺乏教化的民族，而將他們自己原也出身野蠻人世界的事實忘得一乾二淨。越南人希望自己是較優秀的漢文明的一部分，他們往往以漢文明之名進行征服，原因也就在這裡。不過這不表示越南人想「當中國人」。

羅馬殖民統治結束後，歐洲的法蘭克「野蠻人」自稱新羅馬人，打著宣揚優勢羅馬文化與歷史的旗號而進行征服，藉以強調自己征服有理。基於同理，越南人也以發揚漢文明為名，建立進行殖民統治的法統。但兩者的差異，猶如之前一樣，就是羅馬雖已經在歐洲消逝，但中國仍然在亞洲。獨立的越南統治者在擴張帝國版圖過程中，自稱「漢」與「皇帝」，中國人則對這些不肯加入「真正」中國的越南人惱火不已，想方設法為他們「去文明」，把他們貶為王，有時還說他們是中華帝國的臣民。[42]

新興的越南帝國，雖說迫於紅河三角洲人口壓力不斷增加而向南方擴張版圖，但就像蒙古人與中國人一樣，大越領導人也很了解印度洋貿易的重要性。事實上，當年印度洋貿易重要樞紐、占人的歸仁與會安兩港，就位在新獨立的大越南方不遠。占人與越南人多年來一直彼此征戰不休，但這一次，越南在打了勝仗以後不再心滿意足地撤軍。一四七〇年，黎聖宗發表一篇攻擊占婆的詔令，以富麗堂皇而且不時還透著尖酸的詞句，詳述越南何以必須摧毀占婆：不僅為了安全理由，也為完成更大的文明使命，「奉承天命，對這群凶殘暴徒進行攻擊與殺戮」！黎聖宗不是隨便說說而已。一年以後，黎朝帝國軍隊在闍盤城大敗占軍，奪下歸仁港，在占人土地（今天的越南中部）上進行殖民。這是越南史上一個重要紀元。越南從這一年起，使用最新型武器積極展開殖民擴張。征服闍盤城的行動顯然成果豐碩：征服之後，越南人與占人陶瓷製品的外銷大幅增加。[43]

當時沒有人知道這樣的擴張會進行到什麼地步，不過很顯然的是，他們要沿著海岸線向南方擴張，要向西方與西北方，朝越人發源的周遭山嶺地區深入。一四七九年，黎朝帝國軍隊在今天的寮國與越南西北部長驅直入，闖進泰族聚居地區。他們通過鎮寧與奠邊府，進抵緬甸，才像之前的明帝國軍隊一樣班師回朝。許多黎軍奉命留守，建立屯兵農場與衛戍基地。士兵們一面進行農墾，一面進行守護。稅務紀錄顯示，這些征服地區的越人人口不斷增加。過去明帝國殖民當局肆意施暴的統治手段雖曾令越人痛恨不已，但現在大越指揮官們手段之殘也不遑多讓。越南人也是殖民者。[44]有一次，在征服一個走霉運的「野蠻人」政治實體之後，他們寫了如下一份報告：

一四七九年：再伐盆蠻。遣將軍祈郡公黎念掛將軍印，領兵三十萬伐盆蠻。以征西營攻破老撾，捷書為盆蠻邀截，脫失故也。師入隘，琴公走死，焚其城，攻哨各城，焚其積聚。初盆蠻眾有戶九萬，飢死殆盡，止存二千餘人。乃使人稱臣乞降，遂封其種琴冬為宣慰大使，乃置鎮守各縣官吏以治之。後琴繼叛。（編注：載於《大越史記本紀實錄》卷之十三）

天主教的越南

前文所述的石蓮大汕，不是十七世紀末葉唯一在越南傳教的人。當時還有許多天主教傳教士也在越南。在葡萄牙人於一五一一年奪取馬六甲以後不久，歐洲傳教士開始乘坐伊比利亞人的貿易船前來亞洲。第一批歐洲傳教士於十七世紀初抵達越南，這批人大多數是唯恐遭到迫害，而逃出日本的耶穌會教士。（當時德川幕府剛在日本掌權，日本局勢仍然混亂，而德川幕府認為耶穌會對他們的統治構成威脅。）一六二〇年，法國耶穌會教士亞歷山大・羅德在紅河大越加入一個小教會，宣揚天主教義，直到十年後遭驅逐為止。之後他往南方遷徙，繼續傳教。[45]

為方便基督教傳教，歐洲傳教士與他們的越南夥伴，研發了一套用羅馬字母抄錄越南文的書寫系統。一六五一年，羅德發行第一本葡萄牙文－拉丁文－越南文字典。這套所謂「國語」的早期羅馬拼音系統，就成為二十世紀越南的書寫系統。但在這套書寫系統問世以前，越南精英與想與精英們接觸的傳教士，仍然使用中國字（漢字）或所謂「字喃」的本土方塊字文字系統。像佛教僧侶一樣，天主教傳教士也都善於學說低地偏遠地區大多數居民使用的越南語，因為這是他們的傳教任務成功與否的關鍵。[46]

天主教在越南社會植根的深度有限，但有重大意義。越南統治者一直未能像德川幕府十七世紀在日本那樣有效驅逐基督徒。歐洲傳教士在這段期間不斷在越南進出遊走，在鄉村各地建教堂與教會。到十八世紀中葉，儘管遭到朝廷敵視，已有約三十萬越南天主教徒生活在紅河河谷地區。越南南部地區的天主教徒人數少得多，在十八世紀以前從未超過一萬五千人（至十九世紀初期，人數也不到十萬）。直到十八世紀末，在大約七百五十萬越南人口中，越南天主教徒仍是少數。[47]

戰爭、艱困的社會經濟條件、饑荒以及疾病，都促成貧苦民眾的皈依。基督教號稱擁有治病法力，保證信眾獲得救贖與來生，還倡導世人無分社會地位、生而平等，讓許多農民趨之若鶩。離鄉背井、遠赴南方邊陲尋找新生的移民，在往往充滿敵意的環境下，能在天主教社區與教會中找到一種讓人寬心的團結意識。許多基督教的靈異與奇蹟概念，和既已存在的超自然與神祕信念吻合。以對聖母瑪麗亞的崇拜為例，就在沿海地區與東京灣，在古早以來一直崇拜「海之母」的漁民和海員中找到共鳴。對人類學涉獵頗深的耶穌會神父阿立安諾・迪・聖堤拉（Adriano di St. Thecla）寫過一本帶有迷信色彩、但精彩動人的書，討論歐洲基督徒與中國和越南土著在宗教崇拜方面的一致與通同。[48]

不過，就像越南佛教徒一樣，越南基督徒也不全是那些住在偏遠地區的貧民而已。越南軍中有許多天主教軍人。越南精英，包括儒家出身的高官，也在基督教強調的道德與正直概念吸引下，皈依基督教。阮朝推動改革最力的高官阮長都就是天主教徒。就像中國的石蓮大汕在十八世紀之交飄洋過海，幫著阮福凋推廣佛教一樣，越南耶穌會奇人菲立普・賓也曾遠赴里斯本，停留三十年，為東京灣的天主教與耶穌會運作辯護。最後，大半生在越南傳教的法國主教百多祿，曾在十八世紀幫著阮福凋那位名氣響亮的後裔嘉隆，在下文將談到的西山戰爭中復國。雖說百多祿此舉最後對大局並無影響，但嘉隆與路易十六能於一七八七年簽署條約，百多祿穿針引線，居功厥偉。[49]

簡言之，就像帝國一樣，宗教也是催生全球化的力量。透過亞洲與國際聯繫，也為呼應在地條件與精神需求，儒家理論、佛教與天主教教義都在越南出現。天主教同時還得與教派、精靈、卜者、宗派、算命師與千禧年派信徒這類更草根的基層互動。但越南天主教未必比儒家思想更「外國」，它也不是「法國」產品或法國殖民的進口物。[50]

軍事統治與分崩離析的主權

黎朝在十五世紀擊敗明軍，信心大振，國家內部建設工作迅速展開，帝國也開始擴張。不過這一切沒能持續多久。理論上可以由上而下、創建中央集權式現代化國家的儒家革命，在實際運用上有其極限。許多世紀以來一直大權在握的貴冑家族不會輕易投降。就這樣，儒家改革的成敗興衰，隨著社會經濟環境、領導人與政治時機而消長起伏。迅速的領土擴張，使朝廷對邊陲地區逐漸鞭長莫及，為原本駐在邊區、相互角逐的各路人馬，以及非越人反殖民叛軍帶來趁勢崛起的可乘之機。不斷出現的內戰，以及永無止歇的殖民征服，意謂軍事領導人與他們的家族繼續保有相當特權與勢力，例如他們可以有軍隊、有武器，可以選邊效忠等等。黎氏、鄭氏與阮氏軍事家族，都源出於當年的南方省分、實施殖民統治未久的清化。其中特別是黎氏，與寮國高地尤有淵源；黎氏與沿海的大越從未真正休兵謀和，也從未真正信賴過中國人。

因內鬥而分裂的軍閥

十六世紀，黎朝重振王室、保持各軍事家族利益均霑的意圖失敗，情勢遂急轉而下，演成危機。一五二七年，皇位繼承的角逐以及派系分裂的惡化，導致北部沿海地區莫系軍人崛起奪權。莫登庸推翻黎朝皇帝，自立為君，創立莫朝。黎朝在南方的兩大軍事靠山，阮氏與鄭氏軍閥立即起兵反抗。阮淦將軍與他的女婿鄭檢聯軍，重建黎朝，將朝廷遷往清化。之後聯軍從清化對莫軍展開攻擊，逐漸把莫朝勢力逐出河內。莫朝退入北方高平省附近地區，繼續獲得明朝的支持。

鄭檢個人野心作祟，趁其岳父阮淦死於莫軍手下時，攻擊阮淦所部，進一步分裂了越南主權統一。阮淦的兒子阮潢知道鄭檢要的是權力，為避免三方角逐的內戰爆發，也為保護自己家族，阮潢遂提出要求，請調新征服的廣治地區。鄭檢樂得應允，因為這麼做可以讓阮潢離開聯軍從莫軍手下奪回的黎朝國都。阮潢於一五五八年帶領所部離開國都，前往當時偏僻荒遠的順化：今天的越南中部。分裂的越南現在由三大軍閥分治：莫朝控制著河內到中越邊界沿線，鄭氏控制清化，阮氏則控制殖民帝國南部邊陲地區。雖說鄭氏與阮氏都支持黎朝皇帝，真正掌握大權的是鄭氏家族。一五九九年，鄭檢的兒子鄭松稱王，並明白表示鄭家無意與其他家族共享權力。鄭氏利用黎朝皇帝與相關典章（譯注：即所謂「挾天子以令諸侯」）讓他們的統治合法化，這情況與日本的德川幕府在一六〇三年掌權時仍舊推尊日皇，幾乎沒有兩樣。在這段期間，無論在日本或在越南，皇帝徹頭徹尾，說白了就是囚犯。

鄭氏儘管沒有建立像德川幕府一樣的軍政權，但它實際上是透過一種軍政權與政治文化進行統治。軍事官員向鄭王、而不向任何類型的儒家官僚效忠，以確保公共秩序與忠誠。鄭王主持隆重軍事儀式，並且用廟宇、旗幟與效忠宣誓維持秩序。一六〇〇年，在回北方剿平莫朝之後，阮潢默認鄭王的支配權，向黎皇示忠，然後回到南方。雖說當時他還不知道，但他與他的家族就要在帝國邊陲打造第二個越南。[51]無論怎麼說，阮潢愛上他在南方遇上的這塊土地。它的異國風情讓他迷戀，任何人只要努力都能在這塊土地上致富的美麗遠景讓他嚮往。會安港的繁榮，它與印度洋蓬勃的貿易，在地、區域性與國際旅者，商販與傳教士融會交織的奇觀也令他心動不已。中國人、阿拉伯人、波斯人、日本人與歐洲人，早已到訪越南從占人手中奪來的這座古老貿易城。誠如一位著名學者所說，「才賦與能力開始比出生與地位更有分量。這事實上是一種從祖先、從過去枷鎖中的掙脫。對阮潢而言，這使他更加依賴自己，道德選擇的重擔也因此從過去轉為現在。」這位學者以及其他對阮潢深具信心的人，儘管仍與北方保有聯繫，但開始覺得他們可以成就大事。他們開始想像一種新「越南人方式」，另一南方政治實體就在這種心態上誕生了。[52]

不過，這些位於紅河三角洲南方的地區並非一片蠻荒。在東靠南海的低地，在緊鄰順化西部的高地山丘，還有跨越湄公河三角洲、一路延伸到暹羅灣的地區，住了好幾百萬人。在西元前一千年至前二百年之間，內容頗有可觀的沙黃文化曾在今天的越南中部與南部繁榮昌盛，與位於北方的史前東山文化並立，甚至互動。沙黃的工匠生產了各式各樣鐵製工具、武器與飾品。扶南國與真臘國，是首先出現在湄公河三角洲（西元一到九年）、類似曼陀羅、組織鬆散的政治實體。位於北方的越人從中國借來儒家思想、佛教理念與中國文字，位於南方的扶南人則因應地方需求，客製了來自印度的印度教、佛教與梵文文化。拜位於今天安江省境的湄公省歐奇歐港之賜，扶南地處聯結中國與印度洋帝國貿易線的樞紐。

其他國家也相繼在這個地區出現。建都於洞里薩湖附近的高棉帝國吳哥，在十四世紀全盛時期，曾統治東南亞低陸平原大片地區。高棉人創辦精密的水利系統，讓境內人口持續增長，他們推動都市化，建立複雜的政治結構，締造驚人的藝術與建築成就。有人認為，養活了一百萬人的吳哥文明，是「前工業化世界最大型低密度都市發展綜合體」。這個繁榮的帝國無疑造成人來人往，它倡導佛教，將巴利文與梵文為基礎的文字系統散播到湄南河與湄公河三角洲之間地區。53

在湄公河以北、以會安港為中心的地區，前文提到、並將在第十四章詳加探討的幾個占婆王國於七世紀崛起。大約從今天的河靜省往南，直到峴港，包括低地與山丘地區，都在占人統治之下。占人的資源、市場、貿易與人口，將這個海岸地區打造成一個欣欣向榮的多元文化樂土。亞洲與中東商販不斷造訪這個集散中心。許多世紀以來，阿拉伯與波斯商船也在這處越南海岸進進出出。這些從印度洋過來的商旅將印度教、佛教與回教傳給占人。54

明朝在海上的運動，在海岸地區造成一波早期中國對東南亞的移民。在一四三三年明朝結束海上遠征活動、全力因應東亞變局以後，日本人開始源源進入（華南在地商販仍然不絕而至）。沒隔多久，歐洲商旅、冒險家與傳教士也開始在這個地區四處遊走，推介新理念、產品、武器與宗教。馬來人與阿拉伯人稱這個一邊是中國、另一邊是印度的地區為「風下之土」；中國人稱這裡「南海」；印度人稱它「黃金半島」；歐洲人起先稱它為「恆河外的土地」，之後歐洲地理學者為它取名「印度支那」（Indo-China）。自二次世界大戰以來到今天，我們稱它為「東南亞」。55

出現在南方的帝國

阮潢就在這文化多元、人口眾多的土地上著手打造新帝國，它承繼早先黎朝法統，但主控權逐漸落入阮氏手中。到十七世紀末葉，阮氏已經運用優勢技術、武力、勸服與多項結盟手段，吞下占婆全境，建立納入阮氏保護的新省寧平。隨著阮氏勢力繼續擴張，類似情況也在湄公河三角洲地區重演。事實上，自吳哥勢力於十四世紀敗亡解體以後，在農耕財富與國際貿易利誘下，新一代緬甸、泰人與越人領導人開始南進，將勢力伸入伊洛瓦底江、湄南河與湄公河肥沃的沖積盆地。擁有現代軍事科技的泰人與阮氏越人在十八世紀擊敗高棉，並且因此首次狹路相逢。56

越人所以向南方殖民有幾個因素。首先，阮氏是軍人世家，他們打造、經營的實質政府，也總是具有濃厚軍事性。像黎朝統治者一樣，阮朝也鼓勵出征軍人在征服新的土地以後留在當地，建立軍事殖民地。留下來的軍人可以與家屬會合，阮朝還為他們提供耕地，讓他們在復員以後可以務農。數以萬計的戰俘也在南方定居下來。他們簽下賣身契約當勞工，但只要表現良好就能重獲自由，還能得到土地，以及在南方發展的前途。阮朝統治者並且提供土地，鼓勵貧苦農民離開越來越擁擠的紅河三角洲到南方發展。

阮朝統治者為求臂助，還召募在滿人於一六四四年征服中國時逃離中國的明朝遺臣。當時有成千上萬忠於明朝的人逃到台灣與湄公河三角洲避難。約有三千名明朝保皇派，協助阮朝統治者將政治與經濟控制力伸進今天的西貢地區，在一六九八年將當地改頭換面，建立西貢－嘉定行政區。另一名明朝遺臣鄭玖，將位於更南方、暹羅灣內的河仙建為一個繁華的半自治王國。鄭玖後來與阮氏聯手，協助阮氏將這處生氣勃勃的商業與戰略要地併入阮氏王國。這些新殖民地引來更多的中國難民、商販與移民。異族通婚相當普遍，他們的子嗣（稱為「明鄉人」，即「忠於明朝的人」之意）在阮朝擔任文官。[57]

但儘管如此，阮朝在南方的殖民並非成於一夕之間，也不是一次軍事行動或一波移民潮的結果。越人南移是一種長期緩慢、幾乎難以察覺的涓涓細流。這表示，阮朝占領的占人與高棉人土地上出現「中間地」。在展開移民之初絕對談不上多數的越人移民，除了與本地人一起聚居在占人城鎮與村落之外別無選擇。一名阮朝編年史作者在一六四四年寫道，會安附近地區「到處都是占人，（越南）移民仍然難得一見」。就像在交趾一樣，移民與在地人之間的通婚、合作與互通有無的情況十分普遍。他們上同樣的市場。北方的大越朝廷早就向占人借取許多事物。低地越人移民與中國商販也與嘉萊、爾族等高地人貿易。越南人傳播他們的語言、宗教習慣與文化，而許多越南移民也接納了占人的農耕技術、精神信仰與音樂。[58]

阮朝對這些地區的擴張，也使彈性與妥協成為必要。雖說暴力征服或許能為越人移民帶來新的土地與前途，但阮朝沒有足夠兵力，不能隨時隨地保障安全，官吏人數也不足，無法治理如此廣袤偏遠的地區。此外，他們還必須無時無刻留神北方鄭氏的動靜。阮朝也像眾多殖民當局一樣，採用保護國與軍事領地的形式，實施間接殖民統治。他們精心維持既有政府，重用一群非越人精英管理新征服的土地。他們透過異族通婚進行結盟，不惜贈金送禮，結納願意與他們合作的人，還刻意推崇那些能幫他們建立統治法統、爭取地方支持的占人神廟、儀式與神祇。[59]

不過，越南帝國版圖擴張並不能解決軍閥間的內部政爭。正好相反，到十八世紀，實質上獨立，源自北方越南、但與北方越南大不相同的阮朝政治實體已經在南方出現。越南人現在稱這個南方的統治體為「內區」，稱鄭氏家族統治的、位於北方的大越為「外區」。理論上，兩個區形成一個更大的大越國，由鄭氏軍閥主政，黎朝皇帝是皇朝統一的象徵。但這樣的假象縱使力圖維持，也難以持久。阮氏不斷打造事實上與外區不相統屬的內區，內區帝國版圖從爭江（編注：古稱瀘江）往南，一路發展到湄公河三角洲，而以順化為都。一六一三年，阮潢在臨死前告誡他的兒子，如果不能與鄭氏達成協議，「你必須奮力保衛我們的領土，等待適當時機。別忘了我這些指令。」[60]

他的子孫沒有忘。一六二〇年，當阮氏拒絕向他們在河內的鄭主繳稅時，早已分裂多年的這兩大軍閥，關係更彷彿山雨欲來，極度緊張。這項拒不納稅的行動，事實上等於宣告政治分裂。一六二七年，鄭主發兵攻擊阮主設在順化的總部（編注：鄭主要求阮潢入貢及派兒子為人質，遭阮潢拒絕），內戰於焉爆發。北方越南對阮朝發動了七次攻擊，全部以失敗收場。最後一次攻擊於一六七二年結束。隨著軍事僵局確立，阮主繼續營造另一個越南，也導致前後約一個世紀的相對寧靜。事實上，就像阮福淍邀請住持方丈石蓮大汕的信中所示，到十七世紀晚期，阮主要的已經是自己的國家。儘管清國不肯給予外交承認，阮福淍鑄了第一顆皇家印璽，在一七〇九年稱王。一七四四年，阮福淍的子嗣在順化登基稱帝，確認了這項自內戰於一六二七年爆發以來，兩個大越並存的眾所周知之實。但當時無論在河內或在順化，都沒有人料到一件事：由三個叛軍兄弟領導的第三勢力，即將從越南中央高地起兵，他們一路招降納叛，終於聚集大軍，顛覆了越南長久以來一直脆弱的秩序。阮氏總算勉強度過此劫，於一八〇二年重新掌權。鄭氏與黎朝因此覆亡。

內戰與三個越南：西山叛亂 [61]

自一七七一年起，三兄弟憑藉一波對社會經濟不滿的怒潮，在越南全境稱雄。在這場叛亂過程中，他們重新點燃阮氏與鄭氏餘燼未熄的內戰，引爆與泰人、中國人的區域性衝突，與高棉人、占人以及高地民族訂定破天荒的聯盟，還把歐洲人第一次捲入越南的衝突。當時亂象已經出現，而且持續已有相當一段時間。阮氏在一些管理欠佳或剛殖民的地區無法建立共識，只是一味極力徵稅。對外貿易在一七五〇年代重挫，斷了朝廷一項重要財源。為彌補這項缺口，領導人開始不斷增稅，增到繁重不堪的地步。這些財務需求延伸進入中央高地，在非越族裔間造成社會經濟不滿。就像在中國的情形一樣，復本位幣制也在阮氏越南引發農村地區的動亂。在順化不再能從中國與日本進口銅以鑄造錢幣之後，阮氏採用較廉價的鋅做為替代品。他們不僅迫使百姓用這種較廉價的鋅幣進行米糧交易，還規定百姓必須接受鋅幣，將鋅幣視為與銅幣同值的錢幣。農民開始囤積米糧，不願用米糧換取價值縮水的鋅幣，自然不足為奇。結果可想而知：整體米糧供應驟減，價格暴漲，饑荒開始在王國四境出現。同時，朝廷迫令湄公河三角洲的糧商增產，將更多米糧北運。西山叛亂就在受這些政策創害最重的歸仁爆發了。[62]

由於欠缺良好訓練同時待遇也不佳的官員，朝廷對橫掃低地、蔓延到高地的這股民怨往往並不知情。占人反殖民怒火在占族舊都附近的歸仁地區重燃。高地那些待遇不佳的地方官時常禁不住誘惑，或貪汙索賄，或結黨徇私。西山兄弟的教師原是阮朝官員，因不滿遭朝廷指斥與降級，對朝廷懷恨在心。這整場大亂，很可能就是因為他在這三兄弟面前煽風點火而造成的。

根據我們所知，一七七一年，在俯瞰歸仁港的高地有一個名叫西山的小村，小村有三個阮姓兄弟阮岳、阮惠與阮呂，因不滿重稅與貪腐而造反。這場叛亂很快勢如野火燎原，迅速擴散，阮朝急著調兵平亂。眼見死對頭陷於困境，鄭氏欣喜之餘，立即以一統大越為名，派遣本身的部隊前往江森隘平亂。但急忙出兵的鄭氏忘了一件事：他們自己在紅河地區除了此起彼伏的嚴重饑荒，以及同樣造成動盪的變亂以外，還有一籮筐有待解決的問題。

西山兄弟量情度勢之後，與鄭氏簽約休兵，讓鄭軍留在順化，以便他們全力撲滅南來進入湄公河三角洲的阮軍。鄭氏同意休兵。他們希望西山軍能毀掉阮軍，讓他們可以先解決北方的問題，問題解決之後再回頭對付西山兄弟不遲。西山軍於是向阮軍步步進逼，迫使阮軍撤入嘉定－西貢地區，甚至逃進曼谷。戰事你來我往，在湄公河三角洲與暹羅灣持續進行。一七七七年，在一場幾近毀滅性的攻擊行動中，西山軍殺了阮王，其他王室成員撤入西貢地區困守。五年以後，西山軍擊破西貢，在當地屠殺約一萬名華人，以報復這些華人支持新冊封為王儲的阮福映（即後來的嘉隆帝）。阮福映總算逃入暹羅灣，隨後到了曼谷。

在取得軍事勝利之後，西山兄弟膽子越來越大，阮岳遂於一七七八年自稱阮國統治者。他選擇在占人城市歸仁建立新都，此舉具有重大意義。從此以後，「越南」出現三個政治中心：以歸仁為基地的西山，困守湄公河三角洲的嘉定、苟延殘喘的阮氏，還有河內的鄭氏。他們都在口頭上遵奉沒有實權的黎朝皇帝，這個皇帝唯一的真正功能就是向中國人再次證明，象徵大越一統的黎朝皇帝依然健在，但事實上大家都知道所謂大越一統早已名存實亡。

在於一七八五年擊退泰軍的一波攻擊以後，西山兄弟終於把眼光轉向河內。阮惠在大破鄭軍之後，於一七八六年奏凱進入紅河三角洲。饑荒、經濟蕭條、貪腐與派系分裂也在這裡為西山兄弟創造有利條件，幫他們擊敗又一個大越軍閥。一七八八年，阮惠自稱大越皇帝，建號「光中」，廢了黎朝。與黎朝有從屬關係、必須保護黎朝皇室安全的中國清朝，因此無法容忍。清朝為重建黎朝而派軍進入紅河三角洲，戰事立即爆發。光中皇帝在一次歷史性決戰中擊敗清軍（越南人直到今天仍然慶祝這場勝利），從順化統治大越，直到他於一七九二年去世為止。

西山王朝的出現雖是歷史性大事，但光中帝死了以後，西山王朝隨即解體。損失了鬥志昂揚、天賦軍事長才的光中，加以群臣內鬥，既影響士氣也損及統治效率。群雄並起、互不相讓、各據山頭的情況極端嚴重，從一七八八年到一七九二年間，西山越南幾乎談不上真正一統。西山兄弟於是回到過去那種假借王朝之名進行軍事統治的老型態，將國土進行分封。[63]

西山還有一個重要對手，就是讓阮朝起死回生的嘉隆。年輕的嘉隆堅毅不屈，步步為營，建立頗有可觀的地方性與國際性聯盟。他憑藉領導魅力，打造與南部地區強人、區域領袖、華人社區以及非越人團體的親密關係。他保證在戰後給予他們相當自治與特權，以換取他們的合作。在爭取亞洲與歐洲政府、商人、軍火販、傳教士等等的外交與軍事援助這方面，他做得比所有對手都好。當西山叛變的氣焰在北方逐漸消退之際，嘉隆已經在南方集結陸軍與水師，準備展開北伐，一舉消滅西山。

就許多方面而言，西山叛變讓我們想到十九世紀中葉在華南地區爆發的太平軍變亂。儘管規模小得多，但就像「太平天國」一樣，西山兄弟也藉由一波龐大的民怨起家，與非越人民眾建立互惠聯盟，他們善用宗教網路，極為成功地運用了土匪與罪犯這類社會邊緣人。他們保證建立美好未來，獲得民眾群起支持。西山叛變於一八〇一年落幕，就像三十年前他們起事時來也匆匆一樣，這場變亂去得也快，而他們造成的社會動亂與政治統治的崩解，與太平天國之亂在中國造成的後果一樣嚴重。西山兄弟從越南一端進軍到另一端，開啟了一個以南進為主的一統之國，嘉隆在一八〇二年終於擊敗西山，也承襲了這片土地。一名阮朝高官在一八〇六年的一段話說得對極了：「我們越國從古到今，國土真的從來沒有像這麼寬闊、廣大過。」現代越南就這樣有了如今S形樣貌。[64]

不過就像在二十世紀一樣，統一的代價也很高昂。越南著名詩人阮攸，寫過一篇悼念內戰陣亡將士的輓歌，描繪三十年死亡與毀滅為越人帶來的苦難。他談到奮勇馳赴戰場、戰死後連為他們安魂的子嗣都沒有的年輕人：

> 他們是追求榮光的豪傑——征戰沙場為的是征服天下。但年富力強的豐功偉績何足掛齒？長存記憶中的是他們的衰、他們的敗與悲痛……英靈早逝，沒有子嗣，好似四處漂泊的無頭野鬼，只能對著夜雨泣訴哀傷。成敗早有天命——這些失落的魂能掙脫他們的宿命嗎？[65]

★

02

The Penguin History
of
Modern Vietnam

第二章

分裂與法國帝國主義的子午線

嘉隆帝的繼承人明命帝與紹治帝，都在在位期間（明命帝約為一八二〇至一八四一年；紹治帝約為一八四一至一八四七年）密切注視國際情勢，想把分裂已久的越南納入治下。在一八二三至一八四六年間，阮朝至少派了二十個官方代表團，前往越南人稱為「南土」的東南亞地區蒐集情資。除東南亞以外還有中國。明命帝啟用最優秀的人才主持這些考察任務，甚至那些在阮朝一八〇二年取勝時站錯邊的人，也有可能獲得他破例重用。潘惠楚的家族雖與西山有淵源，仍獲重用率領重要代表團，先後於一八三一與一八三二年出使中國與印尼。十年以後，阮朝再次遣使到南方進行類似現地考察。當時鴉片戰爭已經開打，主持這一次任務的高伯適在任務結束以後提出一份報告，詳細說明來自西方的威脅。他在報告中警告說，英國「紅毛」現在已經將殖民勢力與海軍軍力從新加坡擴張到香港。阮主仔細讀完這些報告，與顧問密商，思考西方勢力在亞洲擴張可能對越南造成的衝擊。[1]

明命帝對內採取鐵腕統治，因為他深信唯有這麼做，才能管好這塊破天荒龐大的版圖。他尊敬父親，但嘉隆帝交給他的是一個統治效率不彰的帝國，他竭盡全力要匡正這個問題。明命帝一面遣使出訪，一面展開自十五世紀黎朝以來，最恢弘、影響也最深遠的建國計畫。這也就是說，他要將當時仍然非常軍事化的政治實體，打造成一個儒家式文人政府。也就是說，他要將一直沒有真正接受一八〇二年阮氏勝利的黎朝、鄭氏與西山派勢力納入一統。也就是說，他要整合非越民族，對他們進行教化。此外，隨著數百年殖民擴張而深入南方的精神世界，在與占族、高棉、海上、河邊與高地的鬼神結合之後，已經變得光怪陸離。而這個獨樹一幟的精神世界，也成為明命帝意圖駕馭的目標。[2]

不過，革命總是要付出代價的，特別是在不可測的國際環境下進行革命情況尤其如此，明命帝也不例外。他於一八四一年去世，留給接班人的是一個支離破碎、而且讓他們無暇癒合的國家。一八五四年，就在法國人發動攻擊之前幾年，高伯適發動叛亂，事敗而死。之後，意圖重建黎朝的天主教徒黎維方領導飢民起事，並向法國人求援。但法國人沒有幫他，越南皇帝將他處決，歐洲人開始源源進入南海，越南也仍然分裂。

統一全境

嘉隆治下的越南

阮福映於一八〇二年在有史以來第一個一統越南自立稱帝、建號嘉隆時，深知這個新政治實體非常脆弱，情勢仍然緊繃，隨時可能將他的國家撕成碎片。這時的泰國與緬甸，經過在十八世紀的數十年內戰，也出現一些以勝利者之姿實行統治的領導人。與這些領導人相形之下，嘉隆在實行中央集權方面要寬鬆得多。在一八〇二至一八二〇年在位期間，嘉隆沿用了戰時許多使他可以拿下整個越南江山，溫和有彈性且實用的政策。他讓占人保有他們的保護國地位與國王。越南境內人數眾多的高棉居民可以繼續奉行南傳佛教（即小乘佛教），說他們自己的語言，管理地方事務而不受干擾。住在西貢－嘉定地區、內戰期間受創甚重的中國人，在他們支持的嘉隆帝治下生氣勃發，天主教傳教士的情況也一樣。

但嘉隆也知道，若想長治久安，他必須在這個新越南、特別是在他的家族從未統治過的北部建立某種秩序。在統治初期，他採用所有其他勝利者採用的辦法——留下占領軍與軍官負責治安，直到他能建立自己的管理團隊，直到他能判定舊有政權中哪些人可以信任，更全面地找出最佳建國模式為止。他維持祖先們在一七四四年建立的阮朝，並授權重塑一個神話，將阮朝與一個永不過時的皇家傳統結合在一起。不過，與黎朝、鄭氏以及他自己祖先不同的是，嘉隆不肯將佛教提升為國教。儘管他在流亡泰國期間曾與泰國篤信藏傳佛教的國王交好，但嘉隆從沒有為了推動中央極權統治，從沒有為了將勢力伸入草根，而與佛教教派、僧侶、寺院與學校締盟。有人建議他推廣天主教，也遭他一口回絕。

更重入世信念的嘉隆認定，他的家族想統治整個越南，最好的辦法就是儒家思想與中國式治國之術。為達到這個目標，他遵循中國模式頒布新法典，闡述正確的社會關係，根據儒家路線規範國家性質。他恢復因戰火而廢的區域性考試制度。新的儒家學院、學堂在全國各地紛紛重現，訓練官員精英。他派遣使節與外交官員——包括後來寫《金雲翹傳》的詩人阮攸——前往中國，研究中國作為，並且將可供越南人參考運用的圖書與理念帶回越南。他並且仔細比照北京模式，在順化建立帝都，向北方那些批判他的人證明阮朝統治者就像他們的祖先一樣，是「儒家正統」。[3]

但事實再次證明，理論與實際是兩件大不相同的事。嘉隆因嚮往儒家而選擇以儒家理論治國，但儒家理論並沒有因此在一夕之間開始運作。它事實上未加運作。嘉隆是軍人，而且也以身為軍人自豪。他本人在年輕時從不曾有接受任何正規儒家訓練的時間，或許也從未真正動過接受這種訓練的念頭。他憑藉實事求是精神、個人主動、交易取捨能力與說服的魅力，建立他的名聲、他的軍隊，並在一八〇二年取得輝煌的勝利。其次，嘉隆很清楚這個歷經三十年戰火而誕生的新越南非常脆弱。鄭朝與西山的軍隊或許已經解體，但軍人忠誠分裂的問題依然嚴重。戰爭的創傷或許已經癒合，但瘡疤仍存。仇恨與報復在薄薄一層寧靜表象下蠢蠢欲動。嘉隆在取勝以後，大舉搜捕所有殘存的西山領導人，追究他們殺害他家族的責任，然後把他們的家族也全數處決。這樣的行動對於撫平傷口自然沒有助益。第三，嘉隆了解地方豪門的政治、軍事與經濟力量。他的家族也是豪門之一，而且他還幫了一群人從戰時權力基地湄公河三角洲崛起。事實上，一八〇二年以後，嘉隆在嘉定－西貢的多年盟友黎文悅將軍，一直是南方實際上的領導人。其他戰時盟友也獲嘉隆賞賜，在中部與北部擔任高官要職。嘉隆儘管頒布新儒家法典，恢復文官考試制度，還建了一個有自屬中國式「紫禁城」的京都，但也保有一個非常軍事性的政權，原因就在這裡。朝廷透過四個軍營與十一個軍事省治理越南中部地區。嘉隆還個別規畫了五個軍事省，分別管理北部與南部地區。在嘉隆在位期間，軍事總鎮就像儒家推崇的王權一樣，是越南政治文化的一部分。這種雙軌並行的做法，至少可以回溯到十五世紀莫朝、鄭主與阮主崛起之初。❹

就這樣，在戰後的越南，無論文官考試結果如何，阮朝以政治手段任命的官員仍然壟斷高位。許多黎朝、鄭主與西山的文官與顧問因此退隱，不願在新朝廷為官。但也有許多人或迫於必要或基於信念，留了下來，共建這個前所未有的越南。阮攸、潘惠楚與高伯適就是這類留下來的人。但當然，嘉隆一直沒有幫他管理北越南較低階官僚系統的足夠人手。他的因應之道是，只要原有官僚還能克盡職守，就讓他們繼續做下去。

但在太多精英是鄭主，甚至是西山舊屬的北越南，嘉隆行事必須極度小心謹慎，高伯適的反叛就是證明。事實上，西山有許多餘黨散布在中部與北部越南各處，潛入高地的人也不少。在這些人心目中，一八〇二年未必是一次決定性勝利。他們都知道所謂新王朝復辟神話是公然謊言，當然不會接納這套以順化阮氏為越南傳統核心的說法。許多人認為黎朝、紅河與河內才是越南認同、歷史與文化的真正源頭。忠誠度始終是一個問題。阮攸所著《金雲翹傳》，說的是一位女英雄為拯救家人而將自己賣入青樓的悲劇。但有人認為這是一個意在顛覆的故事，它反映被迫為阮朝效力人士的心聲。對這些人士而言，阮朝從來不具備真正法統，也不真正是他們的朝廷。不過，面對這一切反抗勢力，嘉隆為避免重啟內戰，沒有採取正面攻擊的解決辦法。他進行改革，將儒家特性引進他領導的、基本上仍是軍事掛帥的政權。❺

嘉隆確實也透過其他方式提升中央集權與政府管控。他箝制一切形式的社會與宗教動亂。他主持新道路、水壩與運河修建工作，以促進經濟開發與國家統一。他開通今天一號公路前身的「滿大人路」，展現他結合新越南的意願。他實施行政官員南北輪調，希望能將不同的越南編織成一個行政體。他創辦新郵局，將資訊、政令與報告在全國各地流通，他還發行標準通貨。嘉隆繼續推動軍事與文人殖民計畫，認定這是增加農產、紓解人口壓力的最佳之道，不過他的政府也開墾荒地，修建水壩。國防開支仍是優先要務。在一七七八至一八一九年間，他的政府造了一千四百八十二艘供作戰與貿易之用的船，還在越南海岸建了幾座沃邦（Vauban）式法式堡壘。❻

明命帝革命？❼

嘉隆的兒子明命是一位截然不同的領導人。明命生於一七九一年，由於年紀太輕，對內戰、對王朝險遭西山軍消滅的事記憶無多。對父親以及父親盟友的作為，明命自然也崇敬有加，但他堅信越南應該走出他承繼的這種軍事政權，建立強有力的文人政府。他對當時的雙軌系統深惡痛絕，認為在這種系統中「失敗被視為成就，無變成有」。明命與他的父親一樣，也認為皇室與佛教結盟不可行，早自幼年時代似乎就不喜歡天主教的明命，當然更不可能考慮天主教。受過儒家正統教育的明命相信，儒家理念是治理越南的最佳政治意識形態，但想以儒家理念治國有一個先決條件：他必須完成他父親未能完成的那些事——解除軍事統治，根除地方特權與軍閥勢力，廢止非越民族的特別例規，將他們的宗教、禮俗與他們的鬼神也納入政府控制——之後方能由上而下，將國家與社會儒家化。明命帝聰明絕頂，對理性的崇信幾至於迷戀。他竭盡全力，利用在位二十年期間建立現代化中央集權國家，為達到這個目標，他不計一切。❽

這項計畫的推動要件包括：重建儒家式行政功能，恢復文官考試系統，憑才幹選拔區域性與省級領導人，人事透明，輪調，以及官僚忠誠等等。一八二一年，在繼承皇位僅僅一年之後，這位年輕的皇帝就建立每三年一次的省考，隨後又在順化實施京考，不論應考人出身地區或家族背景，選拔最有才華、最幹練的人士為官。明命帝知道，嘉隆重用南方人與軍人治理紅河地區的做法，讓許多北方人懷恨，自己這麼做可以安撫這批心懷不滿的北方人。他同時也相信，儒家理念比較重的北方精英，無論是黎朝或是鄭主人士，都會歡迎考試制度重生，因為這項制度讓他們有機會在新越南一展所長，也讓他們有理由轉而向阮朝效忠。像黎朝那些統治者一樣，明命帝也認定儒家理念、考試制度，以及支撐儒家理念的官僚系統，是一種強有力的政治整合與行政管理工具，能將以朝廷為核心的意識形態向下擴散，及於地方官員還有村落居民。

就像在越南西方建立現代國家的泰國與緬甸統治者一樣，明命帝也同意，中央集權當局如果能採理性化官僚控制，能促成更有效的經濟發展。政府透過對人與貿易的課稅取得必要財源，然後投資重大基礎建設計畫、採購外國進口商品，供養不斷擴大的文官體系。將更優質的官僚管控體系往下扎根，可以動員大量勞工，以興建新水壩、道路與橋梁。明命帝也支持倡導國際貿易。他知道非法商務已因幾十年戰亂而猖獗到失控地步。（他的父親曾在戰時因此獲利。）明命帝於是一方面打擊米糧與鴉片走私，一方面透過特許的中國、越南與歐洲商販，發展與新加坡、中國以及西方國家的國營商務。阮朝把龐大的中國貿易圈組織成許多社團，以便朝廷管控與課稅。鴉片的銷售如今成為政府控制下的華商獨門生意。[9]

歐洲殖民主義漫入東南亞，使這種內部整合行動進一步升溫。明命帝知道，在拿破崙一八一五年於歐洲戰敗以後抵達東南亞的西方人，與當年協助他父親的那些西方人大不相同。英國人在一八一九年取得新加坡，做為殖民地與前進海外的基地，而荷蘭人則在印尼內陸擴大直接管控。一八二〇年代中期，當英國人用武力把統治勢力從印度伸進緬甸時，緬甸派駐在西貢的一個代表團要求越南與緬甸結盟，一起對付暹羅人，明命帝拒絕了這項請求，還呼籲泰國卻克里王朝統治者支持緬甸。他派遣好幾十個代表團深入亞洲各地，其中一個代表團曾於一八三〇年從英屬加爾各答返國述職。迅速變化的國際情勢，隨時都在他掌握中。[10]

不過，他最關心的仍是如何鞏固他在越南的控制。他的革命性計畫遭到武裝抗拒。頗具反諷意味的是，發動這些抗拒的源頭，不是征服而取得的北方，而是他父親起兵征服全越南的大本營、也是他出生地的南方。嘉隆於一八〇二年在順化登基時，留下勢力強大的軍人主持南方事務。其中最著名的首推黎文悅。黎文悅是嘉隆帳下大將，是嘉隆密友，嘉隆臨死前還要明命拜他為教父。黎文悅率領手下軍官替阮朝治理南方。儘管對皇帝忠心耿耿，他們在南方三角洲享有相當特權，擁有封地，還保有自己的軍隊。事實上，在這位掌控南方的大將身後，還有一群各式各樣的人與利益。這群人裡面有天主教傳教士、有中國商人、有非越人、有地方強人，或許還有佛教僧侶。他們大多曾在西山戰爭期間替嘉隆效命，對因而換來的地方性自主，他們也甘之如飴。他們之中出身「孔門」者寥寥無幾。事實上，在交易妥協與異質化早已成為生活現實的南方，儒家考試制度的效益十分有限。黎文悅將軍與他那眾南方團夥雖將這一切視為政治常態，作夢也沒想過謀反，決心在越南推動現代化、中央集權化、理性化與同質化的明命帝，卻開始對這群人與他們鬆散的政治做法漸感不滿，視他們為一種障礙。南方忠誠就這樣開始變質，成為南方暴亂與分裂。

這位年輕的皇帝在登基之初按兵不動；不過他也公開表示改革即將展開，而且全國各地每一角落都不能倖免。一八二四年，為了替與朝廷發生摩擦的天主教盟友辯護，也為了向朝廷解釋為什麼越南人應該與緬甸人結盟，黎文悅將軍往訪順化，在旅途中向他的一位友人私下表示：

> 朝廷需要徵召文官，用他們建立一個適當的統治系統。我們兩人都是軍事背景出身。我們只知道說一是一、說什麼立刻做什麼，也因此有時難免失禮或犯了官忌。我們在根本上就與他們不一樣。我看我們最好還是辭官吧……以免誤會。⓫

這兩位南方將領於是提出辭呈，但明命帝明智，沒有批准。他等到黎文悅於一八三二年年中去世以後，才在南方展開行動。不過在這以前，他已經開始拆除廣平以北的軍政府，建立以省與省督為基礎、以朝廷為首、以文官考試制度為運作工具的文人統治系統。同年，他下令將西山兄弟殘留的男性後裔悉數逮捕、處決，對有意謀反的人收殺雞儆猴之效。一八三三年，在黎文悅終於離開人世以後，明命帝下令廢除駐在西貢－嘉定的半自治南方軍政權，另建文人政府取而代之；文人政府轄下六個省，各由省督主政。明命帝這時已將這個人口大約八百萬的國家劃分為三十一個省與二百八十三個區，由南圻、中圻與北圻三大區域行政集團分治。為紀念這項革命性計畫的啟動，他將國家的名字改為「大南」。

這項行政轉型過程還包括一件大事：透過「教化」與「中越同化」兩項政策，推動文官與社會在意識形態上的統一。朝廷在一八三四年頒布「十條」敕令，規定地方大員必須遵奉孝順、敬老的儒家戒律，必須履行對皇帝的道德義務等等。為推動對社會的控制，公務員奉命以村為單位，向民眾解釋並施行這些敕令。明命帝並且下令鎮壓違反這些標準的宗教信仰與習俗，特別是在宗教、千福年運動派系、文化、族裔團體與忠誠類別繁雜得驚人的湄公河三角洲，他的鎮壓尤其猛烈。不過，他的鎮壓並不只限於湄公河三角洲。明命帝提倡由國家支持的祖先崇拜，以對付這些信仰與習俗。為完成目標，他帶頭創建龐大的寺院、祭壇與神廟系統。事實上，他為所有官方認可的英雄建了整套神廟，而且目的都在使地方民眾與朝廷結合。地方性的占族與佛教神祇如果能對朝廷法統有補強作用，明命帝也毫不介意地將它們納入他這種國教，讓百姓崇拜。不過宗教必須接受政府控制。[12]

嘉隆對非越人實施間接統治，明命帝扭轉了父親這項政策。高棉人聚居村落的行政管理權逐漸由越人文官接掌，許多世紀以來的保護國關係與間接統治於是告終。當局在對土地丈量之後，開始對過去不必繳稅、或只須繳納些許稅金的非越人徵稅。在對占族建立直接統治的同時，當局也展開行動，以中、越合璧的漢文化，以越語與漢文同化所有非越民族；簡言之，明命帝要建立的，是一種出自京城詮釋、由上而下的「大南」認同，一種東亞的漢文明。朝廷規定住在順化的高棉兒童必須學習越南語、使用筷子，並且穿著越式衣物。原已存在的高棉藏傳佛寺開始消失，代之而起的是中、越的北傳佛寺。明命帝推動「教化」與「同化」，藉以建立地方政府與殖民同化的法統。明命帝要掌控國家統治與意識形態全權，當高棉人起而反抗（甚或似乎有意反抗）時，明命帝就像對付占人、天主教徒，或任何抗拒他的人一樣，將他們擊潰。[13]

就像十五世紀的黎朝統治者一樣，明命帝鞏固國內統治的對內政策，也以侵略性殖民擴張的形式，反映在對外政策上。他在一八三五年正式將賓童龍併入阮朝政府，斬除了占人殘存的政治權力

（見第十四章）。嘉隆在一八一三年應高棉王之請，派遣黎文悅擊退侵入高棉的泰軍，進駐金邊，將高棉納為保護國。但到了一八三〇年代，高棉已經成為大南帝國的一個行省。明命帝朝廷派遣受過儒家訓練的越人省督與文官，治理高棉全境的行省與地區。順化當局控制高棉軍事與經濟事務，還在當地實施前文所述的許多對付高棉少數族裔的同化政策。朝廷徵稅，發布命令修建道路，鼓勵越人與華人向西方移民，甚至希望能在高棉境內用北傳佛教取代當地篤信的小乘佛教。在東方的寮國，包括桑怒、素旺那吉與鎮寧，阮朝也擴張勢力。到一八四〇年，大南看起來已經頗像法屬印度支那。在現代越南，帝國擴張與政權的鞏固往往是同時並行的。[14]

像他的先祖一樣，明命帝也利用從中國借來的漢文化優勢論，為他征服高棉之舉辯護。他說，唯有優越的儒家文化與制度才能教化「野蠻」的高棉人。身為東亞儒家世界一員的越南，有責任將現代中、越行政建制與文明引入高棉。阮朝能將優勢科技引進高棉，更有效地發揮高棉的資源。早在法國人這麼做以前很久，越南朝廷已將高棉人描述為「懶惰」、「沒有組織」的民族。一八三〇年代，明命帝就曾向他派駐高棉的統兵大將，如此解釋越南傳播文明的使命：

> （高棉的）野蠻人現在已經成為我的子民，你應該幫他們，向他們傳授我們的禮俗……例如，我聽說那是肥沃富庶之土，有許多（耕）牛……但人民沒有（先進）農業知識，只知道用鎬與鋤，不知用牛。他們生產足夠一天兩餐的稻米，卻不知道存儲餘糧。像布料、絲綢、鴨肉與豬肉變得非常昂貴……所以有這等短缺都是高棉人的懶惰造成的……我給你的指示如下：教他們使用耕牛，教他們生產更多稻米，教他們種植桑樹，教他們養豬養鴨……至於語言，應該教他們說越南話。（隨後還必須將我們的衣著習慣與餐桌禮儀也教給他們。如果有任何過時或

野蠻的習俗可以簡化，抑或壓制，就著手即可）。[15]

但這種傳播文明教化的使命，有殖民武力在背後撐腰。一八二〇年代初期，大南在湄公河三角洲開築文德運河時，因虐待徵召而來的高棉民工，引起一場短暫但血腥的叛亂。阮軍敉平這場暴亂，但明命帝在一八三〇年代再次展開行動，想將高棉人轉變為忠誠的大南臣民，遂引發心懷不滿的精英與吃不飽的農民起而造反。當順化當局採取行動拆除小乘佛寺、鎮壓高棉王室時，反殖民阻力在泰國越來越大的支持下崛起。高棉人終於因此在一八四八年獲得泰國與大南勉為其難的支持而再次獨立。（明命帝在一八四一年去世，也是高棉能夠重獲獨立的要因。）阮朝的領土界線大體上回復一八〇二年的狀況，可是，若非泰國干預，今天的越南與高棉邊界會非常不一樣。[16]

不過，明命帝的領土擴張行動不僅局限於南方而已。他在北方高地非越人地區，包括宣光、太原、高平與諒山等地，推動的政策也同樣激進。在明命帝以前，越南統治者都遵循中國人先例，在這些多種族薈萃的邊陲地區實施間接統治。這種所謂「土司」的系統，讓當地世襲的泰族領導人繼續管理他們的人民，交換條件是他們必須向越南帝國效忠，必須繳稅，並且在戰時提供支援。明命帝在一八二九年廢除這套世襲系統，另以一套他認為更現代、更中央集權化的系統取而代之，並且派遣受過政府訓練的越南大員主持系統運作。但這種權力運作的革命性改變立即遭致地方阻力。地方領導人農文雲在一八三三年起兵造反。明命帝的軍隊在一八三五年弭平這場叛亂，但被迫允許農氏家族保有在地領導地位。明命帝別無選擇，因為他必須取得農氏家族合作，才能在帝國如此邊陲的角落進行治理。在如此偏遠的地區進行直接管理根本辦不到，而且在順化也不可能找到願意遠赴如此窮鄉僻壤任職的足夠越人文官（見第十四章）。[17]

不過，問題是，當圖謀帝國擴張的歐洲勢力（包括再次崛起的法國勢力）逐漸深入這個地區時，明命帝的接班人能不能像他這樣，一面對內推動恢弘的建國計畫，一面積極對外進行殖民擴張。明命帝在一八三〇年代的改革，為這個前所未有的越南奠定行政基礎，從紅河與湄公河三角洲，直到寮國與高棉內部深處，他的政策惹惱了在地精英與他們的治下民眾，也製造了分裂與抗拒。明命帝的接班人，特別是紹治帝與嗣德帝，根本無暇撫平這些廣被全國的傷口。越南這種內部分裂，遂為法國人帶來推動法國殖民的可乘之機。

越南的天主教與明命帝的建國計畫

法國人在一八五八年對阮朝發動攻擊時，使用的藉口之一就是阮朝迫害天主教徒。不過在一八〇二年，沒有人能預見事情竟會發展到這個地步。嘉隆或許不信任天主教，也絕對無意皈依天主教，但他與天主教徒的關係，比他以前每一位越南統治者與他們的關係都好。許多歐洲傳教士與越南基督徒曾幫著他奪回、統一他的國家。嘉隆為酬庸他們，不僅讓他們享有傳教的充分自由，重建殘破的教堂，還在戰後賦予他們相當特權。嘉隆准許他在西山戰爭期間的天主教顧問百多祿主教葬在西貢，還在葬禮上發表演說，讚揚友人百多祿為越南做的一切奉獻。歐洲人與越南天主教徒會繼續承認阮朝統治的法統，自也不足為奇。而且無論怎麼說，天主教徒人數也從來沒有超過越南人口總數五%。[18]

天主教之所以成為大問題，是在歐洲殖民勢力擴張進入亞洲的背景下，兩個個別事件撞在一起造成的後果。第一個事件是，由於天主教王朝於一八一五年在法國復辟，越南在嘉隆治下也掀起宗教自由風，大南的天主教會因而聲勢重振。第二個事件是，明命帝推動儒家改革，藉以剷除所有對順化統治形成威脅的異端，將大南全境納入皇帝的嚴密控制下。天主教與越南朝廷之間原本一直相安無事，直到明命帝在一八三〇年代推動行政改革，兩者間才出現造成分裂的問題，原因就在這裡。我們且先探討何以天主教對明命帝的建國計畫形成如此嚴重的問題，然後再將探討矛頭指向國際，以了解法國人如何認為它是殖民征服的好藉口，以及為什麼。

明命帝雖說從不諱言自己鄙視天主教，只要有機會也會對天主教展開報復，但他未必專門針對天主教進行迫害，至少他在一開始未必這麼做。對付其他膽敢挑戰改革、或似乎膽敢挑戰改革的人，他也同樣絕不手軟。這些所謂其他人包括南方的軍閥、占族與高棉反殖民主義者、反抗他的農民，以及越南佛教徒與回教徒。一八三〇年代初期，占族回教徒因明命帝攻擊回教，而宣布對阮朝發動聖戰，並揚言要背水一戰，從越南殖民帝國手中拯救他們的土地。明命帝於是出兵攻擊占族回教徒。他在湄公河三角洲敉平幾次意在宣揚佛教的暴亂，在阮朝治下的高棉也採取類似行動。他一心一意只想在所有這些「異端」充斥的地區推動、建立儒家正統。一八三三年一月，明命帝宣布第一道全國性的天主教禁教令。之後他透過一連串敕令，下令拆毀教堂、驅散教會會眾，規定越南天主教徒必須公開認錯，否則接受王法制裁。許多天主教徒，包括歐洲人與越南人因此逃離越南或躲進高地地區，還有許多天主教徒落入政府手中。這種對宗教的攻擊，從北方中、越邊界一直延伸到南方的湄公河三角洲，是前文討論的較廣義行政改革的重要一環。[19]

越南天主教所以走上一條特別危險、極度政治化的途徑，是因為教會參與一八三三至一八三五年間的黎文僾在南方的叛亂。黎文僾是黎文悅將軍的養子。明命帝在嘉隆帝死後意圖控制南方，導致許多群體因逐漸喪失自主權以及宗教自由權而懷恨，黎文僾於是取得他們的支持。他很快就與中國屯墾民、與流亡南方的越北人士，甚至與不滿朝廷的阮朝官員結盟。天主教越南信徒以及歐洲傳教士也紛紛加入他的陣營，希望他能重建他們當年在嘉隆治下享有的宗教自由。有鑒於明命帝不久前下的那些命令，以及他執行命令時慣用的強硬手法，他們反正也已走投無路。[20]

一八三三年五月，黎文儴呼籲民眾起來反對明命，還要民眾回想他的父親「大將軍」黎文悅當年作為，南方叛亂就此展開。這是南方分離主義發動的一次武裝反叛。明命帝最恐懼的事於是成真。叛亂規模迅速擴大，所有南方六省——明命帝一八三三年行政改革的所謂南圻——都陷入叛軍控制。天主教徒、回教徒、佛教徒、占人、高棉人與中國人也紛紛加入叛軍陣營。明命帝的帝國軍隊花了兩年時間才敉平這場叛亂，從固守西貢的叛軍手中奪回南圻大本營。黎文儴在淪為帝國囚徒以前死亡。不過明命帝沒有因此對生還者稍留情面。一千二百名在西貢被俘的叛軍男女遭活埋。明命帝還下令將黎文悅在西貢的陵墓夷為平地。明命帝認定黎文悅家族因種下南方反叛之根而有罪。只不過論者認為，事實或許是，明命帝由於手段過於僵化，才在原本從來就沒有真正分離主義問題的南方製造了分離主義問題。再怎麼說，明命帝自己生來就是南方人……。

儘管反抗明命帝改革政策的團體有好幾個，基督徒不過是其中一個，但明命帝因為他們參與這場叛亂而認定，天主教對他的統治能力存有敵意，必須一勞永逸地加以根除。幾十名與這場南方叛亂有牽扯的越南與歐洲傳教士遭到公開處決，其中處決馬克修神父的過程尤其殘忍得令人毛骨悚然，而這麼做的目的就是在向有意謀反的人示警：明命帝不會容忍任何反對。明命帝的兒子即位以後雖然暫時放寬了這些政策，但國家支持的迫害天主教行動，一直持續到一八六二年與法國簽署條約為止。[21]

明命帝的政策，也就在這裡與國際情勢以及法國國內情勢交織，促成越南天主教議題的轉型。首先，對越南天主教這一輪猛攻，與法國帝國擴張的又一波新潮（我們將在下文討論）同時發生。

其次，越南帝國迫害基督徒的同時，正值法國天主教——特別是天主教傳教活動——出現類似十九世紀文藝復興式轉型之際。波旁王朝於一八一五年在法國復辟，意謂在法國大革命與拿破崙戰爭期間受到重創的天主教會與它的傳教工作又重現生機。最能說明這種轉型的例子，莫過於法國在一八二二年建立的信仰傳播協會（Association for the Propagation of the Faith）與它的刊物《年鑑》（*Annales*）。原由巴黎的巴黎海外傳教會（Missions étrangères de Paris，簡稱ＭＥＰ）經營，並且獲有梵蒂岡支持的信仰傳播協會與《年鑑》雜誌，廣泛報導傳教士的工作與他們的需求。從一八三〇年代起，海外傳教會與天主教的一些新刊物，開始向讀者詳細報導傳教士如何在「殘忍」的阮朝統治者手下受苦受難。當明命帝在一八四一年去世時，他已經是法國天主教徒心目中「嗜血」而「野蠻」的暴君。有關他如何迫害傳教士的那些歷歷如繪、駭人聽聞的報導，引來龐大讀者群，博得許多人同情，也為海外傳教會在越南的祕密作業帶來可觀的財源。這種情況，加以法國天主教復甦，新一代主要是法國人的傳教士開始源源進駐越南，進一步擴大了海外傳教會在越南的力量。這批充滿活力的年輕傳教士熱情忘我地在越南宣教，讓明命帝更加相信天主教其實是搞顛覆的第五縱隊。但事情在一開始其實原本不是這樣的。[22]

最後，阮朝迫害天主教的時機，適逢拿破崙三世於一八五二年掌權、在法國建立第二帝國之際。拿破崙三世不僅是天主教徒，還野心勃勃想將法國建為一個雄霸全球的帝國。這對大南的安全可不是好兆頭。大南的領導人沒能察覺國際情勢已經迅速變化，繼續迫害天主教會讓越南天主教成為拿破崙三世攻擊越南的藉口。阮朝同時也迫害回教徒，不過迫害回教徒不會為他們帶來什麼惡果，因為鄂圖曼帝國到了一八五〇年代已經式微，無力在遙遠的亞洲為回教徒進行干預。出現在世界另一邊的政治與科技變化，突然為天主教帶來強大而堅定的奧援——越南的災難就這樣出現了。[23]

內部不安與國際威脅

明命帝去世以後，他的接班人紹治帝（一八四一至一八四七年）與嗣德帝（一八四七至一八八三年）竭盡全力保持越南的統一完整。面對來自國內與國外的雙重威脅，他們開始加強對外交事務的控制，歐洲事務尤其是他們關注重心。朝廷密切注視鴉片戰爭的過程。英國因打贏這場戰爭而在一八四二年殖民香港，並且與列強聯手，在中國整個海岸劃下許多通商口岸與租界。法國人於一八四七年在上海取得租界。美國人也如法炮製。同一年，法國海軍在峴港進行干預，救出幾名天主教傳教士，讓阮朝統治者顏面盡失。朝廷於是限制臣民出國，還將對外貿易限定在特定港埠，並特許中國商人充當經紀，想藉以控制外貿。

這是阮朝統治下越南的「閉關」嗎？阮朝統治者所以這麼做，其實主要意在防範中國沿海地區的殖民潮湧入越南，而不是想自我孤立於國際事務，以集中力量對內。他們也希望藉此控制國人的國際接觸，以免內部敵人利用國際接觸對付朝廷，扭轉明命帝的改革，或進行更惡劣的圖謀。阮朝統治者一定很清楚，中國的清朝就因為沒有做好這類國際接觸與貿易管控，讓它們落入住在南方海岸沿線那票政敵手中，才讓那票人，特別是那些明朝遺民、海盜、教派，以及源源不絕的無業遊民與吃不飽的農民有了可乘之機。阮朝統治者控制對外接觸的做法，與十七世紀德川幕府為阻止葡萄牙人賣武器給德川在日本國內的競爭對手，而採取的「鎖國」外交政策頗相類似。阮朝統治者這些做法，或許與十九世紀的國際環境不很搭調，但他們這麼做是有一套邏輯的。而且像在日本一樣，「鎖國」未必意指「閉關」。

阮朝統治者最想做到的，就是壟斷與外界的接觸。由國家贊助的與新加坡、與華南的稻米貿易，還有與海南、與泰國與高棉的商務都繼續蓬勃發展，原因就在這裡。阮朝統治者繼續採購西方軍事科技與武器，並根據地方需求進行調適。直到一八三〇年代為止，越南的造船工業一直現代化得令人稱奇。明命帝曾在一八三八年買了一艘西方蒸汽船，下令他的工程師學習造蒸汽船。他還告訴臣民，精通現代海戰很重要：「我對西方諸國的戰術確實也略知一二，都鑽研它們，熟悉它們……把你們的見解與算計寫成書。我們要下令軍人日夜研習。」另一方面，阮朝統治者繼續遣派外交使節團出國，向朝廷匯報國際事件。天主教顧問阮長都（主張全面西化改革的信徒）就率領過這樣的代表團出訪。不過，與日本不同的是，紹治帝與嗣德帝時間不夠：危機接二連三襲來，忙得他們暈頭轉向，還來不及調整腳步、將改革軸心從儒家轉到西方資本主義，法國人已經發動攻擊了。而且像清朝一樣，阮朝不僅要對付外在世界，還必須因應朝廷派系惡鬥等層出不窮的內部難題。[24]

在法國人割據海岸地區的同時，環境問題也讓阮朝保持越南領土完整的能力大打折扣。就在這重要關頭，天災、旱災、饑荒與疾病也降低了民眾對朝廷的支持。一八四〇年代末期，霍亂疫情在全國各地擴散，再加上饑荒，估計約八%到一〇%的農村人口死難，八百萬總人口死了約八十萬人。越南不是中國，但就人口比例而言，這是當年掃經亞洲大陸、殺傷力最強的一場環境悲劇。朝廷也奮力向窮人提供米糧與救濟，但迫於府庫空虛，同時也向他們徵稅。農民為求生存，不得不將土地賣給富有的地主，北方的土地越來越集中，潛在的稅基卻逐漸腐蝕。農民失業率於是增加，國家稅收於是減少。政府給官員的待遇不足以養廉，貪腐之風開始盛行，官員離心離德，進一步削弱了順化的權威。惡性循環就此出現。[25]

透過援助，透過土地與福利政策，阮朝統治者竭盡全力提供緊急救助。對統治者而言，維修、加強與擴大水壩，維護糧倉系統運作，幫民眾度過困境都是優先要務。政府辦了專供窮人與老人使用的庇護所，對貧窮也沒有任何汙名化意圖。非政府慈善團體、互助會與救災方案，也奮力協助窮人，在政府力有未逮之處使力。全國各地佛教僧侶也努力投入救災。在一八四九年霍亂疫情猖獗期間，屬於佛教一支的「寶山奇香」教派在南方特別活躍。不過，隨著災情越來越嚴重，湄公河三角洲地區皈依佛教的人越來越多，順化當局也因此更加反對宗教干預國政。另一方面，拜天主教在歐洲復甦以及民眾慷慨捐輸之賜，海外傳教會財務狀況不斷強化，傳教士繼續在政府控制以外的領域推動自己的宗教與慈善活動。加以皈依天主教的窮人越來越多，所謂「宗教問題」於是更加惡化。面對這種情勢，明命帝的接班人採取鎮壓對策。[26]

不過，儘管朝廷一再下達禁令，這些宗教團體仍能繼續運作的事實，也明白凸顯一件事：阮朝在地方這個層面上未能完全控制局面，特別是未能紓緩饑荒這類重大社會經濟問題，更遑論解決其餘問題了。在十九世紀前六十年，挑戰阮朝皇帝的叛亂總計有四百一十五起。為爭取支持，嗣德帝頒布詔令，要百姓信奉國家背書的保護神，不要信其他的神。從一八四八到一八八三年間，順化印發了約一萬三千份證書，其中八千五百份用在廣治以北的村落，只有三千份用在南方村落。北部地區對朝廷的忠誠顯然已經成為重大問題。[27]

農村暴亂情勢惡化，忠誠度腐蝕，加以國際情勢在一八五〇年代迅速變化，外力干預及外國支持在地勢力的可能性都不斷增加，新的妥協形式於是出現。一八五四年，高伯適以黎朝復辟為名，起兵反叛。其他許多忠於黎朝的人則與天主教徒結盟。在阮朝統治者不斷的血腥迫害下，這時的天主教徒已經與西方調整了新關係。黎文維所以在一八六〇年代初期向法國示好，既因為天主教徒自一八三〇年代以來承受的苦難，也因為農村饑荒愈演愈烈。許多高棉人、占人與泰族反殖民主義者，認為外國對阮朝的干預能幫他們恢復早先的獨立。當歐洲在第二次鴉片戰爭（一八五六至一八六〇年）期間重啟對中國的攻擊時，法國也順勢攻擊越南，而當時的阮朝不僅在政治上仍然分裂，在社會上也已經元氣大傷。

法國殖民子午線以及大南的崩潰 ㉘

法國對亞洲的殖民擴張

法國在一八五八年基於幾個理由，而對南越南進行干預。對法國來說，傳播天主教是其中最微不足道的一個理由。最重要的理由是，占有殖民地能助長國家與國際聲望。拿破崙三世是這一套理論的信徒。在一八五二至一八七一年間，他透過激進與干預式外交政策，竭盡全力重建法國在世界舞台上的榮光。他不僅干預義大利事務與羅馬教皇的政治，還與英國聯手，在克里米亞戰爭（一八五四至一八五六年）中擊敗俄羅斯，證明法國已經再次成為歐洲強權。在歐洲以外的地區，拿破崙要打造一個力能與英國一較長短的帝國，而事實上，就像克里米亞戰爭、特別是就像第二次鴉片戰爭在亞洲所示的情形一樣，他也可以與英國合作，達到同樣目標。他引導法國將殖民勢力伸入阿爾及利亞，曾於一八六〇年與一八六五年兩度造訪這處殖民地。他並且趁著美國忙著打內戰的同時，出兵干預墨西哥，在美國後院建立法國勢力範圍。這次行動雖以慘敗收場，但它表明拿破崙三世使法國成為世界級強國的決心。

其次，法國或許因為一七六三年簽署的《巴黎條約》以及拿破崙在一八一五年的戰敗，而將他們在北美及在歐陸的帝國先後輸給英國。但在十八世紀至十九世紀初葉，歐洲出現工業革命，相關的新銀行、金融與保險形式也應運而生。在這類更廣的力量推動下，法國早在第三共和建立以前很久已經走上擴張主義之路。這種英帝國主義研究學者所謂新「帝國子午線」的推手，包括激進商人，銀行、金融與保險業者，造船業者，以及一些鼓吹自由貿易的理論家。這些英國與法國的「資本家紳士」力促他們的政府，要政府為歐洲產業與金融業者打開全球市場，採取越來越具有侵略性的殖民政策，特別是在亞洲尤然。法國大銀行與公司在法國政府於兩次鴉片戰爭期間取得的租界與通商口岸建立辦事處。催促拿破崙三世干預越南的法國貿易商、銀行家與金融家中，有許多人已經深深介入中國與東亞其他地區，事實上更已介入全球各地的事務。比起那些訴說越南統治者如何殘暴、如何恐怖的法國傳教士，這些商人或許更能打動拿破崙三世的心。想全面了解法國征服越南的真相，就必須了解大西洋帝國主義在十九世紀的復甦，它與中國沿海殖民的聯繫，以及一條法國「子午線」在非亞世界的崛起。在這個「大分流」過程中，西方國家與日本紛紛建立具有資本主義特性的正式與非正式帝國，並透過它們將一股新經濟秩序推向世界其他地區。而法國是這個「大分流」的一部分。[29]

拿破崙三世不需要他人多費唇舌。他完全支持法國工業化與現代化。這位第二帝國領導人透過對外貿易以及正式與非正式征服，鼓吹法國商業利益，工業擴張與金融制度於是在他治下欣欣向榮。他深信殖民地不僅能提供廉價原料，還能為工業成品帶來迫切需要的市場。對於新型法國銀行、保險公司的崛起與它們的需求，他也甚表同情。十九世紀里昂絲織業這類舊產業的崩潰，也為法國帶來商業壓力，迫使法國滲透亞洲市場。有學者稱這股滲透潮為「城市帝國主義」，里昂那些資本家正是這股熱潮的重要推手。[30]

對拿破崙三世與那些鼓吹殖民計畫的人而言，海軍擴張成為優先要務自然也不足為奇。國家威望、商務與殖民擴張都得仰賴海軍。不過，法國想與遠東進行貿易首先需要建立戰略基地，之後才能利用這些基地修補船艦，為船艦補充燃料，以保護法國商貿，最後發動攻擊。法國在地中海擁有阿爾及爾，在上海也有一處租界，不過想經由新加坡與香港進入中國，他們得仰仗英國鼻息。在一八六〇至一八六七年關鍵時刻擔任法國海軍與殖民事務部長的恰斯洛－羅巴（Prosper de Chasseloup-Laubat）上將，大力支持對大南殖民。他一再逢人就說，西貢或峴港可以做為法國的香港。他更向法皇強調，西貢近旁的湄公河，可以為進入夢寐以求的「支那黃金國」提供一條獨立水道。法皇聽進去了。

最後，西方列強在十九世紀中葉掀起的亞洲殖民熱，也迫使拿破崙採取行動。英國在第二帝國於一八五八年出兵攻擊大南一年前通過印度法案，將印度次大陸大部分地區從民營的東印度公司手中轉交給英皇。在一八五二至一八八五年間，英國完成對緬甸的殖民，將緬甸變成英屬印度的一個省。在遠東，美國於一八五四年派遣海軍將領培利與他的「黑船」（編按：當年日本人對抵達日本的西方船隻的稱呼）進抵日本，還發出最後通牒，迫令日本開放對外貿易，否則後果自負。（德川幕府隨遭過去的敵手推翻，新成立的明治政權決心進行工業化與殖民擴張，以與西方並駕齊驅。）一八五七年四月，拿破崙三世成立交趾支那——歐洲人對阮氏越南的稱呼——委員會，與傳教士、商業領袖與相關部會首長詳細磋商殖民湄公河河谷的問題。法國傳教士就是在這種區域與全球性時空背景下，懇求他們的「天主教皇帝」替他們進行干預。他們的話打動了拿破崙三世，但這不僅因為拿破崙三世自己是天主教徒，也因為他們遭到的迫害，就像一八六〇年出兵黎巴嫩與一八六六年出兵韓國一樣，為他在一八五八年出兵交趾支那提供了絕佳藉口。[31]

也就因為這一切總總，嗣德帝無論基於什麼理由而選在一八五七年處決兩名西班牙傳教士，這項決定的時機再糟不過。就在這一年年底，剛在第二次鴉片戰爭期間與英軍聯手攻擊廣州的法國海軍將領夏勒・赫格・德耶諾接獲訓令，要他與駐在菲律賓殖民地的西班牙人聯手，發動對大南的懲罰性攻擊。當時從上海直到西貢，整個東亞弧形海岸都遭到來自大西洋西方諸國的攻擊，法國對越南的攻擊只是其中一環而已。一年後，德耶諾率領一支法西聯軍於一八五八年九月攻擊峴港，占據這座小港埠。一八五九年年初，在法國政府支援下，這支海軍部隊擴大攻勢，將西貢納入攻擊目標。法軍經過一番激戰占領西貢，隨後向周邊省分進兵。法國現在投入他們自阿爾及利亞戰爭（一八三〇至一八四七年）以來最重要的一場殖民地征服之戰。

法國征服越南

帝都順化只得在孤立無援的狀況下獨力對抗法國人。就像鄂圖曼帝國無力支援他們在阿爾及利亞的北非臣民，無力據守克里米亞、抵擋歐洲人入侵一樣，這時的清國也無力援助他們在南方的藩屬盟國。清國本身這時也在第二次鴉片戰爭期間面對英法聯軍在沿海發動的攻擊。不僅如此，源起於廣州的太平軍農民叛亂聲勢浩大，有拖垮整個清國朝廷之勢（太平天國之亂起於一八五〇年，終於一八六四年）。在越南西方，泰國人因擔心會因此授予歐洲人入侵口實，不肯援助交趾支那的越南人。就這樣，越南人獨力在南圻與法國人戰鬥，直到一八六二年順化朝廷終於簽下《西貢條約》（Treaty of Saigon），同意將南大南的三個東方省分（嘉定、美萩與邊和）割讓給法國。嗣德帝下令部隊停止戰鬥，並在仍在順化控制下的所有地區廢止對天主教的迫害。決心將勢力伸入中國的法國人，繼續在湄公河三角洲地區擴張。他們於一八六三年在高棉建立保護國，並且窺覬湄公河兩岸的寮國領土。一八六七年，法國吞併南圻剩下的三個西部省分，法屬交趾支那殖民地開始成形。

嗣德帝相信，他可以透過談判，以給予法國人最惠貿易權與通商口岸的方式，換回失去的三個南方省分。中國人這樣做過，他也可以如法炮製。他派遣代表團前往巴黎，談判以租借海岸的方式交換三個南方省分。（嗣德帝一直沒有承認法國對另三個省分的占領。）但問題仍是老問題：他的顧問分裂成兩派，一派主和，一派主戰。嗣德帝在一八六二年決定停戰謀和，這項決策導致朝野普遍不滿，也在這個越南史上關鍵性一刻腐蝕了他的權威。在一八六四年年底在順化舉行的區域性科考期間，考生公開反對朝廷對法國讓步的政策，並且主張毀滅站在敵人一邊的天主教徒。這種公然抗命的情勢持續升溫，嗣德帝不得不調兵進京，驅散他自己的官員。事後進一步調查顯示，這次事件是一項發動戰爭圖謀的一環，主謀者意在徹底消滅天主教，如果有必要，就算換掉統治者也在所不惜。雖說兩派人都認為自己的主張最符合國家利益，但政府最高層這時也因此陷於分裂。為事情雪上加霜的是，沒有子嗣的嗣德帝終於在一八八三年七月去世，持續有年而且極度分裂的皇位繼承問題遂浮現檯面。

第二帝國溯湄公河北上的擴張，因歐洲動盪而告終。法國在歐洲的地位因拿破崙三世於一八七〇年遭普魯士慘敗而邊緣化，法國再次陷於內戰，羽翼未豐、動靜卻火爆的第三共和崛起。但在一八七〇年代的交趾支那，法國海軍仍然掌權，而他們往往我行我素，不聽各說各話的那批本土統治階級的號令。商人與銀行家也與這些海軍大員站在一起，他們都有一個共同願望，就是尋找一條河道，進入中國市場。之後，賈尼（Francis Garnier）與德萊格雷（Doudart de Lagrée）領導的法國探險隊終於達成結論，認定湄公河上流水道不能航行，法國人於是將注意力轉向紅河地區。

在前文所述的金融與商務遊說壓力下，這些越來越大膽的商人與海軍將領率先走出交趾支那，向外擴張殖民勢力。他們都在新的第三共和找到他們的定位，彷彿一八七〇年的變化並不存在一般。一八七三年，交趾支那總督杜普雷（Marie Jules Dupré）將軍派遣賈尼前往河內，要求大南當局釋放法國商人杜普義。杜普義因為急著與華南通商，未經授權就溯紅河而上遇捕。賈尼也主張透過紅河與中國通商。但由於賈尼率軍強占河內，宣布紅河開放通航，還揚言採取片面行動，建一個控制東京的法國保護國，談判遂告破裂。

嗣德帝為避免一場全面大戰，想以談判方式解決問題，但地方上的越南指揮官獲得黑旗軍——由少數族裔團體組成的一支華人民兵——支持，對賈尼的部隊發動攻擊。就這樣，在未經第三共和領導人授權，甚至在未經順化越南皇帝授權攻擊的情況下，戰事爆發了。黑旗軍擊潰賈尼的小規模部隊，殺了賈尼。一方面也因為擔心與中國開戰的巨大風險，第三共和不願將事端繼續擴大。巴黎政府於是訓令派在交趾的官員不得蠢動。但發生在河內的這場暴亂，也迫使順化於一八七四年在西貢簽署第二個《西貢條約》，正式承認所有交趾支那（現在也包括南圻的三個西部省分）都為法國所有。法國軍隊暫時從北方撤軍，紅河貿易重開，大南仍是獨立國，只是版圖已經縮水。

一八七七年過後，共和派逐漸制壓保王派而鞏固大權，法國民族主義與殖民主義政策也轉趨激進。這時掌控巴黎政府的，是共和派最有名的領導人費里（Jules Ferry）。他決心切斷法國帝王與天主教統治的過去，以同樣強有力的共和統治取而代之。基於民主建制以及政教分離的基礎，法國人不再是帝王或教會的臣民，而是現代民族國家的公民。費里在擔任總理期間（一八八〇至一八八一年，一八八三至一八八五年）積極推動立法，建立世俗公共教育，支援有利國家整合的重大基礎建設計畫，使巴黎與法語成為國民生活的重心。

費里也是共和國倡導殖民擴張最力的人士。像之前的拿破崙三世一樣，銀行、金融與保險利益結合的殖民遊說壓力，也迫使他採取殖民擴張政策。法國經濟不景氣也使政界人士與商界領袖大聲疾呼，要求恢復殖民擴張。從一八七三至一八九七年間，法國經濟長期衰退，並於一八八四至一八八五年間跌至低谷。貿易赤字揮之不去。保護主義呼聲在歐洲與美國甚囂塵上。許多領導人因此認定——或至少希望——能透過殖民帶來外銷市場以及迫切需要的成長來源。法國政府在一八八一年把「移民」事務從海軍項下分出，短暫併入商務部該管，應該是一種兆頭。一八七五年，影響力龐大的法國金融家創辦印度支那銀行（Banque de l'Indochine，簡稱ＢＩＣ），將注意力聚焦亞洲。這個權力越來越大的機構為之後出現的法屬印度支那的殖民開發背書，還發行它獨有的貨幣——印度支那幣——直到一九五五年才停止發行。印度支那銀行並且在亞洲各地、在中國為民營及公營投資案放貸，進入二十世紀以後它的觸角伸得更廣。法國東方匯理銀行（Crédit agricole）就部分而言，是這家銀行的子嗣。32

第三共和與費里為殖民擴張提出的辯解，與第二帝國以及英國提出的並無差異：地緣政治、國家威望與自由化經濟。費里或許加上一層共和國特有的文明教化使命，強調第三共和殖民論的自由化崇高目標，但在實際運作上，它與英國人提出的「白人的負擔」（編按：出自英國詩人吉卜林〔Kipling〕的詩作，意指白人因為優越，有責任征服較落後的其他民族）概念並無不同。社會達爾文主義以及十九世紀形形色色的種族偏見理論，也幫著法國共和派辯解何以「強大」的「白人」應該統治「軟弱」的「有色人」。法國共和派的殖民擴張，就像英國人、美國人以及世界史上無數其他民族早先的殖民擴張一樣，靠的是蠻力。

但就意識形態而言，法國共和派運用帝國的方式與英國大不相同。經過一八七〇年的慘敗，面對德國主宰歐陸的新現實，法國共和派發現殖民擴張能強調一種新的國家認同與「偉大」意識，而這種意識正是他們迫切需要的。對左派與右派的民族主義領導人而言，「大法國」理念都是獨樹一幟的意識形態，許多法國精英直到二十世紀末葉仍是它的忠實信徒。儘管絕大部分法國民意對殖民擴張與維持帝國的戰爭依然毫無興趣，政府部會與殖民遊說團體卻聯合起來，透過博覽會、藝術展、旅遊觀光、書籍、報紙及教育資訊，在法國鼓吹一種有利於殖民的意識形態。也就在這段時間，各式各樣科學、地理與醫藥協會，開始對殖民主義介紹的非西方世界，對殖民主義提供的實驗室、樣本與藝品產生興趣。「帝國」的衝擊對法國百姓雖小，對法國官員、行政人員、軍官與學者卻不小。[33]

在面對是否征服越南其餘部分的問題時，共和派領導人沒有提出任何理論或道德異議而認為他們無權這麼做。費里已經率先衝鋒，在一八八一年攻擊突尼西亞，兩年後又進兵馬達加斯加。不過與他的前輩不同的是，為征服大南，費里不惜在亞洲與中國一戰。一八八一年年底，又一名海軍軍官里耶（Henri Rivière）在西貢殖民當局默許下，以解救遭大南當局監禁的商人為名，率領小隊人馬前往河內。費里的機會到了。像當年的賈尼一樣，里耶也傲慢非常，認為他可以輕鬆控制東京，從而迫使巴黎跟進。里耶在一八八二年四月占領河內城堡。大南朝廷派軍馳援，黑旗軍也支持他們，而且最重要的是，中國這一次信守了條約義務。（編注：是指納貢關係，非正式簽訂的不平等條約。）清廷在一八八二年年中派軍進入中國南疆，占領諒山與山西等大南邊界重鎮。里耶對清軍這種展示武力的做法不以為意，繼續進兵。但又像之前那次一樣，這一次的計畫進展也不如人意。在清軍一旁觀戰下，越軍與黑旗軍擊潰了這支法軍特遣部隊。

里耶雖在東京灣遭到又一場慘敗，他在一件事情上的看法倒是不錯：第三共和獻身於亞洲的殖民擴張。在一八八三年二月二度出任總理時，費里把里耶的挫敗描述成一件關鍵性英雄事蹟，它說明法國政府必須全力求勝，締造一個亞洲帝國。一八八三年七月至八月，孤拔（Amédée Courbet）將軍率領一支海軍艦隊抵達大南，戰事重啟。為從北方牽制阮朝，他攻擊京都順化，並在順安海灘一場血戰過後擊敗越軍。法國作家，也是海軍現役軍官的洛蒂（Pierre Loti）與法軍一起進入順安，在軍艦甲板上見證了這場「大屠殺」。他眼見砲彈像雨一樣撒落敵軍陣地。在法軍取勝以後，他走在沙丘各處橫七豎八、盡是越軍屍體的海灘，要法軍士兵談一談「他們幹了些什麼」。基於這些目擊經驗與訪談紀錄，他寫了一系列非常令人困擾的文章，討論殖民征服的暴力，敵我雙方在戰時的人性，以及那場大殺戮的人道面與不人道面：「我們大開殺戒；那幾乎就像是搶劫一樣。」洛蒂在文中沒有強調共和國士兵如何英勇，卻詳述他們犯下的戰爭罪行，終於激怒費里。費里下令將他從軍中除名。[34]

由於取得這項軍事勝利，法國外交官、同時也是著名殖民論者的賀蒙（Jules Harmand），終於與阮朝在一八八三年八月簽署《順化條約》（Treaty of Hue），大南將東京以新設保護國的形式割讓法國。賀蒙在順安之戰結束後，曾向阮朝提出警告說，若不締約割地，大南將有亡國之禍：

現在，這是一個相當確定的事實；你們得仰仗我們的鼻息。我們有力量奪取並摧毀你們的首都，讓你們全部餓死。你們必須在戰爭與和平兩者之間做一選擇。我們並不希望征服你們，但你們必須接受我們的保護。對你們的人民而言，這是一項和平與繁榮的保證；對你們的政府與朝廷而言，這也是一項唯一的生存機會。我們向你們提出的這些條件已經十分寬宏大量，給你們四十八小時時間，你們要不拒絕、要不照單全收，沒有任何討價還價餘地。我們深信這些條件對你們並無任何屈辱之處，而且，如果雙方都能忠實信守，它們能為越南人民帶來幸福。你們如果拒絕它們，最嚴重的大禍就將臨頭。不妨想像最可怕的慘劇，事實真相會更可怕。阮朝，它的親王與它的朝廷都將為自己判刑。越南這個名字也將從歷史消失。[35]

不過，狠話與一場軍事勝利並不能使大南就此臣服。黑旗軍仍然陳兵北方，他們與在地越南軍結盟，不肯放下武器。最重要的是，就在邊界另一側，中國軍隊也留在陣地待命。清廷仍不承認法國有權從中國手中奪走大南。像二十世紀中葉以後的中共一樣，眼見充滿敵意、一心想擴張的外國人在自家南方門口張牙舞爪，清廷也很不高興。孤拔攻擊邊界城西山，希望能在清朝援軍開到以前，先將在地黑旗軍與中國民兵擊敗。間歇性戰鬥持續到一八八四年，法國也不斷增加派遣軍規模。在占領西山之後，法軍又攻占北寧。清朝為求息事寧人，終於同意談判，並於一八八四年五月簽署《天津協定》，放棄與大南的藩屬關係，並承認法國對大南、安南與東京的保護地位。中國撤軍，將諒山讓給越南人。一般稱為「詔書」的《第二順化條約》於一八八四年六月生效，讓法國接管整個越南。順化朝廷還因為簽署這項條約，而必須銷毀清廷當年交給嘉隆、將兩國綁在一起半個世紀的那方象徵兩國從屬關係的國璽。中國與越南之間的聯繫雖然依舊，法國已經廢了大南在東亞秩序中的屬國地位，透過條約，讓大南成為聽命於巴黎的民族國家。[36]

不過法國的殖民征服仍然未竟全功。由於駐在北麗的華人指揮官不肯退讓，重新占領邊界城鎮的計畫進展並不順利。法軍指揮官不願透過外交途徑解決爭端，主張發出最後通牒，訴諸武力。費里政府要求中國人立即撤離東京，並償付兩億五千萬法郎賠償金，以補償法軍征服成本。中國人的頑抗惹惱了法國人，法軍遂對幾個華南沿海城市進行封鎖與攻擊。法國海軍甚至進抵台灣。原只是一場地方性殖民征服的戰爭，這時突然引爆，成為一場更大的區域衝突，它不僅再次證明法國征服越南的牽扯甚廣，也證明越南與中國的關係之深。

這種擴張，在法國國民議會遭致越來越大的政治反對聲浪，許多人開始指斥費里「迷戀」東京。（他的政敵諷刺他，稱他為「東京費里」。）一八八五年三月二十八日發生的事件更使反對聲浪沸騰。費里在那一天接獲一紙悲觀的電文，通知法國政府說，軍隊已經放棄諒山，中國對三角洲地區的攻擊迫在眉睫。事實上，中國並沒有發動這項攻擊的準備。諒山的暫時撤軍對法國占領邊界城鎮的計畫進度也並無妨礙。但「諒山失守」的新聞引發「殖民色當」的恐懼。（拿破崙三世與他的軍隊就是於一八七〇年在色當遭普魯士軍包圍。）費里的政敵最關心的，只是有機會藉東京問題扳倒費里，把他趕下總理寶座而已。費里為他的殖民政策大聲辯護，舉出各種理由說明共和國何以必須擴充殖民版圖。不過這一切努力都屬枉然，國會最終還是通過不信任案，費里政府也於一八八五年四月因一場已經結束的戰爭而下台。

費里政府的消失，對法中關係的演變、對大南的命運都沒有影響，原因也就在這裡。他的保守派政敵儘管抨擊費里的政策，但他們絕不是反殖民主義者。這次諒山事件最重要的影響，在於它滿足了法國內政需求。新政府迅速達成一項有利於法國的解決方案。費里的死對頭克里蒙梭（Georges Clémenceau）繼續宣揚共和國的殖民政策。由於日本人適於這段期間侵入朝鮮，清廷擔心之餘，遂與法國重申《天津協定》的效力。一八八五年六月，法國參議院批准一項正式和平條約，結束了中法戰爭。大南不再是一個獨立國。[37]

在越南西方，泰國與散布在湄公河河谷的幾個寮人部落小國的藩屬關係也遭法國解體。儘管船隻不能經由湄公河直通中國，但無論怎麼說，眼見英國征服緬甸，法國也下定決心要控制這條通往中國邊界的水道。憑藉外交、武力，以及巴維（Auguste Pavie）領導的一些探險行動，法國極力駁斥泰國對這帶土地的宗主權。不過，要從曼谷殖民當局手中奪下這帶地方，最後還是要靠武力。

一八九三年，由於曼谷朝廷不肯遵照最後通牒所示，將左岸寮土割讓法國，法國派遣砲艇沿湄南河北上來到曼谷，將砲口對準大皇宮，封鎖泰國海岸。

一八九三年的曼谷朝廷，與十年前的順化朝廷一樣，都沒有什麼作戰準備。泰王拉瑪五世找不到一個可以求助的獨立亞洲盟國：緬甸已經為英國占領，清國內部分崩離析，日本與美國都決心加入在亞洲的殖民俱樂部，特別是英國人還對他的王國別有圖謀。拉瑪五世在同年十月簽署條約，承認法國將後來成為寮國的地方劃為殖民地。這塊土地當年置有軍事駐地，與琅勃拉邦、占巴塞以及永珍等一些小國，它們透過一個鬆散的結構以泰國保護國的形式存在。一九〇七年，泰國進一步將高棉的詩梳風、馬德望與暹粒等幾個省割給法國。宏偉壯麗的吳哥窟神殿就在暹粒省。法國與英國為了讓泰國保持獨立地位做為緩衝，沒有與泰國交戰。[38]

到十九世紀結束時，在亞洲的殖民征服已經毀了幾個立國好幾百年的古國，重塑了國內政治與社會關係，造成民眾顛沛流離，也重繪了亞洲地緣政治圖。隨著清朝於一九一一年滅亡，大體上以中華帝國為核心的一個亞洲國家群體消失了。直到二次世界大戰結束後，延續千百年的中華帝國似乎像之前的羅馬帝國一樣四分五裂，各門各派的中國民族主義者於是卯足全力，要在這古老帝國之上建一個民族國家，新的中華帝國才逐漸成形。在泰國與日本根據西方模式，迅速建立獨立民族國家的同時，法國、荷蘭與英國也開始在強奪而來的國家上建立殖民帝國。以法國的例子來說，這個國家就叫「印度支那」。

★

03

The Penguin History
of
Modern Vietnam

第三章 變了樣的國家

在一八六二年簽訂《西貢條約》之後，嗣德帝認定他可以透過談判，要回不久以前割讓給法國的三個大南南方省分，從而避免一場更具毀滅性的戰爭。嗣德帝的南方太守潘清簡認同這個看法，於是往訪西貢，與法國人就這項議題展開談判。讓談判雙方都始料未及的一件事是，南方越軍總兵官張廷不肯退兵。張廷生於一八二〇年，父親是來自越南中部、駐守南方的帝國軍官。他像父親一樣參軍，也像之前許多屯墾民一樣，在三角洲建了一個軍事殖民地。他愛這塊土地，在法國於一八五八年發動攻擊之後，他動員了一支兵力六千人的游擊隊守護他的土地。他的忠勇令嗣德帝讚賞，於是封他為南方「義軍」總兵官。

張廷打得有聲有色，但之後潘清簡來到，要他退兵，以便朝廷用談判方式要回失去的三個省。張廷於是答覆說，為了王與國家，他職責所在，必須繼續戰鬥。他並且警告潘清簡說，與法國的談判根本不會有結果。事實證明他所料不差。一八六七年，談判失敗，法國併吞交趾支那全境，潘清簡自殺謝罪。而張廷已在法軍逼近時自殺身亡。嗣德帝兩員重臣以不同的方式阻止法國人在湄公河三角洲建立新殖民國，結果都以失敗收場。❶

建立法屬交趾支那

在嗣德帝於一八六二年簽約、將南方六省中的三個省割讓給拿破崙三世以前，這世上沒有「法屬交趾支那」這回事。在這以前，這六個省組成明命帝一八三三年實施行政改革以來所謂的「南圻」。十六世紀初葉，葡萄牙人首先流行「交趾支那」這個名詞，泛指所有黎朝越南（當時的黎朝越南版圖僅限於東京三角洲）。十七世紀以降，遊走於這個地區的歐洲天主教傳教士，開始用這個名詞描述脫離北方、在南方建國的阮朝。到十八世紀，歐洲傳教士、商人與旅客用「交趾支那」泛指幅員越來越廣的阮朝。首先用這個名詞專指一八三三年所建南方六省的，或許是基督教傳教士，他們這麼做，為的是據以管理他們本身的宗教活動。我們可以確定的是，法國政府在「交趾支那戰役」期間，於一八五八年基於政治目的而第一次用了這個名詞。一八六二年發布的第一項官方公報《交趾支那官方公報》，證實南圻已經沿著明命帝三十年前行政改革劃下的界線，成為法屬交趾支那。❷

在一開始，法國統治階級中沒有一個人知道他們在東湄公河三角洲的這個殖民根據地，能把他們帶到哪裡去。巴黎政治領袖對於負責現地作業的殖民當局並無原則性指令，殖民當局只能追循一八六二年《西貢條約》到一八八七年印度支那聯邦的路徑行事。事實上，當年殖民地與本土的聯繫往往雜亂，西貢與巴黎間通訊不良，跨海與無線電信仍然大體上還不存在。儘管蘇伊士運河已於一八六九年開通，第二帝國滅亡的消息仍得等到事隔數週，船隻抵達西貢以後，才能傳到越南。甚至在消息傳到以後，政府訓令究竟是什麼也仍然彷彿霧裡看花，因為第三共和還在緩緩成形之中。在法屬交趾支那以及法屬印度支那的成長與蛻變過程中，不確定與應變的重要性，不亞於任何宏觀殖民理論與地緣政治評估。

我們知道，法國的征服起於南方，往北方移轉。一八六二年《西貢條約》將嘉定（即西貢）、美萩（即定祥）與邊和三個東部省割給法國。法國人還取得昆崙島，建了那座惡名遠播的昆崙島監獄。一八六三年，高棉成為一個接受西貢號令的保護國，基本上它的任務就在於保護交趾支那，促進法國在湄公河上游的影響力，以及防堵泰國向東方擴張。到一八六七年，法國運用軍事占領手段，把朱篤（即安江）、河仙與永隆等南大南剩下的三個省也納入法屬交趾支那。一八六三年一月，法國政府把交趾支那領地行政管理權交給駐在西貢、權高勢大的總督，還設了一個做為輔佐的顧問委員會，負責管理從一八六五年以後正式稱為「法屬交趾支那」（la Cochinchine française）的事務。對於這個仍處於醞釀階段的殖民地，海軍在營造與管理上都扮演重要角色。直到一八七〇年代為止，法屬交趾支那歷任總督都由海軍擔任，直接對海軍與殖民部負責。海軍將領把持顧問委員會，還負責兼管歐洲人與本地人事務的內務部。歷經阮朝三十年文人統治之後，軍人又一次在湄公河三角洲主持重大開發案。❸

征服是一回事。從戰火餘燼中營造一個殖民國是截然不同的另一回事。法國征服造成巨大破壞。兵刀殺伐，戰火摧殘，鄉村城鎮十室九空。米糧生產與運輸暴降，饑荒災情蔓延。一八六〇年初，一名湄公河三角洲傳教士在報告中說，死難人數數以千計：「有幾個省分，全省人民無分貧富，都只能靠野草與樹根活命。」許多忠於阮朝的官員棄官潛逃，政府因此停擺，無力進行紓困與賑災。一八六二年四月，伯納將軍凝重地向上級提出報告說，「直到這一刻為止，我們在交趾支那沒有進行任何為未來預做準備的工作。我們毀了許多事物，我們事實上打亂了一切。直到目前為止，我們唯一做的只是在將就湊合。以西貢與西貢附近地區來說，原本是人煙稠密、商業鼎盛的城鎮，現在放眼四顧，滿目淒涼，只見一片燒殺搶掠的劫後廢墟。」儘管阮軍正在後撤，伯納在結論中說，「我們實際上並沒有控制這個被征服的國度。」❹

這麼多高級與受過良好訓練的阮朝文官逃逸無蹤，是個大問題。它使新征服者無法取得情資，也得不到迫切需要的行政管理仲介。無論怎麼說，這些阮朝官員對越南、對它的語言與人民的了解，都比法國人強多了。在一八七八年，交趾支那六省（六萬平方公里）據估計總共有人口一百六十萬，其中越人有一百五十萬，高棉人十萬，斯丁人一萬，占人九千五百，還有三萬六千名華人。但直到一九〇〇年，住在這裡的歐洲人，除了軍隊不計，總共也只有兩千人左右。歐洲人或許置身這個新殖民梯階最高層，但他們生活在陌生人的一片汪洋中。沒完沒了的游擊戰，包括針對與法國人合作的越南官員的攻擊，更使法國人控制這塊土地的意圖難上加難。❺

早期像伯納與馮耶（La Grandière）這類海軍將領出身的總督，運用直接與間接管理手段進行統治。太多的越南文官棄官，意謂法國管理人必須涉入省級事務。伯納沒有拆散阮朝文官較低層體系（包括區、州與村），他設法讓地方精英繼續留任。受過訓練的法國官員人數太少，根本不敷使用。更何況，由於巴黎那些領導人堅持殖民地必須自給自足，運用現成的行政管理系統能壓低成本。伯納的一名部屬事後回憶，「伯納將軍在一八六一年十一月抵達西貢後，立即宣布本地人管理本地人的原則。」在軍方以及臨時編成的地方民兵支援下，由法國督察監控的區級與村級官吏，繼續進行收稅、治安與解決地方糾紛的工作。這些法國將領當然深信法國必須用優勢文明教化他們的亞洲子民，但從軍事占領轉型到可以運作的殖民政府不是一蹴可及，他們必須實事求是，必須盡可能根據地方習俗與程序進行調適，以便用法國形象重塑這個殖民地。法國人由於不具備必要手段，無法立即在交趾支那推動直接同化統治。❻

此外，間接統治也在第二帝國獲有一眾高官支持。在法屬阿爾及利亞，恰斯洛－羅巴與拿破崙三世都支持本地人管理本地人的官方政策。拿破崙訂定用阿爾及利亞本地精英管理阿爾及利亞的間接統治策略，還親自支持設立「阿拉伯局」，做為這項大策略的一環。在一八四四至一八七〇年間，法國軍官領導阿拉伯局，但運用阿拉伯精英、他們的家屬與親友網路，進行情報蒐集、收稅、治安及排解地方糾紛的工作。海軍軍官也主張透過本地結構與忠於法國的精英統治交趾支那，「像我們在阿爾及利亞阿拉伯局的頭子一樣」。羅巴現在完全贊同這些主張。❼

為達到這個目標，伯納將軍成立原住民事務顧問委員會。透過這個委員會，少數法國督察（大多是退役海軍軍官）分駐三角洲各地，填補阮朝官員放棄的省督空缺。伯納親自批准將嘉隆法典翻譯成法文，使法國省督能了解阮朝習俗，能有效運用阮朝法律，以爭取留在原官僚系統中下層任官的在地人士，從而有效管理他們。

由於仍然獨立的大南北方省分（安南與東京）繼續控制傳統上來自順化的地方官，法國也在交趾支那新殖民地運用直接統治形式。交趾支那這些海軍將領最極力避免的，當然就是從「敵方」的安南或東京進口官吏。隨著時間不斷逝去，原有官吏或退休或離開，這些海軍將領別無選擇，只能親自介入，用更多非儒家出身、受過法國訓練的文官，用法國督察填補此等空缺。不過，法國這種選派、晉升原本不合格的越南人在農村官僚系統擔任要職的做法，顛覆了地方政治與社會關係。一些沒有受過儒家文官訓練的譯員，因此身價高漲。當時有許多這樣的人，董書同（譯音）就是一例。他雖在阮朝主政期間沒有通過科考，但因為願意與法國將領合作而成為交趾支那高官。他還呼籲其他人向他學樣。❽

湄公河三角洲的地方強人也向法國獻殷勤，表示能協助法國人不花大成本而能維持殖民地和平。問題是許多這類人物未必將人民（或甚至殖民政府）的利益放在心上。其中一些人就這樣打著法國旗號，往往還在法國默許下在地方上巧取豪奪，營造自己的封建領地。有幾名強人根本不識字。對董書同這類人物而言，與殖民當局共謀就能平步青雲，自是不可失的良機，但它也造成某些地方仇恨，而如同之前的越南史所示，要人淡忘這些仇恨並不容易。事隔不久，一名法國政府官員就有以下感嘆：

我們這些或透過官派、或訓練班出身的新官員，大體上比那批舊地方官遠遠不及。他們不學無術，與儒家學術一點邊都沾不上。在征服最初幾年，當局亟需援手，也只有手邊有什麼人就用什麼人了。忠誠比能力重要……許多過去就連最起碼的小職員都當不上的人，現在成了要員。[9]

就像之前的阮朝一樣，法國也依賴中國商人與他們的區域網路，幫法國加強在三角洲的控制。自法軍於一八五八年登陸峴港起，法國軍官就在堤岸「大市場」招募中國商人，從高棉運牛肉補給法軍軍需。法國當局還需要中國商人從三角州進口米糧，養活法國控制下的地方百姓。馮西・賈尼在因攻掠東京而成名以前曾經治理堤岸，與當地華人商界建了親密關係。堤岸出現現代越南規模最大、最有名的「中國城」，賈尼功不可沒。此外，像之前殖民當局一樣，法國也歡迎中國移民。生活在越南的中國人口從一八六〇年代初期的兩萬五千人，增加到一九〇四年的十二萬，與一九一一年的二十萬一千人。這些華人絕大部分住在交趾支那，當地的殖民開發案吸引的華人總是比法國人多得多。[10]

政商關係良好的福建華商班合就是一個範例。他在交趾支那戰爭期間因替法軍運補軍糧而致富。拜法國政治支援與來自新加坡的中國資金之賜，班合在戰後繼續留在交趾支那，大舉投資西貢新興的房地產市場、商務與鴉片貿易。事實上，他買下政府發的執照，讓他壟斷殖民地鴉片買賣。他憑藉交易網路與人脈關係，從亞洲各地進口鴉片，賣給主要是華人的客戶。他就憑這些買賣，為當年初建未久的交趾支那殖民當局帶來或許是最重要的一筆稅收。由於他的地位過於重要，有一次當他面臨破產危機時，法國政府還為他紓困。當時殖民地總督認為，坐視這個亞洲商人垮台會「損及殖民地財政」、「破壞局部地方商務」。班合由於與法國合作得太好，法國保證讓他的子女在法國接受教育，還支持他入籍成為法國人。⓫

法國與越南的殖民經驗或許有許多一脈相傳的相同之處，但也有極大差異。原是小鎮的西貢轉型成為重要商業中心與交趾支那的首都，頗能發人深省。在法國人征服前夕，高棉人建立、中國人推動而由阮朝殖民的西貢，事實上只住了幾千名中國人與越南人。法軍攻擊期間的激戰讓西貢居民逃避一空，組成西貢的四十座小村除了一座以外全數被毀。一八五九至一八六二年間的西貢是一座荒無人煙的廢墟。一名法國軍官說了一句描述當時西貢的話，頗能傳神：它「不再是安南，但也還沒有成為法國」。不過事情變化得很快。在取得一八六二年條約保障之後，又見到中國人在隔鄰堤岸熱鬧滾滾的商業活動，法國立即展開行動，將西貢打造成交趾支那首都與重要港埠。儘管當時沒有人能預知，但這座小城日後因此成為現代越南大都會。在伯納與他的繼任人主導下，殖民當局鑿了一連幾條運河，排乾在西貢各處氾濫、有害衛生的沼澤。政府批准特許，授權出售土地。班合建了一棟當年難得一見的多層樓房，將他高人一等的社會地位表露無遺。到一八六七年，經過幾任總督大手筆揮霍，這座迅速擴建的殖民中心建了一條長十五公里的通衢大道。法國治下的西貢不久有了植物園，有了現代化海軍船塢「軍火庫」，還建了「大倉庫」，處理進出西貢港的貨物。與法國本土以及世界其他地區的聯繫，也有日新月異的變化。一八六二年，法國第一批蒸汽輪之一的「女皇號」抵達西貢。沒隔多久，法國郵船公司（Compagnies des Messageries maritimes）展開對橫濱、香港、曼谷、亞丁與馬賽的郵船服務。⓬

原本住在西貢、戰爭期間撤出的越南居民，由於在殖民征服期間站錯了邊，大多數沒有重返家鄉。事實上，戰後進入法屬西貢定居的第一批人是三千名天主教徒，他們大多數是一八六〇年隨法軍撤出峴港的人。還有一些是因為在鄉間受到迫害而逃進西貢避難的天主教徒。他們需要法國保護，法國也需要他們的合作。一八六三年，幾十年來第一座新天主教堂在西貢出現。到一八六九年，西貢人口總數已達八千，包括越來越多的歐洲文官、商人與傳教士。他們幾乎全數是男人。隨著人口增加，旅館、餐廳與商店也不斷出現。附近的堤岸也由於華人人口有增無已而欣欣向榮。海軍將領也在這時建造一系列行政大樓，做為交趾支那總督辦公大樓的諾羅敦宮（Palais Norodom，編按：法國殖民統治結束後改名獨立宮，越南統一後又改名統一宮）就在這段期間落成了。⓭

不過這種大規模建設需要錢。由於法國政府指望交趾支那當局自行為開發案籌款，最後為這些建設出錢的，主要還是當地居民。總督們立即以個人稅與土地稅的方式徵收「直接捐」，並以發給專賣執照的方式收取「間接」稅。法國就這樣透過地方行政組織，利用現成的阮朝土地登記紀錄收了他們第一筆房地產稅。法國規定農民必須用新的殖民地「銀元」（la piastre），而且不能以貨代錢，於是進一步擴大了農村地區的貨幣經濟。地質隊遍訪三角洲各地，丈量與登錄新土地，驗證既有土地。當局還發行身分證——錄有個人基本資訊的一種法定證明文件——以加強政府的中央管控。當局並且徵收「個人稅」，所謂「個人稅」其實是針對登錄有案村民徵收的稅。土地稅與個人稅稅收從一八六五年的一百五十萬法郎，增加到一八六七年的兩百一十萬法郎。⓮

對酒品、賭博、鴉片與稻米生產的壟斷，也是政府稅收的財源。鴉片特許證帶來的稅收從一八六二年的五十萬法郎增加三倍，到一八六五年的一百五十萬法郎。在一八七四到一八七七年間，它帶來三百二十萬法郎。如果再加上獨家經營賭博與娼妓生意帶來的收入，交趾支那在一八七八年靠專賣賺進四百二十萬法郎，在一八八一年賺了六百七十萬。法屬交趾支那的成立，大體上依賴鴉片帶來的財源。⓯

稻米也很重要。在阮朝統治期間，湄公河三角洲生產的稻米除外銷華南地區以外，還供應內部消費。不過法國統治以後改變做法，極力將稻米生產投入外銷。在一八七〇年代之初，交趾支那可耕田地約有三十萬公頃，其中二十五萬公頃用於稻米生產。由於在一九〇〇年以前，法國除了西貢以外，幾乎沒有進行任何疏浚沼澤的工程，想增加稻米外銷就必須降低內部消費，或扼阻既已存在的稻米黑市。無論如何，從稅收與稻米生產的角度而言，為法屬交趾支那的開發付出最高代價的，不是法國納稅人，而是交趾支那那些農民，至於鴉片專賣的收益，則主要來自華人社會那票吸鴉片的癮君子。⑯此外，位於北方、仍然獨立的大南，在失去湄公河三角洲穀倉以後，糧食供應更形短缺，內部也因此更加動盪不安。

法屬交趾支那的建立，造成現代越南史一次大轉型，對越南語言也造成深遠影響。無論在哪個地方進行殖民統治，能否長治久安，首先都得擁有可靠情資，才能了解他們征服的人民。那些占領湄公河三角洲的法國海軍軍官，對突然納入他們控制下的一百五十萬人幾近一無所知。天主教會有幾名能說越語的法國人。儘管董書同等少數越南高官能說流利法語，但中低層越南官員幾乎無人能說法語。讓事情更加複雜的是，法國官員很快發現，越南官員彼此之間或在家中、或在市場上交談時雖然使用越南本地語言，但在書寫官式文書時使用漢字。菲拉斯特（Paul Philastre）與奧巴黑（Louis-Gabriel Aubaret，《嘉隆法典》的譯者）這類東方派軍軍官或許因此很開心，但他們的上司卻因此大惑不解，他們不敢想像要以這種「象形文字」為基礎，建立殖民地文官系統。若干同時也參與中國境內殖民征服工作的法國將領，對中國文化尤其極度偏見。對伯納而言，使用中國字「與一切進步不容」。⑰

海軍將領在一開始找上傳教士求助，希望天主教會能為他們帶來足夠通曉法語的譯員。但問題是，至少在一開始，越南天主教徒真正通曉法語的人相對較少。歐洲傳教士用越語傳教，在教導本地教士時用的是教會語言，也就是拉丁文。在殖民統治早期，法國海軍軍官搬出他們早年在文法學校學到、早已塵封多年的拉丁文，拿著紙筆與越南傳教士溝通的情景並不罕見。著名的天主教多語專家張永記，是難能可貴的少數例外。張永記來自梵蒂岡東南亞宣教活動發源地的檳城，能說流利法語，曾擔任從伯納到貝爾（Paul Bert）等幾任總督的譯員，協助他們了解越南。當時有人給他封了一個名銜，稱他是交趾支那第一位「安南公務員」。事實上，譯員很快在法屬交趾支那形成一種非常重要的新官僚階級。在殖民統治初期，他們的名字與他們的法國同僚一起出現在官方公報上。[18]

但一個人的力量畢竟有限，況且傳教士雖能解決一些問題，惹出來的問題也不少。或許，天主教會對殖民最重要（而且出於無心）的一項貢獻，是為了用拉丁字母抄寫越南文，而在十七世紀研發的一套羅馬字母化書寫系統。殖民當局喜歡這種「國語字」有幾個原因。首先，將領們發現，與中國漢字相形之下，拉丁字母能使法國行政官員更輕鬆、更迅速地學習越南文。其次，當時在越南各地工作的法國人，沒有人真正相信地方精英能突然間開始用法文說寫。伯納因此希望能推廣「國語字」，創造一種「所有法國－安南人都能了解的語言」。第三，阮朝文官科考制度既已荒廢，海軍將領們大力推動以拉丁字母書寫的越南文，希望盡快訓練出迫切需要的越南譯員與官僚。最後，這種以拉丁字母書寫的越南文由於與漢子脫鉤，能促使越南精英逐漸偏離中國文明軌跡，邁向他們在法國的前途。事實證明，這最後兩個理由最為重要。[19]

殖民當局推動「國語字」無疑是一種以同化為目的的設計。不過它的主要目標是建立一種較有效的行政管控形式，未必是將交趾支那人變成法國人。海軍將領們立即開辦語言學校，將這種拉丁字母系統教給譯員、公務員，之後還教給數以萬計的兒童。將領們將幾所早期的學校交由張永記與其他一些會說法語的天主教徒管理。一八六五年四月，張永記獲得授權，發行現代越南第一份國語字報紙《嘉定報》。它可想而知，當然會刊發殖民當局的政令、指示以及統計數字，不過《嘉定報》在一九〇九年關閉以前，也發表有關社會與文化議題的文章。從一八八二年起，國語字正式取代漢字，成為法國官方有關殖民地通訊譯本採用的文字。當然，直到二十世紀，仍有許多越南人使用漢字（本土文字「字喃」的情況也一樣）。不過殖民當局制式化機制與地方行政的現實需求，再加上為了推廣它而設計的教育系統，終於使一套羅馬字母系統在越南戰勝了象形字系統。頗具反諷意味的是，就像印尼民族主義者用一套荷蘭人研發的拉丁字起事一樣，越南民族主義者沒隔多久也用國語字來對抗殖民當局，還以它為工具，打造他們自己的文化與建國計畫。[20]

將安南－東京納入法國版圖[21]

海軍將領們以西貢為基地，展開征服整個大南的行動。在第三共和於一八七九年指派文人擔任交趾支那總督之後，「海軍將領的交趾支那」終於走入歷史，但第三共和領導人的殖民意圖並不稍遜於之前那些領導人。不過，法國征服者這一次要將整個阮朝版圖完全吞併，包括在順化的王室。法軍在一八八五年洗劫了京都順化，年幼的咸宜帝隨攝政王逃到鄉下。法軍司令德考西（Philippe de Courcy）隨即任命一名由殖民當局保護的新皇帝，取代咸宜帝。德考西在向巴黎當局提出的報告中，對大南新權力均勢有以下一句露骨的描述：「我們現在可以要他們執行在他們掌控之外做成的決定。」[22]

徹底潰敗了的大南——版圖包括「安南」（中圻）與「東京」（北圻）——於是成為法國保護國。直到一九四五年為止，法國就根據一八八四年簽訂的《保護國條約》（Patenôtre Treaty）統治安南－東京。淪為殖民保護國的大南，喪失了國際認可的主權。大南朝廷不再能主導它的外交關係，也不再保有獨立自主的軍隊。不過理論上，駐在順化的皇帝仍保有大南內政管理權，包括文官考試系統與它建立的官僚都仍在皇帝治下。在獲得法國批准的情況下，由殖民當局扶植的同慶帝派遣大臣前往河內，繼續管理在北方的官吏。一八八六年，貝爾在順化取代德考西，成為文人常設總督。法國外交部負責安南－東京保護國事宜，交趾支那－高棉事務則繼續由海軍與殖民部主持。就行政管理而言，兩個各別的法國殖民結構並存，殖民地的人想往還保護國與交趾支那之間，得備妥旅行文件才行。

越人對法國征服的持續反抗，以及共和派傾向中央集權的意識形態，使保護國出現一種非常複雜而混亂，直接與間接並行的統治形式。為削弱保王派對法國統治的頑抗，法國將安南－東京保護國進一步分割為兩個各別領地，由順化與河內各派一名常設總督分別管理。一八九七年，法國關閉河內總督府，切斷順化朝廷與北方版圖的體制上聯繫。法國高級專員（常設督察）於是直接負起為安南與東京選派地方官的責任。從一八九七年起，法國將一八〇二年出現的一統越南有效分割成三個領土與行政單位——交趾支那、安南與東京。到二十世紀以後，這一點成為民族主義者發動攻擊的重要口實。[23]

不過，派在安南與東京的高級專員儘管看似大權在握，並不表示法國人能將既已存在、地方層級的官員一舉掃除。在一八六〇年代，安南與東京的人口加起來超過一千萬，比交趾支那的人口多七倍。像在南方的海軍將領一樣，共和國殖民當局也需要本土官吏在區與村的層級上進行間接統治。而且間接統治的成本永遠比較低。共和國當局那些教化殖民地子民的崇高保證，在實際操作上一直舉步維艱。事實上，為謀更有效的統治，負責管理安南與東京事務的法國官員竭盡全力，設法重建、改革既已存在的文官與考試系統。一九〇七年，日後成為印度支那總督的皮耶・巴斯齊以充滿感性的口吻談到「這治理手段神奇得令人稱羨的省政府」。在一八九六年，五五％的東京省級官吏，早在法國人主政以前已經展開仕途，阮朝科舉系統出身的官員更超過七成。法國殖民統治既是對過去規律的破除，也是對這種規律的存續。在殖民當局治下的安南與東京，儒家考試制度能一直運作到一九一九年，也因此不足為奇。在法屬印度支那，就像在之前越南人建的殖民國一樣，「結合／間接統治」與「同化／直接統治」從未相互排斥。它們相互重疊，隨時間與特定空間改變而變化，並且視環境需求與局勢變動，而在不同的管理層級上變革。這兩種殖民政策的互動，是現代越南形成的一項要件。另一項要件是我們接下來必須討論的殖民地合作問題。[24]

殖民地的合作與選擇

殖民地合作是一種複雜又非常敏感的現象——而且不僅是在越南如此而已。我們在之前的越南歷史上，談到中國在越南的千年統治，以及越南本身的殖民擴張，都曾遭遇這類問題。在戰時，我們還會碰上它。葛洛斯（Jan Gross）在談到第二次世界大戰期間的殖民地合作時說，這種合作幾乎千篇一律，總是「占領當局驅動」的，征服者迫使被征服者接受條件，否則使用優勢軍事武力，從而建立合作，並透過合作架構進行治理，對地方性選項、忠誠以及各式各樣社會與政治關係造成深遠衝擊。它可能意指為了在艱難且性命交關的情勢中生存，不得不與占領當局合作：值此困苦之秋，被征服者必須考慮養育、照顧心愛的家人，而且還往往不得不在違背本身意識形態的情況下這麼做。其次，如本書前文所述，征服者由於強迫造成改朝換代，為原本遭到邊緣化的族群提供了政治與社會的晉身階。無論出於有意或無心，新占領當局往往重燃蟄伏已久的爭議，以新方式使原已存在的社會政治緊張情勢更形惡化。最後，合作從來不會靜止不動；占領當局實力減弱、外力干預的可能性增加、或國際勢力變化消長等等，都會造成合作的變化。而每在變化出現時，與占領當局合作以及與之對抗的策略，也隨之改變。當然，這其中也有不少人純以自利為目的而與占領當局合作。二戰時期的法國有這樣的人，世界史上處處可見這樣的人，越南也不例外。[25]

不過，並非所有留下來、在法國占領當局下工作的農民、官吏，甚或那些留下來的王，在一開始都是叛徒。再怎麼說，他們都是被征服的人。法國人壟斷了現代暴力使用手段，而且使用起來毫不猶豫。在本書第二章中，皮耶・洛蒂描述的那場一八八三年順安大屠殺並非孤立事件。有鑒於這場戰役一面倒的特性，大南軍的迅速潰敗，讓平民百姓只有幾個選擇：或與占領當局合作，或撤入山區，否則可能遭遇身體上的重創。無論是精英與平民百姓都有人反抗（如前文談到的張廷）。但法軍與他們的越南盟友往往以極端暴力對付反抗，完全不考慮這些暴力可能對人命、財物或人民生計造成的影響，一把火將反抗者的村落與寺廟燒成平地。至於那些困在戰火夾擊下的男子、婦女與兒童，在絕大多數情況下也只能聽天由命了。在十九世紀末的法軍攻擊結束後，里歐培・卡德耶（Léopold Cadière）神父根據劫後餘生鄉間貧農的口述，寫出他們的困苦，令讀者為之鼻酸：

> 那些住在鄉下的窮人，那些農民、漁民、伐木工，那些靠森林維持生計的人，活得多痛苦，命運又多麼令人憐憫！夾在叛軍與我們的軍隊之間，他們不知何去何從。我們聽說，金祿市市長「會有很長一段時間看不到他的村子」。他是不是就因為沒有提供我們要的情報，而遭槍殺或下獄關幾個月？他的案子是典型範例。撇開國家情感不計，大批可憐的安南人都是時事犧牲

品，而他是他們的代表。在我方哨戒人員看來，這些人裡面當然有叛徒、有叛軍、有敵人。但其中也有許多人只因為恐懼而行動或拒絕行動，也有許多人所以什麼都不說，只因為他們什麼都不知道。[26]

楊文美・伊利約（Duong Van Mai Elliot，譯音）在她的北方家族史作品《神聖柳樹》（*The Sacred Willow*）一書中，有一段談到她的曾祖父當年年紀輕輕、還是官場新秀時，面對法國征服引發的劇變。作者是否真能洞察她曾祖父內心深處的感受，雖說令人不無疑慮，但楊文美寫的，確實是當年幾十名地方大員必須做成的艱難決定：

> 我的曾祖父在一八八三年榮登金榜，成為河東省令尹，當法國於一八八四年握牢在北方的控制權時，他的仕途之路展開未久。他終於達到他多年奮鬥、極力爭取的目標。偏命運弄人，在任官不過幾個月以後，朝廷喪失獨立，出人頭地的喜悅也蒙上陰影。他在任上留了三年，但他的心始終不在上面。他以母親病重為藉口，於一八八六年提出辭呈。這是他在職涯中多次辭官的第一次。儘管他一再被迫重返政府任職，或出於無法拒絕的官方徵召，或出於家庭沉重的財務負擔逼迫，或認為自己可以在國家需要他的時候為國家做點什麼，我的曾祖父每次都是不得已而為之。直到他退休，終其一生，他始終就在當年學者所謂「進」與「退」兩者之間掙扎。身為科舉出身、受過為朝廷與國家服務訓練的他，應該冒著被冠上與法國人串通的汙名之險，加入政府工作？還是說為保名譽無損，儘管出來為官或許能為國為民做一些事，他仍應該抽身政務之外？他還必須為學者們視為人生核心價值的忠誠議題掙扎。他能將對朝廷的忠誠，與對

控制朝廷的法國人的忠誠分割，而選擇「進」路？身為官員的他，能在忠於人民、忠於人民福祉的同時，卻不為法國人牟利？[27]

想了解越南人與法國人的合作，還得考慮其他一些理由。越人的政治忠誠許多世紀以來一直呈現分割狀態。嘉隆在一八〇二年統一這個四分五裂的國家時，將曾在鄭主與黎朝任官的官員邊緣化。一些遭邊緣化的精英，由於在法國對阮朝的戰爭中協助或不反對法國人，這時發現他們有機會在法國統治下重拾影響力，提升他們的社會地位。原在北方任官的黃高啟就是例證。他以自己的知識、人脈關係，與民兵、與法國合作，配合法國在十九世紀末年展開「綏靖」行動。法國也對他酬庸有加，將他一路晉升到東京經略大使的高位。若不是法軍占領，黃高啟家族絕不可能在二十世紀成為力能呼風喚雨的政治勢力。此外，許多生活在中央高地的非越民族也發現，若能與法國合作，他們有機會保護自己，掙脫越人幾百年來的殖民束縛，建造一個獨立的新未來。一名孟族人因痛恨阮朝自一八三〇年代以來對孟族的高壓殖民統治，而於一八八八年背叛咸宜帝。[28]

法屬印度支那的建立

法國雖說依賴本地行政結構與精英，但第三共和仍在越南建了一個專權統一的殖民國。法國政府在一八八七年正式批准，建立印度支那聯邦。直到一九四五年為止，這個殖民國的版圖包括交趾支那、高棉、安南、東京，從一八九三年起，還納入寮國（或者應該說，後來成為寮國的土地）。總加起來，它的版圖最後達到七十四萬平方公里，在一九一三年時人口超過一千六百萬。在一八八八年，河內、海防與峴港也與西貢一樣，成為實施都會法的直轄殖民地。這塊在世紀之交時一般稱為法屬印度支那的版圖，由巴黎指派、駐在河內的一名總督負責統治。當局另設印度支那上參政會協助總督。上參政會由五名分別執掌殖民國重要政務的參政委員組成。從一八九一年起，總督直接聽命於殖民地部。[29]

總督的權力相當可觀。他負責訂定聯邦預算，主持整個行政工作，包括印度支那核心政務（通訊、司法、海關與警務）以及每一個保護國、殖民地與軍事領地的地方行政。雖說法國沒有學英國在印度的做法，在印度支那建一支「印度支那軍」，但面對當時各式各樣保安隊與民兵造成的紛擾，法國於一八八六年成立民防隊。以河內為印度支那行政首都的決定，將政治重心從西貢（法屬交趾支那）與順化（大南）回復到紅河三角洲，重建很久以前的景觀。西貢交趾支那的總督成了「副總督」，聽命於現在負責指派他的總督。這種權力與財源的再分配，讓交趾支那的許多歐洲政客、商人與文官大表不滿，自然不足為怪。不過他們也無能為力。明命帝在鞏固南方時曾遭黎文傀起兵反抗，但這次不一樣，沒有人會為「法屬交趾支那」而造反。有人在一八九〇年代提出決議，要求交趾支那脫離印度支那聯邦，但決議未獲通過。屯墾民人數過少，不是殖民軍的對手。

就像在阿爾及利亞一樣，交趾支那的法國屯墾民也對第三共和的崛起表示歡迎。共同的共和國理念讓一些人結合在一起，不過最重要的原因是都會移民的升溫，以及屯墾民因認為海軍將領保護「原住民」而反對他們。屯墾民熱烈歡迎交趾支那第一任文人總督德維葉（Charles Le Myre de Vilers），對德維葉削弱原住民事務委員會的決定讚不絕口。讓屯墾民寬心的是，德維葉並且用法國法律取代嘉隆法典，還大力推動原住民法，確保法國「公民」對原住民「臣民」的法律優越性，讓法國人更方便壓迫殖民地在地居民。此外，在一八七四年正式兼併全境、建立交趾支那殖民地的，是第三共和而不是第二帝國，也讓交趾支那的法國人社區雀躍。[30]

交趾支那雖說沒有像阿爾及利亞一樣成為法國一個部門，但第三共和建了印度支那獨一無二的交趾支那殖民理事會。殖民理事會由十六席（後來增加到十八席）理事組成，以普選參政權（只限於法國男性公民）為基礎，權力一面倒向法國公民。它只為越南人保留六個席次，由村落長老推舉的選舉人團選出六名越南男性進駐。而且就算已經獲得選舉人團選出，這六名越南男性還需經法國批准才能上任。在殖民地成立初期那幾年，越南理事能說法語的少之又少，這對他們參政的能力是一大障礙。交趾支那殖民理事會有權訂定本地預算，還在法國國會擁有一個代表席位。在海軍將領淡出政壇、直接統治越來越鞏固的情況下，歐洲屯墾民現在享有的權力比在地越南人大了許多。就像共和派治下的阿爾及利亞一樣，從一八八〇年以降，交趾支那原住民人口土地讓渡案件暴增，當然一點也不奇怪。結果是，河內或許成為印度支那政府的大本營，但西貢－堤岸仍是歐洲屯墾民權力的中心，仍是殖民地商業樞紐。[31]

事隔十年，在敉平保王派抵抗（見下文）之後，第三共和加倍努力，擴充在印度支那的實力。領導這一波衝刺的是鬥志高昂的杜美（Paul Doumer）。部分也因為他擔任過法國財政部長，在一八九七年抵達印度支那履新時，杜美不僅奉命要讓殖民地繁榮，還帶來一筆兩億法郎的政府貸款。他立即展開工作，在政府建立主管財政、海關與專賣事業、公共工程、農業與貿易、郵政與電報服務等等各項要務的部門。身為共和主義忠實信徒的杜美，還加強對文官、預算與稅法的中央管控。他在一八九七年廢了河內的經略使職位，把大南皇家在北方的權力幾乎掃除淨盡。交趾支那副總督也失去對南方預算的控制權。杜美將原僅用於交趾支那的直接與間接稅，擴及整個印度支那。他創辦鴉片、鹽與酒等三個勢力龐大的國營專賣事業。在一八九九至一九二二年間，鴉片占了印度支那預算財源兩成，又一次證明這種毒品在殖民開發過程中的重要性。

第三共和的兩億法郎貸款，讓印度支那得以大舉投資重要基礎建設與公共工程項目。這些項目預算不足之處，大體上由印度支那銀行出資補足，印度支那銀行也因此獲得厚利。為凸顯法國政府勢力以及與印度支那銀行的聯合戰略利益，印度支那總督刻意使火車路軌從河內直通華南的昆明（就在同時，俄國也在修築穿越中國東北到華北的鐵路）。事實上，直到二十世紀初期，趁清朝瓦解之際趕緊瓜分中國，仍是法國殖民當局高度優先要務。從河內到海防的交通現也展開施工，把海防轉型為現代越南最重要的北方港。當局並且投入巨資，在紅河建水壩，在湄公河三角洲疏通好幾十萬頃沼澤地。到二十世紀展開時，法屬印度支那已經成為現實政體。

像過去一樣，這些殖民開發的擔子主要也落在印度支那農民肩上。杜美研發的全球性稅賦系統，增加了農村人口財務負擔。再加上法國地籍調查手段並不很現代，這種極度強制的稅制讓印度支那農民苦不堪言。他擴大鹽酒專賣，為了在殖民地推動恢弘的公共工程而強徵農工，而這些做法都讓農村更加貧困。換言之，法國納稅人以及住在印度支那的法國屯墾民，都沒有為越南殖民地的建設出資。為這些建設出錢出力的，是越南人、高棉人與寮人等印度支那在地人民。32

反抗、君權與選擇

只要從北到南有越南人起而反抗，反抗持續一天，法國統治的安定性與合法性就一天無法踏實。許多越南人起而反抗，而且反抗得很英勇。交趾支那的「綏靖」行動持續了十年，十年期間，法國當局往往遭遇激烈反抗。順化朝廷雖在一八六二年和約中與法國講和，但它無力阻止決心一戰的地方指揮官與官員。在失去最南方的土地以後，幾名朝廷高級顧問力主與法國作戰。其中尊室說更是慷慨陳詞，反對進一步割地，力主備戰。尊室說在朝中的勢力隨嗣德帝健康狀況在一八八三年惡化而漸增。他支持年輕的皇子咸宜繼承帝位。不過咸宜帝僅統治了一八八四年與一八八五年部分時間，就因法國武力強占而失去江山。一八八五年七月四日夜，在法軍攻擊首都時，尊室說與盟友將咸宜帝祕密送出順化，進入附近高地一處安全基地。還是孩子的咸宜帝就在這裡頒發敕令，要官員與學者拿起武器對抗外國侵略者，支持皇帝，重建國家獨立。

這是要全民反抗的呼聲。幾道「勤王」敕令送到北方的東京與南方的湄公河三角洲。咸宜帝與他的攝政王呼籲各地官員動員地方民眾備戰。皇室第一次公開呼籲民眾造反。鑒於大南的都市化程度原本就低，也因為文官結構仍然存在，將許多受過訓練的中層官員送回他們原本的鄉村與地區，勤王運動透過主客、師生與親友關係，在鄉間引起極大迴響。許多地方官員與學者透過這種關係動員整個村落，也有人用這種關係取得地方默許，為勤王運動提供食物、庇護與兵源。在流亡的咸宜帝於一八八八年被捕以後，反殖民人士仍能繼續推動保王反抗運動許多年，原因就在這裡。㉝

法國官員知道自己必須對付的，不是他們在宣傳中所謂的一群「土匪」與「海盜」。他們也知道，除非能控制越南皇家法統的代表人（不只是仍在順化、成為他們傀儡的同慶帝），整個殖民統治的成功仍無法確保。一名法國軍官說，「在民眾心目中，咸宜帝代表對抗外國人的愛國鬥爭。」一殖民戰略顧問賀蒙（Jules Harmand）甚至認定必要時應滅阮朝，他也相信，愛國信念會將人民和官員聯合起來去效忠他們的皇帝，繼續推動反抗。賀蒙儘管口頭強硬，為爭取這些越南精英，卻決心為他們在印度支那營建過程中立即提供特權夥伴地位，原因就在這裡。也因為殖民地高官抱持這種越南愛國認同概念，法國人才會一方面因為擔心殖民地皇室謀反，而設法削弱皇室，另一方面卻竭盡全力運用皇室，相信只要處理運用得當，他們可以將皇室當成活象徵，透過它將這群愛國精英納入他們的統治。換言之，法國共和派可能把他們本國的王劃除了，但對越南，他們有前後一個世紀緊抓殖民皇室不放。[34]

名氣最響、領導反法抗爭前後超過十年的保王派官員是潘廷逢。潘廷逢於一八四七年生於河靜省東泰村，他家世顯赫，遠溯自黎朝起，祖先十二代都做官。他以優異成績通過一八七六至一八七七年的區域與都會科考。在那次科考中，他以嗣德帝出的考題為文，力主朝廷應仿傚日本人進行軍事現代化。潘廷逢雖因為在皇位繼承問題上與尊室說意見不合而一度宦途失意，但之後尊室說往訪中國向清廷求助，並且滯留中國，潘廷逢遂成為勤王運動領導人。

由於事關殖民國法統存續，法國人想盡辦法逮捕潘廷逢、打敗他的黨羽。總督德蘭尼松（Jean-Marie de Lannessan）重用黃高凱，想憑藉黃高凱與他跟保王派的淵源辦成這件事。黃高凱與潘廷逢是早在幼時已經結識的玩伴。一八八五年，黃高凱找來村中舊識，捎了一封信給潘廷逢（潘廷逢的人馬出沒在附近山區）。黃高凱在信中引經據典，用官宦階級的語言呼籲老友放下武器。信中說，抵抗不會有任何成果，只會增加百姓苦難。黃高凱還揚言要挖盡潘氏家族祖墳，並將剛抓到的潘廷逢的兄弟分屍，以為榜樣。潘廷逢接到這封信，顯然表示不屑，向身邊的人保證自己絕不會與法國人合作。他告訴他們，事到如今，只想自己的家人已經不再可能，事到如今，必須以拯救「我們國家所有其他的兄弟」為念。對黃高凱與法國人串通，以及他寫的那封信，潘廷逢表示極度蔑視。他呼籲越南同胞起來反抗，「如果有人把我的兄弟分屍（煮湯），別忘了把一些湯汁送給我嘗嘗。」他做成結論說，「現在我只有一條死路可走了。」[35]

在之後十年，潘廷逢與西安南以及東京偏遠山區的保王派聯手，組建反抗基地網路，或從國外購買武器，或在可能的狀況下在本地自製武器。潘廷逢與另一名反殖民運動領導人黃花探取得聯繫。黃花探以真命皇帝之名，在北部北江省領導反抗軍。潘廷逢憑藉在河靜與義安的區域性聯繫，對法軍發動打了就跑的游擊戰。就因為這樣，在一八八五到一八九五年間，法國不得不調集大隊兵馬，在安南與東京崎嶇難行的山區進行巡邏。

不過，叢林山區的日子畢竟難過。疾病、淒冷與孤獨，不僅削弱了體力也摧殘了心志。許多反抗軍因過於疲累而棄甲返鄉，過著與世隔絕的生活。有些反抗軍被捕，還有人變節投靠法軍。一八九三年，為重振士氣，勤王軍對黃高凱坐鎮的義安省省城發動全面攻擊。這項行動由於正面攻擊，遭敵軍砲火猛擊、死傷過於慘重而失敗。潘廷逢的核心圈開始式微，法國與他們的越南同路人將潘廷逢的家人下獄，挖了他的祖墳，把支持保王派、或只是涉嫌支援「叛軍」的村民嚇得噤若寒蟬。眼見越來越多反抗軍領導人不支倒地或無心再戰，潘廷逢知道勤王運動已經來日無多。黃高凱察覺潘廷逢可能有意投降，於是立即又寫了一封法國人批准的書信，信中對潘廷逢仍然忠於王室的決定表示讚譽，但再次強調現在必須以百姓福祉為重：「只是忠於皇帝，卻忘了萬民期望的人，又豈能留名青史？」信中又說，潘廷逢如果繼續反抗，「不僅我們的鄉村人口會遭摧毀，我們整個國家都會化為一片屍山血海。」潘廷逢在回信中提醒他這位兒時玩伴，造成這場權力均勢轉型、造成整個國家受苦受難的，是法國人而不是保王派。回信中指出，「我們的山河遭他們一舉兼併，變成異邦土地。這些事件影響整個國家、整個人民。在這項試煉中受苦受難的，不是任何特定地區，也不是任何特定家族。」[36]

潘廷逢在一八九六年死於痢疾。（造成越南反抗軍與法國殖民軍雙方最慘重傷亡的，是疾病而不是戰鬥。）勤王運動在損失這員主帥以後土崩瓦解。一八九七年，杜美展開行動，要將法屬印度支那轉型為一個全面運作的殖民國。他切斷朝廷對東京的控制，任命黃高凱為（沒有實權的）經略史，同時進一步削弱順化王室殘留的些許權力。法國人准許黃高凱帶領一幫人挖開潘廷逢的墳墓，燒了他的屍體，還將骨灰填在砲彈中射出，一方面羞辱保王反抗運動，一方面也讓人不敢反抗他們的新主子。

二十世紀的民族主義者當然推崇潘廷逢為民族英雄，厲斥與法國合作的黃高凱，指責黃高凱在國家最危急的時候出賣國家。勤王運動事實上也為後世留下許多烈士，讓他們可以歌頌民族英雄對抗外國入侵的英勇事蹟。這些烈士的事蹟確實英勇，而且都是史實，但勤王運動不是一項民族主義運動。它是一項以復辟為宗旨的保王運動。而且它也不鼓吹社會現代化。潘廷逢或許很想學習日本的做法，但根據紀錄，他在嗣德帝朝廷任官時曾反對採納西方改革。勤王運動於一八九六年消逝，法國在同一年接管順化朝廷，這一切意謂，新一代越南人必須重新思考「君王」與「臣民」的關係，後殖民統治的性質，以及已經不再存在的獨立越南國的領土形狀。[37]

04

The Penguin History *of* Modern Vietnam

第四章　重新思考越南

彊柢王子是阮朝直系子孫，他以此自豪，也對他那位德高望重的先祖嘉隆帝崇拜有加。在一八八二年出生的彊柢，認為自己是阮朝皇位繼承人，並且相信自己統治以後能將越南現代化。不過，當然，法國人未必這麼想。在選擇皇位繼承人時，法國人沒有選他，而將目光擺在幾位看起來比較溫順的候選人身上，最後於一九二六年推出保大登基為帝。不過，反殖民主義者正因為彊柢出身阮朝嫡系，認為他可以為他們帶來保王派法統，幫他們趕走法國人，重建越南。一九〇六年，愛國學者潘佩珠帶著年輕的彊柢王子前往日本，在一連串流亡協會以及等著執政的政府中擔任虛位元首。

但彊柢行事總有自己一套定見。他以流亡元首身分從東京取道曼谷來到廣州，隨時密切注視殖民地與國際情勢發展，等候可以行動的適當時機。他徵召越南內部的支持者，而且盡可能尋求新盟友。一九一三年，由於獲得德國支持，也因為受到印度支那新總督薩活的自由派政策吸引，彊柢走訪柏林，讓法國政府知道他準備談判。但法國從來沒有將他與他的改革理念認真當作一回事，而彊柢也再沒有信任過法國人。他於是轉向日本，相信日本人有一天能將越南從殖民統治中解放，幫他登上原本屬於他的越南皇帝寶座。

最後，日本人雖在二次世界大戰期間占領越南，但沒有支持他，彊柢賭輸了。他於一九五一年極度失望而心碎地死於東京流亡旅次（遊客暫時居住的地方）。但在二十世紀之初，他與其他數以百計意圖解放越南之士，當然不可能知道未來世事發展。彊柢在亞洲找門路，其他人有人去了西方，有人去了莫斯科，還有許多人留在越南。其他人則認為國已破，再掙扎也屬徒勞。❶

改革主義與改變：亞洲的淵源，帝國聯盟

東亞改革

杜美在二十世紀之初整合印度支那的做法，並沒有切斷越南精英與亞洲世界的聯繫。事實上，直到第一次世界大戰結束為止，各方有志改革的官員不僅面向法國，也面向附近地區，謀求經濟、政治與科學現代化的成功模式，以及有關區域性與世界性大事的資訊。在一開始，日本是一個特具吸引力的模式。自十七世紀以降，德川幕府統治者主要依賴荷蘭商人為他們提供有關歐洲科學與思想的書籍與資訊。明治領導人於一八六八年接掌大權以後，大舉倡導這種「蘭學」，日本於是起飛。三十年以後，日本已經成為一個現代化民族國家，軍事力與經濟力都能與西方列強並駕齊驅，讓其他亞洲國家為日本這種革命性轉型而稱奇不已。為了眼見為真，數以千計亞洲志士於是群集東京，其中包括幾百名越南人。

不過，對這些越南人來說，明治維新創造的奇蹟固然神奇，但還有更吸引他們的亞洲淵源。就文字來說，無論是法文或殖民地倡導的羅馬拼音「國語字」，都不能在一夕之間取代精英們許多世紀以來一直使用的漢字。直到第一次世界大戰爆發，大多數越南人對孟德斯鳩與盧梭理念的認知，都來自中文譯本，而不是來自法文原文。在儒家文官科考制度成立得最久、使用漢文考試的時間也最長的安南與東京，情況尤其如此。（這項考試於一九一九年廢止。）這也就是說，大多數年輕男性精英繼續用中國形意文字進行研讀（希望能通過科考，謀得好職位）。儘管「國語字」與法文在交趾支那推動得較早，但直到一九二〇年代以後，殖民地學校才真正訓練出新一代既通國語字又諳熟法文的越南人。最後，直到法國於一九一七年建立令人聞風喪膽的公共安全部以前，真正有決心

的反殖民主義分子，經過精心喬裝打扮，只須使用假文件就能登上開往香港、廣州、上海、東京與橫濱的郵輪。❷

亞洲的淵源也繼續流入殖民統治的越南。法國人或許能禁止順化進貢北京，使順化朝廷不再能直接從中國進口書籍與資訊，但他們加速中國人移民越南的過程，從而提供了一個替代品。許多住在印度支那與其他地方的中國移民都是「新書」的忠實讀者，對梁啟超、康有為這幾位著名大陸改革派都表同情。這些華僑中，有些人的先祖是十七世紀明朝遺民，因清朝征服中國而逃進越南。反抗清朝已歷兩百五十年的中國民族主義人士，之後往往在這群僑民中找到絕佳盟友。現代中國之父孫中山，曾在新加坡與舊金山之間各地遊走，並於一九〇〇年代之初停留西貢與河內。他募集捐款，召喚有志青年，在海外華人社區建立推動民族主義的協會。越南反殖民主義者在備忘錄中反覆提到，中國商人與船長們如何幫著他們穿梭在亞洲各地，直到時序早已進入五〇年代為止。❸

這也表示，法屬印度支那的中文書店與華人機構多的是中文書籍、報紙、改革派傳單手冊、宗教經文與譯本。越南官員真正能說中國話的雖寥寥無幾，但他們可以透過「筆談」與中國人溝通，於是越來越多越南人造訪中國書店，尋找他們可以看得懂的新刊物。一名法國官員當時就在報告中說，「印度支那大部分中國居民同情（中國）革命黨，所以如此，他們能獲得書報刊物是部分原因，他們的意見與對話也助長了新理念在安南社會大眾的散布。」一九一〇年，法國人訝然發現，由於中國船長帶著書報，在各地港口間來去遊走（他們已經像這樣做了好幾百年），許多省地方官員仍讀得到梁啟超與康有為的作品。船長來到碼頭，將新到的書報刊物交給負責接應且為他們信賴的信差，再由信差迅速將這批東西交給守候在那裡的地方官員。另一名憂心忡忡的殖民官員，對這項書報供應過程的最後一階段有生動的描繪：「由於這些文官都通中國字，他們將讓他們感興趣的

文章抄下來，藏在他們衣袍底下，走私到最遙遠的鄉村。」❹

中國改革派理念吸引越南人注意，絲毫不奇怪。中國與越南的改革派都面對許多同樣的問題，其中如何對抗帝國主義侵略與破解西方現代化之鑰，尤為必須解決的當務之急。不過，如前文所述，一場大轉型在這個以中國為核心的東亞世界出現。由於能夠（在沒有外力支配的情況下）迅速現代化，明治（一八六八至一九一二年）治下的日本意圖取代似已病入膏肓的清帝國。在二十世紀初期，明治朝的海軍不僅因朝鮮爭議而重創清軍，將台灣納入殖民版圖，日本還出現各種組織，主張以共同文化與種族聯繫為基礎，奉日本為亞洲核心。在許多人心目中，中國清帝國的崩潰似乎已經在即。

梁啟超、康有為與孫中山往訪日本，希望明治能幫他們對抗清朝，將建立新中國所需的現代知識與軍事科技教授給中國學生。日本在一九〇五年擊敗俄國，將權力重心進一步推向東方。這是一場「黃種人」擊敗「白種人」的勝利，許多人因此相信歐洲人並非無敵，亞洲人可以走出社會達爾文（認為白人占有「正義」與「力量」兩方面優勢）的死胡同，而日本就是這條路的起點。一九〇五年，孫中山在東京成立中國革命同盟會（中國國民黨前身）。梁啟超在日本建立清朝絕不可能容許在中國建立的學校。日本人開辦東亞高等預備學校，收了一個名叫周恩來的學生。就在同一時間，蔣介石也在日本帝國陸軍士官學校就讀。這兩個人日後都成為二十世紀中國領導人，而且都在二十世紀越南命運的塑造過程中扮演一個角色。❺

越南精英不能置身這些更廣的運動之外。著名學者潘佩珠（一八六七至一九四〇年）與潘周楨（一八七二至一九二六年）絕對是這樣的人。兩人都生在阮朝都城，都在法國人以暴力征服他們的國家時成年。像他們的父執輩一樣，兩人自幼都勤學中國經書，準備年滿二十歲以後參加科考，博取功名。只是到最後，兩人都沒有走入仕途。兩人各以自己獨特的方式下定決心，為一個已經不復存在的越南重新思考。由於嗣德帝未能實施改革，兩人在失望之餘，都成為新書的忠實讀者，都對亞洲與世界大事密切關注。潘佩珠支持武裝解放，而且對日本人深具信心。潘周楨對潘佩珠的做法不表贊同，轉而與法國人打交道，希望透過法國協助在越南推動西化。但就像彊柢一樣，潘周楨把注押在外國盟友身上，最後也以徹底失望收場。只是兩人當時都不可能預知如此後果。

潘佩珠與越南改革的亞洲來源

一九〇〇年，在家族加諸身上的束縛因父親去世而消散之後，潘佩珠立即著手他的工作。他無倦無悔地從北方旅行到南方，一路上結交志同道合的友人、勤王運動老兵、有志改革的官吏和愛國青年，與他們討論應該做些什麼，聚在他身邊的人也越來越多。他在一九〇四年結合支持者，成立一個名叫「越南維新會」的研究團體。中國改革派著作在會員研讀書單上占有高比重，自是不足為奇。保王派也歡迎他。潘佩珠憑藉他的聲望，毫不費力就說動阮朝王子彊柢加入，擔任維新會榮譽會長，以爭取可能最廣的支持。越南維新會雖說就意識形態而言，並無多少創見與新意，但以眼光來說，卻比潘廷逢領導的、以復辟為宗旨的勤王運動前瞻得多。不同於勤王運動的是，維新會強調必須實施各式各樣社會經濟改革，維新會領導人也決心要把學生送往外國留學。

日本人當時保證，要結合「同文同種」的東亞民族，建立一支解放與現代化力量。潘佩珠在一開始對日本人這項保證寄予厚望。一九〇四年年底，維新會派他到日本進行現地考察。潘佩珠於一九〇五年初，日俄戰爭打到最高潮的時候抵達橫濱。他立即與梁啟超結為友人，而且透過不倦筆談，向梁啟超說明越南人悲慘的命運，並表示維新會希望能取得日本援助，趕走法國人，建立現代化越南。梁啟超很清楚日本人的帝國野心，遂向潘佩珠提出警告，告誡他勿過於依賴日本人與他們的泛亞主義。梁啟超勸告潘佩珠，最要緊的工作是首先全力投入改革，教育年輕人，喚醒民眾心中的愛國熱情。他對潘佩珠說：「你的國家應該擔心的，不是沒有獨立的一天，而是沒有志在獨立的人。」梁啟超這番話可是經驗之談。中國當時的處境與越南很相像。他本人當時也帶著學生進入日本學校與軍校研讀。[6]

梁啟超雖提出警告，要潘佩珠提防明治的擴張野心，但潘佩珠仍然向日本提出軍援要求。潘佩珠與各方日本政界人士、外交官、軍官與知識分子進行接觸。這些人包括後來擔任日本首相的犬養毅，將再度擔任日本首相的大隈重信，以及擔任振武軍校校長的福島安正將軍。在所有這些一九〇五年會議舉行的同時，日本擊敗了俄國，東京加入以西方國家為核心的強國圈。在會晤大隈重信時，潘佩珠一面盛讚日本崛起為世界強國，同時也提醒他不要忘了東京對亞洲的責任：

> 越南不在歐陸，而在亞洲。越南在種族、文化與大陸地緣位置上俱與日本相同，但法國土匪卻肆無忌憚在越南散布惡毒，看來法國人不知道亞洲已經有了強國日本。從西北方一路到清國與俄羅斯，大家都感受到日本的實力。既如此，日本怎能縱容法國人肆意踐踏越南，而不對我們施加援手？[7]

日本人不打算為了印度支那而用軍力對付法國，至少在一九〇五年沒有這樣的打算。他們當時一心一意只想奪取中國在東亞的帝國版圖，並鞏固他們本身在台灣、朝鮮與滿州（中國東北）的殖民版圖。日本人能做到這些事，部分也得力於與西方關係的改善。潘佩珠可以送學生到日本學習，不過也就如此而已。

就在這較廣的亞洲時空背景下，「東渡」留洋計畫開始將越南學生送進日本。潘佩珠寫信、發傳單，呼籲家庭將子弟送往日本留學。回到越南以後，他挨家挨戶登門拜訪，在安南與東京廣獲改革派官吏的支持。響應「東渡」計畫的人越來越多，連總督伯布（Paul Beau）也在一九〇七年承認，那些往訪日本的人，主要是有學習心的地方官之子。但「東渡」運動不是局限安南與東京的地方性事件。交趾支那一些富有的地主與親阮朝的保王派也提供財務支援，還幫忙招募人材。吉伯・陳正照（Gilbert Tran Chanh Chieu）是當時湄公河著名大地主、企業家，也是歸化法國公民。他鼓勵南方青年，包括他自己的兒子去日本讀書。陳正照自己也在一九〇七年往訪香港，討論如何促使越南現代化、如何資助海外留學等問題。就在那段期間，為吸引學生，彊柢王子也向曾經幫著他祖父在一八〇二年取勝的南方家族大聲疾呼，希望為保王派爭取一些潛在的同情。就這樣，在一九〇六至一九〇九年間，約有三百名越南人在日本學校與軍校念書。自一八五〇年代以來頭一遭，來自前大南所有三個地區的越南精英，開始在東京而非巴黎聚集，重新思考他們的國家。事實上，在這段期間，留學日本的越南人比留學法國的越南人多。8

流亡生涯也讓潘佩珠這類老一輩志士，能在不擔心被捕或遭審查禁聲的情況下重新思考越南問題。除了照顧學生與把彊柢王子送到日本以外，潘佩珠做的最重要的一件事就是寫文章「喚醒世人」。他將梁啟超的忠告銘記在心，寫成現代越南民族主義的幾部基本文件。這也就是說，他必須仔細審讀日本、中國與西方材料，搜尋模式、類型與對比。東京的圖書館與書店，以及他遍及東亞的無數友人，為他提供了寶貴資訊。他悟出一件最重要的事：為了解說越南悲慘的現狀，為了想像一種新未來，他必須回到過去，必須重新思考越南的過去。基於這個考慮，潘佩珠在一九〇五年出版《越南亡國史》（*The History of the Loss of Vietnam*）。他在這本書中厲斥阮朝未能及時推動改革以致喪國。他表彰勤王運動那些奮勇反抗的英雄，大罵那些與法國串通的越人。他強調法國殖民主義的邪惡，詳述杜美的稅法與勞役規定對平民百姓造成的可怕效應。為使他的「喚醒」訊息更能廣為流傳，潘佩珠放棄儒家傳統引經據典、華麗深奧的文言體，改採直截了當、不事鋪陳的白話體。儘管他仍然以漢字書寫，他與當時其他許多人都已經了解，為了向更多人傳播他們的訊息，他們必須改變文體，改變他們本身的思考方式。潘佩珠在這本書最後一章談到「未來的越南」，堅持全民無分階級、宗教或種族，都必須聯手救國。梁啟超發行了這本書，分送海外華僑。事實上，潘佩珠這本越南史不僅激勵了許多越南愛國志士，它激勵的中國愛國志士人數也不少。孫中山在讀過這本書以後，還曾要住在華南的同胞提高警覺，以防杜美修築的火車軌道一旦連通昆明，可能為他們帶來的危險。潘佩珠帶了五十本《越南亡國史》回越南，經過翻印，逐漸譯成國語字版本。這些書只在地下祕密流傳，有時還有人將它大聲讀出來，讓有興趣的村民都聽得到。[9]

簡言之，流亡日本的這段生涯，讓潘佩珠能以更具民族主義的形式重新思考越南史。在他的〈海外血淚書〉中，他再次強調法國殖民主義的邪惡，呼籲讀者速速覺醒，遲了就來不及了。他批判阮朝與一般官吏，指責他們沒有拯救國家，沒有在人民最需要援助的時候伸出援手。他說，一種新社群已經出現：這是一種國家式社群，在這個社群中，過去「皇帝」與「臣民」之間的聯繫不復存在，代之而起的是一種「人民」與「國家」之間的關聯。就從這時起，潘佩珠等人開始使用大西洋流行的新革命名詞，以明治模式與「革命」（cach mang）、「國家」（quoc gia）與「國民」（dan quoc）等日文外來語為基礎，傳播他們的理念。「為什麼我們的國家會亡？」潘佩珠問道。「首先，君主對民間事務一竅不通；其次，官員對人民毫不關心；第三，人民只知道他們自己。」

但人民建構了「我們國家的基礎」。結論很明顯：「事實上人民就是國家，國家是人民的。」他在另一本越南史著作以及數以百計談話中反覆重申這種論調。他並且提醒讀者，別忘了越人本身也一度是偉大的殖民者，是占族征服者。他嘆道，現在物換星移，越南自己也被人殖了民，也可能像越南統治下的占人一樣從世上消失。❿

最終，東渡與越南維新會運動都不能持之長久。一九〇七年，法國與日本訂定條約，東京承認法國對印度支那的主權，以交換法國承認日本在北方的帝國利益。不到一年以後爆發的抗稅造反，使法國向東京加強施壓，迫使日本驅逐越南人，日本屈服了。一九〇九年三月，潘佩珠離開日本前往泰國，整合住在泰國的越僑。一年以後，日本將韓國變成一個殖民地。潘佩珠終於徹底失望，了解日本也像西方列強一樣，要的只是殖民擴張，不會再給越南任何幫助。不過，日本確實為越南流亡人士提供了庇護，讓他們接受新資訊，讓他們研究、寫作，與一群亞洲改革派互動。維新會能夠重新思考過去，能更透徹地了解動盪時局，並開始想像一種新前途，日本人不無貢獻。在這一刻，所謂「未來的越南」願景只是一種想像，而且不同的人對它也有不同的解讀。但無論如何，它是現代越南建國過程中一個重要轉捩點。

殖民地的「我控訴」？潘周楨與一紙共和國合約

像潘佩珠在一開始一樣，潘周楨也對日本人充滿幻想。兩人在一九〇六年一起走訪東京，會見日本官員，並呼籲越南學子認真勤學。兩人都相信越南想重生就必須推動明治式西方教育。兩人也都極力推崇福澤諭吉的教育改革，認為它是越南必須效法的模式。但兩人雖說都力主現代化，對於推動現代化的做法卻大不相同。潘佩珠希望爭取日本軍事援助，潘周楨不同意這種做法。潘佩珠越來越強調透過暴力手段達成國家解放目標，潘周楨不以為然，而且認為沒有必要與彊柢這類皇室成員打交道。潘周楨主張與法國合作以重建越南。[11]

他所以選擇與法國合作，除了看法與潘佩珠不同以外，還有其他理由。潘周楨認為，想完成阮朝在十九世紀搞砸了的改革，最好的辦法就是建立一種殖民聯盟關係。他認為，法國征服大南改變了權力關係，使阮朝皇權受損，但這未必是壞事，因為根據他的看法，皇權是越南改革的單一最大障礙。此外，法國人提出的改革模式前景似乎不輸於日本模式。像日本的明治維新派一樣，法國共和派也決心建立新法國：一個實施全民教育，擁有國軍、擁有基礎設施，能將「農民變成法國人」的民族國家。潘佩珠崇信以日本為核心的泛亞主義，潘周楨卻對法國鼓吹的共和主義、男子普選權、代議制政府情有獨鍾。法國共和派提出所謂教化使命，保證要將這連串改革進步擴及共和國整個帝國版圖，也讓潘周楨心動不已。還有最後一點，明治維新使日本久經蟄伏的王室復甦，法國的改革卻一舉去除王權，建立立憲民主。[12]

潘周楨所以熱衷共和，他在河內的兩名年輕法國友人、記者巴必（Ernest Babut）與朱柔（Jules Roux）上尉功不可沒。兩人都是共和派信徒，也都是一九〇三年建立的人權聯盟（League of Human Rights）河內分會會員。朱柔能說流利越南話，主張在印度支那推動國語字與現代教育。一九〇五年，巴必在河內發行第一份國語字報紙《大越時報》（*Modern Dai Viet Times*），發表過潘周楨早期的一些著作。巴必也是法國社會黨黨員以及共濟會（潘周楨之後也加入共濟會）會員。雖說人權聯盟、共濟會與社會黨人都不主張去除殖民，但他們支持殖民改革、代議政治，也都堅信法國的教化使命。[13]

潘周楨並且希望能利用時勢，藉殖民當局之助，進行他屬意的改革。這些改革包括他的許多眾所周知的目標，如引進西方研究、全民教育系統、以法文語國語字教學、推動工商業，以及代議式政府等等。但潘周楨一心追求的不僅是一種「殖民地的明治」而已。儘管從來未能公開宣揚，他想藉法國之力，幫他完成一項殖民地革命——推翻君權。潘周楨何以對君權如此恨之入骨不得而知，但他確實對君權深惡痛絕。潘佩珠在備忘錄中寫道，他與潘周楨在一九〇六年聯袂走訪東亞期間，曾為應該先靠法國人改革越南，還是應該先將法國人趕走這個問題反覆爭論。對潘周楨來說，皇帝一定得廢，如果法國人能幫忙完成這件事，則這個問題的答案非常明確。潘佩珠談到當年的情況，寫道：

> 他與我在廣東結伴了十幾天。每當我們談到國事，他一定特別厲聲譴責帝王——人民敵人——的邪惡罪行。談到當今那名為國家帶來災難、為人民帶來慘禍的統治者，他總是恨得咬牙切齒。他甚至說，如果君主獨裁政體不能廢除，單只是恢復國家獨立也不能帶來幸福。⓮

潘佩珠再寫道，潘周楨認為越南應以共和取代君主政體：「一旦建立普選權之後，我們才能思考其他的事。」準此，潘周楨所以願與法國人合作，是因為他想用法國人的力量推動一場非常越南的革命，推翻君權，創建一個殖民共和國。

潘佩珠主張喚醒全國各地值得信任的官吏，重新思考越南的過去；潘周楨卻認為定要實行他的計畫，唯一可行之道就是激發殖民統治者的共和良知。這也就是說，要盡可能把獨裁官僚批判得體無完膚，要痛訴法國人在日常生活中為越南百姓帶來的種種暴行，然後責成最高當局根據他們的共和理念，在越南推動一項本土性政策。一九〇七年初，在學術刊物《法國遠東學刊》（*Bulletin de l'Ecole française d'Extrême-Orient*）發表他致印度支那總督伯布（一九〇二至一九〇八年）的公開信中，潘周楨採用的正是這種做法。在這封歷史性文件中，潘周楨向伯布闡述自己由北而南的旅行，以及親歷的那些令人心碎的見聞——越南正淪為一個野蠻殘暴之國，正走在種族滅絕的邊緣。他解釋說，自己別無選擇，只有將人民承受的劇痛，以及推動立即、真正改革的必要告知當局。[15]

依據潘周楨的看法，逍遙法外的鄉間統治階級是導致這種苦難的核心。法國當局雖將君權挖肚剖腸，卻讓這些貪腐專橫的地方官留下來，等於實質上去除了一切對這些「寄生蟲」的制式化管控。這些地方官現在可以盡情欺壓百姓、任意自肥。他也同意，就理論而言，保民官派遣法國代表以控制這些地方官，但實際上這群無恥之徒仍然我行我素。由於不通越南語言、風俗與村落政治，法國監察人員或者不了解事實真相，或者雖了解，但只要稅金與勞役能按時繳交，就不願進行干預。法國人需要這票惡棍地方官。

潘周楨在信中繼續寫道，其次，法國人對勞動負荷過重的農民殘酷無情，甚至將許多農民活活打死，這樣的行徑有悖崇高的共和理念與殖民人道主義。他說，法國人對地方人民口頭辱罵與拳打腳踢的事件多得不勝枚舉（事實確是如此）。他指出，農民一見到法國人迎面而來，就會找地方躲。但應該歸咎的不僅是歐洲屯墾民而已。傲慢的殖民官員經常屈辱那些愛民的清官，久而久之，讓那些清官不願將凌虐事件上報，也不願提出解決辦法。而在同一時間，那些貪官卻總是向殖民當局報告好消息，讓自己在上級面前左右逢源。潘周楨在結論中指出，鄉間情勢已經十分悲慘。法國人既放任這些貪官徵收繁重的稅賦與勞役，就該為全國各地「越堆越高」的仇恨與痛苦負責。

這封信用的文字相當重。從沒有一名越南精英敢用這樣的話質問殖民當局。但潘周楨所以寫這封信給伯布，是因為想讓當局聽到他與越南人民的心聲，除此而外也別無其他辦法。殖民地沒有議會。新聞界仍處於襁褓之中，而且受到嚴厲審查。此外，潘周楨所以選在這一刻採取行動，是因為他知道伯布當時正打算根據「協合」原則推動殖民改革。而「協合」是潘周楨最不願見到的字眼，因為間接統治會讓那些貪官繼續掌權：「我們能不能獲救，就靠這些改革，而你卻把實現改革的重責大任交給這批貪官，讓這批貪官勢力更加坐大！你難道不了解，他們除了為賺錢，永遠也不會實施改革。」

本身也是科舉出身的潘周楨，當然很了解並非所有地方官都「壞」，而且他們也不像他在致伯布的信中所說那樣反現代。但他所以要寫這封信，為的不是針對地方吏政或農村狀況提出客觀研究報告。寫這封信最主要的目標，是要讓主張共和的伯布總督相信，他計畫推動的「原住民政策」必須為殖民地人民帶來基本人權，必須解決王室貪腐的問題。就像阿爾及利亞民族運動領導人費哈・阿巴（Ferhat Abbas）為推動全民平等的共和同化，而寧可放棄阿爾及利亞民族主義現實一樣，潘周楨相信類似的一紙殖民地合約在越南也行得通，不過法國人必須先做到他們自己提出的共和理念才行。他在結論中說，「如果法國人做到這一點，安南人只會擔心一件事，就是有一天法國人會離開安南，讓安南人自己作主。」這是一場豪賭，目的主要在打垮既已存在的越南君權。就像潘佩珠的泛亞洲主義一樣，潘周楨與法國結盟的論點也有許多矛盾，況且想法也過於天真；不過話又說回來，在現代越南的構築過程中，合作與反殖民一樣重要。而且與殖民當局的合作往往本身就帶有革命性的地方特案。

吏政改革與殖民恐懼

兩位潘先生在追求改革的路上並不孤單；而且並非所有地方官都是貪官，都很保守或反對現代化。首先向越南精英提出現代化或改革概念的，也不是法國人或日本人。大批阮朝官員久已對良政、改革與現代化傾心不已。十五到十六世紀的黎朝就是範例。明命帝的改革雖說往往失之偏激，但目的是打造理性化與現代化越南。一八六〇年代末期，嗣德帝的天主教顧問阮長都就曾力主遵循西方模式，推動全面經濟、社會，甚至政治改革。他的改革計畫包括派遣學生前往西方國家留學，擴大教育系統，革新財政、司法與行政機構，發展現代科學、農業與商務，他甚至還主張以「字喃」為基礎，創建一種全國性文字系統：「難道我們沒有人材，設計不出一套能夠表達我國語言的文字？」[16]

阮長都沒能說服那位末代皇帝，讓他相信越南必須改革，但這不表示在法國統治下，越南官場內部的改革之音也銷聲匿跡。嗣德帝還有一位名叫鄧春邦的顧問也一再要求改革。一九〇〇年代初期，他與一群志同道合之士開始建立私校，利用餘暇組織非正式研討會，不擇老幼地傳授現代理念與做法。他們開的班教授法文、中文與國語字，還教數學、物理與地理。這些官員能接觸西方與亞洲改革派論述的中文譯本（其中有些論述還出現在順化的文官科考中）。還有其他地方官則獲得殖民當局授權，前往法國留學。法國人於十九世紀末在巴黎辦了殖民地學院，用現代教育方式訓練印度支那精英。後來胡志明也曾申請進這所學校就讀（不過沒有獲准），絲毫不足為奇。雖說法國舉辦的國際殖民大會（一九〇七年，一九二二年，一九三〇至一九三一年）當然有其東進式的政治意圖，但他們也讓許多越南精英「西進」學習歐洲方式，取得諮詢，建立新人脈。就這樣，在十九、二十世紀之交，越南改革派接觸到各式各樣的消息來源、選擇、理念、模式與人物。直通「現代越南」的兩條單行道——「亞洲／潘佩珠（東渡）」之路與「西方／潘周楨」之路——從來就不曾存在。在這段期間，不同的改革理念與做法交織、調整，並隨時空轉換而變化。在法國人抵達以前，有些現代化改革已經在越南境內出現；還有一些越南境內的改革，無論法國人喜不喜歡，與外在世界息息相關。⑰

最顯著的例子，莫過於一九〇七年初創辦的「東京義塾」。事實上，這所二十世紀越南第一個現代化學校，既不是殖民、也不是反殖民主義的產物。兩位潘先生與法國人都沒有辦到這一點。這所西方式學校，是北方地方官以前文所述的福澤諭吉教育政策為本，而推動的一項計畫。所謂「義塾」是日本字「義學校」的越南譯文。而「義學校」的意思就是，利用公共捐助而成立、不必繳學費就能念的私校。它的興學構想來自前往日本的東渡旅人，與以中文流傳的改革派著作。不過，中、越千百年來辦私塾教授儒家經文的傳統，對東京義塾的問世也有極大影響。它在開辦之後不到幾個月就收了老老少少約四百個學生。受過法國訓練的文官兼譯員阮文榮穿著全套西裝，幾位地方官也披上儒家傳統長袍在這裡任教，但穿著打扮雖有不同，教師們都很清楚他們的任務重大。⑱

這許多人就憑藉一種學習、討論新理念與改革做法的炙心熱忱而結合在一起。東京義塾提供有關數學、地理與科學（是特別熱門的課目）的討論與講習。學生學習法文與國語字。大多數人（並非每個人）都同意只學習漢字已經不夠。改革派創辦這個學校的目的，主要不是讓越南精英靠攏以漢字運作的東亞教化圈，而是要建立一種書寫系統，透過越南人通用的口語，以新的社會組織形式推動全民教育，將全民結合在一起。國語字這種羅馬字母化書寫系統於是越來越熱門，成為強有力的現代化與社會化工具。東京義塾有一句標語就這麼說：「國語字是我們國家的救贖，我們要讓全國人民都能用它。」更多越南學者也開始學習法文。義塾有關歷史的講座總能將講堂擠得座無虛席，而講師們也盡力拉開越南過去與中國文明教化的關係，希望用一套特有的英雄，編造一種獨特的越南史，一種與中國切割的文化認同。潘佩珠在海外的著作在義塾圈流傳，潘周楨也經常應邀在義塾講課。我們也有理由相信，潘佩珠的許多民族主義理念來自越南境內人士的著作。[19]

就像亞洲其他地區一樣，越南人也卯足了勁，根據西方模式推動社會與文化改革。從義塾發表的許多著作的名目，例如「文明與新學習」或「腐化習俗之罪」，就能明顯見到這一點。「文明與新學習」呼籲越南青年切斷過去與儒家的淵源，擁抱現代世界。義塾有幾位教師認定東方已經停滯，西方現在是世界上最有活力的地區。許多人很快就發現儒家理念是越南現代化與西方化的障礙。隨著傳統社會關係逐漸鬆綁，婦女開始進入課堂，這是一項破天荒的大轉型。改革風甚至影響到人身形象，義塾流傳的「剪頭歌」可以為證：

左手拿梳子，右手拿剪刀，
修一修，剪一剪，
要小心，要留神，
去除那些笨習慣。
拋開幼稚的玩藝，
開誠布公，不做作，
學習西方做法，
不欺騙，不唬人，
不要說謊。
今天我們剪頭髮。
明天我們刮鬍子！[20]

不過，這些越南人早期推動的現代教育與社會文化改革沒有持續多久。一九〇八年二月，殖民地果如潘周楨的警告，爆發反對勞役過重的叛變，而法國當局也採取了他們唯一會做的對策：暴力鎮壓。幾個月以後，當局破獲一起對法軍下毒的密謀，歐洲屯墾民聞訊大驚，要求當局採取迅速而決定性的行動，鎮壓遂進一步升溫。法國人沒有反省造成民眾不滿的社會經濟原因，並採取適當對策，只是在恐懼心驅策下採取行動，且不只是人口不多的屯墾民社區這麼做而已。在伯布監督下成立的一個罪行調查特別委員會，將十三名越南主謀處死，還將許多人判處重刑。就連最誠心與第三共和合作的在地人潘周楨，也在不久以後被送上昆崙島監獄開石礦。直到法國人於一九一一年將他送到法國為止，這位越南共和派忠實信徒一直被關在這座「殖民地的巴士底獄」。殖民地當局沒多久就將東京義塾永久關閉。[21]

法國想把一堆人都趕出印度支那，主張合作的越南改革派、同時為流亡人士與監獄勞工的潘周楨不過是其中一人罷了。早在一開始，法國就將數以萬計越南勞工送到新克里多尼亞、新赫布萊底、波里尼西亞與留尼旺島的種植場、礦場與殖民辦公室工作。還有許多越南工人跟隨法國擴張腳步前往法屬北非與南美洲。在遣送這些勞工的同時，法國還將幾千名越南政治犯趕到圭亞那與瓜德洛普的殖民監獄與懲教所。法國將幾名不肯順服的越南皇帝，其中包括最有名的咸宜帝、成泰帝與維新帝，送往阿爾及利亞與留尼旺島，一方面保證越南精英、官吏與有錢人家的子弟赴法國留學。

這種帝國版圖全境的遷徙，帶來某些有趣的邂逅。後來成為憲政主義領導人的裴光照，在二十世紀之初第一次以留學法國的農業專家身分進駐阿爾及利亞時，就在阿爾及爾見到廢帝咸宜，還與咸宜一直維持書信往來，討論怎麼做最能使越南現代化的問題。才華洋溢的越南青年奇東也在阿爾及爾念大學時與咸宜帝交友。奇東於一八九六年返回越南，不過停了沒多久，就因為法國人指他與反殖民叛黨為伍，而被法國流亡到波里尼西亞。奇東在波里尼西亞學藝術，成為藝術家高更的好友。這些流亡人士有許多因流亡經歷而轉型，回國以後在一九四五年締造新越南的過程中扮演重要角色。在法屬太平洋殖民地種植場當工人、之後加入反抗運動的董士華就是這樣的例子。一九四五年，流亡的維新帝在打算從中非洲飛返越南、奪回他的皇位途中死於空難。圭亞那的前政治犯於一九六三年返回越南，約五萬名越南人也從泰國東北部重返家園。[22]

由於法國與國際船運公司僱用越來越多船員、碼頭工人、廚子與洗衣工處理往來印度洋的貨物與旅客，一小股以海上營生起家、政治色彩逐漸濃厚的越南工人階級也趁勢崛起。海運公司（Merchant Shipping Company）與聯合輪船公司（United Shipping Company）大概每年都要聘僱一千名越南人走船，這些越南人就這樣四海為家，從西貢到上海，從大阪到新加坡，然後經由吉布地、亞丁與蘇伊士運河進入大西洋。交趾支那人、安南人、特別是（越南）東京人一起在船上工作。與他們聯手的還有中國工人。並非所有這些人都投身革命；他們所以上船工作，大多數為的只是養家活口。不過在從港埠到港埠的旅行過程中，有不少人接觸到新構想，結交到新友人，也有了公會組織這類新概念。這當然是魚龍混雜的一群人，但潘佩珠與胡志明這類革命志士，也就在這裡蒐集情報資訊，逃避警方查緝，以不同的方式思考越南。後來成為共產黨領導人的孫德勝就來自這個海上船工階級。身為（俄國革命領導人）托洛茨基忠實信徒的孫德勝，在一九二〇年代抵達馬賽時寫了一篇文章，生動描述了一路行來幫他打通各種關節的那些人。他對其中一名姓洪的人印象尤其深刻。這名洪姓友人原是殖民地船員，後來改行毒品走私，把鴉片從地中海一岸帶到另一岸。孫德勝說：「老洪非常狡猾，能在海關官員眼皮底下玩花樣。」[23]

第一次世界大戰造成全球化流動，亦以前所未有的方式造成全球性政治改革需求。有鑒於越南人一再反叛，越南皇帝一再抗命，法國人在一開始原本不願把越南軍人調入本土作戰，但隨著戰火轉熾，戰局相持不下，法國當局也別無選擇。他們迫切需要人手在西線幫他們運補與作戰，幫他們在兵工廠工作，為他們提供砲彈、槍械、子彈與軍服等各種軍需。總計在第一次世界大戰期間，法國徵召、派遣了九萬名越南人到法國，其中五萬人在法國各地工廠工作，其他四萬人調赴前線，有許多加入戰鬥任務。進駐法國的越南人，是盟國在一次大戰期間一項大規模殖民地動員計畫的一環，幾近一百萬殖民地人民根據這項計畫進入法國，其中包括來自印度的英國殖民地人民。隨同他們來到法國的，還有成千上萬來自西班牙、義大利，特別是來自中國的工人。[24]

一種令人歎為觀止的戰時特有情勢出現了：非法國的男性工人在法國工廠車間與女性占絕大多數的法國工人並肩工作。雖說法國當局為滿足戰時需求，對工人的組織與紀律也下過一番苦工，但這種多種族勞工動員，自難免譜出許多男歡女愛甚至異族通婚的故事。法國人一向仇視外國人，尤其害怕殖民地男子會在法國男人都到前線打仗時，在後方與法國女人廝混。法國工會總同盟（CGT）這類法國工會組織，也擔心殖民地勞工會搶走法國工人的飯碗。但無論怎麼說，幾近十萬名越南退伍軍人在大戰結束後返回印度支那、展開新生，這項戰時動員造成的轉型衝擊不能否認。這批越南退伍軍人有些要求成為法國公民，大多數都指望能找到好工作，能有較高的社會地位。有些人儘管不久前才目睹歐戰的野蠻殘暴，仍希望以西方為典範，推動越南現代化。[25]

大多數越南改革派都在大戰期間支持法國，希望殖民當局能因此兌現他們有關政治與社會改革的承諾。法國人必須清償欠越南人的這筆債。阮文榮、董文教與潘文忠等著名知識分子，重拾他們當年受過的譯員訓練，充當管理法境越南軍人與勞工的中間人角色。儘管法國人無中生有，指控潘周楨跟彊柢王子及德國人串通，而於一九一四年九月將潘周楨下獄關了半年，潘周楨仍然不辭辛勞親身奔走，支持殖民當局徵召越南人參戰。越南行政官員（其中有些人也與潘周楨一樣，懷抱改革夢想，但大部分只是遵法國之命行事）動員安南與東京的地方政府，在最短時間內就找齊了法國所需的大部分兵源。

潘周楨等越南精英這時也知道，以潘尼康（Théophile Pennequin）將軍為首的法軍最高層正掀起一股改革風。潘尼康曾在帝國各角落服役，與李歐泰（Lyautey）、雅揚義（Galliéni）以及巴維（Pavie）這類著名殖民征服者共事，之後於一九一一年晉升為印度支那殖民軍總司令。身為共和主義信徒的他，也是一八四〇年代出生的人，可能曾在拿破崙三世設在阿爾及利亞的阿拉伯局工作，也因此他相信殖民當局應該尊重在地文化，與在地文化合作。他同時也善於觀察其他帝國的殖民政策，特別對美國在菲律賓的政策尤有心得。他擔心中國境內的動亂將蔓延進入印度支那。法國人如果不能讓越南精英在殖民地實際政務上——包括軍隊事務——擁有更多發言權，一旦發生危機，法國人也不應指望越南人會幫著他們保有印度支那。與朱柔走得很近、自己也是潘周楨友人的潘尼康，一直關注越南改革運動，也曾見證那場一九〇八年結束，處決了許多人、使潘周楨流亡異域的暴動。對於法國屯墾民的蔑視越南人，他也頗不以為然。

潘尼康的同僚孟金（Charles Mangin）將軍主張建一支「黑人軍」，一旦戰事爆發，用主要來自塞內加爾的軍隊協助法國作戰，潘尼康則主張以越南軍為主力，建一支「黃人軍」。這樣一支軍隊不僅能在必要時保衛印度支那與法國，還能提拔一些越南人，為法國帶來忠誠的夥伴，讓法國日後可以與這些夥伴攜手合作，建一個終有一天會獨立的新印度支那國。潘尼康的構想讓越南改革派心動不已。潘周楨全力支持潘尼康，同時法國屯墾民社區則猛批潘尼康，說潘尼康要從內部武裝「野蠻人」。法國政府研究了潘尼康的計畫。但當第一次世界大戰爆發時，巴黎與河內領導人都堅持越南人「參與」程度不足，還不能採納潘尼康的計畫。法國人沒有遣派「黃人軍」前往西線戰鬥，送往法國的越南人主要擔任的是工廠工人與後勤補給工作。

想低估第一次世界大戰對越南改革派的重要性很難。越南人無分政治立場都認為，他們既為法國而戰，法國也會遵守承諾、進行改革。董文教在第一次世界大戰期間呼籲法國人採取新「土著政策」並非事出偶然。而這也正是「安南人宣言」（Revendications du peuple annamite）的作者——潘周楨、潘文忠與胡志明——在一九一九年提出的要求。他們要求的不是獨立，而是以共和理念為主軸的改革。但在大戰結束後，法國沒有派潘尼康前往河內，與改革派精英以及成千上萬返國的越南退伍軍人合作，建立一個印度支那新國。法國派出的人選是例如阿爾貝・薩活。他對「安南人宣言」的答覆是開明的法越合作政策與殖民地君權。[26]

薩活與印度支那的建國

法、越合作政策

潘尼康的「黃人軍」計畫顯示，就改革思考與建國計畫而言，法國人不比越南人更偏狹。印度支那的殖民政策也不能脫離帝國核心或帝國其他部位而獨立運作，不能與鄰近殖民國脫鉤。一九〇八年的暴亂既讓法國人措不及防，用來鎮壓暴亂的手段又過於凶殘，影響所及，巴黎領導人之間於是展開一項激辯。重要國會議員與殖民政策決策人終於發現，想讓殖民地長治久安，僅僅憑藉征服、壓榨與懲罰還不夠。伯・貝爾與杜美或許建了更中央集權的政府，還籌得必要的財源與勞力，但這是被殖民的越南人付出極大成本換來的結果。在法國海軍登陸交趾支那四十年以後，一九〇八年暴亂事件讓許多巴黎人了解，在越南農民與精英心目中，法國在印度支那的殖民政權仍然缺乏法統。

法國領導人為什麼會在這一刻特別注意發生在印度支那的事？德雷福斯冤獄事件（一八九四至一九〇六年，編按：德雷福斯是猶太裔法國軍官，法國軍方為替一些大員脫罪而判他叛國，之後他獲得平反。）與喬海（Jean Jaurès）領導的社會主義的崛起，加以現代式、敢說敢言的新聞媒體在第三共和出現，都讓共和理念成為人們熱議的話題。社會主義者、新成立（一八九八年成立）的法國人權聯盟副會長法蘭西・德培森西（Francis de Pressensé）對當局在一九〇八年採取的鎮壓手段大舉撻伐。他問道，共和國既能在印度支那以法所不容的手段處決越南人，又怎能在法國本土信守它的原則？德培森西等人並且強調，越南人雖是殖民地子民，但也是人。其他贊同他的國會議員也舉出一長串殖民當局虐待越南人的罪狀。共濟會員、也是殖民改革派的維雷特（Maurice Viollette）說，法國人不能靠著在印度支那犯下強暴、謀殺與毆打罪行而自稱是「一個優越的民族」。國會議員並且批判殖民當局稅賦過重、專賣手段過於跋扈及高壓強征勞役的政策，都有悖共和原則。在一九〇八年起至一九一一年的一連串辯論中，許多巴黎領導人開始同意潘周楨傳達的訊息：「法國的政策除非是一個親原住民的政策，否則必將失敗。」共和派如果想忠於他們的核心價值，唯一途徑就是實施一種能與越南人和衷共濟的政策，包括為越南人權益提供法律保障。[27]

辯論結果是派遣阿爾貝・薩活出任印度支那總督，並授權他實施影響深遠的改革。一八七二年出生的薩活，來自一個勢力龐大的共和派報業家族。他的父親是共濟會會員，也是激進派共和主義人士。本身是激進社會黨（這是當年法國共和派政黨的名字）黨員的薩活，在法國政壇是迅速崛起的新星。他投票支持一九〇五年的政教分離法，並且堅決主張重審德雷福斯案（他還向人出示身上因為此案與人決鬥而帶的傷，以示證明！）。他沒有殖民地經驗並不要緊（杜美也沒有）。時任殖民部部長的梅西（Adolphe Messimy）也因一九〇八年事件而震驚，並主張改革。梅西與薩活還因此在巴黎會見潘周楨，討論前文所述潘周楨於一九〇七年發表的那篇〈我控訴〉公開信。

像當年許多他的社會黨同伴一樣，薩活深信共和派理念高人一等，負有獨特的殖民使命，認定法國的殖民因特重人道，與過去以及現在其他國家那些（劣質）殖民都不一樣（這情況一直持續到二十世紀展開以後許多年）。不過像巴黎那些支持他的人一樣，薩活也算實用派。他知道想防範革命，想維護帝國，改革勢在必行。他同時也是敏銳的地緣政治觀察家。他於一九一一年底抵達印度支那，當時日本正在崛起，中國的清帝國已經崩潰。他密切注視孫中山建立中華民國。他根據情報，掌握流傳越南反殖民主義與改革主義的亞洲情勢。他知道潘佩珠已於不久前走訪華南，積極爭取中國共和派支持他（幫助越南青年留學日本）的東渡計畫。薩活訝然發現，殖民地境內境外越南官吏的改革概念，仍以東亞而不以法國為主軸。

最後，第三共和所以出現這股自由派改革熱潮，國際環境也是一項因素。特別是日本、德國、英國與美國殖民勢力的崛起，更讓薩活深信越南人除了法國以外還有其他選項。彊柢王子在一九一三年致薩活的信中就曾指出，加拿大與澳洲都是殖民改革可以效法的模式，而彊柢這麼說絕非突發奇想。想與越南合作的國家很多，法國不過是可能夥伴人選之一而已，但法國共和派卻始終為法國繼續占領印度支那找藉口，說如果換成其他國家在越南殖民，情況會更加惡劣。最讓薩活擔心的是，歐戰一旦爆發，印度支那可能淪入德國人手中。

潘佩珠當然希望法、德在歐陸的又一次戰爭，能使印度支那情勢出現有利變化。潘佩珠經常在亞洲與德國代表會面，而彊柢也曾走訪柏林，在柏林寄出前述那封給薩活的信。事實上，一九一四年爆發的歐戰確實為潘佩珠與彊柢帶來希望。順化皇室也頗受鼓舞。一九一六年，法國冊立的最新一任殖民地皇帝維新帝，還曾企圖逃出軟禁，與宮外潘佩珠的黨羽聯手。雖然法國人將他逮獲，立即將他流放到留尼旺島，維新帝的反叛明白顯示，保護國最高層精英與法國合作的意願完全不可恃。一年以後，太原省發生監獄暴動，蔓延到鄉間。法國人花了六個月才重建當地秩序。而且有很長一段時間，無論法國官員與法國屯墾民都生活在極度恐懼中。當時擔任律師、後來出任殖民部部長的穆德（Maurius Moutet）拚盡全力，終於在一九一四年將友人潘周楨救出法國監獄。㉘

薩活就是在這種時空背景下，利用他的兩次總督任期（一九一一至一九一四年，一九一七至一九一九年）推動各式改革。雖說他的整體目標是維護法國統治，但他確有改善法國與越南關係的誠意。在抵達印度支那以後，他拜朱柔為師，學了一點越南文，將第一個越南人晉升到歐洲公務員階級，還試著要法國行政人員學習越南文（但沒有成功），而且刻意禮遇地方精英，傾聽他們的聲音。薩活的出任總督以及他這些表態，為許多越南精英帶來希望，但歐洲屯墾民社區大多數人對這群新共和派——特別是這些篤信社會主義、人道主義、主張改革的總督——憂心忡忡，擔心這群新共和派會像（他們認定的）之前那批海軍將領、會像當時的潘尼康一樣，迫使他們「在地化」。當薩活於一九一一年跨出船艙、在西貢上岸時，迎候他的是一堆沉著臉孔，不發一言的白人。

法國政府支持的印度支那改革有三大目標：宣揚法國－安南合作的官方政策，推展一連串原住民改革，以及將殖民政府進一步理性化。這些目標都沒有特別新奇之處。明治奇蹟與日本崛起，曾讓總督伯布在擔心之餘，在任上（一九〇二至一九〇八年）推動這樣的本土化政策。他建立一個現代化法文－本土語文學校系統，改革吏政，還將刑法典自由化。他在東京推出一種參議系統，負責選聘省級官員，還辦了一所印度支那大學，培養受過法國訓練的精英階級。不過一九〇八年暴亂發生後，恐懼感使改革熱退潮，他的許多改革計畫也停擺了。

在政府大力支持下，薩活決心邁步向前，建立一個有效運作的印度支那國。他加緊對預算的管控，調整行政管理界線，精簡行政部門。他於一九一七年親自主持、建立勢力龐大的政治警察「公共安全部」，主管政策訂定、社會控制與鎮壓工作。另一方面，在一群傑出助手——包括公共安全部部長馬提——協助下，薩活建立充滿活力的原住民事務局，訂定、實施他的自由化在地政策。他擴大安南－東京的地方評議會，開放交趾支那殖民理事會，讓更多南方越南人參與政務。此外，他還推動司法改革，保障個人與原住民權益，推動金融與地籍改革，既減輕鄉村窮人稅負，也讓歐洲人再也無法享有豐厚得離譜的特許優惠。他重開印度支那大學，為站在法國這條陣線的精英提供現代化法國－原住民教育。他在一九一九年親自出馬，取消了實施許多世紀的科考制度，這也是他為切斷殖民地與過去的淵源，而採取的集大成之作。[29]

富有領導魅力、雄辯滔滔的薩活，同時也是善於宣傳的大師。他的團隊制定新新聞法，授權發行更多報紙、書刊與翻譯作品，以鼓吹殖民改革，以及一種不再與東亞保有舊淵源的法、越前途。他擔心德國人有意鼓動亞洲民意對抗法國，於是啟動一項百分百的法語社會全方位協調戰略，用現代攝影術、影片、戲院與收音機爭取亞洲民心。不過，為響應潘周楨擴大言論自由的呼籲，薩活也開放報業門檻，讓值得信任的在地精英經營報紙。這麼做為在地精英提供一種現代工具與公共論壇，讓他們表達需求。在地人辦的報紙也讓在地人能夠發聲，對抗長久以來一直壟斷報界的屯墾民社區。薩活領導下，當局當然繼續實施新聞檢查，不過，最讓薩活震驚的，還是歐洲人對殖民地在地人的行為與語言。此外，由於擴大殖民地報界經營權，薩活也造成一種無心插柳的效果：中國人、印度人、高棉人、寮國人與越南人等等殖民地在地住民之間的論戰開始出現，以新而難以預知的方式塑造著殖民地輿論。[30]

薩活的團隊就是在這種環境下，招得一群有志改革的越南盟友，讓他們在越南南部、中部與北部主持政府支持的重要報紙。這些人包括主持《南風雜誌》（在東京）的范瓊；主持《東洋雜誌》、《中北新聞》與《新安南》（也在東京）的阮文榮；《原住民論壇》（在交趾支那）的裴光照與阮富愷；以及之後主持《民聲報》（在安南）的黃吴康。就像潘周楨一樣，這些改革派也把賭注押在共和思想、改革理念、人道主義與合作精神上。就連潘佩珠也認為薩活為越南帶來希望，還因此在一九一七年寫了一篇名為〈談法越合作〉的文章。事後，潘佩珠為寫這篇民族主義歷史學者希望丟到腦後的東西而懊悔不已。[31]

潘佩珠這篇文章的題目很重要，因為薩活的一項重要任務，就是推動以改革為要旨的官方合作政策。薩活很了解，在管理越南人事務、管理這個遭法國以武力奪取的國家的過程中，越南人渴望扮演更大的角色。他也知道，越南人在第一次世界大戰中支持法國，也因此指望法國會以自由化殖民政策做為回報。一九一九年，在返回法國出任殖民部部長、成為法國自費里以來最重要的殖民問題思想家以前，薩活在河內向三千名越南精英發表演說。他在演說中重申法國的改革承諾，並強調法國獨特的殖民使命。但他進一步堅持說，印度支那不應該僅僅是一個政府而已，它必須發展成一個可以運作的國家，在法蘭西帝國內為它本身的利益而運作。做成決策的地點應該在印度支那，而不是在法國本土。經濟發展不僅必須為殖民者牟利，也必須為被殖民者牟利。薩活保證進行政治改革。他承諾要加強殖民地民主，要建立印度支那憲政機構，建一個聯邦，將境內不同部分結合在一起，並在最後建立自治政府。他在演說中一再反覆表示「殖民地是處於建立過程中的國家」，並且迅速補充說，只有真正的法、越合作政策才能確實辦到這一點。[32]

許多越南人那天都對薩活的保證信以為真，詳細翻譯、評論他的演說。他提出的印度支那擁有自主決策權的聯邦計畫，引起許多越南人共鳴，讓許多越南人相信，與法國人合作的事終於有前途了。因第一次世界大戰而民窮國困的第三共和當然希望合作，因為它得仰仗帝國境內殖民地幫它重振經濟，以維持大國地位。薩活於一九二三年發表的殖民地論文〈論殖民地發展〉也並非意外事件。不妨這麼說，殖民改革、發展與聯邦主義並不是第二次世界大戰的產物，而是一九〇八年暴亂與第一次世界大戰造成的結果。薩活的法－越－印度支那願景既充滿矛盾，也有太多無知，最後終於在一九四〇年代以慘敗收場。但在當年沒有人能預知這些事，而對所有越南人來說，印度支那始終是他們必須角逐的一個構想，一個國家。

成為印度支那人？

事實上，當年許多越南人對薩活的說法照單全收，甚至準備以印度支那的方式重新思考自己的政治前途。在今天的現代越南，大概沒有人能想像世上竟有這樣的事，但在當年，這樣的想法一點也不稀奇。再怎麼說，親法國的越南本身也是好幾百年殖民擴張的產物。黎聖宗與明命帝不僅是了不起的現代化大師與開國元老，他們與他們的子嗣還都是野心勃勃的殖民主義者。更何況，第三共和提出的所謂印度支那的特殊關係，大體上是一種法、越夥伴關係。在第二次世界大戰以前，法國從未向高棉或寮國提出成立聯邦的要求。法國人相信，想取得越南人合作以挫敗泰國擴張主義，他們得為越南人提供一些好處才行。法國因此刻意提醒越南精英，要他們別忘了他們自己過去的帝國擴張，要他們以印度支那的角度思考現在的問題。一八八五年，夥伴論著名倡導人吉拉・賀蒙，就在要求順化朝廷全面投降的同時，說明在印度支那推動雙殖民政策的先決條件：

有一天，這個民族會了解，拜我們之賜，它的歷史野心會以過去絕對無法想像的方式開花結果；有一天，（安南人）會見到他可以憑藉我們的援助，報復鄰國為他帶來的那些他永遠無法原諒的屈辱與挫敗；有一天，他會發現他絕對比他們都優秀，認為他可以隨著我們的擴張而擴張。只有當那一天來到時，我們才能認定法屬印度支那的前途真正有保障。[33]

最後，法國決定以法越結盟的方式營造印度支那，還有現實條件的考量。簡言之，殖民當局需要在地人合作，幫他們運作這個印度支那國。在整個殖民統治期間，印度支那的歐洲居民人數從未超過三萬五千（阿爾及利亞的情況不同，在阿爾及利亞，歐洲人口在一九五四年高達一百萬），而且絕大多數聚居在印度支那東部城市。法國增加了中國移民，不過這些中國移民大多來自華南貧苦鄉間，而法國人最不願做的，就是找中國精英進來幫他們治理這個殖民國。法國於是訓練了數以萬計、幾乎全數是越裔在地人的公務員，替他們解決住的問題，定期發給他們薪水，幫他們報銷在殖民政府工作期間往來河內、永珍、西貢與金邊的旅費開支。在高棉，隨著聯結交趾支那與高棉的新路開通，越人人口也不斷增加，從一九一一年的七萬九千零五十人增加到一九二一年的十四萬零二百二十人。以一九一三年為例，在金邊市政府工作的十六名印度支那官員中，越人占了十四人，只有兩人是高棉人。基於同樣理由，寮國境內的越南官員比率也增加了。儘管到一九三〇年代末期，寮國境內非越人人口占全國總人口九八%，然在一九三〇年代初期，在寮國政府供職的官員有五四%是越人。到一九三七年，這股移民潮更變本加厲，住在永珍的越人有一萬零兩百人，寮國人只有九千人。[34]

類似人口統計資料也顯示，工人階級在印度支那殖民地崛起。為解決東京與北安南人口過剩的問題，法國開始將東京與安南勞工運往印度支那南方，或開闢叢林，或在橡膠種植場做工。一九二○年代中期，三條聯結寮國與北安南的新路開通，將安南勞工運往他曲與素旺那吉的交通更加方便。高棉境內橡膠園與寮國境內礦場的勞工，絕大多數都是越人。法國的殖民政策非但沒有阻止越南人向西擴張，往往還鼓勵他們這麼做。[35]

也因此，法國的殖民方案本身就帶有一種既已存在的亞洲次方案。法國雖說或許打斷了十九世紀阮朝文官系統，但也為越南畢業青年在二十世紀印度支那西部官僚系統開啟了新可能性。這些年輕的越南畢業生沒有在受到保護的高棉皇家政府任職，但他們擔任祕書、海關與保安人員、郵差、書記與電報發報員，在聯邦的層次上協助法國管理印度支那國。就這樣，對實際負責操作的越南人而言，印度支那殖民地是可以運作的領域，是國家，也是一種認同。這種重用越人擔任官僚、負責行政工作的政策有一項重要例外，就是在高地。法國逐漸開始避免在高地運用越人官員（見第十四章）。

裴光照領導的印度支那憲政黨（Indochinese Constitutionalist Party），是事情按照殖民路線發展的初步跡象。當薩活高談營建印度支那聯邦理論時，身為印度支那憲政黨黨機關報《原住民論壇》總編輯，也是法國自潘周楨以來最忠實盟友的裴光照，對薩活的話信服不已。對於給予印度支那國更大「自治權、地方分權與行動自由權」的構想，憲政黨大聲喝采，對於他們將在殖民國享有的特權地位，他們也表示歡迎。對薩活建立「憲政機構，（讓它）擁有現代國家一切必要結構」的保證，憲政黨也讚不絕口。憲政黨說，如果殖民地想成為「自治國」，如果「安南人想成為印度支那公民」，這種轉型有其必要。還有一些越南人則以法國這種印度支那殖民模式為例，結合越南過去殖民擴張的歷史，說明今天的越南應該與法國合作，繼續——事實上是加速——擴張。一九二一年，印度支那憲政黨以斬釘截鐵的文字為越南與印度支那的協調與合作辯護：

我們不否認這些非越種族的本質，不否認他們有權在印度支那聯邦提出他們的問題。但有鑒於安南人在這個國家占有絕大多數人口比重的事實，有鑒於這些人口的重要性，驅動他們擴張的推力還會繼續。鑒於他們擁有較先進的文明，最後，也因為他們的歷史權利，保護國（法國）在印度支那執行殖民使命的過程中，很顯然將他們擺在最重要的地位。安南人……基於歷史、民族與地理源由理當排在第一位，強詞奪理指斥這些源由固屬於事無補，否認這些理由也徒顯無知……多數決才是正理……在法屬印度支那聯邦，我們的優越地位是邏輯推演的結果，是事情的至理。36

到一九三〇年代，越南企業家與政界人士加緊推動西向移民，以緩和安南與東京的人口壓力。在一篇題為〈從安南國到印度支那聯邦〉的文章中，新秀資本家范黎風寫道：「研究安南國歷史的人，也會有安南是未完成印度支那史的感覺。」甚至當年那些著名知識分子與政界人士，特別是范瓊與阮文榮等人，都以非常印度支那的方式進行了自我思考。推動這種轉型的部分用意，在於迫使法國廢除君權等間接統治做法，以便在殖民地實施一種真正具有共和精神、類似同化主義的政制，就算國家名稱不是越南、而是印度支那也沒關係。國家就是這樣開始成形的，成形方式我們今人或許難以想像，但在當時事情看來似乎並不特別奇怪。認為現代越南一直以現有形式存在的假定之所以危險，原因也在這裡。過去的越南其實與今天大不相同。37

共和國的王？保大解決辦法的誕生

法國人同時也根據政治賭注考量，朝其他方向採取行動。例如，法國共和派可能剷除了法國境內王權，但無意放棄他們在順化培植的殖民地皇帝。事實上，法國共和派將越南王權視為他們間接統治與夥伴合作政策的一個重要環節。維新帝在一九一六年險些逃出順化（維新帝的父親早些時於一九〇七年的那次逃亡事件，更加不提也罷）的事件讓法國人下定決心，要把一個名叫保大的小男孩，塑造成可以完全由他們操控的殖民地皇帝。第一次世界大戰結束後，薩活成為這第一次「保大解決辦法」的設計人並不出人意外。薩活很清楚反殖民主義者企圖利用越南王權對付法國，知道這麼做帶來的危險。像他住在安南、同時也是古越南問題專家的好友巴斯齊一樣，薩活也知道阮氏皇族與皇權根基所在的官僚系統，對主要是農民的越南人仍然擁有強大影響力，也因此皇室是進行殖民管控、鼓勵全民參與的有力文化工具。薩活不是保皇派，但就像追隨他的腳步而行動的幾十名共和派一樣，在共和帝國中，為讓越南繼續留在法國，他不惜在意識形態上做出重大妥協。前文所述的潘周楨那項借助第三共和推翻阮王朝的夢想所以徹底失敗，原因就在這裡。在一九二二年致薩活的一封信中，巴斯齊曾私下指斥潘周楨與法國合作共創「安南共和國」的構想。[38]

薩活與法國共和派願意維護越南王權，反共產主義也是原因之一。自一九一七年俄國爆發十月革命與兩年後共產國際成立以來，這時已擔任殖民部部長的薩活密切注視蘇聯革命進展，看著這股紅潮不斷向全球擴散，並且伸入殖民版圖的亞洲。早在美國冷戰戰士倡言「圍堵」中、蘇共產主義的必要以前很久，薩活已經呼籲建立「神聖殖民聯盟」，阻止共產主義進入西方帝國主義控制的世界。[39]第一次世界大戰過後，薩活與巴斯齊聯手，計畫塑造一個忠於法國的殖民地王朝。兩人在知道啟定帝病重之後，說服啟定，要啟定讓他的兒子跟著他們學習現代教養。一九二二年，巴斯齊寫下詳細指令，說明應該如何教養這位年輕王子。他說，這項過程必須在法國展開，但在安南完成。保大必須同時既現代（學習法國）又傳統（安南傳統）。為達到這個目標，薩活與巴斯齊把保大從皇家帶出來，交給一名法國親信，由這名親信送保大到法國，接受最精緻的貴族教育。不過，在送他前往法國以前，巴斯齊提醒這位未來的皇帝，要他別忘了他的殖民地出身以及法國的保護關係：「年輕的王子，要永遠記住你承接未來命運印記的這一天。在這一天，有兩位大人物低頭看著你，對你微笑，保護你：一位是古安南，一位是光彩奪目、無限甜美的法國。」[40]

保大在薩活照看下，在法國生活了將近十年。在將保大送回越南、協助當局處理一連串新暴亂以前，法國為了殖民目的（這時的殖民帝國版圖早已超越保大的祖籍安南）而重塑保大的形象。第三共和在一九三一年國際殖民大會中，還為保大精心營造了富麗堂皇的排場。在這項共和國為慶祝帝國創建，為替保大加冕，而在凡森新建的永久殖民博物館（直到今天，這座博物館仍然開放參觀）舉行的加冕儀式中，保大身著傳統皇家禮服，規規矩矩扮演著傳統而富於異國色彩的角色。在共和國總統致殖民大會開幕詞時，保大與李歐泰元帥（Marshal Lyautey）等貴賓一起坐在禮台中央。其他的殖民國皇帝或國王無緣享受這種禮遇與排場。這位阮朝皇帝不僅是法國與越南特殊殖民關係的化身，當時他還是第三共和象徵性的帝國代表。殖民君權是現代越南史的一部分，但也是現代法國史的一部分。保大是法國第三共和的殖民皇帝。而這正是潘周楨領導的改革派最不願見到的。

★

05

The Penguin History *of* Modern Vietnam

第五章　殖民共和主義的失敗

一九二九年一月一日，憲政黨領導人、也是法國自第一次世界大戰以來最重要盟友的裴光照，站上加爾各答講台，在印度國大黨黨大會閉幕式中發表演說。邀請裴光照與憲政黨另一領導人董文教聯袂出席這項儀式的，是日後在獨立後印度擔任總理、當時身為印度國會祕書長的尼赫魯（Jawaharlal Nehru，尼赫魯透過家族關係，與早先在歐洲的幾次會面而結識董文教）。當裴光照上台調整麥克風時，台下印度群眾不斷歡呼「印度支那！印度支那！」以迎接這位憲政黨領導人。裴光照也向他這群「狂熱」的觀眾保證，「在你們對抗帝國主義的鬥爭中，安南與你們完全站在一起。」他繼續說，「你們的自由不僅是印度事務而已，而是全人類都關注的大事，因為你們代表全世界三分之一的人口……先生們，我們為你們帶來安南人民最熱誠的祝福，祝你們崇高的努力勝利成功。印度萬歲！自由萬歲！」裴光照還在這次行程中短暫會見甘地。甘地也向他表達了對安南人的支持。

回到西貢以後，裴光照興高采烈地寫了一系列旅遊見聞，談這次加爾各答之行。他讚揚印度國會，認為它是英屬印度殖民民主的成功表徵，認為它可以為像他這樣有志共和的越南人提供模式。不過裴光照對印度、對甘地以不合作主義對抗英國的做法突生興趣，卻讓不少讀者感到他的虛偽做作。畢竟裴光照多年來一直是薩活「法國安南合作」政策的信徒，是法國最忠實的友人。身為歸化法國公民的裴光照，是交趾支那殖民理事會副會長，不過他從未設法把理事會改造成一個較具代表性的印度支那國會。

裴光照說，在啟程往訪印度以前，他對印度的事一無所知，讓讀者難以置信，因為他主持的報紙《原住民論壇》早就開始不斷報導英國在印度的改革，以及印度的「國協地位」等等問題。其他越南人無疑也在密切注視印度的發展。一九二六年，潘佩珠寫了一篇文章推崇甘地的不合作主義，認為它是值得越南效法的模式。越南最著名共和派人士阮安寧也認為，無論英國或法國的殖民統治，若得不到民眾參與便都站不住腳，甘地的不合作主義就是明證。另一方面，法國讀者卻對裴光照的讚揚英國殖民民主大為不滿，認為裴光照甚至不應該暗示英國人的移民手段比法國高明。但對越南共和派人士而言，印度的例子是對薩活合作政策的最佳駁斥。他們發現，薩活的法國－安南合作政策雖說吹得天花亂墜，但沒有印度國會推出的那許多制度性改革，所謂法國－安南合作政策到頭來不過是一場空而已。裴光照雖說心知肚明，只是在從印度返回越南以後，顯然因為害怕失去特權，他仍然守著原先路線，不願質疑法國已經失敗的共和主義。不過，眼見幾十年殖民改革徒勞無功，加以國際共產主義推波助瀾，終於讓越南民族主義信徒下定決心，清剿、剷除那些他們不信任的溫和派，裴光照也因此遭致殺身之禍。頗具反諷意味的是，許多權高勢大的法國官員一直就不信任他們最忠實的「合作夥伴」，不信任裴光照，甚至不信任他們一手培植的皇帝保大。一九四五年的越南沒有尼赫魯這樣的人物，沒有印度支那版本的印度國會。法國－越南合作的政治圈也缺乏真正的信任。❶

殖民民主的局限：第一幕 憲政主義者❷

事情原本可以不一樣的。薩活在一九一九年那項與越南人訂約、合作發展共和的保證，曾讓許多人充滿希望，認為改革終將成為現實。特別是生活在交趾支那的一群新興越南資產階級，尤其對這項保證滿懷信心。這群人包括地主、企業家、仕途升遷的公務員，以及受過良好訓練的專業人士（醫生、律師與藥劑師）。隨著經濟力與社會地位不斷提升，他們也開始要求在決策過程中扮演更吃重的角色。這群人大多住在繁華的西貢－堤岸市中心區。他們說法文，擁抱西方文化，送子弟進法國中學就讀，還有些人擁有都會公民權。他們生長在交趾支那，未曾親歷仍在安南與東京運作的儒家科考或官吏晉升系統。事實上，他們主張廢除南部鄉間的這些系統，以推動他們心目中較現代的法國式直接行政管理。

他們採取這套同化做法，未必都只是想與殖民者學樣而已。擁有都會公民權以後，這群越南精英可以依法繞過讓他們在自己國家淪為二等公民的殖民系統（儘管事實上，他們與他們在街上碰到、在試場上競爭的那些歐洲屯墾民一樣「文明」，一樣「智慧」）。像在阿爾及利亞與馬達加斯加一樣，法國公民權也讓「土著居民」有效參與由少數法國人把持的殖民機構。有了都會公民權以後，交趾支那這些越南人可以自己辦報紙，想躲避新聞檢查也比較容易。歸化為法國人還能保護他們，讓他們免於隨意濫捕、繳交特別捐等非法迫害，不久前的吉伯・陳正照審案就是例證。陳正照支持反殖民主義者潘佩珠，但憑藉他的法國公民身分而免了一場牢獄之災。

資產階級的崛起，是現代越南史上一個重要里程碑。這個新社會群體對資本累積與房地產購置、商貿與產業擴張、社會地位提升以及隨之而來的休閒娛樂活動，越來越熱衷。儘管阮朝植根於南方，直到一九二〇年代為止，這群新興資產階級之中有意重振君權的人少之又少。最能吸引他們的，是代議政治以及殖民地決策權接觸管道的擴大。這些人到底是些什麼人？其中最有名的計有裴光照、阮富愷、阮潘朗與董文教等等。其中阮富愷是皮耶・洛蒂的得意門生，曾在法國念書。身為富有地主的他，在一九一五年創辦第一家越南人擁有的米廠，還曾在一九一九年協助組織抵制華商的行動，之後他響應經濟民族主義，與人聯手成立越南第一家「越南銀行」。在薩活的支持下，他在一九一七年創辦《原住民論壇》，做為決心與法國合作、在經濟與政治上重塑越南的南方精英之喉舌。

裴光照是留學國外、農業工程師出身的法國公民。返國以後，他在印度支那政府迅速崛起，加入《原住民論壇》，寫了許多文章鼓吹共和改革，強調交趾支那精英必須在殖民治理中扮演更大角色。阮潘朗在他的《安南新聞》（*Echo annamite*）中也做差不多同樣的鼓吹。董文教曾在法國學法律，力促法國當局增加原住民在殖民地機構中的代表分量。不過這不是一件只出現在南方的現象。現代越南第一批資本家就有一個人來自北方。白太柚是勤奮不倦、白手起家的商人，在二十世紀之交靠經營船運與礦務事業崛起商界。就像當年其他越南新富商人階級一樣，他也勇於挑戰既有華商利益，終於發家致富。

這些資產階級新貴大力支持潘周楨的改革計畫。計畫內容包括爭取更大的集會結社、新聞與旅行自由；透過司法改革建立法治；以及結束殖民當局對酒品與鴉片的專賣。除了提倡西方教育與商業現代化以外，他們還要求將文官系統的白領職涯擴展到翻譯以外的領域，要求開放都會公民資格的取得限制，要求根據法國做法，將阮朝治下鄉村體系轉型為選舉產生的自治社區。由於交趾支那身為殖民地，能實施較具自由派色彩的法律，也由於薩活團隊的支持，這些新貴階級於一九二三年建立印度支那憲政黨，成為越南政黨濫觴。這些南方新貴於第一次世界大戰期間（透過籌資或貸款）在財務上大力支持法國，也相信薩活能以殖民部部長的身分奔走努力，建立印度支那憲法或國會，以擴展殖民地民主。沒有人忘記這位總督在一九一九年出任殖民部部長前夕的歷史性保證：「我們必須在現有地方議會中增加本地人代表性，必須在還不存在地方議會的地方建立本地人代表性，必須擴大本地人選舉體系，讓這個體系選派的代表能逐漸直接代表民眾，而不再只是政府的代表。」當時不只是憲政黨黨員，許多人都相信這些保證是殖民地民主的根基。[3]

在南方殖民地，這意為增加地方政治代表權，特別是增加交趾支那殖民理事會的代表權。但這條通向擴大參政權之路障礙重重，特別是歐洲屯墾民社區的反對尤其難以克服。像在阿爾及利亞一樣，印度支那的法國人也大體上反對讓在地精英取得都市公民權，反對擴大在地人選民基礎。在屯墾民眼中，就算只是將有限投票權賦予最「文明」的越南人，也可能造成「土著大眾」以合法手段把歐洲人擠出殖民地的後果。根據歐洲人的詮釋，對被殖民者的任何讓步都是一種損失。共和派的總督確實也在這種反對聲中推動改革，在交趾支那、安南與東京建了各式各樣在地人委員會與代表會。不過，殖民當局不肯把任何實際決策權交給在地精英。法國人提名所謂「土著代表」，土著代表只扮演諮商或顧問角色。而儘管絕大多數稅賦與勞役來自非歐洲人口，土著代表對預算案、或對建立勞役配額的問題卻沒有投票權。在安南，一切引進代議政治的議案往往遭王室反對，因為王室不願失去還抓在手上的小小權力。當農民像一九〇八年一樣，因受不了繁重的稅負與勞役而發動暴亂時，法國開始緊縮在地人代表權。

不過，這一切倒也並非全是法國人的錯。憲政黨人從未支持過普選。事實上，他們主張限制在地人投票權，主張將法國歸化資格限定於一小群像他們一樣的社會精英。曾有人主張讓成千上萬在大戰期間以工人或軍人身分在法國服務、大體上都是文盲的越南人取得法國公民身分時，裴光照表示反對。事實上，薩活在一九二二年所推出將交趾支那選民人數從一千五百增加到兩萬人的參政權擴大令，比憲政黨人原先要求的寬大得多。法國當局除這項改革以外，還將交趾支那殖民理事會的在地代表席次從六席增加到十席。對於這些改革，憲政黨人自然表示歡迎。他們投身地方政治，動員他們的報紙，增加憲政黨員在殖民理事會的議席。不過，他們從未鼓吹全民參政。他們反對女子投票權，就算對方是與他們同一階級的女性也不例外。

就整體而言，印度支那憲政黨仍只是在都會中心運作的資產階級改革派，關注的基本上也只是如何與屯墾民、與殖民當局平衡折衝，以促進本身的利益而已。他們有時支持、有時反對地方上的法國政界人士，視出現在殖民理事會與他們屬區的議題而定。舉例說，在一九一九年，許多憲政黨人就支持做貿易起家的屯墾民政客杜泰（Ernest Outrey），主張他留任交趾支那駐法國國會代表。在抵制華人的行動中，幾名歐洲貿易商、編輯人與政界人士也與憲政黨人站在一起。此外，當涉及西貢港務權威、殖民地專賣與基礎建設發展這類重要經濟事務的辯論時，視議題而定，法國人與憲政黨人也可能相互衝突。不過，憲政黨人既將利益局限在都市與資產階級，又得靠法國幫忙實施他們渴望的改革，在遇上難題時，往往不得不向法國人宣誓效忠，因為他們擔心不這麼做，會被法國人視為反法或民族主義者。他們擔心這兩個標籤會損及他們的社會經濟地位與改革計畫。

這兩個標籤確實對憲政黨造成相當損傷。法國屯墾民政客與記者竭力壓制這批越南精英，阻止薩活的保證開花結果。薩活與繼他之後出掌印度支那的幾位總督雖說都不是親屯墾民派，但他們始終沒能實施真正的改革，使得將賭注押在殖民共和主義上的憲政黨與其他人元氣大傷。一九二〇年代，一連幾名總督因為擔心失控，以嚴格法規限制新中學開設，關閉河內大學法學院，鎮壓安南與東京地區現代式私校，並且維持嚴厲新聞檢查，限制旅行、集會與思想自由。一九二六年，法國最忠實的盟友范瓊想在東京成立政黨，結果在申請時遭法國拒絕。

甚至在左派聯盟（一九二四至一九二六年）於法國主政，派遣社會黨人法漢納（Alexandre Varenne）管理印度支那之後，印度支那的代議政治也未見進展。法漢納創設安南與東京人民代表院，並設立經濟利益大會。這兩個機構的成員雖然都能發表意見，辯論主要屬於經濟的地方性議題，但兩個機構仍只是諮商性團體，而且成員不能訂定自己的議程。裴光照就在這時訪問法國，相信改革終於實現在即。但他失望而歸，特別是在見到英國在印度的改革作為之後，尤其令他對法國大失所望。這種希望幻滅現象很普遍。在一九〇八年農民暴動期間曾與潘周楨一起坐牢的親法國改革派黃吳康，在一九二〇年代當了人民代表院院長。他在一開始滿懷信心，認為將殖民地民主引進鄉間以後，能幫助鄉間窮人在決策過程中發聲，讓地方領導人繞過垂死的王權，從而帶來迫切需要的改革。一九二八年，他在一篇措辭嚴厲的講詞中，痛斥法國人沒有認真面對「人民院」的任何重大請求：

> 我受選民的託付，拜政府開明政策之賜，接掌人民代表院職責已有兩年……但在過去兩年中，我們提出的任何一項要求都遭政府置若罔聞，也因此，政府無法讓人民相信這個新建制與他們過去經歷的絕對統治有什麼不同。就這樣，人民已經失去對我們的信心，對政府也不再信任。我們自己經常聽到選民說這類的話：「這名字確實動聽，叫做『人民的代表』，但實際上不過是一個新衙門罷了。」❹

黃吳康這番話激怒了法國駐安南高級專員，這名高級專員立即反駁，說一切都進行得很好，還堅持「人民在徹底平和之中忙著工作」。滿懷屈辱、失望已極的黃吳康於是辭職。一九四六年，他成為後殖民時期越南第一屆國會議長。

交趾支那殖民理事會是法國人在殖民地建立的最重要的民主機構。但法國人從未考慮將它往北擴展，建一個泛越南、或一個全印度支那性的殖民地議會或國會。影響所及，直到一九四九年為止，法屬越南始終是一群殖民地、保護國與軍事區的大雜燴。范瓊曾在一九三〇年問法國，法國究竟是想像阿爾及利亞一樣，將「越南」變成一個完全同化的殖民地，還是想像摩洛哥一樣，讓越南以自治保護國的形式繼續留在法蘭西帝國版圖內。法國人對這個問題從未明確作答，不過，任何統一交趾支那、安南與東京，建立完整「越南」政體的企圖，都遭法國人一再有系統地拒絕。每當遇上問題時，薩活與他的接班人確實都會高談建立印度支那聯邦的事，但在第二次世界大戰以前，它始終也只是空談而已。❺

裴光照在他一九二九年的旅遊筆記中就曾指出，這與英國人在一八八五年建立印度國民會議的情況成強烈對比。特別是在兩次世界大戰之間那段期間，英國人更進一步放寬尺度，讓印度精英組織競選陣營，參加省級選舉，在殖民地決策過程中扮演更重要的角色。印度支那或許也有人嘲笑甘地的不合作主義，但許多越南人已經了解這位修道人與他的忠實信徒尼赫魯，正將國大黨從一個精英專屬、代表資產階級的都市政黨，轉型為一個擁有省級委員會、以全民大眾為基礎的農村組織。當然，無論英國或法國推動的改革，在設計之初為的都是避免殖民系統解體。不過，由於未能建立、也不讓人建立能夠將觸角伸進鄉間的機構與大眾化政黨，法國人在不斷壓制他們最忠實盟友的同時，卻將農村門戶大開，讓其他勢力趁虛而入。當大規模暴亂於一九三〇至一九三一年再次爆發時，有組織的教會、民族主義與共產主義政黨循群眾路線大舉崛起，但法國共和派仍只知道鎮壓原住民，走改革回頭路，還竭力重振早已沒有多少越南人相信的王權。包括裴光照在內的憲政黨員，也由於不願將參政權擴大到工人與農民階級，終於失去大好良機，無法建立起像印度民族主義者建立的那種全民政黨。在年輕的民族主義者眼中，憲政黨現在已是最惡劣的殖民者同路人。現代資產階級越南共和主義已經成為死胎。❻

新精英——年輕人——的政治化

法國人、憲政黨人與保王派，與另一人口族群亦漸行漸遠。這個族群是受過教育的年輕人，在一九二〇年代，這個族群逐漸政治化，民族主義的色彩也越來越濃。這些新一代青年幾乎全部來自都會中心，不僅是西貢，還包括河內、榮市、海防，與許多成長中的省級與區級城市。他們之中也有少數人出身工人與農家背景，但大多數人都是地方官、公務員、專業人士與企業界們得天獨厚的子女。後來成為共產黨領導人的范文同與阮氏明開，以及小說家與民族主義者的一靈（阮祥三的筆名），都出身官宦之家。這些年輕人也是法國－原住民學校系統出身的第一代。其中有許多是著名的西貢恰斯洛－羅巴法國中學與河內阿爾貝・薩活法國中學的畢業生。在一九二五年，這些法國訓練的都市知識階級約有五千人，十年以後人數倍增為一萬左右。他們或在政府供職，或從事自由專業。許多人當了教師與記者。在一九二七年創辦越南國民黨的阮太學就是教師，武元甲也是教師出身（武元甲於一九五四年領導越南在奠邊府一戰擊敗法軍）。❼

一種兩路並進的語言革命，也為這一代青年平添了政治色彩。許多世紀以來頭一遭，整群年輕精英不再正式研習漢字，他們使用一種新的外國語文（法文），而且聽說讀寫都相當流利。與兩位「潘先生」不同的是，這些越南畢業生能閱讀盧梭的原文著作，能透過法文譯本發現、輕鬆了解各式各樣的全球理念。不過，這一代青年還在殖民地教室強力灌輸下，學會第二種書寫文字——他們自己的文字。從一開始，法國就要求文官系統、學校與殖民地軍營中的越南人學習羅馬化書寫系統。第二次世界大戰前夕，在幾近兩千萬越南人中，約有一〇%的人能閱讀國語字報紙。

最新印刷媒體的引進、印刷文化的復甦，以及運輸與通訊工具的改進，是推動這批新知識階級政治化的又一股力量。在兩次世界大戰期間，法文與國語字報紙、手冊與書籍的發行量俱皆暴增。法國人儘管竭力檢查國語字報紙以控制思想言論，但也知道精靈已經出了瓶子，縱虎容易收虎難。薩活在一九一〇年代所以提倡法文與國語字，為的或許是切斷越南與中國的文化淵源，但他沒料到不出十年之後，這些文字會成為強有力的工具，在殖民地塑造各種有關國家、宗教與文化的意見與認同（見第十二章）。❽

帶領這一波衝刺的，是一名從巴黎返回越南、名叫阮安寧的青年。阮安寧於一九〇〇年生在交趾支那，是殖民地教育系統的產物。恰斯洛－羅巴畢業生的他，法文說寫都精美而優雅。他將盧梭的《民約論》（*Social Contract*）翻譯成國語字，一九二一年在巴黎取得法學士學位。他在法國與歐洲各地遊歷，對政治、民族主義、新聞、哲學與宗教產生濃厚興趣。儘管在旅居巴黎期間與潘周楨結為深交，但潘周楨相信殖民地合作，阮安寧對這種合作卻毫無信心。❾

自一九二二年返回西貢起，阮安寧開始公開表達他的疑慮。他辦了一份前無古人的《破鈴報》（*La Cloche fêlée*），發表一系列措辭嚴厲、分析精闢的文章，揭發共和派殖民統治諸多重大矛盾與殖民當局那些扭曲的言論，以喚醒他這一代越南人。他在一九二三年寫了一篇題為〈安南青年的理想〉的文章，認為越南想重獲新生，無論就個別或就集體而言，如今要靠青年人。阮安寧在文中說，最重要的是，年輕人必須行動。他寫道，「人生就是行動。談到行動就得談努力。談到努力就得談障礙。阻撓我們完成抱負的障礙很多，而其中最大的障礙就是我們自己。」他說，如果年輕人可以創造一套新理念，「他們的理念」，則他們可以創造一套新文化，一個沒有殖民壟斷、不必承擔過去包袱的新越南。他堅決指出，薩活的改革主張不過是空言而已。至於法、越合作論引為根基的所謂「教化使命」，更是一種殖民神話：它讓法國把越南塑造成一個不能自己管自己的孩子，目的無非是為法國無限期繼續統治尋找理由罷了。[10]

對阮安寧和其他與他有志一同的人而言，要將越南從外國把持中解放，就必須讓個人掙脫他們所謂儒家傳統的束縛。到一九三〇年，越南的青年知識分子已經在攻擊「儒家理念」與「傳統」，說它們窒息了個人自由與思想。與阮安寧同代的一名青年就寫道：「過去讓越南晉身文明國之林的是儒家理念，但現在把越南帶到地獄邊緣的也是儒家理念。」阮安寧還在其他作品中強調集體行動，強調越南必須培養一種反殖民的民族文化。他特別著墨法國在征服過程中的殘暴凶橫，反對法國將越南一分為三的做法。阮安寧提醒他的年輕讀者，越南從不乏英雄豪傑。越南男男女女過去曾挺身而出，抗拒中國前後長達千年的占領；他們還會這麼做。他搬出徵氏兩姊妹在西元一世紀對抗中國的行動，將兩姊妹重新塑造成今天越南人應該效法的女英雄。阮安寧等人要創造一種國家民族神話取代殖民神話。在一九二五年一篇名叫〈印度支那法國人〉的文章中，阮安寧舉出一長串叛亂事件，從徵氏姊妹起兵造反，談到不久前發生的越南青年范鴻泰暗殺總督事件。范鴻泰企圖在總督造訪廣州時行刺，結果事敗，他也在逃亡途中溺死。雖說如此，但阮安寧認為，范鴻泰事件證明越南青年在根深柢固的抵抗文化驅使下，會根據理念而採取行動。阮安寧雖沒有在文中挑明，但他的用意十分明顯：范鴻泰是值得越南人個別、集體效法的烈士。簡言之，民族主義與反殖民主義在這個以阮安寧為代表的年輕都市階級中迅速散布。這是現代越南成形過程中又一轉捩點。[11]

年輕人越來越激進，與殖民改革的不斷沉淪相輔相成。法國左派聯盟，特別是亞歷山大・法漢納的左翼政府，沒有實現薩活的政治保證，還將所謂「夥伴合作」變成一種沒完沒了的文字遊戲，一味只是以恐怖威嚇為武器，以掩飾法國永不改變的殖民統治。原本希望法國人能協助年輕人的阮安寧，也因此對法國完全絕望。他在一九二五年認定，任何形式重大改革都會遭法國反對。他這一代人除了採取行動解放他們自己與他們的國家以外，已經別無其他選擇。一九二五年十一月三十日，他發表了行動聲明：

> 自由是靠爭取才能得到的；它不會平白從天而降。想從有組織的勢力手中奪取自由，我們需要建一個有組織的勢力與之對抗……當我們要求改革時，我們承認那個既有政權的權威。但如果得不到我們要求的改革，我們得知道如何組織我們自己才行。對這個近日以來討論了那麼多的夥伴合作政策，我們不要有任何妄想。要進行夥伴合作，至少得有地位平等的兩造人。就讓我們對政府說，要政府等吧，等到我們與政府要我們合作的對象一樣自由、享有一樣的權利以後再說吧。⓬

交趾支那總督高尼亞（Cognacq）博士之前已經將這名青年招到辦公室，警告他說：「這個國家絕不能有知識分子。這個國家太單純。你如果要知識分子，乾脆去莫斯科好了。要知道你嘗試散播的種子永遠也不會開花結果。」高尼亞總督是不是真的相信他自己說的這番話，頗有可疑，因為他自己的情報部門已經向他提出報告說，同情阮安寧的人不只是「知識分子」而已，還包括農民、商販、鄉村教師、護理人員、殖民地公務員與學生。但高尼亞總督這類法國當局沒有發現的是，精英青年對殖民共和主義與改革主義的信心正迅速流失。一九二五年年底，阮安寧與他新上任的共同總編輯潘文忠，將《破鈴報》每一期報眉上原本以「宣傳法國理念」為宗旨的一句話，改成孟子所說的一句極具顛覆性的名言：「民為重，社稷次之，君為輕。」而就在這一刻，薩活與巴斯齊卻正竭盡全力培植新殖民皇帝保大。這種與現實脫鉤的現象，充分說明法國殖民政策的貧乏，以及他們在這關鍵性時刻的無所作為。[13]

直到最後，阮安寧始終主要是思想家，而不是群眾運動組織人。他常夢想成為越南的甘地，但一直扮演著鼓舞風潮的角色。他毫無畏懼，猛批法國的不公不義，也因此多次下獄。不過，也就因為他扮演的催化角色，年輕人在越南史上第一次形成一股政治勢力。這股勢力在一九二六年初試啼聲——當時由於一連串事件的刺激，成千上萬年輕人起而抗拒法國人。一九二五年年底的逮捕與審訊潘佩珠，以及潘周楨從法國返國，都成了這一代青年關注、熱議的議題。儘管曾有一小段時間上了薩活合作政策的圈套，潘佩珠仍是越南青年心目中的英雄。在當年，像他這樣為社會群體挺身而出，奮力抗拒，犧牲了那麼多個人利益的人實在不多。一九二六年，總督法漢納發現，審判潘佩珠等於是在製造烈士，法漢納於是立即減了對潘佩珠的重判，將這位老革命家送到順化，讓他在與世隔絕的狀況下靜度餘生。同時，警方也逮捕阮安寧，關了他的報紙，也因此更惹毛了阮安寧的信徒。

也因此，潘周楨在一九二六年三月（因自然原因）去世，順理成章地導致學生走上街頭。單在西貢一地，就有約十萬人參加為潘周楨送葬的行列，這很可能是截至當時為止，越南境內出現的最大規模民眾示威行動。年輕人套上黑色臂章，利用這個公共悼念場合傾洩他們的憤怒，發表他們的政治不滿。之後一年，工人也在西貢與其他地方發動罷工。在許多示威者遭法國當局制裁之後，成群學生開始罷課，學校迅速淪為政治戰場。僅在交趾支那，殖民當局就開除了一千多名學生，裴光照等憲政黨人與范瓊等保王派者卻只知惴惴不安地袖手旁觀，不肯為民族主義者聲援。他們這種反應讓許多資產階級激進青年無法釋懷。

從這以後，事情發展走勢已經無法挽回。並非所有學生都冒著被開除的危險參加示威；不過那些參加示威的學生突然發現他們成了罪犯，往往還與他們的父母起衝突。而這些當父母的也總是指責他們，說他們把儒家那套理念完全忘了。殖民當局當然同意這種說法，一九二八年上任的保守派新總督巴斯齊尤表同感。與高尼亞一樣，當了許多年行政官、同為保王派信徒的巴斯齊，也瞧不起這些被開除的青年學生。他自認是越南與越南問題專家，並頗引以為傲。巴斯齊上任後，立即實施新教育政策，以重建青年學生們真正的「儒家文化」與「道德秩序」。就在新一代越南青年開始以新方式重新思考越南的同時，他那本旁徵博引的大作《古安南》（*Ancient Annam*）也再版重新問世了。⓮

這些青年精英學到的一個最重要的教訓是，要反抗殖民當局，就得建一個可以祕密運作的政黨，將民族主義的訊息傳遞到鄉間，套用阮安寧的標語來說，就是把訊息傳遞給「人民」。一九二七年，越北一群有志推動民族主義的教師、學生、記者、公務員與商人，正是為實現這個目標而成立一般稱為VNQDD（Viet Nam Quoc Dan Dang）的越南國民黨。雖說與中國的國民黨同名，越南國民黨做的卻是非常越南的一套東西。在組成這個黨的核心人物中，阮太學與范端泰是學校教師，阮克柔則是年紀較長、科舉出身的學者。在一開始，越南國民黨領導人呼籲法國實現薩活的改革政策，承認越南人的基本人權。雖說它無疑採取列寧式組織原則（與中國國民黨一樣），越南國民黨是一個非共產主義的國家運動。它的主要目標是國家獨立與領土（東京、安南與交趾支那）統一，社會主義的經濟發展，以及以人民主權與法治為基礎，建立共和政府。⓯

越南國民黨黨員還對激進與暴力行動情有獨鍾。許多黨員相信，農村社會經濟的苦難已經非常嚴重，要農民跟隨他們造反起事不難。只需星星之火就能燎原。為引燃這「星星之火」，他們在一九二九年初暗殺一名惡名昭彰、替法國招募勞工的頭目。但這次事件沒有引發暴動，卻招來殖民當局不斷升高的鎮壓，國民黨領導層於是進一步對抗，最後終於演成血腥殺戮。一九三〇年二月九日晚，在警方逼近的情況下，越南國民黨領導人組織行動，對東京安沛（Yen Bay）的法軍衛戍基地發動攻擊。這次行動以慘敗收場；農民沒有乘機暴動。法國逮捕了幾十名國民黨黨員，其中包括阮太學。沒有被捕的黨員逃進華南，直到一九四五年返回越南以前，大體上就在中國國民黨保護下存活下來。[16]

越南國民黨膽敢攻擊法軍基地的事，震撼了殖民政府。恐懼又一次成為殖民政策指導原則，巴斯齊於是派出他的公安人員大舉抓人。但與十九世紀的暴力征服、與一九〇八年的鎮壓暴動不一樣的是，法國在一九三〇年的這波鎮壓行動，首次在都會地區引發反殖民示威。而就在這段期間，法國共和派於一九三一年在巴黎郊外舉行殖民大會，意圖向法國人民推銷殖民帝國。法國記者也開始更密切、更具批判性地報導殖民地事務。浩伯（Louis Roubaud）寫了一本名為《越南：印度支那的悲劇》（*Viet-Nam: la tragédie indo-chinoise*）的書，以生動甚至帶有顛覆意味的筆法描繪了越南國民黨。浩伯會見殖民地當局，訪問越南國民黨犯人，還在印度支那警方最高首長安諾（Paul Arnoux）陪同下見證處決阮太學的行刑過程。行刑那天的見聞讓安諾感動不已，他因此將「Viet-Nam」（越南）這個字搬上他新書的封面，這是法文著作以「越南」為題的頭一遭。安諾在書中寫道：「在安沛的斷頭台前，我聽到越南！越南！越南！一連十三聲的嘶喊。」阮太學死後幾星期，他的未婚妻阮氏江自殺，她死前寫下兩封遺書，一封給阮太學，一封給她的祖國。[17]

安諾知道，這些越南男女不是「海盜」，也不是殖民當局所說的「共產黨」。他指出，事實上，這些民族主義者與法國人很像。安諾有一次問一名越南國民黨高階領導人，問他是不是共產黨人，這名青年不屑地答道：「我就像你一樣，是共和派。我希望我的國家有一天也能像你的國家一樣，達到建立民主政府、全民參政、新聞自由、尊重人權與公民權的目標，而想達到這些目標，首先得獨立。」在一個特別委員會支持下，法國人將這名越南國民黨領導人也送上斷頭台。阮太學在遭處決之前幾天，曾寫信給法國國會，在信中解釋他所以採取行動，是因為法漢納毫無半點改革建樹。阮太學沒有理由說這樣的謊。非共產的越南共和主義崛起的生機，也隨法國處決這些國民黨人而徹底毀滅。在占領西貢七十年後，殖民法統仍像過去一樣脆弱，薩活在一九一九年推出的法國－安南合作政策，仍不過是個沒有內容的空殼子而已。不過由於不能與溫和派、甚至不能與反共派民族主義者合作，法國終於迫使這些人走上激進的路。⑱

胡志明與全球共產主義⑲

胡志明就是這樣的例子。本名阮必成的他，當然不是「生就根正苗紅」。他在一八九〇年生於安南一個儒家門第。他一腳踏進「二潘」的世界，另一腳則踩在阮安寧與阮太學的天地。身為高階地方官之子的他，原也準備隨著父親腳步投身仕途。像保護國境內無數其他年輕人一樣，他也勤習漢字與儒家經書，準備參加科考。胡志明的父親調往順化任職，意謂他在順化皇都長大成人。他進入順化（為培養帝國政府現代化文官而建的）名校「國學」就讀，學習國語字基本，讀一些法文，或許還上過當時新推出的法國－原住民課程。不過，他的父親在一九〇九年因酒醉將人打死而丟了官，胡志明的仕途之夢也戛然而止。

沒了父親的庇蔭以後，胡志明動身前往西貢。我們雖不知道他為什麼選擇往南方發展，但他不是一個不關心政治的人。他身為高官的父親，曾經結交許多越南著名知識分子，而且由於在順化為官，也一定見證過一九〇八年農民暴亂。一名諜報人員事後告訴法國，胡志明「聲稱他親眼見到越南人手無寸鐵、來到安南高級專員府前抗議勞役過重……當局卻對群眾開火，以驅散群眾」。國學當局曾因胡志明這類批判鎮壓的言論而斥責胡志明，說明胡志明像當年許多其他人一樣，也想做一些事。他顯然也已達成結論，無論想做什麼，都得出國尋找機會。他在法國輪船「拉杜謝－戴維拉海軍上將號」上找到廚房伙夫的差事，隨船穿越印度洋，經過蘇伊士運河，進入地中海。在一九一一年抵達馬賽時，胡志明曾申請就讀殖民地學院，但由於他父親酒醉殺人的紀錄使然，胡志明加入仕途的嘗試又一次受阻。不過他沒有就此放棄，繼續在船上工作，於大西洋穿梭往返，甚至為了生活，還在紐約當過管家。[20]

在當時，他的國際旅遊經驗並不稀奇。在二十世紀之交，由於全球化腳步加速，世界各地人員與資訊的交流不僅方式更多樣，也更加快捷。蘇伊士運河在一八六九年的開通，東西方之間海運線的擴展，跨洋通訊電纜的鋪設，以及無線電報作業的擴大，都使世界各地間的聯繫比過去更緊密。隨著全球各地殖民國紛紛擴張，工業化進一步發展，對勞工的要求也有增無已。這種現象於是促成大規模人口遷徙，特別是亞洲的人口遷徙。從十九世紀中葉到一九四〇年間，有兩百五十萬中國人移入英屬新加坡與馬來亞。其中大多是在殖民地種植場工作的勞工。數以萬計亞洲人移民太平洋諸島、加勒比海與美洲。歐洲戰事也加速了亞洲人流向西方。如本書第四章所述，幾近十萬越南人在第一次世界大戰期間進入法國工作。戰爭結束後，幾千名越南人留了下來。到一九二〇年代，又有更多中國與越南工人抵達，創下中國與越南人遷徙法國的高潮。同時，法國輪船公司也載著數以千計越南船員穿梭世界各地。大西洋兩岸港埠出現各式各樣聯誼會館，做為海員們集會，以及交換資訊、郵件、人員與理念的場合之用。像太多其他革命人物一樣，胡志明也靠海員幫他進行情報、接觸與運輸作業。[21]

在一九〇九年關閉潘佩珠赴日留學的東渡方案之後，法國人也設法另闢途徑，讓年輕精英前往河內的印度支那大學與法國境內學校就讀。胡志明在抵達馬賽時，發現有幾十名越南青年在當地讀書。潘周楨在那裡，與潘文忠以及阮世充在一起。潘文忠是獲得巴黎大學法學學位的第一名越南人。他在巴黎為一些殖民官員教授越南文，在不教書的時候，他為幾家報紙執筆寫文章。他是死忠共和派，主張殖民改革，曾因活動偏激而多次坐牢。他與潘周楨在一九一二年共建「愛國者兄弟會」，之後又於一九一九年共建「安南愛國集團」。身為法國社會黨一員的阮世充曾與一群人聯名，要求法國實現改革承諾。胡志明雖說直到一九一九年中期才開始定居巴黎（他原本喜歡住在紐約與倫敦），但經常在法國小停。他密切注視第一次世界大戰戰局進展，與潘文忠、阮世充以及潘周楨一起工作。他們都幫著胡志明建立適當人脈，擴展他的眼界，挑戰他的理念，還幫他準備他的最初幾篇法文文稿。

胡志明在世界各國的旅遊，也讓他接觸到許許多多像他一樣走訪西方的改革派與反殖民主義人士，特別是在美國遇到的韓國民族主義人士，以及在法國遇到的周恩來等中國民族主義人士尤其令他印象深刻。由於英語與法語比過去進步，再靠著漢字「筆談」，他獲悉朝鮮人正在遊說美國總統威爾遜，希望威爾遜在凡爾賽和會中支持朝鮮獨立。中國人也希望威爾遜有關民族自決的主張同時適用於亞洲。朝鮮民族主義者於一九一九年五月十二日在和會中提出他們的陳情書。阿爾及利亞民族主義者哈里德（Emir Khaled）也於一九一九年五月二十三日向威爾遜陳情。在這些事件鼓舞下，胡志明於六月間抵達巴黎，並立即與潘文忠、阮世充聯手，提出一份越南陳情書。這份著名的〈安南人的要求〉陳情書，不是胡志明一個人，而是胡志明一夥人寫的。[22]

與朝鮮人不同的是，這些越南人並不向法國人或美國人要求獨立，他們要求的是法國遵守改革承諾。直到一九一九年年中，胡志明仍然相信共和改革。他加入共濟會，成為社會主義者，還是人權聯盟成員。在一次與薩活短暫的會面中，他呼籲薩活信守一九一九年四月在河內許下的諾言。但就像潘文忠與阮世充一樣，他對共和派殖民政策與言論的矛盾也越來越惱怒。在一次與潘周楨充滿火藥味的談話中，胡志明提出警告說，如果真正的改革不能迅速成真，越南人必須以武力奪回他們的權利：「我們是人，應該受到人的待遇。所有不願以平等地位對待我們的人，都是我們的敵人。」潘周楨當時反駁說，他這些話會造成巨大衝擊：「你要我們那些手無寸鐵的同胞拿什麼來對付歐洲人與他們的武器？沒有任何結果的事，為什麼要人民無故白白送死？」越南民族主義者面對這項質疑，這不是最後一次。[23]

之後一年，胡志明放棄了潘周楨對殖民改革的盲信。他從俄國革命、馬克思主義，特別是從列寧有關殖民的論點中，找出一套令人信服的論據，既能說明越南的命運，還能指點迷津，幫越南脫困。對列寧來說，國際資本主義不僅壓榨歐洲工人階級，還以全球帝國主義的形式，在沒有工業化的非西方世界達到它最極致的發展。資本主義國家需要殖民地做為廉價原料的來源，做為生產成品的銷售市場。也因此，資本主義對歐洲工人階級、對亞非洲殖民地人民的迫害，其實是同一假設性錢幣的兩個面。列寧說，要打破資本主義的枷鎖，工人與殖民地人民必須聯合陣線，對付他們這個雙頭——國際資本主義與帝國主義——公敵。當情勢已經明朗，威爾遜不會在歐洲以外地區推動去殖民化時，對許多人（並非每個人）來說，蘇聯似乎是唯一關心非西方殖民地民間疾苦的大國。列寧在一九一九年創建共產國際，以指導與支援全球各地共產黨的發展。一九二〇年七月，共產國際批准列寧的殖民論；胡志明從法國《人權日報》（*L'Humanité*）上見到列寧殖民論的內容。

還有一些革命人物也在法國走上這種左傾之路，來自中國的周恩來、李立三與鄧小平就是例證。胡志明也與來自馬達加斯加、達荷美與阿爾及利亞等等同樣是殖民地臣民的一些人為伍。他們有許多人在《賤民》報上撰文，譴責帝國境內各處殖民地的踐踏人權，並呼籲進行革命性改革。胡志明與同期間其他越南激進派不同的是，他能把握這項因緣際會，利用在法國的有利條件，搶占革命上風。他憑藉出類拔萃的共產黨轉型、政治活力與個人意志力，出席了一九二〇年十二月在杜爾舉行的國際工人大會法國分會會議（法國社會主義者與共產主義者在這次會議中分道揚鑣）。他全力支持共產黨人與「資產階級」社會民主黨人（SFIO，即國際工人法國分會，一般稱為社會黨）分家，在莫斯科共產國際資助下另建法國共產黨（French Communist Party，簡稱FCP）的決定。胡志明不僅（像阮世充一樣）成為法國共產運動創辦人，還因此認定，設在法國本土的法國共產黨能在共產國際支援下成為威力強大的發動機，在帝國各角落推動革命性改革。對胡志明來說，這是一項關鍵性策略聯繫：他在杜爾會議的致詞中，懇請法國共產黨領導層不僅支持法國工人，還要支持法帝國境內各處的反殖民鬥爭。[24]

胡志明同時也發現，他可以運用共產主義提供的國際支援與訓練網路，壯大自己與己身的越南計畫。一九二三年中，他來到莫斯科——繼東京、廣州與巴黎之後，全球革命志士最新的風雲際會之都。同年十月，他在莫斯科舉行的國際農民會議中致詞，並加入農民國際主席團。他熱烈贊同布哈林（Nikolai Bukharin）的理念，主張以農民為群眾革命武力，在越南與中國這類殖民與半殖民國推動改革。胡志明也同意共產國際的觀點，認為現階段最好的辦法就是像中國共產黨一樣，與革命資產階級共建全國陣線。

不過越南與中國不一樣，在共產國際眼中，印度支那既是法帝國的一部分，就應該由法國共產黨透過設在巴黎的殖民聯合會與殖民研究委員會等兩個組織負責當地業務。胡志明清楚這一點，而且也已經加入這兩個組織。問題是，胡志明在一開始就擔心的一件事果然成真：法國共產黨對於在殖民地推動共產主義的事一點也不熱衷（胡志明一定已經知道，在第一次世界大戰期間，法國左派曾擔心讓太多「外國工人」入境）。事實上，他在一九二三年啟程往訪莫斯科的一個重要原因，就是遊說共產國際向法國共產黨施壓，要法共尊重它的反殖民承諾。眼見共產國際越來越關注農民革命，對中國革命的承諾也不斷升溫（這時在威瑪共和的德國發動工人革命的機會似乎漸趨渺茫），胡志明於是把注意力轉移到華南。一九二四年，共產國際如他所願，把胡志明派到廣州，在俄羅斯電報局（之後簡稱TASS的塔斯社）工作。但胡志明不是真正的共產國際特工，蘇聯對中國的興趣也遠甚於對印度支那的興趣。共產國際已於一九二一年在上海主持創辦了中國共產黨。不過，鑒於印度支那位於中國南側、經由一連串海陸交通線與中國息息相關的現實，這不是一件壞事。對胡志明而言，最重要的是進入廣州，與共產國際、中國共產黨與中國國民黨保持良好關係，以便日後無論法國共產黨支不支持，都能建立越南共產黨。㉕

華南為胡志明帶來有利的革命實驗室與人員募集場。自一九一一年起，廣州已經成為潘佩珠的「海外越南人」首都。自法國運作的河內－昆明鐵路開通以後，華南也成為法國殖民勢力朝北方擴張的極限。隨著這種殖民擴張，七千名越南公務員與工人遷入雲南與廣西省，住在華南的越南人也增加到十萬人左右。由於他父親的淵源，胡志明立即與潘佩珠搭上線，還募集了一些他最得力的助手。其中在蔣介石參謀本部工作的胡浩林，曾替胡志明祕密營建網路，直到胡志明於一九四五年掌權為止。在孫中山於一九二五年去世後，蔣介石成為中國國民黨領導人（並在一九二八至一九四九年間成為中華民國領導人）。胡志明並且與這時在廣州市郊黃埔軍校任教的周恩來重新取得聯繫。孫中山早周恩來幫著胡志明招來幾十名越南青年，進入中國國民黨／中國共產黨黨校與軍校就讀。孫中山早在一九二三年，主持建立了中國國民黨與中國共產黨第一個聯合陣線。在這個時間點，除天主教會以外，在全球性運動與人脈關係上，能與共產黨一較長短的越南人組織寥寥無幾。

胡志明馬不停蹄，立即在廣州為越南建立一個新革命政黨。他遵循共產國際的中國模式，在一九二五年創建「越南青年聯盟」（Vietnamese Youth League）與一份同名的報紙。他重拾早先在巴黎使用的筆桿，調整他的國語字文體，針對各種社會、經濟、政治與革命議題，寫了許多簡單易懂的評論、文章與宣傳小冊。一九二三年捲起的那波以阮安寧為首的都市青年政治化浪潮，對他更彷彿天賜之助。一九二五到一九二七年間，幾十名受過良好訓練的越南青年輾轉來到廣州，在胡志明引介下，有人加入青年聯盟，有人進了黃埔軍校，還有人前往莫斯科深造。其中范文同加入青年聯盟；黎鴻鋒去了蘇聯。後來成為將領、中文名「洪水」的阮山（Nguyen Son）進入黃埔軍校，之後隨中國共產黨「長征」。當然，並非每個人都在胡志明羽翼之下發展。另有一群越南青年經由法國去了莫斯科，也因此不在胡志明管控下。同樣重要的是，受到這些民族主義有志青年崛起，以及越南國民黨解體的影響，個別的原型共產黨團體在越南境內各地出現，而且勢力不斷坐大。辭典編纂人、也是馬克思主義知識分子的陶維英，就是絕佳的例子。在一九三〇年代，托洛茨基派也成為交趾支那一股不可輕侮的政治勢力。

在整個這段期間，胡志明不斷遊說共產國際，讓他在越南建一個共產黨。法國共產黨想在巴黎辦到這件事，而且已經在巴黎著手，結合阿爾及利亞人哈吉（Messali Hadj）領導的北非明星黨，以及阮世充領導的安南獨立黨（Annamese Independence Party），建立民族主義黨派陣線。胡志明不贊同這種做法，而且或許對法共推動殖民改革的決心也仍然感到疑慮。對他來說，共產主義不能永遠只是純粹散居境外人士與法國本土人士的事務（這正是越南與阿爾及利亞共產主義之間的重大差異）。一九二七年，中國國民黨與中國共產黨在華南爆發內戰，胡志明與他的信徒轉入地下以求隱蔽，創建統一政黨的進程受阻。胡志明返回莫斯科，之後前往泰國，在泰國生活、工作，並且再次招兵買馬。這時已經有五萬越南人生活在他居住的湄公河沿線地區。不過，這時的胡志明並沒有來自莫斯科的明確指令。就在越南國民黨準備對安沛法軍衛戍基地發動攻擊、經濟大蕭條的烏雲壟罩印度支那時，胡志明把握機會，結合印度支那境內，以及從泰國東北烏隆直到華南廣州的各路越南人團體，建了一個統一的共產黨。

但也就在這段時間，一群比較年輕的越南人團體出現，攪亂了胡志明的工作。這群以陳富為首的越南人曾走訪莫斯科，並且在胡志明控制之外加入共產國際。陳富在一九二八年抵達莫斯科，當時史達林已經穩控政權，在國際共產運動實施嚴厲的無產階級路線。陳富奉有指令，要根據這些路線在印度支那建一個黨。問題是，胡志明似乎仍以民族主義為運作原則。一九三〇年二月，胡志明在香港組織了一次統一會議，在會中成立越南共產黨，還十分相信自己做得很好。陳富在幾個月以後抵達香港時批判胡志明，說胡志明為了狹隘的民族主義，不理會共產國際的無產階級路線。胡志明對這些指控照單全收，甚至謝罪認錯。但讓他大為寬心的是，共產國際終於在一九三〇年十月支持建立印度支那共產黨（Indochinese Communist Party，簡稱ＩＣＰ）。不到一年以後，印度支那共產黨成為共產國際正式一員，不再接受法國共產黨節制。胡志明隨後往訪泰國與新加坡，憑藉他在中國共產黨與共產國際的人脈，也利用當地中國與越南移民以及工人階級人口不斷增加的條件，協助建立泰國與馬來亞共產黨。這位來自安南的地方官之子，就這樣成為真正的全球革命家，幫著將共產主義不僅散播到印度支那，也散播到亞洲其他地方。[26]

像越南國民黨一樣，印度支那共產黨也在印度支那境內境外遭到殖民當局嚴密監控。同時，與國民黨一樣，印度支那共產黨也喜歡採取暴力對抗行動。一方面因為受到中國共產黨在北方創建革命蘇維埃的鼓舞，再方面也因為相信農村地區因大蕭條而受重創，印度支那共產黨協助發起在義安與河靜兩省的農民暴亂，還短暫建立了十幾個自成一格的蘇維埃。交趾支那富楨橡膠園發生工人暴動，越南中部與南部幾座都會也出現罷工。根據法國統計，越南二十一個省有十三個發生總共一百二十五起農民暴亂事件。法國以野蠻手段進行鎮壓。巴斯齊還首開先例，授權空軍轟炸示威者，造成數以百計、甚或數千百姓死亡。單在義靜省可能就有三千農民喪生。而且示威群眾中，還包括心懷不滿的第一次世界大戰參戰老兵。[27]

法國在一九三〇至一九三一年的鎮壓毀了越南國民黨，尚將萌芽中的越南共產黨運動重心有效推向交趾支那，與交趾支那周邊的亞洲基地。殖民當局大舉抓人的結果，也導致越南共產黨與民族主義者關在一起，特別是昆崙島監獄的情況尤其突出。頗具反諷意味的是，法國把全國各地激進派關在一處禁閉小天地的做法，不但沒有打斷，倒還助長了共產黨的結合。像過去遭阮朝監禁的那些天主教傳教士一樣，這些被法國關進牢裡的共產黨人也一板一眼地組織意識形態訓練會，加強信念，建構同志與戰友關係。也就是在這些殖民地監獄中，越南共產黨與民族主義者之間的緊張情勢第一次演成暴力衝突。對共產黨人而言，國際主義與民族主義是一回事。但對越南國民黨的許多人而言，共產主義是一種外國意識形態，必須像打擊殖民主義一樣，不留餘力地迎頭痛擊。當共產黨加緊行動，想說服越南國民黨領導人投入共產運動時，監獄開始上演全武行。就像那場已經把華南攪得天翻地覆的內戰一樣，越南不久也將出現一場國共內戰，而這些獄中衝突就是內戰先聲。早在法國殖民主義崩潰以前很久，越南共產主義、反共產主義與民族主義早已打成一團。法國因為民族主義反殖民而設法摧毀反共的民族主義，結果徒然助長了共產主義氣焰。

與一九〇八年不同的是，法國共和派沒有因為一九三〇至一九三一年的鎮壓而立即展開殖民政策自由化。事實上，共和派的反應正好相反。為配合他的高壓政策，巴斯齊與身在巴黎的薩活聯手，盡快將他們培植的殖民地皇帝保大送回順化。（法國政府在一九二〇年代將保大送到法國，接受正式教育。）巴斯齊與薩活沒有效法英國在印度的做法，即建立印度支那國會以安撫反殖民主義者，他們決定讓皇帝復辟。薩活在一九三二年一封致巴斯齊的私函中，堅持巴斯齊應動用這位年輕的皇帝（以及他承襲的天命）以團結人民，對抗那派鼓動農民對抗法國的人。「親愛的巴斯齊，我對你說的這些話都是真心誠意，因為每想到我們可能搞砸了與他（保大）共建的那個經驗，我就惴惴難安。我們必須保護他的人身，必須保護他的權威。」保大剛於一九三二年九月回到安南，巴斯齊就精心安排一連串皇家視察行程，讓保大走訪不久前發生工潮與暴亂的地區。像薩活一樣，巴斯齊也深信暴亂的農民本質上仍然保守，仍然崇拜他們的皇帝。巴斯齊與薩活相信，只要讓保大離開皇宮、走向「人民」，「全民大眾」就會支持他們，不會支持反對他們的那派越南人。[28]

殖民部長雷諾（Paul Reynaud）支持這項保大「實驗」。他也同意，恢復王權的做法只要控制得宜，可以讓他們那些主張政治改革、最忠實的合作派信徒支持法國。一九三一年，在雷諾訪問印度支那期間，范瓊懇請雷諾至少給越南人一項改革：讓越南人「在法國指導下，在印度支那國版圖內，建一個擁有適當聯邦國會的現代化立憲越南王國——閣下，這樣一項改革……能完全滿足我們全國最渴望的需求」。[29]

這樣的聯邦王國沒有出現，不過法國確實同意讓志在改革的保大，配合他們的忠實盟友范瓊，與來自潘切的天主教改革派省督吳廷琰，於一九三三年在安南成立一個保王派政府。不過，當保大與吳廷琰推動前文討論的真正改革——包括制憲，與意謂間接統治的尊重《保護國條約》——時，巴斯齊拒絕了。吳廷琰隨即辭職，因為他已經察覺，就算是反共的天主教改革派，或有意建立立憲制的皇帝，只要對法國殖民統治稍有質疑，也得不到法國支持。當巴斯齊在一九三四年一次墜機事件中喪生時，吳廷琰忙著他的宗教活動，保大則在森林打獵，沒有扮演合作者的角色。第一次保大解決辦法就此胎死腹中。法國人誰也不信。[30]

殖民民主的局限：第二幕 人民陣線

隨著巴斯齊在一九三四年意外喪生，以及人稱「人民陣線」（Popular Front）的另一左翼聯盟政府在法國主政（一九三六年到一九三八年），殖民保守主義聲勢似乎已經退潮。從憲政黨到共產黨等等越南民族主義者於是認為，社會黨、共產黨與左翼共和派組成的法國政府，終於要推動二十世紀開始以來這麼多人渴望的改革了。人民陣線領導人布勒莫（Léon Blum）在法國推動重要改革——包括工人的集體談判權、年休，以及每週工作不超過四十小時等等——讓越南民族主義者更具信心。布勒莫任命穆德（Maurice Moutet）出掌殖民部，也讓越南民族主義者相信改革即將成真。穆德曾經不畏批判，為潘周楨直言辯護。[31]

人民陣線在法國主政，讓交趾支那極左派獲益尤多。印度支那高壓政策因人民陣線主政而放鬆，自然有助於激進派在越南全境重振旗鼓。但安南與東京的民族主義與共產主義網路已因巴斯齊的鎮壓而於一九三〇年代初期毀損，激進派重心被迫南移。從一九三四年起，一群受過法國訓練的托洛茨基派與共產黨人結合在一起，與阮安寧結盟，做了兩件在北方保護國行來不易、但根據交趾支那法律卻較容易辦到的事：辦政治性法文報紙，推舉候選人在交趾支那殖民理事會競選理事，與憲政黨人抗爭。他們在之後五年，把這兩件事都做得非常好。阮安寧創辦具有指標意義的《奮鬥報》（*La Lutte*），又一次領先衝鋒。他與他的激進派盟友不斷在《奮鬥報》撰文，宣揚都市窮人、工人與農工的悲慘命運。越南工人階級這時人數在一百萬左右，集中在南方，大多是工資過低的勞工。其次，奮鬥報派推出的候選人擊敗憲政黨人，成功進入殖民理事會以及西貢市代表會，並透過這些系統（在都市工人階級支援下）擴大影響力。最後，在希特勒於一九三三年掌權後，共產國際路線轉為聯合陣線，印度支那共產黨因此得以參與法國人民陣線，史達林派與托洛茨基派不僅可以在印度支那合法運作，兩派人馬在之後展開火拼以前，還曾一度短暫聯手（就我所知，這在共產世界的任何其他角落，都是不可思議的事！）。

人民陣線於一九三六年在法國主政，加強了奮鬥報派的改革計畫，也鼓舞了越南左派，讓他們儘管也知道殖民民主有其極限，仍然支持殖民民主。布勒莫政府在安南與東京保護國放鬆出版限制，並釋放大批包括共產黨與非共產黨在內的政治犯，這種殖民民主模式於是迅速向北擴散。主要由共產黨人（在交趾支那以外，幾乎沒有托洛茨基派人馬）在河內創辦的《勞工報》（*Le Travail*），很快就吸引日後分別在印度支那共產黨擔任軍頭與總書記的武元甲與長征加盟。受到奮鬥報派做法的鼓舞，北方越南人也推出他們自己的候選人角逐河內市代表會席次。

非共產黨的共和派與一靈、黃道與凱鴻的「獨立文團」（Tu Luc Van Doan，簡稱TLVD）聯手（本書第十二章有更進一步詳述）也推出候選人，角逐河內市代表會與東京的人民院。同為社會主義大師尚・姚海忠實信徒的一靈與凱鴻支持社會民主黨候選人，卡普塔（Louis Caput）領導的社民黨越南分會也首次招收黃明鑒這類越南會員。所有左派（不僅是共產黨）越南人都相信，人民陣線聯合政府在法國掌權以後，終有一天會實施重大社會立法，擴大民主機制，除保障新聞言論自由以外，還會將交趾支那殖民理事會擴展到整個印度支那（當時的東京與安南，只設有純顧問性質的人民院）。非共產黨的越南人或許也希望，邁向民主社會國的轉型，能阻止勢力越來越大的越南共產黨像蘇聯一樣建一個獨裁國家。

布勒莫政府為展開重大改革，宣布成立殖民地調查委員會。為示響應，奮鬥報派、憲政黨、獨立文團、印度支那共產黨等各路人馬組成一個印度支那代表會（Indochinese Congress）進行調查、組織，最後向政府提出各式改革方案。在奮鬥報派倡議下，印度支那代表會成立許多「行動委員會」，「行動委員會」領導人遍布殖民地各處以發掘問題、提出改革草案。印度支那代表會雖不是一個政黨，但它首次將印度支那全境各處各不相同的社會與政治角色結合在一起。它同時也將城市精英的想法灌輸到鄉間。

在他執政的短短期間，人民陣線推出一些重大社會改革，包括通過勞工法，以及為工人調薪等等。不過，人民陣線最後沒有實現任何重大政治改革。它沒有擴大代議系統，沒有實現薩活一幫人的保證、建立印度支那聯邦。儘管印度支那代表會因為在一九三七年推舉候選人角逐省級選舉，而贏得最了不起的勝利，擴大殖民地在地人參政權的問題仍然陷於僵局。一九三六年九月，當殖民部長馬立・穆德下令關閉印度支那代表會時，法國左派執政階級就連最起碼的政治改革也辦不到的事實已經十分明顯。之後，眼見要求改革的聲勢未因此稍有收斂，穆德在一年後又下令大舉抓人。當年在他任命的總督布黑維耶（Jules Brévié）上任時，曾經高舉拳頭、做出左派團結手勢以示歡迎的越南人，有許多都被捕下獄。就這樣，第三共和浪擲了最後一次機會，終於沒能像英國或美國（美國人不久前才保證給菲律賓「自治國」待遇，認為這是間接維持帝國版圖的好辦法）那樣完成殖民改革。一九三一年，已經有一名消息靈通的法國警察首長向上級提出警告說：

「再也沒有人站在我們這一邊了。那些地方官，只從我們這裡取得一些貧乏的道德與物質立場，為我們做事也只是出於戒懼，而且無論怎麼說，他們反正也做不了什麼。那些資產階級或許不喜歡共產主義，但他們仍然認為，就算共產主義對內毫無價值，對外——像在中國一樣——卻能派上絕佳用場。受過教育的青年，就像龐大而悲慘的工人與農民一樣，完全反對我們。真的，這裡需要的不只是單純的高壓而已。改善物質生活毫無疑問有其必要，但安撫民心也是同樣緊迫、必須做到的當務之急。要達到這個目標，當局必須治理，不能只是短視地以管理為滿足。改革必須立即實施。」32

法國決策人，無論是高尼亞與巴斯齊這類保守派，或是薩活與穆德這類自由派人道主義者，無疑都有絕佳的情報與分析人員為他們獻策。問題不在這裡。潘周楨在一九〇七年要求改革，潘尼康在一九一一年建議改革，薩活也在一九一九年保證改革——但問題是，就算目的只是在推遲去殖民化進程，或是讓這種進程在有利於法國的條件下發展，法國政壇那批共和派官員卻始終不了解實施這些改革的重要性。儘管法國民意對帝國版圖並無真正興趣，但法國官方思想仍然閉鎖，這項事實直到二十世紀尾聲，都為越南人帶來悲慘後果。33

06

The Penguin History
of
Modern Vietnam

第六章　殖民社會與經濟

一九三六年二月，貝迪耶盃足球錦標賽在寮國永珍舉行半決賽，由主要是越南球員組成的阿穆斯球會對抗寮國警察隊，取勝的一方可以角逐冠軍獎杯。永珍地區人數眾多的越南居民有許多人到場為越南隊助陣，不過寮國球迷在球場上的聲勢仍然壓過一切，寮國最有名的幾名顯要與皇室成員也在場觀戰。球賽進行途中，一名被寮國裁判舉牌的越南球員火爆抗議，場面遂轉趨醜陋。顯然經過一番拳腳交加，越南隊被判失去參賽資格而離場。

不過事情沒有就此打住，新聞界在之後幾星期不斷炒作這次事件。一名越南觀眾寫匿名信投書報紙，指責那名寮國裁判執法不公。他指控，坐在觀眾席上的某些寮國當局鼓動球迷攻擊越南球員，要球迷「痛打他們」、「殺了它們」。那名叫陶邦的裁判也反唇相譏，說這場比賽本來就很火爆，他已經竭盡全力控制場面，還說他不願「加深你們某些愛國者在安南與寮國人之間早已掘下的鴻溝」。他又說，那場比賽開賽後一名越南球員對著寮國球迷叫囂比劃，也讓寮國球迷很不高興。❶

這場越南與寮國之間的足球賽並無特別之處。在第一次世界大戰結束後，交趾支那舉行的足球賽由於場面過於火爆，運動委員會不得不暫時禁止法國與越南球隊交鋒。不過官方雖然禁止，球隊與球迷仍然可以自己舉辦比賽，而且由於缺乏球員，越南人還往往參加法國隊出賽。我們知道，那支寮國警察隊只有「五分之四土著」（也就是說，只有五分之四是寮國球員）。其他無疑是東京人，不是安南人，就是交趾支那人。在一九二〇年代，法國球員甚至會在西貢舉杯，悼念一名已逝的越南戰友。足球比賽往往引發種族主義、民族主義交相攻訐與暴力衝突；不過它們有時也能帶來強烈個人喜悅與深厚友情。無論殖民不殖民，越南也不例外。

但或許這小小事件揭露一件最重要的訊息：各式各樣民族已經以一種明命帝（或明命帝那些懷抱帝國野心的祖先）作夢也想不到的方式，在整個印度支那殖民國交流、聯繫。在永珍，越族與寮族公務員、警員、稅吏，當然還有他們的孩子，會在數不清未經報導的比賽中對壘。在湄公河三角洲各地，越南人會在比賽中與中國、印度與高棉球員對決，也會與他們並肩作戰。法國人已經建了公路，聯結寮國、高棉與越南，讓越南人可以到永珍與金邊工作。但隨著殖民地聯繫愈加頻繁，摩擦也越來越多。當寮國球迷在一九三六年衝進球場、毆打越南球員時，法國正在擬定法律減緩越南人移民寮國的腳步。而就像寮國與高棉精英要求當局控制越南人流入他們國家一樣，越南人也在設法終止中國人與印度人在東印度支那的特權地位。

殖民地經濟

這類亞洲民族動態雖說還很新，法國人於十九世紀末葉征服印度支那、展開治理時，倒不是全無軌跡可循。在越南，法國的許多政策，包括土地登記系統，稅法，鴉片、酒與鹽的專賣，勞役，以及運河、水壩與灌溉網路等等，都取自既已存在的老做法。組織中國移民絕不是法國人的創新。法國人雖說拓展了越南與亞洲的貿易關係，但最先將越南與外在世界結合的不是法國人。占族人、高地人、越族人、中國人、日本人、阿拉伯人、印度人、泰國人與葡萄牙人早已做了這些事。不過，法國人確實加速而且擴大了這項過程。法國在一八六二至一九五四年間大舉投資印度支那殖民地，而且造成重大影響。單在一八八八至一九一八年間，法國就將二億四千九百萬金法郎投入印度支那工礦事業，一億二千八百萬金法郎投入運輸，七千五百萬金法郎投入商務，四千萬金法郎投入農業發展。法國也在這樣的開發過程中啟動重要的經濟與社會改革。想了解現代越南，就必須了解這些改革。❷

基礎建設與運輸交通

基礎建設發展是一大重點。法國將既已存在的基礎建設與道路加固、擴建與轉型，還另建新系統。十九世紀之初，阮朝為了在當時仍然山頭林立、四分五裂的越南鞏固行政控制，首次修建一條官員公路。將官員從國家一端送到另一端，同時也藉以改善商務買賣。法國人基於大體上同一理由，將它修建成一號殖民公路。不過法國人還下了進一步工夫，建了一個柏油路與碎石路組成的交通網，將鄉村地區聯結到都市中心。他們還前無古人地建了從越南通往寮國與高棉的道路。在一九四三年，法屬印度支那號稱擁有三萬兩千公里可以運行的道路，其中五千七百公里是柏油路。一萬八千輛各型車輛，包括汽車、巴士與卡車走在這些路上。到一九三〇年代末期，這些道路每年載送客流約達四千萬到五千萬人次。一名法國人曾撰文栩栩如生描繪一輛巴士載客南下的景觀：「那就像把一小塊人潮特別擁擠的本地市場，沿著道路往下移動一樣：男人、女人、籃子、豬、雞鴨、叫罵聲，氣味、檳榔吐汁，不一而足。有人從車窗探出身來，有人攀上車頂，為巴士築起人肉車頂……。」[3]

資產階級越南人買自己的車。就這樣，汽車成了社會地位，以及能與殖民者平起平坐的明顯標記。著名新聞人、政客與地主阮潘朗就喜歡誇耀他收藏的汽車，於一九二〇年代在印度支那四處旅行。當時念中學、後來成為著名小說家的莒哈絲（Marguerite Duras），也因喜歡名車而曾與阮潘朗同進出。但莒哈絲那些法國同學在見到坐在她旁邊開車的那個花花公子之後，都與莒哈絲疏遠——「儘管『朗』的車很漂亮，不幸他是安南人。」運輸系統改善以後，現代觀光事業於是崛起。隨著觀光事業崛起，法國、歐洲、亞洲與越南旅者開始幾乎人手一本的帶著馬道拉（Madrolle，知名旅遊記者）旅遊指南，發掘吳哥窟等印度支那各處山川美景。隨著交通方式的改變與旅行速度的加快，人們對時、空的概念也變了。一九三〇年代初期，一名越南青年公務員在旅經高地地區時感嘆道：「這是安南，但又不是安南。我不知道究竟應該怎麼解釋。高地給人的感覺不像是置身安南。」他這番有感而發，觸及一項重要議題：或許這是因為這個世界從未這麼「越南」過。高地由於天氣較為涼爽，吸引許多法國屯墾民與公務員入住，再加上越南勞工聚居，遂將大叻變成一處山城與旅遊中心，住了許多前來避暑或上森林狩獵野物的旅人。大叻附近的果園也開始生產草莓等等一些過去在越南沒有人聽過的水果與蔬菜，銷往越南各地。❹

現代鐵路系統的出現，也加速產品與人員流通，以新的方式——但未必是越南或是印度支那的方式——將各地聯結在一起。事實上，在建造從河內到昆明的鐵路時（一九〇一到一九一一年），法國的重大投資案、殖民策略與印度支那銀行，一開始為的是在華南建立法國勢力範圍。法國人同時也在高棉、交趾支那與安南修建鐵路。客運火車運送數以百萬計的旅客，一個新鐵路工人團體於是出現，還造就了又一名共黨書記黎筍。一九二〇年代，當泰國為了把寮國人與高棉人拉向曼谷，而把鐵路線推向湄公河之際，法國就靠著這些道路網將印度支那東部與西部結合在一起。六號與十三號殖民公路從河內經過湄公河河谷通往西貢。直到今天，仍然沒有鐵路穿越湄公河河谷。❺

紅河與湄公河三角洲的水路交通也大幅擴展。交趾支那河運公司於一八八一年起在湄公河作業，在世紀交替期間開始提供從西貢－堤岸到永珍的運輸。到一九三〇年，這家公司旗下已經擁有兩百艘蒸汽動力小艇。類似小船與小型駁船溯河而上，可以到（中越邊界的）老街；一些三級水道也有船隻來來往往。在一九二八年，總計有兩千六百艘十六噸或以上的船隻，包括一百九十一艘蒸汽艇與二十一艘五十噸到三百五十噸間的動力駁船，使用了印度支那的水道與河口。一九三〇年代，外掛式推進器出現，讓船隻跑得更快，還能載運各式貨品、穀物、動物與人員。同期間，越南冗長的海岸線（三千兩百六十公里）沿線，中國帆船貿易活動持續不斷，來回運輸米糧、動物與人員前往廣州與曼谷。早在一八六四年，已有兩萬五千名主要是中國人的船員駕帆船，從湄公河三角洲載運米糧到越北與華南，供饑民活口。直到第二次世界大戰，沿海岸線作業的中國帆船，仍是從交趾支那運米到東京最省錢、最迅速的方式。法國人在一九三六年才建妥聯結河內與西貢的鐵道。[6]

稻米生產的灌溉與運輸非常仰賴運河，法國人於是改善、闢建了許多運河。到一九三〇年，法國在湄公河已經建了四千公里新運河，改善灌溉，也降低了運輸成本。特別是中國商人，就利用這些運河網路把米從三角洲內部深處的稻田運到堤岸，送進他們蒸汽動力的米廠。在越南北部與中部，法國改善既已存在的水壩，保護兩熟產米區對抗洪災，以及幾乎永遠跟在洪災之後接踵而至的饑荒。在一九四五年，新水壩保護了一億一千五百萬公頃田地（比一八八五年的兩千萬公頃多了許多），新運河也將水引入安南乾旱地區。[7]

早在阮朝統治期間，西貢與堤岸雙城都會區已經是越南最重要的港埠。西貢雖然沒能成為法國的香港，但法國人疏浚、擴大西貢港埠，並在金蘭灣另闢深水港，將金蘭灣建成法國在東亞的前進基地。海運線將印度支那港口與上海法租界以及法國在本地治里的設施結合在一起，然後穿過蘇伊士運河前往馬賽。到一九三〇年代結束時，西貢－堤岸已經由於米與橡膠貿易而成為法國第六大最重要港口，在一九三七年商品吞吐總量達到兩千一百萬噸。法國也將海防轉型為繁忙的商港，用海防經由陸路與附近礦場聯線，在雲南鐵路通往昆明以後，海防還成為聯繫東京灣與華南的中繼站。這類對基礎建設、運輸交通與港口的殖民當局、民間與策略性投資，對越南經濟發展與它的地緣政治重要性都有很大貢獻。俄國艦隊一九〇五年在對馬海戰遭日本擊敗以前，先選在金蘭灣集結，並非事出偶然。在一九四一年展開對東南亞的攻擊以前，日本人也將艦艇集中在這座深水港。美國人在越戰期間也將海軍主力擺在金蘭灣，之後在第三次印度支那戰爭期間，蘇聯人成為金蘭灣主人。❽

商業米糧擴展：亞洲現代化在法屬印度支那開花結果

直到今天，稻米貿易仍是越南經濟最重要的一環。越南能在一九四〇年以前成為繼泰國與緬甸之後，全世界第三大最重要的稻米輸出國（今天是第二大，僅次於泰國），前文所述殖民地基建設施的改善毫無疑問是重要因素，但負責運作越南稻米產業的是中國人與越南人。法國發現，讓中國人居間運作，蒐集、碾製、外銷湄公河三角洲越南農民種植的稻米，不僅方便得多，獲利也豐厚得多。再怎麼說，法國屯墾民總數也只有區區三萬五千人，他們大多在都市中心生活與工作，少數住在鄉間的法國人主要做的是橡膠、咖啡與茶葉種植。住在南部新闢稻米產區的，絕大多數是越南地主（其中許多是阮朝統治期間第一次擁有土地的人），以及數以萬計貧困的越南農工，還有為求改善生活而抵達的新移民。法國自一九〇〇年起不斷在南方開闢農地，農工需求於是大增，加以生活改善的保證，吸引更多越南人從人口過剩的北部與中部南移。對於持續已經好幾百年的越族人南移進程，法國人不但沒有設法阻滯，還因為改善醫療與衛生條件，提高越南人出生率，從而加速了這項進程。南部人口從一八九五年的兩百二十萬（一八八〇年為一百七十萬），增加到一九〇〇年的兩百八十萬與一九四三年的五百六十萬。❾

法國人一方面對這項繁榮的稻米產業徵稅，同時也為中國與越南商人與農民提供財務與技術支援。有了貸款以後，蒸汽操作的米廠迅速取代舊米廠。耕作稻田面積從一八八〇年的七十萬公頃，增到一九〇〇年的一百二十萬公頃，再增到一九三〇年的二百二十萬公頃。稻米外銷數量也水漲船高，從一八七〇年的十三萬噸增到一九二八年的一百七十九萬七千噸，隨後因經濟大蕭條影響，而於一九三三年跌到一百萬噸。在沒有更多處女地可供開發的越南北部，法國人擴建水利工程，灌溉兩熟作物區，並增修水壩防洪。安南與東京人口的基本民生需求，仰仗這些重大投資以及交趾支那米糧的進口，一九四四到一九四五年的大饑荒就是明證。東京人口從一八八六年的六百二十萬，增加到一九四三年的將近一千萬。安南人口也從一九一一年的五百五十萬增到一九四三年的七百二十萬。越南人口則從一九二一年的一千四百七十萬增加到一九四三年的兩千兩百六十萬。⑩

稻米買賣很賺錢，不過獲利的不是那些在田裡揮汗的農人，而是中國商人與越南地主，還有向商人與地主課稅的殖民政府。在一九三八年，大地主占有湄公河四五％的稻田，中型地主占有四二．五％，小地主的稻田只及一二．五％。農村勞工由於流動性大，人口規模比較難以確定，不過數以萬計應該毫無問題。土地主要集中在少數富有人家或不事耕作的地主手中（這是早自阮朝起就有的傳統），法國人對這種現象不聞不問，由於大都會利益作梗，印度支那無法工業化，在都市建立工廠以吸收鄉間失業人口的機會也就此喪失了。法國人從未真正考慮實施土地改革，交趾支那殖民理事會那些越南理事中，有許多人像阮潘朗與阮文盛一樣，本身就是大地主，當然也沒有任何堅持改革的動機。由於既沒有真正的政黨，又沒有真正能代表農民大眾、讓他們推選官員的國會機構，就算只是最起碼的土地改革法也無望實施。⑪

殖民種植場經濟的發展

如果說亞洲人壟斷稻米買賣經濟，利潤頗豐的橡膠種植場則是法國人天下。到二十世紀之交，俗稱乳膠的加工橡膠已經成為橡皮擦、靴子、手套、輸送帶以及輪胎等等各式各樣商品生產的要件。巴西是橡樹原產地，英國在一八七〇年代將橡樹種子帶回倫敦實驗室培育，之後又在非洲、印度與東南亞的殖民地推廣。一八九〇年代初期，西貢植物園的法國科學家從馬來亞的英國人與印尼的荷蘭人處取得樣本，並迅速證實橡樹可以在交趾支那與高棉種植。就在同一期間，法國境內對橡膠的工業需求不斷增加。米其林兄弟於一八八八年在法國創辦橡膠廠，三年以後取得活動充氣輪胎專利，首先將這種車胎產品用於自行車，之後用於汽車。

受到橡膠需求不斷增長的誘惑，私人與公司開始在西貢附近種植橡樹。沒隔多久，種植場就在交趾支那、高棉與南安南各處富含玄武岩的紅土區出現。一九一八年後，全球加工橡膠需求進一步增加，法國大舉投入資金，在印度支那開發大型法國種植場。這些種植場在一九三〇年控制超過九〇%的紅土區。米其林、里福集團（Groupe Rivaud）與印度支那銀行這類公司，紛紛在商業橡膠經濟投入巨資，買斷土地，清地，投資昂貴的機械將原橡膠製為乳膠。投入橡膠生產的土地從一九〇八年的兩百公頃增加到一九四〇年的十二萬六千公頃，使法屬印度支那（於一九二〇年代末）成為繼英屬馬來亞與荷屬東印度之後，全球第三大橡膠輸出地。在一九二〇年代產業全盛時期，投入橡膠經濟的法國種植場與公司都賺了大錢。米其林在富禎經營自己的種植場。⑫

就像商業稻米經濟一樣，橡膠種植場也靠主要是越族的在地百姓的廉價勞工。種植場場主與殖民當局合作，招募、運輸許多北方越人前往南方種植場工作。在一九四二年，約十三萬三千主要是越族的勞工在高棉與交趾支那橡膠種植場做工。種植場工人一天工作十二小時在當時司空見慣。他們的待遇少得可憐，居住條件也非常惡劣。雖說為確保工人健康（健康的工人才能幹活），種植場確實也提供診所與醫療服務，但立場公正的監督機構並不存在。種植場主人一般都操生殺大權，凌虐工人事件多得不勝枚舉，甚至工人因操勞過度或遭凌虐致死的悲劇也時有所聞。許多工人在合約期滿以後返回安南與東京，許多人留在南方，還有人冒性命危險逃離他們的老闆。來自北方、一貧如洗的陳杜平就簽了一紙合約，而來到米其林在富禎的種植場，在這「人間地獄」工作。陳杜平後來成為共產黨高官，還發表一篇政治味濃厚的文章，描述越南勞工苦難：「橡膠種植場進去容易出來難。男人離開時形同行屍走肉，女人離開時恍如鬼魅。」⑬

其他種植作物也出現了。中國人早就在印度支那南部發展商業化甘蔗與胡椒生產，法國則在一八八八年引進阿拉比卡樹，在東京生產咖啡。之後，法國與一些越南種植業者合作，把咖啡種植場擴大到高地其他地區，直到今天，這些種植場生意都做得很好。到一九三〇年，阿拉比卡樹遍及一萬公頃農地，每年生產一千五百噸咖啡外銷。到一九四〇年，產量增加到兩千九百噸，其中兩千噸外銷。由於越來越多住在城市的越南人也開始喝咖啡，其他九百噸咖啡供國內消費之用。第一次世界大戰結束後，法國開始在南安南紅土地區——特別是在崑嵩、百里居與大叻省——廣植茶田。第二次世界大戰前夕，南安南茶園占地三千公頃。法國與越來越多的越南茶葉業者，雖說在國際層面上一直沒能真正對中國或英國業者構成什麼競爭威脅，但他們還是將八百一十二噸紅茶賣到法國本土與法國的北非殖民地。⑭

法國在印度支那北部大舉開採礦藏與煤田。日本工業化以及華南沿海那些國際金融薈萃的租界，都用煤做為工廠動力，煤的需求於是大增。海防港就位於這帶煤田附近，火車把煤礦運到海防，再經由水路，用船運到亞洲市場。印度支那銀行主導籌資，推動這些資本密集的商業行動。一八八八年，法國東京煤礦協會取得執照，開始開採紅開與東潮煤田，之後東潮煤礦協會於一九一六年加入開採陣營。到一九〇〇年代初期，法屬印度支那輸出二十萬噸煤。這個數字到一九四〇年增加到幾近兩百萬噸，使印度支那成為僅次於日本滿洲的亞洲第二大煤輸出國。法國也

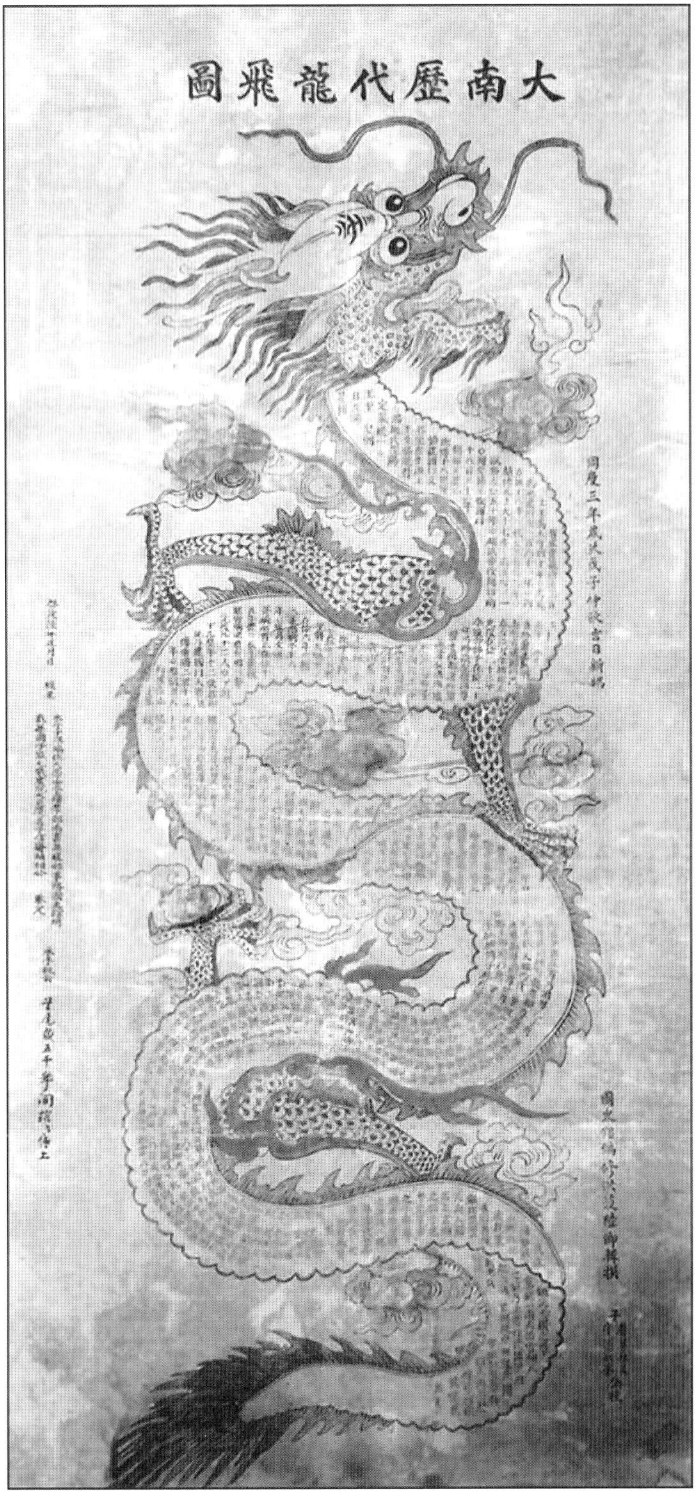

明命帝統治下的龍形越南圖。（© History/Bridgeman Images）

越南順化皇城的城門。（© MyLoupe/UIG, via Getty Images）

明命帝皇陵大門。（© Wenzel-Orf/ullstein bild, via Getty Images）

兩名被捕的黑旗軍民兵，1885年。
（© History/Bridgeman Images）

（© Private Collection Archives Charmet/Bridgeman Images）

印度支那總督（1902－1907年）伯布抵達西貢。取材自《小日報》（*Le Petit Journal*）1902年11月刊出的杜夫斯奈（Charles Georges Dufresne）雕刻作品。

東京北部一處市場的名－仙族婦女，1902年。
（© LL/Roger Viollet/Getty Images）

軍人與偵緝人員1908年在東京與他們砍下的人頭合影。這些死者都因被控對法軍下毒而遇害。（© Apic/Getty Images）

為1909年戰役中陣亡法軍與安南軍將士而建的紀念碑，於1910年9月6日揭幕。（© Photo12/UIG/Getty Images）

日本軍開往諒山途中，1940年9月。（© The Asahi Shimbun, via Getty Images）

日本領事鈴木六郎。（© Keystone-France/Gamma-Rapho, via Getty Images）

法國政府1944年發表的印度支那官方傳單。（© Private Collection Archives Charmet/Bridgeman Images）

一名日軍1945年在西貢張貼盟軍控制委員會發布的第一張告示。
（© History/Bridgeman Images）

武元甲、尚・聖德尼與菲立普・李克雷將軍，1946年6月17日攝於河內。
（© Keystone-France\Gamma-Rapho, via Getty Images）

武元甲與胡志明，奠邊府之戰，1954年5月。
（© Collection Jean-Claude LABBE/Gamma-Rapho, via Getty Images）

（© AGF/UIG/Bridgeman Images）

高台教寺廟。

（© Carl Mydans/The LIFE Picture Collection/Getty Images）

西貢天主堂。

開發其他礦產，包括在東京與寮國開採鋅礦與銀礦。在東京與寮國這些礦場做勞工的，有中國人、越人，還有非越族高地人。一九四五年年中，後來成為將軍的阮平就在東京煤田招募到他的第一批士兵。後來成為共產黨越南公安領導人的陳國歡，就於一九三〇年代初期在寮國銀礦做工時加入共產黨。在印度支那礦場工作的無產階級，大體在族裔上都是越族人。⑮

一個經濟聯邦與印度支那銀行

在一八八〇年代征服整個越南時，法國以河內為都，建了一個中央集權國家，稱為「印度支那聯邦」。雖說這個殖民國就太多方面而言都是一個五花八門的大雜燴，但就經濟陣線來看，它卻是一個極其整齊畫一的海關、金融與預算聯盟。伯．杜美授權總督制定、提出整個印度支那一體遵行的印度支那聯邦總預算。印度支那國還為所有印支組成分子訂定共同關稅，沒有特權優惠，就算交趾支那也不能例外。從一八八五年起，印度支那銀元成為整個殖民地的貨幣，不存在個別的所謂「越南」幣或「高棉」幣。只有法國人可以決定印度支那銀元的匯率。第一次世界大戰戰後，除了一段極短暫例外以外，直到一九三〇年，印度支那銀元始終保持銀本位。大蕭條出現後，法國政府以一銀元兌十法郎的匯率讓印度支那銀元釘緊法郎。但透過一項很特別的安排，由身為民營商業銀行的印度支那銀行，透過它自己的鈔票發行機制「發行局」（Institut d'émission，一所鑄幣廠）發行銀元。

印度支那銀行成立於一八七五年，與法國政府密切合作，為法屬印度支那的經濟與金融開發背書。殖民地政府透過各種稅捐、專賣與政府貸款生財，印度支那銀行也利用投資人與銀行財團挹注的資金，為印度支那稻米、橡膠與礦業開發提供大規模資本投資。如果「紳士資本主義」在英帝國成形過程中扮演的角色值得大書特書，印度支那的法國金融階級以一種特權財團的方式經營印度支那銀行，配合政府工作、但不聽命於政府的做法，也值得我們注意。政府除了在一八八八年准許印度支那銀行發行銀元以外，還授權它成立準備金。印度支那銀行收二・五％的利息，並且有權運用這筆經費進行短程投機。它確實也這麼做了。當日本於一九四五年三月終於把法國人打垮時，印度支那銀行握有兩億法屬印度支那銀元。為保持殖民地繼續運作，日本像法國一樣，也小心維護著這家銀行的自主地位。甚至在八月革命越南人接管期間，印度支那銀行與它的準備金仍能保持安好，後來有人認為日本人這麼做是大錯特錯（不過，如果當時越南革命分子真要接管，日本人會不會准許他們接近銀行還很難說）。

當大蕭條席捲全球，印度支那也遭殃時，印度支那銀行透過它的子公司印度支那土地銀行與印度支那房地產局，收購破產的公司、種植場與房地產。到一九三〇年代，印度支那銀行已經成為勢力龐大的金融與房地產重鎮。對印度支那銀行這種幾乎通天的勢力痛恨不已的，並非只有越南人而已。莒哈絲就在她半自傳小說《海堤》（*The Sea Wall*）中，批判印度支那銀行沒收歐洲屯墾民土地與房屋的做法。面對那些在二十世紀二〇年代黃金時期貸款、之後繳不出利息錢的人，印度支那銀行確實是不分種族、一概沒收的。之後，印度支那銀行擴大在亞洲（特別是在中國）和全球各地的投資，以擴展它跟它股東的利益。在其他法國銀行組成的財團以及政府支持下，印度支那銀行成為法國最大的銀行之一。

越南民族主義者深諳殖民當局控制經濟之道，特別是對印度支那銀元認識尤深。胡志明自一九四五年年中起領導的獨立政府，所以費盡心機發行自己的錢幣「盾」，原因就在這裡。另一方面，當保大設法解放越南錢幣、掙脫法國與印度支那銀行的控制時，法國也全力反制（見第十章），還在印度支那戰爭中攻擊胡志明的幣制。一九五三年年中，法國政府在未與民族主義夥伴磋商的情況下片面將銀元貶值，讓民族主義夥伴們大為光火。直到一九五五年十二月，法國同意關閉印度支那銀行發行局，永遠不再發行印度支那銀元之後，法國才真正放棄印度支那。

殖民地社會

分化、緊張與互動

一八八七年成立的印度支那聯邦，是一堆保護國、殖民地、軍事領地與特別市政權的大雜燴，它為在不同時間、住在聯邦不同地方的不同的人，賦予繁雜得嚇人的法律身分。舉例說，住在安南與東京保護國的人是「法國保護的臣民」，住在交趾支那殖民地的人是「法國臣民」。河內市是位於安南保護國境內的一個合法殖民地。北部高地大部分地區是個別軍區，由法國軍官管理，中央高地則不用越族官員，而由法國與高地公務員管理。

法國准許數以千計的法國公民在印度支那定居、工作與購地，使當地族裔更具多樣性。這些逐漸以「法屬印度支那人」自我標榜的法國人，在第二次世界大戰前夕人數在三萬五千左右。在一九四〇年，一萬七千人（主要是法國人）住在西貢，六千人住在河內，兩千多人住在海防，其餘散居較小型印度支那城市。法國女人雖於一九〇〇年左右大舉來到，法屬印度支那人仍以男性占絕對多數。他們絕大多數是公務員或是殖民軍軍官。在城市做貿易、買賣與辦企業的或許有一千人。還有幾千人是種植工、種植場主，以及散在鄉間各處的傳教士。法國人雖說在印度支那是人數最少的少數族裔，他們在殖民地卻站在社會階梯的最高級。與他們一起的還有或許一百名左右美國人，主要是商人、外交官與清教徒傳教士。美國在一八八九年派了一名商務官員到西貢，代表美國在印度支那的利益。英國已經派有一名代表。⑯

法國在訂定法律類型時，往往雖也依據十九世紀那些種族歧視的理論，但他們同時也以既已存在的分類系統為考慮準則，而這類系統雖說與種族無關，與統治多種族的日常慣例卻息息相關。舉例說，阮朝設「幫」以管理人數眾多的中國人（一九二〇年代，印度支那約有近五十萬華人。）根據幫的規定，中國移民根據方言或在華南的祖籍，必須屬於以下的幫：廣州、福建、客家、海南與潮州幫。法國在一八七一年採用這種制度，甚至加以擴大，將印度人等其他移民族群也納入幫的管理。法國人沒有毀去這些華人的中國身分，把他們當成「交趾支那臣民」（中國人集中在南部），反而分別於一八六四年與一八七一年兩度將華人歸類為「亞洲外國人」。合法中國居民可以擁有財產，可以開店做生意，可以工作，但必須支付的稅率也高得多。阮朝與法帝國在這方面也一脈相承：都以生財為施政最高優先。⑰

像中國人一樣，日本人也早已與越南互動。日本商販早自十七世紀初葉就在南中國海穿梭往還，還在當時極其熱鬧的港都會安派駐經紀人，直到德川幕府領導人採取限制行動為止。十九世紀末期，日本這項限制海外貿易的政策因明治領導人上台而轉變。明治領導人上台後將日本門戶大開，全力推動工業化，並且准許臣民貿易與移民。十九世紀末期，幾百名日本人移民到西貢、河內與海防。這些日本人大多數為妓女，她們的客戶都是參加殖民戰爭的歐洲軍人。不過，這種現象因第一次世界大戰而改觀。由於在大戰期間與法國結盟對抗德國，日本當局改善了貿易條件，日本企業家、銀行家與商人也因此紛紛在印度支那開設辦事處。第一個日本領事館於一九二〇年在河內成立。日本外交官立即終止了賣春事業，集中力量提升商務，而且取得相當成功。儘管對「黃禍」的

戒懼仍然時刻在心，但基於日本人的「文明度」不輸於歐洲人，法國把住在印度支那的日本人歸類為「歐洲人」。⓲

來自法屬本地治里與卡里卡拉的印度人也移入法屬印度支那。他們大多數是基督徒，還有一些是印度教徒與回教穆斯林。由於早在十七世紀末已經加入法帝國，本地治里人對法國行政慣例已經十分諳熟，本地治里與印度支那的距離，也比與法國本土的距離近得多。事實上，法國在一八五〇年代末期攻擊交趾支那時，就以本地治里做為主要基地，還在當地招募了許多印度人幫他們運補，替遠征軍送糧草。法國人認為這些印度臣民比新近征服的交趾支那人可靠（交趾支那地方官大多數棄官而逃），遂在一八六〇年代招攬會說法語的印度人，協助管理這個法國在亞洲的新殖民地。法國在一八八〇年代改變法令，讓來自本地治里的人比其他印度支那人更容易成為法國公民，更多印度人於是抵達印度支那。這項變化隨即促成法帝國內部湧向印度支那的移民潮，交趾支那的法國政客也開始在交趾支那殖民理事會招徠（有人說，那是買通）本地治里法國人選票。到一九二〇年代，約有十萬印度人住在印度支那。⓳

法語流利的本地治里人在殖民地當裁判官、海關官員與稅吏。有些人當獄警，監管主要是越族的囚犯。還有些人進了警界，成為中低階警官。印度商人、商店老闆與金主（一般謔稱為「切蒂」〔Chetty〕）做些放款與典當買賣，也在鄉間扮演重要的商業角色。他們就這樣用越南語與鄉間居民互動。交趾支那殖民當局透過「幫」管理這些印度人，但根據他們的宗教信仰（有基督教、回教和印度教）加以分類，他們來自法屬或英屬印度，也是交趾支那當局在進行分類時的重要考量。有人認為越南殖民地的屯墾社區只有法國人，這是相當誤導的觀念。⓴

甚至進行殖民的人，也不像想像中那樣來自同文同種。法國科西嘉人社區就有自己的報紙、語言班、俱樂部與運動比賽，就像住在西貢的廣東人，或住在英帝國的愛爾蘭人與蘇格蘭人一樣。他們透過這類社交活動與「美麗之島」（Ile de Beauté，科西嘉的法文名）保持聯繫，同時倡導一種獨樹一格的科西嘉認同。總計，在兩次世界大戰之間，交趾支那約有一千五百名科西嘉人。像本地治里人一樣，科西嘉人也在殖民地政府供職，當裁判官、警察與獄警。也有些人開商店做生意。法蘭西尼（Franchini）家族經營西貢著名的大陸酒店（Hôtel Continental），一直經營到一九七五年。來自布列塔尼與波爾多的法國人也有專屬的協會、報紙，保有老家的地方認同。[21]

這種多采多姿的殖民地認同，為日常生活帶來不少頗能令人深省的事件。例如，一名脾氣火爆的本地治里人在西貢法庭出庭時，就面對那名站在他面前的科西嘉法官說：「長官，我們早你們一百年已經是法國人了。」這話雖說不錯，但這類帝國內部的民族自尊效應總是利弊互見。舉例說，越南精英就對許多本地治里（與中國）屯墾民似乎在殖民地擁有的特權地位非常不滿。法國人怎能讓那些印度人取得公民身分，卻不讓同樣文明的越南人取得這種身分？許多有種族偏見的越南人，不敢相信法國人竟會讓這些黑皮膚印度人統治他們，更別說讓這些印度人娶他們的女兒了。曾經住在西貢的一名印度人日後在回憶中寫道，越南人當時對他說：「法國人是殖民主子。不過你們像我們一樣也是被殖民的，怎麼能與他們聯手，來我們這裡殖民？」[22]

然而，在這類帝國身分地位結構上，越南人倒也並非永遠處於劣勢。一九三〇年，寮國與高棉民族主義者就曾質問，法國人怎能像明命帝在一八三〇年代那樣，用越南官吏管理西印度支那？畢竟，法國人當年曾說，法國所以出兵高棉，為的是「拯救」高棉、不讓高棉淪為泰國與越南的殖民地。現代寮國第一位民族主義者佩差拉親王（Prince Phetsarath）曾在一九三一年駁斥法國與越南說：「首先，我們對法國承諾的一切信心都已經消逝，所謂印度支那聯邦的構想，依聯邦內那些最弱的國家看來，就像是洗眼藥水一樣，目的不過是讓安南人在法國國旗保護下統治其他人罷了。」但所有這些人在做這類比喻時，都忘了一件事：印度支那是個帝國大染缸，出現形形色色勢力結合、各式各樣族裔混雜、內部殖民與社會結構，本屬理所當然。越南人責備印度人，說印度人不該與法國人合作，寮國人與高棉人也以同樣的理由責備越南人。㉓

不過，這一波波法國殖民地臣民之間的抗議之聲，並不能阻止「種族之間」的互動。人們不斷跨界走動，就像今天的我們一樣，也不斷與各種不同身分的人往來。高棉民族主義者雖說痛恨越南移民在法國撐腰下不斷湧向南方與西方，但施亞努國王的父親能說流利越語，著名高棉民族主義者達春也娶了越南妻子。十九世紀末的中國、法國、印度與越南（在寮國與高棉的）屯墾民大體上是男性，他們與地方女性通婚。大陸酒店創辦人、法蘭西－科西嘉人馬修・法蘭西尼，娶了美萩省的黎氏仲。他的兒子直到今天仍堅持自己是科西嘉人。歐洲殖民軍從一八五八到一九五六年間在殖民地進進出出，也使殖民地出現大批與人同居或為人包養的女人。越南文「con gai」（女孩）很快成為一種殖民地流行詞，一開始意指「妾」，之後意指「妓女」。不過，儘管賣春行業在法屬西貢與河內欣欣向榮，尋歡客絕非只有歐洲男人或法國殖民軍而已。當然，感染性病也不是他們的專利。

現代越南最偉大的作家武重鳳曾經發表一系列精彩的文章，談到這個問題。㉔

到第二次世界大戰爆發時，這種關係已經造成幾千名法越混血兒（法文稱為「métis」）。直到一九三〇年代，非婚生的法越混血兒大體上都遭歐洲殖民社會排斥，他們多半與越南母親住在一起，遠在法國社會「文明」影響圈外。越南社會的禮俗，特別是鄉間（這些為人做「妾」的貧窮越南女人大多數來自鄉間）社會的禮俗，對這些私生子同樣不能接受。許多法越混血兒生父不詳的事實，意謂他們想取得法國公民並不容易，想融入法國屯墾民社會更加困難。為了不讓這些非婚生的法越混血兒「失落在土著社會」中，法國民間與政府主辦的福利機構開始採取行動。他們在印度支那鄉間四處搜索，從越南母親身邊帶走幾十名混血兒（有時還使用武力強行帶走），送進孤兒院，特別是軍事院校，而且一般都會給他們法國籍。[25]

合法婚生混血兒的處境一般要好得多。他們不僅享有法國國籍，而且往往來自較富有家庭，受過較高層次教育，融入法國社會也容易得多。例如巴濟（William Bazé）與羅社維樹（Henri Chavigny de Lachevrotière）就都擁有財富，經營有影響力的報紙，成為屯墾民社區重要人物。羅社維樹的父親生長在魁北克與馬提尼克（Martinique），母親是越南東京人。他與巴濟都是殖民地秩序與法屬印度支那人權益的鬥士。當然，有些「métis」走的方向正好相反。殖民地官僚之子尚・穆魯（Jean Moreau）就在一九四五年加入民族主義運動，直到今天仍是越南公民。儘管沒有官方數字（殖民當局不肯另立一個個別的「métis」類），在第二次世界大戰爆發前夕，住在印度支那的法越混血兒人數約在兩萬左右，其中有些歸類為「法國人」，有些歸類為「原住民」，散居在各地城市與鄉間。[26]

雖說當時並不多見，法國女人有時也會嫁給越南男子。後來為胡志明擔任無任所大使的范玉石博士娶了一名巴黎醫生；一九四六年擔任胡志明政府經濟部長的天主教徒阮孟夏，岳父是法國共產黨重量級人物，還是國會議員。這兩對夫婦都是因為在法國本土結識而訂下姻緣。但在印度支那情況有所不同。印度支那的法國屯墾民社區一般都會反對這類婚姻，因為他們認定，這類婚姻會威脅到殖民地秩序倚為基礎的種族階級。後來成為小說家的莒哈絲說，她的那些法國同學，在發現她與一名非常有錢、名叫「朗」的越南男子約會時，大家都「很明顯地與我疏離。原本與我玩在一起的人，在知道這件事以後都不敢再來找我」。[27]

儘管沒有研究資料佐證，亞洲人之間不同種族的聯姻比法越聯姻多得太多。不過這種事一點也不新鮮。早在法國人抵達幾近兩千年以前，紅河三角洲的中國屯墾民、殖民官員與帝國軍人就已經與本地人通婚。他們與他們的後代在越南北部與越語成形過程中扮演重要角色。越南南部的情況也一樣。一六四四年滿清征服明帝國時，阮朝權貴歡迎為躲避滿清而逃往南方的中國人。越南人稱這些中國人為「明鄉人」（即「忠於明朝者」）。一名名叫鄭玖的「明鄉人」，在距離河仙不遠的暹羅灣建了一個獨立國。他的越南妻子為他生了一個兒子，名叫鄭天賜。鄭天賜之後成為阮朝大官，把父親的明王朝遺孤政權整合、融入阮帝國，並且在整合過程中，協助越南人把帝國版圖伸進高棉人控制的湄公河三角洲內。在殖民做法的同質性上，與他們之前的中國人或與他們之後的法國人相比，越南殖民者並不更勝一籌。

嘉隆在一八〇二年統一越南時，雖為了有效控制與課稅之便，而將中國人分為幾個幫，但他准許中國男子繼續娶越南女子為妻。不過，阮朝對這些人的子女採取同化政策。根據政府規定，經歸類為「明鄉」的這些中越混血兒，必須在成年時離開父親的幫，與越南人生活在一起，或者暫時住在特定「明鄉村」裡。他們不可以前往中國念書，也不可以像中國人一樣穿著。阮朝讓這些中越混血者擔任官員，還免除他們的兵役，以確保他們的合作。許多中越混血者在南部政府當了高官。鄭懷德就是這樣的例子。在他的協助下，阮朝將湄公河三角洲融入現代越南行政管理系統。

在法國人統治下，由於法國加速中國移民，中越聯姻繼續進行。到一九二一年，住在交趾支那的明鄉後裔（根據官方宣布）有六萬四千五百人。十年以後，這個數字達到七萬三千人，不過顯然是低估了。不過，法國人扭轉了阮朝同化明鄉後裔的政策。主要基於經濟理由，而不為種族考量，法國將他們歸類為外國亞洲人，並據以向他們課稅。越南商人階級在二十世紀之交崛起後，白太柚等新興企業家開始挑戰中國商人在造船業的影響力。憲政黨的資產階級政客與一些越南企業家聯手，在一九一九年實施了一次對中國貨的抵制。還有一些政客則大聲疾呼，要求將這批「外國亞洲人」與「明鄉人」轉變成「越南公民」。不過這些行動都沒什麼進展。理由仍然一樣：因為越南是一個殖民國，不是一個民族國。㉘

從未喪失正式獨立地位的中國，已經開始對歷史傳統上集中在東南亞為數眾多的僑民進行國家管控，情況與越南不同。自一九〇九年起，清政府堅持，根據屬人主義，只要父親是中國人，孩子無論在哪裡出生都是中國人。但直到一九三〇年代初，法國才終於同意與一九二八年崛起的蔣介石領導的中華民國簽約，讓明鄉子弟在成年時選擇他們的國籍。法國並且同意將印度支那的中國「國民」重新歸類為「有特權的外國人」，還讓中華民國在越南建領事館。對中國共和派來說，這是一項法律上的大勝，但越南人沒有撈到任何好處。在第一次印度支那戰爭期間，胡志明政府雖能在控制區內管理中國人事務，但法國在一九五五年以前，一直不准他們的越南夥伴插手中國人事務。㉙

大多數中越通婚出現在中國男人與越南女人間。與那些娶越南女人的法國男人不同的是，大多數（但並非全部）中國屯墾民都學說越南話，或能操中越雙語，也因此能與低陸的越南民眾互動。與中國女人結婚的越南男子相對較少。不過，前往中國、在法國督導的雲南鐵路上工作，或在上海與昆明法國殖民辦事處工作的越南男子有不少娶了中國女子。一些遷入華南的越南反殖民主義者也娶中國女子為妻。胡志明在停留中國期間娶了一名來自廣州的中國女子。遷入印度支那西部與泰國東北的越南移民也與在地人通婚，生了混血兒。現代寮國之父凱山・豐威漢（Kaysone Phoumvihane），就是越南殖民官與寮國女子生下的孩子。蘇法努旺親王娶了他在一九三〇年代在安南擔任殖民政府工程師時結識的越南女子。大越領導人曾透過聯姻，與占族、高棉以及寮國人結盟。胡志明也沿用這套古法，於一九四〇年代末期在寮國與高棉建立屬國（本書將在後文討論）。㉚

透過建築以及都市計畫與發展，法國人在西貢這類都市伸張他們的輝煌。在法國殖民當局於二十世紀之交遷入河內以前，今天座落高海南街、富麗堂皇的總督宮（建於一八六八至一八七五年），曾是這個政權發號施令的總部。建在西貢市中心區的印度支那銀行巍峨宏偉，見證了它在營造法屬印度支那過程中扮演的角色。寬闊的街道很快在西貢落成，一八六五年建的同起街（Rue Catinat，舊名卡提拿街）是法屬西貢第一條通衢大道。一連串法式與亞洲式建築物、商店與進出口辦事處也很快出現。隨著歐洲人口與越南資產階級不斷擴張，西貢（與河內）住宅區開始出現普羅旺斯式別墅。都會建築師席巴（Ernest Hébard）結合法國與越南在地建築形式，為殖民地的西貢更添增一層凝聚風采。雖說一直沒有劃定嚴格界線，在第二次世界大戰即將爆發時，法屬西貢有一個商業中心，一個行政區，法國人區，越南人區，還有各式各樣文化特色建築物。法國人建了許多殖民紀念碑，用著名征服者的名字為街道命名，還透過法文報紙與西貢電台為他們的商品與服務打廣告。

在日常生活中，越南人繼續用本國語言彼此交談，能操多種語言的中國與印度商販則輕鬆自在地變換著語言，走到哪裡說到哪裡。堤岸中國城的商店櫥窗用漢字標示他們賣的商品與菜單，刺耳的華南方言也從一個幫區傳到另一幫區（不同幫的中國人用粵語或越南話彼此溝通）。有些越南商家，特別是賣中藥的商家，仍使用漢字為商品打廣告，不過到一九三〇年代，大多數商家已經改用羅馬字母的國語字。

新社會階級在法屬越南崛起。儘管中國人仍然壟斷越南商業階級，少數越南企業家已經嶄露頭角。白太柚、黎發永與張文彬挑戰華商在紡織與碾米業的影響力，黎文德則創辦了或許是越南第一家保險公司。法國僱用的公務員、律師、譯員與教師，身分地位不斷提高，逐漸將地方官精英擠落一邊，不過這群後起之秀在他們的法國同事面前卻很吃癟：法國雇員的薪資幾乎一定比「土著」雇員高很多。在一九四五年以前，沒有一個越南人能做到省級行政官，越南人想當區域性要員更加是痴人說夢。地主階級意識在法國統治下抬頭，而且與過去不同的是，地主開始遷往城市。據估計，在一九三〇年，約有九千名富有的越南人住在越南都市區，他們主要是地主與企業家。大體而言，當時越南都市區中產階級人數在九十二萬左右。[31]

在法屬西貢與河內做工的窮人日子最為艱辛。他們衣衫襤褸地生活在市內與市郊貧民窟。他們的工資低得可憐，法國當局還禁止一切有組織的勞工活動。這些勞工大多數來自鄉下，一旦發生意外或失業，就得依靠家鄉接濟。許多農村移民在建築工地找到工作。還有許多人幹著各種體力重活，如替人拉人力車，當傭人，做跑堂，做廚子、女侍，在街頭叫賣或當清道夫等等。但這些湧入西貢市郊貧民窟與越南區的農村窮人，對西貢的現代化與「越南化」卻有決定性重要貢獻。到一九三〇年代，人數高達數十萬的工人階級已經在越南成形，這些人的工作地點大多在市區建築工地、礦場以及種植場。在一九二九年經濟危機中受創最深的就是這些工人。人民陣線雖為工人帶來某些改革，罷工與工會仍屬非法。[32]

宗教越南

在有關一九四五年戰後，以及本書下文有關政治、外交與軍事問題的討論中，幾乎持續整個二十世紀後半段的越南戰爭成為討論焦點自然可以理解。不過，宗教與宗教改革在法國殖民時期也是極為重要的大事，只談戰爭會錯失這項重點。其中有些宗教，如佛教、天主教，甚至還有所謂

「政治宗教」的儒家思想，如本書前文所述，有極深的歷史淵源。還有一些宗教如和好教、高台教與清教，對越南人而言就像共產主義一樣新。

對講究世俗的第三共和，以及它派在印度支那的許多最高階殖民官員而言，有組織的宗教活動就像之前的儒家人物與之後出現的共產黨一樣，都令人戒懼。頗具反諷意味的是，在涉及印度支那東半部統治事宜時，法國決定重用儒家科考制度培養的文官系統，甚至在交趾支那，只要能幫他們成事，他們都不忌諱。極具影響力的殖民地高官如巴斯齊與畢榮等人，深信儒家治術——特別是君主與他的臣子——是「了解」與有效管理越南之鑰。儒家理念是「真正」的越南。在越南工作超過三十五年、與順化王室密切合作的巴斯齊，曾將越南比喻為縮小版的中國。他深信儒家的「天子」理念，能上自最高管理層、下至地方村落，在越南全境引起共鳴，法國可以運用這種理念維持秩序，還可以透過皇帝的人身仲介，動員農民支持法國統治。他仰慕並倡導儒家的官吏行政系統。這種非常儒家的法國政策導致保大解決辦法，並非事出偶然。就像不肯在寮國與高棉用小乘佛教進行治理一樣，殖民當局在越南也不肯運用大乘佛教、它的學校、教派與組織管理人民與土地。他們也從不信任越南天主教。[33]

佛教越南[34]

儘管法國人像明命帝一樣不信任佛教，但就像明命帝一樣，法國人也只能眼睜睜望著佛教不斷成長，無能為力。地方當局與警方線民隨時保持對宗教領導人的監控，一旦事情出現失控跡象，立即逮捕惹是生非的僧侶。令人感到反諷的是，在兩次世界大戰之間數十年間，法國人在殖民地推動現代通訊（印刷媒體、報紙與無線電），建設更好的道路與交通工具，還擴大國語字，也因此助長了佛教的復甦。通訊現代化造成佛教刊物（如佛經與禱告書）爆炸性成長，又因為基本教育逐漸普及，識字的人越來越多，這類刊物不僅在城市流傳，也深入鄉間，進一步助長了越南人加強、推廣佛教的努力。

與印度支那以外佛教世界的聯繫，對印支內部佛教的復甦也有推波助瀾之效。佛教僧侶與信眾參與國際佛教會議，（透過書本與報紙）密切注視亞洲人倡導佛教，把佛教打造成一股精神、社會、國家與國際性勢力的運動。有志改革的越南僧侶盯著中國人，看中國人如何改造佛教以因應迅速變化中世界的需求。越南宗教領導人搶閱來自廣州與上海、有關佛教改革的文章報導。中國佛教復甦運動領袖太虛大師（一八九〇至一九四七年）的作品是他們閱讀的首選。太虛主張建立更有人性、更入世，也更現代化的佛教理念。他從一九二〇年代起，開始不斷呼籲僧侶走向民眾，根據他們本身與國家的需求而修改佛教。他強調，僧侶必須用熱情與社會行動提振佛教生命力。他認為，創辦慈善與救濟組織幫助窮困、孤苦與餓肚子的人，建立僧學堂訓練修道僧侶，興辦診所醫治病人等等，都是提振佛教生命力的辦法。太虛說，想推動佛教改革，還必須將所謂「僧寶」的僧眾秩序流線化，只有建立現代化會眾組織，才能在國家層面上訓練、控制與管理這樣一種重振活力的宗教。他發表演說，還寫了許多在中國與東南亞華人社會廣為流傳的書籍與文章，討論佛教改革。[35]

許多仍然能夠閱讀漢字的越南僧侶，從印度支那的中文書店中買來太虛的作品，將幾十本中文佛教刊物翻譯成國語字。許多越南佛教徒與有志改革的年輕僧侶發現，太虛提出的方案很能切合印度支那情勢。和一行禪師與善照等僧侶起而響應，開始推動太虛改革方案，以因應越南社會的迅速轉型，並紓解鄉間百姓多年來的苦難。他們從太虛於一九一五年發表的〈僧寶系統重組〉中取得靈感，並運用文中提出的模式展開行動。這一波改革努力在兩次世界大戰之間那段期間，隨著新佛教協會的成立而開花結果：第一個協會於一九三一年在交趾支那成立，第二個一年後在安南成立，第三個協會於一九三四年成立於東京，每一個協會理論上都負有主持全省佛教事務的責任。越南佛教徒辦了許多救濟與慈善組織，其中許多在一九四四至一九四五年的大饑荒中發揮極大作用。他們還成立數以百計的僧學堂，用經過改革的佛教教義與做法，訓練新一代僧侶與尼姑。雖然這樣的結構性重整說來容易做來難，但到一九三〇年代，一個統一且結構更完整的佛教組織，已經在越南出現。改革派在河內距火車站不遠處建立的館使寺，很快就成為佛教改革運動重鎮。今天它是越南全國佛教聯合會的會所。這些活動只要不涉政治，法國人大體上都不加過問，不過無論怎麼說，法國反正也無力阻止佛教勢力在地方上的擴展。[36]

在佛教二十世紀於越南的擴展過程中，婦女就像過去一樣，扮演特別重要的角色。她們捐錢捐地，開辦新寺院與僧學堂。許多婦女經營慈善組織。僧學堂訓練的尼姑，創下越南史上最高人數紀錄。北方尼姑慧潭是佛教改革運動忠實信徒。一九三五年，阮氏海走訪印度，參加一項重大佛教會議。這一波佛教重振運動，談到婦女在宗教組織與社會應該扮演的角色。此外，建立全國性宗教組織以因應社會問題的必要，也是這一波運動的重要議題。佛教重振運動為鄉間窮苦大眾帶來強有力的解放與救贖訊息，也因此成為一股不容輕忽的社會政治勢力。[37]

湄公河三角洲的和好教與高台教[38]

在佛教救世論傳揚得最鼎沸的湄公河三角洲，情況尤其如此。在長久以來農民千福年與神祕論傳統一直甚囂塵上的湄公河三角洲，一些分枝性教派出現了。除了是種族、文化與宗教大雜燴以外，長久以來，這個位於南方的三角洲還一直是個殖民社會，阮朝在這裡倡導大規模私有地主制與屯墾。阮朝把土地分給軍人與效忠朝廷的精英，軍人與精英們則幫著位於順化皇都的朝廷控制這些新征服的土地。不過，隨著人口不斷增加，這種稻田集中在少數地主手中的現象，意謂沒有田地的農民人數越來越多，社會不滿的潛在風險也有增無已。一八四〇年代初期，永隆省代理財務司向皇帝奏本說，永隆省村民有七到八成沒有自己的田地。紅河三角洲的農家在困難時期可以依靠公田，而且當地可耕農地有半數以上控制在農家手中，但交趾支那沒有這種好事，當地農民僅只控有三分之一的可耕農地。[39]

越南其他地方的農民當然也過得很苦，但在南部地區，一旦饑荒嚴重到令人無法忍受、迫使地方領導人採取行動時，他們的行動往往出自一種獨特的社會文化架構。就像發生在泰國、緬甸與高棉的情況一樣，某些自稱藥師的人物往往就在這時出現。為取得饑民支持，有些人自稱彌勒佛轉世，說自己會建一個新王國，結束人世間一切苦難。這些「千福年論製造機」還會運用宗教，支持一些迫在眉睫的社會經濟需求，例如減稅、農產品自由販賣、取消農村債等等。在數以萬計走投無路的饑民簇擁下，他們可以迫使統治階級就範。一八四〇年代末，大規模霍亂疫情爆發，死亡人數可能高達一百萬，湄公河三角洲「藥師」段明宣發起「寶山奇香」教派。段明宣自稱彌勒佛投胎，來到世上為的是解救眾生疾苦。農民群聚聽他講道，許多人認為他有超自然神力，還有人說他能治病。就像一八五〇年代揚言消滅清朝、建立天國的太平軍暴亂一樣，這個「寶山」運動讓阮朝心驚膽顫，也凸顯湄公河三角洲在嚴重社會經濟危機出現時的動盪不安。[40]

如本章前文所述，法國人以史無前例的規模在南方擴充種植系統，沒有採取任何行動以紓解農民無地耕作的難題。而南方人口結構也在持續變化，從一八八〇年的一百七十萬增加到一九三〇年的四百四十萬。毫無疑問，法國也必須面對湄公河三角洲各地一波波農民暴亂怒潮，必須面對領導這些農民，揚言建國的自封神人。一九一一至一九一三年間，南方藥師潘赤龍在西貢－堤岸造反，自稱是咸宜帝後裔（咸宜帝因謀叛，在一八八〇年代末遭法國人流放到海外，見第三章）。潘赤龍並且自稱「活佛」，像其他類似的人一樣，也在沒有土地的鄉間貧農與不滿當局的公務員之間找到支持。潘赤龍之亂儘管遭法國當局輕鬆敉平，但也為法國當局帶來一個警訊：這些藉宗教之名起事的領導人可以動員數以萬計民眾。而且這些「活佛」並不像許多殖民官員、民族主義與共產黨精英所說，只是一群落後或發瘋的狂人而已。他們也知道如何運用現代組織技巧，也知道運用印刷媒體與國語字散播他們的訊息。[41]

黎文忠在一九二六年創辦的高台教就是典型例證。黎文忠散播救世訊息，招來一群越南文官、地主與農民。「高台」兩字在越南文中有「至高」或「聖主」之意，能帶來和平、和諧，拯救這個世界。正式名稱是「大道三期普渡」的高台教，是一種根據羅馬天主教會模式組建、有層層階級結構的宗教系統。它以「護法」（教宗）為最高領導人，還在高棉邊界附近的西寧省設有「天眼」。像佛教改革派一樣，高台教領導人也主張透過漸進方案，促進男女平等、改善地主與農民關係，並且相信越南所以淪為殖民地，是因為古早以前沒有遵循高台教規範而遭天譴所致。原本在金邊供職的范公稷一九二八年辭官回到高台教搖籃西寧，協助黎文忠管理這個迅速擴張的教會。在黎文忠於一九三五年死後，范公稷擴大他的勢力成為高台教最高精神領袖。高台教結合鬼神迷信與宗教儀式的做法在南方吸引了大批信眾。它運用越南內部既已存在的各種宗教，並結合外來宗教，建立一種獨特的信仰。在象徵它的高台三角中，上帝張著左眼看著世人。

法國緊盯著高台教的迅速擴張，對它的社會結盟、政治化，以及它在鄉間聚集群眾的能力憂心不已。高台教以驚人速度迅速擴張，在總人口四百四十萬的交趾支那擁有五十萬到一百萬信眾。在第二次世界大戰期間，拜日本占領以及因而導致的權力均勢變化之賜，范公稷得以乘機大舉擴張。法國人未雨綢繆，先將范公稷在越南下獄，之後又將他流放到馬達加斯加。不過這麼做沒能阻止高台教的擴張。在日本於一九四五年三月推翻法國殖民統治以後，高台教領導人動員武裝民兵，並且在日本政權於數月之後解體時加入民族主義的政治戰團。

和好教是出現在湄公河三角洲的另一教派。一九三九年七月，朱篤地區和好村一個名叫黃富楚的十九歲青年在一次神祕經驗中受到啟示，發現自己是佛教聖僧。他對佛教教義的精通讓人稱奇，他的魅力更令人傾倒。見過他的人說他有超自然神力，說他寶相莊嚴，大慈大悲。甚至他住的村子名叫「和好」，似乎也確認這眼神如炬的青年確實是佛教聖僧，確認他揭示的訊息是真不假。原本可能只是一個地方性教派的和好教，所以能不斷擴張、成為南方重要宗教勢力，還有兩個因素。首先，他懂得運用地方性佛教信仰，以及幾百年來有關彌勒佛轉世的民間傳說，重彈千福年太平盛世將至的老調。其次，像范公稷一樣，黃富楚也有農村無地農民與失業窮苦大眾的民怨可資運用。許多這些窮人在尋找救世主，希望救世主幫他們度過一九三〇年代經濟困境，帶他們進入較好的世界。

黃富楚比較不關心建構一個像天主教、高台教、大乘佛教或共產黨這樣結構齊全的組織，他強調的是「佛教和好」的純淨精神核心。也因為如此，想估計他究竟有多少信眾很難。當日本人於一九四〇年開始進駐北印度支那時，法國人估計黃富楚約有幾千名信眾，聚集在新洲、朱篤與龍川等地。法國人認為他是瘋子，把這個「瘋和尚」關進西貢一所精神病院（他很快就讓為他看診的那名越南醫生皈依和好教）。真正讓法國人擔心的是日本人。在法國將黃富楚送往寮國途中，日本人將他成功攔截，並給予保護，讓法國人無法逮捕他。到法屬印度支那於一九四五年三月遭日本人打垮時，和好教大約有十萬信眾，而且黃富楚已經將其中幾千人組成民兵。共產黨在一九四〇年的暴亂最後以幾乎全軍盡沒收場，和好教與高台教不一樣。經過第二次世界大戰洗禮，和好教與高台教成為重要政治軍事勢力，湄公河三角洲總人口或許有二〇％都在他們控制下。

天主教越南 ㊷

在殖民統治期間，越南天主教也有重大變化。十六世紀以降，伊比利人開闢的海路讓數以千計歐洲傳教士來到亞洲。到十七世紀末，約有十萬越南人（主要集中在北方）已經皈依天主教。之後許多年，隨著阮朝勢力南下，天主教南向進入湄公河三角洲，皈依信徒人數也緩緩增加。到一九四五年，在總人口約三千萬的越南，天主教徒約有一百六十萬。天主教徒早從十六世紀以來，就與他們那些世俗統治者發生重大摩擦，這一點毫無疑問。如前文所述，歐洲傳教士與許多越南天主教徒確曾向法國求助，希望法國能幫他們對抗明命帝的攻擊。

不過，這並不表示殖民當局與天主教利益一致，也不表示天主教會與殖民當局這種早期合作關係能持續不變，一直維持到一九四五年。在拿破崙三世於一八六二年征服交趾支那，與胡志明於一九四五年宣布越南獨立之間，越南天主教會有很大變化。法國傳教士與法國殖民統治者之間的關係也已出現變化。拿破崙三世或許是狂熱天主教信徒（這一點頗有疑問），但繼他掌權的共和派絕非如此。到世紀之交，印度支那的法國官員，幾乎全部是第三共和培養出來的反宗教控制的世俗主義信徒。杜美以及其他許多像他一樣的殖民地高官是共濟會會員。薩活是激進社會黨重要成員，是德雷福斯派信徒，還是二十世紀之交法國政教分離的死忠支持者。

我們當然不能因此認定所有法國共和派官員必然都是天主教在帝國境內的敵人，但來到殖民地的人很快就會發現，想遵照高貝塔（Léon Gambetta）一八七六年提出的警告，而不將反宗教意識外銷到殖民地很難。許多忠實的共和派記者、教師、中低階軍官與文官，對高貝塔記憶最深的，是他那句呼籲大家起來對抗教會的名言：「教會是敵人！」在這些共和派心目中，傳教士不是共同打造印度支那殖民地的盟友，而是不愛國、對國家不忠的人。有些共和派認定，天主教傳教士對第三共和在印度支那的特殊教化任務構成威脅。天主教刊物、勸人皈依的作業、傳教士與梵蒂岡及其他亞洲教會（特別是中國與菲律賓教會）的聯繫，都受到殖民地官員、警方與反教會記者的嚴密監控。大多數仍在巴黎海外傳教會屬下運作的法國傳教士也已發現，想讓教會繼續運作，就得搞好與殖民官員的關係。

傳統上天主教會最為活躍的鄉村地區，是殖民當局與天主教會的主要衝突區。地方行政官員曾經多次認定，不能託以重任、讓傳教士幫他們管理偏遠的村落與人民。殖民地官員對歐洲傳教士淵博的知識、掌握的人脈關係與語言能力雖然也嘆服不已，但就是不敢信任他們的政治忠誠。在高地與羅德教派傳教士一起工作的法國殖民官李奧波・薩巴奇，就極端不信任法國傳教士與他們那些越南信徒。薩巴奇認為他們不適合擔任高地的行政管理工作。薩巴奇的說法招來一名法國神父批判。這名神父說，他一直竭盡全力在高地傳播共和訊息，並且在這麼做的過程中，讓數以萬計非越族民眾納入殖民當局治下。許多法國傳教士確實支持殖民當局推出的方案。但當殖民當局指責他們，說他們沒有教越南人說法語時，一些傳教士再也按捺不住。一名叫做穆沙的神父，就在交趾支那殖民理事會中抗議說：「能容我補充一句嗎，那些會說法語的越南人，除了極少數例外，都是最不愛法國、對法國最不敬，而且基本上都是最仇視法國的人？」一名當時坐在議場的越南裔共和派聽了這話大為光火，反駁道，這是「對所有像我一樣、因法國文明而獲利的越南人的攻擊。穆沙先生很顯然是在指控我們都是叛徒」。穆沙其實倒也沒有做這樣的指控，但他不應該這麼說的，因為殖民理事會因這次事件刪除了原本給他的津貼。至於不教法語這件事，它與傳教士的反共和情結或不夠愛國，一點關係也沒有。對越南宗教領導人而言，最重要的工作是用越南語（以及法語以外的其他語言）傳播神的話。佛教徒、高台教徒、和好教徒、民族主義者、共產黨、就連巴斯齊也明白這個道理。[43]

不過，殖民地共和派與天主教會的問題，癥結主要不在法國傳教士，而在越南天主教會與羅馬的梵蒂岡。像在其他宗教一樣，越來越多越南天主教徒也表明願望，想控制他們的教會，想按照他們的做法、用他們的語言來發展他們的教會。印刷文化的崛起，國語字圖書不斷增加，以及道路運輸系統的改善等等，都幫助他們達成這些願望。在兩次世界大戰期間那段歲月，天主教報紙、書刊與小冊子風起雲湧，而且主要都用國語字印刷。新的宗教指示造成新一代本土神父與修女，天主教學校的擴充也讓更年輕的越南人接觸到天主教信仰。儘管越南神父大體上反對共產主義，但就在越南天主教神職人員與信眾合作，組織青年、工人與農民成立教會的同時，出現在全球天主教運動、以及法國與印度支那的進步走勢，已經使天主教成為一種更具社會意識、中間偏左的宗教。而且就像出現在其他宗教的情形一樣，在越南天主教這項宗教轉型過程中，民族主義也是重要一環。讓法國感到沮喪的是，義安省的梅勞平這類越南神父，曾在一九〇〇年代初期協助越南愛國者潘佩珠組織活動，將青年送到日本留學以驅逐法國人。[44]

眼見越南天主教在更廣的天主教世界奔走，尋找新理念、新模式與國際支持，卻無力阻止，也讓法國困擾不已。事實上，直到進入一九五〇年代許久以後，梵蒂岡仍是法國共和派的心腹大患。羅馬教廷在第一次世界大戰結束以後決定讓天主教疏離殖民主義，尤其令法國憂心忡忡。面對越來越世俗化的歐洲，教皇的策略專家達成結論說，天主教的前途正隨著教會重心迅速移向非西方世界。歐洲人在殖民地施暴，以及歐洲教會與西方殖民主義狼狽為奸的報導，也讓天主教當局認定必須讓非西方教會在地化。共產主義隨地跨歐亞的蘇聯立國而崛起，也讓教廷憂心如焚。一九一九年成立的共產國際宣揚一種新類型全球世俗化運動，更使梵蒂岡下定決心，改變全球策略。還有當然，西歐「去基督教化」腳步加速，也使教廷更加重視非西方世界。[45]

梵蒂岡的腳步快得出奇。教宗本篤十五世在一九一九年發表的〈至大者〉（Maximum Illud）教宗信，以及庇護十一世在一九二六年發表的教宗通諭〈革命性改變〉（Rerum Ecclesia），都授權非西方世界的教會在地化。羅馬立即派遣密使通告中國、越南與其他地區的地方歐洲教會，要他們做好準備，將教會交給在地神職人員，要他們支持重振天主教會的改革行動。在越南，這類行動指的是訓練、指派與任命地方主教。儘管遭遇殖民當局，甚至是來自歐洲傳教士的抗拒，羅馬仍於一九二五年成功派遣一名教宗代表到印度支那，主持印度支那天主教會「越南化」。法國共和派領導人縱然有意阻止梵蒂岡，但實在也只能徒呼負負。畢竟，又有誰真能指控教宗「親共」？此外，第三共和對法國境內教會權力與財產展開的全面世俗化攻擊，也使法國領導人再也找不出讓羅馬跟著殖民路線走的妙計。羅馬的新代表在一九二〇年代末寫道：「時代在轉變，必須讓原住民神父不再聽命於任何人，才能更有效地擴展基督王國。」[46]

法國共和派殖民主義者當然聽著這話刺耳。教廷讓越南人與羅馬當局合作、管理他們自己的教會，實際上是在實施一項真正的合作政策。這項合作政策正是越南溫和派要的，也正是法國早自總督伯布的殖民政權上台起就保證要做、卻一直沒有做的政策。薩活曾在一九一八年後讓人燃起無限希望，但他的法國合作政策始終缺乏實質內容。天主教會與它的精英雖說仍非常重歐輕亞，雖說不時頗具種族偏見色彩，而且幾乎總是一派高高在上神氣，但梵蒂岡的原住民政策讓法國共和派困在他們自己的言論與不作為中。當教宗庇護十五世於一九三三年在羅馬聖伯多祿聖殿任命阮伯松為第一任越南主教時，法國當局一點也不開心。阮伯松回到越南，受到英雄式歡迎。大小報紙都把他的照片刊在頭版。甚至非基督徒越南人，也對教廷將主教要職託付給越南人的決定表示驕傲。法國駐梵蒂岡大使在一九三三年寫的一封電文頗能發人深省：「我們反對梵蒂岡將主教這樣的要職交給我們的殖民地臣民，但想讓梵蒂岡了解我們這項立場很難。我們自稱是最重視自由的殖民者；所謂『原住民政治』與『合作政治』這類名詞都是我們造出來的。現在只因為運用它的是梵蒂岡，我們就說這辦法不好，又怎麼說得過去？」面對大規模群眾暴亂，加以共產主義氣焰在中國與越南不斷高漲，殖民當局只能眼睜睜、看著梵蒂岡將越南天主教會在地化，一點辦法也拿不出來。令人感到諷刺的是，對於在越南實施「合作」這件事，教宗做得比第三共和好得多。[47]

具有重大意義的是，順化朝廷中以阮友沛與吳廷珂為首的重量級天主教人物，也支持天主教在地化，支持越南人管理越南天主教會。阮友沛與吳廷珂當年都接受與法國人合作，認為《保護國條約》可以讓皇室繼續管理，與法國人合作而非聽命於法國人，一起在越南進行改革。法國屈辱咸宜與維新，迫兩名「叛」帝遜位、流放的做法讓他們不敢置信。這兩件事在阮友沛與吳廷珂兩人心目中究竟有多大關聯性，雖說不得而知，但兩人都對教廷將教會在地化的做法表示歡迎，並且用這件事向法國進一步施壓，要法國尊重《保護國條約》，讓在地人透過皇權進行統治。吳廷珂用這種愛國傳統養育他的孩子（其中有天主教徒，也有佛教徒）。在吳廷珂於一九二五年去世以後，阮友沛把故友的兩個兒子吳廷琰與吳廷俶納入自己羽翼之下。吳氏兄弟就在這種一開始主張尊王、主張與法國合作的愛國環境中成長。

一九三〇年代初期的暴亂改變了法國政策。一方面因為大規模農民暴亂慌了手腳，再方面也因為擔心越南共產主義會在蘇聯撐腰的情況下崛起，薩活與巴斯齊同意讓保王派根據比較接近《保護國條約》內容的原則，在安南建一個新政府。巴斯齊還同意，讓在法國接受訓練的殖民地皇帝保大返回越南，在安南治理一個保護國政府。在阮友沛支持下，吳廷琰於一九三四年加入保大政府。不過，在發現保大、吳廷琰與阮友沛真的想根據《保護國條約》原則進行在地人治理時，巴斯齊很快改變主意，結束了第一次保大解決辦法。痛恨法國人不守信用，特別也因為法國人抨擊阮友沛，吳廷琰憤而辭職，保大也退出公共事務。一九三八年，阮友沛的另一個養子吳廷俶當了主教，不過阮友沛當時已經去世。吳廷俶從不隱藏他的愛國想法，（只要有機會）總是運用梵蒂岡的支持催逼法國人尊重在地人統治規則。最重要的是，吳氏兩兄弟在一九三〇年代的崛起象徵一件事：不管法國或其他越南人喜不喜歡，吳氏兄弟父執輩的保王愛國主義已經退潮，天主教民族主義者參政怒潮代之而起。[48]

這種天主教反殖民主義，與同時也在一九三〇年代崛起的越南共產主義雖說不容易相安無事，越南天主教徒、佛教徒、高台教信眾、和好教支持者等等，與共產黨卻都有一項共同理念：他們都希望爭取國家完全獨立。也因此，當胡志明於一九四五年九月二日在河內向群眾宣布越南獨立時，他們都很興奮，也就不足為奇了。一九四五年十一月一日，越南天主教新秀、來自發彥的黎有慈，在沒有殖民地官員干預、沒有一名歐洲傳教士到場祝賀的情況下受命成為主教。極度反殖民的黎有慈，加入保大與范公稷陣營，接受胡志明的邀約，在新越南國政府擔任最高顧問。像共產黨、佛教徒、高台教信眾、和好教支持者一樣，天主教徒也是民族主義者。[49]

07

The Penguin History
of
Modern Vietnam

第七章

相互角逐的帝國與民族國家

一九四五年九月二日這天，西貢悶熱不堪。打從一早起，南方激進派著名人物陳文教就全力以赴，設法控制一場二十萬人參與、慶祝越南宣布獨立的盛大集會。參與這場集會的人有男有女，有老有少，有窮人有富人，有工人也有政府官員。群眾首先聚在城郊，隨後緩緩朝市中心區諾羅敦廣場集結。這一天的重頭戲是胡志明在下午對全國同胞發表、由擴音器直播的演說。胡志明將在演說中宣布越南獨立，與越南民主共和國（Democratic Republic of Vietnam，簡稱DRV）建國。

集會主辦人也在當天稍早時獲悉，盟國第一批接受日本投降的團隊即將抵達。男女民眾立即在廣場各處懸掛張貼寫了英文、中文與俄文的旗幟與標語：「打倒法西斯與殖民主義」、「在法國統治下，越南受苦流血」、「蘇聯與美國萬歲」與「越南獨立萬歲」等等。英國、中國、美國、俄國國旗，以及紅底、正中一顆黃星的越南民主共和國國旗，一起飄揚在行政大樓。其中獨缺法國三色旗，獲得授權接受日本投降的盟國中沒有法國。

那一天，整個西貢充滿激情，隨處還夾雜、盪漾著民族主義者所向無敵的驕傲，與殖民者的惶惑不安。幾十個法國家庭站在陽台上，望著從他們樓腳下湧入廣場、喊著獨立口號的越南人，又是恐懼，又是好奇。不過由於主辦人沒能廣播胡志明在河內發表的獨立演說，群眾的歡欣鼓舞突然間轉為憤怒。有人放話說這是殖民主義者搞的破壞，於是許多人開始怒目瞪著站在陽台上往下看的法國民眾。然後就在群眾開始走散的時候，有人開了槍。廣場立即大亂，法國人與越南人四散驚逃。一些狂熱派越南人開始攻擊法國人的房屋，還放火焚燒附近的天主堂。越南民主共和國保安部隊雖也出動維持秩序，但沒多少成效。十幾名法國人在這場暴亂中喪生，包括一名因經常賑濟西貢窮人而著名的神父。

在這整段過程中，日本武裝警衛與軍人就站在街邊袖手旁觀，不肯在這個整個二次大戰期間一直在他們統治下的國家維持秩序。他們拒不釋放幾個月以前遭他們俘虜的法軍。現在自己也成了戰敗者的他們，除了盟軍以外，任何人的命令都不接受。就在那一天，兩個破碎了的帝國攤在暑熱的西貢街頭，任人評頭論足，一個是法國，另一個是日本。當胡志明在河內宣布越南獨立時，沒有人知道事情下一步會出現什麼發展。掙脫德國歐陸帝國鐵蹄、重獲自由的「新法國」，對他們前殖民地臣民的獨立願望能否感同身受？也或許，自由法國的戴高樂會為了洗刷一九四〇年戰敗之恥，而決心將越南再度納入殖民勢力，以重振法國自信與國際威望，謀求經濟復甦？❶

世界大戰與兩個帝國的崩潰

法國與日本原本不會為爭奪印度支那控制權而起衝突。儘管由於日本於一九〇五年擊敗俄國，法國曾擔心「黃禍」將至，但在日本一九〇九年禁止潘佩珠的東渡運動，並承認法國對印度支那的主權之後，兩國外交關係正常化。巴黎並且毫不猶豫，在一九一〇年承認日本的殖民朝鮮，以及日本的「列強」俱樂部成員國地位。日本加入同盟國陣營投入第一次世界大戰，以及戰後參與國際聯盟（League of Nations）與亞太地區集體安全安排，也使兩國能在平等互惠基礎上交往。❷

到一九二〇年代末，這一切都改變了。隨著大蕭條出現，以及獨裁軍人階級的掌權，日本相對而言的政治與經濟自由主義迅速消逝。日本新軍事領導人決心放棄集體安全，不再參與國際系統。面對全球各地因大蕭條而不斷高漲的關稅，他們深信日本要想生存就必須重施殖民擴張故技，而且必須獨霸亞洲。不過軍方這種選項，也使日本走上與勢力伸入亞洲的西方列強──不僅是法國，還包括其他歐洲國家與美國──衝突之路。日本又一次採取這種殖民侵略政策，立即而直接的受害者是中國。蔣介石當時從他在華南的大本營揮軍北上，決心打垮割據軍閥以統一中國。東京戰略家於是認定，日本必須在中國統一以前先下手為強。一九三一年，當法軍敉平印度支那反殖民暴亂之際，日軍也侵入礦藏豐富的中國東北。國際聯盟對日本提出抗議，東京於是退出國際聯盟，以便繼續進行殖民攻勢。一九三七年，在國際社會袖手旁觀下，日本皇軍侵入中國，控制綿延通抵印度支那邊界的海岸沿線，把蔣介石的共和政府逼進中國西南。就在日本進行這種武力擴張的同時，歐亞大陸另一端也於一九三三年出現一個以擴張為職志的獨裁國——納粹德國。就像日本人要建立亞洲「新秩序」一樣，納粹也想在歐洲做同樣的事。在日本侵入中國兩年以後，納粹德國也攻擊波蘭，將戰火燒遍歐洲。❸

法國沒能擊退德國、保住自己的家園，也無力為保住印度支那而對抗日本人。一九四〇年六月，法國向德國投降，包括薩活這類共和派高官，大多交出權力，由貝當元帥主持一切政務。第三共和就此死亡。一般稱為維琪政權的法蘭西政府代之而起，由貝當接掌領導權。所以稱為維琪，是因為它的總部設在維琪（Vichy）。越南人曾在十九世紀中葉對抗優勢法國軍力，現在輪到法國人對抗入侵異族了，包括戴高樂在內的許多法國人起而反抗。戴高樂逃往倫敦，在盟軍於一九四二年年底解放北非之後，他前往阿爾及爾。大多數維琪政權的人在這段期間低下頭，不敢有所作為，但也有些人認為，想推動共和派幾十年統治期間遭到邊緣化的革命性方案，這是大好時機。舉例說，貝當就在一九四〇年倡導與希特勒合作，推動「國家革命」。所謂國家革命政策的內容包括：廢止民主政治，重振天主教，倡導以土地認同政治為基礎的威權統治等等，「工作、家庭與國家」成為當時著名的口號。維琪政權展開大規模宣傳，動員青年，還組織一批狂熱信徒，以老祖父般的貝當為核心以傳播這種價值。同時，當局也通過反閃族（猶太）法律，以強硬路線對付左派。❹

就像他的前任一樣，無論就戰略或意識形態而言，貝當都是帝國意識非常強烈的人。但問題是，主其事者不是只有法國人而已，向印度支那推銷「國家革命」的事也因此難以順利進行。日本人一直密切注視歐洲局勢發展，渴望控制印度支那通往東南亞的陸路與海路走廊。若能控制紅河三角洲，它的河道，以及從河內到昆明的鐵路，東京就可以進一步孤立蔣介石政府，切斷它的國際補給線。美國（與蘇聯）已經因為日本攻擊中國而感到憂慮，開始增加對中國政府的支持，他們也因為了解越南的地緣政治重要性，故警告日本不得攻擊（越南）東京。❺

一連串複雜的事件接踵發生，首先是法國於一九四〇年向德國投降（維琪政府隨即上台），身為德國軸心盟友的日本於是向河內法國當局施壓，要求准許日軍進入（越南）東京地區。同年七月，新法國當局任命戴古（Jean Decoux）將軍為印度支那總督，令戴古維護法國在這個殖民地的主權。那年秋天，貝當率領下的法國向德國進一步靠攏，戴古也奉命准許日軍在東京進駐六千部隊。日本則承認法國在印度支那的主權以為交換。法國與納粹德國——日本自一九四〇年九月以來的重要軸心國夥伴——的合作，在印度支那造成一種問題重重但獨特的帝國共治。一個是亞洲，一個是歐洲等兩個帝國，就這樣在印度支那同時進行統治。所以出現這種共治安排，主要原因是日本寧願透過法國進行間接統治，以便把注意力擺在更重要的軍務上。

儘管都反共，都厭惡民主，也都對英美反感不已，但右派的法國與日本統治者既不喜歡這種夥伴關係，彼此之間也各懷鬼胎。雙方軍隊之間的衝突一直處在一觸即發的態勢。戴古完全沒把日本那套意識形態瞧在眼裡，一心一意只想維護法國主權，提倡「國家革命」，以削弱日本「大東亞共榮圈」的宣傳。但就像在歐洲的情況一樣，法國在印度支那的領土實際上也是外國占領區。不久，泰國在日本人支持下，為爭奪印度支那西部控制權而與法國打仗時，儘管法國海軍獲勝，但日本人插手干預以保證曼谷「戰勝」，也讓戴古初嘗仰人鼻息的感覺。一九四一年五月，在除了冒著喪失整個印度支那之險而進行武裝抵抗以外，已經別無選擇的情況下，戴古將大片高棉西部與寮國領土割給泰國擴張派，削弱了法屬印度支那的領土完整。日本並且與法國訂定一項新協議，將殖民地其他部分也納入日本軍事管轄。日本現在可以在印度支那南部駐軍七萬五千人。在法國當局與印度支那銀行合作下，日本人還在印度支那推動金融政策，搜刮米糧與天然資源。

日本透過越南將勢力伸入東南亞的行動，讓美國總統小羅斯福感到不安。小羅斯福於是凍結日本人在美國的資產，並且實施對日本的禁運。日本人的對策是，準備對美國在太平洋的海軍發動突襲，進一步向南方擴張，搜尋石油與橡膠。就在同時，德國也準備揮軍向東進擊，深入歐亞大陸腹地。繼德軍於一九四一年六月侵入蘇聯後，日本於十二月攻擊美國海軍在珍珠港的太平洋艦隊，向東南亞全境進軍。美國人於是參戰，一開始把焦點擺在歐洲，日本也乘機利用他們在印度支那的基地，在馬來亞（一九四一年十二月）、新加坡（一九四二年二月）與緬甸（一九四二年一到五月）打垮英國人。隨著日軍入侵，美國在菲律賓的統治於一九四一年十二月到一九四二年五月告終，荷蘭人對印尼的統治於一九四二年三月結束。越南就這樣淪為世界大戰戰場，一場歷史性巨變與慘痛的災難也開始上演了。

日本有沒有統治印度支那的能力，維琪政府的合作程度是重要關鍵。只要法國尊重兩國相互之間的協議，應日本之請為日本提供糧食、勞工與天然資源，日本當局也樂得透過既已存在的殖民政府進行間接統治。戴古簽字、授權並批准將米糧運交日本，還得向日本人交差。但一萬五千名印度支那精英與數以百萬計越來越吃不飽的農民，對這種「殖民合作」會作何感想，法國人似乎不很清楚。首先，戴古雖然洋洋得意地認為儘管遭到外國占領，他仍能讓法國繼續保有印度支那（就像貝當認為自己讓法國繼續保有法國本土一樣），但只要稍有腦筋的印度支那人都很了解，戴古能做到這一點，只因為日本人讓他這麼做。其次，一個「黃種人」能夠這麼輕而易舉地支配一個「白種人」，使歐洲人過去經常用來替殖民統治做藉口的社會達爾文論不攻自破。在西貢拉人力車的越南人想必了解，從同起街沿街而下的日軍，已經顛覆了以白人優越主義為根基的殖民秩序。第三，根據法國人簽署的國際協議，法國有義務保衛他們的亞洲殖民地，但為了與日本人合作，法國人沒有遵守這些協議。經過反覆洗腦，許多越南人早已習慣「殖民統治有理」的說法，法國人不守協議，毀了殖民統治合法性，也使法國人日後無法重建這種法統。

日本人也為越南人留下同樣負面的印象。儘管自明治時代以來就不斷大談要從「西方／白人」殖民壓榨中解放「亞洲／黃人」，不可否認的事實是，日本殖民當局存心讓「白人」繼續在印度支那主政。由於選擇透過法國統治印度支那，日本人甚至在他們最忠誠的越南盟友最需要幫忙的時候，背棄了這些越南人。當潘佩珠東渡計畫的一些死忠派在一九四〇年發動奪權時，日本人沒有幫他們，任由法國人將這批民族主義者擊垮。為了不願破壞以保大為首的既有君主政體，以維護印度支那安定，日本當局甚至不肯幫他們的老盟友彊柢王子在順化登基。被遺棄的彊柢於一九五一年在日本抑鬱以終。最糟的是，日本的統治引發一場大饑荒，到一九四五年，死於饑荒的農民已經超過一百萬人。在印度支那，所謂「共榮圈」（日本政府造出的名詞，意指將由日本領導的一群亞洲國家）矛盾百出。[6]

法國在印度支那推動的「國家革命」，效果也沒有兩樣。戴古一板一眼地實施反閃族法，箝制共和派與他們在印度支那的組織（包括共濟會、人權聯盟與人民陣線），並組建法西斯主義的「法國國家革命軍人與志願者兵團」以取而代之。由於來自歐洲屯墾民社區的志願者踴躍加入，這個組織的成員從一九四二年年初的二六三七人，增加到一九四三年年中的六五七六人，相當於殖民地歐洲人總人口的約二五%。雖說一些越南人也崇拜希特勒，對法西斯也心動不已，但沒有證據顯示維琪當局或激進派曾設法招募這些越南右派民族主義者。殖民地統治者與被統治者的區分，仍順著種族界線而涇渭分明，維琪政權沒有採取任何行動拆除這些壁壘。❼

維琪倒真是撤走了第三共和為印度支那做出的少許民主貢獻。戴古上任以後，立即廢止人民陣線為增加地方「原住民理事」在西貢、河內與海防的市政民主參與而做的一些改革。他的新做法很簡單：所有的理事都由他任命。一九四〇年十一月，戴古親自解散了印度支那所有的參議會，包括交趾支那殖民理事會。戴古雖也重彈薩活創建印度支那聯邦的老調，但他刮盡了這構想中殘存僅有的一點點自由派內容。成立於一九四一年年中的印度支那聯邦理事會，成員清一色都是親法國的死忠派「名士」，所有二十五名理事都由總督提名。日本人從未要求他必須採取這些反民主措施。一九四三年，戴古搬出全套（維琪法國）本土威權主義為他的政策辯解：

> 毫無疑問，在法國這方面，舊政權的一些受益人會因為見到民主機制的機會消失而懊惱。但就整體而言……政府以重振愛國心為原則而在印度支那進行的改革……應該可以讓人滿意地接受……凡是能認清選舉之危險的人……都不會將這項改革視為一種退步。在印度支那這方面……逐漸成形的印度支那因素，換言之，原住民意見的關鍵，已經開始全心全意支持國家革命，而且他們原本也對過去那些參議會的力量未懷任何幻想。❽

戴古這番說詞完全不真確。半個世紀以來，越南人不斷要求有意義地參與決策過程，戴古將所有這些要求一筆勾銷，讓裴光照等親法派憲政黨以及眾多越南精英與法國更加疏離。在警方追捕下，阮祥三等年輕一代共和派逃往中國，加入越南國民黨。有些人與日本人聯手。和好教與高台教那些有政治手腕的領導人，如黃富楚與范公稷，利用日本人的力量與羽翼進行政治擴張、動員，最後建立自己的武力，法國許多年來一直力圖阻撓的事終於成真。

戴古打的唯一一張越南牌，也是前幾任總督幾十年來一直使用的那張牌：王室，以及越南死忠保王派范瓊。一九四二年，范瓊在《安南國家報》（*The Annamese Nation*）頭版發表文章，支持法國法西斯派名家摩哈（Charles Maurras）的尊皇理念。范瓊堅決認定，越南為確保安定，就必須重拾傳統儒家價值觀。像摩哈一樣，范瓊也認為，盧梭不幸散播在越南青年心目中那些現代個人主義與理念，乃越南的亂源所在。范瓊與戴古都相信，重建儒家價值觀與王權，可以爭取越南鄉下百姓的支持，確保越南在這段動盪多事之秋的安定。對范瓊而言，王權是「最完美的政府形式」。范瓊像摩哈一樣，也批判民主，認為王權才是「深度民族主義」的具體表徵。[9]

像巴斯齊與薩活一樣，戴古也批准在順化重建君主政府，並指派范瓊為內政部長。但主要由於那位「天子」不想再像傻瓜一樣任人擺布，這項計畫也像過去一樣全無成效。戴古為增加保大在民間的「威望」而一再安排保大出訪，保大則不斷推託躲避，讓戴古無計可施。更重要的是，法國既不願統一這個遭他們削弱了的王國，又不肯賦予在地越南人一些表面上的權力，想用王權做反制革命的工具，自然不可能成功。戴古為操控愛國情緒，授權使用「越南」一詞，還為印度支那公務員調薪，以爭取他們的繼續支持，但越南仍然四分五裂，而且越南精英在殖民地的聲音甚至比過去第三共和時代更小了。戴古的團隊或許能讓成千上萬越南青年在印度支那各地遊行，高喊「元帥，我們在這裡！」，但日本人、高台教與和好教也都搞了這些把戲。對現在已經進入中年的越南民族主義者而言，這一切不過都是空洞的口號而已。對越南青年運動領導人，那位於一九四三年八月十五日在法國昆崙島監獄去世的阮安寧而言，尤其如此。

寮國與高棉的情況不一樣。法國為了壓制泰國，第一次在這兩個殖民地倡導法、寮與法、高合作。由於遭到保大的消極抵抗，戴古找上一個很有活力的年輕人：名叫諾羅敦•施亞努的高棉王子。戴古在一九四一年把施亞努扶植為高棉王，然後派他走出皇宮，在高棉鄉間巡行。在一連串精心策畫的王室出巡過程中，年輕的施亞努凝視著他的臣民，也要他們抬頭看著他。如果說保大厭惡這類在越南的出巡，施亞努卻始終記得這一課現代帝王治術的教訓，也記得它帶來的民族主義凝聚力。事實上，他在一九五三年就利用這一套東西對付他的殖民主子。一九六〇年代，有記者問他，維琪統治期間有沒有對他產生任何影響，施亞努答道：「有的。但說也奇怪，我必須說，這得感謝戴古上將。從我登基那天起，他就催我在國內到處巡行，以了解這個國家，更接近它的人民。我承認，至少在這一件事上，他給了好建議。」[10]

戴古也走訪琅勃拉邦，會晤寮王西薩旺•馮。為對抗泰國對寮國領土的野心，戴古將法國在二十世紀之初殖民的幾個寮境王國與軍事領地的管理權交給西薩旺•馮。事實上，戴古交給西薩旺•馮統治的，是一個比過去更統一，一個我們今天所認識、但在當年從未曾存在的寮國。而早在法國人抵達以前，統一的越南儘管只持續了幾十年，事實上確實存在。同樣是戴古，肯把寮國統治權交給琅勃拉邦的寮王，卻不肯把越南統治權交給安南的阮朝帝王，這麼做影響深遠。[11]

第二次世界大戰的結束與「新越南」的誕生

三月九日的軍變與越南人掌權

像貝當在歐洲的法國一樣，戴古在亞洲的殖民國也沒能在二次大戰中存活。到一九四三年年中，德國與日本都陷入困境。蘇聯發動反攻，已經打進東歐，盟軍也在一九四四年年中登陸諾曼第，將法國從德軍占領下解放，並讓戴高樂宣布、主持法蘭西共和國臨時政府。像他的幾名前任一樣，戴高樂也非常重視帝國的戰略重要性。他早在一九四〇年從倫敦發表的電台廣播中已經說，「法國並非孤立無援。它背後有一個龐大的帝國。」事實上，在於一九四二年年底獲得盟軍解放後，阿爾及利亞已經成為戴高樂流亡政府的「法國」大本營。自一九四四年年中以後，身為獲解放的法國本身的領導人，戴高樂必須向盟國展示他的新政府決心與軸心國奮戰的決心。羅斯福一直說要把印度支那交給國際託管，戴高樂則強調印度支那在戰後應該續歸法國所有，問題於是更重要了。

不過戴古不願意跟日本人作戰，也不肯聽命於任何人，包括戴高樂。戴古認定只有他能挽救印度支那。但就像貝當一樣，他又錯了。眼見盟國開始把全部注意力從歐洲轉到亞洲，日本人自然不敢掉以輕心（就技術上來說，美國人自珍珠港事件起已經在亞洲開打，不過現在歐戰已經結束，美國人可以全力對付日本，原子彈也準備好了）。事實上，早在一九四五年年初，美國人已經準備奪回菲律賓。一月十二日，一支美國海軍特遣艦隊攻擊越南海岸，日本人於是相信盟軍登陸已迫在眉睫。一九四五年三月九日，日本人因擔心印度支那的法國人背叛，遂先下手為強、發動軍變，只用幾天時間就推翻了法國八十年來的統治。在日本人支持下，保大宣布越南以「越南帝國」的形式獨立。擔任帝國總理的陳仲金隨即展開幾近一個世紀以來，越南第一次國家統一的工作。越南脫離了法國統治，但沒有脫離日本人控制。陳仲金政府雖因日本於一九四五年八月中旬投降而解體，但在它執政的三個月之間，它推動教育、文化與文官國家化，廢除行之數十年的殖民地規矩，一方面還得奮力對抗在鄉間各處肆虐、死人無數的大饑荒。⓬

就在同時，北方的越南民族主義者與共產黨，也從華南密切注視形勢發展。他們相信日本即將戰敗，將「海外越南」轉型為越南境內民族國的時機已經到來。我們知道胡志明會贏得這場越南人奪權之爭，會在一九四五年九月二日宣布越南全面獨立。但值得記住的是，胡志明在一開始未必就能勝出。首先，陳仲金政府雖與日本人合作，但仍有可能繼續撐持不墜（蘇卡諾等民族主義領導人就在印尼繼續執政）。其次，胡志明人不在越南境內。與中國共產黨領導人毛澤東不同的是，胡志明的整個革命生涯都在印度支那境外進行。至少直到一九四一年，他一直沒有返回越南，沒有重建他在印度支那共產黨內的領導地位。一些最激進、最直言無諱的共產黨，要不在越南境內搞地下活動，要不就在昆崙島監獄受苦受難。胡志明雖在一九三〇年創黨過程中為黨立下汗馬功勞，但他不過是幾名有影響力的黨員之一，而且這些黨員也都未必會推舉他擔任最高領導人。更何況，就算胡志明走進河內或西貢，除了這個共產黨核心圈以及少數消息極端靈通的情報官以外，能認出他的人少之又少。胡志明沒有民眾支持，他必須從零做起。

胡志明最重要、也最了不起的本領，就是他能讓自己在適當時機出現在適當地方。評估國際與區域情勢變化，結合越南現實、採取因應對策，尤其是他的專長。他知道什麼時候必須採取行動，也知道什麼時候應該潛藏不動，耐心待機。他不斷讀報紙，聽廣播。他的外語能力（他會說中文、法語、俄語、英語與泰語）也增強了他的效力。他的人脈網路就像他的人際關係技巧一樣出類拔萃，讓他可以左右逢源，可以招兵買馬在城、鎮與鄉村布下重要樁腳，可以經由烏隆與新加坡，穿梭於巴黎、馬賽、香港與廣州之間。

一九三四年，在香港一座監獄裡待了兩年之後，胡志明用巧技重獲自由，回到蘇聯，留下一批較年輕的革命黨與阮安寧一夥人結合一處，在越南境內領導共產黨。停留莫斯科期間，他潛心學習馬列，向史達林效忠，並加強他的俄文。他研讀一切可以取得的有關中國與越南情勢的資料，然後向印度支那境內的黨員下達指示。他用筆名在越南左派報紙上發表文章，警告黨員托洛茨基主義的危險性，為史達林的做法撐腰。但太平洋戰爭爆發後，對胡志明而言，最重要的工作就是回到華南，發揮他真正專長，營造一個廣納各方人馬的民族主義陣線，將越南共產黨送上執政之路。之後，他與越南共產黨才能全力投入激進的社會革命。⓭

日本人與德國人把世界——以及共產集團——推向全球大戰，推向一連串新同盟關係與新戰術，胡志明的機會也不斷改善。最重要的是，在一九三五年，共產國際的重心已經從鼓吹「階級鬥爭」與「國際無產階級專政」，轉移到建立民族主義陣線與國際同盟關係，聯手對抗法西斯。這樣的轉變大幅提升了胡志明的影響力，也讓他順利重返亞洲。共產國際對中國政策的轉變，於胡志明助益尤大。面對日本入侵，中國共產黨與國民黨在一九三六年十二月建立他們第二次聯合陣線（第一次聯合陣線是孫文在一九二三年建立的）。史達林支持這種做法，胡志明也因而直接獲益。在共產國際支持下，胡志明於一九三八年抵達華北，會晤當時在延安運作的中國共產黨，並以通訊專家的身分加入中國共產黨第八路軍。他於一九四〇年初抵達雲南省，並立即啟動各路人脈。他與故友周恩來與胡浩林重新取得聯絡，胡浩林是東渡老將，仍在蔣介石參謀本部工作。胡志明也再次展開工作，爭取海外越南人支持，一面結交華南中國國民黨領導人，聯合印度支那境內非共越南民族主義者與共產黨領導人。⓮

印度支那境內發生的幾次事件，也間接提升了胡志明的聲勢。法國於一九三九年九月決定禁止在法國與印度支那宣揚共產主義，迫使印度支那共產黨轉入地下。許多共產黨員或下獄，或逃亡。一九四〇年底，共產黨在交趾支那暴動，法國強力鎮壓，毀了共產黨在南方的基業，迫使共產黨將重心北移，轉入在（越南）東京的地下基地（由長征領導）以及華南（由胡志明領導）。也由於范文同與武元甲這類激進派於一九四〇年抵達華南，胡志明才能與他們、並透過他們與越南內部建立直接聯繫。原本可以順理成章、繼承民族主義與革命衣缽的阮安寧於一九四三年去世，胡志明少了個角逐領導權的勁敵，南方激進派也就此一蹶不振。南方左派不再能壟斷越南政治，之後幾十年，越南的激進政治始終操控在北方領導人手中。這是越南現代史上一項重大政治轉型。

胡志明運用手段，周旋於華南國共第二次聯合陣線之間。他知道，控制與印度支那接壤邊界的中國國民黨領導人與將領，需要越南共產黨與民族主義者也建立他們自己的聯合陣線，以擊敗共同敵人——日本人。像毛澤東一樣，胡志明完全同意經共產國際批准的這種戰術性結盟。華南的反共越南領導人沒那麼有信心，但他們既靠中國國民黨老大哥在華南運作，也只能希望能在擊敗日本人以後在越南掌權。負責邊區的中國國民黨領導人張發奎與蕭文，督促中國境內越南國民黨領導人武鴻卿與新成立的越南革命同盟會（Vietnamese Revolutionary Alliance）領導人阮海臣與胡志明聯手，一起對付日本人。胡志明就這樣於一九三六年（效法中國國共聯合陣線模式）組建了一個越南民族主義陣線。日軍於一九四〇年底進入印度支那，胡志明遂在中國國民黨人祝福下把班底搬進中、越邊界，保證參與抵抗日本的行動。（他同時也將他與東京共產黨人的聯繫增加了幾倍。）在遙遠的高平省，胡志明的手下在北坡石灰岩洞建立營地。胡志明於一九四一年二月走進北越，這是他自三十年前乘船離開越南以來第一次回到自己祖國。

同樣重要的另一件事是，胡志明搬出一九二〇年代中期他在華南運用的聯合陣線戰術，重拾黨內領導權。為了不讓印度支那共產黨沉淪，他與東京地區領導人會晤，向他們說明共產國際的聯合陣線政策，並堅持建立這樣一種陣線、但必須在共產黨控制下的重要性。胡志明沒有堅持由自己來領導印度支那共產黨，也沒有乘機報復那些在一九三〇年代指控他「狹隘民族主義」的人。他支持長征擔任黨總書記。長征在人民陣線主政期間成為河內首要理論家，曾與武元甲在一九三八年發表一篇名為〈農民問題〉的重要論文。胡志明原本可以搬出他在共產國際的資歷，輕鬆取代長征，但他肯定知道黨總書記的身分太特出，會損及他爭取非共人士支持、營建民族主義陣線的能力。[15]

一九四一年，在整個世界捲入一場真正的世界大戰之際，胡志明也採取行動。他帶著班底離開位於中、越邊界的基地，主持一九四一年五月十日到十九日舉行，富歷史性重要意義的印度支那共產黨第八屆全會。這次會議以及會中通過的文件，正式將黨路線從無產階級國際主義轉移到國家解放。這表示要建一個無分階級、種族、性別或政治屬性，包容各方人馬的全國陣線，以爭取越南獨立為核心目標。土地改革等等有關土地革命的激進論調消失了。這次歷史性會議產生一個新組織，就是「越南獨立同盟」（Viet Minh），一般稱為「越盟」。就許多方面而言，越盟取代了一九三六年成立於中國、既已存在的陣線，但現在越盟由共產黨掌舵，而且在越南境內不在華南，中國國民黨領導人與他們的越南盟友，不能再像過去那樣對他們進行干預了。

也難怪武鴻卿與阮海臣會深信越盟是共產黨建的組織。但共產黨不願上他們那些民族主義、反共競爭對手的當，把他們困在中國國民黨支持的反共民族主義陣線中。想在這場權力角逐中取勝，就必須控制與擴充另一民族主義陣線。華南境內非共產的越南政黨，因為不肯把國家陣線移到越南而犯下大錯。由於沒有進駐越南，他們讓越盟以四年時間在越南高地與三角洲地區組織基地、動員人民。越盟工作人員也因此在開辦穀倉、賑濟饑民，在滲透陳仲金政府的工作上，比非共越南政黨居於更有利的位置。此外，非共越南人把重掌政權的希望完全放在中國國民黨人身上，也太低估了胡志明：胡志明知道怎麼運用聯合陣線策略對付這些非共越南競爭對手，而且很清楚支持他們的中國國民黨人，面對中國境內更迫切的問題，已經無暇為他們撐腰。

胡志明與他的團隊竭盡全力，將越盟與共產黨轉型為越南境內國家運動的保護者。他們開始在安全無虞的情況下印製祕密報紙，分發宣傳資料。一九四一年六月六日，胡志明模仿潘佩珠三十年前在日本寫的〈海外血書〉，發表〈來自海外的信〉。胡志明在這封淺顯易懂、由六百個國語字寫成的信中，呼籲越南人拿起武器抗爭：「處於這麼痛苦煎熬的環境，我們難道能束手等死嗎？不能，絕對不能！兩千多萬英雄子孫決不能做亡國奴！」胡志明這時在北方山區四處訪問，也第一次考驗了他與民眾結合的能力。面對這些許多不是越族的民眾，胡志明將自己塑造成國家獨立運動保護者，同時積極訓練幹部，讓他們在時機到來時可以迅速而決定性地奪權。⑯

無論胡志明是否料到，德軍在一九四一年侵入蘇聯的行動，使他在面對那些不相信國家陣線的人時，立場更為強勢。共產國際在一九四三年解體，蘇聯也在對抗納粹的生死鬥爭中苦撐——這些事件都使莫斯科（或它的越南盟友）再也不能對胡志明的升為越南共黨最高領導人進行任何直接干預。此外，由於蘇聯現已成為與美國共同對抗軸心國的盟國，再也沒有人能阻止胡志明在華南爭取美援。設在中國的美國戰略服務處招募了許多越南人，包括風度翩翩又會說英語的胡志明，以提供有關日本人的情報，協助拯救被擊落的美國飛行員。英國人與馬來亞共產黨也有同樣交道，包括馬共那位越南裔領導人萊特都曾與英國合作。胡志明還能用中文為中國國民黨提供有關日本人的情報，許多一九四五年抵達河內的中國軍官都與胡志明結交。

同時，在越南境內，支持保大與陳仲金、非共產的民族主義者，在日本策動的一九四五年三月事變之後動員青年拆除殖民政府建的紀念碑，用阮太學這類人物的名字為街道重新命名，並且以遙遠的過去為根，標榜一個充滿英雄色彩、獨立而單一的越南，強調只有這麼做才能建立新的國家認同。不過在那些北疆的越南民族主義者眼中，陳仲金政府仍只是日本人羽翼下的產物。像印度支那共產黨一樣，越南國民黨與越南革命同盟領導人也打定主意，要在大戰結束後將它剷除。[17]

不過，對胡志明而言，最重要的是讓越盟進駐越南，一旦時機成熟，才能讓只有約五千名黨員（其中至少半數關在殖民當局獄中）的共產黨掌權。與越南國民黨與越南革命同盟不一樣的是，越盟立即在沒有日本－法國巡邏隊干擾的偏遠北部地區展開工作，吸收黨員，營建組織。在大多數案例，越盟就因為下了這一層工夫，在日本遲早免不了投降時可以立即接管地方殖民政府。武元甲開始沿著北疆建立一支小小的解放軍。為打擊日本，美國戰略服務處也為他們提供武器與軍事訓練。同期間，長征也在河內操作一個地下網路，拉攏知識分子、公務員與青年團體，一方面訓練幹部，準備一旦日本戰敗就接掌首都與省城控制權。在中國境內的越南非共國民黨員沒有下這類工夫。但南方情勢大不相同。當地共產黨因一九四〇年暴動失敗而元氣大傷，始終欲振乏力，而且與北方幾乎沒有任何真正接觸。在南方組建組織與動員民眾的，是高台教與和好教領導的非共民族主義教派。

北方的印度支那共黨領導層密切注視著戰事在國際、區域與地方層面的發展。黨策略專家對日本人在一九四五年三月九日推翻法國殖民政權的事件自然表示歡迎。凶殘的殖民警察消失以後，胡志明的人馬可以進一步深入越南，在陳楚村建立總部。不過，就像在法國面對納粹的戴高樂一樣，胡志明也了解，只有在盟軍擊敗日本——當時一般認為必將於一九四六或一九四七年成真——

以後，共產黨才有接掌政權的機會。但無論是戴高樂、胡志明或武鴻卿都沒有料到的是，在美國以原子彈攻擊廣島與長崎後，日本迅速於八月十五日投降。不過在收音機傳來日本投降的消息以後，胡志明立即採取行動。印度支那共產黨立即發布全面造反令，戴高樂的情報官與中國境內的非共國民黨員只能眼睜睜看著他們起事。八月十九日，越盟在河內與北方幾省省城奪權，隨即將勢力向南延伸，在八月底已經控制安南與交趾支那。越南人今天將這連串事件統稱為「一九四五年八月革命」。

八月三十日，阮朝末代皇帝保大正式退位，這是同樣重要的一次歷史事件。保大與他的總理陳仲金，原也可以像一九四五年八月處於同樣立場的東南亞其他幾國元首一樣戀棧不去，但他們沒有這麼做。在一項經過精心策畫的儀式中，保大將阮朝印璽與劍交給胡志明所領導，新成立的越南臨時政府。保大放棄他的頭銜與名號，成為「公民永瑞」。他甚至還當了胡志明的顧問。保大此舉為胡志明與胡志明新政府帶來強大的法統來源。這項發展讓扶植保大稱帝的那些法國殖民領導人看得目瞪口呆，他們不斷表示，保大必然是被迫出此下策的。但在退位前幾天，保大寫了一封親筆信給戴高樂，懇請戴高樂承認越南的獨立權：

> 我請你了解，想維持法國在印度支那的利益與精神影響力，唯一的途徑就是坦然承認越南獨立，放棄任何重建主權或任何形式法國政府的構想。如果你們能不再主張有權再次成為我們的主人，我們可以很容易地處在一起而成為朋友。[18]

法國人一向重視他們那些殖民地的君主，對保大尤其另眼相看，也因此戴高樂不可能不知道保大寫的這封信。法國因為保大有生以來第一次公開挑戰他們的權威而處境可悲，因為他們已經沒有越南夥伴幫他們重建失去的殖民國。一九四五年八月，或出於個人，或出於共黨命令，越盟人員處決了法國最忠實的盟友裴光照與范瓊。[19]

儘管胡志明部署共產黨有方，而且保大也即時遜位，然如此未必就能保證共產黨成功發動「八月革命」。誠如毛澤東的一句名言所說，「不是日本人侵略中國，共產黨也不可能在中國掌權。」這句話對越南共產黨同樣適用。此外，無論今天那些為越盟辯解的親共派以及詆毀越盟的反共派怎麼說，當時的印度支那共產黨並不那麼具備掌控局勢的能力。就像越南史上早先那些情況一樣，造成情勢變化的最重要因素是饑荒。日本占領期間的越南中央與北部地區情況尤其如此。不斷增加的人口壓力，稻田歉收，天氣狀況與耕作手段不佳，以及轉而生產工業作物的政策，都造成一九四四年東京稻穀減產，位於中北部的清化與義安省情況尤其嚴重。讓事情雪上加霜的是，法國與日本不肯為農民減稅，一味增加農民的負擔，卻不提供鼓勵農民增產的動機。同時，法國與日本還開始為他們自己囤積米糧。稻米供應減少，黑市米價飛漲，遠遠超過官定價格。農民於是為滿足自己的需求而囤積米糧，不肯按照官方價位出售。在這種情況下，想避免饑荒，唯一的辦法就是從米糧供應相對寬裕的南方運米北上。但盟軍轟炸機已經切斷縱貫南北的鐵路，炸毀許多橋梁，盟軍潛艇的封鎖也將海岸運輸降到最低限。帆船與部分鐵路線仍可運用，不過盟國這時正傾盡全力摧毀軸心陣營殘餘勢力，日本官員更擔心的是太平洋的戰事。法國當局也提不出任何解決辦法。[20]

結果是，從一九四四年十二月到一九四五年五月左右，大饑荒席捲東京與上安南，約一百萬越南人死難。在「八月革命」之前五個月期間，這個關鍵性地區的人死了估計約一〇%。就許多方面而言，越盟領導人就趁著這波饑荒帶動的農民怒潮，於一九四五年年中奪權。他們跨過一省又一省，一路奪取法國與日本因戰敗而丟下的殖民政府，一路開放政府穀倉賑濟災民。在這股龐大的社會抗議怒潮下，保大與陳仲金政府派在鄉下的地方官根本不可能存活。在饑民眼中，這些省與地區大員也是屯積米糧而害得他們家屬慢慢餓死的幫凶。這些官員成為農民怒氣宣洩的對象，許多人因此賠了性命。若沒有戰爭與戰爭帶來的饑饉，越南共產黨很可能無法在一九四五年八月奪權。㉑

世界大戰結束與「新法國」崛起

戴高樂政府與這些事件嚴重脫鉤。與英國與美國人不同的是，自由法國情報當局根據政策而不肯與「土著」合作，他們因此無法為戰後法國領導人提供印度支那境內的重要情資，法國與在地夥伴合作以重建未來越南和平的機會也就此喪失了。像太多法國執政階級人士一樣，無論在之前的阿爾及爾與之後的巴黎，戴高樂政府決策人也認定憑藉共和改革與殖民人道主義，就能重建殖民帝國，平息民族主義者要求獨立的呼聲。一九四四年初舉行的布拉薩市（Brazzaville，在法屬剛果）會議就是這種情況的最佳寫照。出席這次會議的有幾名主要來自非洲的總督，以及臨時法國參政會的代表。印度支那因在日本人控制下，沒有代表與會。亞洲或非洲殖民地臣民也都沒有與會。戴高樂政府殖民政策重要設計人洛杭蒂（Henri Laurentie）當時在會中說，民族主義精英正在殖民地迅速崛起，從內部挑戰帝國統治，法國如果想保有殖民地主權，就必須採取更自由的政策。這次會議通過的主要改革方案是，把殖民帝國的原則從同化改變到聯邦主義（不過在印度支那，法國本來也從未全盤「同化」）。根據聯邦主義政策，法國應建立擁有擴大選舉人團的地方議會，讓地方精英享有更多自主權，而法國則繼續控有帝國政府，控有它的外交事務與國防。㉒

對戴高樂派而言，印度支那將是殖民聯邦主義的試紙。一九四五年三月二十四日，在日本推翻法國殖民政權不到兩週之後，法蘭西共和國臨時政府發表它對印度支那的第一篇重要政策宣言。宣言中根據布拉薩市會議做成的聯邦構想提出一項創議：要建一個聯邦，將東京、安南、交趾支那、寮國與高棉組建為一個殖民國。這個聯邦架構在法國高級專員（總督的新名稱）指導下建立成員國政府，透過這些政府讓每一成員國享有更大自主權。這個印度支那聯邦透過「法蘭西聯邦」（French Union）一員的身分，與阿爾及利亞等其他法國殖民國聯繫。「法蘭西聯邦」是法蘭西帝國的新名目，是一個結構更完整、相互聯繫也更加緊密得多的組織。根據計畫，「法蘭西聯邦」最後還要在巴黎建一個全帝國性的諮議機構。

沒有跡象顯示，法國有意重拾席潘尼康將軍在一九一〇年代提出的改革構想，讓印度支那逐步轉型為仍與法國保有關係的獨立國。法國不打算學習美國一九三五年建立國協並將菲律賓納入國協的做法，在印度支那也如法炮製。戴高樂派無意模仿英國人，像英國人一樣建立國協，讓加拿大、澳洲、紐西蘭，最後讓印度這些殖民國全面獨立，但仍維持一個鬆散的帝國架構。法國人也無意結合東京、安南與交趾支那，在印度支那聯邦架構內建一個領土統一的次國家「越南」。不過，寮國根據戴古的承諾而保有領土完整。一九四六年，寮國與高棉收回泰國人在一九四一年從他們手中奪取的土地。[23]

問題是，這篇印度支那宣言與時事完全脫鉤。日本人已在兩週以前毀了法屬印度支那，而宣言中竟對這項發展隻字未提。對保大宣布的獨立或越南統一問題，宣言也未納入考量。事實上，對於前文所提到保大寫的那封信，戴高樂不但沒有細細思考，還下令他的新專員達尚禮埃（Georges Thierry d'Argenlieu）收復整個印度支那，必要時得使用武力。同時戴高樂另外找了一名新殖民皇帝，準備透過這名新皇帝為法國第二次殖民地征服之戰爭取合法性。極具反諷意味的是，戴高樂找來的這個人，正是三十年前因背叛罪而遭法國人趕下台的那位維新帝。維新帝在一九四五年底因一次墜機事件而逝世，戴高樂這項計畫因此功敗垂成。不過這件事說明法國政府直到第四共和執政，仍對殖民君權的做法迷戀不已。[24]

一九四五年九月二日，胡志明在數以萬計越南群眾前拿起麥克風，宣布越南獨立，法國與越南民族主義者的觀念偏差也達到頂峰。經過獨特的轉型，胡志明已不再是那個在巴黎與潘周楨爭論的憤怒青年。留了一撇小鬍，穿著簡單的胡志明，現在刻意扮演著人道主義智者的角色。報紙在頭版刊出他的照片，一九四五年年中以前在越南境內幾乎名不見經傳的他，開始名聲響亮。他仍然像在停留巴黎那段期間一樣堅決反對殖民，但為了代表國家獨立的願望，也為了領導越南實現這項願望，他將他的國際共產主義信念與淵源小心隱藏。那天，在準備念那篇國家獨立宣言以前，胡志明問他的「同胞」，問他們能不能聽見他說話，台下群眾發出如雷的回應：「能！」胡志明當然絕對是個共產黨，但他也決心讓共產黨成為民眾心目中真正的民族主義保護者，決心建一種必不可缺的個人崇拜以推動他的建國計畫。就這樣，第二次世界大戰造就兩個新民族國家與兩名新的民族主義領導人——戴高樂領導下的法蘭西共和國，與胡志明的越南。兩人都極具個人魅力，都對這塊亞洲土地的未來有強烈卻相反的信念。這樣的風雲際會非常危險。[25]

第二次法國殖民地征服之戰

不過，戴高樂在一九四五年還不能隨心所欲行事。一九四五年世界大戰戰後出現的秩序，與十九世紀末葉歐洲人主控的國際系統已經大不相同。大家都心知肚明，美國與蘇聯已經以前所未有的強度支配歐亞大陸兩端，成為國際系統兩個最重要的強國。如果說蘇聯在大戰結束時占有東歐大多數地區，則美國在大西洋邊的歐洲與亞太地區絕對稱得上是霸主。在東亞，美國管理日本，重建在菲律賓的控制權，還占領南韓。日本推翻西歐各國在東南亞各地殖民國的事實，重創了歐洲人支配亞洲的地位，而且無論怎麼說，戰後這些歐洲政府也沒有與美國競爭的財力。儘管蘇聯也派軍進駐中國東北與北韓，但史達林的注意力主要仍在歐洲，特別是德國。在日本戰敗後，由於擔心毛澤東的軍隊會控制中國，美國幫助蔣介石收復大片中國土地。蔣介石雖有許多弱點，但他在大戰期間與美國並肩作戰，他領導的中華民國亦因此在戰後亞洲事務有了新發言權。[26]

法國的情況正好相反。早在大戰一開始就被打垮了的法國，很難指望也能像英國人將殖民勢力重新伸進東南亞（「東南亞」這個越來越普遍使用的名詞，就出自英國在大戰期間成立的英軍東南亞指揮部）那樣，輕鬆奪回他們在印度支那的殖民地。更何況，戴高樂與羅斯福的關係一直就不好。法國遭到盟國決策過程嚴重邊緣化，盟國許多有關印度支那命運的決定，戴高樂甚至不知情。羅斯福、史達林與邱吉爾一九四五年七月在波茨坦會議做成的決定，就是一項重要例證。根據這項決定，英國可以占領印度支那北緯十六度線以南地區，並接受日本投降，印度支那北緯十六度線以北地區的占領與受降工作則交由中華民國負責。一九四五年九月初，葛拉西（Douglas Gracey）將軍指揮下的英軍與印度軍，開始在西貢登陸，盧漢將軍領導的中國軍隊則在河內建立總部。美國戰略服務處軍官在河內與西貢上岸，尋找戰俘，美國國務院也在兩地準備重開外交使館事宜。[27]

胡志明十分清楚這種戰爭造成的印度支那國際化與法國勢力邊緣化的利弊得失。戰後權力關係的消長變化既能幫他在日本投降後不到幾天，就發動八月革命掌權，同樣的變化也能讓他建立的新國家解體，讓印度支那共產黨新近奪得的政權消失。他也知道，戴高樂會用盡一切手段說服中國、美國與英國人對付他的越南。

想對付胡志明的越盟，不只有戴高樂而已。一九四五年九月隨中國軍隊進駐東京與北安南的，還有幾名越南民族主義領導人，其中包括越南國民黨的武鴻卿與越南革命同盟會領導人阮海臣。武鴻卿與阮海臣都指望中國盟友能幫他們推翻胡志明與他的越盟政府，中國如果堅持必須在越南維持國家聯合陣線，至少也能迫使越南共產黨接受聯合政府。（一九四六年二月，蔣介石確曾認真考慮下令派在河內的軍官推翻胡志明，幫非共的越南盟友掌權，但最後他決定按兵不動。）在南方，陳文教與范玉石等共黨領導人全力跟英國人合作。和在北方相比，在南方與其他越南人合作並不輕鬆。宗教團體與托洛茨基派領導人對印度支那共產黨一直極度不信任，而南方共產黨現在必須與他們組成民族主義聯合政府，掙扎求存。[28]

戴高樂就在這種複雜的時空背景下，派遣代表前往印度支那，執行他重建法國主權的明確訓令。這些代表與英國、中國與越南人展開談判，希望重建法國控制權。英國人既擔心他們自己的亞洲殖民帝國即將不保，但也急著維持地方秩序，於是准許地方上的法軍於一九四五年九月二十三日在西貢發動兵變，將越南民主共和國的南方部隊趕到鄉間。而就在同時，李克雷（Philippe Leclerc）將軍率領的遠征軍也陸續抵達，控制印度支那南方各大城市、公路與橋梁。不過法軍並非獨力進行這些事。英國運用印度廓爾克兵幫他們建立秩序，日本兵也跟法軍聯手，一起在北緯十六度線以南與越南人作戰。[29]

越南人一開始就抗拒法國的再度殖民征服，不過他們的處境極端複雜。曾經關在昆崙島監獄的越南國民黨黨員阮平，在一九四五年十二月擔任越南民主共和國南方軍司令。雖說當時沒有人知道，一場前後三十年的越南戰爭，已於一九四五年九月二十三日在南方揭開序幕。不過由於有中國軍隊進駐北緯十六度線以北，越南民主共和國得以在短期間免遭法國殖民軍攻擊。對越南人而言，中國政府的占領當然也不好受，但幫著胡志明的新國家保住領土的，是中國國民黨、而不是中國共產黨的軍隊。也因為蔣介石決定不推翻胡志明政府，越南民主共和國當局可以充實國力，動員人民，在沒有法國直接干預下建立軍隊，直到一九四六年十二月為止。在二次世界大戰戰後的印度支那，無論對法國或對越南而言，能不能伸張政府治權，外國軍隊都是重要關鍵。[30]

法國了解這個道理，於是竭力促使中國迅速撤軍。中國當局對越南民主共和國的態度於一九四六年初轉趨敵視，也讓胡志明達成類似結論。那一年二月底達成一項協議，中國同意撤軍，交換條件是住在印度支那的中國國民得享有特權，法國也必須放棄在中國的租界與特權。法國人表示同意。不過中國方面堅持，在法軍取代中國軍隊進駐以前，法國與越南雙方必須先達成協議。中國地方當局見到南方因英軍撤離而於一九四五年九月二十三日發生的動亂，為避免類似事件在北方重演，而有此一堅持。於是，法國與越南於一九四六年三月六日簽署臨時協定。根據這項臨時協定，胡志明同意越南將以「自由國」的身分加入印度支那聯邦。法國可以在北緯十六度線以北駐軍一萬五千人，但也必須同意籌辦公民投票，決定交趾支那是否與越南其他部分統一的問題。身為「自由國」的越南民主共和國可以經營自己的政府、國會與財政，但沒有主控外交、國防或發行貨幣的權力。具有重要意義的是，根據這項臨時協定，法軍必須在五年內撤出越南民主共和國。這項規定，使反共的民族主義派難以指控胡志明賣國。胡志明也就在這種情況下，對與他談判的法國代表說：「寧可聞法國人的屁聞五年，也不要吃中國人的屎吃一輩子！」對越南非共的民族主義派領導人來說，這項臨時協定是一場噩夢，因為他們最主要的後台——中國人——的撤軍因此成為定局。越南國民黨領導人武鴻卿在違反自己的黨黨意的情況下，或迫於中方高壓，或出於政治無知，也或許兩個理由都有，與胡志明，以及胡志明的法國談判對手聖德尼（Jean Sainteny）簽了協定。民族主義反對派現在成為易遭法國與越南民主共和國攻擊的軟柿子。[31]

這些協定讓法國與越南民主共和國能因中國撤軍，而加強各自的軍事態勢，但同時也帶來和平的契機。胡志明很清楚這一點，於是全力投入，尋求一向能讓越南走出殖民統治的談判解決方案。但交趾支那的地位問題過於棘手。法國現在已經控制交趾支那大部分地區。為解決交趾支那地位問題而召開的幾次後續性會議（首先在大叻，之後又於一九四六年年中在法國舉行）均告失敗，胡志明也賭輸了這一局。法國與越南未能就交趾支那地位問題達成和平解決方案的事實，也讓達尚禮埃這類印度支那殖民強硬派把事情攬在他們手中，使妥協解決方案越來越難達成。胡志明在走投無路的情況下，只得向馬玉・穆德（Marius Moutet）求助。穆德是胡志明在停留巴黎期間的舊識，是社會黨員，當時擔任法國海外部（原名殖民部）部長。胡志明希望穆德能促成雙方在一九四六年九月簽署一項臨時協定，規定在南方停火與其他事宜。穆德同意幫忙，但由於法方缺乏政治意志，加以巴黎方面不斷更換政府，印度支那地方當局遂能打著戴高樂指示的旗號，削弱越南民主共和國國家主權，為殖民聯邦爭取有利條件。這樣一種（把事情拖向戰爭邊緣，以迫使對方就範的）邊緣政策遂造成諒山與海防在一九四六年十一月的嚴重衝突。一九四六年十二月十九日晚，越南人在河內發難。早已磨刀霍霍的地方法國當局於是迫不及待，展開武力鎮壓。全面殖民戰爭就在當晚於河內爆發。

內戰展開

由於不同團體爭奪後殖民時代的國家控制權，去除殖民政權的戰爭幾乎免不了會引發內戰。為奪取越南控制權，最先挑戰共產黨的，是過去與共產黨一起被關在殖民地監獄、一同混跡華南的民族主義者，特別是越南國民黨人。不過，在一九四五年年中掌權時，越南民主共和國不能立即派出它的特務人員對付這些反對派。因為當時的共產黨迫切需要盟友，任何不成熟的行動，都可能使來自不同政治派系、來自越南各角落，原本可能結納的盟友棄共產黨而去。最重要的是，中國國民黨的軍隊占領越南北方，意謂印度支那共產黨需要極度小心。駐在東京的中國軍指揮官，如盧漢與蕭文等等，一直很支持華南那些非共的越南反殖民人士。他們非常清楚胡志明是共產國際培植的共產黨，與中國共產黨有頗深的淵源。

在一九四五年的北方，反對派究竟有哪些成員？最主要的有三個黨：武鴻卿領導的越南國民黨，張秀英領導的大越同盟，以及阮海臣領導的越南革命同盟會。這三個政黨沒有一個親法，都是民族主義者，而且也都反共。前文對越南國民黨與越南革命同盟會已有略述。大越同盟是一個非共產黨的民族主義政黨，由主要來自北方城市、在人民陣線主政期間結合在一起的精英組成。這個政黨的成員包括阮祥三這類共和派民族主義人士，與比較強調威權獨裁的張秀英等人士。不過，第二次世界大戰的爆發導致法國鎮壓這些民族主義人士。大越的許多領導人或下獄，或像阮祥三那樣逃往華南，或轉入地下，從事反法活動（無論有沒有日本人支持）。[32]

越南民主共和國的共產黨核心並不記恨這些民族主義人士，這是當時反共派的共識。一九四五年八月奪權之後，在中國軍隊進駐展開干預以前，共產黨關了好幾十個與日本人「共謀」、危害印度支那共產黨的反對派。民主共和國警察頭子曾經寫道，他如何在一處監獄視察，如何因見到幾個對人民、對黨背負「血債」的「叛徒」被關在裡面而欣喜不已。共產黨特工逮捕陳仲金、吳廷瑰、吳廷琰與范瓊等反共政治人物。越盟處決了吳廷瑰與范瓊。胡志明親自干預才讓吳廷瑰的弟弟吳廷琰免於一死。總加起來，有好幾千人「沒能逃過（一九四五年八月革命的）劫數」。像在中國的情形一樣，出現在日本戰敗後的這類暴力，讓共產黨與非共民族主義人士之間的信任與合作付之烏有。[33]

中國占領軍的進駐，制止了這類處決事件，也延後了原本一定會在一九四五年十月爆發的全面內戰。為了不讓中國有任何推翻越盟新政府的藉口，共產黨強忍怒氣，允許反對派籌組宣傳運動，辦報紙，發表挖苦共產黨、甚至諷刺新「國父」胡志明的政治漫畫。二十世紀越南史上，無論在法國殖民者或在越南共產黨統治下，報界與反對派從未能這麼自由運作過。靠著中國安全傘保護，這些反對黨廣納成員、動員青年團體，還招兵買馬建立民兵。反對黨領導人指控共產黨壟斷權力，要求建一個真正的民族主義聯盟，而由非共黨人士出掌各重要部會。由於中國施壓，反對黨也在若干場合如願以償。值此關鍵時刻，共產黨想盡辦法擴權，以主導國家基礎與認同的塑造，反對黨也卯足了勁，不讓共產黨得逞。

中國於一九四六年六月中旬將占領軍主力撤出越南北部，內戰於是爆發。不到幾週，共產黨出動保安軍攻擊越南國民黨、越南革命同盟會，以及在河內的大越同盟。武元甲也用他成軍未久的部隊攻擊駐在鄉間的民族主義派民兵。七月，越南民主共和國的保安部隊湧進反對黨在河內的總部、辦公室與報館。在紅河地區，中國占領軍剛剛撤出邊界，政府立即派軍北上，收復反對黨據有的幾座省城。越南民主共和國一名軍官，日後對他在一處邊界小鎮見證到的暴力有以下一段描述：「建築物右側出現一名男子，手上拿槍，槍上還掛著刺刀。我看到他的時候，他距離我不到三公尺，我立即倒地舉槍射擊。他站在那裡，舉槍在空中，看著我，然後不支倒下。」自十八世紀以來頭一遭，內戰又回到越南，越南人現在開始殺害越南人。法國人與此無干，這是越南人自己惹出的禍。

也就從這一刻起，直到一九七五年，內戰戰火一直在越南延燒。一名反共民族主義者，日後在回憶那場奪去他父親性命的暴力事件時說：「愛國精神發揮到極致，能為有些人帶來一種幾乎難以想像的生存意志，但它也鼓勵同族的人更凶、更狠地殺害他們的同胞。這是越南從一九四五到一九七五年武裝衝突的現實。」34

在南方，高台教與和好教等兩個宗教團體，讓越南民主共和國頭痛不已。如本書前文所述，高台教是融合道教、佛教、儒家、基督教與人道主義等多種理論的一神論教派。高台教崛起於第一次世界大戰戰後，在范公稷領導下，它的政治色彩於一九三〇年代期間開始越來越濃。殖民當局警察逮捕范公稷，是因為他與日本人有關係，也因為他企圖建一個自治宗教國並成立民兵。法國對付和好教領導人的手段亦如出一轍。和好教於一九三〇年代末期在湄公河三角洲崛起，它那位彷彿救世主一般的年輕教主黃富楚，大量引用當地佛教鬼神之說，以遙遠的過去為根基，建了這個宣揚千年盛世將至的教派。日本人支持黃富楚，向法國施壓，迫使法國人將他從獄中釋放。日本戰敗後，和好教與高台教領導人加入越南民主共和國陣營，一起反對法國殖民勢力重回越南。

不過這樣的合作未能持久。兩個教派的領導人都不信任民主共和國的共產黨核心，也都不願把自己教派的民兵交給他人控制。法國人在重返湄公河三角洲、打算重建印度支那殖民國以後，很快掌握了反法陣營的這個矛盾。為了廣納各方人馬對付越南民主共和國，法國人完全可以不念舊惡。他們立即釋放流放在馬達加斯加的范公稷，並且在一九四六年年中把他送回湄公河三角洲地區，條件是他必須召集高台教人馬，支持法國重新掌權。范公稷同意了。一九四七年一月八日，就在法國遠征軍為收復河內而進行巷戰時，范公稷與法國簽訂協定。不出幾週，數以千計高台教教眾開始投向法國這一邊，越南民主共和國這時也只能拚盡全力，保住他們在南方的民族主義聯合陣線。

民主共和國領導層授權代表祕密會晤高台教領導層，希望阻止高台教變節倒向法國。雙方在一九四七年一月進行談判，但沒有結果。高台教要求民主共和國撤出西寧省的高台教地盤，但民主共和國以自己擁有南方全境主權為由，不肯撤出西寧。局勢很快更形惡化，民主共和國的保安部隊與軍隊於是捲入又一場內戰，這一次的對手是獲得法國特勤人員武裝與補給的高台教民兵。一九四七年六月，經過幾番血腥惡鬥，高台教的部隊已經大多數倒戈，投入法越陣營。[35]

與和好教的衝突也幾乎同時爆發。在一開始，黃富楚是駐越南民主共和國南方政府的特別代表。但黃富楚自建民主社會黨，獨立於越南民主共和國之外開始招兵買馬，雙方關係遂急遽惡化。更重要的是，像范公稷一樣，黃富楚也不願意把和好教的民兵交給民主共和國控制。而且他因為宗教理由厭惡共產主義，亦是眾所周知的事。當黃富楚在一九四七年年初與法國特勤人員祕密談判時，南方的民主共和國領導人以暴力回應。西寧省與它的好幾十萬人口迅速掙脫民主共和國的控制。一九四七年四月，和好教與民主共和國之間劍拔弩張的情勢形同鼎沸，民主共和國於是決定殺了黃富楚。此舉結下血海深仇，是民主共和國犯下的最大政治失策之一。[36]

一年以後，法國人成功招攬到另一股南方勢力為他們撐腰。這股以土匪起家，之後成為愛國者的勢力來自西貢郊外小村子的平川，也因此人稱平川派。反諷意味濃厚的是，黎文遠領導的這個團體，曾經在兩次世界大戰期間讓法國的保安部隊頭痛萬分。因竊盜罪被關進昆崙島監獄的黎文遠，從獄中政治犯口中得知「越南」代表的真義，也眼見共產黨與非共兩派人在鐵窗背後角逐，埋下日後內戰的潛伏因子。黎文遠支持一九四五年的民族主義運動，但他不信任共產黨，也不信任共產黨派在南方執掌兵符的阮平。在法國情報官員精心安排下，黎文遠最後於一九四八年年中與民主共和國分手，建立了一個以保大為首的反共國（見第八章）。

不過，保王派與策略專家們也沒有閒著。與北方內戰不一樣的是，在南方造成越南四分五裂的原因不只是共產主義而已。現代化、單一民族國的創建，以及原是個別殖民地的交趾支那的併入，亦是造成摩擦的主因。民主共和國政府意圖進行中央管控，想將一個新的國家認同強加在南方，也往往引起地方領導人與人民的反對。法國企圖利用這類摩擦為自己製造有利條件，讓特定團體享有特定特權與自治，希望造成分化，以利法國進行統治。但高台教、和好教與平川派也都擁有相當影響力，都能「打殖民牌」為自己創造條件，在三角洲建立自己的自治實體。直到一九五五年，吳廷琰才在西貢之戰中終於達成阮平在一九四七年未能達成的目標——擊敗高台教、和好教與平川派，建立單一民族國家「越南共和國」。吳廷琰同時將法國人趕出南方，亦並非事出偶然。

★

08

The Penguin History
of
Modern Vietnam

第八章　交戰國

阮平生長在北方海興省，家世清貧。他幼年輟學，流浪到海防找工作。一九二六年他赴西貢，找到洗衣店小弟與碼頭工人的工作。也就在這段期間，他初嘗民族主義政治，加入越南國民黨的一個地方支部。兩年以後，殖民地警察將他逮捕，把他送進昆崙島監獄。在殖民地監獄那種勾心鬥角、險惡多端的世界，阮平因從小浪跡街頭而練就的一身本領發揮了大用。經過一九三〇年代初期的暴亂，由於當局大肆逮捕，共產黨與民族主義分子擠滿監獄。這兩個團體都志在將法國趕出越南，但彼此都不信任。意識形態分歧情況每下愈況，阮平也因此在一次囚犯彼此之間的惡鬥中遭打瞎一隻眼。後來人民陣線政府在法國主政，放了許多政治犯，阮平也獲釋了。

阮平婉拒了共產黨的邀約，並未離開越南國民黨。但幾年以後，當他在北方再次露臉，領導一個武裝礦工團體，想從戰敗的日本人手中接管海防附近海岸時，越南共產黨一些最重要的領導人知曉阮平這號人物。一九四五年九月，當有關他的事蹟傳到越南新國家主席胡志明耳中時，胡志明邀阮平來到河內，還請他擔當一個他無法拒絕的職位：越南民主共和國湄公河三角洲地區武裝部隊司令。阮平雖不是共產黨，但憑著對南方深刻的了解、驚人的領導魅力、絕佳的組織技巧，以及火一般的愛國熱誠，還是讓胡志明對他另眼相看。阮平就這樣接受胡志明的邀約，於一九四五年年底身穿日軍斜紋呢軍服，腳踏日軍軍靴，腰邊配一把日皇御賜長武士刀，前往南方履新。

當時的政治情勢與一八六〇年代（見前文第三章的討論）有些驚人類似之處。胡志明要阮平對抗再次入侵的法軍，但也要他一旦奉命就得停戰，讓政府能透過談判解決問題，以避開一場全面大戰。與張廷（八十年前，嗣德帝派在南方的總兵官）不同的是，阮平在一九四六年十月遵奉胡志明的號令而停火。但與張廷一樣的是，阮平也不相信法軍真的有意停火。在法軍於一九四六年十一月對海防發動狠毒的攻擊之後，阮平對北方軍司令武元甲提出警告，要武元甲莫再把談判擺在心上，準備展開焦土政策：「等打贏了以後再來重建。」事情發展顯示，阮平所料不差。法國要打仗；不過這一次法國過度輕估了他們的對手，也因此讓每一方都損失慘重。❶

將交趾支那重新塑造為殖民武器❷

法國人在一九四五年九月在西貢趕走越南民主共和國當局時，萬萬沒想到這場戰爭會在十年後，為他們在印度支那的殖民統治畫下句點。儘管第二次世界大戰為全球帶來劇變，但法國朝野各派政治人物仍然認為，維持殖民帝國是一種必須做到、可以做到，而且絕對合法的目標。在大戰期間，維琪政權與戴高樂的法國都極度仰賴殖民帝國支援。盟軍於一九四四年解放法國之後，繼續控制印度支那與北非，能幫助新法國領導層在經濟上重建他們遭戰火摧殘的國家，還能讓法國在世界舞台上保有相當角色。在一九四四年八月，甚至是法國共產黨為了爭取執政，也強調：面對任何攻擊，只要「有損法國身為大國的主權，有損法國管理海外領土的權利」，法國政府都不應屈服。❸

對一九四五年的法國而言，去殖民化已成定局這回事並不存在。在巴黎掌權的新領導階層願意對殖民結構進行改革；但左派與右派領導人都無意就此放棄印度支那，也不打算效法邱吉爾的工黨接班人在印度的做法，將印度支那轉型為獨立的國協會員國。法國就以第七章討論的一九四四年布拉薩市會議以及一九四五年印度支那宣言為藍圖，以印度支那五國聯邦的形式，在法蘭西聯邦架構內重建這個亞洲殖民地。當時有一位在法國難得一見的印度支那專家向戴高樂提出警告，要這位法國解放者別輕估越南民族主義的實力，戴高樂厲聲回了一句：「親愛的教授，我們會贏，因為我們是最強的。」法國人的殖民腦在戰後並沒出現多大變化。❹

像在十九世紀一樣，二度征服印度支那、重建殖民國的任務落在軍方身上。新成立的遠東遠征軍總司令李克雷將軍負責重新占領印度支那，他的部隊於一九四五年十月開始進剿越南南方。戴高樂原本邀請前總督薩活出馬管理戰後的印度支那，但遭薩活婉拒，戴高樂於是任命海軍將領達尚禮埃為高級專員。另一名軍官賽迪勒（Jean Cédile）於九月間抵達西貢，擔任交趾支那專員，並且在英國支持下，極力重建法國在當地的主權。在北方，薩活的女婿聖德尼也在河內登陸，擔任安南與東京專員。

像所有參與殖民地征服之戰的軍隊一樣，法國軍隊也立即捲入建政工作。在軍隊將敵軍趕走以後，軍官開始重新組建省級與區級政府，以及鄉村委員會。法國政府對這些戰地指揮官的訓令很明確：「在每個地方都要建一個像一九三九年以前那樣的法國－安南政府。」原本擔任地方官，因越南民主共和國上台而辭官的人，最受法國指揮官歡迎。這些地方官因通曉法語與越南話，既有人脈，又熟悉地方行政與鄉村事務，而成為法國指揮官極度仰仗的仲介。這些法國指揮官絕大多數對印度支那一無所知。[5]

與十九世紀情勢不同的是，這些新來到的法國指揮官還可以依賴一群法國殖民地公務員之助。這群公務員在印度支那已經服務多年。東南亞英國殖民地的英國公務員有許多或因日本統治而滅絕，或因新一代殖民官員上台而遭到邊緣化，但在維琪的印度支那，日本（為透過法國進行間接統治）直到一九四五年三月一直保有殖民地的法國公務員。戴高樂派一開始也不信任這些曾經與日本人合作過的公務員，對他們態度冷漠，不過殖民征服實務幾乎總能戰勝法國人彼此間的意識形態差異。賽迪勒、聖德尼與達尚禮埃迫切需要這些老資格法國文官，就像他們在鄉間需要越南顯要幫忙一樣。這些法國文官幾乎沒有人遭法國新當局整肅。法國當局設了一個特別委員會，調查這些公務員的忠誠問題。特別委員會一名委員在談到一名貝當「國家革命」死忠派時說，「他是個保王派，是個莫哈派（Maurrassian，編按：法國極右派）。他有他的觀點，但我們不能就因此對付他。」之後，他們將這名貝當的信徒調入軍中當政治顧問。他在一九四八年成為西貢高級專員首席顧問。[6]在法國殖民統治過程中，一九四五年並非全然是顛沛流離，因襲舊章、未加改變的事也不在少。

事實上，這些法屬印度支那舊官吏不僅重返工作崗位，還飛黃騰達，在殖民政策與建國過程上發揮重大影響力。他們究竟是什麼人？其中最著名的首推殖民學院出身的畢榮。畢榮於一九三〇年代初期在巴斯齊領導下開始在印度支那任官。三〇年代末期，他回到法國，加入自由法國，成為戴高樂在阿爾及爾的殖民事務高級顧問。他參加布拉薩市會議，協助起草印度支那宣言。一九四五年，他以聖德尼與高級專員達尚禮埃首席政治顧問的身分回到印度支那，隨後於一九四八年自己當了高級專員。畢榮在抵達河內以後，立即聯繫他在當地的舊友，一方面也憑藉他曾經參與反抗軍的資歷，開始招募他們加入新殖民方案。畢榮的密友，同時也是殖民法專家的艾利伯・陶海爾，開始研擬印度支那聯邦與聯邦憲法。拜澤（Marcel Bazin）與龐非爾（Charles Bonfils）重建警察與保安，庫素（Jean Cousseau）則負責重建既已存在的政府。這些官員，儘管各有不同政治與戰時經驗，但就像他們參與的戴高樂派一樣，也都同意他們必須重建殖民秩序，而印度支那聯邦是達到這個目標的最佳途徑。在薩活與巴斯齊理念深深影響下，再加上濃厚的東方主義信念，這些官員都是殖民君主制死忠信徒，深信農民大眾極端保守，一旦秩序重建，就會遵奉他們的王。陶海爾總是逢人便說，農民只要一件事：「法國重歸和平。」[7]

在一開始，由於不能收復印度支那北部，法國當局全力創建印度支那聯邦，以及北緯十六度線以南的地方政府。印度支那聯邦由十一個行政機構組成，各由一名法國專員負責治理（行政機構的職權包括經濟、安全、政治事務與外交等等）。法國另設一名高級專員（前總督）領導聯邦政府，並由另五名專員（前常設督察）協助總督，分別主持交趾支那、安南、東京、寮國與高棉等五個聯邦領地政府。儘管當局也計畫建一個印度支那國會，增加殖民地人民對在地事務的發言權，但法國控制殖民地的外交、國防與商務。印度支那銀元仍是官方貨幣。胡志明發行的越南新貨幣「盾」必須廢止，越南民主共和國政府宣布政令的公報也必須作廢。一九四六年一月三日，《印度支那聯邦官方公報》在西貢出現。兩個國家，一個是胡志明在北方領導的越南民主共和國，另一個是達尚禮埃在南方領導的殖民國，就這樣同時並存，並且在一九四五至一九四六年間在南方暴力競爭，在北方間接競爭。雙方都宣稱擁有對方控制下的領土與人民，這種敵對主權同時並存、相互衝突的爆炸性局面自然無法持續。8

李克雷的法軍迅速在高棉推翻了山玉成於一九四五年年中在日本人主導下建立的民族主義政府。曾獲維琪擁戴為王，之後又遭民族主義者罷黜的施亞努國王，自然歡迎法國人重新掌權，而印度支那那些官員能爭取到一名國王加盟，當然也喜出望外。根據雙方一九四六年一月簽署的臨時協定，高棉成為五個預訂加入印度支那聯邦的自由邦的第一個。幾個月以後，在中國撤軍後，法軍再次占領寮國，趕走「自由寮」政府，簽署又一項臨時協定，寮國於是成為加入印度支那聯邦的第二個自由邦（寮王西薩旺・馮也成為加入聯邦的又一名國王）。

賽迪勒仍然抱著一種像對付過去交趾支那殖民地一樣的態度，在西貢開始籌組臨時政府。但與寮國以及高棉不同的是，這次沒有可以倚仗的皇帝了。保大已經加入民族主義陣營，南方高台教、和好教與平川派領導人也一樣。薩活的「少數信徒」如裴光照與范瓊等人的遇害，使願意幫助法國的人更少，許多溫和派於是保持觀望。前憲政黨員阮潘朗就曾在一九四五年躲開法國徵召，並且警告法國，他們對「越南」的敵意會鑄成大禍。到這一刻，每個人都知道所謂「越南」指的是一個單一民族國家了。

法國屯墾民也沒閒著。歐洲人自十九世紀末就住在交趾支那，到一九四五年已經聚居在幾處都市中心。像在阿爾及利亞的屯墾民一樣，他們也敵視殖民地崛起的民族主義，而想盡辦法進行壓制。民族國家的出現將使他們據有的特權地位土崩瓦解。他們大多數也反對殖民建制民主化，擔心「土著」大多數會用選票把他們趕出印度支那。與阿爾及利亞相形之下，住在阿爾及利亞的歐洲屯墾民在一九五四年總計達一百萬，占八百五十萬「土著」人口一一・五%。但在一九四五年，只有三萬兩千名法國人住在總人口兩千四百萬的「越南」，只占總人口的〇・一三%。此外，日本人的占領羞辱了屯墾民，越南民主共和國前後一個月動盪不堪的統治也讓這些屯墾民嚇破了膽。李克雷的法軍於一九四五年十月抵達西貢，法國屯墾民夾道歡迎，欣喜欲狂，但六個月以後，在見到法軍開進河內、取代撤退中的中國軍隊時，一名青年民族主義信徒也悲傷欲絕：「河內法國居民站在人行道邊歡呼。我們卻都站在陽台上拭淚。」❾那一天，無論是誰都格外激情。

巴濟、維爾（Maurice Weil）與羅社維樹這類法國社區領導人，立即向前來的戴高樂派官員提供各種有關印度支那的專業意見。巴濟與羅社維樹在西貢法國社區發行重要的報紙；在湄公河三角洲有重要經濟利益；而且都是法越聯姻的混血兒。三人在大戰期間都得以迴避「通敵」的汙點，俱與戴高樂派軍官關係良好。這些地方政治人物雖說歡迎戴高樂以武力重建殖民統治的願望，但只是建立聯邦對他們還不夠。他們了解情勢不利，因此提出交趾支那分離策略，讓任何越南單一國，無論是殖民國、民族國或聯邦，都不能吞併交趾支那。對巴濟、維爾與羅社維樹等人而言，這表示堅持交趾支那身為法國殖民地的特殊法律地位，將身為「南方」的獨特性盡情伸張。畢榮的文官支持他們，而且與他們聯手將賽迪勒與達尚禮埃也拉進他們的圈子。法國政府於一九四六年三月同意舉行公民投票，討論交趾支那與北緯十六度線以北的越南民主共和國單一「越南」統一的問題，對他們來說，分離似乎更加有必要了。這麼做不僅會把法屬印度支那變成一個三角實體（越南民主共和國的越南，寮國與高棉），還會迫使屯墾民與法國文官在印度支那聯邦架構下，在一個單一殖民越南國中與胡志明一夥人共享權力。他們強調，這樣的改變不合法，畢竟身為殖民地，只有法國國會可以改變交趾支那的地位。

從三月中旬起，這輛三頭馬車——法國屯墾民、高級專員與他在印度支那的人馬——加速行動，要趕在公民投票還沒來得及舉行前，趕在胡志明能與法國達成另一協議以統一「越南」以前，造一個在地的交趾支那政府，成為下一個印度支那聯邦「自由國」。屯墾民成立交趾支那政黨，動員報紙鼓吹分離，還徵召志同道合的「土著」南方人（一般都是有法國國籍的人），並在巴黎向政界人士提出幾十份請願，想盡辦法保住交趾支那的法國殖民地身分。分離派記者在報端大炒「反東京」運動。對他們來說，交趾支那獨一無二，與北方的殖民地更是大不相同。他們說，「交趾支那」與「東京」越南由於差異過大，要將兩地（交趾支那與越南民主共和國的越南）統一根本不可能。他們振振有詞，卻忘了一件事：「土著交趾支那」人基本上也是許多世紀以來從北方移入交趾支那的。就連羅社維樹的母親也出生在東京。

這輛三頭馬車的領導人知道，他們不可能建一個「全是白人」的交趾支那政權；面對河內實質上的全國性政府，以及西貢的許多主張統一的越南溫和派，至於當地法國人民少得微不足道的事實就更加不提也罷。他們知道，要想提出一個有效的解決辦法，就得與一些同意他們理念的南方人聯手。屯墾民找上一九四五年以前曾與他們共事的越人精英。這些精英大多數是資產階級、大地主，有法國籍，與屯墾民一樣反共，或曾在法國軍中服役，或曾對抗日本人與民族主義派騷擾，保護法國人民。維爾憑藉他的共濟會人脈，極為成功地找到一幫核心「土著」夥伴，其中有阮文盛與阮文宣等。[10]

不過這些南方人願意加盟，也各有各的算盤。阮文盛是醫生，是共濟會會員，也是民主黨黨魁。身為共和派信徒的他，相信法國新領導層終究必須實施早已保證的民主改革，為資產階級提供最好的保護。他最大的願望是結束日本人與越南民主共和國入夏以來造成的混亂。他蔑視民族革命與隨之而來的激進主義。他是大地主，也是稻米生產大商人（一九四四至一九四五年間，他曾組織活動，為北方農民賑災）。他的好友阮文宣也是共濟會會員，在法國軍中官拜上校（在第一次世界大戰期間，他曾因英勇奮戰，獲貝當元帥親自頒勳）。身為法國社會黨黨員的阮文宣，也相信這個「新法國」必須實施自由化改革。阮文譚是個工作勤奮的鄉間行政官員，他對共產黨的敵視讓三頭馬車領導層無不刮目相看。一九四〇年，他曾在協助殖民警察敉平交趾支那共產黨暴亂的過程中扮演重要角色。他對共產黨恨之入骨，對法國的忠誠無可動搖。日本人因此對他施以酷刑，之後，忠於越南民主共和國的部隊殺了他的兩個兒子。終其一生，阮文譚不能原諒他們這種暴行。他矢志要幫法國人重返交趾支那。這些人與法國都有淵源，也都有重要經濟利益需要保護，但他們不是一體不變的一群人。

只要能切合戴高樂重建印度支那聯邦的命令，達尚禮埃接受屯墾民的分離策略，也接受他們從交趾支那找來的幫手。像當年法國軍中太多軍官一樣，達尚禮埃也曾在帝國服役，也像屯墾民一樣敵視不斷高漲的在地民族主義。一九四六年二月，達尚禮埃支持在交趾支那（法國）專員領導下，成立交趾支那顧問理事會。與他那名維琪的前任一樣，他根據交趾支那專員聖德尼的建議，任命所有的顧問理事會理事。阮文盛成為這個理事會的理事長，阮文宣擔任副理事長。但最讓這輛三頭馬車困擾的是，胡志明憑藉在巴黎達成的交易，使交趾支那成為「越南民主共和國的越南」的一部分，且將交趾支那保留在聯邦架構內若干年，準備慢慢把法國人趕走，而他們卻只能看著胡志明玩花樣，拿胡志明一點奈何也沒有。胡志明於一九四六年三月與法國人簽署這項協定，目的就在這裡。六月一日，胡志明動身訪法第二天，達尚禮埃在未經巴黎正式批准的狀況下宣布成立交趾支那共和國臨時政府，原因也就在這裡。為阻止巴黎越過他們，達成一項有關交趾支那的協定，西貢法國當局刻意做出幾項既成事實，這是其中第一項。

雖說如此，達尚禮埃並無意把權力轉移給交趾支那政府。法國透過聯邦層面進行統治，包辦殖民地的安全、預算、外交與國防工作。設計交趾支那這套解決辦法最大的用意，在於將臨時政府當成一種武器，使民族主義者無法奪取這塊殖民地，此外它還能發揮箝制作用，在必要時迫使法國政府就範。當越南民主共和國與法國代表在楓丹白露集會，進行三月協定的後續工作時，達尚禮埃與他的印度支那支持者於一九四六年夏在大叻片面辦了一項會議，推動印度支那聯邦營造工作，包括將交趾支那擴建為聯邦架構內的「自由邦」。巴黎再次默認達尚禮埃的這種做法，楓丹白露談判以失敗收場也因此成為定局。

在羅社維榭與巴濟領導下，屯墾民辦了遊說組織「法國在印度支那成就防衛同盟」，鼓吹交趾支那分家。他們反覆重申，交趾支那是法國殖民地，也因此必須維持聯邦內自治地位。它不應該有公民投票，不應該有統一，也不應該成為越南民主共和國的一部分。

這是一種非常強硬、直接走向戰爭的路線，阮文盛、阮文宣與他們一些志同道合的盟友，遂在楓丹白露會議期間開始要求改採溫和路線。他們反對三頭馬車倡導的種族隔離，反對它抵死不與胡志明談判的立場，並主張廣納親聯邦制的交趾支那非共溫和派，以超越法國屯墾民，擴大政府的群眾基礎。西貢幾家主張聯邦制、發行量廣大的報紙，已經開始為談判做辯解。但這類主張立即召來交趾支那法國人的不滿，他們不相信「民族主義」溫和派，認為這些溫和派的政策太過「姑息養奸」。阮文盛這類政治人物突然間進退兩難、處境尷尬：一群人指責他們「反法」，另一群人罵他們「反越南」。相對於胡志明可以公開擁抱民族主義運動、象徵、迷思，阮文盛卻幾乎束手無策。怯懦又欠缺領導魅力的阮文盛，在南方越南沒有群眾基礎，他唯一的政治靠山與軍事後盾來自三頭馬車。在一八三〇年代初期，黎文儴因反對明命帝統一計畫而造反。與當年黎文儴的造反不一樣的是，在一九四〇年代末期南方分離運動中打頭陣的是法國屯墾民。另一方面，越南溫和派也與阮文盛等人保持距離，不願與這類殖民強硬派同流，以免招惹遭民主共和國支持者暗殺的橫禍。對許多親法的越南人而言，所以選擇避開法國或選擇加入越南民主共和國，主要原因是他們對越南民族主義派強大的殖民敵意，倒非他們支持共產主義。⓫

阮文盛極度天真，以為他可以改變三頭馬車的策略。一九四六年十一月他終於學得教訓：交趾支那顧問理事會中反對他的理事，要他以十一月十五日為限重組內閣，去掉「姑息派」與「民族主義派」。殖民當局封閉親統一的報紙，實施嚴格新聞檢查，還騷擾那些主張與胡志明談判的人。阮文盛在氣極敗壞之餘，不得已而於十一月九日向達尚禮埃求助，結果吃了達尚禮埃的閉門羹。阮文盛直到這時才終於發現，他的交趾支那共和國，不過是殖民當局為了阻止所有越南民族主義者——包括他自己在內——而設計的一件政治武器而已。翌日晨在抵達大樓上班時，阮文盛要同事別打擾他。他靜悄悄地把一條繩索一端綁在電梯窗台上的鎖上，另一端套緊自己的脖子，上吊自殺。他留下的遺書寫道：「或許我們的人民大多數不了解我，但我希望我的朋友，來自北、中、南的知識分子，肩負著國家命運的你們，莫再犯袖手旁觀的罪行。你們必須有所反應。我以一死向你們顯示責任、自由與榮譽之道。」許多非共民族主義者敵不住強大夥伴與不可抗事件的夾擊，又因政治無知的誤導，最後以這種悲劇收場，阮文盛之死不是最後一起這類事件。⓬

西貢繼續走上與胡志明越南開戰之路，絲毫未因阮文盛自殺事件而受阻。兩週以後，在新將領法魯義（Jean Valluy）全力支持下，達尚禮埃把注意力集中在北方，宣稱越南民主共和國無權在海防徵收關稅。（這是一個國家如何侵入另一國主權的絕佳樣本。）這本是一個可以輕鬆壓下來的小爭議，但達尚禮埃一幫人刻意把事端鬧大，成為他們以武力征服海防港、引爆一場戰爭的藉口。越南方面遲遲沒有回應，法魯義於是授權法軍於十一月二十三日砲轟、空中掃射海防與附近地區，造成主要是平民的三千人死亡。一個月以後，越南民主共和國越南人在河內憤怒抗議，誓言保護他們不斷縮水的領土主權。十二月十九日晚八時，在退無可退的情況下，他們發動攻擊。印度支那的全面大戰於焉爆發。達尚禮埃有了他要的理由。他現在可以以越南人「背信」為藉口，迫使法國政府（自由派社會主義者雷昂・布勒莫這時在巴黎主政）不得不支持他，毀掉那個從中作梗使法國無法在整個印度支那重建主權的民族國家。第一次印度支那戰爭最主要的始作俑者、這時已經退休的戴高樂，與畢榮領導的那批印支老人，都站在一旁為達尚禮埃加油打氣。達尚禮埃立即下令禁止官方使用「越南」，必須改用「交趾支那」、「安南」與「東京」等字眼取代。在殖民當局看來，說「安南人」而不說「越南人」，這其間的語意差別完全就在於領土主權。法國人在一九四六年十二月十九日開赴戰場，非為阻止共產主義，他們為的是阻止越南民族主義與重建他們的印度支那殖民國。而且就算戰爭在十九日這一天沒有打起來，他們也會想辦法讓它在另一天打起來。⓭

另一方面，法國當局也極力爭取與民主共和國不同調的團體。一九四七年一月初，法屬印度支那策略大師畢榮寫信給達尚禮埃：「我們的目標很明確：把我們與越盟黨的爭執轉換為安南內部爭執，我們本身應該盡量避免介入對這個黨的行動與報復，這類行動與報復必須由反對越盟的土著人士動手……」不到幾週，法國軍官與文職官員開始與高台教、和好教及南方的平川派領導人展開密談。在這個典型分化統治策略下，高台教與和好教曾與日本人串通，以及平川派曾於一九四五年九月在西貢屠殺法國百姓的事實，都變得無關緊要。到一九四七年年中，法國已經結合大多數高台教與和好教民兵（平川派也在一年以後轉而支持法國），與南方支持越南民主共和國的人展開沸騰已久、但仍激烈非常的內戰（見第七章）。[14]

野蠻的主權之戰[15]

當法魯義的部隊於一九四七年發動攻擊時，法國人萬沒料到越南民主共和國竟能經得起這波攻勢，還能主張領土主權，繼續營建保護主權的兵力，而且動員數以十萬計的民眾投入戰爭。民主共和國領導層在一九四五年年中掌權時，就竭盡所能訓練、裝備、部署一支軍隊。在這項過程中，中國占領軍提供的保護傘幫了他們大忙。一九四六年年中，自十九世紀末年以來首支獨立的越南軍隊「越南國防軍」成軍。越南國防軍有兵力約十萬人，其中六萬人在北方、四萬人在南方服役。它由一個參謀總部統帥，分成許多組織單位（主要是營級與排級單位）。除越南國防軍以外，民主共和國另有約五萬名青年男女組成的民兵，剛開始的時候主要在城市運作。這些青年許多來自法日青年團體與殖民地童軍組織，自也不足為奇。[16]

所有這些人員訓練差，裝備差，也都欠缺軍事經驗。全面戰爭一經爆發，軍方立即接獲嚴格訓令，不得與法軍打陣地戰。因為火力與戰鬥經驗都居於優勢的法軍，可以經由戰陣，在越南最需要國防武力的時候摧毀這支成軍未久的武力。越南國防軍奉命打游擊戰。有關蘇聯、毛澤東統治的中國、二次大戰期間法國反抗軍的游擊戰教材，譯成國語字譯本，在越南廣為流傳。國防軍司令武元甲將毛派游擊戰概念加以調整，運用於越南，共黨總書記長征也信誓旦旦向民眾宣揚，由於能夠依靠自己，自給自足，他們的抵抗一定能取勝。同情越南民主共和國建國的日本軍人、歐洲人逃兵及受過殖民當局訓練的越南軍官，為國防軍提供密集軍事與指揮訓練。同時，幾十名法國訓練的技術人員與工程師建立家庭式工業，生產基本但能派上用場的槍、榴彈，甚至火箭筒。不能自己生產的武器，他們就想辦法從敵人手中奪取，或從法國占領區祕密進口。在中國共產黨於一九四九年年底取勝以前，越南民主共和國沒有可以依靠的外援，也沒有現代武器。[17]

雖說面對這種種劣勢，共產黨政府仍然展開行動，將它控制的村落軍事化，建立民兵，用充滿仇恨的民族主義宣傳向村民洗腦，甚至教兒童玩戰爭遊戲。除了用打了就跑的戰術騷擾法國遠征軍以外，民主共和國還對涉嫌與法國人共謀、涉嫌與法國殖民建國方案有關的人發動攻擊，並把這項任務交給南方軍司令、非共產黨的阮平。這位來自東京的獨眼傳奇人物，遂在省城與區域城市發動一場恐怖戰，讓越南人不敢參與法國分離運動，不敢損傷共和國政府對人民、資源與土地的控制。到一九四七年，南方軍事當局與特工已經殺了數百名殖民當局訓練替法國工作的越南官吏，還使更多越南官吏不敢替法國人出頭。在法越戰爭前半段，越南游擊戰對法國造成的最嚴重創傷也就在這裡——在行政戰線上。十九世紀末的情況於是重演，法國別無選擇，只能找些訓練不足的官吏替補充數，終於損及良好治理與殖民法統。[18]

河內與西貢亦成為重要戰略目標。原是法屬印度支那首都、現為民主共和國首都的河內，發生前後兩個月的激烈巷戰，也點燃了這場打了三十年的越戰。一九四六年十二月十九日到一九四七年二月十七日間，法軍戰車與傘兵在大砲彈幕與空襲掩護下進入河內，兩千名年輕民兵，在幾乎沒有武器與戰鬥經驗的情況下，憑藉高昂的愛國鬥志，於河內舊市區迷陣似的大街小巷、房屋與商店負隅頑抗。在河內市郊，民主共和國的幾個營竭盡全力封鎖道路，使法軍無法經由陸路向城裡增援，雙方爆發激戰。當戰鬥結束時，民主共和國的民兵與國防軍戰死人數約在一千人，法軍折損五百人左右。河內舊市區化為一片廢墟，直到一九四八年仍然大體上形同鬼城。首都主權或許又回到法國人手中，但經過這場惡鬥，民主共和國已將它的國都移往鄉間，隨同移轉的還有幾千名文官、工程師、無線電作業員、護士與醫生。[19]

西貢也同樣重要。阮平於一九四六至一九五〇年間，鎖定法國機構與法國的越南同路人，對西貢發動恐怖攻擊。炸彈在餐館與雜貨店爆炸，特工往屯墾民居住區丟手榴彈。一九四六年四月，為阻止南方分離派，阮平手下的突擊隊員發動奇襲，將一八六〇年代建立的法國海軍軍火庫部分炸毀。阮平之後告訴他的部屬，「毀滅西貢是一種合法而人道的行動。」雖說這種「手榴彈攻勢」不能阻止西貢繁忙的活動，但它確實對西貢人的日常生活構成影響。法國戰地新聞記者呂西安・布達（Lucien Bodard）事後憶道，「整個西貢已經把自己關在鐵欄裡，形同一所監獄。它到處是鐵刺網——妓院、小酒館與舞廳都包在一層金屬中。法國人可以在安全無虞的裡頭放心吃喝，但耳邊仍能聽到不時傳來的爆炸聲。」一家專門做屯墾民生意的中餐廳老闆終於決定「建一座厚鐵牆把他的餐廳圍起來」。客人可以安心用餐，只是得「在一個鐵籠裡面」用餐。[20]

在這場就許多方面而言，堪稱是一場公務員爭奪戰的戰爭中，生活在鄉間的越南公務員沒有這樣的籠子保護他們。第一次印度支那戰爭不只是都市恐怖主義，鄉間反制叛軍作戰，也不只是那場舉世知名、兩軍對壘、一決雌雄的奠邊府戰役而已。就最重要的意義而言，它是一場曠日持久、越來越野蠻的戰爭，目的在控制人民、占領土地、蒐集情報與建國——就相當程度而言，它的戰場也在城市，但特別是在鄉間，兩軍角逐尤為激烈。歐洲的戰爭一般總是兩個既已存在的國家相互對抗，各自出動傳統軍隊在戰場上決勝負。印度支那戰爭的交戰雙方，卻都是成立未久且殖民主義與民族主義混雜的新國，雙方都決心擊敗、制壓對方主權。也因此，軍隊的任務不僅是在戰場上擊敗敵軍，還要與第一線官吏、保安部隊與宣傳部門合作，想盡辦法將政府控制權延伸。法國軍隊後來背著這個包袱進入阿爾及利亞；隔不多久，越南人也帶著它進入寮國與高棉。而且就像中國人一樣，越南人也將他們的控制模式更深入地外銷進入非西方世界。[21]

在一九四五年至少八〇%越南人生活的鄉間，百姓只能想盡一切辦法保護自己與家人。法國遠征軍兵力從一九四六年一月的五萬三千人，倍增到一九四七年的十一萬零二百四十五人，並於一九五四年達到二十萬四千人最高峰。這些軍隊大多數來自法國本土以外地區，最主要來自法屬非洲以及越南本身。七萬三千名久經戰陣的第二次世界大戰歐戰老兵，以法國外籍軍團身分參加這場戰事。南方高台教、和好教及平川派也在法國提供裝備與武器的情況下，合計出動了五萬名男、女民兵（可能不只五萬）。遠征軍乘坐吉普車、裝甲車輛與戰車衝進鄉村，一邊帶著火焰噴射器、放出狼犬進行搜捕剿殺，一邊用機槍掃射，丟手榴彈。軍官用無線電報出攻擊座標，引導迫擊砲攻擊。法國空軍空投傘兵與炸彈，從一九五〇年起還開始投擲美國供應的燃燒彈。

儘管擁有如此火力優勢，法軍因散布過廣兵力太單薄，而無法全面控制印度支那。當傘兵於一九四七年十月在高平發動攻擊，追捕胡志明撤退中的部隊時，越軍部隊與政府的對策就是化整為零，進入叢林。法軍很快就發現自己兵力太少，只能零星散置在龐大崎嶇的土地上，想長期據守根本辦不到。就這樣，北方遙遠的山區，湄公河叢林最深處，還有廣大的中部地區，仍在越南民主共和國控制下。印度支那的指揮官一再要求增兵，但法國政府完全不具備日後美國人投入的那種人力與物力資源。殖民帝國正處在瓦解邊緣，為履行對帝國其他部分的承諾，法國無法將一切人員與裝備完全投入印度支那。一九四七年，原計畫送往印度支那的軍隊，因馬達加斯加發生民族主義抵抗行動而轉往馬達加斯加。但直到一九五一年為止，巴黎始終不肯對法國本土人民實施強制兵役，也不讓他們的越南盟友建立他們自己的軍隊。直到一九四九年為止，為爭取民眾支持，唯恐造成民眾疏離，民主共和國也避免實施徵兵。

其結果是，無論是法國與它的盟友，或是越南民主共和國與它的盟友，都不具備足夠兵力或武器在整個期間控制整個越南。雙方都只能管理一些相互競爭、像群島一樣的小國，這些小國對人民和土地的主權與控制，隨著軍隊進進出出、權力均勢消長起伏而擴張或縮小。在一九五二年，民主共和國在南方只能管理二五％的人口，在中越南控制率高達七五％，在北方也有五三％的控制率。一九五〇年生活在越南的估計約兩千兩百三十萬人中，民主共和國控制的人口或許占半數。甚至在一些理論上說屬於法軍控制的村落，民主共和國也往往在夜間派遣保安人員、特工與行政官入村伸張主權，天一亮又將人員撤出，將村子讓給對手。不過控制權換手還有另一方式。在第一次印度支那戰爭期間，常有幾十萬村民從一國控制下轉入另一國控制，且還經常又回到原先那國控制下，來回好幾次。這種主權以及控制人員不斷轉換的過程絕不和平。這一切也影響到宗教地盤與高地地區。或出於忠誠，或出於恐懼，村民得為求自保而算計，得應付各式各樣當局派來的人物，得在看不見，但非常真實且風險奇高的夾縫中運作。一名民族主義者日後回憶說，不同主權在這等夾縫相接，持槍的行政官員也在這裡爭取民眾支持：

緩衝區的日子越來越難過，也越來越凶險。每一個村子都有幾個人為一邊或另一邊當間諜。在我那個村子有一名三十歲男子，他自願當一名雙面間諜，以保護村子不受法國與越盟恐怖主義騷擾。在村民協助下，他透過一個「祕密信箱」定期為法國人提供軍事情報。所謂「祕密信箱」是鄰村一名幫他當仲介的村民。同時，他還將他從法國控制區蒐集到的情報交給越盟情報人員。有時法國人會因為他提供的情報而給他錢。在所有我們那群青少年中，他只信任我一個人。他會告訴我一些他做的事，以換取我幫他寫幾封作報告用的短信。我相信我的村子裡還有一些人也在為兩邊工作。靠著這些間諜，我們的村子在一九四九年下半年沒有遭到恐怖騷擾。[22]

第二次世界大戰期間，面對在他們村落巡邏的重武裝德軍士兵，許多法國村長不願與「反抗」組織合作，因為這麼做可能導致占領軍最可怕的報復。越南的村長也一樣。事實上，當殖民「綏靖」作業迅速成為一種勝負難見分曉、曠日持久的苦差事時，法軍既無法用火力對付他們那些看不見的對手，於是把怒氣發在附近平民百姓身上，懷疑他們包庇、保護敵方戰鬥人員。村子裡發現敵方文宣，或蓋有越南民主共和國印記的信件，都足以引發對附近平民百姓的激烈暴力，倘有一名士兵或遭游擊隊狙擊手槍殺或死於詭雷，報復就更可怕了。這類報復行為包括砲轟，將全村焚毀，還有無分男女老少的全村大屠殺。酷刑逼供迅速傳遍法國軍中各角落，運用頻率的多寡雖說沒有人知道，但法國人與非共越南人備忘錄上的資料明白顯示，這類事件所在多有。越南民主共和國當局也曾設法對酷刑逼供的做法施加管制，特別是禁止對其他越南人這麼做。像就地處決一樣，強暴也成為遠征軍使用的武器。眼見敵方巡邏隊逼近，在逃走無門的情況下，越南少婦會將一切可以找來的又髒又臭的東西，包括人類糞便，抹在自己身上。士兵將砍下的人頭插在竿子上，還開膛剖肚取出屍體內臟，當成「紀念品」拿走。各政治派系的越南士兵也犯下這類罪行。非共民族主義者歌手范維寫過一首令人聽了不寒而慄的歌謠，談到越南中部交林村的母親。這些母親都在法軍的一九四八年大屠殺中死了兒子。法軍將他們砍頭，然後把頭顱陳列在公路兩邊，讓原本有意接受民主共和國主權的人不敢再動任何念頭。大屠殺並不以美軍的美萊村事件，不以越南共產黨在一九六八年的順化事件為開端。但法軍一九四八年在美澤屠殺兩百多名越南婦女與兒童的事件，直到今天，在法國幾乎還是一件沒有人知道的事。[23]

在這類不對稱的血腥遭遇中，選擇與忠誠鮮少是白紙黑字的故事，鮮少是可供歌頌流傳的英雄事蹟。就像第二次世界大戰期間歐亞大陸各地數以百萬計平民百姓做的一樣，越南村民的對策也一樣：他們躲藏、挖地道、把偽裝發揮到極致，他們練就一身撒謊功夫、嚇得尿褲子，他們還得懂得揣摩「上意」，拷問的人要他們說什麼就說什麼，以免皮肉受苦。大多數村民帶著子女逃難。許多地方官棄官，小心翼翼從「自由區」進入「占領區」，反之亦然。許多地主放棄了土地。逃離鄉間的農民人數越來越多，這股城市化走勢在之後美軍占領下，由於暴力衝突轉烈而達於駭人的高潮。西貢－堤岸的人口從一九三九年的五十萬增加三倍有餘，達到一九五四年的一百七十萬。造成這種現象的原因是戰爭，而不是工業化。能夠辦到的人，主要是那些都市富有階級與關係良好的人，開始離開越南，或將子女送往海外。一件事情可以肯定：一九四五到一九五四年間，鄉間百姓死亡人數，比包括正規軍在內的任何其他社會群體都多得多。越南民主共和國永遠也不可能對法國本土的百姓施加這種暴力。對法國在印度支那的這場殖民戰爭，法國百姓大體而言漠不關心，戰爭對他們的安全亦完全不構成威脅。越南政府從未透露越南百姓死亡人數，不過在第一次印度支那戰爭結束時，越南民主共和國的一名軍官說有五十萬百姓死難。這個數字似乎合理，事實上，由於沒有其他交戰政府提出的數字，五十萬應該是最起碼的數字。根據一名極富聲望的法國學者評估，這個數字為一百萬。㉔

越南社會這種軍事化與野蠻化，造成情緒波濤起伏的仇恨之海。毫無疑問，就像家庭關係與親友聯繫一樣，意識形態也是人們在做決定時的重要考量因素；但年輕男女，甚至兒童，往往因為親人遭謀殺、強暴或遭酷刑折磨而加入交戰一方或另一方。越南人一九四五年九月在西貢、一九四六年十二月在河內犯下的慘決人寰的暴行，使許多因此喪失親友的歐洲屯墾民，學會以他們在幾年前絕對無法想像的方式進行報復、仇恨。為重啟新生而前來印度支那的愛爾蘭移民之女美德琳・奧康諾，把她在湄公河三角洲的種植場與她自己武裝得銅牆鐵壁也似，民主共和國那些特工因此為她取了個外號叫做「大砲夫人」。一九四七年聖誕節那天，為了向屯墾民示警，要他們離開種植場，民主共和國特工在一場槍戰中殺了奧康諾。但奧康諾的子女（與其他一千五百名法國屯墾民一起）掘壕據守，一直守到一九七五年。越南人的子女也常因見證極端暴力，而生活在暴力陰影中。由一百七十五名兒童組成、以嚮導與信差身分參與河內戰役的兒童衛隊，有三分之一死於這場戰役。越戰老兵阮昆倫談到他幼年見證的那些令人髮指、卻已見怪不怪的恐怖往事。他說，「就算是動物」也知道要躲開法國人領導的巡邏隊：

每當法（聯邦）士兵前來，各種聲音都消逝了。就算是那些圈養的動物，包括馱獸、豬與狗，似乎都在盡可能保持安靜。牠們就像都懂得村民在驚恐中展現的那般恐懼一樣。大多數的狗都會跑進濃密的竹林，找一處安全角落躲起來。有些豬一聽到主人高喊「法國人來了！」，就會躲進可以藏身的洞穴。我們村子的十幾頭水牛有一次在彈火下逃離村子，其中兩頭會在聽到主人大喊「躺下」時就立刻躺下。等到法（聯邦）士兵離開、村民又恢復正常活動時，這些動物也都回復生機，像正常生活一樣喧嘩吵嚷。㉕

因戰爭引發的仇恨也在語言中凸顯。法國人竭力詆毀越南人：奉命重建殖民控制的法軍，不僅用「越南鬼」（les Viet）一詞稱呼那些他們看不見臉孔的敵人，還用它泛指越南百姓。呂西安·布達等戰地記者，與畢加（Marcel Bigeard）與伯固（Erwan Bergot）等老兵炒熱了這個詞。直到今天，我們仍可以在法文中聽到這個詞（不過在今天，它未必包含當年它代表的那種種族歧視的負面意義）。越南民主共和國戰士也學會用極端情緒性字眼融入古字「土匪」（giac），以醜化法國敵人，還用「叛徒」（Viet gian）一詞指與法國人「通敵」的越南人，強調他們的罪行。早在美軍與美國記者把「越共」（Viet cong）這兩個字炒得世人皆知以前很久，反共的民族主義者，或與法國聯手，或與法國對抗，已經用它表示對胡志明越南的輕蔑。後一九四五年越南史不能只是用「戰爭」一體涵蓋。但印度支那戰爭持續不斷的野蠻與暴力，確實直接影響到越南人的心態、社會，以及從這場戰爭中產生的國家。法國人與替他們打了大部分這場戰爭的跨國軍隊，也沒能全身而退。在印度支那戰爭結束之後很久，參戰的塞內加爾與阿爾及利亞老兵，仍然無法揮別戰爭帶給他們的「東西」。他們並且留下約二十萬名兒童。就像法國人在二次大戰結束後，極力避開戰爭期間法德聯姻生下的兒童一樣，越南人也設法忘了這二十萬名兒童，讓他們為了想融入越南社會而吃盡千辛萬苦。㉖

越南民主共和國（一九四五到一九五〇年）：殖民地轉嫁？

這個反法國、反其他越南國，之後又反美國的國家，到底是怎麼樣的國家？儘管用了一大堆民族主義詞藻，就許多方式而言，越南民主共和國在一開始是殖民產物。在掌權之初，民族主義者竭盡全力，想搶在殖民者回來以前，把這個殖民國建成他們的國家。這一點也不奇怪。非亞世界各地的民族主義者都是這麼做的。不過，在一九四五到一九四六年間占領越南的是中國國民黨而非共產黨的部隊。這些中國占領軍不讓法國人立即重返北緯十六度以北地區，也不肯推翻越南民主共和國，於是幫了越南民族主義者大忙，讓他們得以成功建國。實用主義又一次在現代越南戰勝意識形態，這一次推動這種實用主義的，是中國的非共產黨與越南共產黨。[27]

在一九四五到一九四六年間，或出於民族主義，或因猶豫不決，或只因迫於家計生活，許多在殖民政府主政期間受過訓練的越南官員留在任上。一名退伍老兵事後回憶，他父親，一名受過法國訓練的鐵路養護人員，如何在越南民主共和國當政時繼續工作，好像革命不曾發生一樣：「他為革命當局工作，仍然當著公務員。他所以工作並不是為了什麼意識形態，只因為他是勤奮盡責的公務員。他繼續克盡職守，做他的專業。」當然，許多人因為愛國而支持民主共和國新政府。新政府向受過教育、熟悉國語字的青年開放許多新職位，為他們帶來職涯上進新機。許多青年就這樣進入越盟創辦的群眾組織。不過，在法國勢力立即重返的南方，民主共和國的建國力道一直較弱，法國與其越南盟友的勢力始終較強。[28]

想了解殖民與民族主義如何交融，最佳之道莫過於攤開民主共和國的官方喉舌刊物《越南共和國公報》（*Cong Bao Dan Quoc Viet Nam*）。一期期公報逐日公告一條條命令，說明這年輕的共和國如何以國家的方式，接管殖民政府的人民、服務、辦公機構與物料運作。公報下達命令，要公務員留在崗位上，繼續工作。政府當局恢復貿易，重開交通運輸，讓電話、電報與郵政服務持續不斷。米糧也終於流通，紓解不久前爆發的饑荒。根據命令，當局接管巴斯德研究所、遠東法國學校、醫院、殖民當局辦的中小學及印度支那大學。優先接管的對象還包括殖民地印刷廠、報紙、電台、紙廠與打字機工廠，以及一切攸關政令宣導的關鍵。當局還發布命令，訂定國旗（紅底一顆黃星）與國歌，並且將殖民地街道改名，以強調民族主義。為爭取民眾支持，政府廢除幾條殖民統治期間實施的稅，包括民眾深惡痛絕的人頭稅，但繼續其他一些攸關國家財源歲入的重要稅目。民主共和國甚至依賴殖民警察基礎系統與較低層警員，協助營造、充實與保護它自己的保安與情報組織。29

不過這一切都不是殖民地的轉嫁產物。就領土而言，民族主義者沒有宣布建立印度支那共和國。他們原本可以這麼做的，畢竟爪哇人就已經是「印尼人」了。在一九四五年年中，主要也因為寮國與高棉精英不願與印度支那扯上任何瓜葛——對這些精英來說，印度支那既是法國，也是一種越南的殖民結構——越南國的概念開始蔚為主流。大多數越南民族主義者要的是「越南」與它的統一。「東京」、「安南」與「交趾支那」這些殖民時代的名詞就此走入歷史。代之而出的，是經過官方認可的民族主義者用語：「北部」、「中部」與「南部」。在一九四五年，好的民族主義者會說「越南」，不會說「安南」。宣揚越南人愛國英勇事蹟的新歷史書大量湧出，歌頌徵氏姊妹與古越南人抵抗外族入侵的故事。學童開始唱愛國歌曲，童子軍要向胡志明敬禮。話又說回來，這種狀似國家的空間，未必是法國人抵達以前已經存在的那個空間。法國殖民當局在十九世紀末以武力建立殖民疆域時，不惜削弱其他殖民地，而將大片土地與人民劃入「東京」、「安南」與「交趾支那」。越南民族主義者雖說奮力反抗將越南分成三部分，對於法國殖民當局在越南界外——包括在南海與暹羅灣——建的一些殖民地，他們鮮少爭議。

現代民族國家得為屬於它的人提供一種一體均等的公民權。法國為它的「殖民地臣民」建了各式各樣法律身分類型，新成立的民主共和國以一種包容性的公民定義，將幾乎所有境內居民都轉型為「越南公民」。具有重大意義的是，這項法令也使少數民族成為公民。一九四六年，內政部規定所有年滿十八歲的越南人必須攜帶公民卡。越盟與印度支那共產黨等群眾組織也使用類似身分證明文件。就理論而言，身分證明文件能讓決策者進一步了解國家人口，讓他們可以更有效地分配資源，招募人力與兵員，組織人口普查以訂定預算與稅制。越南民主共和國當然用這種公民卡將部分人民納入它的政治版圖。但這種官僚現代化並非純粹只是法國人留下的東西而已，二十世紀越南政界人士在後殖民建國過程中，也採用了既已存在的中越模式。村民會議繼續運作，就像在法國統治、甚或在阮朝統治期間那樣。

像中國共產黨一樣，越南共產黨也靠聯合陣線幫他們控制與動員人民。一九四一年創設越盟，背後的推手就是胡志明。共產黨透過越盟於一九四五年八月掌權，並建立越南民主共和國。他們刻意讓越盟以政黨形式存在，同時將它轉型為一種群眾民族主義組織。共產黨用越盟盡可能在越南社會各部進行兼併、控制與動員，以達成治國、作戰以及共產革命的三大目標。儘管開始時規模很小，共產黨激進分子在主要是非共黨愛國青年與志願人士協助下，根據宗教屬性（天主教、佛教、高台教信徒）、性別與年齡（婦女會與青年會）、種族（海外華人與高棉人）與職業（工人、公務員、藝術家與農人）建了許多頗有可觀的救國協會、聯盟與工會網路。反殖民主義與國家獨立是這些組織的指導原則。在一九四〇年代，建立這些組織主要靠的是友誼、同窗關係、情人與家族淵源，不是引用馬列主義的能力。法軍的殘暴惡行更使民眾紛紛加入越盟組織，效果比共產黨發動的任何宣傳攻勢或製作的任何傳單手冊都好。

與在阿爾及利亞與法國作戰的民族解放陣線（Front for National Liberation）不同的是，越盟陣線由共產黨主控，而這一點影響很大。問題在於，許多越南知識分子與資產階級民族主義人士，就因為越盟的共產黨本質而避開越盟。印度支那共產黨吸引民眾投靠的能力於是受損。就像那些被法國殖民當局逐走的越南人守在南方的交趾支那一樣，數以百計受過高度訓練、迫切需要的非共愛國者，也因為越南民主共和國的共產黨嘴臉而逃離北方。法國殖民與越南反共宣傳當局當然正中下懷，樂得把「越盟」變成一個「共產黨」同義詞。中國國民黨占領軍當局容許反對派發行報紙，組織政黨，讓他們公開發表反共、反越盟，甚至反胡志明的言論。[30]

一九四六年年中，由於中國軍隊撤離，以及隨即在北緯十六度線以北爆發的內戰，擴大國家陣線成為印度支那共產黨當務之急。一九四六年五月，共產黨開始動員軍警摧毀反共的反對黨派，政府也在印度支那共產黨敦促下，建了一個叫做「越南人民聯合會」（Association of United Vietnamese People）、簡稱「越聯」的新國家陣線。這個「超級」國家陣線以胡志明為榮譽主席，負責重整所有尚未加入越盟的愛國者，讓他們加盟。從這以後，越盟與越聯的關係變得更加撲朔迷離，直到越聯於一九五一年正式吸收越盟為止。

儘管意識形態互有差異，各種政治派系的越南民族主義者都同意一件事：必須建一個有總統、內閣、部長與國會的現代化獨立國。陳仲金所領導，日本人支持的政府已經證明這一點。在九月二日發表獨立宣言幾天之後，胡志明簽署普選法，宣布舉行全國性選舉，成立制憲會議，成立政府，以訂定越南第一部憲法。一九四六年一月，第一次全國性選舉在激烈辯論聲中展開，這次後殖民的民主實驗，在三月間為越南帶來第一個國會。擔任國會主席的不是別人，就是一九一八年後，因法國不肯實施較全面殖民地民主而受盡屈辱的黃吳康。越南民主共和國領導層也想建立國會，向那些自由派越南人與殖民派人士顯示，他們站在現代共和主義這一邊。

為訂定越南第一部憲法與建立國會，越南共產黨當局確實也鼓勵各種聲音相互爭辯，這一點無庸置疑。不過由於共產黨本身實力孱弱，中國國民黨駐軍虎視在旁，也由於必須向法國、向世界顯示他們主要是主張民主的民族主義者，而不是主張獨裁的共產黨徒，這早期的多黨政治實驗大體上是迫於情勢，不得不然之舉。中國的保護讓反對黨可以發行報紙，可以公開集會批判共產黨。在中國壓力下，胡志明把選舉延到一九四六年一月，讓反對黨有更多時間進行準備。反對黨還提出一些不民主的要求，包括在未來國會為越南國民黨與越南革命同盟會預留七十席席位，由（越南革命同盟會）的阮海臣擔任國會副主席，由國民黨人出任三個重要內閣部長職位等等，胡志明也接受了。非共政黨在中國支持下的奪權，使它們看起來並不比共產黨更民主。[31]

這第一次問題叢生的多黨政治實驗，只在北緯十六度線以北進行到一九四六年六月底。當中國軍隊撤離時，共產黨動員軍警，有時還在法軍支持下，對反對黨（越南國民黨、越南革命同盟會與大越同盟）發動攻擊。到一九四六年九月，反對黨殘餘分子或逃進華南，或在民主共和國獄中服刑，或隱身匿跡，或投靠法國。共產黨控制的保安部門關了獨立反對派辦的報紙，沒收他們的印刷廠，對剩下來的非共民族主義黨派（越南國民黨與越南革命同盟會）進行「改造」，將他們與「越聯」整合。就這樣，共產黨控制的越南民主共和國又向一黨專政邁進一大步。當國會於一九四六年十月二十八日二度集會時，所有四百四十四名代表中只有二百九十一名與會（路途遙遠，且南方已陷於戰亂）。這些與會代表中，反對黨代表只有三十七席。共產黨不斷對政治異己進行打擊與暴力行動，到十一月八日國會對憲法進行投票時，總共兩百四十名反對黨代表只有兩人出席。國會中的自由派知識分子與政界人士，為維護國家統一也接受了這一切，只是暗中還希望越南共產黨能尊重憲法保障的國會民主。就像他們那些投靠法國殖民當局的同伴一樣，他們最後也以失望收場。事實上，法國領導人或許可以指斥越南民主共和國在一九四六年年底的選舉，但如果這麼做，他們可就太健忘了：在一九四六年年中，他們自己也曾指派交趾支那「共和國」的新領導人，也曾實施新聞檢查，還處心積慮地避免一切有關國家統一的選舉。在越南實施民主，從來不是一件簡單的事，無論是在法國或在共產黨治下都不例外。32

就行政管理而言，越南民主共和國政府維持明命帝在一八三〇年代將越南劃分的三個部。在一九四八年年初，每個部（北、中、南）分成幾個內區，每個內區之下再設省、區與村。政府建立「人民委員會」，透過「管理委員會」進行統治，之後隨著戰事全面爆發，「管理委員會」成為「管理與抵抗委員會」。直到一九五四年，越南民主共和國就依賴這種四階層官僚架構（部、省、區與村）組成的行政骨幹進行運作。組成中央政府的十二個部會，向這條管理鏈每一階層的辦公室（內政、經濟、司法、教育辦公室等等）下達指令。官僚就透過這種架構進行收稅、司法審判、維護治安、教育兒童等工作。越盟與越聯也在管理與抵抗委員會內建有平行的辦公室。政府行政與群眾動員是串在一起的工作。33

在一九四五年年底，越盟雖是最大政黨與民族主義陣線，共產黨還沒有能夠一黨專政。首先，印度支那共產黨在一九四五年九月只有五千名黨員，人力十分單薄。共產黨員在幕後來去運作，指導軍警，竭力控制政府與群眾組織中實際掌權的職位。其次，在一九四五至一九四六年間，中國占領軍與他們保護的越南反對黨抵達，共產黨處於守勢。由於擔心中國支持的一項政變，印度支那共產黨在一九四五年十一月自行「解散」，並接受成立聯合政府。當然，印度支那共產黨並沒有真正犧牲自己，只是轉入地下運作而已。但一個政黨竟能將自己解散，就算只是書面上作戲，看來也搞不成極權專政。

當他們一九四七年在法國猛攻下掙扎圖存，拚命撐起越南民主共和國、在鄉間進行治理之際，最讓他們憂心的是共產黨在政府與人民的基層控制權實在太弱。在一九五〇年以前，印度支那共產黨在暗中進行的平行管理架構能夠延伸到省級以下者，寥寥無幾。儘管在群眾組織推動下，共產黨黨員人數這時已經增加到五十萬，但其中絕大多數是訓練很差、不可靠的投機分子，而且許多還是文盲。事實上，印度支那共產黨所以要在一九五一年轉型為越南勞動黨（Vietnamese Workers' Party），部分目的就在於讓共產黨領導層有藉口清除壞分子，精簡黨組規模，並改善品管。胡志明與長征領導的越南共產黨都是死忠共產黨員；他們夢想有一天能實施列寧的民主中央集權；他們也訂下將越南共產化的計畫。但就像之前的儒家理念一樣，共產主義也並非像變魔術一般突然充塞在越南每一角落，而且也並非每個人都擁抱共產主義。事實上，越南共產黨在一九四七年將觸角伸向山區時，最極力避免的一件事就是疏離非共黨社會族群，因為它迫切需要這些族群幫著管理政府部會、軍隊、學校與醫院。當法國人與非共越南民族主義分子開始另建反共越南政權時，這種拉攏族群的事變得更加重要。

09

The Penguin History *of* Modern Vietnam

第九章 國際化的交戰國

前安南皇帝知道他們會來。他們一直就是這樣的。他雖已在一九四五年退位，雖曾懇請戴高樂不要用武力再次征服越南，況且他仍擔任胡志明顧問——這些事實都不能阻止他們。現在，法國人又一次找上保大，要保大擔任日後越南合眾國的名義國家元首。保大對印度支那的文官非常了解。保大知道他們的心態，知道驅策他們的殖民意識形態。保大甚至與他們共享同一殖民教父——薩活與巴斯齊。保大對於一九四六年阮文盛自殺的悲劇有何感想，我們不得而知，但我們可以確定的是，保大無論有什麼弱點（他有很多），他絕不無知。早自第一次世界大戰戰後、保大幼年時代起，薩活就竭力培養保大，將他塑造為一件打擊反殖民主義者的武器，法越合作的活象徵，一個法國可以透過他結合農民「大眾」的統治者，一件可以用來間接統治的管理工具。現在，印度支那當局想從保大身上取得的，也是這些事。這不是第一次「保大解決辦法」，它是第四次。不過這最後一次與前幾次有三點截然不同之處：法國現在同意將君權擴及整個「越南」，並非只限於中部的「安南」；身為越南國家元首的他，將與寮國與高棉的國君一起工作；法國會將所有這三個國家納入西方陣營，以便用冷戰維護他們在印度支那的殖民權威。

越南合眾國是西方支持的印度支那保護國？❶

第二次世界大戰結束後，畢榮是殖民地君權政策的主要設計人。早在一九四六年七月，他已經厲斥法軍指揮官，說他們不應與越南民主共和國領導人聯手趁中國軍隊撤出，將非共民族主義者趕出越南。身為高級專員政治顧問的畢榮說，非共民族主義者儘管在公開場合反法，但那只是做姿態而已。法國可以，也應該運用民族主義者反對派對抗越南民主共和國。他以一種典型的馬基維利主義（編按：主張為達目的可以不擇手段）精神，用簡單一句話向高級專員陳述法國的策略目標：「必須運用越南民主共和國現政府的反對派，用它助長法國在這個國家的長遠利益。」分化與統治又一次成為法國殖民政策的核心。為達到這個目標，他建議讓他的老友尚・庫素前往香港與保大會面。殖民當局頗具信心，認定他們可以又一次爭取到保大。一九四七年一月，達尚禮埃建議法國政府設法重建「傳統君權制」。他立即派遣庫素等人與保大接觸，並展開與其他人的非正式談話。❷

法國與越南民主共和國戰爭的爆發，以及不斷變化的國際情勢，使許多非共民族主義者相信，他們也可以用「保大牌」來對付法國與越南民主共和國。一九四七年二月，阮祥三與阮海臣建立「全祖國同盟戰線」（All-Country National Union Front），加強與保大的聯繫。他們再次向中國共和政府求援，希望中國國共兩黨內戰的重啟，能終於為聯合陣線策略畫下句點。自一九三〇年代以來，這項策略讓越南非共派損失慘重。三月，全祖國同盟戰線正式終止與越南民主共和國的合作，宣布計畫建立一個非共共和國或君主立憲國。全祖國同盟戰線還找上因這場世界大戰而崛起的新全球強國：美國。越南的民族主義者相信，美國就像支持蔣介石對抗共產黨的毛澤東一樣，也會支持他們，他們還可以迫使法國仿效美國一九四六年七月在菲律賓的作為，解除在越南的殖民統治。就意識形態而言，反共大旗可以將他們全部結合在一起。一九四七年三月，美國總統杜魯門宣布他的圍堵主義，開始將日本轉型為美國即將建立的圍堵牆的重要支柱。

我們現在知道美國人失望了，但在當時沒有人能料到事態發展。也因此，「第三種方式」在一九四七年似乎也行得通。陳仲金與吳廷琰等越南境內愛國者不斷往返中國，與全祖國同盟戰線、保大以及外國外交官討論行動計畫。越南天主教徒也與越南民主共和國的共產黨核心、與法國殖民當局保持距離，並且加入與民族主義者的討論。直到一九五〇年，一心嚮往民族主義的越南主教黎有慈，將他在紅河三角洲下游的裴朱與發彥教區，建成自治、武裝的宗教小國，有自己的政府、稅制與軍隊。有關越南天主教忙著幫法國重建殖民統治的說法不確。在一九四七年年初，經畢榮說動、願意暫時採取行動對付越南民主共和國的，只有在南方的高台教與和好教等宗教團體。法國立即將這些教派納入他們的交趾支那國。但達尚禮埃由於對阮文宣的民族主義太不信任，終讓阮文宣下台，換上似乎比較聽話的和好教徒黎文和擔任交趾支那國總統。[3]

反對越南民主共和國的非共人士逐漸達成協議，認定他們必須團結擁護保大，並且結合中國與越南境內志同道合之士以為奧援。他們找上保大，不僅因為法國人堅持必須與他談判，也因為他們相信最有可能迫使法國人接受越南獨立、統一，最有可能贏得美國支持的人是保大。三月，全祖國同盟戰線正式宣誓支持保大。這位前阮朝皇帝當時表示，他願意為了人民而出面，但為保持政治選項開放，他沒有攤牌。保大不肯與越南民主共和國決裂；他開始與法國以及其他國家外交官進行非正式會談，並密切注視國際與印度支那情勢發展。最重要的是，保大不願再任由法國人擺布。他告訴法國人，他像胡志明一樣，也期待法國尊重一九四六年三月六日的協定。也就是說，越南應在法聯邦架構內獨立，並且建一個包括交趾支那在內完整的越南國。就這樣，兩個——不是一個——相互衝突的保大解決辦法在二次大戰後出現。

一九四七年初，巴黎的法國聯合政府批准出錢在印度支那打仗，但也宣布願意停火，與包括越南民主共和國在內的越南所有各造以談判方式解決問題。達尚禮埃這時已經卸任，新任社會主義派高級專員波利耶（Emile Bollaert），立即派遣殖民學院院長、當年難得一見的自由派印度支那高級政府官員保穆（Paul Mus）為代表，與胡志明與保大會晤，尋找解決辦法。胡志明與保大雖說都告訴保穆，法國如想解決問題就必須承認越南獨立與統一，但兩人也都沒有把話說死，談判之門仍然開啟。但事情在夏天出現變化，造成變化的原因是，波利耶與波利耶政府願意與越南民主共和國談判的立場，遭致全祖國同盟戰線內部反共人士的反對。反共人士怕的是，這樣的談判將重演一九四五到一九四六年歷史，迫使非共人士又一次在聯合政府中聽命於胡志明。主張殖民統治的「人民共和運動」（Popular Republican Movement，簡稱MRP）、印度支那法軍指揮部，以及透過「法國人民大會」（Rally of the French People，簡稱RPF）重新整合的戴高樂派，也表示同意。現在他們即將動手，準備一勞永逸來摧毀胡志明政權之際，他們最不願見到的，就是讓胡志明透過談判途徑重掌政權（法魯義正準備在夏季發動大攻勢，摧毀胡志明政權）。那年五月，法國共產黨在巴黎被逐出執政的聯合政府，人民共和運動領導層於是更相信可以藉保大贏得反共人士支持，在印度支那辦到同樣的事。這時成為法國多數黨的人民共和運動堅決支持保大，擺明了要胡志明投降的陣勢。巴黎聯合政府的社會黨人既不願在這個問題上與人民共和運動決裂，於是做成一項影響深遠的決定（之後他們在阿爾及利亞也重複這項決定），改採強硬路線。巴黎當局現在的訓令是，不得在越南獨立與統一的問題上讓步。英國在八月十五日宣布讓印度與巴基斯坦獨立，波利耶原本也計畫在這一天發表重要演說，在越南獨立與統一問題上讓步。結果是，他在九月十日邀請非共人士與法國人談判，刻意排除了越南民主共和國，而且小心翼翼，不與任何越南人談獨立問題。

儘管波利耶對獨立這事三緘其口，讓非共人士非常失望，但非共陣營也達到他們想要的部分戰略目標——法國從談判中排除越南民主共和國——這已經足夠讓他們採取下一步行動了。一個星期以後，保大在向越南人民發表的演說中正式與越南民主共和國決裂，並且宣布他「準備與法國當局接觸」。幾星期以後，法魯義發動「草地行動」（Opération Léa），意圖俘虜越南民主共和國領導人，肅清障礙，以便與保大直接談判。草地行動以失敗收場，但表達的訊息很明確：人民共和運動

也不會與越南民主共和國談判。❹

「第三勢力」（指那些簇擁在保大身周的非共民族主義者）在一九四七年與法國人談判的決定，是二十世紀越南政治史的一個轉捩點。它意謂，原本與越南民主共和國組成全國陣線，準備迫使法國解除殖民的非共人士，已經改變主意，打算借助法國軍事力量掌權，而甘冒與民主共和國繼續打內戰之險。共產黨一九四六年年中在越南北部搗毀反對黨的行動，當然對和解毫無助益。事實上，在一九四七年控制民主共和國的共產黨，之前一年才在軍事上將他們那些越南對手打得大敗虧輸。共產黨於一九四六年攻擊大越同盟，大越同盟支持者於是回到殖民當局控制的越南，相信最好的策略就是用法國人趕走他們的敵人。就這樣，大越同盟成員開始加入法國人在將民主共和國勢力逐走以後在河內與順化建立的「管理委員會」。❺

不過，這是一項非常冒險的策略。聚集在保大身邊的民族主義者，這時已經展開與法國人的談判，但與越南民主共和國不同的是，他們沒有軍隊，在國內外也沒有「抵抗」政府。在遠征軍控制、主要是城市與城市周邊三角洲的越南，法國文官負責行政管理工作，離開這些城市與周邊三角洲地區，就是民主共和國的天下。就這樣，這「第三勢力」越南，是法屬交趾支那，以及在安南與東京重新展開作業的殖民地管理委員會的轉嫁產物。任何非共的國軍都得與法國結盟。大越同盟等非共人士的策略假定是共產黨會輸，法國會同意越南獨立。但如果越南民主共和國沒有敗陣，或如果人民共和運動不肯讓越南真正獨立，不肯給越南人實權……或如果兩種情況都不幸成真，非共民族主義者該怎麼辦？一旦出現這種結果，非共民族主義者若不想投身共產陣營，就只能擁抱殖民主義，成為殖民政權的傀儡。而非共人士間長期以來的派系紛爭，對他們的實力自然也沒有加分效果。越南共產黨可以詬病之處當然甚多，但只要法國不肯進行讓越南真正獨立的談判，他們就繼續打下去。

保大於一九四七年十二月抵達下龍灣與高級專員展開談判。他很失望地發現，法國人就像對胡志明一樣，也不願讓他的國家真正獨立。在正式宣言中，波利耶確實也大吹「獨立」法螺；但在經保大草簽、做為談判基礎的一項祕密議定書中，法國人設下各種法律限制，包括未來無論建任何國家，外交、國防、財政與貨幣控制權都得掌握在法國人手上。保大暫停談判，回到香港，與盟友討論這項議定書。吳廷琰等人都反對這項議定書，要求法國尊重一九四六年三月的協定，效法英國人幾個月以前在印度採取的做法。法國人反駁說，根據法國憲法規定，他們必須維護法蘭西聯邦，因此必須對殖民地主權施加限制。吳廷琰堅持越南必須先建立一個獨立的全國性政府，讓非共人士可以在全國擴展，與法國與西方盟友合作，對抗越南民主共和國。吳廷琰說，儘管一九四六年憲法禁止法蘭西聯邦成員國取得等同法國的完全主權地位，但英國既然可以賦予印度主權國地位，法國也可以做到。吳廷琰向法國據理力爭，唯法方認定法蘭西聯邦能發揮功效，他們希望透過這個聯邦組建一個帝國，如果讓越南享有與法國同等主權地位，可能將整個帝國拖垮。在遭到波利耶毫不留情地回絕之後，吳廷琰知道今天的法國人就像二十年前一樣，並不真想承認反共的民族主義者，並不真想放棄殖民地。他隨即退出第三勢力保大解決辦法。一九四八年，法國建立在他們控制下的「少數族裔」特區，讓吳廷琰對自己這個觀點更加深信不疑（見第十四章）。❻

但保大沒有放棄，他相信可以運用自己的流亡地位，繼續與越南境內民族主義者合作，迫使法國放棄殖民，從而根據第三勢力的構想，將交趾支那共和國與安南、東京的管理委員會轉型為獨立越南國。保大要阮文宣（阮文宣與波利耶一樣，也是社會黨人，經波利耶任命為交趾支那共和國）向法國人進行試探，看法國人是否至少同意建立單一越南。大越南官員開始進駐東京與安南管理委員會。

一九四八年年初，高級專員波利耶似乎立場軟化，接受了在阮文宣領導下建立單一越南的構想。同年五月，阮文宣主持成立越南臨時中央政府，將交趾支那共和國與安南、東京管理委員會合併。六月，保大再次在下龍灣會晤波利耶。在玩了一些有關法蘭西聯邦與國家主權性質的法律文字遊戲老套之後，波利耶承認交趾支那、安南與東京的實質統一，但也重申為維護法蘭西聯邦，這個一統越南的獨立必須受到嚴格限制。幾天以後，人民共和運動領導的法國政府宣布，下龍灣這項最新協議對交趾支那的法律地位不構成任何影響，讓民族主義者深感失望。法國政府說，憲法明文規定，交趾支那既是殖民地，只有法國國會有權批准這等的改變。就這樣，法國繼續在聯邦層級上統治越南，阮文宣也開始像之前的阮文盛一樣，像個殖民主義者的傀儡。保大往訪法國，直接找人民共和運動談判。但就像胡志明一九四六年在楓丹白露與法國人的談判一樣，他也談不出任何成果。與波利耶的談判就此無疾而終。

但法國經不起這樣的失敗。法國的殖民態勢，以及在政治上擊敗越南民主共和國的能力，都將因最重要的反共人士拒絕合作而受損（法魯義在一九四七年對越盟發動的軍事行動「利亞行動」已經失敗）。一九四八年十月，人民共和運動任命畢榮為新高級專員，又一次全力設法，想以保大為核心建一個越南國。法國自薩活以來最重要的印度支那首長，終於開始從他設在西貢諾羅敦宮的辦公室裡開始發號施令了。畢榮立即動員他在殖民政府的老友，集中全力解決越南問題。像薩活一樣，畢榮也是敏銳的國際事務觀察家。他密切注視著柏林危機與共產黨在布拉格的政變，以及兩個超級強國因馬歇爾計畫而在歐洲走上戰爭邊緣。他很清楚一九四五年後國際系統走上兩極化，很清楚北大西洋公約組織（North Atlantic Treaty Organization，簡稱ＮＡＴＯ）在一九四九年四月的成立，象徵美國對西歐的承諾正不斷增強。在亞洲，畢榮知道中國情勢的變化能直接影響法屬印度支那的命運。而一九四九年年初，情勢看來不妙：毛澤東正擊敗蔣介石，而且無疑將與蘇聯結盟，將共產集團勢力擴展到印度支那北疆。同樣讓他憂心的是，去殖民化已然蔚為風潮：緬甸、印度與菲律賓都是新興獨立國。美國、聯合國與印度於一九四九年聯手向荷蘭施壓，要荷蘭讓印尼獨立，也讓畢榮看得眉頭深鎖。❼

儘管情勢不妙，畢榮及其核心團隊，還有法國政府，仍深信保有法屬印度支那（與法屬非洲）對法國國家利益極端重要，而保大解決辦法仍是保有印度支那的最佳途徑。畢榮沒有效法英美在印度與菲律賓的先例，他推動一項三箭頭式策略，一方面滿足第三勢力的若干需求，但同時也讓法國繼續其殖民統治。首先，他放棄五角式的印度支那聯邦（這個聯邦自一九四五年年底以來就已實質上存在），主張在印度支那建立三個個別、但相互關聯的國家──越南、寮國與高棉。這表示，法國願意接受交趾支那與安南、東京結合，唯條件是保大必須回來，在法蘭西聯邦架構內領導它。法國願意讓三個印度支那國都享有較大獨立自主權，但條件是，三國必須接受由法國繼續以「第四」成員的身分，處理三國間的關係（貨幣、海關、移民等等）與軍事事務。這就是畢榮團隊所創「四造系統」（Quadripartisme）新法律名詞的內容。它是換湯不換藥的殖民聯邦主義。

其次，對畢榮而言，除非三國都團結在忠實的國君身邊，印度支那國家協會這個大策略便不會成功。像其他那些法國政府官員一樣，畢榮也相信印度支那農民大眾仍然效忠他們的國君。想對付共產黨與民族主義者，最佳途徑就是透過國君的仲介，吸收與統治這群農民。年輕的施亞努國王已經在一九四六年重新與法國聯手，寮王西薩旺・馮則一直就跟法國人站在一起。為伸張兩位國王的權威與法統，畢榮開啟談判，招攬兩國境內的異議民族主義團體。這意謂，法國要爭取自二次大戰起領導人就在泰國避難、不願接受法國統治的高棉與寮國民族主義團體。自一九四五年起，自由寮民族主義者就在曼谷建了流亡政府。獨立高棉運動也在一九四八年建了一個抵抗政府。這些流亡政府的存在（以及他們領導人的素質），削弱了與法國結盟的高棉王與寮王之法統。畢榮不畏艱難，派遣使節代表會晤這些叛黨領導人，並且利用法國在曼谷的大使館，盡量招攬高棉與寮國自由運動的異議領導人，讓他們投身他的印度支那國家協會大策略。[8]

但沒有保大，就沒有以保王為核心的解決辦法，而且時間也越來越緊迫了。當中國紅軍於一九四九年初渡過長江時，法國政府接受交趾支那與安南、東京統一，交換條件是保大必須回來領導越南合眾國，並與西薩旺・馮、施亞努及畢榮本身站在同一陣線。一天，畢榮對呂西安・布達嘆道：「我們也需要有一個英雄。要對付胡志明，我們得有一個『反胡志明』才行。」[9]

畢榮策略的第三部分聚焦於國際層面。從一九四八年年底起，他開始重新塑造對抗越南民主共和國、保衛協會國之戰，將它們視為西方對抗共產主義擴散的冷戰之一環。這麼做的目的是，爭取大西洋盟國支持印度支那協會國，一起對付共產主義，並向保大施壓，迫使保大回來經營越南合眾國，否則有被遺棄之險。美國人雖說不願意讓其他國家認為他們支持落伍的法國殖民主義，但迫於美國不計成本在全球防堵共產主義的策略，亦只得支持法國。法國人不僅向美國駐巴黎大使下工夫，還在華府美國國務院歐洲司極力宣揚，說法國（西歐）與法屬印度支那（東南亞）對美國的全球圍堵策略至關重要。法國的宣傳也隨之改變，指胡志明不是民族主義者，乃是十惡不赦的國際共產黨徒，而且法國還能提出各式各樣文件資料加以佐證。印度支那軍事指揮部也乘機要求增加軍援。法國人也鎖定英國人。一九四八年，英國因為不願放棄殖民控制，也在馬來亞面對共產黨叛軍暴亂的變局。法國將英國在馬來亞的「緊急事件」與法國在印度支那的戰爭相提並論，說它們都是所謂中、蘇接管東南亞陰謀造成的後果。英國人其實不需要什麼鼓動。由於不肯放棄馬來亞與新加坡，英國人與美國人一起升高對這最新一項保大解決辦法的支持，認為這是「兩害相權取其輕」的做法。畢榮也想說服後殖民時代的印度加盟，偏偏印度難纏得多。尼赫魯想在共產黨與殖民主義者之間保持中立，不願開罪在背後為他們撐腰的任何一個超級強國。[10]

一九五〇年一月，毛澤東與史達林正式承認越南民主共和國，畢榮的印度支那問題國際化的策略也達到高潮。他擔心中、蘇對民主共和國的支持可能使情勢逆轉，對法國造成軍事惡果，於是一再以最明確的語言告訴法國政府，為什麼法國現在就得將這場戰爭國際化。畢榮說，法國要繼續奮戰，「讓印度支那掙脫共產黨掌控」。但欲達成這項目標，「盎格魯薩克遜人」必須增加軍事援助，必須在外交上承認印度支那協會國，必須接受法國對印度支那的殖民介入。他在結論中指出，這是為履行法國的軍事承諾「我們可以接受的代價」。事實上，他的團隊已經在外交部合作下，為這項行動方針展開準備工作。一九五〇年二月，英國與美國承認印度支那協會國，大西洋聯盟其他成員國亦相繼承認。印度沒有這麼做，印尼、緬甸也沒有這麼做。這幾國寧可保持不結盟。[11]

一九四九年三月八日，保大與法國總統奧里爾勒（Vincent Auriol）簽署《艾麗榭宮協定》，建立不完全獨立的越南合眾國。法國隨後與寮國、高棉也簽下類似協定。原本似乎難以克服、讓交趾支那無法與越南統一的憲法問題障礙，在睿智敏捷的行動下迎刃而解。阿爾及利亞民族主義運動曾成功調轉國際系統槍口，讓它們轉而對付法國，如果他們的成功稱得上是一場「外交革命」，畢榮與他在人民共和運動的支持者絕對也為殖民陣營達成了一場成功的「外交反革命」。五月二十二日，在匆忙召開的交趾支那顧問理事會支持下，法國國會投票通過交趾支那與北部與南部統一。法國屯墾民只有挨打的份。他們初嘗在「殖民外交」站錯邊的苦果。不到幾星期，保大在北約組織盟國支持——或應該說壓力——下重返越南。他於一九四九年七月二日正式建立越南合眾國，成為單一越南國的元首，他的總理管理的也不再只是臨時政府。⑫

但法國政府仍然大權在握。與對手越南民主共和國，以及同年脫離荷蘭控制而獨立的印尼共和國不同的是，所有三個協會國在財政、商務、法律與軍事領域仍然得受殖民當局節制。畢榮的三箭頭式策略建立的，事實上是一種以三國國君（保大、施亞努與西薩旺・馮）的形式運作，國際支持的印度支那保護國。法國殖民聯邦主義仍然不受影響，印度支那銀行繼續發行印度支那銀元就是例證。誠如呂西安・布達所說，「四造系統」是法屬印度支那「以一種間接形式的延伸」。從一九四八年起，越南民主共和國的共產黨核心，以及冷戰在歐亞大陸各地的擴散，讓法國人利用美國人對共產主義的恐懼，幫法國延展在印度支那的殖民統治。同時，基於同樣理由，華府也不斷向荷蘭增加壓力，迫使荷蘭讓非共的印尼共和派獨立。⑬

法國在一九四九至一九五〇年的外交勝利，為越南非共人士帶來慘痛打擊。保大在一九四九年四月回到越南時，因法國人不肯把西貢諾羅敦宮移交給他而立即了解這一點。諾羅敦宮是印度支那高級專員駐所，也是自一八六三年以來法國殖民權力中心。保大知道，就像之前的交趾支那共和國一樣，越南合眾國只是畢榮用來掌控殖民地的武器。保大沒有像阮文盛那樣以自殺方式抗議。他蟄居大叻，不肯理事，以消極方式抗拒法國，並且伺機推動合眾國利益。他前往為紀念河內之戰中遭法國人處決的越南人而建的紀念碑，擺上一束棕櫚枝。殖民當局一再想為他再次加冕，都遭他拒絕。他幾乎從不穿皇袍，也很少下鄉替保護國進行文化宣傳。他不肯扮演國家元首的角色，讓印度支那殖民當局束手無策。他的「不作為」損及法統，也凸顯自薩活以來到畢榮，法國「保大解決辦法」的貧乏。呂西安・布達事後回憶，有一次造訪庫素在大叻的莊園，聽到庫素在放下保大的電話以後大發雷霆：「他要耍狠。保大太自以為聰明了。他要玩他所謂他的遊戲。這麼做或許對我們很不好，但對他造成的後果更惡劣——別忘了我說的這句話。」布達說，「庫素費了幾個小時唇舌告訴保大，三角洲的農民都在等著他，他只要能在他們面前露面，就能再次成為天子。但結果都徒勞無功，庫素之後一再對我說，『他是個懶胖子』。」一九五三年，高棉的施亞努與摩洛哥的莫哈默五世運用君權領導掙脫法國的獨立運動，但保大沒有用君權對抗殖民當局與共產黨，他只是刻意讓君權窒息而死。事實上，這位阮朝末代皇帝知道法國人已經殺了君權。不過也因為他的消極，非共越南民族主義者永遠無法促使他採取行動對付殖民當局，或對付共產黨；想讓他對付殖民當局與共產黨，就更加不可能了。保大選擇以「不作為」表達他的抗拒。不過這麼做不夠。他因此不能營造出任何值得一提的民意，君權也因此再也無望在越南復甦。[14]

畢榮的印度支那協會國，亦是法國為維護在大西洋聯盟的地位所採行動的一環。從一九五〇年起，有鑒於一九四九年的柏林危機，再加上之後爆發的韓戰，西方國家擔心共產黨將在歐亞大陸兩邊發動攻勢，於是透過北大西洋公約組織，及另建的一支人稱「歐洲防禦組織」（European Defense Community）的西歐軍，加速增強西歐防務。法國這項行動也因此變得更加重要。法國領導人利用印度支那戰爭證明他們對大西洋聯盟的承諾，一方面打著全球共同圍堵歐亞共產主義的旗號，爭取美援，幫他們遂行這場戰爭。有些學者認為，法國不計一切投入印度支那戰爭，使它在歐洲的雄圖受損。還有些學者則堅持，第一次印度支那戰爭事實上使法國保有列強的地位，對法國在北約組織、在歐洲整合與防務上的雄圖，都有加分效果。為大西洋聯盟與維護法蘭西聯邦辯護最力的法國政治人物畢杜（Georges Bidault，曾任外長與總理），在一九五一年承諾增兵印度支那時向友人指出，「我們在東京的行動能讓我們保有在萊因河插旗的地位，因為它能維護大西洋社會。」[15]

重塑共產黨越南：跨國的建國與現代戰爭

越南共產黨也有他們自己一套印度支那協會國版本。一九四八至一九五〇年，殖民地從印度支那聯邦轉型成為印度支那協會國，共產黨也決定根據國家、但平等結合的路線，劃分印度支那共產黨。一九四九年，越南共產黨開始籌備創辦越南勞動黨，並在一九五一年舉行的第二次黨大會中正式批准建黨。他們原本可以不採取任何行動，讓印度支那殖民模式繼續存在，而全力經營越南。但就像他們的法國對手一樣，他們也同時批准建立協會國、國家陣線，以及寮國與高棉共產黨。當時在寮國與高棉兩地幾乎沒有非越南共產黨的事實，也沒能阻止他們。一九五〇年，胡志明援引中、越模式與經驗，主持寮國與高棉國家陣線——從原本自由寮轉型的巴特寮國，以及從原本獨立高棉運動轉型的自由高棉——創辦工作。越南共產黨之後建了兩個個別「抵抗政府」，與越南民主共和國並肩作戰。為吸引民眾支持，越南人找上對時局不滿的寮國親王蘇法努旺，在高棉為拉攏佛教徒，則找上高棉裔越南和尚山玉明。兩人都能操流利越南話，遂派出幹部在印度支那西部、在泰國境內招攬越南流民，建立寮國與高棉共產黨，一方面武元甲領導的越南軍官也開始建立解放軍。越南共產黨展開本身的建國方案，新的可能性與合作形式出現了。父親是越南一名駐寮國官僚的凱山・豐威漢加入武元甲，建立巴特寮國。在越南人協助下，他與蘇法努旺後來成為寮國統治者。[16]

共產黨越南為什麼這麼關心印度支那其他地區？一方面，這是涉及國家安全的要務。一旦法國人（在美國支持下）用協會國對民主共和國採取軍事行動，共產黨需要寮國與高棉的盟友協助他們。共產黨越南也需要在寮國與高棉有自己的友邦，以防西方國家對他們發動外交攻擊，指控進駐寮國與高棉的民主共和國軍隊或幹部，破壞施亞努與西薩旺・馮領導的這兩個國家的主權完整。法屬印度支那不再成為主權領土集團的事實，現在有了實質法律意義：它創造了一邊是越南，另一邊是寮國與高棉的國界。共產黨需要自己的協同政策。胡志明的團隊雖已將黨的名稱從印度支那共產黨改為越南勞動黨，越南共產黨仍能透過本身的（間接、共產黨）協同政策，領導印度支那革命。

另一方面，越南共產黨對印度支那深具信心。他們相信，共產國際批准的這套模式，不僅能讓他們為越南，還能讓他們為寮國與高棉帶來共產黨現代化、文明與社會政治革命。身為虔誠國際主義信徒的胡志明，曾在二十年前協助創建馬來亞與泰國共產黨（而且很可能還在一九二九年在寮國建了第一個共產黨細胞）。在一九五〇年，法國殖民主義者與越南共產黨國際主義者唯一的差別在於，國際主義者真正建了原本都不存在的寮國與高棉兩個國家。不過結果都一樣：兩組相互敵對的印度支那協會國——總計六個國家——在第一次印度支那戰爭中出現，一組由法國殖民當局領導，另一組由越南共產黨透過一個革命保護國進行統治。頗具反諷意味的是，當胡志明一夥人一九五〇年在北越南款待蘇法努旺與山玉明，以慶祝他們的革命印度支那結盟時，薩活也在法國波城（Pau）會議中向反對派解釋，為什麼必須解散印度支那聯邦，用法蘭西聯邦架構內的印度支那協會國取而代之。薩活形容說，它是一種「持續不斷的創造」。胡志明想必也同意這項說法。也由於長征、胡志明、畢榮與庫素此類人物，繼續不斷用這些印度支那方式打他們的戰爭，塑造他們的國家，這場戰爭延燒到寮國與高棉，造成毀滅性損害亦成為在劫難逃的定數。[17]

越南民主共和國本身內部也出現類似的跨國界建國。毛澤東與史達林在一九五〇年一月承認胡志明的越南，結束了越南民主共和國的國際孤立情勢，也讓越南共產黨重新納入它在一九三〇年代初期首次加入的國際共產陣營。像法國人一樣，越南共產黨同樣歡迎將這場衝突國際化。國際化不僅能為他們帶來軍事援助，還能讓他們可以直接取用國際共黨的現代化與建國模式。當畢榮呼籲西方國家團結一致支持法國，好讓越南免遭共產黨赤化之際，長征也向共產集團保證，在對抗西方資本主義與帝國主義的這場全球鬥爭中，國際共產集團可以把重任交付越南，由越南領導在印度支那的革命，負起東南亞的擔子。他當然也呼籲莫斯科、北京與其他盟國協助越南，幫越南完成這項任務。⑱

處於歐亞共黨集團亞洲戰線前線的中國打了頭陣。中共決心確保新中國安全，全力擴張共產主義。在獲得史達林批准後，毛澤東開始為他在中國兩側、情勢岌岌可危的共黨老盟友——印度支那的胡志明與朝鮮的金日成——提供援助。中共高官羅貴波於一九五〇年二月訪問越南民主共和國，幫越南擬一份越南需求清單。在軍事上，越南人需要現代化武器（機槍、大砲與彈藥）援助以建一支專業軍隊。在政治上，他們需要中國人幫他們依據毛澤東路線，建立真正一黨專政的共產國。這套不久前才帶領中國共產黨取得勝利的路線，包括推廣中、蘇動員技術和土地改革，以及建立共產黨導向的保安、經濟、教育系統和文化的建議與模式。就這樣，在一九五〇年，越南政府治術在越南民主共和國控制區展開跨國轉型。當時一場全面性殖民地戰爭正打得如火如荼，而且開始演成冷戰期間最激烈的一場衝突。⑲

另一方面，美國人也對寮國、高棉與越南等三個印度支那協會國展開援助。就在羅貴波訪問越南民主共和國同時，美國國務院也應法國之請，派遣葛里芬（Robert Griffin）訪問印度支那。美國第七艦隊也在這時應畢榮幾星期以前的一項要求，初訪西貢，讓毛澤東憂心不已。葛里芬會見畢榮與軍事指揮部，仔細擬定印度支那協會國所需軍、經援助清單。返回華府以後，葛里芬呼籲美國政府為印度支那提供大規模援助，以免印度支那與東南亞其他地區落入共產黨手中。他並且提出警告說，如果美國不援助法國，法國人很可能為了停損，乾脆全面撤出印度支那。畢榮顯然說服了美國人，把美國人拉進來，透過法國，保護印度支那協會國。

韓國的危機不斷升高，讓主要交戰國決定增援他們的盟國。就在韓戰爆發前數月之間，美國與中國都派出軍事顧問團進駐印度支那。九月，美國將領法蘭西斯・布林克在西貢主持成立軍援顧問團（Military Assistance Advisory Group，簡稱ＭＡＡＧ）。美國在一九五〇年九月至一九五三年五月間，向法蘭西聯邦的軍隊提供了二十八萬六千噸物資。在一九五二年，華府承擔了約四成印支戰爭軍費，到一九五四年，這個比重增加到幾近八成。倒不是說美國人用錢從法國人手中買下這場戰爭，它指的是，印支戰爭逐漸也成為美國的戰爭了。透過法國統治的印度支那協會國、法國遠征軍與印度支那軍（法國這時已經同意為寮國、高棉與越南建立國軍），美國在間接打這場戰爭。

儘管共產集團的援助，無論在數量或在現代化程度上，都比不上美國為法國提供的軍援，但中國人為保護南疆，為抵制美國在太平洋的擴張，為維護一個共產國的生存，決心像援助在朝鮮半島的盟國一樣，援助在越南的盟國。中國顧問團於一九五〇年成立，在韓戰爆發不久後抵達越南民主共和國。羅貴波親自主持兩個次代表團，其中軍事顧問團由陳賡與韋國清兩名將領負責，政治顧問團則由他本人領導。軍事顧問團為越南軍提供援助，在越南民主共和國北部與華南訓練士兵與軍官，並協助訂定作戰計畫。在一九五〇年到與一九五四年六月間，中共為越南民主共和國提供了兩萬一千五百一十七噸物資，其中包括機槍、步槍、彈藥與大砲。根據毛澤東對顧問的指示，中國援越的目標不只是幫越南共產黨加強游擊戰力而已，乃是要「組建一支專業軍隊」。中國人沒有為胡志明建軍，但他們要提升它的戰力，以對抗法、美對中國南疆構成的間接威脅。[20]

同時，中國政治顧問團也協助越南共產黨建立真正黨政機制，以進行這場新類型戰爭。中國顧問推出一種全面性毛派洗腦專門技術，即所謂改造運動，以訓練一批以共產主義為職志的新文官，用他們管理黨、政府、軍隊與群眾組織。在中國代表團組織、授課下，越南共產黨開始從最高層接受「改造」與「指示」。之後，新成立的黨校開始訓練改造專家，這些專家隨即分散到全國各地，向中層省級與更低層官員傳授黨的理念、指示與運作模式。然後由這批經過「改造」的忠誠官僚與軍官組成骨幹，新黨政機制就靠這骨幹進行垂直運作，特別是軍隊與公安，尤其成為矚目焦點。一九五二年，根據羅貴波團隊引進的中、蘇共產黨技術，越南共產黨正式展開改造運動。越南共產黨開始加強在全國的控制權，不願接受改造的非共民族主義者或遭邊緣化、或遭迫害、或選擇叛離。在這個戰火下誕生的一黨專政新國家，意識形態的忠誠是能否運作的基本要件。

為進一步強化黨的控制，將社會共產化，越南加速中、蘇共黨那套「新英雄」崇拜和愛國學習運動，並且升高對胡志明的個人崇拜。「新英雄」是所有越南人都應該尊敬的男女樣板，越南人應該尊敬他們，不僅因為他們的愛國與英勇事蹟，也因為他們投身共產革命。自一九四八年起，越南共產黨開始從農民、工人與軍人中選取社會主義英雄。全國各地組織宣傳活動，開講習班，軍方也鼓勵全軍上下向英雄學習。在印度支那戰爭上半段期間，越南民主共和國依賴愛國學習運動動員民眾，要民眾提供勞力、米糧與忠誠，支持這場對抗法國的戰爭。幹部在各地進入鄉村主持愛國學習，每一期運動時間從數週到數月不等。官員透過地方群眾組織、家族關係與宣傳，在地方推動遊樂活動與比賽，呼籲一個村的男女村民做得比另一村村民更好，以謀國家之福。

一九五二年，印度支那戰爭已經進入陣地戰階段，越南共產黨在黨的嚴厲控制與中國人獻策下，由軍警支持重組學習運動，把焦點逐漸轉向階級議題。從這一刻起，越南民主共和國控制區內的愛國地主與資產階級，無論多年來為國家做了多少貢獻，都成了共產黨控制國家、土地、人民的障礙，都損及共產黨將人民共產化的能力。新英雄崇拜與學習運動的最高峰，就是由黨主辦的胡志明崇拜活動。胡志明是共產主義與民族主義的完美化身。越南共產黨就以新英雄崇拜、學習運動與個人崇拜為工具，加強對公務員與社會的控制與共產化。不過，就像說越南自古就是徹頭徹尾「儒家越南」一樣，認為越南全民突然都成了「共產黨」或註定都將成為「共產黨」也不真確。但就像許多世紀以前的其他統治當局一樣，越南共產黨現在也決定向中國取經，幫他們建一個新國家，用中央集權政黨控制直到草根的各階層民眾，並確立意識形態的一體性。而且，就像黎朝於十五世紀加入東亞儒家文明、讓越南有別於東南亞其他鄰國一樣，當胡志明的黨於二十世紀中葉擁抱毛教條與國際共產主義，以建立新國家、新軍隊時，非常類似的情勢出現了。[21]

這也意謂中國人（還有美國人）深深介入越南「建國」。中國顧問毫無疑問將中、蘇共土地改革模式引進越南。土改是共產黨的又一工具，可以用來摧毀「封建」與鄉間其他社會結構，以建立新結構。毛式土改進一步強化共產黨對國家的垂直控制，而且理論上，還能加強對農民的動員能力。共產黨不僅將土地分給農民，以爭取農民支持，還開始徵召農民加入官僚、軍隊與公安部隊。這場出現在鄉間的社會革命於一九五三年年底展開，當時對法國的戰爭已經進入尾聲，最後這場戰爭在一九五六年結束。且先擱下這問題，容後再談。

越南人也運用這一切中、蘇技術，進行現代和傳統戰爭的轉型。在中國顧問於一九五〇年抵達的一年之前，越南共產黨已經開始轉入毛澤東軍事戰略的第三階段「總反攻」。儘管越南民主共和國從未放棄游擊戰，但只是打游擊已經不再足夠。想把法國勢力趕出印度支那，為重建越南創造條件，唯一途徑就是決定性軍力。換言之，越南民主共和國必須建立一支能在戰場上贏得軍事勝利的專業軍隊。由於中國的援助與訓練，包括在中國境內裝備與訓練數以萬計官兵，越南民主共和國現在已經擁有若干團級與師級兵力，擁有訓練精良得多的軍官團與總參人員，還在部隊配置了數以千計共產黨訓練的政治幹部，可以推動它的軍事革命了。到一九五二年，中國的訓練與軍援已經幫越南集結了一支由六個武裝師組成的正規軍。它的情報、後勤、補給與醫護作業也不斷擴大，而且越來越專業。直到一九五〇年，越南人民軍（People's Army of Viet Nam，簡稱PAVN）終於成軍。在它「誕生」之際，由美國人支持的越南合眾國軍隊也同時成軍，情況就像冷戰期間國際敵對陣營打對台一樣。

就這樣，胡志明在戰時主持了一場政治與一場軍事革命。在一九五〇至一九五四年間，這些武裝師以及管理他們的新興黨政機制，使越南民主共和國得以打了八場定點戰，並跨過北越南，進入印度支那西部與法軍戰鬥。在一九五〇年，武元甲與他的中國顧問全力想在邊界省分高平打通直通補給線，以建一條通中國的安全走廊。武元甲派出最精銳的部隊對付正在撤軍的法聯邦軍隊，取得大勝，讓畢榮丟了官，也讓數千名聯邦軍成為越南民主共和國戰俘。武元甲決定乘勝追擊，於是把注意力轉到紅河三角洲，準備進取河內。新任法國高級專員兼總司令塔西尼（Jean de Lattre de Tassigny）將軍，歡迎武元甲打定點戰，深信這時已經獲得美國撐腰的法軍，憑藉空軍與火力優勢一定可以取勝。在一九五一年一月的永安之戰與幾個月之後的東潮之戰，武元甲都因兵力過於伸張而遭到慘敗。法國人在第一次世界大戰中已經學得教訓，知道在現代戰爭中，高昂的戰志與一波波攻擊不能保證勝利。一九五〇至一九五一年間，越南人民軍對紅河三角洲發動一波波攻擊，結果傷亡數以千計，損失慘重，而重創他們的大砲、機槍與轟炸機，都是越南軍過去打游擊戰時一定會避開的東西。在美國援助下，法軍也在這時第一次投下燃燒彈。打過永安之戰的一名越南人民軍老兵回憶當時的經歷如下：

要小心飛機。它們會丟炸彈，還會用機槍掃射你。把自己藏起來，躲到竹林底下。飛機發動俯衝攻擊。地獄隨即在我眼前展現。它是一個像是胖大雞蛋形狀的東西，從第一架飛機上丟下來……龐大的火球出現，它不斷膨脹，我覺得它有幾百公尺方圓那麼大。兵士們都嚇壞了。燃燒彈。從天上掉下來的火……我的部下都忙著找掩蔽，我無法阻止他們。這場火雨延燒開來，將所經之處化為一片灰燼，你想守著不動根本辦不到。火焰處處飛舞，跳躍。法軍的機槍、迫擊砲與大砲也開火了，十分鐘以前的一處小叢林，就這樣化為一座燃燒著的墳。[22]

這種磷膠狀炸彈也落在無辜平民身上，包括兒童也不能倖免。當年十二歲的阮公歡（編按：後來成為名作家）回憶幼時最佳玩伴小佑「怎麼躺在地上，被燃燒彈燒著的情形。她沒有死，但快要死了。晚上我們圍著她坐著，守著她。她的身體發著磷光」。[23]

越南人與他們的中國顧問放棄了迅速奪取紅河三角洲的念頭。從一九五一年年底以降，他們將注意力轉到高地。高地森林密茂，距離又遠，讓法軍無法集中火力對付向他們進擊的越南人民軍。基於這種考量，武元甲與他的顧問決定全力控制和平。和平是一處座落在高地與平原、北越南與中越南之間的戰略交叉點。一九五一年十一月，塔西尼收復高平，一方面使敵人無法將運補線推向中央與南越南，無法將兵員送進三角洲，一方面也向高地少數族裔團體重申法國的決心。武元甲基於同樣這些理由也決定攻取高平，而且他發現高平山嶺起伏、地勢崎嶇，攻擊當地的法軍有優勢可占。武元甲希望夜間發動攻擊可以讓法國空軍無法充分發揮火力，於是在一九五一年十二月一個夜晚，投入數千兵力攻擊法聯邦軍，以包圍、壓垮、摧毀法營。戰鬥激烈進行，法軍大砲又一次造成越南人民軍慘重傷亡。二月二十二到二十三日，在越軍集結準備發動最後一擊時，法國撤軍了。那是一場勝利，但對武元甲來說，是一場不完全的勝利。

越南民主共和國要一場決定性勝利。因沒能找上敵人門前挑戰而遭到美國指摘的法國人也一樣。一九五二年年底，為不讓越南民主共和國奪取越南西北部與寮國東部的控制權，塔西尼將位於寮國邊界的小山村納產建為一座大規模要塞。推土機清除樹木，士兵與數以千計平民百姓進村挖掘戰壕，裝置重砲，還建了一座空軍基地，讓軍方可以從遠方為納產運補。約兩萬人將這小村打造成「一個名噪一時的戰爭產業」。武元甲很相信他可以取勝，但他錯估了納產。十一月三十日，武元甲派軍對納產營發動一波波攻勢，法軍反擊之猛卻讓他震撼不已。法軍大砲與空中攻擊開始大舉屠殺越南人民軍。戰事幾乎才剛展開，武元甲就決定撤軍。對付這種要塞化陣地要用大砲，而越南人民軍沒有大砲。他們也不具備足夠後勤能力，無法將大量食物、武器與裝備送往前線，以支援這樣的攻擊。武元甲也發現，他無力摧毀機場，意謂法軍可以繼續進行運補。越南人民軍後來選擇繞道而行，沒有攻取納產。不過，他們也從這次敗績學得三個教訓：他們需要提升後勤戰力，需要重砲，需要建立切斷敵軍空中運補的能力。武元甲記取了這些教訓，而越南共產黨也開始為打贏奠邊府之戰做準備。[24]

地球南方的全面戰爭？

為了打一場現代化戰爭，為了用共產黨的方式將國家與社會轉型，越南民主共和國必須在創紀錄時間內，以前所未見的社會規模完成動員。為達成這個目標，政府在一九四九年年底實施強制兵役，在一九五〇年年初宣布全國總動員，並展開全面土地改革，以爭取主要是農民的越南大眾，團結一致，一舉擊敗法國，擊敗封建以及地主。長征在當時說，「有錢的要出錢，有力的要出力，有才智的要貢獻……時機已至，我們必須採行真正的全民抵抗手段。在抵抗戰爭中，沒有人能閒著。」[25]

此外，為保證武器、彈藥、醫護，特別是食物可以確實送到戰場上士兵手中，越南民主共和國需要一個後勤系統。問題是，越南人民軍欠缺機械化運輸能力，沒有卡車，沒有飛機，沒有船。為了向法軍主動出擊，越南民主共和國不得不仰賴大得不成比例的人工與馱獸，徵召幾十萬百姓當挑夫，徵用數以萬計自行車、小船、馬匹與牛，一方面迫使農民增產米糧，以餵食規模不斷膨脹的軍隊與成群的民間挑夫。就這樣，越南共產黨決定打一場現代戰爭，建一支大規模常備軍，但像中國共產黨學樣、透過動員民眾方式打這場仗的結果是，這場戰爭在社會影響層面上越來越全民化。一九五〇至一九五四年間，越南幾乎全靠人力（與馱獸）運輸打了八場定點戰。戰鬥進行期間，在越南北部與中部地區，原本已經模糊的平民與戰鬥員之間的界線大舉崩潰。越南共產黨不僅像阿爾及利亞與印尼共和派那樣繼續打游擊戰，還為了與法國打傳統戰，而展開一場全面社會與軍事革命。

徵兵與全民動員法自一九五〇年年初起實施，越南共產黨派遣幹部（在軍警支持下）前往越南民主共和國全境各角落，與區、村當局研商徵兵、組織與動員民力支援作戰之道。這些幹部的徵兵與徵召挑夫勞役，主要依賴地方群眾組織、家族淵源、友人關係、農民、青年與婦女團體，此外還有強制武力。不肯服從的會遭起訴，下獄。學習、改造與「新英雄」運動呼籲地方民眾提供勞役，支援政府與軍隊作戰。對於參與民眾後勤工作的人，政府會照顧他們的家人，會找人替他們耕田，一但受徵召的民工受傷或死亡，政府會保證在財務上支援他們的家人。在接受徵召動員以前，這些民工先獲有勞工戰鬥員（越南叫做「戰士擔工」）的正式軍職。他們還得接受愛國主義與社會主義密集課程，之後在黨幹部指導下踏上征途。

經越南民主共和國動員參與後勤作業的平民人數，多得令人稱奇。印度支那戰爭第一場大戰期間，越南民主共和國動員了十二萬一千七百名平民。這場大戰最後以法軍於一九五〇年年底撤出高平收場。一九五一年年初，為了在永安擊敗法軍、從法國人手中奪取紅河三角洲，武元甲集結了三十萬挑夫。他在一九五一年年底到一九五二年年初的和平之戰動員三十三萬三千二百名「戰士擔工」，創下人數巔峰。從越南西北部到中部地區，這種社會動員都進行得如火如荼。一九五一年年底，重心從三角洲轉移到高地區，越南民主共和國的領土控制權亦不斷擴張，深入西北部偏遠山區、中央高地與寮國東部與高棉。動員不僅將戰火帶進這些非越少數族裔居住區，還隨著越南人民軍控制區的不斷擴大，同時將黨政機制也引進了這些地區。一九五四年，在二十萬挑夫支援下，越南人民軍在中央高地與法聯邦以及越南合眾國軍隊激戰。總計，從一九五〇到一九五四年間，越南民主共和國動員了一百七十四萬一千三百八十一名平民挑夫，他們幾乎都是農民。[26]

越南人民軍人力需求不斷增加，幹部開始將越來越多女性徵入後勤隊伍。這些後勤隊得推著載滿米糧的自行車穿過崎嶇山嶺，得挑著重擔跋涉數百公里，得幫著重建被炸毀的道路與橋梁。這是極其繁重的工作，有時得持續好幾個月，以奠邊府之戰為例就持續了六個月。一九五〇年年底高平之戰動員的十二萬二千民眾中，大多數是婦女。之後幾場戰役，婦女參與的比重顯然也都很高。果真如此，參與軍事後勤的女性民眾總人數至少達到所有動員百姓總數（一百七十萬）的一半，換言之，生活在越南民主共和國控制區的一千萬總人口約有八十五萬婦女參與軍事後勤。越南民主共和國的婦女雖說不像二次大戰期間蘇聯婦女那樣執行戰鬥任務，但她們經常介入軍事行動。一九五四年時約二十五歲的女「擔工」桃氏永，回憶她參與的經驗如下：

我在戰線後方當擔工。我只上過前線一次。我們在去的時候扛著彈藥，回來的時候抬回傷兵。我們得攀爬山坡，得穿越山隘。許多人失足墜落。要兩個人才能挑一箱彈藥，回來時，這兩個人可以照顧一名傷兵。每隔兩三公里，我們會停下來，問那傷兵要不要喝水或小便。他要喝水的時候，我們得把水湊到他唇邊。許多士兵情況很慘，痛得呻吟。我們不知道怎麼照顧他們，唯一能做的就是鼓勵他們。他們有時因傷勢過重，半途中就死了。我們在夜間行軍，天亮以後休息。在抬傷兵時我們很小心。在抬補給與彈藥時，我們有時邊走邊睡，因為我們太累了。[27]

自一九五〇年起，法國人也以前所未有的規模動員越南人口。在抵達印度支那以後，塔西尼將軍催迫保大於一九五一年年中實施徵兵，並用美援將越南合眾國軍隊現代化。靠著義務兵役，越南合眾國到一九五四年已經擁有兵力十六萬七千人。再加上二十萬人的遠征軍，法蘭西聯邦在一九五四年有三十五萬兵力對付越南人民軍。換言之，這時有三支傳統軍隊在印度支那戰場上角逐，其中一支是法軍，兩支是越南軍。這三支軍隊的武裝都越來越精良，也都在不遺餘力地競相爭取越南充員兵與勞工。兩支越南軍還各在控制區農村擁有約三十萬男女民兵。（越南民主共和國的民兵負責保護村落，以防法軍攻擊，但不直接與法軍接戰。）[28]

從一九五〇年起，法越軍也開始大舉徵召越南勞工。這些平民挑夫稱作「輔助隊員」，往往帶著一家大小隨軍隊進入戰區。一九五四年，這類輔助隊人數在十萬左右。一九五〇年以降，戰事越來越激烈，作戰成本也越來越高，法國人遂開始尋找其他勞工來源。他們開始利用戰俘幫他們作戰，而這種做法很可能違反《日內瓦公約》。儘管沒有有關這個問題的研究資料，從一九五〇到一九五四年間，法國人運用的戰俘總人數可能高達十萬，而且其中顯然還有女人。像越南民主共和國的戰士擔工一樣，他們也必須幫法國人修補道路與橋梁，必須跨越卡車與飛機難至的崎嶇地形，運送補給與裝備。他們也經常得上火線。[29]

結束戰爭？

奠邊府：用一場定點戰迫使法國人放棄殖民 [30]

奠邊府之戰是二十世紀最重要的幾場戰役之一。一九五三年十一月到一九五四年五月之間，越南民主共和國組織、發動了一場激烈的定點戰，最後擊敗殖民主義的法國。想充分了解這場歷史性衝突的重要性，必須先從法越、國際與軍事角度加以分析。從法國角度而言，總理梅耶（René Mayer）堅信法國必須加強它在歐洲與大西洋聯盟扮演的角色。美國竭力重整西德武備，以防堵蘇聯的事實，更使法國在戰略思考上更加重歐而輕亞。從財務角度來說，法國無法一方面在印度支那打一場成本越來越高的傳統戰爭，同時還得出力加強歐洲防務。就這樣，為保有在亞洲的帝國而花了龐大成本的法國，現在得與擁有中、蘇兩國撐腰的越南民主共和國作戰，而且這時的法國，真正的優先要務是保衛他們位在越南半個世界之外的本土。

法國得找一個保住面子的辦法結束這場戰爭才行。一九五三年五月，梅耶任命納法（Henri Navarre）將軍為印度支那軍總司令。法國政府訓令納法，要他在戰場上創造必要軍事條件，使外交官能夠藉以在談判桌上達成有利解決辦法。納法提出一項雙管齊下的計畫。在一九五三至一九五四年間，法軍避免與敵方進行大規模會戰，以重建法聯邦兵力，之後，在一九五四至一九五五年間，對武元甲的軍隊發動決定性一擊，以迫使對手根據有利於法國的條件走上談判桌。其次，納法在抵達越南以後，把注意力從北部三角洲轉入越南民主共和國控制的中央高地。他的「亞蘭德行動」（Operation Atlante），目標就在從越南民主共和國手中奪回南中央高地，置於越南合眾國主權控制下，然後展開談判。在一開始，納法無意在奠邊府山谷打一場決定性戰鬥。

他的對手武元甲亦無這個打算。就像法國人一樣，越南民主共和國領導層也在一九五三年做成一些決定，終於把戰爭帶到奠邊府，最後走上日內瓦談判桌。法國人停下腳步重建武力，當然也為對手帶來這麼做的可乘之機，而這正是兵學上永難解開之謎。一九五三年一月，越南共產黨加緊土改準備工作，並動員後勤力量，以便打一場決定性勝仗。武元甲指揮部決定，在日後對決中，想攻克敵軍要塞，人民軍不僅要把自己的大砲與防空部隊帶進戰場，還得設計一套戰略迫使遠征軍將兵力分散在印度支那全境各地，一旦類似納產之戰的戰事重演，法軍再想重施故技、集中兵力就辦不到了。在整個一九五三年，越南民主共和國重組砲兵團，建立一個新團，還編成它的第一個防空營。最重要的是，一九五三年年中，「和解」由於史達林之死與韓戰停火而登上國際舞台，越南與中國共產黨都同意，越南民主共和國這時必須在戰場上打一場大勝仗才行。

當法國人於一九五三年七月實施納法計畫時，越南方面也在為這一切做準備。到一九五三年九月中旬，越南民主共和國的情報單位「對納法計畫的基本要件已經瞭若指掌」。越南政治局（最高決策機構）因此可以調整因應對策。政治局認定，既然納法計畫要「集中部隊占領、固守東京低陸地區，我們就要迫使他分散他的部隊到其他地區，以便殲滅他們」。政治局知道，如果人民軍攻擊三角洲地區，法國可以輕鬆集結大砲與空軍武力，造成毀滅性戰果，於是決定把法軍兵力誘往越南西北部與寮國北部，之後將法軍誘入寮國中部與南部，甚至把法軍誘往高棉北部。一九五三年十一月中旬，越南政治局批准以這些戰略為主軸的冬春計畫。納法將軍以為對手即將攻取寮國，於是將兵力投入（位於通寮國大路半途的）奠邊府，阻止越軍西進。但越南民主共和國根本沒打算進兵寮國，它的目標其實是聲東擊西，而這招果然奏效。[31]

十一月二十日，法軍派遣六營傘兵空降奠邊府。武元甲驚訝之餘，立即要情報人員查明兩件事：「敵人會撤軍嗎？」還有「他們怎麼部署？」納法決定將法聯邦軍隊調往越南中南部（亞蘭德行動），將兵力投向寮國與越南西北部，然後陳兵奠邊府的做法，無意間為越軍指揮部與政治局帶來他們求之不得的最佳決戰條件。

納法將軍從納產之戰汲取經驗，下令在奠邊府河谷建立比納產更大、更堅固的要塞。當地的一座機場可以做為對大約一萬五千名法聯邦軍隊運補的生命線。許多高階法國與美國軍、政要員都同意，奠邊府要塞足以抵擋敵軍主力，「打斷越軍背脊」。法軍大砲、空中兵力與抵抗陣地（從A到H，每個陣地都以女子名為代號，例如Béatrice）將掃倒來襲敵軍，殲滅武元甲主力師，讓越軍嘗到比納產更慘重的敗績。法軍總共進駐十二個久經戰陣的營防衛奠邊府山谷。法軍戰志高昂，許多人還擔心越軍不會來襲。無獨有偶且充滿矛盾的是，武元甲也怕法軍在他可以「打斷法軍背脊」以前就撤軍了。

越南民主共和國軍情人員在十二月三日向武元甲提出回報，說納法已經把大軍投入戰場。越南政治局在評估國際情勢之後，下令軍隊包圍奠邊府，將法軍全數殲滅，一方面繼續展開其他誘敵行動，盡可能將法軍兵力分散至印度支那全境各地。大規模動員展開，數以十萬計農民開始將米糧、武器與大砲運往奠邊府要塞附近山區。中國提供的蘇製卡車也越過中國邊界運來武器與米糧。越南人民軍終於有了機械化後勤戰力，但二十五萬名民間挑夫仍得向戰場運補。前文提到的土地改革政策，於一九五三年十二月初在越南中北部與北部地區正式展開。對奠邊府的後勤補給，這些地區的農民出力甚多。同時，一九五三年十二月十七日，政治局通過戰鬥與談判政策決議案。這事實上意謂一件事：這場戰爭只許勝，不許敗。胡志明告訴武元甲，必須先取得「百分之百」的勝利，才能展開結束戰爭的談判。越南民主共和國原準備一九五四年一月二十五日發動對奠邊府的攻擊，但為保證勝利，取消了原訂計畫。[32]

不過，納法儘管在一月初察覺越南人成功將大砲送進奠邊府附近，卻不肯取消亞蘭德行動。納法不但沒有集中兵力，還在一月二十九日在越南中部展開對付越南民主共和國的亞蘭德行動，而武元甲卻集中最精銳的幾個師，準備在奠邊府盡殲敵軍。領軍進擊的是曾指揮河內之戰的精銳部隊三〇八師師長王承武將軍。法國人所以錯估情勢，傲慢當然是部分原因，但到一月中旬，無論戰備、作戰行動與士氣的發展都出現迅速變化，納法這時再想從空中或經由寮國撤軍，以免重蹈高平之戰的慘敗、讓敵人在國際談判關鍵一刻取得一項實質勝利，已經太遲了。（美國、英國、法國與蘇聯在一九五四年一月二十五日到二月十八日舉行柏林會議，討論如何解決亞洲兩場「熱戰」——韓戰與印度支那戰爭——以及其他問題。）三月十三日，越南軍終於展開精準的砲擊，迅速擊毀幾座沒有掩護的法軍大砲，還在幾天內炸毀機場，切斷奠邊府要塞與外界聯繫的生命線。同一天，在法軍大砲與機槍猛烈砲火下，越南軍不計慘重傷亡，對要塞前進陣地 Béatrice 與 Gabrielle 發動第一波大規模攻擊。

面對越軍攻勢，法聯邦部隊採取的對策是不折不扣的掘壕固守。事實上，奠邊府之戰與第一次世界大戰的戰壕戰近似得出奇。有人將它比為凡爾登之戰。這一點也不令人意外，因為交戰雙方各擁大砲，迫使部隊在未奉命出擊時躲入地下以求掩蔽。但越南民主共和國在一九五四年打的戰壕戰，與一九一六年凡爾登戰壕戰不一樣，不同之處在於，越南人打的是機動戰。越軍構築的，不是一條靜止不動的平直戰線，而是緩緩擴大、將敵陣包圍的戰線。但就像第一次世界大戰的戰壕戰一樣，奉命出擊與奉命反擊的越軍與法聯邦軍，都在猛烈機槍與大砲砲火下死傷慘重。傾盆大雨迅速將戰壕變成血腥與疾病的泥水溝，士兵不得不繞經腐爛的屍體跋涉而前。美國雖然出動飛行員為奠邊府執行運補任務，但華府不願美國直接捲入這場衝突，不肯發動禿鷹行動：一項旨在為奠邊府解圍的大規模轟炸作戰。白宮批准以顧問、軍援、情報與中央情報局祕密作業的形式進行間接干預，但不願讓美軍正式捲入地面或空中戰鬥行動。人民軍又發動兩波攻勢，戰壕一公尺接一公尺、一個山頭接一個山頭持續延伸，緩緩窒息敵軍，往奠邊府谷地不斷進逼。一九五四年五月七日下午五時，奠邊府要塞終於陷落人民軍手中。同一天，談判在日內瓦正式展開，以尋求結束這場戰爭的政治解決辦法。[33]

之後一年，透過談判，數以萬計戰俘獲釋。法國在一九五四年年底將六萬五千名男女戰俘放還越南，但內部報告承認，死在獄中或遭處決的戰俘有九千人。這九千名死者，找到墓穴的只有兩千零八十人。越南民主共和國也還了約兩萬名在一九四五至一九五四年間俘虜的戰俘，但另有兩萬人在被俘期間消失，官方列出的名目是「缺席，失蹤或沒有返回」。越南民主共和國讓戰俘從高平（一九五〇年）與奠邊府（一九五四年）徒步幾百公里，前往環境惡劣、疾病叢生、幾乎沒有醫療措施的戰俘營，數以千計的戰俘就這樣死去。雙方家屬都呼籲政府，尋找失蹤戰俘或他們的遺體。[34]

日內瓦一九五四年：謀和失敗[35]

美國人由於擔心共產黨會透過外交取得他們在戰場上無法取得的勝利，而抗拒談判，但包括英國在內的國際社會其他成員，都有意冷卻在朝鮮半島與印度支那的這兩場熱戰。史達林於一九五三年三月去世以及韓戰在幾個月之後停火，使多年來一直非常緊張的東西方關係出現緩和轉機。莫斯科新領導層希望在歐、亞兩洲降低緊張對峙，以集中力量解決內部經濟問題。國際「低盪」促成這項進程，中國當局與蘇聯的看法也差不多。事實證明，就像激進的社會改革與土改一樣，韓戰與印度支那戰爭也把新成立的中國拖得精疲力盡。當時擔任外長的周恩來於是宣布，可以基於最近的韓戰解決模式，解決印度支那的衝突。

越南共產黨注意到北京的立場，於是同意和談時機已至，但一方面仍不斷加強他們在戰場上的態勢。一九五三年十一月二十六日，胡志明在接受瑞典《快報》（*Expressen*）訪問時表示，越南願意展開談判，達成一項結束這場戰爭的最終解決辦法。越南共黨現在的官方路線是邊打邊談。胡志明這項訪問結束一個月之後，長征向全國各地幹部發表特別通告，說明黨真的希望與法國談判，而這不是計謀。中、蘇開始走向「國際和好」，談判時機已至。[36]

蘇聯首先展開行動。一九五三年九月二十八日，莫斯科向法國、英國與美國發了一項照會，建議在日內瓦舉行國際會議以緩和國際情勢。在歐洲方面，談判議題包括關鍵性的德國問題；在亞洲，議題則包括造成東西方陣營對峙的兩場大戰：韓戰與印度支那戰爭。蘇聯說，這項會議應該邀中國與會，因為中國直接在韓戰對抗美軍，又透過對越南民主共和國的支援，間接參與印度支那戰爭。十月八日，周恩來表示支持蘇聯的建議。

當法、英、蘇聯與美國外長一九五四年初在柏林集會時，緩和德國緊張情勢是第一優先議題。蘇聯要求將中共列為日內瓦會議正式與會國的建議未獲通過，但美國同意，與會四強可以邀請屬意的代表團與會，就這樣，應蘇聯之請，中國代表團參加了他們建國以來第一次重要國際會議。（蘇聯與英國是日內瓦會議共同主席。）除了「四強加中國」以外，印度支那幾個主要有關各造，包括越南、寮國與高棉協會國以及越南民主共和國，也出席了這次日內瓦會議。范文同率領越南民主共和國代表團來到日內瓦。越南民主共和國政府想讓它在寮國與高棉的盟友（巴特寮國與自由高棉）也能正式坐上談判桌，但未能成功。

這次日內瓦會議（一九五四年四月二十六日至七月二十一日）自始至終，就因中國與美國的分歧而蒙上長長陰影。周恩來希望結束第一次印度支那戰爭，但也想找出解決辦法，不讓美國在中國南側翼取代法國勢力。為了對抗美國聯合亞洲非共國家、建立集體安全聯盟，以圍堵甚至「逐退」中共的企圖，周恩來已經開始針對亞洲非共國家研擬一項「和平共存」政策，以促成亞洲這部分的中立化。在美國方面，華府支持蔣介石的中華民國（在遭中共擊敗之後，中華民國這時撤至台灣島），並於一九五四年與蔣介石簽署共同防禦條約。但當時的美國國務卿杜勒斯（John Foster Dulles）儘管堅決反對與中共打交道，卻支持法國透過談判解決印度支那戰爭。最重要的是，杜勒斯不願在日內瓦會議中反對法國，這麼做可能導致法國國會不批准參與歐洲防禦組織。

一九五四年五月八日，在奠邊府淪陷一天之後，印度支那成為日內瓦會議議題。法國與越南民主共和國都在一開始採取強硬立場。由於能將軍事行動時機配合得天衣無縫，越南人認為這場戰場上的歷史性勝利讓他們充滿自信。由人民共和運動大鷹派畢杜領導的法國政府則明白表示，法國或許輸了這場戰役，但未必會打輸整場戰爭。此外，由於當時摩洛哥、突尼西亞與阿爾及利亞人都像越南人一樣要求獨立，畢杜在參加日內瓦會議之初就下定決心，要維護法蘭西聯邦於不墜。畢杜一方面強調法國對大西洋聯盟的承諾，一方面總是把印度支那與歐洲問題相提並論，還揚言如果必要，會靠向美國來採取更強硬的立場。

在獲得蘇聯首肯之後，周恩來立即在幕後展開行動，將交戰各造聚在一起，以達成一項可以接受的政治解決方案。他首先讓法國與越南民主共和國代表於五月十七日闢室密談，討論在奠邊府找回傷兵施救的議題。同一天，蘇聯外長莫洛托夫（Viatcheslav Molotov）建議展開停火談判。為謀談判進展，周恩來做了讓步，在五月二十日宣布，寮國與高棉的情勢和越南不同。簡言之，周恩來不再認定越南民主共和國有權代表西印度支那發言。當時，西方諸國要求排除越南民主共和國在一九五〇年建的這兩個「反協會國」的會議發言權，周恩來此舉不僅回應這項要求，也能在情勢必要時，使寮國與高棉等亞洲非共國家在對美關係上保持中立。最重要的是，周恩來讓越南放棄代表西印度支那的主張，以表示共產黨不再打算在去殖民化的亞洲，將共產主義輸到越南界外，讓印度、緬甸與印尼外長們大放寬心。越南表示同意，也因此至少暫時將他們吞併整個印度支那的野心擺在一邊。[37]

第二個讓步是在哪裡將越南暫時劃界的問題。越南民主共和國代表團於六月十日通知法國，在統一越南的大選舉行以前，他們可以接受分割越南的構想。不過，有關談判的進展也就如此而已。越南究竟應該在哪裡劃界的問題一直沒有任何協議。六月中旬，會議有關朝鮮半島問題的談判破裂，至於印度支那，連停火協議都無法達成，解決問題的前景看來也同樣黯淡。

為避免一場外交挫敗，周恩來在六月十六日通知英國外相艾登（Anthony Eden），說他可以使范文同同意，讓越南民主共和國從寮國與高棉撤軍。就在這段期間，法國政府於六月十三日垮台，新任總理孟德・法蘭斯（Pierre Mendès France）像周恩來一樣，也決心不計一切代價達成談判解決。孟德・法蘭斯不僅加碼下注，宣布他將親赴日內瓦談判，如果不能在一個月內達成協議就辭職，還揚言要實施全國徵兵，把美國人也拉進來，迫使共產黨談判對手就範。無論他是否虛張聲勢，孟德・法蘭斯這番表態確實讓中國、蘇聯與越南民主共和國都感到事態嚴重。當時懸而未決的問題包括越南劃界，與訂定大選日期等。

越南民主共和國領導層不肯接受以北緯十六度為分界的建議，因為如果接受，越南民主共和國得放棄它自一九四五年以來統治的越南中部大片地區。一九五四年六月二十三日，周恩來通知孟德・法蘭斯，有關大選與劃界的問題必須談出一項協議才成。周恩來隨即離開日內瓦，與中國政府、附近鄰國以及越南民主共和國領導層進行磋商。在訪問亞洲期間，周恩來在新德里小停，向尼赫魯保證中國的和平意圖，並表示願意以此交換非共亞洲諸國的嚴守中立。周恩來告訴尼赫魯，寮國與高棉都將中立，成為他與尼赫魯所謂「新類型東南亞國家」的一部分。所謂新類型東南亞國家，指的是非共與後殖民時代的不結盟亞洲國家。一九五四年六月二十九日，周恩來與印度、緬甸總理簽署「和平共存五原則」協議。[38]

周恩來之後到華南城市柳州，會晤胡志明與武元甲，研商在日內瓦的最後階段談判策略。一九五四年七月三日到五日間，周恩來說，一旦日內瓦會議談判破裂，美國可能、甚至很可能直接干預。他強調，如果美國果真干預，越南民主共和國這場戰爭會變得複雜許多，就連中國本身的安全也會遭到牽連。他解釋說，印度與緬甸這些中立國都反對美國對這個地區的干預，但他們需要中、越國際共產主義勢力不出越南邊界的保證。這也就是說，越南必須放棄控制印度支那的雄圖。根據柳州會議達成的最後協議，北緯十六度線可以做為劃分越南的臨時界線；高棉要接受一種非共的政治解決辦法；中國與越南將在談判桌上力爭，為巴特寮國在寮國北部爭取重組區。在舉行選舉、建立整個寮國的新政府以前，這些重組區將是巴特寮國軍隊與行政人員的駐地。胡志明同意了，雙方同意要協調政策，以便與孟德・法蘭斯達成協議。胡志明在回到越南以後告訴他的黨，為達成協議，防止美國直接干預，做這些讓步——包括沿北緯十七度線劃界——非常重要。黨接受了他的論點。[39]

回到日內瓦以後，周恩來、艾登、莫洛托夫與孟德・法蘭斯加速行動，希望在孟德・法蘭斯提出的限期以前達成協議。就在限期將至前不久，越南民主共和國終於同意從寮國與高棉撤軍，並且接受以北緯十七度線為界劃分越南，放棄大片十七度線以南的土地。駐在高棉、寮國與南越南的越南民主共和國軍隊與人員，將撤進北越南重組，駐在十七度線以北的越南國與法聯邦軍隊則撤入南越南重組。山玉明的高棉軍放下武器，或重新整編，納入高棉保王軍，或重拾百姓生活。當局在寮國與北越南接壤的豐沙里與桑怒省建立重組區，供巴特寮國進行重組。日內瓦會議為越南、寮國與高棉成立一個國際監督與控制委員會。選舉預定於一九五六年年中在越南全境舉行，以決定越南應該在哪一個越南——在越南民主共和國或在越南合眾國——之下統一。一九五四年七月二十一日清晨，法國與越南民主共和國實施停火。第一次印度支那戰爭於是正式結束。

對於中、蘇走向和解，並開啟印度支那談判的決定，越南共產黨表示同意。此外，他們也像中國人一樣，擔心如果在日內瓦達不成協議，美國會進行直接干預。這是他們不願見到的事。一九五四年二月，當談判在柏林進行時，以及之後在日內瓦會議討論印支問題前夕，越南共產黨都曾強調，他們決心與蘇聯、中國合作，以談判策略結束戰爭，為亞洲與世界帶來和平。在五月到七月日內瓦會議進行期間，蘇聯與中國確曾向越南施壓，要他們在印度支那不要採取國際共產主義那套模式，接受中立與保王派政府的現實。中國為了在日內瓦會議達成協議，向越南共產黨施壓，要他們接受北緯十七度線劃界。但越南共產黨的文件也顯示，政治局已經同意不再繼續打下去。奠邊府之戰確實是輝煌勝仗，但一面打這場戰爭、一面進行社會革命，特別是在戰爭型態轉為傳統戰之後，人民與軍隊都已精疲力盡。

在一九五四年七月十五到十七日舉行的黨第六屆全會中，越南民主共和國領導人說，他們所以決定簽署《日內瓦協定》，為的是將武裝路線改為談判路線。胡志明用之前一星期在柳州與周恩來達成的論點解釋說，美國人決心要在全球與印度支那的層面上發動戰爭，現在印度支那的主要敵人不再是法國人，而是美國人。胡志明說，奠邊府的勝利雖說證明越南民主共和國的軍事實力不斷增加，但也讓美國人開始注意越南。這場戰役使華府更加下定決心，要以更直接的立場對付印度支那共產黨，要在日內瓦達成交易，不讓越南民主共和國或透過外交、或經由軍事手段拿下整個印度支那。胡志明堅持，越南民主共和國必須利用國際系統中的矛盾——特別是英國與法國不願跟在美國後面的心態——達成孤立美國的國際協議。如果越南民主共和國可以透過選舉與談判達成統一，那比什麼都好。胡志明又說，與法國人相比，越南人現在雖說比過去強，但仍還不具備在整個越南取得壓倒性勝利的決定性實力。兩天以後，越南共產黨總書記長征承認，越南民主共和國的軍力比過去強，奠邊府的勝利就是明證，但越軍的改變還不是一種「基本改變」。越軍打贏一場戰役，可卻未必能在全國各地打決定性勝仗。他並且指出，法國執政圈有一個主戰派，這派人主張法國繼續打下去。他們迫不及待想利用日內瓦會議將戰爭國際化，以便沿冷戰路線孤立越南民主共和國。這派人也急著想找美國人幫忙，讓美國人幫他們打贏這場他們自己打不贏的戰爭。長征警告說，這是越南領導層不能忽視的現實。根據長征的說法，美國人這時已經取代法國人，成為越南民主共和國在印度支那戰爭中的「頭號敵人」。長征說，改變策略的時機已至，越南必須將長期抵抗的武裝鬥爭路線改為和平談判。簡言之，越南必須運用和平手段，打贏他們短期間無法在戰場上打贏的戰爭。一九五四年七月十七日，越南政治局正式改變政策，從武裝鬥爭轉為和平談判，並同意簽署七月二十一日的停火協議。[40]

日內瓦談判沒有締結和平協定，它只達成一項停火與一項宣言。這項宣言的簽字國保證，將籌備選舉，一勞永逸地在一個主權國下統一越南，這個主權國或是現在定都於河內的越南民主共和國，或是西貢的越南合眾國。一九五四年年中，美國人與越南合眾國新任總理吳廷琰拒絕簽署這項宣言，為印度支那和平展望蒙上陰影。此外，日內瓦談判也未提供任何具體途徑，規定兩個越南中的任何一個，或他們的各別支持者必須遵守這項宣言。越南民主共和國希望日後透過選票箱，贏得它的軍隊在戰場上無力贏得的勝利。越南合眾國則希望掙脫法國殖民主義者，在美國支援下，建立非共的民族主義政權。日內瓦談判或許達成一項停火，但它發表的宣言完全無法阻止兩個越南兵戎相向。它也不能阻止美國人把他們在印度支那的間接戰爭轉變為直接戰爭。

★

10

The Penguin History *of* Modern Vietnam

第十章　兩個共和國的故事

前言

一九六三年七月，阮祥三奉召前往附近一個憲警調查站，因為當局要知道他在一場反南越總統吳廷琰的流產政變中扮演什麼角色。阮祥三是越南最著名的反共政治人物，以筆名「一靈」享譽文壇，是二十世紀三〇年代以來的越南文化巨人。他曾以個人解放與越南社會創新為基礎，領導過一項文化革命。四〇年代，他曾協助重建並領導越南國民黨，既反對法國殖民主義，也反對越南共產主義。在印度支那戰爭期間，為重建一個非共越南，阮祥三曾與吳廷琰短暫共事。之後，阮祥三因為吳廷琰與吳家家屬在越南的作為而鄙視吳廷琰。這時的吳廷琰沒有團結非共人士，只知攻擊異己，阮祥三於是知道南越南共和國難免覆亡。當時反吳廷琰的不只阮祥三而已。一個反吳廷琰家族的佛教抗議運動聲勢也越來越強。

阮祥三不願自己也像眾多非共人士一樣，遭到吳廷琰迫害毒手。一九六三年七月七日，他與幾個兒子坐在西貢家中，共享一年一度七夕家聚。這是阮家父子最後一次這樣的家聚。因為阮祥三已經在他那杯他喜愛的強尼走路（Johnny Walker）蘇格蘭威士忌裡摻了過量巴比妥酸鹽。這位個人自由鬥士決定以自己的性命來表彰政治觀點。阮祥三在留下的遺書中寫道：「讓歷史做我的裁判。其他任何裁判我概不接受。逮捕與拘禁民族主義反對派人士是嚴重罪行，會讓國家淪入共產黨手中。我反對這些行動，決定以死明志……無論什麼自由都不容踐踏，這是我對有意踐踏自由的人的警告。」這遺書的內容，與阮文盛一九四六年十一月寫的那封自殺遺書近似得出奇。電台、報紙與友人將阮祥三自殺的訊息在全國各地爭相走告，幾天以後阮祥三出殯時，數以千計民眾集結街頭，送他最後一程。在吳廷琰的憲警人員嚴密監控下，送葬行列在舍利寺小停，念經祈福，然後前往阮祥三長眠之所。（舍利寺當時已經成為佛教徒反抗吳廷琰統治的決策中樞。）一個月以後，吳廷琰派兵大舉鎮壓佛教徒反抗，占了這座寺廟。一名在鄉間與共產黨戰鬥的軍官，當時向他的美國友人表達他對吳廷琰家族的憤怒說：「我現在也是佛教徒了。」他不是佛教徒，但他的意思再清楚不過。❶

情況本來不至於演變成這樣的。許多在一九六三年反對吳廷琰的民族主義者，都曾在沒隔幾年以前對吳廷琰寄予厚望。吳廷琰不僅趕走法國人，還說服美國人不再支持法國傀儡的越南合眾國，轉而支持全面脫離殖民統治的非共越南。吳廷琰結束了法國人行之百年的分化統治政策，建立一個由上而下層層節制的現代民族國，與胡志明在北方的共黨國分庭抗禮，這使許多人很高興。但事情怎會演到這個地步？直到今天，越南人與非越南人對這個問題的看法仍然分歧。不過在嘗試解答這個問題前，我們得先將時間拉回第一次印度支那戰爭結束那段時間，以了解這一南一北兩個獨裁共和國，如何在冷戰陰影下成形的過程。

重整非共越南：吳廷琰的共和國

吳廷琰的崛起，以及美國與法國的決裂❷

美國為圍堵全球共產主義而支持法國以對抗越南民主共和國，這項決定損及越南合眾國的獨立訴求。保大的第一任總理阮潘朗，曾於一九五〇年設法爭取美國支持，建一個全面脫離殖民統治的非共越南，當時由於美國只想圍堵世界共產主義，無心推動去殖民化，法國人輕而易舉就將阮潘朗撤換了。一九五三年年底，奠邊府決戰戰雲密布之際，美國副總統尼克森在一次越南之行中警告越南民族主義者，要他們不要逼法國人太過。那一年，當高棉國王施亞努要求美國支持他獨立時，美國國務卿杜勒斯對他說，現在不是談獨立的好時機，讓施亞努氣憤不已。

不過，美國內部也有雜音。麻省民主黨參議員約翰・甘迺迪就反對美國這項政策。甘迺迪於一九五一年親訪越南，會晤法國與越南各界官員。儘管法國向他保證說一切進展順利，但甘迺迪此行得到的明確印象是，法國人仍對殖民統治戀戀不捨，若支持法國人而不支持越南人，美國決策者將損及美國自己的冷戰策略。民主黨另一參議員曼斯斐也在那一年訪越，得到的印象也是如此。兩位參議員在返美以後，利用他們在參院外交委員會的立場，要白宮向法國施壓，迫使法國讓越南完全獨立。一九五三年七月，甘迺迪與共和黨參議員高華德聯手，想讓艾森豪政府說服法國放棄殖民，以交換美國繼續提供軍援。甘迺迪指出，「法國雖給予越南人民有限度獨立，但給的一直太少，也太遲。」共和黨多數派因擔心向法國施壓會使法國撤出戰爭，擊敗了甘迺迪與高華德提出的這項修正案。畢榮的策略發揮得淋漓盡致，法國成功抵擋了美國迫它解除殖民的壓力。❸

直到吳廷琰決定直接找上美國來宣揚非共策略以後，情況才出現變化。幾年前才因要求自治而遭法國人逐退的吳廷琰，在一九五〇年往訪華府時雖說沒有訂定什麼遠大計畫，但吳氏兄弟希望美國把支持對象從法國轉為非共的越南民族主義者。吳廷琰的哥哥，即越南第一位主教吳廷俶，也運用他在國際天主教的淵源全力為弟弟聲援。吳廷琰因此得以運用幾個修道院，在大西洋兩邊進行遊說，直到一九五四年為止。在與美國外交官、教士、政界人士、學者與記者各方的會晤過程中，吳廷琰開始越講越有道理。當時麥卡錫主義（編按：美國在冷戰期間極端反共的右派理念）正震撼美國政界，吳廷琰反覆強調，法國不肯放棄殖民只會助長共產黨氣焰，而且法國殖民政權是在拿美國人當傻瓜。❹

儘管不時也面對阻力，認為時機不對，不應在獨立問題上對法國催逼過緊，吳廷琰仍然緩緩建立一套觸角遠遠超過天主教範疇的人脈網路。到一九五四年年初，當年美國最有影響力的幾位人物，包括參議員甘迺迪與曼斯斐，政治家艾奇森（Dean Acheson），最高法院法官道格拉斯（William O. Douglas），戰時歐亞問題著名情報專家唐諾文（William Donovan）與大主教史培曼（Francis Spellman）等，都與他結交。吳廷琰也極為熱衷經濟開發，與一些開發專家建立深交。越來越多美國官員開始質疑美國支持法國的策略是否明智，吳廷琰也因這套人脈網路在美國聲名日噪。一九五三年五月，在與吳廷琰的一次午餐會結束後，曼斯斐「認為只有像吳廷琰這樣的人才能守住南越」。[5]

在越南境內，吳廷琰派系人馬，特別是他的弟弟吳廷儒，開始在越南失意政客、青年團體、天主教、工會領導人與工人群眾間宣揚民族主義。本身是工運人士的吳廷儒，是民族主義新政黨人民勞動革命黨（Personalist Revolutionary Labor Party，一般稱「人民黨」）建黨的主要推手。吳廷儒擷取法國哲人穆尼耶（Emmanuel Mounier）的人民主義理念，也因受到法國天主教偏向社會行動與反殖民的左傾影響，將人民主義輸進越南。穆尼耶的人民主義理念最具訴求力的是，他反對自由派資本主義，認為它過度重視個人，而犧牲了社群關係與繁榮共享。同樣重要的是，人民主義反對共產主義那種歐威爾式以黨治國及不講人性的主張。對吳氏兄弟而言，在重新思考越南問題的過程中，共產主義與資本主義都是意識形態的死胡同。人民主義提供一種合乎中道的社會經濟發展做法，它尊重人性，能為越南農民大眾謀福，而且無須像北方的越南民主共和國與毛派的中國一樣，得透過一場毀滅性階級戰爭才能達成。吳氏兄弟認為，人民主義揉合民族主義，能讓越南步入後殖民時代正軌，贏得天主教徒與非天主教徒的青睞。[6]

一九五三至一九五四年間，國際與印度支那情勢都出現劇變，吳氏兄弟拉攏美國人與失意越南人的自我定位策略於是奏功。首先，在越南內部，保大的消極使許多人相信，想推進民族主義必須靠自己動手，不能靠法國的同路人。其次，民族主義者越來越沮喪，建立真正政黨、國會，乃至於建立真正共和國的呼聲也因此越來越高。他們希望運用政黨政治，透過政黨、國會等民主機制對付保大，對付他手下的部長，以及他們背後的殖民老闆。第三，法國政府為擴增本土外銷，而於一九五三年五月片面決定將銀元貶值，引發越南朝野上下譁然。這證明越南合眾國與法國奴顏婢膝的關係，也讓憤怒的民族主義者忍無可忍。當拉年勒（Joseph Laniel）領導的法國新政府保證「完成」越南合眾國獨立時，吳氏兄弟決心這一次要讓獨立成為事實，即使這麼做意謂必須將法國聯邦拆毀也在所不惜。

不過，就像越南民主共和國面對的處境一樣，一九五三至一九五四年間迅速變化的國際情勢——史達林於一九五三年三月死亡，中、蘇政策轉向和平共存，終於帶來韓戰停火，談判解決印度支那衝突的國際呼聲越來越高，加上拉年勒宣布要談判「光榮撤出」印度支那——也為非共民族主義者帶來威脅。非共民族主義者面對的主要威脅是，法國只要不讓越南合眾國全面獨立，就能依法隨心所欲與共產集團——包括與越南民主共和國——直接談判，不必與越南合眾國領導人與人民磋商就能簽署國際協定。一九五三年九月，當有關結束韓戰與印度支那戰爭的國際談判展開時，吳氏兄弟發動對法國、對保大以及他的部長的攻勢。那年九月，吳廷儒透過他廣植的人脈，主持「國家統一與和平大會」，與會者包括對現今政府不滿、對現今政府不能從法國爭取到全面獨立感到不快，來自全國各主要社會、宗教與政治團體的領導人。這次大會刻意不邀保大與他的內閣部長與會，一方面彰顯保大等人不具民族主義法統，一方面也讓法國人措手不及。大會期間，代表們有的表達對保大與越南合眾國部長們的不滿，有的呼籲拉年勒立即談判全面獨立。大會釋放的訊息很明確：保大不出來領導，自有其他人會出來領導。最重要的是，吳氏兄弟透過這次大會擦亮招牌，標榜自己才是真正的民族主義領導人，保大一夥人與法國合作的嘗試已經失敗。不出幾個月，吳廷儒創辦人民黨，並運用人民黨與他在工會的人脈推崇吳廷琰，說吳廷琰是唯一完美無瑕的第三勢力領導人，唯有吳廷琰能抵抗法國人，統一非共民族主義者，也唯有吳廷琰才能讓美國人立即改變政策。

九月間的這次大會迫使保大採取行動。同年十月，保大也召開會議，並在會中與他的盟友通過決議，要求全面獨立。法國人還是像過去一樣，拖拖拉拉以對，雖保證進行談判，但也以憲法議題複雜性與內政為由，表示無法加快腳步。法國人真正擔心的是，若在一九五三至一九五四年間讓越南合眾國全面獨立，可能導致骨牌效應，拉垮整個帝國。事實上，當吳廷琰與施亞努在海外鼓吹獨立時，法國人正發動一場跨帝國性訴訟，檢控兩人以及突尼西亞、摩洛哥、馬達加斯加與阿爾及利亞那些要求獨立的民族主義分子。甚至在奠邊府即將淪陷時，法國領導人仍然不敢讓越南合眾國脫離它的帝國「協會」，擔心這麼做會使其他聯邦成員也紛起效尤。

當日內瓦會議準備工作於一九五四年展開時，保大與吳廷琰都啟程往訪歐洲，決心迫使法國讓步。這也就是說，他們得說服美國外交官改變支持巴黎的政策，如果不改變，整個越南都有可能淪入共黨集團掌控。一九五四年六月初，就在周恩來竭盡全力與孟德・法蘭斯達成協議時，保大也請吳廷琰擔任他的新總理。在兩人這次巴黎會談中，保大領著吳廷琰走進一間牆上掛了一個十字架的房間。兩人站在十字架前，保大對吳廷琰說：「你現在對上帝起誓，要維護我們託付給你的土地。你要保護這塊土地，抵抗共產黨，必要時你得對抗法國人。」吳廷琰宣了誓。看在法國人、法國的越南盟友以及越南民主共和國眼中，保大選吳廷琰當總理當然是一項敵意行動。[7]

保大所以做這個決定，目的在使美國轉而支持越南，確保越南合眾國能在國際談判中生存。遠征軍不僅打輸了一九五四年五月奠邊府之戰，法國也已開始撤軍。七月初，共軍一個團穿越中央高地，在百里居附近殲滅了一支撤退中的法國傘兵部隊。美國人於是察覺，法國軍隊能不能留下來已經成為問號，而越南分裂或暫時分割也已經浮上日內瓦談判桌面。此外，一九五四年的美國官方有一種心態，認為印度支那的法國就像一九四〇年歐洲的法國一樣，只是個二流強國。奠邊府與百里居的慘敗，使這種心態更加抬頭。孟德・法蘭斯沒能說服法國國會批准建立一支歐洲軍的條約，也使美國人對法國更加信心缺缺（見第九章）。對許多美國人而言，無論在歐洲或在亞洲，法國似乎都已經靠不住了。[8]

就在這種錯綜複雜、迅速變化的環境中，美國國務卿杜勒斯在艾森豪支持下開始調整美國的越南政策，走上甘迺迪與高華德之前鼓吹的路線。一九五四年四月，杜勒斯發布訓令，強調在印度支那談判展開前讓法國簽署條約、給予越南合眾國全面獨立的「極端重要性」。如果法國辦不到，美國就必須在這場衝突中「扮演積極角色」，但條件是美國只能與「一個真正的越南民族主義政府」合作。而這個合作對象似乎正是吳廷琰。艾森豪政府與吳氏兄弟雙方的需求，終於在一九五四年年中在日內瓦湊作堆，原因也就在這裡。法國在莫斯科與北京的支持下簽署停火協定，並發表宣言同意在兩年內與越南民主共和國舉行大選，但吳廷琰總理的政府在華府全力撐腰下拒絕簽字。[9]

分割，人民與選擇

當停火協定在日內瓦簽妥時，吳氏兄弟與美國人都不知道這新關係會將他們帶往何方。我們只知道，日內瓦會議與會各造，包括美國與越南合眾國都認定，法國人的印度支那戰爭已經結束。

一九五四年七月以前同時共存、交錯且在越南全境競爭的三個國家，現在整合成為兩個平行而相互隔離的國家：一個是越南民主共和國，即「北越」主權國；一個是還沒有完全獨立的越南合眾國，即「南越」。日內瓦協議雖說並未規定兩個國家建國──事實上，宣言中還呼籲雙方舉行選舉，將越南統一為一個國家──但北緯十七度沿線兩邊開始出現許多檢查站，各揚各的國旗，這條線也因此成為實質上的國界。

不過在這以前，日內瓦協議規定，在一九五五年五月以前（限期三百天），兩國軍方人員與政府官員必須撤出敵對國地區，並讓百姓自由遷徙。結果是，從一九五四年七月底開始，成千上萬法聯邦與越南合眾國軍隊、公務員與他們的家屬，開始撤離十七度線以北地區，同時，越南民主共和國也將約十萬名軍事與文職人員從越南南部與高棉撤入北方。總計，約有八十萬人動身往南，約十二萬越南民主共和國人員遷往北方。到一九五五年五月止，拜法國、美國與共產集團組織的運輸車隊之賜，幾近一百萬人搬了家。在越南史上，這麼多人在這麼短的時間完成南北遷徙，此還是第一次。⑩

就像在韓國、德國與中國一樣，國土分隔對人民生活造成巨大衝擊。日內瓦會議達成的協議公布之後不到幾天，人們開始做艱難的決定。成千上萬臨時帳篷在全國各地搭了起來，平民百姓與軍人、商人、農民，老的小的，越人與非越人，開始賣他們帶不走的東西，開始買他們在抵達以後須用的東西。北方的房地產價格暴跌，南方的主事官員忙著為幾十萬新到移民安排住宿與工作，房市價格飛漲。北方地主賣掉他們僅有的土地，也不再指望能收回戰火已經奪去、越南民主共和國已經做了再分配的資產。住在十七度線北方的四萬五千名華人與數千名法國人遷往南方，遷往亞洲港埠，遷往法國或帝國境內其他地點。許多華裔越南人持有中華民國護照，於是遷往台灣。曾經與法軍並肩作戰的非越人官兵，包括兩萬名儂族也進了南方。至少五十萬名天主教徒離開北方，帶動越南天主教重心穩穩由北向南。二十萬名佛教徒也跟隨他們的領導人來到南方。

由於大家都得在幾乎總是無法控制的情況下做決定，一幕幕生離死別、令人心痛的悲劇在全國各角落不斷上演。許多家庭不得不將心愛的人留下來，就此永訣。有人過於老邁，無法長途跋涉，寧願留在自己的村子以度殘生。還有人下定決心留下來，保護自己的家園、土地或牲口，期待當局保證的一九五六年選舉會讓一切事務重歸正常。那些隨著越南合眾國南遷的人，懇請住在鄉間的親戚趁早日離開越南民主共和國控制區，晚了就來不及了。而那些與越南民主共和國一夥的人也勸告他們的親友，現在殖民主義者終於走了，好日子近了，不要離開自己的國家吧。但越南民主共和國自一九五〇年以來實施的激進共產化，已經讓許多人聞風喪膽。之前一章談到的暴力土地改革與改造運動，讓成千上萬心有餘悸的越南人離開共產黨統治區。不過這種運動是兩刃劍。一九五四年，一名心高氣傲的民族主義反共青年，在離開河內途中的一段遭遇就是例證：一個乞兒在拿了他的錢以後，為表示謝意而向他提出一句警告：「越盟很快就要來了。我們窮人到時都會分到財產，你們這些骯髒的富人會垮，會向我們討錢。」[11]

不過實際上，事情永遠不能如此黑白分明。無論哪個階級或種族，面對的選擇都很複雜，忠誠的界線也十分模糊。自丈夫死於一九四五年饑荒，獨子又自殺身亡以後，于棉一直就在北方歷史學者楊文美・伊利約家中幫傭。她既因越南民主共和國擊敗法國人的英勇事蹟而驕傲，想留在河內，但又想隨楊文美南遷，因為她在這世上只認識楊文美一家人。最後，她選擇南遷。然而內戰對越南人的影響無遠弗屆，甚至楊文美一家人之間效忠對象也各不相同。楊文美後來在談到她的妹妹時寫道：「我們在河內，覺得天都快塌了，笙與她的越盟同事卻在聽見奠邊府戰勝的新聞時大肆慶祝。」楊文笙年輕時獻身越南民主共和國的鬥爭，迫不及待想展開建立新越南的戰後新生。而她們的父親楊紹章負責監督越南合眾國自北方南撤進程。一九五五年四月，他（乘坐共產黨接管以前最後一艘離境的船）離開北方城市海防，完全不知道越南今後會像什麼樣子。像他的祖父，即前文第三章提到的那位河東省令尹一樣，楊紹章畢生獻身公職，這也是他自己的選擇。現在就因為這些選擇，他與他家人必須遠離他們北方的家園。尚・穆魯是又一個例子。父親是法國海關官員、母親是越裔義大利人的穆魯，從小說越南話，也愛上越南的語言、文化與歷史。一九四五年年中，越南民族主義浪潮洶湧（他險些因此送命），他加入越南民主共和國，擔任軍情工作。在北緯十七度線遇到他的法國軍官都不敢相信他竟會選擇「另一邊」。他直到今天仍以越南公民身分住在越南。⓬

美國，吳廷琰與又一個越南的成形⓭

就像權力關係劇變導致各行各業百姓生活轉型一樣，戰爭與戰爭的終結，也造成聯盟關係迅速重組。日內瓦會議前後，美國、法國與吳氏兄弟的關係大不相同。胡志明的政府現在即將以河內為都，控制整個「北越」，美國也開始全力扶植一個不再接受殖民統治，經濟繁榮、軍力強大的反共「南越」，以便在圍堵共產主義的鬥爭中守住印度支那這條線。艾森豪雖在一九五四年險些為了印度支那而將美國捲入戰爭，但他最終沒有這麼做，採取的對策是加強「南越」，還簽訂集體防禦條約以保障南越、寮國與高棉的安全。在一九五四年四月宣布所謂「骨牌理論」後，艾森豪立即派遣杜勒斯籌建九月成立的東南亞公約組織（SEATO）。東南亞公約組織是美國在全球布建的保安網的一環。全球保安網西起大西洋聯盟，東到與日本和台灣的雙邊條約，這條線南方另有一條防衛鏈，從伊拉克、巴基斯坦、曼谷、澳洲、紐西蘭一直延伸到菲律賓。東南亞公約組織不僅幫艾森豪政府將這兩條圍堵鏈銜接在一起，還能封鎖中國，讓中國不能利用印度、緬甸與印尼這類非共中立國嘗試突圍。此外，周恩來既想將印度支那中立化，以對付美國，華府也在沒有正式承認協會國的情況下，擴大東南亞公約組織保護傘，涵蓋協會國。姑不論正確與否，當年美國策略人員相信，史達林與毛澤東在一九五〇年簽署的《中蘇條約》，不僅鞏固了共產黨在歐亞大陸的控制權，現在還能讓莫斯科與北京像日本人在一九四〇年那樣，透過東京灣，將勢力伸入整個東南亞。如本書第一章所述，越南自古就是進入東南亞與印度洋的門戶，美國人與日本人絕非認清越南這種戰略重要性的第一人。⓮

吳廷琰雖說與美國一樣反共，他的首要目標卻是建立一個全面脫離殖民統治、經濟現代化、政治中央集權化的民族國家。他與他的家族相信，只有他們一家人能辦到這一點。眼見（他們的眼中）這麼多民族主義分子自一九四七年以來或投靠法國人、或成為騎牆派，吳氏兄弟自認是天降大任。他們在一九五三至一九五四年取得的成功，更讓他們充滿信心。但隨著吳廷琰越來越仰仗家族勢力，批判吳氏兄弟裙帶主義與獨裁統治的聲浪也逐漸浮現。但吳氏兄弟反駁說，最重要的是行動與成果。時間很短，「殖民主義者」與「共產黨」不久前才在日內瓦奪走半個越南。保大繼續用吳廷琰當總理，趁其所願讓他與吳氏家族全權統治。

團結在胡志明身後的共產黨仍然堅信，他們才是整個越南的真命主人。無論保大或吳廷琰都不曾拿起武器對付法國人。越南共產黨無須多費唇舌就把保大描述成一個傀儡，還能據實指出，吳廷琰雖說言語強硬，多年來卻只是騎牆觀望，看著越南民主共和國領導人與人民付出巨大犧牲。大越同盟、越南國民黨與阮祥三，靠著法國軍力而非本身武力對抗法國殖民主義者與共產黨。若不是法國與美國軍事支持，越南共產黨已經控制整個越南。但越南民主共和國仍能與美國撐腰的法國與越南合眾國打成平手。胡志明說服越南共黨，越南民主共和國可以用政治手段，透過選票取勝，統一原本就該是他們的越南（當時適逢一九五四年中，國際和解似乎蔚為主流）。不過越南共產黨也了解，他們是在做賭，而且還可能賭輸，因為吳廷琰與美國人沒有簽署任何有法律約束力的文件，不必在一九五六年中舉行選舉。此外，法國人會繼續執行日內瓦協議，或隨著美國改變路線更在未定之天。

一九五四年日內瓦協議或許為「法國的戰爭」畫下句點，只是就潛在角度而言，它不過是兩場各別、但相互有關的戰爭——越南人的戰爭與美國人的戰爭——之間的停火而已，所以如此，原因便在這裡。只要兩個越南都全力經營自己一南一北的兩個國家，一九五四年的停火應該可以維持，可以像今天的兩個韓國或一中一台情況一樣，造成兩個分治的越南國。不過，兩個越南中只要有任何一造決定重申對整個越南、或對另一越南控制區內的主權，源起於一九四五至一九四七年的越南內戰會再重啟戰端。「法國的戰爭」或許已在一九五四年七月結束，但並不表示越南人彼此之間的戰爭亦就此告終。

同樣的，對於華府自一九五〇年起運作的印度支那間接戰爭，我們也可以將日內瓦會議視為它的一次暫停。因為如果法國為達到保有印支殖民版圖的目的而操控美國的反共心態，美國亦也在利用法軍、殖民政府與法國的越南盟友，在歐亞大陸東南側翼幫美國打全球反共之戰。到一九五四年為止，第一次印度支那戰爭的戰費八〇%由美國買單，正因為這也是「他們」的戰爭。即使不提馬歇爾計畫，想確保西歐安全所費已然不貲，美國還得直接參與韓戰，還得維持補給遍布全球的軍事基地網，在這種情況下，利用法軍與法國在印度支那的行政管理系統的間接策略，自然符合經濟算盤。

美國正是透過這類直接和間接行動，進行它的全球圍堵作業。說法國「向印度支那外銷軍人以換取美元」的，不只是法國共產黨而已。法國人未必在一九五四年七月底將什麼火炬傳給美國人，一個帝國化歸餘燼的火花也沒有引燃另一帝國之火。幾十年來，這兩個帝國（如果加上二次大戰期間介入印支的日本，就是三個帝國）早已透過複雜而迷人的方式盤根錯節地交織在一起。經常有人說，美國在一九五四年是亞洲或印度支那的新來之客，其實不然。美國的「黑船」早在一八五〇年代已經「打開」日本。就在法國鞏固印度支那控制權、英國占領緬甸的同時，美國也在一八九八年殖民菲律賓。從一九三七年起，羅斯福總統緊隨日本人腳步後，在中國沿海地區進行殖民擴張，美國勢力隨於一九四〇至一九四一年進入越南，之後由越南深耕東南亞地區。在第一次印度支那戰爭期間，美國透過軍援顧問團以及在高地地區（中共也在這裡採取與美國極相類似的行動，支援共黨越南，以免美國勢力進逼中國南側翼；見第九章）的法軍突擊隊行動，間接參與作戰。如果說有什麼特別之處，便是華府希望用一個全面去除殖民的越南國，取代法國「殖民主義者」的越南合眾國。而且，只要美國不踐踏這個新越南民族國的主權（就像美國之前小心翼翼，尊重法國在印度支那的殖民主權一樣），只要越南民族主義領導人不與「共產黨」談判而危害到美國在越南的戰略投資，印度支那新聯盟應該可以有效運作，讓美國既能間接圍堵歐亞共產主義，一方面還能繼續擴充他們自十九世紀以來就在不斷營造的非正式跨太平洋帝國。位居歐亞陸塊東緣，自古就是眾多帝國角逐的焦點——越南，之所以在一九五四年對美國如此重要，而且很可能直到今天仍然重要，正是基於這樣一種全球省思。⓯

但越南合眾國還不是完全主權國。眼見越南民主共和國真的想在一九五六年達成政治解決，吳氏兄弟知道他們還有兩年喘息時間，必須在這段期間將越南合眾國轉型為獨立的民族國。獲得保大全權授權的吳廷琰於是發布命令，將區域與省當局人事任免權納入掌控。村代表會因吳廷琰想實施由上至下的統治，而喪失數百年來一直享有的自治（不過在實際運作上，這樣的統治一直沒能真正徹底實施）。吳廷琰還想控制軍隊，將原本用來對付法國人的軍力，轉而對付那些反對他建國方略的越南人。一九五四年九月十一日，他將越南合眾國國民軍參謀長阮文興將軍解除兵權，阮文興立即計畫推翻吳廷琰，且相信他的法國夥伴會支持他。法國人痛恨吳廷琰雖是事實，但阮文興過度高估了法國夥伴的能力與他們向他施援的意願。阮文興也低估了吳氏兄弟。吳氏兄弟在軍中策動許多不得志的年輕民族主義者軍官起來反對阮文興，將阮文興精心塑造成一個法國傀儡。吳氏兄弟規定軍官與公務員必須加入人民黨，學習它的意識形態。保大又一次支持吳廷琰。阮文興失去兵權，之後移居法國。⑯

儘管對吳廷琰極為不滿，美國駐越南合眾國第一任大使柯林斯（Lawton Collins）將軍以及法國最後一任印度支那高級專員伯耶爾（Paul Ely）將軍，在一九五四年十二月仍然達成協定。根據這項協定，美國與法國自一九五五年一月起聯手訓練越南軍隊，法國同時開始從越南合眾國撤軍，並於同年七月放棄合眾國軍權。美國則保證透過一九五〇年建立的軍援顧問團繼續提供軍援與訓練，以為交換。柯林斯與伯耶爾這項協議的首要目標雖是確保越南軍的裝備與訓練，使越南軍有能力接替法軍，但正稱了吳廷琰心願，讓吳廷琰把法國人趕出越南，並在美國支持下掌控軍隊。這項協議使大量美國軍援不再透過法國就直接進入越南合眾國，畢榮的保護國策略與美國透過法國而進行的代理人戰爭，也因此實際上畫下句點。經過這種直接軍援壯膽，吳廷琰相信他還可以爭取更多好處，遂於一九五四年十二月二十八日要求法國從越南合眾國全面撤軍。一九五五年五月，根據日內瓦會議協議的停火日期，法國從越南北部（這部分劃歸越南民主共和國）撤軍。一九五六年，遠征軍撤離南方，吳廷琰崛起之路最危險的障礙就此去除，法國在越南歷經百年的殖民統治亦於焉告結。[17]

在保大全力支持下，吳廷琰用創紀錄時間造了一個真正獨立的民族國。一九五四年七月二十日，他正式將「越南合眾國」撤出法蘭西聯邦，將它命名為越南國（State of Vietnam）。同年十二月，吳廷琰與寮國、高棉領導人一致同意廢除印度支那貨幣事務局，廢止殖民地銀元，從而拆毀印度支那聯邦主義。寮國、高棉與越南各印各的法定國幣，各有各的海關、移民與邊界巡邏局。寮國、高棉與越南現在有了劃分彼此的國界。一九五五年二月，法國負責協會國事務的關係部消失了。在將越南從殖民聯邦統治中解放以後，吳廷琰頒布嚴厲的國籍法，將「少數族裔」變成「越南人」公民；規定華人必須加入越南國籍，否則得離開越南；還廢止法國人自十九世紀以來就享有的大多數法定特權。像共黨越南領導人一樣，他將教育國有化，將越南文定為國家語言，並派遣外交官出使全球。

不過，在一九五三至一九五四年間，吳廷琰的民族主義夥伴，未必支持在他統治下建一個中央集權國家的理念。特別是在越南南部，由於越南民主共和國的控制一直非常薄弱，而法國多年來始終在這裡推動分化統治政策，也鼓勵了地方封建勢力，情況尤其如此。同樣重要的是，在湄公河三角洲地區，越族殖民的歷史不比隨後到來的法國人早多久，種族與文化差異性也因此極大。事實上，施亞努國王曾在一九四九年極力遊說法國，說交趾支那大部分地區——高棉人叫做「南柬埔寨」——以及當地四十萬高棉原住民，古來都是「柬埔寨人」，要法國把交趾支那割給高棉。法國人雖讓住在高地地區的好幾十萬「少數族裔」享有各自法定地位，卻一直不肯給南柬埔寨人這樣的地位。

吳廷琰的建國理念也面對宗教團體挑戰。一九二〇年代以來的經濟變化與權力關係的轉變，已將和好教與高台教信眾徹底政治化與軍事化。拜日本人與法國人之賜，到一九五四年，兩個教領導人加在一起，總共指揮超過兩百萬名信眾，有屬於自己的領土、經濟與民兵，這時住在南方的天主教徒約有一百五十萬，儘管他們的忠誠並不一致，吳廷琰仍然重用他們治理他的國家。這些天主教徒許多因在一九五四年被迫從北方家園流亡而懷恨在心，他們決心報復，建一個絕不妥協的反共國，他們的決心甚至比吳廷琰仍有過之。也難怪有這麼多法國人、美國人與越南人（包括共產黨）認為吳廷琰做不了多久。[18]

一九五五年初，吳廷琰意圖整頓平川派、和好教與高台教等等他所謂「教派」勢力，也因此初嘗南方桀驁不馴的滋味。這些「教派」領導人雖說愛國，但十年前，他們不願為了協助胡志明建國而放棄自治，現在面對吳廷琰，他們的態度亦未趨於妥協。對專業公務員出身的吳廷琰而言，這是完全不能接受的事。他曾向一名美國心腹友人說：「我不能等著周遭這些亂象自然重歸秩序。我得自己動手，從混亂中建立秩序才行。」事實上，吳廷琰最佩服共產黨的，就是共產黨從混亂中建立秩序與忠誠，然後有方法又毫不容情加以執行的本領。新來的中央情報局站長蘭斯岱（Edward Lansdale）將軍等美方權貴，雖說對吳廷琰表示同情，但也勸他小心謹慎，強調應付這些「教派」須採取懷柔做法。而就在這段時間，美國大使發出一封封電文向華府示警，說吳廷琰不能勝任。[19]

一九五五年初，法國對「教派」的津貼告罄，吳氏兄弟於是採取行動進行接管。為達到這些目標，他們動用軍隊、線民、外交官，倘能換來效忠，他們甚至還大撒美國的錢。效忠吳氏兄弟建國大業的人，就能獲得漂亮勳章與高位（就像之前的越南民主共和國與法國所採做法一樣），吳氏兄弟一面不斷挑撥，讓那些不聽話的領導人彼此相爭。他們利用高台教領導人鄭明世將軍與法國不和（鄭明世在一九五四年以前，「叛」了法國四次），讓鄭明世所部轉而投效吳廷琰陣營。吳氏兄弟與和好教及天主教也有類似交易。

但平川派的黎文遠不肯放棄他豐厚的商業利益。一九四八年，為交換平川派叛離越南民主共和國，法國特別為黎文遠在西貢賭界闢了個利潤非常豐厚的利基，還讓他經營非法麻醉藥品走私。到一九五四年，黎文遠已成巨富，勢力龐大，他的手下也已滲透越南合眾國警界高層。為對付黎文遠，吳廷琰動用了軍隊。四月底，戰鬥在西貢城內外爆發。經過數週激戰，黎文遠的部隊終遭打散。吳廷琰闢了黎文遠的生意，放火燒了黎文遠著名的大賭場，還十分滿意地看著它夷為平地。吳廷琰隨後展開對教派殘餘分枝勢力的掃蕩行動。一九五六年，他的部下處決和好教叛黨領導人黎光榮，所謂「教派戰爭」於是結束。在後殖民時代的越南，內戰不僅是「共產黨」與「反共派」之爭而已。

法國高級專員伯耶爾將軍眼見自己在南方布置的盟友逐一消失，也曾要求將吳廷琰解職，只是這時的他，除非獲得美國支持，能夠做到的事已經所剩無幾。「教派戰爭」讓美國高級官員對吳廷琰刮目相看，認為吳廷琰竟能在如此艱苦的條件下大獲全勝，美國想在越南建一個強大的反共國，就得與他合作。杜勒斯這時駁回美國駐西貢大使的意見，訓令外交官支持吳廷琰。不過美國的支持並非無條件，而且往往也像法國過去的支持一樣，難免作威作福。但對一心只想圍堵共產主義的美國官員而言，吳廷琰為他們帶來樂觀，況且再怎麼說，他們也別無選擇。

聯合建國作業這時全面展開。吳廷琰得美援之助，訓練了新一代技術人員、醫生、警察與官僚。越南青年軍官不再上（法國著名的）聖西爾軍校，開始進入美國李文伍斯堡研習現代軍事學，美國資金也開始大舉湧入農業發展與基礎建設專案。到一九五六年，美國每年為吳廷琰的越南提供兩億七千萬美元，使越南成為全球人均收受美援最多的幾個國家之一。艾森豪政府宣稱，越南「已經成為全球各地痛恨獨裁、熱愛自由人民的表率」。《生活》（*Life*）雜誌稱吳廷琰為「越南的奇蹟硬漢」。最重要的是，在這個迅速去殖民化的世界，美國人現在可以不必頂著法國殖民主義汙名，甚且不必派遣軍隊，也能透過吳廷琰繼續在亞洲圍堵共產主義。[20]

滿懷勝利喜悅的吳氏兄弟，隨即調轉矛頭，指向唯一還能封殺他們的那個人——自一九四九年起擔任國家元首、曾是他們的皇帝的保大。（保大雖於一九四五年八月遜位，但仍是越南國元首，自一九五五年起擔任越南國元首。）吳氏兄弟對這位越南末代皇帝的攻擊說來令人嘆息。吳家自十九世紀以來一直效忠阮朝。吳廷琰能當上總理，靠的不是美國人而是保大。保大自始至終無心領導，況且就算他想領導，阮朝權威也早已為法國摧殘殆盡了。不過保大與法國多年來的淵源，以及他的消極，卻帶來一種軟弱無力、仰仗外國撐腰的陰影，嚴重影響到吳氏兄弟意欲打造的越南。正是基於這個理由，吳氏兄弟於一九五五年夏發動大規模宣傳攻勢，意欲將保大殘存的一點威望也徹底剷除。攻勢過後，他們精心策畫一次全國公民投票，讓「人民」決定這位遜帝的命運。實際上，一切都操縱在吳氏兄弟手中。一九五五年十月二十三日，在一次弊病叢生的選舉中，靠著逮捕與作票，吳廷琰在五百八十萬張選票中囊括了九八%的票。[21]

這次假公民投票最大的作用，是掩飾一場實質上的宮廷政變，為吳廷琰帶來「民意授權」，讓吳廷琰與靠外國撐腰的過去劃清界線，建一個新越南。三天以後，吳廷琰建立越南共和國，自任總統。他同時宣布，將不會舉行統一「南越」與「北越」的選舉。美國人在這兩件事上都支持他，並且立即承認他的政府。法國人既不願重開日內瓦談判，又不願靠美國人籌備選舉，也只能默認。越南共產黨現在面對兩個選擇：或接受十七度線為分割兩個主權國的實質邊界；或重啟戰端，建一個南北一統、由他們控制的越南民主共和國。

重整共產黨越南與胡志明的共和國

一九五四年十月，胡志明政府將越南民主共和國主權伸入十七度線以北，重返河內，開始管理原本屬於法國－越南合眾國的土地、城鎮與公共建築。在一開始，負責主事的是越南人民軍。人民軍追剿、擊潰在高地與法國人合作的武裝少數族裔團體。它的特工追捕真的或只是捕風捉影的敵間諜，過去主控越南合眾國官僚體系的大越同盟成員，尤其是特工們關注的對象。天主教徒與「少數民族」儘管曾在早年支持胡志明，但就像「教派」在南方遭吳廷琰疑忌一樣，他們也成為胡志明疑忌的對象。同時，越南人民軍奉命阻滯大舉南遷的流亡潮，必要時可以運用軍力，它的軍官也小心翼翼，將越南民主共和國高度軍事化的「抵抗政府」架構擴大，進入在北方的新領土。這些地區（主要包括河谷三角洲與大城市）所以新，是因為它們一開始由法國管理，之後由法國與越南合眾國共治，過去從未正式納入越南民主共和國版圖。一九四六年年底領導河內之戰的王承武將軍奉命治理首都，直到約一年後由文人當局接管為止。

儘管在戰爭期間，越南勞動黨總能召募到共黨幹部在越南合眾國「占領區」內進行祕密作業，戰後，當越南民主共和國創辦警所、學校、稅務處、人口統計局與醫院時，新領導階層發現，他們別無選擇，只能繼續沿用舊政權留下的公務人員。不過，政府仍然仔細蒐集新統治區居民的資料，查核他們的家庭背景，列出他們的職業、種族與宗教。官員向人民宣講越南民主共和國的法律、旗幟、貨幣與郵票。河內街道名又一次改變，舊紀念碑與人像拆除，換上新的。胡志明的肖像（就像吳廷琰的在南方一樣）出現在全國各地辦公室牆壁與郵票上。越南民主共和國透過新學校教材、歷史書、軍官與教師訓練學校，以及各式各樣文化活動，宣揚它的國是方針、計畫。

從一九五四年年底起，越南勞動黨也在「北越」全境展開共產化，謹慎地將改造、學習、宣傳與動員運動推入原本由法國與越南合眾國管理的地區。胡志明的肖像與馬克思、列寧、史達林或毛澤東的肖像掛在一起。當然，民族主義與反殖民主義一直就是越南民主共和國的官方意識形態。但就像蘇聯、中國、北韓與古巴境內一樣，越南領導層也將共產主義視為新國教，用階級當作詮釋社會與政治身分的新類別。農民、工人與出身忠誠家族的子弟可以獲得最好的工作，也比較容易接受高等教育。早自一九五〇年起，越南共產黨在打游擊時期已經引進馬列主義及大量毛派理論，建立黨政機制架構，培植忠誠官僚與新軍人階級，以共產黨模式展開社會與經濟轉型。他們現在將這套做法推廣到北緯十七度線以北整個越南地區。[22]

最能昭示這種重建越南意志的，首推從一九五三年起一直持續到一九五六年的土地改革運動。共產黨的土地改革有幾個相互關聯的基本目標：（一）動員農民大眾，發動戰爭（直到一九五四年以前的目標）；（二）加強黨政機制法統與社會基礎；（三）擴展並鞏固官僚對人民與土地的控制；（四）摧毀既有「封建」與「資產」階級，以及阻撓共產黨國家、社會與文化轉型的權力結構；（五）完成準備工作，迎接終將到來的大規模農業集體化，與隨之而來追隨中、蘇路線的經濟工業化。

早從一九五三年起，共產黨已經在它控制的地區展開全面土地改革。從一九五四年年底起，共產黨幹部開始在前法國與越南合眾國控制區採取同樣行動。共產黨想控制農村，就得倡導這種由上而下的社會革命，透過這種革命讓農民翻身，建立一種新的官僚精英，然後控制鄉間。他們隨身攜帶階級清冊，根據清冊重新分配土地。新社會類型計有地主、富農、中農、貧農與工農等五類。要旨是奪取前兩類人的土地與權力，分配給其他三類人。為監督這種社會經濟大轉型，越南勞動黨依賴黨幹部經管的「特別人民法庭」。特別人民法庭擁有無上法律權威，可以逕行逮捕、處死，決定階級，罷黜地方官員，還有權沒收個人財產。隨後兩年中，這些機動法庭走遍新區大部分村落。軍事幹部先找出地主，讓他們出庭，將村民集結在被告身周，鼓勵民眾譴責剝削他們的「殘忍」地主。這類充滿仇恨的「鬥爭大會」往往以暴力收場。黨領導層授權幹部在鄉間推動這種激烈火爆的轉型。一九五二年底，胡志明往訪北京與莫斯科，爭取更多軍援，並向史達林說明他的決心，以及越南共黨的土改計畫。胡志明返國後，土改也如火如荼地積極展開了。[23]

土地改革毀了「封建」地主階級，重新分配了超過兩百萬畝（八十萬公頃）土地，這一點無庸置疑。但這場社會革命也造成社會經濟大破壞，導致難以形容的心理痛苦。執行土改的那些幹部往往既無能又殘忍，對他們造訪的村落一無所知。許多幹部過度熱衷，一心一意只想討好上級，完全不為他們面前這一群群可憐的村民著想。為了在有史以來就沒出過多少封建人物的三角洲地區製造夠多「階級敵人」、大地主或資產階級商人，幹部開始竄改名目，把中產階級與富農（所謂富農其實也窮苦不堪）當成階級敵人處理，毫不考慮他們此舉可能造成的災難性惡果。結果是，太多全無抗爭權力的人就這樣突然被政府烙上罪人印記，遭鄰居與親友排斥。

資產階級與擁有地產的個人，儘管按規定納稅、捐地、降租，支援獨立戰爭，還將父子與女兒送往前線，仍免不了遭到共產黨攻擊。阮氏南的故事就是範例。一九〇六年出生於河內附近一個小商人家庭的她，由於剛結婚頭幾年家產就遭丈夫揮霍一空，年紀輕輕便迫於生計而投入經商。她由於天生就有商業頭腦，在海防新崛起的鋼筋水泥業做得非常成功。沒隔多久，當時人稱「鋼鐵女王」的她開始投資太原省地產。到二十世紀四〇年代，她已經是太原省最大種植場的老闆。她從歐洲進口機器，將種植現代化，還建了越南第一座砂糖廠。她捐了大筆錢給胡志明政府，在對法作戰期間，她還要她兩個兒子參軍。她兩個兒子果然都參了軍。阮氏南當然絕對是位資本家，但她為共產黨的貢獻太大，在當時的越南民主共和國，大家都稱她是「抵抗母親」。

但在胡志明於一九五二年從莫斯科與北京返國、越南共產黨開始推動毛派轉型以後，這一切都出現悲劇性轉變。當越南共產黨與他們的中國顧問聯手實施土地改革時，阮氏南成了他們祭旗的靶子。他們把阮氏南打成「資產階級商販」，就這樣，在一場殘酷無情的階級戰爭中，她成了人民公敵，成了黨掌控農民，在意識形態與行政管理上重塑鄉村社會、在鄉間推動集體農場的障礙。僅有一顆愛國心已經救不了她。一九五三年夏，共產黨讓阮氏南在一面紅色標語旗下受審，旗上寫著「打倒專橫地主阮氏南，為農民收回土地」。幹部要拿她當榜樣，把她擺在幾百名貧農前受審，列出一長列罪狀，要他們以充滿仇恨的字眼譴責這個「殘暴的地主」。農民越罵越凶，群情激憤之餘開始嘲弄她，吐她口水，還打她耳光。一九五三年七月，在土改正式展開聲中，越南共產黨將她處決。[24]

遭到處決的，並非只有阮氏南一人而已。被處決的確切人數沒有人能說得準，但根據最可靠的估計，人數約在五千至一萬五千之間。數以百計、或許數以千計的人自殺，還有許多人逃亡。在前後三年間，越南勞動黨派出幾萬名幹部，組織了一連五波仇恨與恐怖運動，震撼了農村、家庭與人民的生活。共產黨鼓勵兒女監視父母，鄰里相互揭發，還要地方村幹部聽命行事，否則會遭嚴懲。最近有人回憶黨工當年如何來到他的村，把整個村攪得天翻地覆的經過：

> 有一天我在外面玩，媽媽突然過來，把弟弟跟我拖回家，讓我們坐在爐灶邊上……她哭著對我們說：「從今以後，你得留在家照顧弟弟，不可以出去玩，也不可以再上學了。如果碰到朋

友，你必須鞠躬，叫他們『先生』或『女士』。」

我繃著臉，滿肚子委屈不高興，母親狠狠打了我一巴掌，打得我眼冒金星。之後，她抱著我弟弟與我痛哭，說了些我不懂的話：「新，我們家被釘上一個壞階級。」直到許多年後，我才逐漸了解母親當年必須忍耐的不公與屈辱。我也開始懂得她給我的那一巴掌，說明她當時已經下定決心，要撐過那段恐怖而荒唐的歲月……

儘管我們家從來就是有一餐沒一餐，母親卻被安上「殘酷村霸」的標籤。不僅如此，土改隊還禁止我們與村中親友扯上任何關係。對我母親來說，那是最痛苦、最屈辱的經驗。我們只能啃著乾掉發霉的地瓜充飢。許多時候我們只有香蕉根煮的粥可吃。每天晚上，村民兵列隊通過我們家門前的聲音，都讓我母親感到死亡恐懼。[25]

一九五六年十一月，土改引發的抗拒終於匯為洶湧浪潮，瓊瑠發生大規模農民暴亂，共產黨被迫派遣三二五師鎮壓。情勢愈演愈烈，胡志明與武元甲不得不出面，為黨在過去三年對人民犯下的錯誤公開道歉。黨總書記長征因身為這場土改大禍的主要策畫人而下台，由胡志明接掌。儘管如此，包括胡志明與武元甲在內的整個領導班子都因為「要實施這種史達林式高壓集體化手段」而難辭其咎。黨保證會更正錯誤，會為那些遭到錯誤分類的人「重劃階級」，會交還土地與資產，並且解散特別法庭。但誠如胡志明所說，黨「不能讓死者復生」。黨隨即組織了一場大規模的「更正錯誤運動」，由領導人與幹部在運動中公開認罪。這種公開且高度儀式化的意識形態悔罪運動，目的在清洗前衍，確使每個人都有「正確思想」，重新伸張共產黨繼續執政的統治法統。對於在一場他們沒有發言權的革命中承受那麼多痛苦的人來說，這番場面調度式的作做自然難以讓人信服。就算那些終於因這次「更正」運動得到一塊土地的人，也在短短幾年後，由於黨決定將土地收回下被迫交還。就像在中國與蘇聯一樣，其他一切考慮都不重要，鄉間土地集體化的需求擺第一。[26]

失敗的共產黨改革（一九五四至一九五九年）

土地改革的濫權導致越南民主共和國內部前所未有的改革呼聲。呼聲最高的改革目標是司法改革。就像法國殖民當局運用非司法手段在一九〇八年以及一九三〇至一九三一年間，鎮壓農民暴亂讓共和派震驚不已一樣，一些支持越南民主共和國的人也不敢相信，這個「民眾的政黨」竟會犯下跟殖民主義者一樣的罪行。許多人問道，法治在哪裡？構成全國八成人口的農民有任何法律權益嗎？如果一九四六年憲法明訂保障人權，共產黨為什麼竟能如此公然踐踏違反？這些疑問由來已久。胡志明曾在一九〇八年眼見法國人對饑民開火，他也因為那一次經歷走上共和主義，走進人權聯盟，最後踏上革命。憤怒的農民湧進受過法國訓練、越南最著名律師阮孟祥的事務所，要向破壞他們基本人權的越南幹部討回公道。眼見民怨沸騰，共產黨被迫准許報紙詳細報導土改濫權事件。一直延續到一九五七年的這些事件，包括政府幫著做的酷刑、處決以及集中營。忠實黨員、也是二十世紀三〇年代著名記者的阮友鄧義憤填膺，要求頒行法典，獨立於黨與政府之外，一方面保障個人權益，一方面仍能在鄉間更有效地推動共產化。還有人呼籲司法改革，起草保護個人自由的新憲，喚醒國會。這個國會自一九四六年成立以來只開過一次會：它在一九五三年年底開了一次會，全體一致通過土改。[27]

然就在這波以共黨改革為目標的制憲運動風起雲湧的同時，越南政治局也準備訂定新憲法，明文規定越南民主共和國戰爭期間轉型為共黨國的過程，並為集體化做必要準備。越南勞動黨領導核心決意訂定新憲，正式將越南民主共和國置於「人民的民主專政」的領導之下。一九四六年的憲法以團結、吸引社會各階層為宗旨。現在這部新憲不一樣：它要將共產黨的優越性合法化，要在共產黨領導下建立工人與農人的新社會聯盟，並且要遵照國際共黨模式推動越南民主共和國的經濟。一九四六年的憲法已不再能滿足這個新革命國的需求或現實。一九五九年，胡志明對圍在身邊的一群孩子說：「你們長大以後會有一部共產黨憲法。」[28]

越南民主共和國內部並非每個人都同意胡志明的看法，也並非每個人都主張無產階級專政。儘管詳細情況仍然是個謎，但在一五六年年底，一些不知名國會代表（顯然因為土改運動期間發生在選區的事讓他們震撼）與阮孟祥、阮友鄧這類主張改革的律師、法官與知識分子聯手，開始推動憲法改革，要求根據一九四六年憲法規定，賦予立法與政府司法部門實權。一九五六年十二月，在國會召開成立以來第三次會議期間，議員們同意成立專責憲法改革會議，並適時提出新憲法案。越南勞動黨的陳輝燎為會議負責人，由胡志明擔任榮譽會長。不出幾星期，國會代表們開始主張他們理論上的權力。一九五七年一月，國會通過三條法律：一條有關「住宅與通信的不可侵犯權」，另一條確保集會自由，第三條涉及宗教與言論自由。儘管一九四六年憲法已經保證這類權益，現在的問題是它們能不能確實執行，以及在多大的程度上執行。有鑒於越南勞動黨之前犯下違反公民權益的「錯誤」，在一九五四年過後的越南民主共和國，這些法律或司法部門能不能制衡黨的權力？在一九五七年的越南民主共和國，這三條法律沒有一條實際頒行，不過當局確實在幕後進行了有關新憲性質，政府權與黨權限制，以及個人人權保護的激烈辯論。像之前的法國人一樣，共產黨領導層也不敢讓民選國會獨立運作。越南民主共和國要以黨領政。[29]

同時，藝術界也出現密切相關的司法改革呼聲。在一九五四至一九五六年間，各路藝術家、作家、詩人、劇作人與忠於政權的知識分子呼籲放寬知識與藝術自由。這個運動於一九五五年初展開。當時軍中作家，也是奠邊府之戰老兵的陳丹，因認為自己工作的環境充滿毛派理念，過於僵化，大膽向越南人民軍政治部主任阮志清將軍提出建言，要求更大言論自由，結果被當局送往改造班接受再教育。當時知識分子與藝術家出版《人文》與《佳品》兩本刊物對黨進行批判，認為黨對文化與藝術的控制過於嚴厲，陳丹的案子遂成為他們的主要批判口號。為這兩本雜誌供稿的人有些來自軍方，有些是留學法國的知識分子，其中包括著名哲學家陳德滔等重量級學術界人物。他們大多是共產黨員，雖說有些不是黨員，但都支持胡志明這個政權。[30]

這時黨的立場猶疑不定，有時對這些反對派加以容忍，甚至對他們表示同情，有時也公開指摘、毫不留情地鎮壓他們。這種猶疑不定，一方面與土改計畫犯錯有關，一方面也因為蘇共總書記赫魯雪夫在一九五六年初剛發表的一篇祕密演說。赫魯雪夫在這篇演說中批判史達林對俄國人民犯下的罪行，批判史達林的個人崇拜。赫魯雪夫並且鼓吹和平共存政策，提倡各式社會、經濟與法律改革，以拾回「人民」——特別是在史達林統治期間，受創最重的農民——的支持。這是赫魯雪夫在一九五六年的一項重大外交政策轉變，這項轉變激怒了毛澤東，也讓不少越南人忿恨不已。「和平共存」是蘇共提出的新時髦口號，意在為冷戰降溫，主張透過談判與資本主義國家解決問題。這個經蘇聯批准的「去史達林化」運動獲得整個共產世界支持，在越南民主共和國也獲得支持，當然不足為奇。問題是，越南勞動黨領導層能做的亦只是如此而已。像中國共產黨一樣，越南勞動黨也才當權不久，須竭盡全力（使用許多現在遭赫魯雪夫指斥的手段）鞏固政權。在土改大災難過後，胡志明須藉助個人崇拜奪回民眾支持，自然無意放棄這套個人崇拜的工具。要想從上而下完成對國家與社會的控制，就得付出大動亂的代價。[31]

最重要的是，一九五六年十一月的瓊瑠農民抗議事件，與同年十月二十三日在匈牙利爆發的反共產統治民眾暴動不謀而合。眼見吳廷琰在南方建國，甚至還揚言要攻取北方，越南勞動黨對蘇聯於十一月四日入侵匈牙利的行動表示歡迎，並決定不能讓自己的改革派將社會不滿、甚至將政權轉型為一種沒有人能預測或控制的東西。越南勞動黨耗費的時間，比蘇聯敉平匈牙利民眾暴動所花的時間還長，不過到一九五九年，胡志明已經透過憲法手段終止了國會限制黨權的企圖。一九六〇年一月一日，他頒布越南民主共和國新憲法，明定共產黨黨權高於國會權力，確認共產主義是越南民主共和國其經濟與社會的官方意識形態。共產黨領導層於是將《人文》與《佳品》兩本刊物永遠關了。就像在中國與蘇聯一樣，必須在幹部、軍官與知識分子之間建立意識形態的同質性。就這樣，早年曾與法國哲人沙特共事、越南最偉大思想家之一的陳德滔，就在黨對個人思想的不斷攻擊下抑鬱以終。[32]

在南方伸張共和國主權

像胡志明一樣，吳廷琰雖或許來自地方官家庭，但他無論從任何角度而言都絕不像一名內斂的「儒家夫子」、「滿大人」或「傳統人士」。吳廷琰自認是革命家。他無疑擁有法國所能提供的最現代化教育，他的行政實務經驗對他更如虎添翼。他醉心現代主權、民族主義與建國運動。此外，儘管吳氏兄弟憎惡共產黨在鄉間發動的階級戰爭，但他們也同意，想打造一個新越南，確實需要將鄉間社會轉型。吳廷琰在一九四九年就曾表達他對鄉間改造問題的看法：「對越南農民與勞工的經濟獨立來說，它也是一場社會革命。我主張進行最先進與大膽的社會改革，一方面要讓人民保有人性尊嚴與尊重，這樣才能讓新越南所有的人都安居樂業，做個真正自由人。」[33]

但實際上，吳氏兄弟對人民自由的尊重，不比他們極端鄙夷的共產黨強多少。他們的統治手段同樣高壓、專制而獨裁。如果說胡志明在一九六〇年確立共產黨獨攬大權的地位，吳廷琰這時已經將統治權集中在政府一個獨裁行政部門。事實上，新越南共和國自一九五五年年底起，做為成立基礎的那部憲法，是在吳廷琰親自操控下所匆匆召開之新國家制憲會議的產物。這部憲法將所有立法權置於總統之下，讓政府行政部門大權獨攬。每個人都知道憲法第三條的意義：「行政與立法機構的活動必須協調一致。國家領導權委交總統。」總統享有龐大緊急處分權。他控制外交政策，可以宣戰、定條約、指揮軍隊，有權「任免一切軍職與文職人事」。憲法保障人民言論自由，但就像在北方一樣，無論是誰，若言論經當局認定危及國家安全，他或她的言論自由權也喪失了。就像北方禁止「反共」一樣，「共產主義」在南方亦屬非法。政府可以，也會隨意運用這類標籤來解決任何類型的敵人。就像胡志明在整個印度支那戰爭期間的作為一樣，吳廷琰儘管嘴上說一套，也喜歡用命令進行統治，把國會擱在一邊。越南共和國的司法並非獨立於政府之外的系統，沒有監督權，因此政府也像共產黨一樣，可以隨意濫捕、新聞檢查、酷刑、處決、強制勞役與使用集中營，犯下許多違反人權的同等罪行。而且站在總統背後為他撐腰的，不是隨隨便便的政治聯盟，而是他的家人。他打擊像他一樣反共的高台教、和好教等宗教團體，還不肯為他們開啟政治大門。吳廷琰本來可以發展更全面、更包容的反共民族主義，從而為自己建立法統，但他不僅沒能做到這一點，還把高台教、和好教這類團體擋在政治系統外，終於導致與他們反目成仇。他因為對人過於猜忌，甚至無法與越南國民黨與大越同盟建立反共聯盟。他的群眾支持基礎主要來自天主教難民，但即使與這些人的關係也弄得很僵。[34]

就像在北方一樣，吳廷琰的建國儘管以拯救農民、提升農民地位為宗旨，實際上卻重創了農民。當然，這從來就不是他的本意。吳廷琰的土地改革做法由上而下，專制獨裁，管理得又很差。他口口聲聲要為窮苦大眾謀福，但他從未問他們需要什麼，也從未為他們提供制式手段讓他們表達需求。如果說越南勞動黨在一九五三年透過國會強行推動土改，吳氏兄弟甚至連與國會磋商這一套都免了。吳廷琰下令進行農村革命，事情就這麼簡單。他在原本有許多大地主、種植場與無主荒地的地區進行土地再分配，目的在提升農民地位，擴大越南共和國的行政控制，促進經濟繁榮，從而為他的建國大業建立法統。吳廷琰本可以效法日本、台灣與南韓等非共國家的成功先例，像這些國家那樣經由土改促成農業增產，奠下以外銷掛帥的成長基礎，並進而推動工業化。偏偏他沒有這麼做。

土地改革也是一種行政管理武器。第一次印度支那戰爭讓吳氏兄弟相信，共產黨成功利用土地改革擴展對人民與領土的控制。現在，吳氏兄弟充滿信心，認定他們可以運用敵人自己的辦法打擊共產黨，擴充他們的社會政治基地。在一開始，美國人大體上也同意，並支持他們。一九五五年二月，政府將地租（農民支付地主的租金）降低到主作物收成總值的一五％到二五％，並授權農民開墾荒地。一九五六年，政府從大地主處徵收土地，土地再分配於是熱鬧登場。與紅河谷地不同的是，湄公河盆地有許多擁有大塊土地的家族。事實上，這處盛產稻米的盆地，約四成土地為約兩千五百名地主所有。理論上，可以進行再分配的租地有兩百萬公頃。[35]

但這次土改仍然失敗。總加起來，政府僅僅分配了三分之一租地，越南共和國幾近半數的土地，仍集中在僅占全國人口二％的少數人手中。再分配的進程也參差不齊。許多地區根本沒有出現土地轉手。怎麼回事？地主用買通官員的方式進行抗拒，或揚言不再在政治上支持吳廷琰，是一個原因。一名地主說：「許多年來，我們一直遭到越盟洗劫，現在共和政府同樣這般待我們，我們會很憤怒。」這名地主是吳廷琰手下的省長，透露另一問題：土改是巨型工程，吳廷琰的官員無法勝任。人手嚴重短缺，越來越腐敗，而且主事者對土改成功與否漠不關心。越南共和國為推動土改，總共派了四百名官員，而越南民主共和國派了好幾萬名幹部投入農村土改運動（日本的土改用了四十萬人）。吳廷琰本來可以動用軍隊強迫地主順服，但他不願因此造成階級戰爭，也怕引發政變。最後吳氏兄弟退縮了（共產黨只不過透過「更正運動」假裝退縮了一下）。吳氏兄弟這種虎頭蛇尾的做法使好幾百萬農民沮喪失望，其中數以萬計農民在一九五四年前，已經在越南民主共和國主政期間享受過土地改革。這些農民在一九五四年底心不甘又情不願地讓地主回來，如果地方當局容許地主拿回田地，他們投效另一陣營是頗自然的結果。[36]

吳廷琰沒有因土改的失敗而停下他的建國大業。一九五六年年中，他發動一項所謂「土地規畫」專案。專案目標在於鼓勵越人搬進非越族裔居住的高地地區。直到一九五四年，法國人一直以「少數族裔」的名目另設當局，管理高地。吳廷琰要在這些處於邊陲但具有戰略重要性的地方，建立越南共和國主權。越南民主共和國也曾於第一次印度支那戰爭期間將勢力伸入中央高地。同樣重要的另一原因是，為紓解三角洲地區人口壓力，吳廷琰要鼓勵越人移民高地地區。遷入高地地區的移民可以獲得土地、工具、種子與食物補貼，以便他們建立新屯墾區。到一九五九年，已經有十二萬五千名移民生活在八十四個屯墾區。到一九六二年，有二十三萬移民住進一百七十三個屯墾區。問題在於，吳廷琰因內戰在南部重啟戰端而操之過急，不用勸服，而以高壓手段迫使人民搬遷，強行建立新村、修建新路。此外，許多年來，越人與（在中央高地占大多數的）非越族裔人民間的關係一直緊張，此般境內移民政策加劇了這種緊張關係。[37]

為控制人民與人民的忠誠，吳廷琰還在一九五五年初下令展開「反共譴責運動」。他利用這個運動根除共產黨留在鄉間的殘餘勢力與地下人員，讓大批同情共黨人士、前官僚、越南民主共和國國家陣線成員與印支戰爭期間官員們，接受再教育。越南共和國安全人員與地方官奉命，根據家庭背景、政治屬性，以及對共產黨、越南民主共和國與越南共和國的態度，將人口分門別類。看來沒有多大威脅的人，由政府組織村與社區自我批判會處理，問題較嚴重的人則交由再教育中心處理。在精心策畫的儀式中，前共黨支持者得向越南共和國國旗以及它的偉大領袖吳廷琰宣誓效忠。

吳氏兄弟還有進一步的行動。一九五六年一月下達的一項總統令，當局可以逮捕任何涉嫌威脅國家安全的人，下獄監禁。沒多久，情治人員與軍方逮捕成千上萬嫌犯，其中有許多其實不是共產黨，一座座集中營於是出現。大批嚮往民主的守法公民，因為在政治觀點上反對吳廷琰政權而遭封口或下獄。一九五九年五月，更嚴厲的反共法「10／59」法頒布，更多人被捕。「10／59」法建立「特別軍事法庭」，有權逮捕、監禁與處決從事「革命活動」的人，至於「革命活動」究竟指什麼卻缺乏明確定義。一九五四至一九六〇年間，幾近五萬人因這波反共攻勢而下獄。吳廷琰撒下的這張網，雖說將許多非共黨記者、政界人士、法官與藝術家送入鐵窗，但確實也對共產黨地下組織造成重創。北緯十七度線以南的越南勞動黨祕密黨員人數，從一九五四年的五萬人減少到一九五六年的一萬五千人。到一九五九年，留在南越南的黨員只剩下五千人。也正因為情勢如此危急，越南勞動黨幹部才向河內領導層陳情，要求改變黨路線，讓他們可以拿起武器自衛，即使因此重燃內戰戰火、導致美國干預也在所不惜。[38]

但也就是在這種時空背景下，吳廷琰家族開始掃除任何抗拒吳氏家族權力與建國計畫的人，包括阮祥三等非共民族主義者，與經常聚集西貢舍利寺、懷抱政治目的的宗教界人士，都淪為他們攻擊的對象。儘管意識形態不同，胡志明與吳廷琰顯然都極力推動獨裁統治，在百年法國殖民統治結束後，為兩個不一樣的越南建立法統。兩人皆不容許任何人抗拒他們的統治權。再怎麼說，吳廷琰不是在南方鎮壓宗教運動與分離主義的第一人：胡志明在一九四五年年底已經派遣阮平到南方做這件事。而且，當然，在吳廷琰與胡志明之先，還有明命帝也曾在十九世紀中葉嘗試以高壓手段統一越南。這也是現代越南。

★

11

The Penguin History *of* Modern Vietnam

第十一章　走向一個越南

儘管做了鋪天蓋地式的宣傳，在越南民主共和國，並非每個人都相信共產黨那套將戰爭光榮化的說詞。就像二次大戰後的法國與英國一樣，首先談到戰爭醜惡面以及戰爭對軍民造成的慘重戕害的，往往是那些打過仗的人。身為越南人民軍軍官的傅勝曾經見證印度支那戰爭最血腥的衝突，也因此每想到衝突即將再起，總令他心驚膽顫。赫魯雪夫一九五六年的和平共存倡議讓他心動，有關蘇聯二戰期間承受龐大苦難較寫實的報導更加鼓舞了他。傅勝於是與其他一些老兵開始表達反戰觀點。在他一九六三年的小說《突圍》（*Breaking the Siege*）中，傅勝筆下那位身為第一次印度支那戰爭老兵的主人翁，表達了明確的反戰訊息：「這就是戰爭！它讓人承受那麼多苦難……戰爭只會帶來更多痛苦、艱辛、羞辱與仇恨……戰爭實無可歌頌之處，戰士的日子也苦不堪言。想在戰鬥中博取盛名，就得付出極高代價。我們一定要想辦法盡早終止這種血腥恐怖才行。」❶

在一九六三年，越南政治局準備對越南共和國，且必要時對美國開戰的節骨眼上，共產黨領導層當然不喜歡它的軍人竟會有這種論調。自奠邊府之戰取得「光榮勝利」以來，共產黨一直設法將戰爭英雄化，傅勝這種戰爭寫實做法有違黨的路線。更糟的是，寫《突圍》這本小說的傅勝還是現役軍官。當時負責新戰事規畫的前人民軍政治部主任阮志清將軍，於是決定鎮壓傅勝與其他唱這種反戰論調的人。自一九六三年起，膽敢談論戰爭「恐怖」的老兵會喪失軍職，作品會被查禁，弄不好還會坐牢。對那些曾為國賣命、拚戰沙場的人而言，這樣的命運不僅羞辱，還讓人難以承受。不過戰爭當前，文化也只能以服務戰爭為目的了。從一九六三年起，就算是在文化這條戰線上，蘇聯那套和平共存亦於越南行不通了。

內戰重啟

重申越南民主共和國主權

儘管一九五六年選舉未能成為事實，令越南勞動黨許多人感到失望，但土改衝突、新領土的管理以及經濟現代化等等，也讓領導層忙得不可開交。更重要的是，這時身為共黨越南主要奧援的蘇聯與中國，也不斷警告河內不要發動戰爭，要與對手和平共存。一九五〇年代末，赫魯雪夫與艾森豪兩度召開峰會，討論這個問題。一九五五年四月，周恩來在萬隆舉行的亞非國家會議中提出保證說中國無意輸出共產主義，頓時成為國際矚目焦點。一年後，一名蘇聯高階領導人造訪河內，說明為什麼在一個核子世界，共黨國家應該設法謀求和平，而不該認定非得與資本主義者作戰才能謀得共產黨的勝利。越南方面理論上表示同意，但胡志明提出警告說，由於「美帝」在南方介入，越南勞動黨不能排除採取武裝行動的可能性。[2]當莫斯科於一九五七年建議兩個越南都加入聯合國，使越南勞動黨震驚不已時，胡志明的這項保留一定看來深有道理。[3]

勞動黨內許多人不相信可以透過和平共存的方式完成國家統一，蘇聯這項行動毫無疑問證明這些人判斷正確。黎筍就是這樣一號人物。黎筍生在越南中部一個很普通的家庭，在一九二〇年代當鐵路工人時開始參與激進政治活動。他在一九三〇年加入共產黨，在坐了五年牢以後成為中越南地區黨負責人，之後於一九四〇年又被法國人送回昆崙島監獄。他在昆崙島受盡煎熬，直到一九四五年八月日本投降為止。黎筍獲釋後回到越南，負責南方黨務。一九五四年後，他繼續留在南方，領導南方的祕密黨組。他曾一再向勞動黨通報吳廷琰高壓手段造成的危急情勢，並盡全力為當地黨員提供指導。一九五六年中，他寫了一篇名為〈南方革命之路〉的報告，告誡陷於險境的南方幹部勿立即拿起武器反抗，因為黨當時在南方還未建立真正行政結構，也還沒有做為靠山的武裝部隊。在黨批准重要政策改變以前，政治鬥爭仍是主軸。不過，在選舉期限於一九五六年七月過去以後，黎筍呼籲黨員繼續與農民大眾保持親近，準備像一九四五年八月革命一樣，把握有利時機以武力奪權。

問題是，就像在一九四四至一九四五年的北越南一樣，共產黨在南方並非一直享有主控地位。在大多數情況下，當美荻與隆安等高地與三角洲省分同時發生暴亂時，共產黨幹部只能袖手旁觀，支援這些暴亂的幹部不僅違反黨的政策，況且多半也只能因應、而不能指揮這些事件。這種做法造成一種矛盾情勢：毛派幹部在北方農村搞砸了土改，造成農民眾怒，黨當然想控制情勢以免這種政治落塵繼續擴大，但共產黨同時又不肯支持南方農民暴亂，而這麼做會使黨失去發動「人民戰爭」最重要的社會基礎。在黨員人數迅速減少的情況下，南方共產黨懇請領導層改變政策，讓他們可以部署若干形式的武裝自衛行動，控制發生在他們周遭的農村民怨。❹

黎筍就帶著這訊息於一九五七年年底抵達河內。他在黨內的資歷，長年在南方工作的經驗，以及他直接而往往戰鬥意味濃厚的行事風格，都使他成為鼓吹更激進政策的最佳人選。許多一九五四年以後遷往北方歸建卻不得志的南方人，以及他過去在南方的副手黎德壽也幫著黎筍進行遊說。黎德壽已經加入政治局，當時還是勞動黨最有權勢的「組織委員會」（負責訂定黨的內部議程）負責人。勞動黨這時開始認真討論如何處理「南方」的問題，胡志明開始支持黎筍，將黎筍收為自己羽翼。

黎筍與黎德壽呼籲黨採取武裝路線，當時每個人都知道這種做法的危險。事實上，當政治局辯論這個問題時，越南共產黨已經深度介入寮國重啟的內戰。這場內戰交戰雙方一是巴特寮國統治的姊妹國，一是寮國皇家政府。艾森豪政府曾在一九五七年反對建立包容寮共的寮國聯合政府，因為擔心這麼做會損及從南方圍堵歐亞共產主義的安全鏈。美國人當時採取與泰國聯手的對策，支持反共的寮國領導人，使寮國繼續留在美國陣營內。越南共產黨為支持他們的盟友，已經派遣數以百計顧問前往寮國，幫寮共建立人民軍與黨、政及領土控管系統。一九六〇年，蘇聯經由河內對寮國人民軍盟友實施空運，美國人也揚言派兵經泰國支援華府的寮國盟友，寮國內戰驟然演成冷戰重大危機。在這種背景下，越南勞動黨擔心重啟南越戰端會造成美國直接軍事干預或其他難以預料的後果，自也不足為奇。❺

但黎筍也從這種寮國局勢中找到一種模式。他向黨內憂心忡忡的同志提出保證說，就像越南勞動黨支援寮共的做法一樣，只要運用漸進式、精心管理的做法，結合武裝與政治行動，黨可以在北緯十七度線以南採取更激進的政策。武裝行動可以讓南方黨人自衛。精心策畫下結合政治與軍事行動的做法，還能讓黨人有機會駕馭農民的不滿、有系統地建構民氣，用軍事手段加以保護，然後建立廣納各方的國家陣線，構築一種另類政治主權。一九五七年年底，黎筍更注意到，想在南方推動越南勞動黨運動，寮共也參與的寮國聯合政府選舉是一種可以採行的模式。

到一九五八年年底，黨在南方面對的嚴峻情勢，在北方的黨內辯論，以及黎筍在河內的遊說，迫使黨不得不有所選擇。一九五九年一月，越南勞動黨發表第十五屆全會宣言，做了選擇。勞動黨領導層在這篇歷史性文件中，重申加強北方建設的重要性，但同時也強調，兩半個越南必須在越南民主共和國的主權下統一，唯有統一才能完成革命進程。基於這個理由，黨現在授權南方幹部增加政治行動，並且准許他們採取有限度武裝行動，做為政治行動後盾。具體言之，也就是說，越南勞動黨同意確有建立新國家陣線的必要，而且準備以武力保護這個陣線，並提供人員與武器以達成這兩個相互關聯的目標。正是基於這些理由，越南勞動黨於一九五九年五月重新啟動在南方的工作，開始穿過寮國東部、中央高地與高棉東部內陸，向南方擴建一個越來越精密、總稱為「胡志明小徑」的滲透網路。同年九月，黨成立新的寮國顧問團，以協助寮國人民軍在跟越南接壤的寮國東部地區擴大政治與軍事控制——這對胡志明小徑的運作非常重要。另一方面，在一九六一年，船隻開始由北方祕密駛往南方，向南方運補武器、管理人員與補給。❻

無論漸進與否，河內必須整合它在南方不斷升高的行動。一九六〇年九月，越南勞動黨第三屆全國代表大會推選黎筍為新黨領導人，正式授權使用武力以解放南方。這也就是說要推翻越南共和國，建一個贊成與越南民主共和國統一的聯合政府。黨不準備在南方部署越南人民軍，也不打算在南方重建一九五四年以前的文官系統，以免惹來美國直接干預。河內共黨的計畫是，支援已經進行中之民族解放陣線成立作業，並在南方建一支保護性武力，以間接方式擴大在南方的政治主權與軍事控制。

共產黨迅速展開行動。南越南民族解放陣線（NLF）於一九六〇年十二月成立。之後一年，越南勞動黨在十七度線以南招募可靠人員，還將一九五四年停火以後遷進北方的數以千計行政人員與軍官調回南方，將這個陣線轉型為可實際運作的政治實體。到一九六四年，由北方進駐南方的總人數已有四萬人左右，其中包括幾千名原本來自南方的越南民主共和國文官。由於有這許多經驗老到的南方官員協助，民族解放陣線得以在村落建立基地，加緊反吳廷琰宣傳，在可能情況下啟動土地改革，運作警察、民兵與稅務系統，且開始組織婦女、兒童、青年與農民成立愛國會等社團。民族解放陣線的旗幟與郵票開始在南方飄揚、流通，又一政治實體就這樣在南方出現了。著名反殖民主義律師，也是忠實共產黨員的阮友壽，出任陣線主席。內戰於是間接在南方重新點燃戰火。❼

這項建國計畫由越南勞動黨負責操盤。為推動這項計畫，政治局在一九六一年初重新啟動黎筍在印度支那戰爭期間經營過的辦事處，這個辦事處現在比過去名聲更響，一般人稱COSVN，即南越南中央局（Central Office of Southern Viet Nam），由黎筍早在昆崙島監獄服刑期間已經結交且今為政治局委員的阮文靈主持。南越南中央局並創建、指揮「人民解放武裝部隊」（People's Liberation Armed Force，簡稱PLAF）。人民解放武裝部隊於一九六一年二月成立，很快招攬許多不滿當局的農民、青年、宗教領導人與非越族裔，其中有共黨，也有非共人士。儘管人民解放武裝部隊的主要目標一開始僅在於組建游擊隊，以游擊戰術爭取或暗殺越南共和國地方官員，但它逐漸坐大，成為一支裝備佳、訓練精的專業軍隊。在一九五九至一九六一年間，人民解放武裝部隊兵力從兩千人增加到一萬人。到一九六四年，它已經有十萬人，其中三萬為常備軍人。南越南中央局儘管在使用武力時盡量謹慎，希望吳廷琰的高壓政策能幫忙河內兵不血刃達到目標，但政治局不得不在一九六一年做成結論：「想和平完成革命，實際上不可能」。現在的問題是，美國人會不會直接干預，以阻止共產黨重啟戰端、奪取整個越南。[8]

合作的限度

甘迺迪對南越的承諾[9]

一九六〇年十一月，一名民主黨人入主白宮，對於這項發展，河內的越南勞動黨並無可以樂觀的理由。在一九六一年一月入主白宮時，甘迺迪對保衛、武裝越南共和國的承諾，較前幾任總統尤有過之。在就職後不到一週，甘迺迪實施「反制叛亂計畫」，擴大越南共和國傳統軍隊與民兵的規模。甘迺迪當時訂了一項「彈性反應」政策，目的在加強美國傳統與特種部隊戰力，使美國能在任何情勢下打任何類型的戰爭，特別是讓美國能在非西方世界對抗共產黨支持的叛軍，反制叛亂計畫就是這項政策的一環。在整個一九五〇年代，甘迺迪就曾一再警告艾森豪，在殖民主義迅速走入歷史的時代支持歐洲殖民主義的做法很危險。一九六〇年，他又一次抨擊艾森豪支持法國（這次問題出在阿爾及利亞）。甘迺迪說，特別由於莫斯科與北京更加賣力地爭取支持、協助後殖民國家進入國際系統與聯合國，美國必須認真對待去殖民化這個議題。赫魯雪夫於一九六一年一月宣布，無論在哪裡，民族解放運動只要出現，蘇聯就會給予支持。在中蘇裂痕不斷加大的情況下，北京也不甘示弱，加強對亞、非世界的表態。[10]

儘管和平共存的口號在史達林一九五三年去世後叫得十分響亮，國際系統仍然充滿變數，極不安定。在就任頭兩年，甘迺迪就因柏林與古巴危機（還有寮國危機，不過在程度上較為緩和）險些與赫魯雪夫開戰。雖說莫斯科與華府終於借助幕後折衝與全球交易，未因古巴問題爆發核子大戰、造成世界末日，甘迺迪政府仍然將共黨集團視為美國全球利益與安全的重大威脅。情報報告陳述的情勢或許沒那麼武斷，但艾森豪的骨牌理論對美國決策高層仍有相當影響。莫斯科與北京之間分歧加劇，對華府的這個概念沒有造成多少影響。一九六二年十月，在古巴危機過後，毛澤東公開指摘赫魯雪夫，說赫魯雪夫應該與美國資本主義者周旋到底，即使使用核子武器亦在所不惜。（當然，如果有利可圖，中國共產黨自己也會選擇談判。北京在一九六二年幫著莫斯科促成一項寮國危機解決辦法，就是例證。）但眼看中國不斷增加對越南共產黨的支持，幫他們以武力對付越南共和國，甘迺迪當然無法寬心。更何況，面對這種情勢，蘇聯也不得不繼續支持河內，以免被毛澤東搶占先機，在共產集團領導權爭奪戰上屈居下風。

在印度支那問題上，最讓甘迺迪政府關心的，是美國人所謂南越的越南共和國。甘迺迪在日內瓦談判桌上接受寮國危機解決辦法，但同時也在南越打造一個強大的反共國。像前幾任美國總統一樣，甘迺迪也不想派遣美軍，希望透過間接方式，藉由南越滿足華府圍堵的需求。透過一九五〇年成立的軍援顧問團與反制叛亂計畫，甘迺迪繼續武裝、訓練與資助越南共和國軍（ARVN）。事實上，甘迺迪大幅增加對南越的美援。在入主白宮第一年，美國對南越的軍援總額就從每年五千萬美元增加到一億四千四百萬美元。到一九六二年，越南共和國軍已經擴建為一支擁有二十二萬專業軍人的部隊，同時蘇聯與中國也協助越南民主共和國建了有二十萬人的越南人民軍。甘迺迪將駐越美軍顧問的人數增加了好幾倍，還准他們伴隨越南共和國軍出戰鬥任務。一九六一年一月駐在越南的八百名美軍顧問，人數在年底增加了三倍有餘，到一九六二年年底更增加到一萬一千人。美國對印度支那的介入至此進入第十二年，為因應這麼迅速的軍事擴張，美國需要一種新的官僚機構。一九六二年年初，美國成立駐越南軍援指揮部，迅速取代原有的軍援顧問團。為了不讓共產黨利用建在寮國東部、中央高地與高棉東部的複雜通道（胡志明小徑）向南越滲透，甘迺迪批准使用橙劑（Agent Orange）。這類化學落葉劑可以毀滅森林，暴露敵補給線，然後實施轟炸。從一九六二年到一九七一年間，美國在印度支那森林上空灑下約八千萬公升落葉劑，造成毀滅性生態與人員傷亡後果。⑪

就像之前的法國人與中國人一樣，美國經濟顧問、外交官與軍官也將他們的作風與世界觀帶進越南。蘭斯岱在他的回憶錄序言中說：「首先你得了解一件事，我就像潘恩（Tom Paine，美國建國政治家，著有《常識》一書）當年一樣，帶著我的美國信念投入這些亞洲鬥爭。」大多數美國顧問都是西方式現代化理念的信徒。從大學教授轉入甘迺迪白宮任職的羅斯陶（Walt Rostow）堪稱其中代表人物。羅斯陶是「現代論」倡導人，《經濟成長階段：非共宣言》（*The Stages of Economic Growth: A Non Communist Manifesto*）一書作者。現代化理論家認為，社會發展有一連串越來越複雜的階段，從「傳統」進化到更複雜的型態，而以西方工業化民主為最先進的社會型態。華府現代論者與他們在越南的信徒相信，美國能夠更也應該透過技術移轉、教育提升以及運輸與通訊的改善，協助「傳統」社會進步。憑藉他們在「新政」（New Deal）美國以及戰後日本汲取的經驗，美國現代論者同時也堅信，民主政治建制的發展與草根民運行動是社會進步不可或缺的一部分。唯有在完成這些建制與行動以後，越南才真正有能力因應工業發展、分工與自由市場交換的複雜需求，同時杜絕貪汙、腐敗與裙帶關係的弊端。當然，「現代論」是美國圍堵策略的一環，不過美國人確實相信他們有文明教化的任務。⓬

吳廷琰：一大群戴高樂

但理論與實際是非常不一樣的兩回事，而外來模式一旦運用也總不免碰上問題。胡志明運用毛派共黨現代化模式，造成慘重後果，最後終於得向越南人民致歉。在南越，美國外交官、軍事顧問、開發官員及非政府組織（NGO）工作人員，對吳廷琰拙劣的現代化做法，以及他的專斷獨裁與裙帶主義越來越感不滿。更惡劣的是，他們發現，吳廷琰以高壓手段在鄉間推動開發案，加上他鎮壓政治異己的做法，已經導致大多數非共黨農民以及都市精英階級離心離德；而想在越南打擊共產黨，需要的卻正是這些農民與精英人士的協助。台灣與日本成功的土地改革做法，已經為鄉間經濟成長指引一條明路。政治多元化能爭取精英支持。吳氏兄弟只要能遵照美國的方案行事，一切都會很圓滿。⓭

但對美國而言，想保有它在歐亞陸塊東端這第四個盟國，面對的時間緊迫性尤勝於日本、台灣，甚或南韓。一九六一年年中，美國外交官提出令人捏把冷汗的報告說，越南共和國控制的地區已經不到半個越南。美國人開始強逼吳廷琰，警告他必須迅速改革，否則會失去一切。一些美國人開始私下討論找人替代吳廷琰的事。儘管負面報告堆滿辦公桌，甘迺迪仍決定再給吳廷琰一個機會。在談到吳廷琰種種濫權、不民主的行徑時，甘迺迪也刻意迴避。吳廷琰曾經撐過一九五四至一九五七年的危機，這一次應該也能逢凶化吉。更何況，甘迺迪政府認定既然已經增加那麼多軍援，間接圍堵策略應該可以繼續奏效。

許多反對美國干預越南的作家，對美國在越南的夥伴都沒有好評。費茲傑羅在她獲得普立茲獎的反戰名作《湖中之火》中，就將吳廷琰貶為美國的傀儡，比起法國人統治下的保大強不了多少。她強調吳廷琰依賴外國人，而胡志明卻旗幟鮮明，把本土民族主義吵得沸沸揚揚。美國人支持陷於困境的吳廷琰政權，胡志明的越南卻能借助越南千百年來抵抗外族入侵的文化，在極端不利的情況下孤軍奮戰。就像現在一樣，當年的官方越南共黨史學者完全同意，認為吳廷琰與他的政權是「美國產物」，「完全不合法」。不過，當年美國人碰上的問題是，吳廷琰並非傀儡。他桀驁不馴，一再駁斥美方給他的建議。他與他的弟弟吳廷儒，對於建國、土地改革與反制叛軍都有自己一套主見，經常惹火支持他們的美國人。一九六〇年代初期駐西貢的一名美國外交官，後來在總結與吳氏家族談判的困難時說：「那就好像與一大群戴高樂打交道一樣。」[14]

事實上，吳廷琰就像戴高樂一樣，對國家主權議題極度執著，絕不放鬆。儘管吳廷琰從華府得了那麼多援助，美國人始終沒能徹底了解這一點。我們不要忘了，戴高樂曾經想盡辦法抹去維琪政權與納粹合作的過去，以便建立完全獨立、不受美國箝制的國家認同。吳廷琰也一樣，想抹去越南與法國合作的過去，並展現他的國家不聽命於華府。為宣示他代表的才是越南民族主義正統，吳廷琰像戴高樂一樣，無論在行政管理與象徵意義上，對國家主權的問題都極其敏感，且毫不避諱。一九六〇年，越南共和國陸軍發生謀反吳氏兄弟事件，但美國沒有表態譴責，政府喉舌報、英文《越南時報》（*Times of Vietnam*）於是撰文指出：「我國獨立面對的威脅，不僅僅來自我們的共產黨敵人而已，也來自一些宣稱是我們友人的外國人。」可謂將官方的憤怒表露無遺。[15]

一九六一年年底，甘迺迪政府向吳廷琰提出「有限度夥伴關係」建議，也因此嘗到吳廷琰在獨立問題上死不讓步的滋味。根據這項建議，美國同意給予南越軍事援助，願意考慮與吳廷琰簽署安保條約，甚至願意出兵越南，交換條件是美國有權參與南越內部決策，而不再像一九五〇年起那樣純粹只扮演顧問角色。美國認為，他們像這樣援助南越，應該在南越內部決策上有發言權。有了這些發言權以後，美國才能在南越推動迫切需要，但吳廷琰一直不肯採行的政治、經濟與軍事改革，才能在南越建立有效圍堵的力量。吳廷琰接受了軍援，要求與美國訂定安保條約，以保證美國不能背著他與共產黨談判（吳廷琰認為，美國已經在寮國問題上背著他這麼做了）。但他拒絕美軍地面部隊進駐，並且堅持，所謂「有限度夥伴關係」，不過是西方國家又一個在越南重建保護國的企圖罷了。

美國代表害怕被視為「法國殖民主義者」，於是在這次與吳廷琰的談判中讓了步，但他們在發回華府的電文中也痛批吳廷琰的戴高樂式作風。如果越南的總統不讓他們做，他們怎能救越南！雙方現在開始比過去更加各說各話，也都各自認為自己的立場很正確。美國人為了圍堵共產主義而將行動熱度不斷升高，卻沒想到這樣的行動看在他們那個弱勢夥伴眼裡，會成了對國家主權的威脅。而吳氏兄弟也忘了同樣重要的事：合作關係能為較弱勢的夥伴帶來安全、援助，甚至革命動力，但如果你或你的革命計畫礙及你那較強勢夥伴較大的戰略目標，你的問題會很嚴重。特別是在戰時，權力關係越不對稱，這樣的危險性越高。

吳廷琰對美國間接圍堵政策的威脅

戰略村與美越關係的熔毀

吳氏兄弟非但沒有努力改善西貢與華府的關係，反而推動他們的「戰略村」計畫，造成相反效應。一九六〇年代初期，民族解放陣線在鄉間各處迅速擴張，吳廷琰也全力設法奪回農村支持，因應這種情勢。他改變早先對地方村落選舉施加的限制，加緊整肅地方貪腐，訓練年輕幹部管理地方行政工作。這些忠貞幹部要負責管理南越各地數以千計具有戰略重要性的村落，然後再將它們重新整編，組成較大村落群，然後以道路與水道將村落群彼此聯結；再建立鐵刺網、戰壕、水泥碉堡等工事，組織地方民兵負責防護。必要時戰略村還可以召喚軍隊與警方進行干預。理論上，戰略村可以形成牢不可破的武裝與行政之牆，對抗越南勞動黨／民族解放陣線的滲透。

吳氏兄弟在從法國、英國與美國汲取反叛亂經驗的同時，也自行訓練行政官員。透過第一次印度支那戰爭的經驗，他們知道共產黨當年如何一個村、一個村的建國。事實上，在印度支那戰爭期間，吳氏兄弟祖居的越南中部幾乎所有地區都在共產黨管理下。共產黨的群眾動員、改造與教育手段，以及利用戰爭往南方擴展政治控制的做法，都令吳氏兄弟佩服不已。就像他們的對手一樣，吳氏兄弟也想利用目前這場第二次印度支那戰爭（在美國一般稱為越戰）建立一批新官僚精英，付以社會革命重任，為他們的政權爭取農村支持。一九六一年，吳氏兄弟建了一個叫做「共和國青年運動」的群眾政黨，開始教育青年，施以人格主義訓練，派遣他們下鄉管理戰略村。當然，這批精英都堅決反共，往往還是天主教徒，但就像他們的共產黨對手一樣，這些幹部的作用也在於推動社會政治轉型，並做為由上而下、中央控管的媒介。在軍方支持下，這批新文官有權推翻傳統權力結構，整肅貪腐，並推動地方選舉。透過這些幹部，政府與人民可以一村又一村、構建一種新權力架構，逐退越南勞動黨／民族解放陣線勢力，創建新國家。

不過這一切也只是紙上談兵。實際上，整件事是一場大難。就像越南民主共和國一樣，吳廷琰的越南共和國也採取高壓手段，結果也因此付出社會支持與政治法統方面的代價。為了搶先敵人，西貢當局強迫數以萬計農民遷居，還要農民提供大量勞力，進行整地、築路、修橋與建村的工作。到一九六二年九月，吳氏兄弟已經讓四百多萬人住進三千二百二十五個村。到一九六三年七月，經過一場強度只有他們的敵人才能與之比擬的社會動員，吳氏兄弟已經把八百五十多萬人送進約七千個村。戰略村當然為共產黨的南越中央局帶來問題，但西貢當局操之過急，行政管理能力跟不上運動進展腳步。由於範圍拉得過廣，軍方力有未逮，實際上只能坐視南方大片地區控制於敵人手中。就像在北越一樣，受過訓練的文官人數不足，無法有效監控如此規模的社會改造實驗。許多過去遭吳氏兄弟撇在一邊的「傳統」官僚，現在不肯施加重建社會秩序的援手。大多數農民不願離開他們祖居的村落。誰能責怪他們？讓情勢雪上加霜的是，越南共和國大舉徵用勞役的做法，造成一波波民怨與反抗，反而助長了民族解放陣線的行政擴張與土地改革。[16]

美國人儘管憤怒，也只能眼睜睜看著吳廷琰似乎在把農民直接趕進共產黨手中，他們對吳廷琰這些社會革命、鄉村民主、國家營建與人格主義的瘋狂構想抱怨不已。他們也知道，對吳廷琰來說，戰略村計畫的目的，既在打擊共產黨，也在保護越南共和國主權，不讓美國主導情勢發展。美國人訓練、裝備現代化的越南共和國軍似乎無力或不願與叛軍作戰的事實，同樣讓華府感到沮喪。一九六三年初，兩千名全副武裝、享有空中支持的機動化越南共和國軍，沒能擊潰守在美萩省戰略要地阿巴村的約三百到四百名人民解放武裝部隊，令美軍顧問震驚。為這場戰鬥擬定作戰計畫的美軍顧問凡恩（John Paul Vann）上校氣得破口大罵：「這場仗就像過去一樣，簡直打得爛透了。這些人根本不聽勸。他們一再以同樣方式犯同樣的錯。」他的憤怒在象徵意義上，反映了當時美國人對他們這些越南夥伴的沮喪。凡恩這番話並不很正確，越南共和國軍官兵有能力，而且也常能奮勇作戰。不過美國人對情勢的演變、對他們的越南盟友越來越沮喪，確屬事實。⑰

佛教危機與推翻吳廷琰

情勢轉捩點出現在從一九六三年五月持續到九月的佛教危機。吳廷琰的家族雖是天主教徒，吳氏兄弟也設法運用天主教與天主教難民對抗共產主義、建立國家，但他們並無意打造一個「天主教共和國」。在掌權之初，吳氏兄弟曾極力拉攏佛教徒，包括在一九五四年停火後從北方南遷的二十萬主要是反共的佛教徒。佛教徒在越南共和國據有若干最高階職位（包括副總統、外交部長與將領等）。吳廷琰准許一九五一年成立的佛教總會在共和國重建總寺，還讓它於一九五八年在西貢舉行第二次全國代表大會。佛教教會與吳廷琰政府最初五年的關係，絕對稱得上是一種合作關係。對於吳廷琰削弱高台教與和好教等佛教「教派」的做法，佛教領導人也並非完全不高興。⑱

佛教徒與吳廷琰走上衝突之道，是吳氏兄弟犯下的一連串過錯、不幸意外事件，以及佛教教會與天主教會各逞其強、互不相讓造成的結果。自一九二〇年代起，有感於佛教在鄰國泰國與緬甸享有的主宰地位，越南佛教領導人也力謀重建屬於自己的佛教民族主義。有志改革的佛教僧侶建立佛教機構、學校、僧侶協會與青年團體，為佛教在全國重建鋪路。但到一九六〇年代初期，這個越來越政治化、立場也越來越強硬的佛教教會，開始將吳氏兄弟與他們對天主教難民的倚重，視為對佛教國教化的障礙，而不是一種打擊共產黨的武器。多年來一直支持吳廷琰的佛教僧侶，像著名高僧釋智光這類人士，現在開始抨擊吳廷琰，指責吳廷琰一味偏袒天主教。還有許多佛教徒認為，吳廷俶在越南中部宣揚天主教是對佛教的攻勢。佛教徒認為，禁止無神論這類反共產法是親天主教的法律（有時確實是）。過去，吳廷琰模糊的人格主義意識形態雖未造成任何問題（因為沒有人知道它究竟是什麼意思），現在佛教徒認為它是出自天主教的意識形態。

狂妄傲慢的吳氏兄弟不曾想辦法寬慰佛教徒，任憑佛教徒對天主教這種越來越有敵意的誤解演成非常真實的社會政治威脅。吳氏兄弟也未在宣揚天主教的作為上稍有收斂。一九六三年五月八日，佛教徒發動要求宗教平等的示威，與政府軍起衝突，造成七名佛教徒青年死亡，緊張情勢終於爆發。憤怒的青年佛教僧侶與民眾走上街頭。吳廷琰下令禁止懸掛宗教旗，事態於是更趨嚴重。對主權問題向來極端敏感的吳廷琰堅持，群眾集會只能懸掛共和國國旗。雖說他同時也禁止天主教懸旗，但佛教徒認定這命令是對佛教信仰的又一攻擊。吳廷琰想以談判方式解決雙方僵局，但談判毫無進展。高僧釋廣德自願殉教以示抗議。佛教領導層同意，並組織媒體採訪以吸引注意，廣為宣傳。一九六三年六月十一日，釋廣德莊嚴盤坐在西貢市中心區。支持者在他身上灑下汽油，然後點火。當時在場的攝影記者布朗（Malcolm Browne）拍下釋廣德這一幕殉教鏡頭，送往全世界。更多佛教徒走上街頭，僧侶自焚殉道事件頻傳，吳廷琰於是在八月下令鎮壓，占領佛寺，逮捕至少數百、甚至數千僧侶。

或許吳氏兄弟認定鎮壓佛教是維持治安的必要手段，但眼看民族解放陣線的勢力在鄉間不斷擴張，這場繼戰略村計畫失敗之後而來的佛教危機，使美國人對吳氏兄弟信心降至最低點。而且就在同時，高階警方與軍方將領也告訴美國人，說他們不再支持吳廷琰。這些將領說，吳廷琰自絕於越南大部分社會之外，像這樣下去，共產黨接管南越只是遲早的問題。美國外交官與軍官在對白宮提出的報告中，口徑也差不多。至於吳廷琰，則時而憤怒抗拒，時而保證要與美方修好。之後，美國人發現，吳廷琰的若干親信想躲開華府，與河內越南勞動黨接觸，以達成越南人民之間的解決辦法。美國人於是達成結論，認為吳氏家族已經成為對美國較大戰略利益的威脅。就像交趾支那共和國總統阮文盛，因不了解法國決心，而在一九四六年年中提出與胡志明直接談判的可能性一樣，吳廷琰也低估了美國用越南當政治武器維護美國利益的決心。一九六三年十一月二日，在獲得甘迺迪首肯之後，軍隊與保安部隊推翻了吳廷琰與他的弟弟吳廷儒。吳廷琰遭政變領導人扣押在總統府時，曾請求美國大使了解一件事：「我是在設法恢復治安。」美國人不再相信他的話。許多越南人也不相信。他在幾小時以後遭處決。[19]

從間接到直接干預

河內選擇直接干預[20]

政治局對美國支持政變推翻吳廷琰的消息表示歡迎，但吳氏兄弟的垮台，並沒有如越南勞動黨所期那樣導致越南共和國的崩潰。此外，民族解放陣線與人民解放武裝部隊雖能進一步擴充，將勢力深入鄉間大部地區，但單憑本身還無力打垮美國支持的越南共和國軍。也因此，河內出現強大聲浪，要求越南民主共和國在南方展開直接但漸進的軍事干預，以期在美國還來不及出兵以前先推翻越南共和國，建立一個民族解放陣線／越南勞動黨聯合政府，將整個越南統一在越南民主共和國旗幟下。黎筍、黎德壽以及兩人在軍中的盟友，特別是阮志清將軍，帶頭提出這項主張，要求以精心搭配的計畫，交互運用傳統戰與游擊戰。㉑

不過，這項強調傳統戰的軍事策略，並未獲得越南勞動黨政治局委員一致認可。許多委員並不贊成，特別是武元甲。武元甲與他的盟友擔心的是，採用這麼激進的路線可能導致美國直接參戰，迫使越南軍隊與人民承受比對法之戰凶惡得太多的戰火摧殘。武元甲這夥人並非「親蘇派」，也不是「鴿派」，他們只是相信在目前狀況下，最好的軍事戰略是游擊戰，是曠日持久的人民戰爭，不是直接的傳統戰。還有些人擔心，採取這種激進路線可能造成與蘇聯的疏離。赫魯雪夫雖於一九六四年下台，繼而掌權的蘇聯領導人卻仍主張以談判解決問題，可能不會支持河內共產黨用兵。另有一些人主張在南方維持一種政治與軍事雙管齊下的路線，同時力促要求重開日內瓦會議。（一九六二年達成的寮國中立化，使寮國人民軍得以參與聯合政府，避開一場可能捲入美國的大戰。這成果似乎讓人產生可以透過談判解決問題的希望。）最後，政治局內部也有主戰、主和（主張先集中全力將北方共產化）兩派人的辯論。

有關這些內部辯論的檔案細節雖說仍不明朗，但當時蘇聯與中國之間的裂隙不斷擴大，影響河內的作戰戰略乃是不爭之實。最重要的是，中國越來越支持黎筍這派人主張的武力解決路線。毛澤東說，支持越南共產革命與對「美帝」作戰是一種國際主義者的職責。（這也是把美國人逐出中國下腹要害地區的辦法。）還有，當然，支援河內武裝鬥爭還能為中國在共產集團領導權爭奪戰上帶來加分效果。毛澤東現在指控蘇聯是「修正主義」，這在共黨世界是個情緒化字眼，即「叛教」之意。蘇聯在這種壓力下，或出於不得已，也逐漸傾向支援河內共產黨。黎筍向中國求助，既想擴大戰爭，中國的軍事與後勤支援必不可缺。他在內部辯論中擁抱中國立場，將那些主張謹慎、反對與美國打傳統戰的人指為「修正主義者」，而且像毛澤東一樣，黎筍所謂「修正主義者」的意涵也與「叛徒」所差無幾。不過在公開場合，黎筍、胡志明等人小心翼翼，在中、蘇分裂上保持中立，因為越南民主共和國需要只有莫斯科才能供應的重要高科技武器。[22]

一九六四年初，越南政治局正式通過第九屆全會宣言，主張直接但漸進式軍事干預的一派獲勝。越南勞動黨在這篇歷史性文件中達成結論說，美國人已不再信任越南共和國，不敢把武力奪取越南的工作交給西貢。阿巴之戰就是證明。吳廷琰既已垮台，繼任的將領們唯美國馬首是瞻。華府現在可以直接干預。文件中說，越南勞動黨必須繼續政治鬥爭與游擊戰，但河內派遣越南人民軍正規部隊在南方進行直接干預的時機也已經到來。這麼做的構想是，共產黨可以透過一種精心籌畫的方式，在美國進行干預以前打垮越南共和國。不過每個人也都知道，派遣越南民主共和國軍隊直接參與內戰的做法本身，即可能引起美國直接干預。內部辯論愈發火爆，胡志明不得不於一九六四年三月插手，緩和雙方衝突，不過他隨即下令軍隊備戰。[23]

負責這項備戰任務的是阮志清將軍。阮志清是忠貞共產黨軍官，官兵們對他十分敬畏。他與黎筍與黎德壽走得很近，是政治局委員，在第一次印度支那戰爭期間擔任總政治部主任，這時官階已與武元甲相等。在政治控制的專業部隊越南人民軍建軍過程中，阮志清曾經扮演關鍵性角色。他堅信他的官兵能夠對抗美國優勢火力，並贏得勝利。我們在本章一開始就談到這號人物。對於政治局不計代價在越南勞動黨控制下統一全國的決定，阮志清全力支持。政治局派他前往北緯十七度線以南的中央高地，主持南越中央局的工作。阮志清對中央高地情況瞭若指掌，因為他自一九三〇年代起就在當地經營祕密黨組與軍務工作。[24]

一九六四年，阮志清帶著一批參加過第一次印度支那戰爭的軍官南下。他們將南方重組為幾個軍區（B1、B2與B3），並將胡志明小徑盡量向南延伸，以利對人民解放武裝部隊與越南人民軍各團的武器與糧食運補。像黎筍與黎德壽一樣，阮志清也知道美國人曉得北越已經派遣軍隊與幹部越過北緯十七度線。共產黨在公開場合否認此事，但（在內部）他們並不在乎事跡是否走洩。對共產黨來說，北緯十七度線本來就不是合法國界，況且美國人還曾試圖在越南共和國建一個個別的越南主權國，首先違反協議。此外，如果越南共和國領導層現在在美國支持下，決心把這場戰爭描述為一個主權國侵略另一主權國之戰，越南民主共和國領導層也同樣下定決心，重建一九五四年前它在南方的管轄版圖，重申它在一九五四年前的領土主權。共產黨不認為他們是在開啟戰端；他們只是決心打完他們自一九四五年九月就在打的那場戰爭而已。有意義的是，共產黨重新展開直接干預的地點，選在一九五四年六月與法軍最後一場戰役的戰場，不在奠邊府，而在南中央高地。當年越南人民軍幾個團，就在當地追逐、殲滅撤入百里居的法軍機動部隊。一九六五年五月，七千名越南人民軍在阮志清指揮下，在俯瞰湄公河三角洲地區的中央高地作業。這不是巧合。

華府選擇直接干預㉕

像前幾任美國總統一樣，詹森也希望能集中力量處理美國內政問題，特別是他有關「大社會」（Great Society）的構想。如果可能，他希望繼續沿用美國過去二十年的政策，用代理人在越南與共產黨作戰。但白宮那些幕僚達成結論說，取代吳廷琰的軍人政府不穩定，無力阻止共黨叛軍。為穩住局面，詹森不斷加派人手馳援，甘迺迪一九六三年年底留在越南的一萬六千名軍事顧問，就這樣到一九六四年已經增加到兩萬三千人。詹森也不願接受「中立化」南越（亦即讓南越另覓途徑，獨立於冷戰之外）的構想。他認為，讓南越中立化只會削弱美國對中國的圍堵。像一九六三年的甘迺迪一樣，詹森也必須有所選擇：美國可以認賠退出越南，以求停損，否則就得直接干預。詹森繼任以後，甘迺迪那些顧問大多數留任，而且除了極少數例外，他們就像共產黨越南內部黎筍那幫人一樣，都是大鷹派。無論事後說詞或骨子裡想法如何，詹森與他的內閣沒有選擇談判或放棄在南越的經營投資，他們選擇戰爭。現在法國與吳廷琰都已經走入歷史，美國也只能結束間接圍堵的做法了。[26]

就在政治局委員阮志清出掌高地指揮部的同時，詹森也任命魏摩蘭（William C. Westmoreland）將軍為西貢軍援指揮部司令。美國派遣船艦進入東京灣，並與南越合作，在北緯十七度線以北組織祕密作業（包括突擊隊襲擊、心理戰、破壞與通訊監測等等）以加強對北方的監測。就像一九四六年情況一樣，衝突各方採取的激進手段終使事件爆發無可避免。第一次這樣的事件，因越南民主共和國的一艘艦艇向正在進行情報蒐集作業的美國驅逐艦麥道克斯號開火而出現在一九六四年八月二日。詹森當時勉力克制，沒有採取行動。但兩天以後，有關第二次攻擊的報告送到辦公桌上（不過，事實上，這所謂第二次攻擊並沒有出現），他於是下令展開報復性空襲，且向國會提出一項歷史性決議案，要求國會授權他動用軍隊以保護美軍，並阻止越南民主共和國侵略。一九六四年八月七日，美國國會以幾乎全體一致的票數通過這項決議。根據這項所謂東京灣決議，美國可以不經過正式宣戰就對越南民主共和國合法開戰。國會授權詹森採取「所有必要措施」。

越南共和國領導人既容許美國人在他們的領土進行直接干預，又無力阻止越南民主共和國向他們開戰，這時當然也只能站在一邊，看著其他人替他們做決定。這倒不是說共和國領導人已經把一切國家主權交給美國人。不過，仰仗美國以直接軍事干預替他們打贏一場內戰，統治越南共和國的這些將領，就像之前的非共民族主義領導人一九四七年與法國聯手一樣，做了同樣的賭。而在這前後兩件案例中，這樣的選擇都使他們的行動受到限制。唯一曾經之前拒絕與法國聯手，之後又不肯讓美國干預的非共越南領導人，已經在不久前遭越南共和國將領與甘迺迪政府推翻了。

同樣的，共產黨在創建民族解放陣線與人民解放武裝部隊之後，雖也盡力尊重他們在南方建的這些政治機構的獨立，但河內越南勞動黨領導人直接參戰的決定，清楚表明了誰才是老闆。南方一些反西貢將領的非共人士，在發現民族解放陣線已經不由他們作主時，一定震驚不已。要怪也只能怪他們沒能從一九五四年前那段時間的歷史多學些教訓。舉例說，一九四九年，當非共南方民族主義派在一次爭論激烈的會議中，對印度支那共產黨自封的反法抵抗運動領導權提出挑戰時，黎德壽在會中怒斥道：「任何反對共產黨的人都是反抵抗運動，都是叛徒！」換言之，非共派如果膽敢揚言掙脫越南勞動黨掌控、自立山頭，就會像吳廷琰想違反華府利益一樣，甘冒滅亡奇險。一九六四年，華府與河內選擇了戰爭，也都指望他們各自在南方的盟友聽命行事。[27]

同時，當美國炸彈開始落在北越時，中國也開始支持越南民主共和國更激進的南方經略策略。毛澤東認為，進一步支持越南反「美帝」的鬥爭，可以幫他動員國內人民支持他的「文化大革命」。此外，中、蘇關係的迅速惡化也讓他認定，想對抗蘇聯與美國，最好的辦法就是支持越南。一九六四年十月，中國成功試爆第一枚核子彈。兩個月以後，北京領導層同意派遣三十萬（事實上是三年間派了這麼多人）中國人民軍工程兵進駐越南民主共和國北方省分築路，修鐵道以確保邊界交通，並負責操作高砲營，以協助越南抽調兵力往南方打仗。以如此巨型後勤兵力進駐越南民主共和國，並且還擁有核武器，北京對華府釋放的訊息非常明確：中國不會部署戰鬥部隊支援越南民主共和國，但如果美國派軍跨過北緯十七度線，會引發中國直接干預，就像一九五〇年出現在朝鮮半島北緯三十八度線的情況一樣。[28]

在東京灣衝突過後，蘇聯也增加對越南民主共和國的援助，為河內提供米格十七、地對空飛彈（SAMs）、雷達系統與B－52轟炸路線的即時情報。中、蘇這些干預雖屬間接，但對越南民主共和國發動戰爭的能力至關重要。河內領導層透過精心談判，甚至透過對中、蘇競爭的操控，從共黨陣營成功取得作戰所需的重要軍、經援助。就像在一九五〇年一樣，越南共產黨認為，他們的軍隊與人民既得承受與敵營首腦美國直接作戰的重擔，如此慷慨的援助，他們當然受之無愧。

華府想爭取盟國支持作戰卻難得多。去殖民化之風從亞洲往西吹向非洲，也意謂失去海外領地的歐洲列強，不再像一九四〇年代末期一樣支持東南亞的反共聯盟。到一九六五年，法國、甚至連英國，對東南亞公約組織的參與意願也迅速冷卻。[29]重要的是，最支持美國在越南用兵的國家都位於亞太地區。這些國家的政府儘管在程度上有所不同，都擔心共產主義的威脅；此外，日本透過東京灣擴張的歷史記憶猶新，也讓這些政府希望美國勢力常駐亞太。一九六九年，澳洲有八千戰鬥部隊駐在越南，紐西蘭有五百五十二名官兵，菲律賓派了兩千人，泰國一萬一千五百六十八人，南韓五萬零三人，台灣也派遣政治作戰專家進駐。有些人把這些國家派遣的軍隊視為「傭兵」。雖說華府確曾向這些政府施壓，也曾為這些政府提供各種物資來爭取他們支持，但就像古巴、北韓與東德支持越南民主共和國一樣，這些亞太國家所以加入美國陣營亦各有各的盤算。[30]

一九六五：你來我往的直接干預

東京灣事件使詹森總統在一九六四年發動空戰。約六個月之後，又一次事件為白宮帶來派遣美軍地面部隊進駐南越的藉口。這次事件發生在中央高地南部。一九六五年二月，阮志清將軍授權人民解放武裝部隊攻擊駐在百里居的一架美軍直升機，殺了八個人。詹森於是授權對越南民主共和國境內軍事基地實施報復性空襲，不久行動規模迅速擴大，成為所謂「鳴雷行動」的戰略轟炸，攻擊目標遍及北方軍事與工業目標。美國此舉志在迫使河內領導層停止支援南方叛軍，立即談判承認越南共和國主權的解決方案，問題是美方嚴重低估了越南民主共和國發動戰爭統一南方的決心。而共黨領導層也完全一樣，低估了美方的決心。一九六五年三月八日，三千五百名美軍陸戰隊在峴港登陸，美軍地面部隊於是在海、空軍支援下捲入越戰。越南勞動黨這時已經在十七度線以南駐了一萬名越南人民軍。

這種經過精心評估、你來我往的直接軍事干預，使華府與河內雙方都迅速升高兵力。一九六五年七月，詹森總統應魏摩蘭之請，把駐越美軍兵力增加到十二萬五千人。到一九六六年，河內進駐南越的正規軍兵力也高達十一萬五千人，其中半數為人民解放武裝部隊，半數為越南人民軍。如果加上游擊隊，阮志清在一九六六年麾下戰鬥部隊總兵力高達二十二萬五千人。就在那一年，美國將兵力增加到三十五萬人，越南共和國也有三十一萬五千人正規軍與同等數字輔助人員。駐越美軍兵力於一九六九年達到五十四萬三千人最高峰，也就是說，美軍與越南共和國軍加起來有大約一百萬人。[31]

整個越戰期間，游擊戰與傳統戰並用，就像一九五四年前一樣。越南人民軍與美軍第一次直接軍事對抗，於一九六五年出現在德浪河谷。這是一次傳統大部隊對抗，位置就在一九五四年六月越南人民軍殲滅法軍機動部隊同一地區。阮志清當時也派遣人民解放武裝部隊主力進入戰場，對付越南共和國軍，希望能在美軍主力開抵以前先將共和軍擊潰。一九六五年六月，人民解放武裝部隊一個團攻擊同帥一處敵軍基地。越南共和國軍猛烈反擊，砲彈與炸彈像驟雨一般撒落敵陣。人民解放

武裝部隊一名老兵回憶，他的上級就在當時天搖地動聲中，對著野戰電話大叫：「我的天！真囟！真囟！」㉜

野蠻的毀滅戰

自一九六五年起，華府與河內領導人都決心打贏這場戰爭，遂使越戰成為二十世紀最凶狠的戰事之一。世上最工業化、科技最先進的國家，傾盡全力對付一個最落後的國家越南民主共和國，一方面對它意欲拯救的那個越南——越南共和國——釋出它龐大的火力。美國利用位於泰國、菲律賓、日本、南韓、關島的基地，以及停泊在南中國海的幾艘航空母艦，展開無情轟炸，以迫使共產黨走向談判桌，摧毀胡志明小徑，將越南民主共和國小小的工業與基礎設施夷為平地，以支援南方的盟軍地面部隊。飛機在森林上噴灑數以萬公升計的落葉劑，搜索穿行於胡志明小徑上的卡車以及推著自行車運補的人員。成千上萬公頃叢林就此「化為熱帶的冬季枯木林」。共產黨將補給線與許多基地（包括南越中央局基地）遷入印度支那西部。在搬遷過程中，美國展開對寮國與高棉的大舉轟炸。實際上，美國對高棉的轟炸於一九六五年已經展開，而非一般認定的一九六九年。如果以人均值計算，寮國是世界史上遭到轟炸最猛的國家（寮國是人口稀少的小國）。B－52轟炸機從五萬英尺高空，朝底下無法目視的地面投下數量驚人的炸藥。在接近地面的低空，F4戰鬥機與「空略者」低飛轟炸機，靠著精密雷達與通訊系統支援攻擊目標。在更接近地面的超低空，直升機不僅像在德浪河谷之戰一樣，將部隊在偏遠地區迅速移動，它們本身也擁有強大火力，能當成「砲艦」（例如UH-1 'Hueys'）使用。總計，美軍在越戰期間在印度支那投下一百四十多萬噸炸彈，為二次大戰總投彈量兩倍。其中半數落在越南共和國。另一半以落彈噸位排名，落在寮國、越南民主共和國與高棉。直到一九六八年為止，「鳴雷行動」幾乎日復一日地轟炸越南民主共和國，摧毀橋梁、道路以及美國情報人員所能找出的任何殘存工業設施。美國空軍在一九六五年執行了兩萬五千架次轟炸任務，一九六六年七萬九千架次，一九六七年十萬零八千架次。法國轟炸機在前後兩個月的奠邊府之戰中投下的炸彈總數，僅相當於美軍一天的投彈量。[33]這是一場不對稱得驚人的戰爭。[34]

儘管越南民主共和國也從共產黨友邦那裡取得大量現代武器，但與美國人施加於越南士兵、平民與環境的暴力與創傷相比，越南民主共和國造成的損害簡直微不足道。越南人民軍與人民解放武裝部隊雖說也有大砲，配備AK－47步槍與機槍，後來還用戰車，但他們一直沒法向美軍投擲燃燒彈，不能用B－52對美國城市與工業區進行地毯式轟炸。越南民主共和國也沒有足夠的米格機、飛行員或地對空飛彈，無力阻止美軍轟炸，更沒有足夠工業設施來生產這些武器。這種不成比例的火力部署意味，從北到南的越南軍民，包括非越族裔人口，都不得不經歷美軍戰鬥人員未曾經歷過的那種恐怖與死亡，至於美國平民百姓就更加難以想像那種經驗是什麼滋味了。南越民族解放陣線一名高官事後回憶說，美國的大轟炸「造成一種深深烙印在我們心中，日日夜夜、年復一年、永難磨滅的心理恐怖」。

> 一公里外，B－52造成的雷鳴撕裂耳鼓，許多住在叢林裡的人都成了聾子。一公里外傳來的爆炸震波，能讓人頭暈眼花，茫茫不知身在何方。炸彈若落在半公里，能炸垮沒有用強化水泥防護的碉堡，將躲在裡面的人活埋……通常，警報響了以後，我們還有時間抓一些米糧，或徒步，或騎自行車，躲進緊急逃生路。有好幾次，當我們隔了幾小時返回原來的地點時，發現什麼都沒了。那就像有把巨型鐮刀掃過叢林，大柚木齊根切斷，樹就像草一樣化成億萬碎片……

那是一種讓人無法掙脫的恐怖。只覺腦子狂呼亂喊，要你逃出去，身體卻不聽使喚。[35]

一名士兵後來回憶，當B－52的炸彈將他身周震得天搖地動時，他只能想到一件事：「我第一天入伍當兵時，母親給了我一條有格子花的領巾。那真嚇人。」南下的北方戰士，永遠忘不了第一次見到傷兵躺在擔架上往北送的情景。每個人心裡想的都是自己有一天會不會也像這樣，躺著回到北方：「我們總是彼此告誡，『到南方以後，想辦法保住你的臉孔。』」越南勞動黨不讓許多斷手斷腳、不成人形的傷兵返鄉，以免打擊士氣，而父母、妻子與家人則想盡辦法查明他們心愛的人為什麼沒有回來。劇烈的創痛、無邊的憂傷與失眠充塞全越南，深入寮國與高棉，漫入高地地區。當這種殺人武器炸到人體，結果往往是全面蒸發，縱想將殘肢斷體帶回安葬也有所不能。南方一個文化團體會員，憶到他的好友遭火箭直接擊中的事：「他們後來找到一小撮頭髮與幾片血肉。一位最優秀的越南青年作曲家就是這樣死的。」就像十八世紀末西山戰役結束後一樣，亡魂又一次在越南全境遊蕩，無分南、北政治邊界，尋找一處長眠之所。[36]

對於平民百姓如何在這種大屠殺式轟炸中求生存，我們所知甚少。在美軍轟炸行動展開一年以後，它對平民造成的恐怖效應，令著名二次大戰法國退伍軍人、也是現代越南學者的法爾（Bernard Fall）膽戰心驚。一九六五年底，他隨美軍飛行員出了一次在南方的轟炸任務，寫了一篇美軍攻擊越南平民、讀來令人驚心動魄的報導。由於原定攻擊的首要敵目標雷雨交加，無法攻擊，他隨機出擊的空略者轟炸機中隊於是轉而攻擊一個所謂「共產黨休息中心」的次要目標。這個所謂休息中心實際上是金甌半島的一個越南漁村。轟炸機俯衝飛掠，投下幾千噸燃燒彈與爆炸彈。從機艙外望，出現在眼前的景象令法爾不敢置信：「我們以非常低、非常快的速度掠過目標。我見到一些村民從岸邊冒煙突火，衝上舢舨逃生。村子已經化為一片火海。燃著火的凝膠狀汽油蓋在漁網上焚燒的景象，讓我終生難忘。」沒有人知道在那一天，或在這類攻擊下有多少人喪生，但法爾相信這種來自空中、「不帶人性」（這是他的用語）的殺戮，導致數以萬計非戰鬥人員死亡。根據河內不久前發表的統計數字，這場一九六五年展開後歷經十年結束的惡戰，使越南民主共和國的越南人民軍，以及民族解放陣線的人民解放武裝部隊軍民，合計死了三百一十萬人。二十萬越南共和國軍喪生。雖說每一條人命都珍貴，越戰美軍陣亡人數為五萬八千，僅占三百三十萬死亡總數一・七%。其餘九八・三%的死亡經驗，都是越南人難以磨滅的痛。37

戰爭使兩個越南都軍事化。一九五九年在南方展開的內戰，已經使越南共和國軍以及民族解放陣線／人民解放武裝部隊雙方武裝整個村落，相互對峙，並建立地方民兵與勞工隊，將村落要塞化，在村邊挖戰壕，夜間放哨看護。狙擊手、刺客與戰士發動的消耗戰，也使數以萬計地方行政官員喪生。雙方都展開行動，希望讓敵營官兵、官員與平民倒戈反正。越南共產黨早已把毛派那套「策反」宣傳術改良精進，越南共和國也使用從馬來亞與菲律賓進口的「張開手臂」（Open Arms）計畫達成同樣目標。不過，也正因為如此，雙方都採取暴力因應行動以防阻自己的人倒入「另一方」。美國在一九六五至一九七二年間支持的「鳳凰計畫」，目的在發動行政管理戰，以勸服、外加暗殺手段瓦解敵方文人政府，情況也一樣。鳳凰計畫剷除了兩萬六千人。越南勞動黨／民族解放陣線／人民解放武裝部隊的地道兵、突擊隊與警隊，很可能也殺了同樣數量的文職男女官僚。在這血腥暴力、仇殺報復無所不在的環境中，村民也只能力求自保。數以十萬計農民逃往城市。事實上，住在南方城市的人口比例，從一九六〇年的二〇%增加到一九七一年的四三%，造成杭廷頓（Samuel Huntington）所謂的「迫遷都市化」。而造成這種現代現象的原因是戰爭，不是工業化。

不過，並非每個人都能逃離農村。許多貧窮的鄉下人或因必須留下來照顧家人，或為保護他們的土地，在這場野蠻且似乎永無止境的主權爭奪戰中，只得盡力巴結雙方人馬。有一名專責暗殺的人事後回憶說：「他們非常怕我們，連一個字都不敢說。」誰又能怪他們？[38]

戰爭也造成北越軍事化，警報、演習與防空洞成為日常生活中的常景。在南越，村民為躲轟炸而逃入城市；在北越，美國對都市區的空襲則迫使政府將大量百姓撤往鄉間。在北部城市與鄉村，政府徵召大批勞工修復炸壞了的道路、橋梁與水壩。民兵再次在北方社會出現，總計有兩百萬人加入民兵組織，占越南民主共和國總人口一〇％。整個北越年在十八與四十歲之間的男性，因徵兵而人力愈發單薄。這種現象，由於人民解放武裝部隊兵力因戰爭逐漸耗損，迫使共產黨加速派遣北方青年南下參戰而更趨明顯（一九六八年，越過北緯十七度線南下參戰的越南人民軍人數已達十四萬）。不過，受徵兵影響最巨的是男性農民人口。高級官員與黨幹部，以及懂得行賄的都市人，總比較有辦法讓他們的子弟不必上戰場。就像南越高官富商將子弟送往美國與法國一樣，他們也將子弟數以千計地送進莫斯科或布達佩斯留學。[39]

婦女也同樣深深捲入戰爭。她們不僅必須替代被徵召的丈夫或父兄下田工作，還得做許多地方民兵與行政性工作。就像在印度支那戰爭期間一樣，她們一面得照顧子女與老人，還得幫著修築道路與水壩。未婚婦女在軍中擔任護士與醫護人員，不過許多人也參加戰鬥任務。在越南人民軍與游擊隊區分界線模糊的南方，這種情況尤其顯著。此外，對戰鬥員需求最殷的地方也在南方。北方婦女也前往南方。許多北方婦女加入越南民主共和國青年旅，後來在極度艱苦的狀況下在胡志明小徑運補。戰爭為小徑上的婦女造成巨大精神創傷，許多人因此停經。許多婦女因此一直未婚，後來卻因為單身而遭社會排斥。兒童也置身火線，特別是在南方，這種情況尤其嚴重。有些孩子當了信差，當了情報員與嚮導——敵對雙方的活，他們都幹。[40]

在北方，戰爭的全面化特性不僅打破性別與年齡壁壘，也延伸了政府對社會的控制。共產黨組織大規模動員、學習與宣傳運動，從而強化對城市與鄉村的監督。警察無所不在。藝文活動必須以作戰為服務宗旨。反戰活動必遭鎮壓。大量人員戰死的消息遭到管制或延緩發布，以防打擊民心士氣。越南共和國卻一直沒有對文化與政治言論進行這類管控，容許人民對戰爭與政府政策盡情批判，而這樣的批判在北方簡直堪稱匪夷所思（見第十二章）。

一九六八年春節攻勢：傳統戰爭的局限[41]

沒能迫使共產黨接受越南共和國的存在如果令詹森失望，沒能打垮越南共和國的事實也同樣令黎筍沮喪。不過，儘管幾乎每個人都在設法調停河內與華府，無論是河內或華府都並不真想談和。黎筍、黎德壽與阮志清領導的主戰派於是計畫發動大規模攻勢，以引發全面暴動，拖跨越南共和國總統阮文紹，擴大南越中央局地盤，讓華府知道美國無法憑藉軍事手段贏得這場戰爭，應該早抽身才是。這樣一場大規模攻勢也有助於改變輿論風向，讓輿論轉而反對白宮。黎筍一夥人顯然也擔心武元甲一派軍官可能主張打持久的游擊戰，而反對這麼大膽的計畫。黎筍派為推動後來所謂春節攻勢（Tet Offensive，對南方都市中心發動的一連串傳統軍事攻擊），於是重新展開「反修正主義分子」攻擊，以「親蘇」（實際上就是「叛徒」）的捏造罪名軟禁了幾十名武元甲的黨羽。

一九六七年十二月，越南政治局批准春節攻勢最後計畫。負責這項奇襲攻勢的是文進勇與黃文太（阮志清那年七月因心臟病發去世）。一九六八年初，就在越南人在全國各地慶祝農曆新年春節時，政治局發動了攻勢。從一月中旬起，兩萬名越南人民軍對溪生（位於北緯十七度線以南不遠）

美軍基地發動猛攻，想把美軍逐出這個戰略要地，以便利對民族解放陣線進行運補。越南人民軍終於在一九六八年七月從美國人手中奪下溪生。溪生戰役是自奠邊府之戰以來打得最久、戰況最激烈的傳統戰之一。

不過對河內的越南勞動黨而言，對溪生發動的這場攻勢另有一個目標，就是把美軍兵力牽制在溪生，以利人民解放武裝部隊在西貢、峴港與順化等南越各大城市發動傳統與突擊隊攻擊。越南人民軍主要參與對順化的攻擊與占領。美軍與越南共和國軍迅速展開聯合反擊，越南城市於是出現自一九四六至一九四七年反法之戰以來首次巷戰。順化之戰尤其激烈。越南人民軍／人民解放武裝部隊不僅在這座越南舊皇城與美軍／越南共和國軍作戰，南越南中央局還利用占領機會展開報復，殺了數百名轉而投效越南共和國的官員與他們的家屬。主權之戰的報復行動打進了城市，創下一九四〇年代末期以來第一例。

最後，南方城市居民並沒有像黎筍預期的那樣起而暴動。以人民解放武裝部隊為骨幹的軍隊，在美軍與越南共和國軍聯手猛攻下，也根本不可能長久占領城市。儘管越南人民軍在溪生獲得大勝，就軍事角度而言，在各地發動的春節攻勢全面失敗。據估計約有四萬軍隊（包括若干越南人民軍，但主要是人民解放武裝部隊）死於一九六八年春節攻勢。人民解放武裝部隊也因此元氣大傷，此後一直沒能真正重振。春節攻勢過後，北方必須派遣自己的部隊南下作戰，戰死南方戰場。不過，越南政治局倒是靠春節攻勢打了一場公關大勝仗。美軍士兵遭到敵火壓制、匍匐在順化散亂著瓦礫的街頭的照片，以及人民解放武裝部隊突擊隊滲透西貢美國大使館的晚間電視畫面，讓許多美國人感到不解：為什麼當局保證的勝利遲遲未能成真。記者們的報導開始效法法爾，批判味道越來越濃。隨著反戰運動的聲勢在美國、西歐與日本越來越強，美國國會對戰爭的支持也逐漸降溫。到一九六八年年底，四五％的美國人認為干預越南是一項錯誤。詹森這場戰事獲得的風評實在太壞，他不得不同意停止轟炸，並且在巴黎與河內共產黨談判。一九六八年四月四日，在詹森做成驚人決定，宣布不競選連任之後，越南民主共和國同意談判。一年以後，一九六九年九月，胡志明在河內去世，沒能見到他於一九四五年宣布獨立的越南終於重歸一統。[42]

《巴黎協定》與結束戰爭的困難[43]

尼克森與重返間接圍堵？

當共和黨的尼克森與他的國家安全顧問季辛吉於一九六九年一月抵達白宮時，他們深具信心，認為他們可在無損美國國際聲望的情況下，光榮地結束這場不受歡迎的戰爭，把美軍帶回來，且調整美國外交政策，將目標轉向更重要的事務。他們也覺察到，直接干預的成本太昂貴。不過，尼克森在巴黎的談判立場與他的前任並無不同，目標仍然是：越南民主共和國必須承認越南共和國以獨立主權國形式存在的權利，必須終止對南方叛亂活動的支持，必須從越南共和國領土撤軍。

政治局派遣特別代表黎德壽領導在巴黎的談判。黎德壽要求美軍從南方撤軍，不再發動轟炸，並且拒絕與這時主持越南共和國的阮文紹「政權」談判。為加強談判籌碼，河內共產黨還於一九六九年六月成立南越南共和國臨時革命政府（PRG）。政治局於發動春節攻勢前夕的一九六八年一月二十一日，批准將成立這個新南方共和國的工作交給南越南中央局（因為他們原本相信春節攻勢會造成成功的暴亂）。黨同時下令成立第二國家陣線，即「國家、民主與和平力量同盟」。共產黨運用這兩個新政治實體，以及既已存在的民族解放陣線，在外交陣線上分化敵人，爭取更多南方人支持在南越成立符合他們條件的聯合政府。河內會與華府談判，而將南越南共和國臨時革命政府做為反「共和」工具，讓政治局透過它建立一個與越南共和國分庭抗禮的另一選項。根據官方史學者的說法，共產黨這種兩面說話的手法「是一而為二，二而為一」的外交政策。[44]

為達成白宮所謂「光榮和平」，尼克森與季辛吉採取一種四路並進的策略。首先，就在兩人進入白宮的同時，中、蘇關係劇烈崩盤，兩人認為這是個好機會。一九六九年年中，這兩個共產陣營巨人已經反目成仇到互以核武器相對的地步。蘇聯領導的華沙公約聯軍於一九六八年八月入侵捷克，使毛澤東相信，第一號敵人是蘇聯而不是美國。事實上，當毛澤東於一九六九年初為集中力量對付蘇聯威脅而開始鎮壓文化革命時，他發現他需要美國人幫他抵擋這個北方強鄰，幫他現代化極度落後的中國經濟。尼克森與季辛吉也像他一樣，為了政治現實，願意淡化意識形態的分歧。

蘇聯亦希望和解。莫斯科為改善國內經濟，已經將結束所耗不貲的核武器競賽列為首要目標。尼克森也對這項構想表示歡迎。從一九六九年年底起，白宮與蘇聯展開雙邊談判，並因此於一九七二年五月達成《戰略武器限制談判協議》，奠定莫斯科與華府關係改善的基礎。在這之前，尼克森於一九七二年年初訪問北京，讓中、美關係走上正常化之路。尼克森也要求毛澤東與布里茲涅夫施壓，讓河內的共產黨走上談判桌。中國與蘇聯雖然繼續支持越南民主共和國，但兩國這時俱都呼籲河內，不要將戰爭無限期打下去。

其次，把「子弟從越南帶回來」一直就是尼克森一項重要的競選承諾。一九六九年六月，他從越南撤出第一批美軍。到一九七二年，只有兩萬四千名美軍仍然留在越南。但為補償美軍的撤離，尼克森同時也實施政策，協助越南共和國訓練、武裝更多自己的部隊。到一九六九年，由於獲得美國支持，越南共和國軍已經將正規軍兵力增加到四十萬人，而北緯十七度線以南的越南人民軍有八萬多人。尼克森還為越南共和國軍提供巨額軍援，項目包括轟炸機、大砲、彈藥、機槍、車輛與汽油。尼克森希望透過這種途徑完成越戰「越南化」，讓美國從直接干預中抽身。

第三，為向越南民主共和國進一步施壓，尼克森與季辛吉發動協同攻勢，以摧毀寮國與高棉境內共產黨基地、切斷胡志明小徑，將戰火擴大到西印度支那。尼克森於一九六九年大舉增加對高棉的轟炸，繼續在寮國進行空襲，支援美軍／越南共和國軍於一九七〇與一九七一年入侵寮國與高棉。這項政策當然打擊到越南民主共和國的戰爭計畫，也因此造成在寮國的劇烈衝突。B－52的轟炸重創高棉鄉間，越南勞動黨也恢復對高棉共產黨的支持（這項支持早自一九五四年起已經告停，見第十三章）。尼克森同時也明白表示，如果越南共產黨不誠意談判，他在必要時會恢復轟炸北越。這是他第四部分的策略。

儘管胡蘿蔔與棒子兼備，巴黎談判仍然備極艱辛，而且遲遲不見進展。越南民主共和國的領導人不肯承認兩個越南。黎德壽一再重申，一九五四年的日內瓦協議只是暫時將越南劃分，唯有建立包括南越南共和國臨時革命政府、民族解放陣線與越南共和國的聯合政府，才能解決問題。尼克森則繼續堅持，只支持阮文紹領導的越南共和國。但河內首席談判代表黎德壽不肯與阮文紹談判，也不同意阮文紹加入聯合政府。對共產黨而言，南越領導人根本非法。而似非而是的是，在不參加聯合政府這個問題上，阮文紹完全同意他的共產黨對手。阮文紹相信，他如果參加在南方成立的聯合政府，不僅會損及越南共和國主權，這樣的政府最後還會讓共產黨從內部奪權。此外，像他的前幾任在日內瓦會議即將召開前一樣，阮文紹也擔心美國人會背著他打交道。

不過，黎德壽所以不肯在巴黎讓步，也因為共產黨在南方態勢不夠強，無法進行有效談判。國際輿論或許對美國不利，但自一九六八年起，越南共和國軍加上美軍已經把人民解放武裝部隊打得潰不成軍，並迫使越南人民軍後撤。「張開手臂」與「鳳凰計畫」也在行政管理陣線上重創共產黨，削弱南越南中央局控制人民與土地的能力。數以十萬計農民逃往城市，還有許多農民在越南共和國軍控制區尋求庇護。如果共產黨在一九六一至一九六九年間控制四百多萬人，這數字到一九六九年剩下一百五十萬，到一九七一年更只剩下二十二萬九千人！南方的一名共產黨幹部說，春節攻勢過後，共產黨在南方「幾乎沒有控制任何土地」，那是一場「夢魘」。此外，阮文紹主持下的越南共和國推出「耕者有其田」的自由化土地政策，似乎呈現一片欣欣向榮景象。經濟開始復甦，選舉也似乎昭示了亮麗前景。[45]

越南民主共和國現在只有靠軍事力量才能取得談判所需的土地控制權。就這樣，趁著進一步在巴黎外交陣線上採取任何行動以前，政治局於一九七二年初在南方發動大規模傳統式軍事攻擊，意圖奪回土地、動搖阮文紹政府，挑秋季選前讓美國民意更反對尼克森。在顯然獲得蘇聯首肯與更多蘇聯軍援之後，越南政治局要求武元甲領導這項攻勢。三月三十日，武元甲派遣十二個重武裝戰鬥師跨過十七度線，展開美國人定名為「復活節攻勢」（Easter Offensive）的作戰。在蘇聯提供的戰車與大砲支援下，十二萬共軍掃向南方，一直打到西貢北方一百四十公里的小城安祿，才為越南共和國軍擋住。戰鬥非常血腥，在越南共和國軍大砲與美軍轟炸機猛烈反擊下，越南人民軍發動一波波攻勢。戰鬥一直打到七月，武元甲下令撤軍為止。勞動黨核心對戰略議題的衝突真相儘管迄今仍無法大白，但武元甲顯然不比黎筍更「鴿」（編注：溫和、懷柔）。像黎筍一樣，武元甲也贊成放棄游擊戰術，改採大規模傳統戰攻勢，不惜犧牲幾萬部隊性命。

尼克森與季辛吉暴怒，對河內發動代號「線衛行動」（Operation Linebacker）轟炸，並在海防港布雷，以阻止蘇聯經由海路運補武器。對河內的線衛行動大轟炸把黎德壽逼回談判桌，但也引發國際譴責聲浪。反戰情緒在美國大學校園引爆，歐洲人也開始認為美國在道德上出現偏差。對尼克森來說最凶險的狀況也出現了：國會開始主張憲法權限，加強控制政府預算，進而限制行政部門的戰爭權。[46]

結局

復活節攻勢雖沒能打垮南方的共和國，但無論華府喜不喜歡，共產黨在北緯十七度線以南留下十萬越南人民軍，也因此加強它在南方的地盤控管。或許這才是北方發動這項攻勢真正的目的。確立了在南方的軍事態勢之後，黎德壽放棄要阮文紹下台的條件，同意與阮文紹一起參與聯合政府。黎德壽同時打出政治局的政治牌：南越南共和國臨時革命政府。政治局已經安排兩名忠誠黨員，黃晉發與阮氏萍夫人，主持這個臨時革命政府與它的外交政策。蘇聯、中國與其他共黨國家都給予全面外交承認。許多過去在冷戰期間不肯選邊站的不結盟國家，也紛紛承認臨時革命政府。黎德壽看準尼克森急需在即將舉行的大選以前宣布和平協議，於是提出建議，要求由南越南共和國臨時革命政府、越南共和國與民族解放陣線成立三方面委員會，主持今後有關越南的選舉與協議。[47]

季辛吉與黎德壽最後達成的協議，有兩個要項：（一）實施停火，美國在六十天內從越南全面撤軍，河內交還美軍戰俘；（二）建立叫做「全國調停與和諧委員會」的三方面委員會，以會商方式解決「南方」日後問題。委員會的成員包括南越南共和國臨時革命政府、越南共和國與民族解放陣線。越南人民軍部隊仍留駐北緯十七度線以南。

那年十月，美國人將協議草案交給阮文紹，阮文紹當然表示反對。他反對任何讓敵軍留在越南共和國領土，任何建立全國委員會進一步損傷越南共和國主權的交易。在十一月初總統選戰中大獲全勝之後，尼克森轉而支持阮文紹的觀點，不承認這項協議草案。尼克森現在堅持，共產黨必須先撤軍，美國才能簽署協議。共產黨不肯撤軍，尼克森遂於一九七二年十二月下令B－52對北越全境實施轟炸。這次為期十一天的聖誕節轟炸總計投彈三萬六千噸，招來國際一片罵聲，但沒有為阮文紹帶來任何保證。越南人民軍繼續留在南方，也沒有減少他們的地盤管控。簡言之，尼克森想撤出越南，阮文紹也只能看著美國與越南民主共和國簽署和議。

對阮文紹而言，一九七三年開始看起來與一九五三年沒有兩樣。不過這其間有一項重大差異。在透過談判於一九五四年結束第一次印度支那戰爭之後，法國沒有做任何支持越南國的承諾。美國與法國不一樣。尼克森在一九七三年保證將繼續軍援越南共和國，還明確保證，如果共產黨膽敢違反協議，他會毫不猶豫下令美國恢復轟炸。越南政治局至少當時相信尼克森不是虛言恫嚇，阮文紹也信了尼克森。一九七三年一月二十七日，美國與越南民主共和國簽署一項與之前那項協議沒有兩樣的停火文件。越南共和國的阮文紹，與南越南共和國臨時革命政府外長阮氏萍，在文件上簽了字。

這項協議只有幾個月壽命。近年來的學者根據越南共產黨文獻紀錄認定，由於越南共和國軍和十七度線以南的越南人民軍爭奪陣地與土地控制權的衝突不斷，以黎筍與武元甲為首的政治局於是在一九七三年三月底決定重啟戰端，並在一九七三年七月又一次內部辯論過後正式通過這項決議。武元甲與黎筍聯手，準備發動決定性傳統戰，打垮越南共和國。儘管政治局揚言嚴厲制裁，南方若干高階共產黨領導人已經開始因此耀武揚威。不過黨既已決定一戰，所謂制裁云云，也就不了了之了。[48]

現在，唯一能阻止兩個越南重啟內戰的，就是尼克森會進行軍事干預的信念了。不過，華府發生的幾次事件很快就將這種可能性排除。國會於一九七三年底通過戰爭權力決議案，限制美國總統發動戰爭的權力。其次，尼克森因水門醜聞案於一九七四年八月辭職，突然離開越南議題的舞台。第三，國會於一九七四年八月削減對越南共和國的軍援，一方面藉以終止一場民眾不支持的戰爭，另方面也藉以伸張它的立法權。無論是蘇聯或中國共產黨，都不反對越南共產黨武力奪取南方的計畫。到一九七四年年底，政治局已經相信繼尼克森出任總統的福特不會干預這場戰爭。這一次他們對了。一九七五年初，越南民主共和國又派遣十萬名越南人民軍跨過十七度線。美國人開始忙著撤離人員。越南共和國軍儘管也曾英勇奮戰，打得可歌可泣，亦仍阻止不了這項攻勢。一九七五年四月三十日，在經過西貢近郊幾場浴血惡戰之後，越南人民軍進抵首都南部，占領總統府。千百年來越南分裂史上最激烈的一場內戰，就此落幕。[49]

12

The Penguin History
of
Modern Vietnam

第十二章

漫漫二十世紀的文化改變

一九六八年一月，當春節攻勢在南方城市爆發時，著名詩人雅歌正在順化參加父親的葬禮。前後幾近兩個月，她眼看著戰火就在身周、在她的家鄉各處燃燒。這段經驗改變了她，也改變了她的藝術。一年以後，她放下了詩，發表《為順化披孝巾》（*Mourning Headband for Hue*）一書，激情敘述了順化之戰對順化城與它的居民帶來的苦難，其中還包括共產黨屠殺數以百計平民的暴行。越南民主共和國譴責她的作品，越南共和國歡迎她的作品。但就像北方一樣，南方當局也很快發現，控制文化不是件簡單的事。一九七一年，當戰況對南越越來越不利時，雅歌開始根據《為順化披孝巾》的部分內容，為電影《哀傷之地》（*Land of Sorrows*）寫劇本，而由現代越南最偉大的歌曲作者鄭公山主演。南越政府因這部電影主張和平而下令禁演，共產黨在一九七五年攻下西貢以後，也不比之前的南越當局寬厚。他們把雅歌送進勞改營，還在戰爭罪行博物館擺了一本《為順化披孝巾》。❶

打了幾近半世紀的戰爭對越南文化有深刻影響，這一點沒有人否認。不過這其間還有其他因素。再怎麼說，雅歌靠著對新文藝形式的探究而於一九五〇年代崛起於西貢。她在一開始以詩文、小說與小品探討愛情、婚姻、家庭與女權等等議題。在藝術創新風潮下，鄭公山也以他的吉他與歌曲寫作，將越南音樂帶往新方向。這事並不新奇。至少在一九三〇年代，河內出現一場文化革命，許多藝術家與知識分子已經開始討論這類議題。將這兩個時代聯繫在一起的是，殖民主義、戰爭與全球化造成的改變，如何迫使人們對個人在現代越南成形過程中享有什麼自由的問題展開辯論。這樣的辯論直到今天仍在進行。

殖民時代越南的文化革命

鄉村地區與東亞之間

在越南，殖民主義一直就是文化改變的媒介。早在法國人抵達以前，千年的中國統治深深影響了越南文化。越南人或許很應該慶祝他們的獨立，紀念他們那些反抗外國入侵的英雄，但他們也知道中華帝國的統治曾經為他們帶來新形式的服裝、藝術、音樂、建築、美食與語言，還有用兩種方塊字書寫系統：漢字，以及根據越南口語量身打造的「字喃」。基於同理，許多占人、高棉人與高地民族在慶祝他們抵抗越南殖民主義的同時，也知道與越南人交手造就了美妙的藝術、語言、衣著與科技交融。芽莊附近越南人冊封的占婆天依女神廟就是著名例證。❷

拜方塊字書寫系統之賜，越南精英在宮廷與政府運作的範疇發展了一套高層次藝文，宗教、哲學與文學等各式各樣書籍文字，也透過它的港口在各地傳播，直到中國人早已撤出後很久仍不間斷。越南高層也因為越南與中國走得近，在進入二十世紀許多年之後，仍在大東亞文明圈享有相當地位。越南境內，靠著科舉考試與倡導科舉的教育系統，源源不絕培養出一批批知識精英。在十九世紀，約有四千人成功通過全國性科考，還有另五萬人雖未參加科考，但仍然受過足夠訓練能閱讀官方文件，能用字喃等正統文字進行通訊。有人將鄉間豐富多彩的口語文化寫成文字形式，結合東亞文藝模式，形成越南獨有的詩、諷刺文學、民俗傳說與文學。阮攸在一八二〇年寫的《金雲翹傳》或許受中國文學模式影響甚深，但這本書以字喃寫成，講述一位女英豪儘管淪入娼門卻始終為家庭犧牲奉獻的過程，直到今天仍令眾多越南讀者動容。❸

中國文學在越南始終擁有龐大讀者群。其中最膾炙人口的一本小說，是十四世紀中國經典小說《三國演義》。儘管能看懂中文原文的人很少，但透過一些天資聰穎的說書人，以及一些過目不忘、記憶力超強的地方官，《三國演義》成為越南鄉村家喻戶曉的故事。在鄉間熱鬧滾滾的口述說書傳統的帶動下，《三國演義》成為口語版的亞洲暢銷書。到二十世紀，現代印刷工具印出國語字版《金雲翹傳》與《三國演義》，使這兩本書成為越南文學史上最受歡迎的著作。《金雲翹傳》不久前還拍成電影上了大銀幕，而中國冒險故事直到今天也仍是越南電視常用的題材。❹

越南在二十世紀中葉以前，一直沒能建立夠大的城市而像日本與中國那樣維持商業化文化形式，但儘管如此，宮廷官員、貴族與王公發展出他們自己一套音樂傳統，例如咭嗺（hat tuong，越南歌劇）與歌籌（ca tru，室內樂）。這倒不是說越南文化完全來自宮廷，或從外國進口。北部鄉村的水上木偶戲緣起於十世紀紅河河谷，訴說日常生活以及鄉下人的苦難折磨。到十九世紀之初，歌籌的歌曲已經出現在河內茶館與酒肆，之後傳入鄉間。北越南農民仍然演一種叫做「嘲劇」（hat cheo）的諷刺音樂劇，二十世紀之初，越人移民也將同樣熱門的南方音樂劇「改良劇」（cai luong）在湄公河三角洲各地流傳。被越人征服的民族，如占人、高棉人與高地民族也各有本身的文化形式，其中有許多早在越人遷出紅河河谷之前很久已經存在。如本書第一章所述，在越南於九三九年脫離中國獨立後，占人的音樂在越南宮廷很受歡迎。越南幾處最令人稱奇的建築物，都出現在高棉廟宇與占人舍利塔中。

法屬越南的全球文化改變

雖說法國在越南的殖民統治時間還不到中國統治期的十分之一，但法國殖民是越南文化轉型的關鍵性時刻。法國人所以能辦到這一點，是因為他們倡導羅馬化文字，推出新教育系統，並鼓動小幅度都市化。此外，法國引進印刷機、印刷媒體（報紙、小說、小冊、教科書）、電台、電話、電報、電影與新運輸系統，也是造成越南文化轉型的關鍵。但這種全球化——這種綜合性、科技變化加速的過程——必須經由法國殖民才能引進越南嗎？不是的。當時許多越南人都知道，日本、土耳其、甚至是他們認為與他們一樣的泰國，也都或多或少已經在推動這些改革，而這些國家都沒有正式遭外國勢力殖民。阮朝皇室或其他人，都可以不靠法國人，藉助外國模式、顧問、投資與貸款等等主持這種改革。

但法國人殖民越南是事實，而且也在殖民過程中深深影響了越南文化。最明顯的例子，莫過於殖民當局提倡羅馬化文字系統的越南「國語字」。天主教教會為宣教而於十七世紀研發了這種系統。兩個世紀以後，為了更有效管理新征服的越南土地，殖民當局加以動用。他們先後於一八六〇年代在交趾支那、一九一九年在安南－東京廢止方塊字考試系統。當時沒有人料到新一代越南人竟那麼能接受國語字。在新一代越南人眼中，國語字是掌握越南口語的絕佳文字系統。無論對兒童或對不識字的成年人而言，國語字都比較容易學。此外，它的印刷成本也比印製中國字低廉。這種羅馬化語言就夾著這兩項優勢，以創紀錄最短的時間，將各種理念傳遞給前所未有最多數量的人。

正因為國語字推行得太成功，不像在阿爾及利亞與塞內加爾，精英們都學法語，以法語為自己的語言，殖民當局根本無望在越南讓自己的法語生根茁壯。非常仰慕法國文化的阮文榮在二十世紀初已經察覺這一點，語帶雙關地說：「不論是好是壞，我們國家的未來端靠國語字。」後來成為越南國父的胡志明，也了解國語字能散布新理念與社會政治組織形式。各式各樣「主義」以及後殖民時代的建國，確實也極度仰仗國語字的散播，以及它造成的讀書風氣和它導致的行政透明度。就這樣，越南精英與廣大民眾第一次有了一種共同的書寫語言。[5]

不過，越南也為二十世紀之交開始的國語字迅速轉型付出高昂代價。日本人與韓國人保有他們以方塊字為基礎的書寫系統（漢字與韓字），越南人卻已經失去直接從漢文與字喃，以及從法文中汲取他們本身豐富遺產傳承的能力。羅馬化系統也使越南人與他們推動了許多世紀的東亞文明漸行漸遠。一九〇〇年代初期，大愛國者潘佩珠或許不會說中文或日文，但他能閱讀與書寫漢字，也因此能與他的東亞友人互動。今天往訪東亞的越南人，能不藉助英文翻譯，在中國、韓國或日本餐廳點菜的人已經少而又少了。[6]

法國人所以能在越南觸發這樣重要的文化轉型另有一項因素，就是從中、越轉變為法、越的教育系統轉型。由於擔心年輕學子繼續受東亞文化牽引，總督伯布自一九〇五年起，效法薩活等人的做法，創辦新教育系統教授國語字，並在高等教育層次教授法文。到一九二〇年代初期，法國－原住民教育系統已經在主要都市中心大體上取代既有儒家科舉系統，並且逐漸擴展到偏遠鄉鎮，與韌性強得出奇的中、越私塾競爭。在新系統中，孩子在五、六歲時可以念初小，從一年級念到三年級，然後念小學（從四年級到六年級），再念中學（從七年級到十年級）。只有少數人念九年級到十二年級的公立高中。殖民當局在河內成立阿爾貝·薩活法國高中，在西貢成立恰斯洛－羅巴高中，專供合格越南人進修，以取得赴法國深造的門票。一九〇六年成立的印度支那大學在創辦之初原是科技學院，到一九三〇年代，它已經開始訓練中上階層年輕人研習醫學、法學、獸醫、森林與人文學，不再只是技術性學府而已。當然，每當反殖民學潮爆發（這種事經常發生），法國人就會關閉學校。印度支那大學在一九〇八年革命之後關閉，但在第一次世界大戰後復校，一九四五年成為國立越南大學，直到今天還在河內運作。[7]

無論意向如何，法國在越南殖民地的教育稱不上入世性、同化性與平等性，當然更不是以建國為著眼點。與法國境內宗教性學校系統不一樣的是，在越南，包括天主教、抗議教（基督教）與佛教等好幾十所宗教學校獨立運作。法國當局無意運用教育建立同質性越南認同。到一九三〇年代，法國開班授課，不用越南語，而用高地語言或法語訓練高地官僚與教師。這種專業學院訓練了許多擁有本身羅馬化語文的高地民族主義分子，形成反抗越南建國運動的勢力。人數眾多的華人社區也建有自己的學校，用華語（與一些方言）授課。❽

此外，當時一般認為第三共和想把越南兒童變成法國人，但這種概念失之過簡。到一九三〇年代，第三共和的東方派人士想運用學校教育向越南青年灌輸愛國傳統，以免他們變成「無根」的一代。維琪政府的殖民地教育主管也採行這種政策。遍布印度支那各地的法國學校或許會告訴越南精英的子弟，說他們的祖先是高盧人。但在大多數法越學校，法國人仍然會告訴越南青少年大眾，他們都是植根於農村、講究倫常秩序的儒家子弟。而且，雖說越南與法國學生在精英高中、學生俱樂部與運動活動中交融，建立友誼，但種族界線仍然明顯，收入差距也一面倒地有利於殖民者的子弟。生長在印度支那貧困鄉間的莒哈絲，或許因為與一名越南有錢人子弟約會，而跨越了殖民地階級規矩，不過她的經驗是例外，不算常規。❾

越南大眾入學法越學校的情況也不民主。在兩次大戰中間那段期間，只有一〇%的越南學齡兒童真正入學。鄉村地區入學率低得多，由於欠缺財務支持，許多窮人不得不做較大犧牲、或乾脆不讓子弟念書，也從而斷了子弟們仕進之路。都市資產階級、前地方官與新政府官員的子弟，受教育的情況總是較好。比較富裕、有社會關係的家庭，會把子弟送進最好的學校，以便在殖民國擔任律師、衛生官員、護士、譯員、電話與電報作業員、獸醫、農業專家、教師與記者。現代越南民族主義精英大多數來自城市與這些富有階級，自也不在話下。胡志明與吳廷琰都是地方官子弟，能在順化國立學院念書。總督伯布最初就在這所學院推動法國－原住民課程。[10]

雖說有這許多限制，這種殖民教育系統仍激發大改變。儘管窮苦學生輟學率很高，新教育系統仍然將國語字傳入鄉村與都市勞工階級社區，以早先方塊象形字系統一直無法達成的方式，將書寫文字民主化。阮平將軍念到三年級就輟學，但輟學前已經學會閱讀與書寫。他在少年時代是《三國演義》書迷，年長以後能文能武。其次，殖民地教育培養了新一代都市知識分子，人數在一九二〇年代中期約有五千人，到第二次世界大戰前夕增加到一萬人。這些人大體上出身法越學校，通法文與國語字。到一九三七年，大致上都能讀書識字的都市人已有約有五十五萬，能買這些都市知識分子的報紙、小說、詩與畫，養活這些知識分子。第三，殖民地教育為越南另一半人的婦女開啟了門戶。無論屬於什麼族裔，越南女孩都有權學習，甚至可以跟男同學同坐在一間教室，這在過去中、越系統下根本是匪夷所思。富家小姐總能念得最多。憲政黨領導人裴光照的女兒荷莉葉蒂就出身於這種新制教育，之後她繼續赴法深造，在一九三四年成為越南第一位女醫生。最後，學校教育、國語字再加上現代通訊工具，越來越多越南人在科學、技術、藝文、詩歌與哲學領域有了新發明與突破。[11]

印刷媒體與報紙也為兩次大戰中間的文化復興運動鋪路，效果很可能不下於這種新制教育。法國人所以將印刷媒體引進越南，一開始是為了用國語字宣達政令，管理這個新殖民地。殖民當局於一八六五年創辦的交趾支那官方報刊《嘉定報》，由張永記與黃靜佔等忠誠的越南譯員與盟友掌舵，立即開始發布命令。這些出身檳城天主教會的越南人，也開始用這份政府刊物與印刷媒體發表各種社會文化性文章。殖民政府版圖擴張進入安南與東京，更多媒體如影隨形而至。一八九二年，施奈迪（François Henri Schneider）與阮文榮合作，創辦之後成為印度支那規模最大的印刷與出版公司，辦了好幾家報紙、翻譯社與刊物。譯員與行政人員出身的阮文榮，也像當年其他許多與他背景類同的人一樣，開辦了自己的報紙《東洋雜誌》與《中北新聞》。法國人肯出錢資助阮文榮等人辦報，自然想藉以影響越南人，讓越南人脫離東亞文化軌道轉而與法國會合，但阮文榮也發現他們有機會運用國語字印刷媒體，以非常越南的方式發起一場文化革命。醉心科技的阮文榮，開始宣揚東京義塾領導人首先提出的理念。像潘周楨一樣，他也要排除中國的文字、藝文典故、句法，以及在他看來落伍得令人汗顏的越南傳統與文化慣例。他主張掙脫令人窒息的儒家束縛，尋求個人解放。他把幾十篇論文與書籍譯成國語字，包括《金雲翹傳》與《三國演義》的第一本國語字版本，還有綏夫特的《格理弗遊記》與雨果的《悲慘世界》。⑫

現代印刷媒體將理念以更快的速度傳播給更多的人，它的重要性就像今天的網際網路一樣，讓人難以輕估。到一九二〇年代中期，越南已經有了幾家每天發行量達一萬五千份的國語字報紙。在一九二九至一九三一年間，女性報刊《婦女新聞》每天賣出八萬五千份。而且必須注意的是，這些報紙的讀者都是輾轉相傳的，實際讀者數量總是比售出報份數量高出甚多。在一九二三至一九四四年間，在一萬件有官方紀錄的出版物中，二〇%有關宗教主題（祈禱書、經文、《聖經》），二四%為小說與短篇，一九%為傳統文學、民間故事與詩文，六%與戲劇有關，特別是南方流行的所謂改良劇。也難怪馬克思派辭典作者陶維英等越南人，不須再飄洋過海往訪中國、日本或法國，因為在河內與西貢就能買到他們能讀懂的國語字、法文或中文報紙，汲取他們需用的革命性理念。就像越南共產黨保安部門今天與網路奮戰一樣，當年法國殖民當局警方人員也對文字材料極力鎮壓，嚴格控制報紙與印刷媒體，但新理念的全球化腳步不斷加速，更何況就像被殖民的越南人一樣，法國人本身也是這種全球化進程的一部分，再嚴厲的管控也阻止不了。⑬

宗教領袖也發現，法國人推動國語字、普及教育、引進印刷媒體與報紙的做法極具影響力。早在都市裡的民族主義者於一九三八年成立國語字推廣協會之前十年，他們可能已經開始「在全民大眾間」推廣識字。不過，與印度國大黨不同的是，憲政黨這類越南民族主義政黨，一直沒能真正了解將國語字印刷媒體推廣到鄉下的重要性（直到一九四五年，九〇%的越南人口仍住在鄉下）。民族主義政黨報紙《印度支那論壇》一直沒有發行國語字版。

儘管遭到潘周楨、阮文榮以及許多年輕一代文化激進分子的抨擊，儒家理念亦透過印刷媒體重振旗鼓。當時文化界重要人士如陳仲金、范瓊與潘輝等，以及一些名氣較沒那麼響亮的改革派地方官，都曾極力為儒家、為儒家過去在越南扮演的角色辯護，都曾熱烈討論如何改革儒家做法以因應迅速變化的時勢，或是否應該完全拋棄儒家的問題。范瓊認為，儒家改革上可以重塑君權，下可以團結家庭。他希望，建立鞏固的君權與家庭，可以讓越南社會在共產主義、個人本位主義與迅速西化浪潮衝擊下站穩腳步。但越南民族主義儘管是法國最忠實的盟友，法國人卻一直對越南民族主義小心提防，不肯效法中華民國總統蔣介石推動的「新生活運動」，將儒家理念轉換為一股凝聚民心士氣的意識形態。一九三四年，巴斯齊結束了第一次保大解決辦法（見第四章與第五章），也關閉了范瓊的《南風雜誌》。

還有其他人，如阮長都或陳仲金，認為改革後的儒家是一種東亞人道主義，可以經由一種新國家形式促成社會與個人的協調。人是可以改良精進的，儒家理念未必就是一種不能改變的保守意識形態。阮長都或許身披儒袍，在法國遠東學校教授古史，但他在一九三〇年代也以河內市政顧問的身分，沉浸於當年國語字運動的籌辦，還在四〇年代初期為知識性刊物寫了許多稿子。二次大戰期間，他對維琪政府的文化政治毫無興趣，對法國人一再反覆想重建他們扼殺了的君權，他也全無信心。他在一九四五年加入胡志明的民族主義政府，協助推展它的教育服務與識字運動，還在第一屆國會擔任議員。雖說不少西化越南青年在一九三〇年代詆毀他的「傳統主義」，從一九四五年起，這位堅決反共的儒家人道主義者（在一九四六年，他是譴責法國使用刑求的第一人）一直就是越南青年崇拜的偶像。可悲的是，法國在一九四七年年底展開消滅胡志明政府的行動，他也因此銷聲匿跡了。

儘管整個法屬越南都在進行一些起碼的都市化，西化、消費主義與文化改變最劇烈的地方仍屬河內與西貢。人們往還的方式，先因自行車與電車、之後又因汽車與巴士而出現變化。從日本進口的橡膠輪黃包車成為歐洲人與亞洲人日常都市生活的一部分。市街豎起街燈，下水道系統埋入地下。咖啡廳、劇院、音樂廳、植物園與電影院出現了，放映法國、越南與中國電影，甚至在好萊塢進軍全球聲中，英語片也上演了。卓別林在一九三〇年代造訪殖民地，引起一場大轟動。食物、飲料與醫藥的歐風不知不覺滲入本地習俗。越南人管「牛油」叫「bo」，管「麵包」叫「banh」，分別來自法文的「beurre」與「pain」。鮮美可口的越南麵包三明治（banh mi）也主要源出於法式長棍麵包。到一九二〇年代，散步、園藝與成立俱樂部，似乎已經成為富有越南人以及有錢時髦青年的天職。就算是經濟條件比較差的人也能一睹大銀幕風采，不過他們得坐在叫做「les avancées」（前區）的特定區內觀賞。[14]

殖民統治期間，富有的越南男子穿上運動裝與扣鈕扣的襯衫，女子穿上裙子，甚至由於運動蔚然成風、體育課成為學校必修課而穿上短褲，越南服飾於是初染西風。網球與足球成為越南人的最愛，至今熱情不減。阮吉祥（法國人稱他 Le Mur）在歐洲取得時裝靈感，結合越南傳統「五身襖」（ao ngu than），設計出「奧黛」（ao dai）。所謂奧黛是一種長衣裙，從寬鬆帶扣的領口，優雅而下，在腰際分叉然後順著腿部垂落腳踝。奧黛雖說源於東京，讓它揚名的是西貢婦女，還有那些一九七五年以後離開越南、決心讓奧黛在後共產黨時代仍是國家優雅象徵的越南人。阮吉祥對「奧黛」的設計有以下一段註解：「在過去，人們穿衣服基本上為的只是遮體，所以衣服總是看起來又寬又大。但現在穿衣服為的是以一種自然的方式展現人體，所以不妨略加修飾，使它看起來更飄逸、更優雅。」⓯

不過這種時裝趨勢並非直截了當。直到二十世紀，在「較西化」的交趾支那，越南官員，甚至一些資產階級男子，仍經常穿傳統越南馬褂、戴上帽子出席適當場合。而且這種趨勢也並非只是從法國本土「外傳」流入殖民地，越南對法國時裝、飲食與藝術的影響直到今天依然清晰可見。亞洲的影響在越南境內始終未見退潮。印度式衣袍在西貢與河內有許多主顧，其中不僅有印度僑民，還有越南人。作家武重鳳就喜歡穿他那件印度製的襯衫。南方越南人在居家生活中喜歡穿占人或高棉人愛穿的寬鬆沙龍。越南有錢人為顯示社會地位，雖說有時在享用法國大餐時也會使用西餐刀具，但無論貧富，仍不改千百年來的習俗，邊喝越南河粉湯、邊用筷子吃著盛在碗裡的白米飯。中餐與越南菜仍像過去一樣受歡迎，還讓當地的許多法國人趨之若鶩。抽西方品牌香菸確實成為時尚風潮，但主要在北方，許多越南男子仍喜歡用竹製水菸斗吸食菸草。我的第一位越南語教師，就有一支一九八〇年代末期從河內一路帶回伊利諾州德卡爾布的水煙斗。有一首民謠說，「我從來沒有像懷念水煙斗那樣懷念過一個人。」水煙斗就有這樣的魅力。我那位越南語教師想必也完全同意。雖說在二十世紀二〇、三〇年代無數廣告與美容雜誌薰陶下，許多都市婦女為保有潔白的牙齒已經不再嚼檳榔，但在結婚喜慶、新年節假以及在祭祀祖先的神壇上，檳榔始終有它抹不去的地位。⓰

一九三〇年代的文化革命：自立的運動[17]

越南與中國問題著名學者伍塞德（Alexander Woodside）說，越南社會已因法國殖民主義與全球化而攪得天翻地覆，二十世紀越南人必須找出新的意識形態、社會組織形式，以調和個人與這種社會間的關係。伍塞德這話說得對。有些越南人懷抱現代民族主義理念，想依據政治路線建立新式社群。還有人投入共產主義與共和主義。宗教、教派與祕密結社同樣為許多人帶來希望，慈善組織、運動與專業團體是又一群人安身立命之處。我們在這本書其他部分也談過這類問題，但在這裡我們得另加一個「主義」，即個人主義，因為這是二十世紀三〇年代初期爆發於河內的文化革命之核心。這場革命在五〇與六〇年代延燒到西貢，至今仍在繼續。

以最簡單的形式來說，個人主義強調獨立、自己靠自己，以及決定自己命運的自由權。選擇自由與行動自由是指導原則。個人主義未必一定導致無政府狀態，但它認定，只要一個人不損及他人自由，社會、宗教與政治系統應該尊重這個人的選擇自由。個人主義與人道主義有關。人道主義強調身而為人的個別價值，強調個人透過理性思考，而不是經由對宗教的盲信，來改善自我與社會的能力。不過，人道與個人主義不是歐洲文藝復興的獨特產品。東亞儒家思想同樣強調修身，強調以尊重個人，兼顧世俗而理性的方式達到修身目標。[18]

不過，在兩次世界大戰中間那段歲月成年的越南年輕人，熱衷的是西方個人主義。對於阮長都與陳仲金那套人道與改革為懷的儒家理念，大多數越南年輕人興趣缺缺。到一九三〇年代，通曉法文與國語字的越南青年已經接觸到二十世紀之初傳到東亞的西方個人主義著作。他們可以閱讀法文或國語字譯本，不過這裡還夾了一層中國淵源：因為這些受過西方教育的越南青年多半出身官宦之家，許多人能閱讀中文，也因此對中國青年在第一次世界大戰之後發起的新文化運動並不陌生。鼓吹人道自由最力的越南青年潘輝，就曾詳讀中國最偉大人道主義作家與文化革命鬥士魯迅的著作。[19]

個人主義為越南青年帶來新基礎，供他們建立一種文化，為「我」在家庭、社會與世界中尋得適當地位。這一代越南青年說，儒家理念損及個人自由，也因此阻撓了越南現代化進程，使越南無力與西方國家平等共存。他們認為，只有越南青年才能領導這場文化革命，因為根據他們的看法，他們的父母敗得很慘。在中國代表於一九一九年凡爾賽和平會議中喪權辱國的表現之後，這確實是魯迅那一代中國青年的結論。阮安寧也為越南青年做了類似結論。他在一九二二年告訴越南青年，只有讓個人從舊秩序讓人窒息的束縛中解放，越南才有望改革：

> 你必須與你的環境奮鬥，對抗讓你麻痺的家庭，對抗這個拖著你、讓你起不來的庸俗社會，對抗這個你每有任何新行動都要阻攔你的狹隘、讓你無法成事的偏見，對抗日復一日讓你受盡屈辱、讓你腳步慢下來的那些不痛不癢、無恥背下的想法……最偉大的理念總是那些要人跟著它們、走出「他們父親家」的理念。而我們，今天的青年，也必須離開我們父親的家。我們必須離開我們的家，必須從這個社會解放，必須與我們的國家分開……也就是說，一旦我們安南人能夠認知我們本身的價值，知道個人才是最高貴的價值形式、才是治理這個世界的法則之後，我們才會回安南。[20]

個人主義當然很政治。阮安寧倡導的個人自由，與國家解放息息相關，也讓他因此坐了幾次牢。越南國民黨的青年領導人阮太學也懷抱共和之夢。法國敉平越南國民黨一九三〇年在東京的叛亂，處決阮太學，同時還在安南鎮壓了一連多次農民暴亂。殖民當局的這些行動由於過分凶殘，激進政治在交趾支那雷厲風行了十年。利用交趾支那殖民地尺度較寬的出版法，阮安寧在西貢《奮鬥報》鼓吹政治多元化與工人權益，直到第二次世界大戰前夕被捕為止。

鑒於安南、東京地區有政治立場的報紙都存活不久，在法國大舉鎮壓過後，北方許多越南青年開始集中力量發動一場文化革命。領導這場文革的是阮祥三。與他一夥的幾名核心知識分子，包括他的兩個兄弟阮祥隆與阮祥林，與一位好友陳廣求。阮祥三以及這幾位志同道合的夥伴，都是官宦子弟，都受過高等教育，精通法文與國語字（並且通曉中文）。陳廣求畢業於薩活法國高中，筆名一靈的阮祥三則是保護地高中畢業生。阮祥三原本在殖民地擔任文官，但因熱愛文學與報紙而於一九二〇年代末期前往法國，一圓文藝之夢。他在留法期間發現幽默的魅力，還擴展了對印刷媒體的知識。以諷刺小品、衛護個人權益以及第一流漫畫而著名的法國周刊《鴨鳴報》（*Le canard enchaîné*），於是成為阮祥三與他那夥人以及其他許多越南青年的最愛。

從一九三二年起，這個核心小組成立「文藝自強運動」，向志同道合的知識分子、藝術家、作家、詩人與漫畫家敞開大門。他們辦了兩家國語字報紙《文化報》與《今日報》，一方面抨擊儒家傳統，一方面維護個人權益。從一九三二到一九四〇年，這兩家報紙的編輯們或親手執筆、或發表許多篇文章，強調越南必須進行文化改造，必須推翻儒家思想，必須倡導西化取而代之，打破古老文化舊習，透過詩、文、藝術、電影、服裝與運動等等將個人解放。陳廣求說得好：「壓迫性結構能愚弄人，讓人步入歧途，想達成解放、打破這種結構，是一種個人的過程，個人必須為自己做決定。」[21]

獨立文團開始動員，《文化報》與《今日報》創刊之初就不斷刊出批判文章。幽默與諷刺竟能造成如此毀滅性效果，這在越南尚屬僅見。食古不化的冬烘學究李濤，於是以熱門漫畫人物之姿，出現在一期又一期報刊上，成為獨立文團攻訐所有「過時」與「不現代」人物的替罪者，也引發激烈文學辯論。但只要諷刺對象不涉政治、殖民當局與皇室，法國新聞檢查人員並不干涉。[22]

為擊敗儒家傳統，越南作家最愛的小說題材，總不外專橫的婆婆、包辦婚姻與弄權仗勢的地方官等高壓階級「系統」。到一九二五年，黃玉珀已經在越南第一本現代小說《祝丹》（*To Tam*）中討論「真愛」主題，生動描繪出包辦婚姻對個人生活的毀滅性特質，說明何以越南必須改變文化才可能進入「現代世界」。黃玉珀筆下這位美麗的女英雄祝丹，面對兩項選擇：選擇她的真愛，幸福過一生，否則得聽父母之命，為求娘家日後財富而嫁給另一人。但黃玉珀做了一項轉折，為祝丹另謀一條出路。祝丹沒有根據儒家規矩去接受毀掉她終生幸福的命運，她選擇以自殺明志，掙脫了這場兩難困局。這不是《金雲翹傳》。[23]

其他文藝自強運動作家也起而效法。陳廣求在他的暢銷書《春之際》（*The Midst of Spring*）中，就說明一對青年男女，祿與美，如何用真愛對抗個人選擇與傳統文化壓迫之間的對立。祿的家人不准他娶美。他雖然愛美，但為了家庭需求，他必須娶一名省府大員的女兒。根據儒家理念，子女婚嫁得遵守父母之命，不能自主。家庭秩序與安定要靠孝道維護。祿的母親告訴她那不孝的兒子：「你不滿意，但我滿意。你必須知道，婚姻最重要的是門當戶對。你難道想逼我跟一堆鄉巴佬打交道不成？……你真是個不孝子，聽見我的話了嗎？」許多「老一代」歐洲人與亞洲人對她這番話想必十分贊同。[24]

一靈在短篇小說《斷絕》（*Breaking the Ties*）中也發動了一項類似攻勢。這一次的故事同樣由一位美麗少婦擔綱，故事情節也一邊是包辦婚姻與儒家秩序，一邊是自由戀愛與個人主義。她的名字是鑾。她深深愛上一名男子，卻不能如願，因為家人規定她盡孝道，嫁給另一惡男子。鑾接受了她的命運，但婆婆與丈夫對她肆意折磨，讓她過著人間地獄般生不如死的日子。鑾雖克盡婦道，帶來的卻是秩序與和諧的反效果。丈夫欺騙她，婆婆竟為她丈夫遮掩，還想盡辦法壓榨她。到最後，鑾終於因為她婆婆捏造的一項謀殺罪名站在陪審團前，一靈於是以被告律師的身分挺身而出，告訴他的讀者，這件案子其實是一個大問題的一部分：「今天的越南社會不是十九世紀的越南社會。越南家庭不能原封不動，與幾百年來的越南家庭無分二致。在所有東亞國家，包括日本、中國與泰國，特別是在亞洲文明發源地的中國，家庭的地位與過去都不一樣了。」一靈在為鑾做的總結辯詞中道出：「吸收了這種新文化的人沉浸在人道與個人自由理念中，他們想掙脫舊系統是何其自然的事。這種欲望非常合情合理……」陪審團宣布鑾無罪。鑾以及她代表的這一代人終於可以脫離束縛，自由自在過日子了。[25]

詩人也開始打破許多世紀以來，一直主宰東亞文明世界的儒家社會倫理與中、越藝文形式。有些詩人（並非全部）開始用第一人稱的「我」，藉以拋下家庭尊卑與傳統社會關係的限制，自由表白自我。為建立「舊」與「新」、「傳統」與「現代」的對立，真愛又一次成為騷人墨客愛用的模式。潘輝在一九三二年發表打破傳統形式的散文詩〈舊愛〉，立即贏得獨立文團詩人的讚譽。在這篇美麗的詩文中，他描繪兩名戀人因包辦婚姻不得已而分手許多年以後，偶然重逢的感傷：

> 二十四年以後……在遙遠他鄉的一次巧遇……兩人都已白了頭……若非曾經如此相交，或許兩人見面也不相識？那只是一段重新勾起的昔日戀情，如此而已。只是對過去的回眸一瞥……往事不堪回首。[26]

獨立文團幾位最有才氣的詩人，包括劉崇盧、石魯、許艮、制文蓮、春耀與會安等等，以及其他文團裡裡外外的人，也加入論戰，反對中越詩文形式，主張採取自由體、西方模式、個人主義色彩濃厚的詩。這就是之後一般所謂「新詩運動」。父親是學校教師的春耀，是這個運動的明星之一，發表過四百多篇詩、散文與文學批判文章。他的詩清新脫俗、溫馨可喜，讓人回味無窮。以〈仍然太遠〉為例：

> 那天妳站在離我那麼遠的地方；所以我求妳靠近一些。妳稍稍挪近了身軀。但我不滿。溫馴的妳於是又靠近了些。看到我要發脾氣，妳露出笑容溜了過來，輕聲說道，「我來了！」我笑逐顏開，旋即眉頭深鎖，因為我想，妳仍然太遠了。[27]

春耀的新潮先進在當年並不多見。在〈男孩之愛〉中，他為文讚頌法國浪漫詩人蘭波與魏爾倫之間的同性戀情：說他們「醉筆越能有奇文，熱情洋溢，全不見陳腔濫調老套」。他過去在河內的同學許艮也與他聯手，把越南詩文引入新方向。他們讚揚同性戀的言論，不僅讓許多儒學之士皺眉，還惹惱共產黨，共產黨後來迫使春耀接受嚴格「改造」以「糾正」他的性向，差點因此毀了這位詩人。[28]

美術學院於一九二五年在河內創校，將西方藝術概念與油畫等西方繪畫技巧傳入越南。美術學院第一任院長尚德攸（Victor Tardieu）決心「將在地這些工匠轉型為專業藝術家」。美術學院的越南畢業生，如阮嘉智、裴春派與蘇玉雲等等，在學到西方技巧、特別是油畫技巧之後，往往以法國事物為作品題材，但他們也用畫作探討許多非常越南的問題，例如個人主義、愛情、性別差異、民族主義、政治，以及「傳統」與「現代」之間的對立。蘇玉雲就經常在文藝自強運動的報紙投稿。像許多詩人與作家一樣，幾位殖民統治期間出身的畫家也在一九四五年之後，用他們的作品為民族主義效力。有些人加入共產黨，用他們的畫協助推動國家與社會轉型。蘇玉雲領導幾名美術學院越南畢業生投入反抗運動。他因參加奠邊府之戰傷重不治，為今日越南人奉為國家最偉大英雄之一。但在奠邊府之戰過後，共產黨開始管控藝術，裴春派也因為鼓吹藝術自由，成為共產黨眼中的問題人物。他失去在美術學院的教職，直到一九八〇年代，他的作品才終於重見天日。[29]

文化革命：越南社會的廣化與人道化

文藝自強運動的藝術家誠然重要，但他們不能代表當時越南文化轉型的全貌。當時許多人對這個運動冷嘲熱諷，說越南有這麼多值得注意的社會與政治議題，這些藝術家竟只知一味追求浪漫，迷戀西方現代化。若少了那些受苦受難、沒有發言權的工人，城市現代化也走不了多遠，但有誰來關心這些工人？農民與農工加起來占越南人口九成，但有誰來關心這些農民與農工？左翼人民陣線政府的的進展（一九三六至一九三八年），以及北方對出版管制的放寬，都使藝文圈人士對這類社會議題更加關注。武元甲與長征利用這種趨勢，在一九三八年發表一篇名為〈農民問題〉的文章。南方共產黨與托洛茨基派聯手，配合《奮鬥報》發表工人階級生活的調查報告。公允地說，獨立文團領導人也涉入政治，引領他們的都市文化革命邁向更有社會與農村性的目標。文藝自強運動的作家們絕非對農村生活與農村問題無動於衷，農民貧苦、農村債務與文盲問題都是他們調查的對象。[30]

不過，一些最好的社會實踐行動來自阮鴻、阮公歡與譚朗等幾位無黨派、才華出眾的記者。

譚朗於一九三〇年代混跡河內，寫了許多不朽文章描繪窮人、窮人的人生，及他們的希望、考驗與苦難。為了讓都市中那些主要是中產階級的讀者能夠了解成千上萬同胞做牛做馬般的日常生活，他扮成黃包車車夫，工作了幾個月。在他那篇經典之作〈我拉黃包車〉中，譚朗寫道：「是的，你與我，我們同樣都有錯……把一個一點力量也沒有的人，從他身而為人的地位拉下來，讓他像馬一樣，給他兩條木柄說，『我坐在這裡，你來拉我』，等於是說『你不是人』一樣。」譚朗指出，人權聯盟在一九三一年法國國際殖民大會中就曾設法禁止黃包車，越南人怎能在自己的社會還幹這勾當？又一次，這問題的核心是個人權益問題。31

當時一些最精微深入又不失原創的文學作品，都來自武重鳳的生花妙筆。武重鳳是一位離經叛道的鴉片癮君子，他的文章與調查報導題材從貧窮、娼妓、疾病到運動、時裝與愛情，無所不包。他為文揮灑自如，可以倏忽間從社會諷刺小品轉折成荒唐絕頂的幽默。最能將他的社會評論創意發揮得淋漓盡致的，首推〈診所〉一文。他有關殖民地河內性病與娼妓猖獗的報紙專欄，他在小說《紅運》（*Dumb Luck*）中對現代資產階級那些經常造成對立的諷刺故事也都膾炙人口。像譚朗一樣，武重鳳也對那些從來就遭社會漠視的貧苦大眾的生活進行調查。他了解窮人，因為他與窮人生活在一起。他瞧不起那些紙上談兵的社會學家，特別是那些不知而故做有知狀的人：「拉車的車夫遠比學者更了解人性的殘酷。打掃房間的小廝比外科醫生更清楚人類的酒色財氣。僕人對人類行為的認識比現實文學作家更透徹。」在有關「家務傭人」那篇社會現實報導文章的結尾，他反轉筆鋒，要求他那些資產階級讀者們「調查」他們自己。越南共產黨後來給他戴上墮落的帽子，查禁他的書。他或許是二十世紀越南最偉大的文學與社會批判家。只是英才早逝，他於一九三九年去世，得年僅二十七歲。32

殖民地越南在個人自由上出現的最大改變，乃是女權的擴展。儘管許多人強調，千百年來，就婦女權益提升問題而言，越南在文化上與中國不一樣。但近年來的研究顯示，情況沒那等樂觀。黎朝法律確實准許夫妻離異，但離婚必須經過雙方同意。丈夫不同意就不能離婚。根據法律，丈夫得擁有土地控制權，夫死由兒子繼承權利，未經男子同意，不動產權不得轉手。十九世紀初的嘉隆法典，扭轉了婦女在之前律法中享有的許多優勢。儒家科考禁止女子應考的不平等規定，使女子無法經由考試走上仕途，從而無緣於權勢高位。[33]

科考制度分別於一八六〇年代與一九一九年在交趾支那與安南－東京結束，納入越南女孩的殖民地教育系統不斷擴大，促發兩性關係的重大變化，婦女權益也益發高漲。志在改革的東京義塾創辦人，效法日本明治維新的先例，准許女子入學。法越學校向女性敞開大門，使更多女性讀書識字，造成的衝擊尤其巨大。由於有機會學習漢字，能參與只有男子才能加入的東亞文化世界的越南婦女少之又少，這在當年是一場革命。國語字與法文開啟知識新領域，提供職涯新途徑，讓女性以前所未有的方式表達她們的心聲，提升她們的興趣。許多女性成為記者、詩人、作家與報紙編輯。南方新聞人引領風氣，辦了有廣大讀者群的《婦女新聞》與《婦女時代》等婦女日報，對儒家限制婦女在家庭、在社會地位的做法大肆抨擊。一篇篇文章開始出現在報端，討論寡婦能不能再婚、夫妻能不能離婚、妻妾風俗應不應繼續等等問題。在兩次世界大戰中間那段歲月，婦女協會、慈善團體與自助組織增加了許多倍。女童軍組織出現，與已經運作的男童軍組織聯手。學校開始推廣強制體育課，女學生開始與男同學一起做操、一起運動。黃宣漢夫人建立越南女子網球。許多婦女投身革命政治，為她們的活動付出重大代價。法國人處決了女共產黨領導人阮氏明開。越南最優秀歷史學者之一的胡泰慧心，以她姑媽包梁的眼光，扣人心弦地說出當時革命婦女承受的種種試煉與苦難。[34]

不過，都市地區資產階級女性雖能初嘗解放，鄉間的故事卻不一樣。男性地方官員與有錢的地主仍然明目張膽踐踏女權。許多地方官濫權仗勢，養了三妻四妾，任由他們肆意蹂躪。強暴犯行大體上都能逍遙法外。文藝自強運動的陳賡求，就曾撰寫多篇發人深省的文章批判這類問題。在安南與東京，殖民當局由於直到一九三〇年代末期仍然沿用嘉隆法典，對這類問題也無能為力。在法國治下，鄉村政治與村民委員會大體上仍然控制在男性手中，科舉制度的廢止對這種情況並沒有造成多大變化。[35]

法國屯墾區婦女的性別平等狀況也一樣悲慘。法國女人不能競選交趾支那殖民理事會公職。在整個殖民統治期間，印度支那官僚系統無論在哪一個層級，都未曾出現女性專員。維琪時代遠東法國學校校長考威（Georges Coedes）曾運用維琪的反猶太法，將校內唯一女教師蘇珊・卡波利革職。像她們在殖民地的姊妹一樣，法國女性直到第二次世界大戰結束後才在法國享有投票權。[36]

後殖民時代越南的文化革命：戰爭、國家與個人自由

幾十年的戰亂深深影響了越南文化與個人自由。從日本於一九四〇年開始占領東京起，到《巴黎和平協定》簽字（一九七三年）、終於結束印度支那戰爭為止的這段期間，許多國家為越南而捲入戰爭，驅動了越南文化，也將越南文化政治化與軍事化。為維護殖民文化，對抗民族主義入侵，法國人在越南奮戰。在二次大戰期間，日本人曾極力掙扎，在印度支那宣揚自己的帝國主義。冷戰期間的美國與蘇聯兩個超級強國，以及之後的中國，也曾努力向越南進行文化輸出。這類輸出並非全是單行道。胡志明與吳廷琰儘管在自己的越南國推動國家化，也設法因應在地需求，調整外國意

識形態。胡志明一夥人將中、蘇共產黨意識形態加以調整，在北方運用，吳廷琰家族則改造法國人民主義，因應南方的社會現實。而這一切的基礎，都是本書前文所討論過千百年來那些以各式各樣「主義」形式呈現，既錯綜複雜又交織互動的文化、宗教與意識形態。[37]

法國殖民文化的貧乏

從一開始，殖民文化大體上就只是一種官方勾當，目的不過是安撫被征服的越南人，還有本土那些對法蘭西帝國毫不關心的法國人，告訴他們法國征服與統治有理而已。也正因為國人對他們的帝國實在太不關心，法國政府於一九三一年一連辦了幾次殖民博覽會，把殖民地帶回法國本土，以迷你而微的方式在巴黎郊外複製了法蘭西帝國。來自外國、角逐越南人心的競爭，是影響法國殖民文化的又一因素。伯・貝爾會於一九〇八年在河內創辦印度支那大學，原因是越南學生不到巴黎，而選擇前往東京留洋。窺覬越南的殖民國家不只是法國而已。以日本為例，它就處心積慮想在悠久的東亞文明中取代中國，且在亞洲輿論影響力上，所處地位往往比法國有利得多。一九〇五年擊敗俄國海軍之役，更使日本充滿信心，日本對越南的潛在影響力，以及日本本身的殖民宣傳也因此更強了。在第一次世界大戰爆發前那幾年，德國人也在亞洲各地（運用中文與英文）大舉宣傳。美國人也不缺席。法國情報人員在一九二〇年代對越南境內美國清教徒傳教士進行嚴密監控，新聞檢查當局也想盡辦法封鎖華府在一九三五年建立菲律賓自治國（菲律賓邁向全面獨立的第一步）的新聞。所有這些因素都導致法國加速本身的宣傳活動。法語圈國家組織計畫的緣起，事實上並不像一般認為的直到一九六〇年代殖民地解散過後才出現，它早在這個殖民帝國競相文化角逐的時代已經出現。[38]

第二次世界大戰於一九三七年在中國爆發，以及日軍於一九四〇年九月進入東京，將這種角逐以不利於法國的條件直接帶進印度支那。第三共和於一九四〇年六月慘敗，法國隨即與希特勒合作，還與德國在亞洲的盟友日本進行共管，都使法國當局在越南人心目中顏面盡失。為維護法越合作假象，新總督戴古擴大青年動員、運動比賽，還用維琪革命人物與地方愛國情懷攀緣關係。就連維琪法國領導人貝當，都於一九四三年穿上全套越南儒家袍服，出現在一家越南報紙的頭版。但這項重拾過去的運動少了兩項要件，一是殖民地皇帝保大，一是在兩次大戰期間促成越南文化轉型的越南精英。

第二次世界大戰期間，由於得處理更緊迫的問題，日本人願意透過法國在印度支那進行間接統治，同意由法國總督戴古全權處理文化問題，以換取戴古在政治，經濟與行政管理上繼續與日本人合作。不過，日本人仍然在越南創辦文化協會、報紙，還贊助有限度出國留學，一面宣傳，一面鼓吹本身那套帝國意識形態。戴古雖能壟斷都市青年的動員，日本人卻能以南方高台教與和好教的佛教信徒為主要對象，在越南鄉間發動宗教戰線上的文化攻勢。[39]

一九四五年三月九日，日本人終於推翻法國人與他們的殖民國，將維琪殖民文化的貧乏攤開在眾人眼前。許多越南人立即開始建立幾十年來一直在醞釀的越南國家文化。拜半個世紀以來印刷媒體與國語字不斷普及，以及全球化理念東漸之賜，成千上萬越南人開始以驚人的速度去除殖民文化。報紙、電台、電報與照片將八十年法國統治告終的新聞散播在越南全境。各地的殖民時代紀念碑紛紛被推倒。街道從法國殖民人物換上以越南國家英雄命名的名稱，作曲人也忙著編寫新國歌。一九三一年因為要求建立獨立共和國而遭法國人送上斷頭台的越南國民黨領導人阮太學，終於在一九四五年六月迎來身後平反，在公開儀式中獲得越南人尊崇膜拜。攝影記者武安寧用鏡頭捕捉到的一些儀式畫面還出現在《中北新聞》封面上。

幾個月過去，胡志明接掌政權後繼續順著這套脈絡行事，向童軍敬禮，恭謁國家英雄神廟，主持各式各樣文化協會、出版媒體、報紙、學校與電台的活動。但他得面對非共產黨民族主義者的競爭，特別是當一靈與陳廣求這類著名個人主義人士回到河內，決心倡導一種民族主義、一種反共文化之後，這項競爭尤其激烈。一靈這類人士早在太平洋戰爭剛爆發時已經加入阮太學的越南國民黨，現在還在河內辦了新報紙《越南報》。由於民族主義者對後殖民時代越南國家屬性問題的堅持，雙方出現不斷激辯。另一方面，由於戴高樂的軍隊自一九四五年年底起重新征服湄公河三角洲地區，殖民戰爭在南方各地擴散。從一開始，共產黨、民族主義者與殖民派等三路人馬，就透過印刷媒體、電影與無線電，以前所未有的規模，針對文化展開動員、政治化與軍事化。[40]

文化革命、戰爭與越南民主共和國（一九四五到一九七五年）

法國人與越南人一九四六年底在河內爆發的大規模衝突，證明法國準備以血腥戰爭手段進行殖民征服。法國大砲與轟炸機把河內舊城區差不多夷為平地，迫使百姓逃往鄉間。但與十九世紀第一次征服不同的是，外國記者與外交官密切注視了這第二次征服。儘管法國當局極力強調「殖民姿態」三要件（建醫院、辦學校、開道路）以及反殖民對手犯下的「恐怖罪行」，法國報界與宣傳當局始終無法壓制住批判浪潮，甚至殖民當局內部也傳出對殖民意識形態還有對這場征服戰的不滿。一九四九年，巴黎殖民學院院長保穆發表一系列文章，譴責軍方使用酷刑，並呼籲法國與胡志明談判。保穆在因此被免職之後轉到耶魯任教，推動耶魯的東南亞問題研究起飛，影響到美國的反戰運動。美國記者費茲傑羅就在耶魯會晤保穆。她那本攻擊美國越戰、贏得普立茲獎的《湖中之火》即是獻給保穆的著作。丹特紐（Emile de Antonio）在一九六九年獲得奧斯卡「最佳紀錄片」提名的作品《豬年》（*In the Year of the Pig*），也受保穆的影響甚大。當年直言反對第一次印度支那戰爭的法國知識分子寥寥無幾，保穆是其中一人。在《豬年》這部影片中，觀眾可以聽見丹特紐的法國東方派「專家」極力為胡志明辯護，說胡志明是理所當然的儒家傳統與抵抗文化接班人。[41]

由於在整個第一次印度支那戰爭期間，法國的殖民征服從來就不徹底，文化也仍是一個戰場。胡志明的越南民主共和國繼續以國家形式存在，直到戰爭結束時始終在大片土地上控制了約一千萬人。從它位於北部山區的首都，到它控有的中央高地大部分地區，胡志明的幹部與殖民當局針鋒相對，角逐著對越南人、對亞洲人、對外國輿論的影響力。越南民主共和國駐在曼谷、仰光、新德里、布拉格、巴黎的外交代表團組織與外國記者的訪談，對抗法國宣傳，發動自己的宣傳。教育與文化部與越南勞動黨合作，不斷在學校、官僚體系、軍隊、藝術、文學領域推動文化國家化。數以百計的戰前文化界名流加入這項「抵抗」運動，其中包括春耀、許良、潘輝，還有青年歌手兼作曲人范維。為謀越南國家獨立的大利，他們暫將個人自由擱在一邊。許多人從抵抗運動中尋得個人解放與歡愉。非比尋常的時代變化，為他們的人生帶來新意義。他們協助政府在鄉間推展群眾識字運動，用他們的小說、詩文、繪畫與歌曲，為國家解放之戰效力。

頗具反諷意味的是，甚至在戰時，民族主義者仍然依賴法屬越南的印刷媒體。在全面戰爭於一九四六年十二月爆發前幾個月，越南民主共和國當局把好幾十部原屬於殖民政府的印刷機，以及打字機、無線電與報紙遷往鄉間。越南民主共和國就利用這些殖民當局的裝備發出大量黨與政府的技術與教育文件、指示與電訊。《人民報》（*Bao Nhan Dan*）發行量達到兩萬份；共產黨的《事實》（*Su That*）週刊每週也有一萬份。總計，在一九四五到一九五四年間，幾近九百萬本書在越南民主共和國出現，其中大部分屬於行政、教育、軍事以及煽動愛國抵抗的文化用途。此外，越南民主共和國要想撐過這場大戰，它的行政管理人員、教育人員與軍人還必須能夠讀寫羅馬字才行。在作業展開第一年，由於在北緯十七度線以北地區可以不受法國干預，越南民主共和國向兩百二十萬人傳授了國語字基本知識。到戰爭結束時，越南民主共和國說，所有在它控制下的一千萬人都已學得國語字基本知識。在越南民主共和國控制區已有幾百所基本的抵抗學校（含小學與中學）。在這場幾近十年的戰爭中，行政管理、農業、醫療與技術學校培養了新官僚精英（這些人有許多來自農村貧苦家庭），也為越南農村帶來一波前所未有的社會動能。[42]這些精英或許得不到尖端醫藥與科學訓練，但他們獲有越南民主共和國的授權，戰爭也使他們受激勵、鼓舞。

越南民主共和國的共產黨領導層還採取進一步行動，為國家引進一種新共產黨文化。黨代理總書記長征在第二次世界大戰期間就寫了一系列論文，為越南未來的共黨文化畫下輪廓。長征說，根據馬列教條，有一天文化必須以階級利益，特別是工人與農民的利益為服務對象。但目前，共產黨必須透過它兩個最大群眾組織——越盟與越聯——全力創建一個大聯合陣線。英雄式的反殖民主義主題充斥於學校、文化協會與軍中。不過，在中國共產黨於一九四九年十月取勝後，情況迅速轉變。就像黎朝在十五世紀將越南文化、律法、哲學與儒家東亞世界結合一樣，在一九五〇年初獲得中、蘇外交承認後，越南共產黨也心甘情願將國家納入共產集團。新近改名的越南勞動黨現在在馬克思與列寧以外，又加上毛澤東與毛派思想，並且透過意識形態改造會、新英雄運動與大量宣傳，展開文化轉型。為創建一個在它指導下的新知識分子與官僚階級，黨要先讓藝術家、詩人、作家與教師接受密集再教育，才能讓他們重返工作崗位。就像在中國、北韓、古巴與蘇聯的情形一樣，越南的共產黨宣傳也不斷製造一個又一個工農英雄，讓民眾學習。[43]

無論多麼反殖民，抗拒這種意識形態同質化的知識分子得冒生命奇險。有些人因此逃進越南共和國，歌手兼作曲人范維就是例證。還有些人自我安慰，認為國家一旦解放，事情總會改善。也有許多人擁抱黨的路線，當黨在一九五〇年代末期鎮壓要求保護人權的知識分子時，還替黨的鎮壓辯護。《人文》與《佳品》事件（見第十章）的狀況正是如此。但也有人站出來，反抗黨對個人自由的攻擊。一九五六年，在造成災難性後果的土改運動過後，新詩運動靈魂人物、崇拜魯迅的潘輝撰文指出「人民有示威的權利」。潘輝因此開罪越南共黨領導層。就在黨準備以「異端分子」的罪名對他進行審判前不久，他於一九六〇年去世。[44]

不過，並非所有個人自由都在越南民主共和國遭到壓制。婦女的權益增加了。在一九四五至一九四六年，政府以法律途徑確立兩性平等，包括賦予女性投票權。一九五〇年，政府通過另一項法律承認離婚。一九五九年婚姻與家庭法禁止強迫婚姻與未成年婚姻，讓婦女獲得進一步解放。孩子可以選擇他們喜歡跟誰在一起，父母無權強制他們做選擇。法律明文禁止對婦女的暴力，禁止剝削女兒與媳婦。兩次大戰之間崛起的女權運動主要只影響都市地區，沒有觸及農村，而直到一九五四年以前，越南民主共和國這些性別法僅在越南偏遠地區運作。

但直到一九七五年，導致兩性平等的最有效利器，很可能不是法律或意識形態，而是戰爭。首先，由於數以百萬計男子因戰時需求而動員，家庭、村委員會與農田裡的活需要更多女性接手。其次，越南人民軍雖是純男性組織，婦女亦大量參與農村民兵、都市突擊隊與人力後勤運輸作業。危機四伏的胡志明小徑運補作業，婦女是不可或缺的一環，許多婦女因此付出巨大成本。第三，由於法軍在一九四五至一九四七年間發動的攻擊，許多越南城市實施疏散，成千上萬城市婦女因此進入鄉間，將各式有關性別與文化的新觀念帶進農村。當美國的炸彈撒落河內時，同樣情況再次重演。

地方政治與工作在越戰期間的婦女化特別值得一提。一九六二年，越南民主共和國的村管理委員會主委只有〇・五%是女性。到一九六七年，這個比率增加到一五%以上。在一九六五到一九六九年間，村人民委員會的女性委員比率從一九%增加到四四%。到一九七〇年代初期，婦女在勞工大眾中所占比率達到令人咋舌的八〇%。在保護北方村落的民兵隊伍，甚至在與越南人民軍在南方並肩作戰的民族解放陣線，婦女所占比率也高達五〇%。[45]

戰爭結束後，大量男子回到鄉村找工作，對兩性關係造成什麼影響，我們所知甚少。不過，婦女想保有她們在戰爭期間取得的優勢恐怕不容易。不管是不是共產黨，男人對女人的成見不會很快化解。黨總書記黎筍在一九七〇年代初期說的一段話，就很耐人尋味：「婦女很擅長也很適合教書。好教師需要喜歡孩子，對孩子有深愛……這個領域需要許多婦女，畢竟教育孩子最重要的還是靠感情。」[46]

文化革命、戰爭與越南共和國（一九四五至一九七五年）

如果越南共產黨後悔他們在三十年戰爭期間過於擁抱毛理論，而淡化處理他們當年對中、蘇支持的依賴，反共的民族主義者也發現他們所處的立場同樣尷尬：他們當年不該那麼依賴法國人與美國人。情勢從一開始就很複雜。由於無法憑藉自己的力量擊敗越南共產黨，阮祥三等非共民族主義者認為，他們可以借助法國人與美國人的力量對付共產黨。但結果是，他們反遭法國人利用。法國人（在美國支持下）不僅拖延了殖民統治，還因此使非共民族主義者無法利用這段時間建立各別的國家文化。儘管胡志明打算根據中、蘇路線將越南文化共產化，但法國人這些作為，使胡志明的越南成為越南獨立的獨一保護者。

不幸的是，對於這個一九四九至一九五四年間現身國際舞台的「第二個」越南內部的文化變化，我們所知甚少。最重要的一項文化轉型，很可能是爭取人心之戰期間的教育系統越南化，以及出現在鄉間的識字運動。當越南國逐漸成形，開始接管殖民政府工作、建立一支越南軍的同時，法國人既因為人手不足，又因為與越南民主共和國作戰，故支持國語字普及運動。像在越南民主共和國一樣，偏遠地區於是有了學校，為農村子弟帶來上進機會。幾十家越南文報紙、刊物與出版公司在城市重開。小說家、詩人、藝術家與知識分子依然活躍。雖說批判越戰或法國殖民主義的報紙會遭法國檢察當局關閉，沿越南路線而進的文化國家化卻不受任何阻攔。由黃春漢等無懈可擊作者寫的新越南史出現了。教育家或許無法享有政治獨立，但他們迫使法國人讓他們更能控制教育系統與課程。

一九四五年過後，美國文化影響力進入越南，特別是好萊塢電影、消費者文化與音樂開始在越南氾濫，法國人設法加以限制，唯有時也不成功。在戰爭後半段，法國由於依賴美國援助，自然也無法阻止越來越多越南學生赴美留學。將《金雲翹傳》翻譯成英文的譯者黃倩通就是當年留美的學生。而就在同一時間，越南民主共和國也將它的第一批留學生送到中國與蘇聯。去殖民化、冷戰與相互角逐的建國行動，以新方式重整了越南文化面貌。

一九五四年以後，法國人雖也竭力想在文化上保有越南，但他們的撤出，終於使非共民族主義者能像共產黨早已在越南民主共和國做的一樣，去除百年來的殖民文化。領導這項衝刺的，當然就是吳廷琰。歷任內政部長與教育部長的吳廷琰，基於三個「反」倡導他的民族主義：反殖民主義、反封建主義與反共產主義。他主政以後，立即展開行動，將殖民時期的博物館、研究中心、醫院、學校、大學、印刷廠與報紙收歸國有。街道名稱又一次改變，一群新的紀念碑出現了。法國人有系

奠邊府之戰，1954年。（© Apic/Getty Images）

在奠邊府作業的越盟醫護兵。（© SeM/UIG, via Getty Images）

守在奠邊府的法軍，1954年3月23日。（© by RDA/Getty Images）

越南的兒童突擊隊。（© Howard Sochurek/Time Life Pictures/Getty Images）

河內的獨立慶典，1954年9月。（© Edouard BOUBAT /Gamma-Rapho/Getty Images）

吳廷琰出席一次譴責共產主義儀式，1955年11月28日。
（© PhotoQuest/Getty Images）

一名佛教和尚為抗議政府歧視，在西貢自焚而死，1963年6月11日。
（© Popperfoto/Getty Images）

直升機在南越協德搭救一名南越傷兵，1965年11月。
（© Rolls Press/Popperfoto/Getty Images）

叢林中的美軍陸戰隊官兵，1968年11月4日。
（© Terry Fincher/Express/Getty Images）

越共士兵在春節攻勢期間登上一輛美軍棄置的戰車。
（© AFP/Getty Images）

被捕的南越軍人與平民在西貢遊街示眾，1975年4月30日。
（© AFP/Getty Images）

中國軍隊進入越南，1979年。（© History/Bridgeman Images）

（© History/Bridgeman Images）

越南船民在南中國海上等待救援，1984年5月。

河內的胡志明陵。（© Dorling Kindersley/UIG/Bridgeman Images）

統地運用了一個世紀的君權，成為吳廷琰必欲去之而後快的眼中釘。他在一九五五年為去除保大而搞的那場投票鬧劇，既為鞏固他的權力，也為一勞永逸地埋葬君權。他除了對共產主義恨之入骨，最鄙夷的就是法國殖民主義與越南封建主義。反共也因此成為這個新成立的越南共和國的要件，透過教師、黨工與教科書，在全國教育機構、軍中與官僚系統宣揚。47

不過，這種政府倡導的民族主義碰上某些問題。吳廷琰的辦法，與共產黨為鑄造新文化而用的那套嚴厲手段頗相類似。像共產黨的改造運動一樣，吳廷琰的「譴責共產黨」運動目的也在灌輸一種同質反共意識形態。黨工幹部前往全國各地，訓練教師、官僚、高地居民與軍官。安全情治人員在鄉村組織譴責運動，像之前的共產黨與儒家激進派一樣，相信他們可以由上而下灌輸意識形態。許多人認命，接受這一切，起而抗拒的人處境堪虞。數以千計南方共產黨人死在吳廷琰政府手上。不過非共人士如果抗拒，下場也往往沒有不同。

事實上，吳廷琰因發動民族主義攻勢而疏離了重要的非共團體。他在掌權以後，攻擊法國支持的「封建教派」──和好教與高台教。不過吳廷琰沒有採取後續行動，把和好教與高台教納入國家體系，原本組建民族主義大同盟與文化共識的機會於是錯失。共產黨營造民族解放陣線以對付這個新共和國的企圖，亦因此得逞。吳廷琰也不肯與大越、越南國民黨等其他反共政黨合作，進一步削弱了他的權力基礎。吳廷琰的民族主義傳承，以及他壟斷國家文化的做法，於是逐漸遭到這些在《日內瓦休戰協議》之後從北方南下的政黨與其他黨派的挑戰。像共產黨在北方鎮壓知識分子自由一樣，吳廷琰的專權獨裁也損及個人自由，引起越南又一波民主共和理念的抗拒（這種理念在二十世紀初期已經在越南植根）。潘輝在一九六〇年首開先例地反抗共產主義，一靈在一九六三年寧可自殺也不願上吳廷琰的法庭：這一代越南知識分子對後殖民獨裁專政的幻想破滅，或許這是兩個好例子。越南的個人自由史可謂一部悲劇。

雖說如此，就控制、改造文化人，將不服領導、追求個人自由的文化人摧毀這方面而言，越南共和國一直不是共產黨越南的對手，至少在吳廷琰於一九六三年底遇刺後，情況確是如此。西貢在一九六七年有二十七份越南文報紙，其中大多數均非政府經營的。在一黨專政的越南民主共和國，這是無法想像的事。除越南文外，還有法文與英文報。以傳言閒話與電影明星取勝的八卦雜誌，以及記述最新歐美政治、哲學與藝文風尚的刊物也出現了。就這樣，當鄭公山在西貢閱讀沙特之際，沙特的越南友人、哲學家陳德滔卻在河內被改造得差一點發瘋。自由體散文、創作文學、獨立社會報導與個人主義在一九五〇年代的西貢，就像在一九三〇年代的河內一樣風行。雅歌與鄭公山的詩與歌，反映個人主義對開創新社會的重要性。阮沙在一九六〇年代寫的自由體散文，或許能出現於一九三〇年代的河內：「讓我現在就說。不然，我會像匹瘋馬在薄暮時分沿路狂奔而下，追逐消逝在群山之間的夕陽一樣，尋著我自己……讓我現在就說。」[48]

不過，在一九六〇年代，由於美國對內戰進行大規模而激烈的暴力干預，戰爭也耗弱了南方越南文化。在北方，越南勞動黨嚴密控制作家、詩人與藝術家如何在作品中呈現戰爭的方式。戰爭必須是神聖的，必須是光榮的、英雄的。一九六〇年代初期，當本書前文第九章提到的那名一次大戰老兵傅勝提出不同看法時，黨讓他閉上嘴。在南方，共和國當局當然也對藝術家實施檢查，如前文所述，曾因電影《哀傷之地》倡導和平而下禁演令。但直到這場後來所謂的越戰結束時，南方的藝術家、詩人與作家，可以相當自由地描繪戰爭恐怖又醜陋的嘴臉，敘述它如何在越南全境肆虐，撕毀家園、社會與國家。早在越戰著名老兵鮑寧發表國際暢銷書《戰爭哀歌》（*The Sorrow of War*）之前許多年，許多南方藝術家已經討論了這個主題，因為無論是禍是福，南方共和國比較開放。

這些作家認為戰爭並未為越南帶來任何光榮。自一九六五年起，隨著戰事轉劇，炸彈像雨一樣在越南各地撒落，藝術家們對戰爭的描繪也更兼寫實和原創，震撼而感人。歌手兼寫歌人鄭公山，在他的歌曲中表達對和平深深的渴望，他害怕整個越南就此走上自我毀滅之路。他的那些歌，包括〈祖國傳承〉、〈瘋子的情歌〉與〈大砲搖籃曲〉等等，每個越南人都聽過。詩人陳達秋（雅歌的丈夫）在詩作〈示愛的禮物〉的開場白中，以自己的手法道出戰爭血淋淋的本質：

> 我給妳一綑鐵刺網。它像是這新時代一種令人毛骨悚然的藤，今天悄無聲息地纏繞我的魂。
> 我給妳一卡車塑膠炸藥。它在擁擠的街上爆炸，碎片四濺，血肉橫飛。這是我的人生，妳可了解？……我願意給妳更多更多。但這已經夠了。我只要再給妳一枚催淚瓦斯手榴彈，迫妳流出既不喜也不憂的淚，就像那些從我臉上涔涔而下的淚珠一樣。[49]

因為寫了一首歌，譴責一九四八年法軍在交林的大屠殺而在越南民主共和國成名的歌手兼作曲人范維，用他強有力的歌描繪越南內戰兄弟相殘的特質。在〈兩個軍人的故事〉這首歌中，他歌詠兩個軍人「都愛祖國越南……來自同一個村，但分開了」。兩人都是英雄，但都被迫成為互相殘殺的戰鬥機器。在這首歌的結尾，兩人都緊握步槍，戰死沙場。歌詞最後一句這樣寫著：「在泛紅的破曉，兩名軍人為越南而相殺，為越南而相殺。」[50]

13

The Penguin History *of* Modern Vietnam

第十三章　悲劇與現代越南的崛起

在一九七五年年中，對共產黨領導層而言，一切都似乎有可能。胡志明三十年前在河內巴亭廣場宣布獨立一統的越南已經成為事實。越南民主共和國先與法國打了一場二十世紀最暴力的去殖民化之戰，之後又對抗美國，歷經一場可能是冷戰期間最血腥殘忍的惡戰，終於克服萬難，取得最後勝利。五月十五日，當越南人民軍列隊通過時，聚在西貢市區觀禮的勝利者有理由慶祝。但普天同慶的景象並未出現，因為一九七五年也是越南人三十年血腥內戰結束的一年。有贏家，但也有輸家。而且就像內戰結束過後的美國、法國、俄國或中國一樣，分裂創痕不會在一夕之間癒合。

問題是，現在打贏了，胡志明的門徒想創建什麼樣的越南？領導層如何癒合這場自一九四五年以來奪走三百六十萬條人命的戰爭造成之創傷？他們會立即統一全國，或者如黎德壽所保證的，等待五到十年再展開統一進程？河內會不會根據共產黨路線改造越南共和國市場導向的經濟，或容許一段兩種系統同時並存、時間也夠長的過渡期？今天往訪越南的人，或許對這頭最新「亞洲虎」的經濟發展之速驚嘆不已，但一九七五年之後通往現代越南之路並不平坦。事實上，有前後超過十年的時間，它還是一條非常悲劇的路。

一個越南？

統一南方與北方 ❶

一九七五年的勝利者決心統一全國，自然可以理解，不過他們得考慮幾個歷史先例。除了一九四五年年中幾個星期，由北而南一統越南的存在已經是一百一十三年前的往事。各式各樣的政府、主權國與政治實體都曾在這塊土地上競逐消長。在法國統治下，南、北與中部越南的發展方式大不相同。包括共產黨在內的一些民族主義者，甚至設想統一整個印度支那。保大與胡志明領導的兩個越南，在印度支那戰爭期間都只是支離破碎的交戰國，都未能控制整個越南。一九五四年的日內瓦和會協議，只是進一步認定兩個非常不同的後殖民政府、經濟體與社會體確實存在而已。南北雙方的民族主義者當然都相信越南應該一統，但事實上，一統越南國只在十九世紀前五十年阮朝統治期間出現過。兩個世紀以來，領導人只在兩個時間點上，一統我們今天所謂「現代越南」的版圖：黎筍在一九七五年征服南方，以及嘉隆在一八〇二年戰勝北方。

像他們那些阮朝的先輩一樣，越南共產黨也靠他們的征服大軍控制這個新越南。越南人民軍在一九七五年令敵軍繳械，占領大城市、道路與橋梁，開始治理南方。共產黨成立一個軍事管理委員會，透過匆促間成立的「南越南共和國」（Republic of South Vietnam）聯合政府進行統治。這不是人民軍剛剛打垮的那個「越南共和國」，而是越南勞動黨在一九六〇年代末創的南越南共和國臨時革命政府的具體表象。軍事當局確實也曾繼續沿用舊政權的許多中低階官員，等待共產黨幹部前來接手。但與越南歷代情況都不一樣的是，這個階段沒有持續多久。隨著前共和國官員或辭職，或遭解職，或離職接受再教育，新當局派遣數以千計北方幹部南下，在省、區與都市擔任中高層官職。他們建立新的警察與情治官署，接管學校、大學、醫院、與工商組織行政工作。其次，越南勞動黨在南方建立的民族解放陣線因戰火摧殘而破敗不堪，也是造成這種南方文官「北方化」的因素。第三，經過如此冗長而激烈的內戰，共產黨不相信「腐敗」又「墮落」的南方人，勝利者要自己的人掌權。他們要的是直接統治。❷

在將越南共和國的軍隊解散以後，新當局將數以萬計敵軍軍官送進改造營，沒收大量美援作戰物資。越南人民軍在一九七五年已經擁有超過一百萬兵力，在後殖民時代的印度支那沒有對手，是全世界規模第五大的常備武力。它的戰時盟友、在南方組建的人民解放武裝部隊，與它相比，當然是小巫見大巫。戰爭使人民解放武裝部隊元氣大傷，河內也因此將越南人民軍大舉調駐南方。在一九六五至一九七五年間，北方總計派了九十八萬名越南人民軍官兵進駐南方。現在戰火已熄，共產黨當然不願讓這支南方部隊獨立於黨的控制外，當然不肯給這支南方部隊任何可乘之機，讓它支持南方區域性政治實體與北方相抗。一九七五年五月十五日，民族解放陣線的非共產黨司法部長張如曾在西貢舉行的勝利慶典中終於發現這個事實。當時張如曾驕傲地站在越南人民軍將領文進勇旁邊。兩人與他們的部隊曾在叢林冒著砲火並肩苦戰，現在終於趕走美國人，打垮了他們的越南公敵。這應該是大喜的日子。張如曾原本確實也欣喜異常，直到人民軍部隊通過閱兵台，跟在後面的人民解放武裝部隊官兵舉著越南民主共和國國旗行進為止。張如曾於是問文進勇這是怎麼回事，意思是說，這是兩支軍隊，為什麼舉同樣的旗。文進勇隨口答道：「軍隊已經統一了。」張如曾立即反問：「我怎麼不知道？」文進勇沒有作答，把目光移回閱兵式。在一九七五年遭共產黨繳械的，不是一支軍隊，而是兩支。❸

遭共產黨解散了的政府，也不只是吳廷琰建的越南共和國政府而已，還有共產黨自己以「南越南共和國臨時革命政府」形式建立的聯合政府。在當年，這個「臨時革命政府」與「民族解放陣線」，以及「國家、民主與和平力量同盟」，是設於南方、與越南共和國對抗的三大台柱。根據一九七三年一月《巴黎協定》的規定（見第十一章），這個聯合政府應該以個別主權國的形式繼續存在，直到能與越南民主共和國達成協議，透過選舉或談判，將南北兩個越南結合為單一主權國為止。儘管這個共和國是共產黨建的，張如曾等許多第三勢力非共人士衷心希望，能利用這個實體建一個不很共產黨的「南越南」，它與越南民主共和國結盟，但可以至少十年不受越南民主共和國體制性控制。自這個民族解放陣線一九六〇年建立以來，越南共產黨就一再向夥伴們保證，說他們並不急著將共產勢力伸向南方。

從許多方面來說，張如曾等第三勢力民族主義者，就像他們那些在第一次印度支那戰爭期間想用法國軍事力量打垮共產黨的先輩一樣，也在做同樣危險的賭。不同的是，這第二波「第三勢力」自一九六〇年起與越南勞動黨結盟，希望藉共產黨趕走美國人與美國的越南盟友。但無論如何，政治風險都是一樣的：一旦戰事平息，軍事力量較強的夥伴會尊重它對較弱夥伴的承諾嗎？當阮文盛一九四六年威脅到法國人的交趾支那共和國時，法國人罷黜了他；當吳廷琰危害到美國在南越的勢力時，美國人支持政變，推翻了吳廷琰。張如曾與他的非共盟友與共產黨聯手也冒同樣的風險：控有民族解放陣線／臨時革命政府的河內政治局，有一天也會把他們一腳踢開。

雖說政治局絕對信任阮氏萍與黃晉發等他們派在南越南共和國主持政務的共產黨，在一九七五年以後也對這些功臣恩寵有加，但胡志明的門徒不容主張民主的非共南方人操控聯合政府，不容他們利用一九七三年《巴黎協定》搞出所謂「第三方」勢力、向北方散播政治多元化。無論越南民主共和國內外，不能有選舉、不能有聯合政府、不能有自治的「南越南」。對共產黨而言，一九七三年協定根本無異於一張廢紙。他們現在終於大權在握。任何膽敢挑戰他們的人，就算是他們的盟友，也得承受後果。河內領導層喜歡直接控制的原因也在這裡：共產黨不相信非共的盟友。

勝利者也發現，南方與北方的經濟與意識形態差距實在太大，已經構成一項必須立即解決的威脅。年輕的越南人民軍戰士與共產黨幹部，原以為自己是救星，是在拯救遭資本主義剝削、貧窮落後的南方同胞，結果卻發現獲得他們解放的那些都市人在意識形態上其實不想獲得解放。他們並且面對一個他們作夢都想不到的城市消費主義社會。一九八一年，一名享有特權、從北方派駐西貢主持一所醫療實驗室的黨員，以一種頗具顛覆性的口吻，描述南方景象為她帶來的衝擊：「對來自這麼貧窮、這麼簡樸的河內的人而言，這是一個夢幻之城。對比大得讓人受不了。我見到一大堆過去連聽都沒聽過的產品。電飯鍋！在不斷遭到轟炸的河內，誰能想到這世上竟有電飯鍋？我們仍然生活在煤與木炭的時代。物資這麼充沛，選項這麼多……」❹

同時，西貢青少年為了學習北方的樸素「面貌」，脫下他們的喇叭褲，剪了短頭髮，而北方來的幹部與駐西貢越南人民軍官兵則開始穿上喇叭褲，「想盡辦法賞玩他們能弄到手的照相機、電視機、音響與機車」。西貢一名市民挖苦著說：「他們想來這裡淨化我們，結果卻被我們腐化。」這一點確實讓越南共產黨擔憂不已，迫使共產黨全力掙扎，穩住兩個極端不同的越南在相會時造成的心理震撼。與高棉和中國共產黨關係的迅速惡化（下文將討論），也讓河內當局認定事態嚴重，刻不容緩。❺

到一九七六年年初，越南政治局已經達成結論，如果不能在五到十年內統一南方，將南方轉型，它可能再也做不到這件事。一九七六年四月，在將統治南方的軍事管理委員會解散以後，黨辦理選舉，建立新國會。一九七六年六月二十四日到七月三日間，來自全國各地的代表齊集河內，討論這樣一個新國家的特質與組成脈絡。它的經濟方針、政治綱領、統一道路圖是什麼？南方能不能繼續自治？最後，在幾乎沒有任何真正辯論的情況下，出席大會的黨代表團宣布成立越南社會主義共和國，將南越南納入這個新國家的版圖。

曾對抗美國、吳廷琰及吳廷琰繼承人的一些自由派與會代表，不敢相信會有這樣的宣布。他們原以為會有辯論，會有討論，至少會有一些時間。按照原定計畫，南方的「社會主義化」應該是漸進的。這是南越南中央局領導人一再反覆的承諾。曾是越南國會議員、現在是越南新國會議員的阮阮公歡，當時對新國會的共產黨代表說，「大多數南方人不習慣社會主義」，而且「不信任它」。阮公歡後來回憶，當時那些共產黨代表告訴他：「建國之路只有一條，就是我們的路。」南方議員想另外設計新國旗，而非繼續沿用越南民主共和國的紅底黃星旗，但就連這樣的嘗試也毫無結果。越南社會主義共和國於一九七六年七月二日正式成立。那年年底，共產黨在第四屆黨代表大會中更名為越南共產黨（Vietnamese Communist Party，簡稱VCP），用一黨專政的方式帶領全國走上共產之路。一統的越南自一八六二年以來第一次出現，這個越南走的不是儒家、不是基督教、不是共和、不是人道主義，也不是佛教路線。它是一個共產黨獨裁國。❻

共產黨在南方的建國

越南社會主義共和國的官方越南歷史學者，喜歡將他們在二十世紀的鬥爭與社會革命，與兩百年前西山兄弟的革命相提並論。像共產黨一樣，西山兄弟也在勝算極為渺茫的情況下為窮人作戰，趕走外來侵略者，並且統一國家。不過一旦談到建國，共產黨在二十世紀末期使用的手段，與新儒家的阮朝君主明命帝在十九世紀二〇與三〇年代使用的辦法卻若合符節，這其間也有同樣不得不然的原因。這兩個團體都在歷經三十年內戰以及國與國的戰爭之後掌權；戰爭結束後的忠誠都陷於分裂；都決心因應本地需求、改造外來意識形態與技術，以建立高度中央化的單一國。兩個團體都以順化與河內為中心，皆面對一個大不相同的南方社會與經濟。

由於擔心新國家過於脆弱，共產黨與他們的儒家前輩都下定決心，要從上而下將絕對忠誠貫徹到政府與社會最低層。明命帝透過「教化」與「中－越同化」兩項儒家政策在順化朝廷建立忠誠，促成文官與臣民的同質化。共產黨也運用中、蘇共黨那套改造、學習運動、英雄崇拜與自我教育宣傳技術，從上而下控制官僚與社會，建立意識形態一體化，讓南方社會臣服於河內政治中心。共產黨沒有實施儒家科舉制度，而是由學界訂定一套精心控制的馬列思想，訓練它的官僚。明命帝在社會各階層倡導祖先崇拜，不時還將這類崇拜與地方教派及其神祇掛勾，共產黨也大搞胡志明崇拜，讓民眾結合在黨的意識形態上。像明命帝一樣，越南共產黨也將天主教、佛教和其他教派的教會與學校關閉，或將它們納入它的嚴密控制下。越南共產黨還規定天主教徒與佛教徒必須在神壇上置放胡志明的像。這麼做的用意不只是裝飾而已。

但這一切類比的意義有其極限。這兩個國家，甚至是共產黨的這個越南，就社會控制而言，都並不像許多人想像中那麼「專制極權」。理論與實際運作之間總有差距。此外，對西山兄弟，甚至對十九世紀之交那位極其現代的明命帝而言，共產黨在二十世紀末期提出的意識形態建議都是難以想像的。經過一個世紀的法國殖民統治與三十年戰亂，越南社會也已經出現劇變。共產黨在二十世紀末期發動的社會革命，與西山兄弟在一七九〇年代的革命大不相同。根據一九八〇年憲法的規定，越南社會主義共和國是無產階級專政，由農民與工人領導的馬列主義國家。❼

在占領南方以後，越南共產黨將他們一九五〇年在北方啟用的那套中、蘇建國方案擴大到南方。他們將黨細胞推到村的層級，透過平行行政結構與政府互動，並且控制政府。有鑒於南方共黨組織在戰時遭到幾乎全軍盡沒的重創，黨的文官系統大體控制在北方人手上。各種越南共產黨控制的群眾組織出現，組織與動員青年團體、農民、工人、婦女與兒童。數以萬計南方青年加入黨的新協會，表現得最好的可以進入河內著名的阮愛國學院，其他人也可以加入省的黨組。儘管民眾日常生活中有各式各樣妥協與談判，但在這些年間，越南共產黨黨員身分是最有力的社會晉身保障。❽

越南共產黨沒有像高棉共產黨那樣從一九七五年起以種族滅絕手段展開對「壞分子」的大謀

殺，但也運用各種差別化的社會措施，以控制城市、生產手段與資本來源。在西貢／堤岸，越南共產黨對「資本主義分子」與「買辦」階級發動的攻擊逐漸變調，形成對華人與當地華裔越南公民（這些人至少自十七世紀起已經生活在當地，在南方經濟的開發過程中扮演重要角色）的攻擊。以一九七五年年底為例，淪為越南共產黨攻擊矛頭的「都市資本主義分子」有七成是華裔越南人。越南社會主義共和國當局在南方關閉或沒收了估計約五萬家華人企業，其中大多數是中小企業，這些企業僱了數以萬計員工，包括許多越南人。越南最重要的幾家銀行與產業也遭了殃。共黨當局將李龍祥（與阮文紹的關係非常密切）的商業帝國國有化就是例證。李龍祥家族經營許多重要企業，跨足紡織、船運、鋼鐵與銀行等多項領域。總計，一九七〇年代末期，由於國有化，南方華人損失了約二十億美元。[9]

就意識形態目的來說，由黨來主控大銀行看來也很有道理，不過這也意謂約六百五十家國有企業關門，十三萬工人（包括數以千計受過精良訓練、擁有全球關係的華商與越南商人）離職，或進了改造營接受再教育，或逃亡國外。總計，二十萬華人（並非都是商人）逃進華南，六十多萬越南人流亡亞洲與其他地區的非共國家。反諷意味濃厚的是，當中共的鄧小平呼籲海外華人返回中國大陸投注資金與技術以發展市場經濟之際，越南共產黨卻為了摧毀南方資本主義與經濟力而驅逐華人。越南當局一方面改變法律，一方面運用高壓，把華人逐出越南。[10]

不過，越南對境內華人發動攻擊的時機，選在中國與越南外交關係惡化之際。舉例說，根據一九五五年的一項協議，越南華人有權不加入越南國籍。當越南共產黨背棄這項協議時，中國共產黨當局憤怒非常，認為這是對中國國家主權的攻擊。但越南共產黨認為，為推動國有化，控制自一九四五年以來就住在北方的華人，並在新近取得的南方控制數量更多的華人，國籍乃是一項強有力的工具。對越南共產黨而言，住在南方、數量龐大的華人的政治忠誠與經濟力量，對越南都是威脅。隨著與北京的關係逆轉，越南官員開始將「中國人」——包括住在北方的華人——視為有潛在危險性的第五縱隊。儘管許多華人曾跟越南人聯手對抗法國人與美國人，河內現在規定住在越南社會主義共和國的所有華人必須成為「越南國民」，否則必須離境。鄭德回憶說，「一九七七年年底，開始抓人了」，政府支持的排華運動也於焉展開：

我在華僑動員委員會的幾名頂頭上司奉命離開越南，這是行動展開的第一個徵象。（他們現在都住在中國了。）他們多年來一直跟中國共產黨密切合作，監督從中國送來（交給越南共產黨）的補給與援助。之後，中國幹部被捕，罪名是「中國間諜」，過去沒人聽說過還有這種罪名。我舅舅就在那時被捕。早在我來越南以前，他已經在為革命工作，至少工作了四十年。他曾獲（越南共產黨）頒贈一等革命獎章。⓫

亞洲共產黨又一次走向戰爭（第三次印度支那戰爭），各國政府相互指控對方挑釁，高棉、中國與越南報紙紛紛發表社論、海報、漫畫，國營印刷當局出版一本又一本「黑」、「白」與「真相」書籍。階級歧視很快轉變為殘酷的官方種族歧視。越南社會主義共和國的一九八〇年憲法甚至出現反華條款。赤柬（紅高棉）開始對付高棉境內的越南人，河內當局也將中國人描繪成歷史敵人。

在農村地區，對「殘暴地主」的階級鬥爭已不若一九五〇年代北方那樣凶狠，因為南方地主的資產大部分被鬥光了。這有幾個原因。首先，共產黨早在第一次印度支那戰爭期間已經開始土地再分配，民族解放陣線也不斷發動土改，以打擊越南共和國。其次，阮文紹的共和政府推動耕者有其田計畫，事實上把土地再分配工作做得很成功。第三，到一九七五年，大多數仍然有地的地主，不是已經逃離越南，就是農具裝備已遭共產黨沒收、正在前往改造營途中。在越南社會主義共和國推動的土地國有化過程中，最大的輸家可能是佛教與天主教（吳廷琰已經將高台教與和好教龐大的教產國有化）。到一九七八年，越南共產黨同意，北緯十七度線以南的土地大部分已經完成再分配。[12]

除了階級以外，共黨越南還運用其他方式重新詮釋社會。吳廷琰主政期間採取差別化政策，對付一九五四年以前曾與共產黨合作的南方人，現在輪到越南社會主義共和國上台，也以差別化手段對付那些回溯到一九四〇年代曾與傀儡政權合作過的人。從一九七五年起（在民族解放陣線與人民解放武裝部隊控制區，實施時間更早），越南社會主義共和國的警察與安全人員已經開始建立黑名單，發布身分證，並規定人民填具履歷表。就像中國共產黨一樣，越南共產黨也根據這些資料將人民分門別類。根據履歷表的規定，公民必須說明他們的現職、家庭關係、種族與宗教信仰。儘管人民很快就學會如何在填寫這類表格時保護自己，但黨與政府可以用這類手段表揚他們眼中的「好」分子，打壓「壞」分子。[13]

忠於黨，或在三十年戰爭期間為黨做了重大犧牲、或有家人為黨戰死的家庭出身的子弟，現在想在官僚系統或在軍中謀職、想接受高等教育都比較簡便。黨採取這種做法，當然也知道幾百萬在戰爭期間承受大苦大難的人指望當局有所回報。父母或祖父母如果曾與法國人、美國人或他們的越南盟友「串通」，子弟們今日就算能在資格考試取得高分，想在職位上升遷、想出國留學，機會都大打折扣。此外，階級當然也很重要。黨在社會最高層為工人與農民保留了擁有憲法保障的特權位置。[14]

為協助推動這種在南方的轉型，共產黨當局接管南方的學校與大學。他們在最高層級上動手，革除了大多數教師與教授，改以意識形態可靠的忠黨愛國之士。總加起來，共產黨派了約兩千名教授前往南方。一九七五年五月，為毀滅過去，共產黨當局沒收了一萬本書公開燒毀，官方歷史學者並且在新教材中吹捧胡志明與他領導的越南，說他們是愛國文化、是越南抵抗外國（法國、美國、現在漸漸又加上中國）入侵英勇事蹟的代表。黨與政府開始在南越南各地鼓吹馬列主義，將馬列教條納入學校、軍校與公務員訓練班必修課程。范文同在一九八四年堅持每一個學生都必須有正確的社會認知，「要對資本主義與帝國主義充滿仇恨，要一心一意嚮往社會主義與無產階級國際主義」。⓯

除了少數幾個持續不久的例外，越南社會主義共和國關閉南方共和國時代的報紙、電視台與無線電台，用共產黨經營的媒體取而代之。勝利者又一次為街道更名，拆毀敵人留下的紀念碑與象徵，建立新雕像。一九七七年九月，西貢正式改名為胡志明市。同時，當局違背胡志明遺願，遵循蘇聯先例，在北方建了一座巨型花崗石陵墓，安置胡志明經過防腐處理的遺體。直到今天，觀光客仍能在這裡跟絡繹不絕、組隊前來的越南學童與民眾一起瞻仰胡志明遺體。與陵寢下方不遠處建在路邊的胡「叔叔」樸質無華的舊居相比，陵寢建築的富麗堂皇以及它代表的共產黨威勢，顯得格外刺眼。⓰

像他們的法國與越南對手一樣，共產黨在掌權以後，也把許多敵人關進監獄。不過，越南共產黨不只是想把他們關起來，還想「改造」他們，洗清他們的錯誤思想，並在理論上讓他們重新融入社會主義新社會。總計，一百多萬名與前西貢政權有淵源的越南人接受了改造。對大多數中低層官僚與軍人而言，所謂改造不外是本機構舉行的幾堂訓練課程。由一名共黨幹部仔細向受訓學員說明他們犯的錯，提出新共產黨社會的一些標準，再舉一些馬克思與胡志明教條做為引證。這名幹部然後重申遵循正確路線行事的重要性，就宣布解散。這樣的課程可能持續幾天，兩三個月，甚至一兩年。不過，對前政府、軍方與情治單位的高級幹部，改造時間會長得多，而且往往在改造營進行。這類改造不但涉及無窮無盡的洗腦、改造、新英雄學習與宣傳，還經常在疫情狀況嚴重的地區進行，且學員必須服強制勞役。直到一九八〇年代末期，仍有數以百計越南人在這類營區接受改造。這種官方推動的報復手段自然不能癒合分裂越南的重創。越南最傑出現代詩人之一的程新全，在共產黨勞改營生活了七年，之後移民美國。他在詩作〈再生〉中描述何以「我想活，就像我想死一樣……胸膛在呼與吸之間燒著」。⑰

高棉共產黨在一九七五年四月掌權後不到幾星期，就把金邊的居民幾乎一掃而空。越南共產黨雖不願這麼凶殘，但對戰爭在南方造成的大規模都市化也憂心忡忡。在一九七五年，四三%的南方人口聚居在都市地區。西貢在一九七五年有人口四百萬，是全世界最都市化的城市之一（另一城市是金邊！）。在一九七五年，南越南都市中心區有一百萬無業人口。其中許多是因為越南共和國淪陷而失業的「壞分子」。此外，還有敵軍留下來的三十萬妓女與大約八十萬孤兒。如何養活這許多人，讓他們有地方住，並且控制他們，對新當局構成幾乎束手無策的重大挑戰。正因為這樣，共產黨政權鼓勵幾百萬戰亂造成的難民返回他們祖居村落，許多人也出於自願這麼做了。⑱

但就像之前的吳廷琰一樣，共產黨也建立新經濟區，將數以十萬計的失業人與壞分子送往高地，有時還以強迫手段達到這個目的。政府提供他們一塊地，給他們一些種子，祝他們好運。許多人就留在高地墾荒，也有許多人不堪勞累而回到城市。面對北方持續多年的人口壓力，黨與政府也將幾十萬北方農民送往南方這些地區墾荒。但如前文所述，高地並非等著越南人前往殖民的「空」

地。幾十萬非越族裔已經在這些地區生活了許多世紀。現在越裔人口不斷湧入。在一九七七年，這些新經濟區住了十二萬越南移民。在一九七八年，這個數字增加到將近五十萬，到一九八五年達到一百萬。根據某些統計，新經濟區越南移民人口在一九八八年達到兩百萬。這種國內殖民當然有助於紓解戰時都市化壓力，將都市人口比率從一九七五年的四三％降到一九七九年的二五％，但同時也使高地土著在這個新越南第一次成為「族裔少數」。[19]

越南政府推出第二個五年計畫（一九七六到一九八〇年），在南方實施史達林主義中央規畫與共產化。越南共產黨雖說刻意在北方不採取這種政策，在南方，為了將資本主義經濟轉變為共產經濟，為了去除任何經濟威脅，簡言之，為建立中央規畫經濟、進行控制，它運用了這種模式。沒收華人資產與許多世紀以來的商業網路之所以如此重要，原因就在這裡。政府同時組織農民建立集體農場，終止私有財產、貿易與銀行業務，訂定價格，而不讓市場決定價格。黨理論家決意推動共產化、控制農業，增加農產以供應城市需求，並且用賣得的錢依據史達林模式加速工業化。[20]

如果河內領導層確實因此掌控了一切，它也付出了大規模經濟收縮的代價。農業集體化與公訂價格的做法，抹殺了農村的生產動機。像之前的中國與蘇聯農民一樣，越南農民亦只願耕種足以養活自己的土地，不願多事辛勞、增加生產，而把剩餘的農產以虧本的公訂價賣給政府。個人不再擁有土地、裝備、工具或動物的事實，更使農民生產意願低落。在一九八〇年，農民耕作的田地比一九七八年少了十萬公頃。一九八〇年食物生產比預定目標少了七百萬噸。國內生產毛額只提升了〇・四％，與預估的兩位數成長相差甚遠。生活水準重挫，幾個省分在一九七八年爆發饑荒，而且災情逐漸蔓延，包括一些北方省分也成為災區，直到一九八〇年代過後很長一段時間才逐漸平息。數以萬計農民要求退出集體農場。許多農民直接以行動表示抗拒。[21]

越南的國際孤立當然不能幫忙解決問題。在一九七五年底，與紅高棉的關係已經惡化，與中國的關係也出現緊張，而中國自一九五〇年以來就是共黨越南最大的貿易夥伴與援助贈予國。一九七五年五月，華府實施貿易禁運，且隔不多久，就連美國人運送人道援助進入越南也在禁止之列。隨著越南逐漸向蘇聯靠攏，中國改善與美國的關係，非共產的亞洲國家開始疏離越南社會主義共和國，特別是日本與東南亞國家協會。東南亞國家協會曾於一九七三年邀請越南以觀察員身分入會，但遭越南斷然拒絕，遂為中國敞開大門，讓中國得以與東南亞其他國家改善關係。到一九八〇年，當這兩個共產國家開戰時，幾百萬越南人的生活已經苦不堪言。[22]

逃離共黨越南 [23]

由於日子實在過不下去，數以十萬計的越南人開始冒著生命危險逃亡。無分貧富，無分男女老幼，農村人也好，都市人也罷，都開始逃離越南。他們大多數是與舊政權有瓜葛的南方人。在一九七五年四月三十日西貢淪陷前幾週之間，將近十五萬與越南共和國有關的越南人撤入美國。到一九七五年年底，約一萬名沒能在淪陷前撤出的越南人或乘船、或經由陸路逃進香港或東南亞大陸其他國家，並於稍後進入美國等國。到一九七八年，數十萬越南境內華人與華裔越南人已經走上逃亡之路。[24]

逃離印度支那之路充滿艱辛險阻。難民得付一筆錢（價碼有增無已）賄賂地方警察與邊界巡邏人員放行，但還得賣掉他們的財物，以籌錢支付走私客甚至走私黑幫帶他們走才行。大多數難民乘船到華南、香港，特別是經由印尼與馬來西亞附近水域在菲律賓到新加坡的東南亞國家海岸登陸。一九七八年十一月，一千五百噸貨輪「海鴻」抵達馬來西亞，卸下兩千五百名越南難民，「船民」的不幸標籤也就此確立。數以萬計越南人乘坐極度不安全的小船，渡過南中國海逃亡。但即使好不容易靠岸，許多沿岸國亦不准他們上岸，把他們趕回海上，許多難民因此死難。聯合國難民署於是進行干預。難民署代表排除萬難，終於透過談判確立規則與法律類型，並取得西方國家的支持與資助，有秩序地遣送了幾十萬越南人。從一九七九年起，聯合國經營的難民營與處理中心開始出現在東南亞。總計，在一九七九年七月至一九八二年七月間，美國、澳洲、法國與加拿大安置了六十二萬三千八百名印度支那難民。一九八〇年，越南社會主義共和國同意與聯合國難民署在曼谷建立所謂「有秩序離境方案」，准許想與家人團聚或基於其他人道理由而希望離開越南的人離境。大多數難民前往美國，特別是加州。從一九七五年到一九九五年此方案結束為止，有七十九萬六千三百一十名船民與四萬二千九百一十八名所謂「陸民」（經由陸地離境的難民）離開越南，總計達八十三萬九千二百二十八人。現代越南這場內部大出血，證明越南的國家和解徹底失敗了。共產黨統治的寮國，特別是高棉，情況尤其惡劣。到一九七八年年底，赤柬已經屠殺了至少一百五十萬高棉人。總計，一百四十三萬六千五百五十六名寮國人、高棉人、越南人與少數族裔逃離共產黨統治的印度支那。據估計，約二十萬越南人在逃亡途中遇害。[25]

亂套：歐亞共產主義在印度支那崩盤

在這場人道悲劇發生的同時，印度支那爆發又一場戰爭。就在美國於一九七五年撤出西貢的同時，越南共產黨發現自己陷入另一場衝突。這一次的敵人不是法國「殖民主義者」，不是美國「帝國主義者」，而是他們過去在高棉與中國的共產黨兄弟。在一九五〇年代初期，沒人料得到將歐亞各地共產黨結合在一起的共產國際主義，會在印度支那解體，演成又一場衝突。但事實演變就是如此。怎麼會出現這樣的事？為解答這個問題，我們必須將目光拉回殖民與冷戰時期，探討兩件共產黨關係解體事件如何在印度支那斷層線引爆，終於分化、毀滅了歐亞共黨集團。這兩個事件分別發生在越南與高棉之間，以及蘇聯與中國之間。要了解現代越南一直持續到一九九一年的悲劇，探討這兩個事件的來龍去脈乃至關重要。

越南共產黨在寮國與高棉的建國

在一開始，蘇聯領導的國際共產運動支持創建以越南為首的印度支那共產黨。共產國際要求這些國家的革命同志起而推翻殖民當局。胡志明完全支持這項政策，與他熟識的中國共產黨領導人也如此。事實上，在兩次世界大戰期間，亞洲共產主義像中、越合資企業一樣，是團結得非常緊密的兄弟會。中國與越南共產黨不僅於一九三〇年在香港建立印度支那共產黨，還協助共產國際建立泰國與馬來亞共產黨。第二次世界大戰結束後，史達林將亞洲共產運動領導權交給毛澤東，這種跨國界合作繼續。毛澤東派軍進入朝鮮支持金日成，為胡志明提供軍援與顧問。儘管一九七九年過後的說法與此相悖，但並無具體證據顯示，中、蘇領導層在一九五〇年代初期冷戰期間，曾反對由越南領導印度支那集團，在東南亞戰線對抗法國「殖民主義者」與美國「帝國主義者」。[26]

越南共產黨由於得在殖民環境中運作，必須調整他們的印度支那革命計畫以因應法國的計畫。在法國於一九四八年放棄印度支那聯邦，且於一年後承認三個印度支那協會國之後，共產黨也解散印度支那共產黨，建立各別國共產黨，原因就在這裡。越南共產黨沒有建立自己的印度支那聯邦，而是建立寮國與高棉的姊妹黨、政府與軍隊。在一九五〇年，胡志明親自主持寮國與高棉「抵抗政府」與民族陣線的創建。一九五一年，越南共產黨協助成立高棉人民革命黨，隨於一九五五年成立寮國人民革命黨。儘管越南解散印度支那共產黨，成立越南勞動黨，這三個姊妹共和國仍然在越南控制下，透過一種印度支那式的關係結合在一起。像法國人與美國人一樣，越南共產黨也深深介入本身國界外的建國工作。

為了協助姊妹國建國，胡志明的班子訓練、裝備、派遣數以千計顧問與官僚在寮國和高棉工作。越南勞動黨創建極機密且勢力龐大的「黨務委員會」，協助寮國和高棉建立姊妹黨、政府與人民軍。在忠誠的越南幹部主持下，寮國和高棉黨務委員會任用數以萬計越人、寮人、高棉人與少數族裔文官，主持雙管齊下式的建國工作。警察、海關、學校與法庭的建立和運作由越南人主持。他們建立寮國人民軍與獨立高棉黨，成立「人民行政與抵抗委員會」，選派值得信任的寮國、高棉與高地人在越南民主共和國的軍校與黨校研讀。越南共產黨根據土地區域，將寮國和高棉劃分為行政區與軍區，透過小徑與無線電將每個區聯結在一起，由位於邊界另一邊的越南民主共和國境內當局負責控制。越南顧問也將武裝宣傳、改造運動與愛國學習等等中越動員技術引進印度支那其他共產國家，不過就作者所知，這裡面沒有毛派土地改革。一名參與這類轉型工作的越南顧問解釋說：「簡言之，所謂武裝宣傳不只是籌備會議、群眾大會或搞什麼舞台活動而已。武裝宣傳必須做宣傳，必須建立並指導（黨與政府）組織。」如同當年駐在北越南的中國顧問，越南人也像這樣在戰時將中、蘇模式引進西印度支那。[27]

越南人找了一些可以合作的盟友。胡志明、武元甲等人在寮國積極爭取到蘇法努旺親王的加盟，以利用他的皇族身分爭取民眾對寮國人民軍的支持。母親是寮國人、父親是越南公務員的凱山・豐威漢也成為他們網羅的對象。在高棉，越南人爭取到佛教僧侶山玉明的合作。山玉明祖居湄公河三角洲，是高棉與越南聯姻之後。這些人士具備雙語能力，可以輕鬆閱讀中、蘇重要文件的越南文（與法文）譯本。凱山・豐威漢、山玉明等人也認為，與越南人合作，借助越南人優越的軍事力量，能幫他們擊敗在地競爭對手、推動他們自己的革命與建國計畫。

而且就像進駐南越南的美國人或在北越南的中國人一樣，成千越南顧問也帶著現代化理論來到寮國和高棉。他們傳授的仍是馬－列－毛理論，但他們也強調必須將現代化、文明與自由概念傳授給他們這些開發程度落後的鄰人。駐在寮國的越南幹部向原住民講解個人衛生基本概念，教導他們如何淨化水、如何煮肉、如何取鹽。他們引進現代農耕工具，協助發展地方手工藝，教導民眾如何建立革命政府。為了將這一切傳遞給「人民」，越南人發起高棉文、寮文特別是高地文的識字運動。一名法國情報官在一九五〇年代初期寫的一段報告，頗能掌握當年情勢：「人民革命戰爭有這樣一個大矛盾：它是越南人以協助高棉人獨立為名，對法國人發動的戰爭。人民革命戰爭是一支外國軍隊對抗另一支外國軍隊的作戰，後面這支軍隊不承認前面這支軍隊有權為這個當事國帶來幸福。」不過這場人民戰爭所爭的，不只是意識形態與文明教化而已。如果越南人樂於向寮國與高棉輸出共產主義，他們在這兩個國家的建國革命，目的也在於保護越南民主共和國西側翼，防範來自法國與美國的攻擊。這種地緣政治現實當然是越南採取行動時一項重要考量因素，美國人對此知之甚詳。[28]

越南在印度支那的亂套：紅高棉與國家主權

一九五四年日內瓦會議，首次公開揭露越南共產黨打算建兩個姊妹主權國。在美國與英國支持下，法國堅決不承認這兩個政權的現實，並且在蘇聯與中國默認下，成功將它們趕出談判桌，而讓法國自己的協會國與會。不過，反對越南民主共和國這項印度支那建國方案的，非只有法國人與美國人而已。在日內瓦會議召開前幾個月，印度的尼赫魯不斷向中國首席談判代表周恩來表示，共產黨想在寮國人民軍與獨立高棉羽翼下建立革命國的計畫，完全不是中立行為。印度以及其他亞洲非共國家渴望在後殖民時代的亞洲達成和平共存，如果中國想改善與這些國家的外交關係（從而使美國無法透過東南亞公約組織圍堵中國），則共產集團不能支持寮國與高棉這些不中立的「抵抗政府」。尼赫魯告訴周恩來，共產黨不能再用法屬印度支那做為後殖民時代的建國模式。眼見共產黨對這些抵抗政府的支持成為談判停火的立即障礙，周恩來開始疏離越南民主共和國的立場——儘管中國與蘇聯一直支持這些立場——最後說服胡志明放棄越南赤化整個印度支那的企圖。寮國與高棉保持中立就行了。[29]

一九五四年七月在日內瓦達成的停火協定，對高棉境內的越南－高棉共產黨合作造成的損傷最大。根據停火協定的規定，越南共產黨不僅必須從南越南撤出黨、政、軍人員，還得在高棉也採取同樣行動。山玉明與越南人訓練的高棉官僚於是撤回河內。不過，在寮國，根據停火協定的規定，寮國人民軍可以在與越南民主共和國接壤的豐沙里與桑怒兩省重組。越南在從寮國撤軍同時，也立即派遣數百名顧問跨過邊界，協助寮國人民軍建立抵抗政府和軍隊，並於一九五五年建立共產黨。越南人也把數百名寮國學生、公務員、幹部與軍官帶進越南研讀。之後二十年間，越南勞動黨協助寮國人民軍建立一個新官僚精英與軍官班。這個班的許多畢業生，現在都在一九七五年隨越南盟友一起掌權的寮國人民民主共和國身居要職。這項印度支那建國過程是現代越南（與寮國與高棉）史的一部分。[30]

高棉的情況非常不同。首先，《日內瓦停火協定》雖規定越南民主共和國／越南勞動黨必須在一九五四年撤出整個高棉，但准許桑洛沙，一般人稱波布領導的另一群高棉共產黨人，建一個不受越南控制的共產黨。其次，高棉的施亞努在越戰期間聰明地靠向越南民主共和國（例如，他准許胡志明小徑穿越東高棉），確使越南共產黨不會推翻他，不會轉而支持他的共產黨對手波布的紅高棉（紅高棉一詞就是施亞努造的）。第三，波布雖與（軍事力量比較強大的）越南共產黨保持關係，但高棉人無意讓越南在高棉東部重建一九五四年以前的黨、政、軍組織。寮國人民軍將越南共產黨視為盟友，紅高棉卻將他們與他們在印度支那的建國視為潛在威脅。

這種情勢在一九七〇年逐漸明朗：當時高棉發生軍事政變，施亞努國王被推翻，美軍與南越聯軍侵入東高棉，準備一舉摧毀敵軍基地與胡志明小徑補給線。這事件固然為越南民主共和國的作戰計畫帶來更多變數，但它也迫使越南人進一步介入高棉領土，包括紅高棉控制區，使越南與高棉共黨關係更加激化。中國與越南當時都力促紅高棉，要紅高棉歡迎與越南民主共和國以及施亞努的新盟友關係，紅高棉卻認為越南打算恢復一九五四年以前的建國行動，讓施亞努代表他們在鄉間視事。不過越南民主共和國從不認為自己是在以大欺小，也從沒想過要「殖民」高棉（紅高棉之後遭到這個命運）。他們認為紅高棉像他們一樣，也夢想有一天能擊敗美國，在印度支那全境建立獨立互助、與全球共產陣營結盟的共產政權。

越南在這裡犯下大錯。他們心目中的「結合政策」，在紅高棉看來是一個成形中的新保護國。當越南人民軍在敵軍飛機與大砲猛轟下繼續滲進高棉之際，紅高棉亦竭盡全力，不僅對華府與其高棉盟友，也對河內與河內的高棉盟友伸張國家主權。紅高棉堅持，越南民主共和國應該嚴守國家領土法則。紅高棉發布旅行證，又課稅，設法控制（但很難做到）越南人民軍軍事調動，與地方人民互動。他們甚至在邊界扣押從中國經由胡志明小徑運來的補給。他們要的是絕對主權。就像吳廷琰接受大量美援，但決心按照自己的方式打造南越南、不讓華府干預一樣，靠著越南軍隊才能控有土地的高棉共產黨，也不認為越南因此有權干預、不讓他們伸張國家主權。[31]

這兩個「盟國」之間開始出現地面武裝衝突事件，自也不足為奇。不僅如此，許多一九五四年前受過越南訓練的高棉人回到高棉，也讓紅高棉疑神疑鬼，擔心越南民主共和國撐腰的政變即將出現。雖說就此論斷兩國已經走上戰爭之路並不正確，但兩國的作為，確實非常類似米勒（Edward Miller）在描繪美國與吳廷琰關係時用的那個詞：「亂套」（misalliance）。而這兩個聯盟關係所以解體，核心便在於建國與國家主權問題。就像之前的美國人一樣，越南人也一直未能真正掌握這種現實或它對他們的衝擊。[32]

如果寮國人民軍仰仗越南軍事實力，老老實實遵照一九七三年美越簽訂的《巴黎協定》與河內的立場行事，而於一九七五年掌權，無論實踐過程多麼矛盾，紅高棉也鐵了心要捷足先登，取得全面獨立。與寮國不一樣的是，紅高棉拒絕黎德壽的要求，沒有在《巴黎協定》上簽字。兩年以後，在越南人民軍攻陷西貢之前一個多星期，波布的黨於四月十七日在金邊主政。但當越南領導層一九七五年年中向波布的新「民主柬埔寨」致賀，拐彎抹角談到「印度支那團結」時，高棉共產黨認為越南又在想辦法意圖犧牲高棉全面主權，重建他們的霸權。波布當時向越南代表團擺出笑臉，也向他們致謝，但他認為，越南共產黨是一項威脅，讓他不能打造一個不受印度支那模式束縛的共產黨高棉。

歐亞國際主義沿著印度支那斷層線解體

在一九七五年年中那段意氣風發的日子，沒有人預見中、蘇在共產集團歐亞軸心的分裂，會與越南與高棉關係的「亂套」產生爆炸性互動。像前兩次戰爭的情況一樣，想了解第三次印度支那戰爭，亦須先了解它的全球性背景。事實上，造成這場亞洲衝突的連鎖反應始於一九六〇年代的東歐。共產集團兩個最強大的國家，因蘇聯在一九六八年八月侵入捷克而瀕臨戰爭邊緣，也永遠粉碎了歐亞共產主義之夢。中國與蘇聯的關係一直很緊張，但莫斯科肆無忌憚地破壞另一主權國的主權，而且這另一國還是共黨國，使中國共產黨相信，中國的頭號國家安全威脅不是美國，而是蘇聯。蘇聯在一個月以後以〈主權與社會主義國家國際義務〉為題發表的宣言，沒能讓中國稍放寬心。事實上，莫斯科這項所謂「布里茲涅夫主義」的宣言讓情勢更加惡化。一九六九年三月，中、蘇兩國軍隊甚至在中亞一處共同邊界爆發短暫但暴力的衝突。就在同一時間，毛澤東停下他的文化革命，把中國外交政策從無產階級國際主義轉向現實政治，並且一百八十度大轉彎，授權與美國展開談判以抵制蘇聯。33

中、美關係的這種歷史性轉折，以及它們逐漸形成中、美聯手對付蘇聯與蘇聯盟友的形勢，直接影響到中、越以及越南與高棉的關係。在一九六八年初春節攻勢過後，中國一開始指責越南共產黨，說他們不應該跟美國人談判。但幾個月以後蘇聯入侵捷克，中國在震撼之餘，遂開始朝反方向催促越南民主共和國，要越南領導人在巴黎與美國展開祕密談判。當然，北京繼續支持河內，幫河內趕走美國人，但中國這時同時也在努力與河內的敵人改善關係。對越南的抗美戰爭而言，尼克森一九七二年初的歷史性中國之行的時機可謂壞到不能再壞，而尼克森也充分利用了這一點。莫斯科也呼籲河內談判，好讓蘇聯改善與美國的關係，但蘇聯同時提供武元甲為發動一九七二年四月復活節攻勢所需的現代作戰物資，決心不讓越南倒向中國。

對越南共產黨而言，中國、蘇聯與美國之間這場錯綜複雜的角逐，較一九六九年之前的情勢更加凶險得多。事實證明，最難取悅的是中國領導人。這一點也不奇怪。蘇聯「沙文主義」、對國家主權的圍剿與破壞，都讓中國領導人恐懼不已，越南民主共和國只要稍有任何傾向莫斯科的跡象——無論是真有其事，或只是憑空想像——都會為中國領導人解讀為國家安全威脅。而就在這段時間，蘇聯也強化與越南共產黨的關係，並將海軍兵力大舉進駐遠東港口海參崴，以鞏固在亞洲的態勢，反制中、美圍堵它的企圖。一九七一年，就在季辛吉訪問北京之際，蘇聯駐河內大使館於報告中說，拜越南強化立場與勝利之賜，「我們現在想在這個區域建立我們的政策，擁有比較來說更多的可能性。印度支那甚至有可能成為我們前進整個東南亞的關鍵。此外，在整個東南亞，目前為止，除了越南民主共和國以外，我們別無可以倚靠的盟友。」河內的共產黨領導層是否了解蘇聯這種策略可能帶來的危險性，乃不得而知。事實證明，這是越南民主共和國在外交政策上犯下的又一錯誤。[34]

但公允地說，當印度支那於一九七五年赤化時，究竟有沒有人認清以下三件相互關聯的事，實在是個大問號：（一）中國當時戒懼非常，認定河內任何傾向蘇聯的行動，都是對中國的圍剿，都是對中國國家安全的威脅；（二）現已控有整個高棉的紅高棉領導人比中國領導人還要偏執，認為越南共產黨已經形成必須不計一切代價反抗的國家威脅；（三）第一與第二兩項加起來，竟能如此輕易整垮整個共產黨集團。[35]

就這樣，當紅高棉於一九七七年九月攻擊南越南，在這棟歐亞共產大樓底部點火時，情勢亂成一團。越南共產黨被打得措手不及，抓狂不已，要求外交官、情報官與前顧問立即提出解釋，說明紅高棉動手的原因。黎筍很清楚他不能讓中國與高棉聯手對付越南，於是決定暫時壓下反紅高棉的宣傳，隨於一九七七年十月走訪北京，要求他的中國夥伴管一管波布的民主柬埔寨。但中國仍然支持嗜血的紅高棉，認為中國需要紅高棉，以免越南控制整個前法屬印度支那，然後拱手讓給蘇聯。而河內這時也認定北京正利用紅高棉包圍越南民主共和國，於是與此時在永珍掌權的寮國共產黨簽署安保條約，以加強與寮共的合作。這些作為看在北京眼裡，更進一步證明蘇聯在印度支那確有陰謀。一度以兄弟愛國際主義為基礎的歐亞共產黨合作，已經在偏執、種族歧視與仇恨摧殘下凋零殆盡，越南官員開始驅逐境內中國人，紅高棉下令屠殺境內越南人，中國與蘇聯軍隊也在歐亞邊界對峙，互控對方背叛馬列教條。

在一九七七年的印度支那，共產黨鬩牆之戰極有可能爆發，進而引發歐亞共黨國之間大戰的可能性同樣不小。那年年底，越南共產黨派遣人民軍深入高棉境內，向波布明白示警，要波布停止對越南的攻擊，同時也向剛上台的中國領導人宣示，如果赤柬繼續攻擊越南，河內會將這個政權給推翻。越南人堅持，這是國家安全問題。波布一黨認為這是越南歷史性的帝國主義故態復萌，於是與越南斷交。中國也結束了多年來與越南盟友的軍事與經濟合作。到一九七八年年初，從莫斯科經北京、河內到金邊，所有這些共產國首都已經完全籠罩在一片爾虞我詐之中。歐亞共產家族現在需要有領導人出面來緩和緊張情勢了。

美國人當然不會幫忙。由於對蘇聯在非洲與中亞伸張勢力的做法（蘇聯正在增加對阿富汗新政權的支持，伊朗也在醞釀動亂）感到憂心，卡特政府決定打「中國牌」，站在中國這一邊，而未藉這個機會與越南進行關係正常化。這時的河內領導人迫切需要忘卻前嫌，因為一場大戰正在邊界另一邊醞釀之中。遭到孤立的河內遂於一九七八年十一月與莫斯科簽訂互助防衛條約，然後對赤柬用兵。不過這麼做也佐證了北京擔心的一件事：整個印度支那都將陷入蘇聯手中。就在越南準備入侵高棉、在高棉建立新政府之際，鄧小平決定打「美國牌」：他要進行一次像尼克森一九七二年中國行一樣具有歷史性的華府之行。鄧小平在這次訪問中向美國人保證，越南如果入侵高棉，中國會給越南一個教訓。卡特政府表示祝福，開始採取靠向中國、對抗河內與莫斯科的路線。[36]

一九七八年十二月二十五日，越南人民軍進入高棉，輕鬆推翻了赤柬，將赤柬趕進泰國邊界，建了一個忠於河內與莫斯科的新政府。所有有關各造，現在都在一步步將他們最怕的夢魘——其中許多在一開始純粹只是幻想——逐一成真。越南社會主義共和國雖然沒有為拯救高棉人民、讓他們免於種族滅絕之難而進行干預，但越南人民軍確實讓赤柬再也無力殘殺自己的同胞。越南開始在高棉南方重建保安秩序，並運用寮國模式恢復印度支那建國工作。中國於是在一九七九年二月十七日從北方攻擊越南，五師中國軍跨越越南社會主義共和國邊界，迫使成千無辜百姓倉皇逃命。雖說美國提供的衛星影像已向中國保證蘇聯不會從北方攻擊，也因此中國無須擔心引發一場兩個戰線的歐亞大戰，但原本打算教訓越南的中國軍，卻被訓練、裝備與經驗都屬全球一流的越南軍給擊敗，顏面盡失。

但鄧小平在外交與經濟戰線上給了越南毀滅性重擊。儘管全力支持赤柬，但中國在相當程度上憑藉與美國前所未有的合作，能在整個亞洲將越南孤立了十多年。在美國人與日本人支持下，鄧小平還拉攏東南亞國家協會會員國站在中國這一邊，讓赤柬繼續在泰國與高棉邊界苟延殘喘，並且留在聯合國大會。[37]

儘管或許當事發時，情況並不明顯，冷戰期間歐亞分裂早在一九七九年已經出現——比柏林圍牆在歐洲倒塌足足早了十年。這項分裂出現在印度支那也不奇怪，因為中、蘇與越南－高棉斷層線就在這裡將歐亞共黨集團分割。中、蘇斷層線分別出現在一九六九年與一九七〇年。結果是世界史上共產黨國家間第一次戰爭。與一九五〇年情勢不同的是，這一次不再是美國與中國之間，而是中國與蘇聯之間的攤牌。這次衝突也與「冷戰」要件之一的意識形態無關。美國人會讓東南亞公約組織於一九七七年無疾而終，一點也不奇怪。對鄧小平而言，蘇聯於一九七九年入侵阿富汗，莫斯科在印度支那支持越南，以及蘇聯透過深水港金蘭灣在南海迅速增加海軍兵力的事實，都證明他對蘇聯意圖包圍中國的判斷果然正確。就這樣，第三次印支戰爭——通常認為，第二次印支戰爭在第二次世界大戰於一九三七年在亞洲爆發時已經展開，而第三次印支戰爭是這第二次印支戰爭的延續——證明越南／印度支那在二十世紀世界史與地緣政治的重要性。不僅對日本人、法國人與美國人如此，對於在東疆與西疆邊界發生武裝衝突的中國與蘇聯兩個巨型共產國來說也一樣。[38]

終於挺身而出終止印支戰爭、修補歐亞集團關係的世界領導人，是蘇聯政治家戈巴契夫。他了解，想讓蘇聯走上繁榮且讓他在內部推動重大改革，只有一條路可走，就是從東到西、從北到南全盤重新思考蘇聯外交政策。最重要的是，他不肯繼續消費毫無法統的東歐帝國，不肯再在亞非世界浪擲國力，因為這樣的行動不僅所費不貲，而且只會讓蘇聯更難與美國、中國達成和解。越南人民軍或許已經成為全世界規模第五大的軍隊（如果將人員全部算進去，它是第三大），但它能夠如此壯大，只因為蘇聯對越南社會主義共和國提供巨額援助。這些援助的金額在一九八五年達到三十三億美元，為一九七八年的兩倍。蘇聯支持越南、越南的寮國盟友以及越南在高棉的建國，這些支持非常昂貴，而且只會讓莫斯科在商業與外交上與非共的亞洲——非共的亞洲在一九八〇年代是全世界有數最欣欣向榮的地區——越來越疏離。[39]

戈巴契夫因此希望就像與雷根的美國一樣，盡可能與鄧小平的中國關係正常化，以便透過經濟重建政策改革蘇聯。為達成這個目標，他與雷根談判結束冷戰，並且接受鄧小平提出的關係正常化三大要求——蘇聯在中、蘇邊界裁軍；蘇聯軍撤出阿富汗；蘇聯不再支持越南占領高棉。一九八八至一九八九年間，蘇聯軍撤出阿富汗，越南軍撤出高棉，中、蘇關係也迅速改善。蘇聯對越南社會主義共和國的援助在一九九〇年縮水六三%，對蘇、越關係造成立即衝擊。從一九八九年以降，東歐共產政權相繼內報瓦解，終於在兩年後拖垮蘇聯，越南社會主義共和國幾乎與整個世界隔絕孤立（它與古巴、北韓、蒙古與當時南葉門雖有關係，但改變不了這個現實）。河內追隨蘇聯，同意談判一項政治解決方案以結束在高棉的戰爭，並且放下身段與中國改善關係。若不這麼做，越南共產黨除了像北韓金日成一樣自我孤立、與全世界隔絕以外，別無其他選擇。一九九一年十月，歐亞兩洲的冷戰已經結束，在第三次印度支那戰爭所有主要參戰國支持下，聯合國贊助的一項巴黎和平會議結束了打了將近五十年的戰爭。聯合國和平維持委員會仲裁、執行停火，並且在一九九三年主持選舉，建立皇家高棉聯合政府。一九九八年，波布死亡，紅高棉解體。持續半世紀的戰爭終於落幕。不過，現在越南必須集中力量照顧自己人民的福祉，否則就會像柏林圍牆崩塌與北京天安門廣場民主示威所顯示的那樣，面臨政權解體之險。在越南構築共產主義的前景，從沒有這麼黯淡過。[40]

共產黨的失敗？

資本主義革命

共產主義為中國與越南領導人帶來絕佳利器，讓他們建立一黨專政國家，控制、動員大量民眾與資源供他們發動戰爭。但當戰火終於平熄，像中國人一樣，越南人也發現共產主義——無論是馬克思、列寧、史達林或毛澤東派——並不能帶來經濟、工業與科技迅速現代化的奇蹟。范文同在一九八三年向西方記者承認：「發動戰爭簡單，治理一個國家很難。」情況確實如此。到一九八三年，范文同等強硬派共產黨已經不得不承認，造成他們困境的主因，不只是因為發動戰爭與遭到國際孤立而已，也因為他們的社會經濟政策失敗。到一九八三年，數以十萬計的越南人乘小船往海外逃亡。各地鄉間饑荒頻傳。越南仍然是全世界最窮的國家之一，年均國民所得連一百美元都不到。在國際孤立達到最高峰的同時，黨的聲望亦陷入谷底。41

像鄧小平與戈巴契夫一樣，越南共產黨也已認清，如果還想繼續執政，就必須改善自己人民的生活。農民吃不飽的現實，在一九四五年八月把越盟推上執政寶座，同樣現實也能在五十年以後把他們拉下台。越南共產黨就在這種背景下，決定展開經濟政策全面改革。儘管初步行動早在一九七九年已經展開，但直到一九八六年，越南共產黨全力支持資深黨員阮文靈推動一連串所謂「革新開放」，才真正全面上路。就像中、蘇共產黨一樣，越南共產黨也放棄史達林式中央計畫經濟，推動以供需為基礎運作的市場導向經濟。特別在農業領域，當局頒布新法律，廢除集體制，推動民營、私有與市場運作。越南共產黨或許在公開場合大罵鄧小平發動第三次印支戰爭，但他們私下也承認，想振興農產、保住政權，就必須效法他的自由化經濟政策。一九八六年的改革也鼓勵非國營企業。企業精神不再是一種髒字眼，不再遭到政府支持的歧視。事實上，為推動自由化經濟改革，政治局重新重用許多南方人，以借助他們的經驗與人脈網路。史達林式工業化模式迅速下台，越南開始運用他們在農業上的相對優勢與廉價勞工，走上以出口領軍的開發之路。

之後十年，越南在經濟「革新開放」路上繼續前進。一九八八年，共產黨批准新法律，准許外國直接投資，賦予國營企業較大決策權，一方面減少對國營企業的津貼。共產黨在鄉間推動去農業集體制。農民再次獲得屬於自己的裝備與土地。一九八九年，共產黨不再訂定農產品價格，讓它們依據市場供需而浮動。政府同時將國幣「越南盾」貶值以刺激出口，並加緊金融貨幣政策管控以控制需求，進而控制不斷飛漲的通貨膨脹。共產黨還對銀行與法律系統進行改革，把它們與主持它們的當局轉變為一種非常不一樣的東西。越南的銀行現在必須增加儲蓄率，提供資本投資，同時支付有競爭力的利率。[42]

儘管這些政策的實施並非一帆風順（特別是通貨膨脹問題），越南經濟發展在之後十年開始起飛。拜市場獎勵誘因之賜，糧食生產迅速反彈，饑荒走入歷史，越南也改頭換面成為全球第三大稻米輸出國。在一九九〇至一九九七年間，國內生產毛額（GDP）年均成長率在八％左右，越南於是從全世界最窮的國家逐步改善，進入開發中國家之林。過去十五年來，儘管亞洲於一九九七年爆發金融危機，二〇〇八至二〇〇九年再遭全球金融危機衝擊，越南整體經濟成長始終保持強勁。二〇〇〇至二〇〇五年間，國內生產毛額年均成長率在七％左右，隨後於二〇一二年減緩到約五％。貧窮與飢餓人口在越南已大幅減少，只有約一一％的人口生活在貧窮線下，而在改革於一九八六年展開以前，有半數以上人口生活在貧窮線下。

出口導向開發，在成衣、製鞋與電腦組裝等勞力密集產業造就各種就業機會。稻米、咖啡與茶的出口也迅速成長，將二〇一二年的失業率控制在四・三％。農業產值對國內生產毛額的貢獻，從二〇〇〇年的二五％減少到二〇一二年的二二％，工業產值占比則從三六％增加到四一％。其他為觀光業與服務業。國內生產毛額成長雖在二〇一二年放緩，一九八六年正式展開的資本主義市場改革已將越南社會徹底改頭換面，帶領越南走上一條當年創黨元老們始料未及之路。這其間的矛盾當然就是，這種資本主義導向經濟模式，正是台灣、韓國與當年越南共和國採行的模式。就像中國共產黨一樣，越南共產黨為謀現代化，也不得不放棄共產黨那套辦法來改採市場導向經濟模式。這是革命。[43]

外交革命？

為配合經濟迅速轉型，外交政策也要有同樣革命性的轉變。自一九五〇年起，越南共產黨一直與莫斯科與北京同進退。在前後二十五年對抗法國與美國之戰中，莫斯科與北京始終是他們最大的支柱。但由於進入歐亞共產世界，除了與寮國、高棉姊妹黨的聯繫以外，越南共產黨也在實際上切斷了與它最接近的東南亞國家的關係。甚至當東南亞國家協會邀請它以觀察員身分與會時，河內還認為這個協會是美國主謀的東南亞公約組織軍事同盟的幌子，一口回絕。在一九七八年，河內加入經濟互助理事會。中國當時已經退出這個蘇聯領導的經濟組織。在越南著名情報頭子陳國歡嚴密監控下，越南轉型為一個現代警察國家，而東德祕密警察在這項轉型過程中扮演了重要角色。[44]這也就是說，在一九七九年，河內共產黨領導當局或有意、或無心，將越南外交軸心從歷史性亞洲傳統，幾乎排他性地轉到蘇聯領導的東歐集團。[45]

主要靠著戈巴契夫的壓力，越南共產黨不得不將外交重心從東歐移回亞洲。最重要的是，戈巴契夫改善中蘇關係的做法，也需要越南改善它與中國的關係。一九八六年七月，戈巴契夫在海參崴宣布將從阿富汗與蒙古撤軍。他同時也向越南領導人強調退出高棉，「為了亞洲與世界和平而與中華人民共和國」關係正常化的重要性。如前文所述，由於蘇聯援助急遽減少，越南人眼見自己國際地位如此脆弱，又迫於國內經濟危機，只得遵命行事。一九九一年，整個歐洲共黨集團瓦解，相當越南社會主義共和國一九八八年外貿總額的半數化為泡影，越南共產黨別無選擇，只有全面調整外交政策。[46]

越南共產黨原本已經批准了一些類似政策轉變，其中最重要的是一九八八年有關「世界變化與我們的新思考」的十三號決議案。這項文件正式授權共產黨開始與過去的敵國改善關係，以終止越南的外交與商業孤立，並支持黨以可能最迅速的手段改革國內經濟。河內也因此轉而支持巴黎和平會議，終於在一九九一年結束了第三次印度支那戰爭。越南共產黨根據這項文件派遣武元甲率團前往北京，出席一九九〇年亞運。武元甲利用這次北京行會晤中國官員，修好兩國緊張的外交關係。一九九一年十一月，在巴黎高棉問題會議成功閉幕之後僅僅數週，中國與越南正式將兩國外交關係正常化。47

在肅清這個障礙之後，越南社會主義共和國終於能迅速改善它與亞洲以及世界其他國家的關係。河內領導層接受東南亞國家協會邀請以觀察員身分與會，隨於一九九五年成為正式會員國。同一年，河內與華府也達成一項歷史性協議，在這兩個原先的敵國之間建立外交關係。在向非共世界開放之後，越南擴大與國際貨幣基金（International Monetary Fund，簡稱IMF）、世界銀行（World Bank）、亞洲開發銀行（Asian Development Bank）等自由派資本主義組織的合作，並於二〇〇七年加入世界貿易組織（World Trade Organization，簡稱WTO）。胡志明與他的政黨經營了許久的國際主義共產世界已經不復存在。

在二十一世紀之交，特別由於非共亞洲，現代越南的革新開放成果尤其亮麗。在一九八九年，蘇聯占越南社會主義共和國出口的三四%、進口的六三%。到一九九一年，隨著共產世界的消逝，這兩個數字分別跌到一〇%與一三%。填補這空隙的，不是法國或美國，而是日本、南韓、台灣與東南亞國家協會，與中國的貿易也不斷增加。在一九九二年，越南的進口有八二%來自亞洲國家，一年以後，越南的出口有六〇%為亞洲國家吸收。亞洲在二十世紀末的先進經濟發展，以及亞洲資本主義與貿易活力，讓越南能透過殖民主義與共產主義一直無法辦到的方式現代化。48

不過，就像在中國一樣，共黨越南這種對內與對外的革命也帶來一些重要問題。首先說，越南社會主義共和國擁抱資本主義導向開發意味，長征在一九五〇年所宣布將越南視為印度支那戰線的共產黨尖兵、在東南亞對抗資本帝國主義的共產黨世界觀已經失敗。三十五年後，越南共產黨領導人長征發表驚人的聲明，說黨必須「革新開放」，因為當年「我們為了盡早完成轉型，犯下迅速拋棄非社會主義經濟要件」的錯誤。這個曾於一九五〇年代極力推動激進毛派改革、畢生篤信正統共產主義的領導人，現在再次成為黨領導人，卻像中國共產黨領導人一樣，主張資本主義經濟改革。因為越南的生存依賴這項改革。[49]

其次，共產黨領導人在慶祝越南社會主義共和國加入東南亞國家協會，以及它在一九九五年與美國關係正常化時，把這兩件歷史性事件說成是外交勝利，但如果從較長的一段時間進行觀察，事實真相很可能不是勝利，而是失敗。越南共產黨與美國以及東南亞國家協會的合作，就許多方式而言，等於承認它未能建一個現代越南，未能像胡志明倡議那樣建一個不同凡響、共產黨導向的東南亞（在一九三〇年，胡志明本身也是泰國與馬來亞共產黨創始人之一）。如果說越南共產黨在一九七五年取得歷史性勝利，擊敗美國，完成越南一個多世紀以來第一次統一，在一九九五年，由於共產黨領導人擁抱資本主義，拋開他們奮鬥了幾乎一輩子的共產主義，美國與東南亞國家協會照樣也可以宣稱獲勝。河內、華府與東南亞國家協會各國首都的領導人，或許今天都在擔心中國會將勢力伸入南中國海，但他們今天所以能夠合作，是因為越南社會主義共和國在第三次印支戰爭期間拋棄共產主義、撤出高棉。而且同樣重要的另一原因是，越南共產黨一度引以為傲且為其中一分子的歐亞共產集團，已經不復存在。

14

第十四章　紅河外的越南

我們必須知道如何正確運用我們的軍事單位，才能將他們大批派往墾荒，建立新經濟區。這些單位必須有許多革命精神高昂、不屈不撓、不達目的誓不罷休的軍人與鬥士，這樣才能移山挖河，將這些空曠不毛的荒漠轉變為良田沃土，養活不斷增加的人口。❶

——總理范文同，一九七七年

范文同在一九七七年這篇講詞中所說的荒地，指的是現代越南的高地地區。這塊由崇山峻嶺與深溝高谷組成的高地，崛起於東北方的東京灣，往西繞經紅河低陸地區，然後沿中央海岸線南下，最後消失在湄公河三角洲。這處山嶺起伏的高地占了今天越南幾近一半的土地。高地上有河流、森林、動物、還有越南最重要的天然資源（鋅、礦石、鐵礬土與銀），以及種植作物（橡膠、咖啡與茶）。它還能為越南人提供保護。在第一次印度支那戰爭期間，越南民主共和國的基地就設在北部高地，一九五四年對法國那場歷史性勝仗的戰場也在北部高地。幾年以後，越南民主共和國將補給線穿過中央高地進一步南移，為與美軍作戰的部隊提供糧食與裝備。沒有高地就沒有奠邊府的勝利，沒有可以派上用場的胡志明小徑。當范文同在一九七七年發表這篇演說時，越南共產黨正準備為印度支那再次作戰，范文同也有很好的理由派軍進入這些地區。不過，他說高地是空曠的荒漠卻錯了。高地不是空曠的荒漠，而范文同也知道不是，因為他在一九四〇年代曾在高地工作。❷

讀到這裡，敏銳的讀者一定已經注意到，范文同這個說法十分「低陸」且又「越族」中心。現代越南史於西元第一個千年之始，出現在紅河三角洲地區。之後，低陸區一些越族的王、屯墾民、官吏、革命家、傳教士、建國志士與工人開始南遷。在建立河內之後，他們相繼建了順化與西貢。講述越南史的人，幾乎免不了地使用由北而南、簡單明瞭的方式敘述越南的過去，但這種標準觀點有嚴重的問題。首先，這是一種線形、目的論式的做法，以越族人不斷擴張勢力，從一個三角洲進入另一個三角洲的發展過程為主軸。越南內外的學者一般稱這種做法為「南進」學派。其次，這種由北而南的敘事方式有非常濃厚的種族優越意識。它貶低了生活在中央海岸低陸區與湄公河三角洲那些民族——特別是占人、高棉人與華人——的重要性。此外，它也忽視了高地民族的重要性。泰族、嘉萊等幾十個非越民族的人口，一直就占高地居民大宗，這種情況直到二十世紀末期才出現變化。如本書前文所述，直到不很久以前，「S」狀由北而南的越南並不存在。[3]

根據這個說法，越南殖民主義也是個難解之謎。主張南進學派的人一般認為，越族向南方擴張是一種實力與活力的象徵。它是一種英雄色彩濃厚的過程：像歐美的墾荒先民一樣，越南屯墾民也是堅毅不拔的硬漢，用他們的血、汗與淚水把大片空曠不毛的荒地開墾成生產作物的田野，把文明與現代化帶給當地原始的居民，使越南能屹立不搖、戰勝對手。但這類邊界拓荒神話，絕口不提越人往往用什麼手段從他人手中取得這些土地，不提他們如何用武力征服他人，不提越族殖民者與非越族被殖民者間複雜的互動。

今天的共產黨越南歷史學者仍然想方設法避開這些問題，而他們也很清楚，在印度支那戰爭期間，共產黨越南歷史學者把越人描繪成一個不甘被殖民而英勇反抗、終於掙脫西方帝國主義束縛的民族，編了一個威力強大的民族主義神話。像中國共產黨一樣，越南共產黨也發現，要承認他們自己也曾是殖民者實在太難。中共與越南共產黨都寧願強調古早以前那個一統的越南。許多支持越南民主共和國對法、對美鬥爭的外國歷史學者，也像中國學者一樣，為圖省事，避開越南現代史這一章。[4]

這種情況不能再繼續下去。圖納（Jackson Turner）在著名的「邊界論」中，認定美國史是拓荒人堅毅不屈在西部墾荒的獨特結果。但真正探討美國史的人，不會信之不疑地接受這種說法。同樣的，南進論認定，越南現代史就是越人從華南邁向暹羅灣的一部過程史，這樣的論點我們也不能接受。此外，我們對越南本身的殖民史也不能避而不談。因為越南在這段歷史中扮演的角色是征服者，而不是外族侵略的受害者。這同時也意謂，我們應該接受占族、高棉、嘉萊、埃地、巴拿、泰族與孟族對越南史具有中心意義，而不是只有邊緣意義。也因此，在結束這本書以前，且讓我們再回到過去。不過這一次，我們得重新調整一下敘事順序，先從紅河三角洲以外地區說起：我們把故事場景搬到中央海岸沿線的高地，以及湄公河三角洲，當時越南人還沒抵達。之後，我們探討非越族人民當年如何抗拒越人，如何與越族的建國作為互動。現在，且讓我們把一切所謂越南、法國、中國或美國例外論與民族優越論，全部拋到一邊。❺

越人抵達以前：越南的沿海與高地民族

東南亞大陸與印度洋交會處❻

大約一萬年前，南島語系與南亞語系等兩個各有獨特語言型態的族群，在東南亞大陸大片土地上殖民。起源於台灣島的南島語系族群，在七千年前至五千年前間展開殖民。這些人不僅將農耕技術從華南帶進東南亞，還練就一套精密的航海技術與技巧，讓他們可以在西元前三千年左右，渡過南中國海與印度洋。到西元前一千年左右，許多人已經抵達日本、越南、菲律賓、爪哇、蘇門答臘、波里尼西亞與夏威夷。更有許多人西向進入印度洋。還有些人來到非洲東海岸的馬達加斯加。所以說，第一個跨越印度洋的人是南島語系族群，比中國人、中東人與歐洲人都早得多。

經過許多世紀演變，這些人紛紛散居各處島嶼與東南亞大陸，建立小型政治組織、文化與語言。南島語系約於西元前一千年在今天的越南中部登陸，越南中部於是成為這些海上運動的中心。其中許多人遷往附近高地尋找獵物，就是後來的嘉萊、埃地與拉格萊族。還有些人，如占人，大體上就留在海岸地區，學習種植稻米、捕魚與貿易。高地與低陸地區的交往繼續，與印度洋世界的互動也持續不斷。事實上，我們不妨將越南海岸地區視為東南亞列島的延伸，這樣更能了解狀況。❼

在北方，南亞語系族群經由華南從今天的印度遷往東南亞大陸。這個族群出現在約四千年前的新石器時代。南亞語系是農業族群。他們沿著漁產豐富的河流從一個村擴展到另一個村，一邊種植稻米與芋頭。其中一些最古老的農墾社區年代可以回溯到西元前兩千年左右，位置就在起源於華南的紅河、湄公河與湄南河流域內。這些人可能在四千年前來到湄公河下游地區，之後沿著水道往西、往北進入湄南河（泰國）與紅河（越南）三角洲地區，一邊放牧、漁捕，並且種植作物。南亞語系族群包括高棉、巴拿、色當與爾族等等。就連日後紅河三角洲的「越」族統治者也是這些人的後代。事實上，根據語言學分類，越語屬於南亞語系孟高棉原始次類型。之後，漢帝國勢力伸入紅河三角洲，帶來漢化。南島語系族群抵達沿海地區，大體上迫使南亞語系族群只能在內陸地區發展。不過，由於南島語系族群也向北方內陸發展，兩個語系往往相互交融，特別在越南中央高地情況尤其如此。

對這段倏忽幾千年歷史的走馬看花式觀察，能讓我們對這些人群在越南、泰國、高棉、寮國與華南各地散布，並發展各自文明與政治實體的過程，有大致上的認識。出現在西元前一千年的一種擁有獨特南亞語系風格的陶器，是我們觀察的重點。東山鼓的生產是另一重點。雖說這些鼓似乎源起於紅河谷，但如本書第一章所述，它們是延伸進入今泰國與華南高地的一個共同文化的產物。再往南方走，從中央越南到暹羅灣沿海地區，南島語系族群建了許多繁榮的商業中心與文明。在西元第一個千年間，鐵器時代登場，農業技術進步，歐奇歐、扶南與沙黃等沿海政治實體乘勢崛起。這些新興政治實體由於能夠透過印度洋貿易往還，汲取從中東到漢帝國的資源，而能大力推動建國、開發經濟、拓展文化。地中海、中東及中國對東南亞香料與奢侈品的需求尤其重要。早在西元前三世紀，中國史家已經有東南亞島上種植丁香的記述，幾百年以後，羅馬史家也做了類似記述。有鑒於印度洋貿易的繁忙，考古學者在今天越南南部歐奇歐古國遺址出土羅馬錢幣，也就不足為奇了。

由於有了這些早期海上聯繫，越南中、南部領導人不僅可以與歐亞世界貿易，還接納了來自海外的宗教與文字系統，因應本地精神、文化與政治環境加以調整，而且往往在調整過程中造出獨具一格的系統。經過許多世紀風雨，歐奇歐、扶南、河仙接納了印度教與北傳佛教，之後又接納了南傳佛教。地方領導人和教士為表達口語、構想與神聖信仰而開始發展文字系統，梵文與印度婆羅門手稿與碑銘也首次在他們的地方出現了。印度王權、天文學、曆法、音樂與哲學，在這些早期非越文明中有了主顧。這些「印度化」經過許多世紀變化，在有些領域成功，在其他領域失敗，但總能調適地方需求。

對於在西元第一個一千年結束時崛起的高棉領導人而言，情況正是如此。八〇二年，闍耶跋摩二世在洞里薩附近建立強大的高棉帝國。由於當地在雨季期間能獲湄公河滋養，有了這些豐盛的水源，高棉領導人得以在吳哥窟建立精密水利系統，灌溉稻田，生產越來越多的稻米。前現代全世界最大都市人口就這樣在吳哥窟出現了。高棉領導人也從海上商務汲取力量，用勸服與武力雙管齊下的方式，將帝國勢力向北深入寮國，向東深入湄公河三角洲。

儘管湄公河三角洲、越南海岸與附近高地人口並不稠密，但它們顯然不是空曠不毛之地。而且它們也並非與世孤立、隔絕。特別是越南中部海岸尤其為當地居民帶來大好機會，但也構成潛在威脅。畢竟，漢帝國所以將勢力伸入紅河三角洲、將當地建成帝國版圖最南方的行省，部分用意也在於打開一條通印度洋進行貿易之路。漢帝國就這樣在紅河三角洲統治了一千年。

印度洋海岸的林邑與占城 ❽

中國交趾郡南方也出現幾個非越族的國家，這些國家都因為能透過海上交通跟印度、中國與高地聯繫而獲益。在第一個千年之間，扶南、河仙與歐奇歐為新政治實體取代。到第四與第五世紀，紅河三角洲南方出現一個由海岸各處小王國組成的新邦聯，統稱為林邑。原本以順化為都的林邑，與印度洋世界密切往還，充分發揮它靠近海邊的地利優勢。他們擴大貿易，開始與中國頻繁往來，而中國的高度經濟與文化發展也為他們帶來新契機。林邑統治者繼續調適印度宗教與理念的同時，也從中國的交趾郡進口中國陶器、建築風格、藝術與理念。「東亞與中國」以及「東南亞與印度」之間的劃分，在實際上從來就不明顯。❾

占族政治實體崛起於秋盆河谷、芽莊與藩朗。就像之前的南島語系族群一樣，占人也經由海路來到越南，來源地很可能是菲律賓。他們與中國、印度、中東積極貿易，也因應本地需求修改印度教與佛教，並運用梵文為占語建了一套或許是首開東南亞先河的文字系統。林邑與占海岸聯邦直到六世紀左右一直並存，到六世紀，基於不明理由，兩個聯邦合而為一，就是後來所謂「占婆」。直到十一世紀，甚至過後，占婆統治越南中部地區，從中國交趾郡南疆直到湄公河三角洲的高棉帝國都是它的版圖。在第一個一千年，世上並沒有「越南」這回事。

占國也從不是個一統的國家或帝國。「占婆」實際上是像群島一樣，遍布於中央海岸線、許多彼此相通的小型海岸王國。經過許多世紀演變，這些政治實體演化成五大王國（可參考地圖４）：（一）因德拉普拉（位於今天的廣平、廣治與承天省）；（二）阿瑪拉法第（位於秋盆河流域的廣南省與廣義省）；（三）維賈雅（位於康河邊，今天的平定省）；（四）賓童龍（位於寧順、平順省境的定河流域）；（五）寡沙拉（位於富安、慶和省境，在卡伊河沿線）。五國都是地方分權的王國，人口聚居中心都是特定地點一名有魅力的領導人。每個王國各有本身的宗教特徵，與商業與農業活動。它們的國界浮動，而且往往重疊，權力是分散的。像當時附近其他政治實體一樣，占婆也是許多小領土的一種結合，「一種由許多往往重疊的曼陀羅、或『小王國』拼湊在一起的大雜燴」。較強的實體往往以暴力方式吸收較弱的實體。這些小型政治實體組成的聯邦，與東南亞海岸地區當年那些群島國——如位於今天印尼境內的滿者伯夷——頗相類似，與北方結構森嚴的中國，或之後出現在紅河（大越）、湄南河（泰國）與伊洛瓦底三角洲（緬甸）那些比較中央集權的國家都不一樣。事實上，占人曾派遣官方代表團前往滿者伯夷，讓他們的子弟與島國王室通婚，以仲介身分推動東南亞各地群島的商務、文化與宗教交流。馬來人也在占人的宮廷、港口與軍隊中服務。[10]

占人同時也跟生活在高地的南島語系與南亞語系民族，如埃地、拉格萊、喬萊（Jorai）、巴拿與爾族互動。這些民族為占族貿易商提供許多在印度洋與中國市場奇貨可居的奢侈品，如犀牛角、象牙、肉桂，特別是香木。其中尤以沉香木最為貴重。占族製作的藝品，包括雕刻、塑像與石碑，或經陸路進入內陸，或由海上深入印度洋島嶼。一些占族的王利用這些關係將政治影響力伸進山區。今天的寮國中部有一個省，省名占巴塞，就是這種影響力的結果。有些高地人甚至還當了占族的王。也由於占人的商業網路，紅河三角洲的陶瓷製品得以外銷、進入印度洋市場。[11]

占族的海岸網路終於讓他們接觸到來自印度洋遠西邊界的另一宗教：回教。阿拉伯貿易商長久以來，一直與東南亞進行香料、香木交易。從十三與十四世紀起，這些貿易商與隨行的傳教士，開始將回教迅速散播於東南亞沿海各地政治實體。滿者伯夷等地開始出現蘇丹。透過與島國宮廷的商業、文化與婚姻關係，占人在十五世紀將回教帶進越南海岸。在這個過程中，他們與高棉人以及他們的南島語系前輩聯手，將紅河以南地區轉型為一處令人稱奇的宗教大熔爐，讓印度教、佛教、回教與既已存在的南亞語系泛靈論信仰、習俗在一起相互輝映。同時，中國人也將方塊字、儒家理論、北傳佛教以及新的文化禮俗引進交趾。⓬

紅花將軍治下占婆的興亡⓭

大越獨立政治實體在十一世紀的崛起，沒有導致占國、高棉帝國或高地諸國的覆亡。越族人也未必如同「南進」神話所說般湧向南方，一舉建立「越南」。儘管大越史家極盡巧妙能事在前殖民時代找出一些共有的過去，新成立越南國的宮廷政治仍然非常動盪，地方領導人不斷爭權奪利，角逐軍事與經濟資源控制權。此外，中國人隨時可能重返交趾地區，而占人與高棉人也不是區域性等閒之輩。在二十世紀，占族與高棉民族主義者宣稱他們是愛好和平的民族，是越南殖民侵略的受害者，但在幾個世紀以前，他們的領導人曾彼此交戰，而且也都曾為了擴張帝國版圖，毫不猶豫地攻擊剛在北方崛起的大越。如本書第一章所述，主要由於垂涎占人與宋代（九六〇到一二七九年）中國的貿易，高棉人在十二世紀末期發動攻擊，占領占族土地，在今天平定省的維賈雅地區建立總部。占人發動反擊，在一二二六年趕走高棉人，以便在維賈雅建立自己的基地。這些占族新領導人也充分利用與中國人在印度洋貿易的互動，加強國力，建立一支大型常備軍。在蒙古人於一三六八年在中國遭到挫敗後，占人再次與中國新領導人（重視商務、力圖擴張的明朝統治者）改善貿易與外交關係。

就在這種時空背景下，占族於十四世紀末出了一名人稱「紅花將軍」、領導魅力十足的王，開創了占族史上的黃金時代。紅花將軍不僅把占族大大小小各政治實體都統一在他旗下，還設法奪回占族或割讓給大越、或遭大越強占的土地。一三七一年，在獲得中國同意後，紅花將軍率軍從陸路進入紅河三角洲，並且派遣戰船在海岸登陸，攻進大越首都河內。占軍洗劫河內，放火把大越宮廷燒為平地，迫使河內百姓倉皇逃生。一三七六年，紅花將軍再次發動攻擊，打敗大越軍，還殺了大越國王。到十四世紀末，占國不僅盡收失土，還將版圖擴張進入紅河盆地南方，並且改善與中國的關係。就算大越確曾趕走入侵的蒙古人，再怎麼說，他們沒能阻止占人兩次洗劫他們的首都。

紅花將軍以血腥征戰攻略北方的作為，讓年輕的大越國本撼動，不過越人沒有被擊垮，而且逐漸展開反撲。一三九〇年，當紅花將軍三度發兵時，大越軍反攻，在戰陣上殺了紅花將軍，準備進一步南侵。這時唯一能阻止大越軍南下的就只有中國軍。中國在印度洋與印度洋貿易的商業利益仍然很大。鄭和將軍就在這時率領他著名的艦隊出航，到達非洲，還可能造訪聖城麥加。一四〇六年，明軍占領紅河，將它又一次轉型為帝國行省，鄭和的船艦還在占婆小停。大越雖在一四二八年又一次趕走中國人、建立黎朝，但它的新領導人（包括黎氏、鄭氏與阮氏等等，許多都是來自南疆的軍人）相信，大越想生存，就得向南方擴張領土，把版圖伸進海岸低陸地區，在紅河三角洲開拓田地、種植水稻（以養活過剩的人口）。來自大越南部的領導人也知道，想插手獲利甚豐的印度洋貿易，維賈雅（今天的歸仁）能提供最好的途徑。當時沒有人知道這些做法會帶來什麼後果，不過黎朝於一四七一年大舉攻擊占城，大越的殖民計畫就此揭開序幕。

北部高地的民族

大越的擴張雖以南方沿海低陸為重心，但這個剛崛起於紅河的國家，也透過戰爭、貿易與移民手段，跟北部山區與山區民族互動。經過許多世紀，新族群繼續從華南進入北部高地，其中泰－卡岱系民族尤為大宗。這些民族以砍伐森林燒地為主要農耕手段，但在山谷可以引水灌溉的地區，水稻種植也很普遍。穿越山區的商隊帶來中國商賈、探險家、傳教士，最後帶來帝國軍隊。理念、技術與消息開始流通，待人把握的新機會也出現了。

事實上，當唐朝於十世紀崩潰時，越族不是唯一想乘機建國的民族。十一世紀，住在中－大越邊界兩邊、說泰族語的壯族，出現一名名叫儂智高的領導人。儂智高醉心漢人治國之術與漢文字，建造獨立國的理念更讓他心動。一〇四二年，他在今天的高平與諒山省建立「繼承大統」的儂王國。大越當局不願見到邊界北方出現與它競爭的王國，於是把儂智高抓到河內。儂智高在幾年以後獲釋，隨在一〇四八年建立「南天國」，失敗後於一〇五二年再起，建立大南國。這一次中國帝國軍隊將他追進雲南省泰族地區，他死在當地。儂智高嘗試在中華帝國邊緣建一個像大越一樣的獨立國，他的行動雖說最後以失敗收場，但他證明一件事：在控制不嚴密的高地地區，泰族與壯族始終活躍，而且都有屬於自己的建國計畫。而且由於儂智高這類有魅力的領導人推動建國，中國與越南領導人不得不加緊控制，推動在高地邊區移民，甚至不惜聯手採取這類行動。[14]

到十九世紀，就在中國清朝統治者為維繫他們這個巨型多種族帝國（清人自己就是從北方草原來的滿洲人）而傷透腦筋之際，更多泰族人源源進入越南高地。太平天國暴亂就是最明顯的例子。一八五〇年代初期於華南起事的太平軍，大大削弱了北京對印度支那中央高地地區的控制。當清軍終於敉平太平軍叛亂，於一八六〇年代跨過南部省分展開追剿時，他們的野蠻鎮壓使數以萬計主要是泰人與孟人的高地居民逃進阮王國北疆山區。這些難民與克木、倮倮、瑤族與滿族等其他山地族群匯集在一起。總計，至少有三十多個族群生活在越南北部山區，他們有自己的領導系統與組織，並且不定期向中國人、越南人等等稱臣納貢。

對抗越帝國

世界帝國史上，被殖民的往往大舉效法他們過去的殖民主子。越人也不能例外。明朝的占領或許只持續了短短二十幾年（一四〇七到一四二八年），但已經為紅河地區一千年來殖民互動與殖民結構形成的相貌，帶來密集而迅速的軍事、文化與政治轉型。越人當然重視他們的獨立，但也很了解他們過去的殖民主子，對這些主子的許多事崇拜有加。大越領導人積極效法中國模式與技術一點也不奇怪：這些東西可以幫他們興旺與統治。舉例說，拜明朝之賜，越人取得當時最先進的軍事科技（大砲、火藥與戰艦）。後殖民時代的大越領導人，也熱衷以中國官僚模式營造、擴張中央極權政府，以召募、組織、部署人力與資源。中國的治國術，也成了大越用來兼併與治理新征服土地的利器。

以中國為中心的東亞文明世界，認為崇尚儒家的國度在文化層面上，比他們那些「不文明」的「野蠻」鄰國高一等。大越領導人因這項強有力的意識形態而認為，現在大越既已加入這個世界，就有跨出邊界、推動文明教化的任務。此外，紅河三角洲農業迅速擴展帶來新的人口壓力，也使大越領導人向外拓展。

一四七〇到一四七一年，李朝發動越南第一場真正的土地征服之戰，對維賈雅展開大規模攻擊。越南人動員大砲、海軍與三十萬大軍攻擊兵力十萬人（而且沒有好領導人）的占軍。附近的高棉與中國當局坐視不管，看著大越占領維賈雅，將它改名為平定省。占人在因德拉普拉、阿瑪拉法第與維賈雅的政治實體現在已為大越所有。維賈雅的陷落雖沒造成南方另兩個實體（賓童龍與寡沙拉）立即瓦解，十五世紀以降，越的領導人有各種理由繼續南向拓展帝國版圖。⓯

占人與阮帝國政府

但黎朝在十五世紀建的大越，並沒有向南擴張，殖民暹羅灣。採取這項行動的是叛離朝廷的阮氏軍閥。鄭氏與阮氏在十七世紀初爆發的長年內戰，迫使阮氏在阮潢將軍領導下向南方發展（見本書第一章）。由於鄭氏從北方入侵的威脅隨時存在，而黎朝南疆可以立足的土地又很小，阮潢與他的後裔發現，他們如果想生存就得從占人手中奪下整個海岸地區，鼓勵越人往海岸移民，並控制占人與印度洋以及中央高地的貿易。阮氏運用他們先祖從中國學來的那套中越管理模式。而且也像他們先祖一樣進行調適，設計了各式各樣間接統治形式，管理幅員遼闊的區域與民族。講究實際的殖民者永遠是最成功的。

阮政府就在這種內戰不斷、殖民擴張持續與軍事統治的情況下誕生了。一六二七年，鄭氏與阮氏開戰，阮氏也在這一年南下攻擊占人。一六五三年，寡沙拉為阮軍攻陷，阮氏這時已經控有從海雲山口到藩朗河的大片土地。占人碩果僅存的賓童龍，也在阮氏要求向順化納貢的壓力下苟延殘喘。阮氏此舉亦意在向河內的鄭氏表達明確訊息：阮氏要脫離黎朝、建一個獨立帝國。⓰

阮氏殖民當局向南方擴張的同時，它的領導人也開始聚焦高棉帝國。從十七世紀末葉起，順化領導人對高棉朝廷（這時位於金邊）採取越來越具有侵略性的路線，並且直接干預高棉朝政。阮氏所以這麼做，主要用意就在於加強它在湄公河下游的控制權，防阻位於西方、另一個迅速崛起的國家（湄南河谷的暹羅）趁高棉帝國式微而將勢力伸入高棉，與阮氏爭利。當泰國人進入高棉時，阮氏也迅速將勢力伸入湄公河三角洲與占人碩果僅存的賓童龍，打通前往暹羅灣之路。現代越南的「S」形版圖就這樣出現。這是阮氏透過殖民擴張建立的版圖。事實上，到十七世紀末葉，成千上萬越族移民已經進入賓童龍，而且沒有離開的打算。[17]

在一六九二年，賓童龍國王婆薩烏眼見退無可退，於是決定攻擊阮軍，阻止這「S」形版圖成形。此舉正中阮朝領導人阮福淍下懷。因為他需要一個征服賓童龍、將更多軍隊與屯墾民送進湄公河的藉口，婆薩烏此舉為他帶來這個藉口。阮福淍相信中國人與高棉人不會干預，於是集中力量擊敗占人，廢了婆薩烏，將賓童龍改為順城鎮（Thuan Thanh）。優越感十足的阮福淍，規定被征服的占人必須採用越人禮俗與服飾，必須說越語，遵行中越官僚與文明模式。[18]

這些嚴厲法規立即引發抗拒。從占人觀點來說，許多世紀以來一直就屬於占的一切，包括獨特的海岸聯邦體制，與東南亞島嶼的密切商業、文化與宗教關係，自成一格、擁有本身文字系統的特殊語言，非常不同的服飾與時空概念，以及獨一無二的社會組織、土地權與財政管理等等，都因阮朝的殖民擴張而畫下句點。講究實際的阮朝領導人立即改變策略，轉為間接統治。因為他們既沒有足夠軍力執行如此嚴厲的占領，也沒有足夠行政組織與文官控制這些新地區。阮朝新皇帝明王於是將順城鎮（占婆）改為保護國，並將殖民政策從同化改變為聯合。明王沒有派遣越裔官員主管占人占大多數的行政區，而以可靠忠誠的在地人出掌這類要職。這些在地人可以與阮朝合作，以爭取占人支持，他們還可以更有效地管理占人，使越人的殖民統治更加有效。阮朝在占王室成員中找到一個名叫婆薩雷達普他的絕佳合作人選。婆薩雷達普他也發現，與阮朝合作可以保護他的人民，可以保全占人生活方式，還能幫他擊敗政敵。明王於是任命婆薩雷達普他為賓童龍王。

這個占族最後王國雖不是一個獨立主權國，但在成為越人保護國以後，占人確實重新取得相當的地方權力。舉例說，阮朝在一七一二年准許占朝廷審理地方事務，並設立一個由占人與越人組成的法庭，處理涉及越人屯墾民的事務。占人重享說占語、信奉占族宗教的權利。占人同時還享有稅率較低的優惠。清朝統治者在將中華帝國版圖擴至中亞深處時，在北京建立藏傳佛寺（西藏在一七五一年成為清的保護國），明王也一樣。在阮朝深入東南亞腹地擴張帝國版圖之際，他公開與賓童龍王同進退，並協助在順化重建天佬聖廟。[19]

不過這一切都不能改變一個事實：在占領賓童龍以後，阮朝已經完成戰略部署，準備將殖民控制伸入湄公河三角洲。之後一個世紀，阮朝就這樣不斷做著。到十九世紀初葉，阮帝國版圖又增添了十萬多名高棉族與十萬占族臣民。與吳哥帝國（當時在金邊）切割了的高棉人自稱「南高棉人」，亦即生活在湄公河「下游」河谷的人。他們大多是種水稻、放牛的農民，大多是小乘佛教信徒。許多占人也都逃進南高棉地區、金邊以及東南亞島嶼。許多人加入馬來人，還曾在十七世紀說服一名高棉王皈依回教。[20]

但誠如本書前文一再顯示，權力均勢的變化總是帶來合作關係的變化。當西山叛變在十八世紀末葉引發又一輪越南內戰時，這種變化更是明顯。在一開始，許多占人渴望加入西山兄弟。事實上，西山是展開這場叛變那個村子的名字。具有重要意義的是，這個村子位於中央高地，是個種族混居的地方。叛軍三兄弟之一在續弦時娶了一名巴拿婦女。有人說，西山兄弟是異族聯姻之後。這說法很可能是真的。西山兄弟在起兵造反時，大哥阮岳自稱維賈雅廢墟的統治者，還說自己有一把高地人用的那種寶劍。無論怎麼說，西山叛變是越族與非越民族、是低陸與高地民族間多年來互動造成的結果。[21]

軍事行動在占族腹地展開，之後擴及越南全境，權力均勢也在三十年間不斷起伏變化。占族精英與農民也隨著這種權力消長調整他們的忠誠與聯盟關係，希望這麼做能在戰後明哲保身。越族強硬派也做了調適。困在南方的新領導人嘉隆，精心籌畫，與南高棉人、地方華人、各宗教團體、占人締結一連串聯盟關係。為換取他們的合作，他保證讓他們全權間接統治、自治，保證尊重他們的習俗、宗教、語言與地方認同。他向占人提出保證，會在日後保護國統治下重建賓童龍王權。一八〇二年，在將整個越南全部納入阮朝統治下之後，嘉隆實現他的諾言。他重建賓童龍王權，在訂定政策時也小心翼翼，以免激怒非越族起而反抗。直到嘉隆於一八二〇年去世，儘管事情並非十全十美，越南境內大體上都能維持和平。[22]

明命與占族反殖民運動的崛起

嘉隆的兒子明命（一八二〇至一八四一年）刻意扭轉父親對間接統治的承諾，情況大不相同。明命比嘉隆更篤信儒家，熱衷秩序，決心推動中越官僚模式達成這些目標。要推動這種模式就得建立臣民——包括幾十萬非越族臣民——的絕對忠誠。如果這意謂所有的臣民都必須納入他的中越行政模式，都必須在他個人控制下融入政治實體與共同文化，事情就得這麼做。當然，我們可以說，從治理理性化、權力中央化與認同一體化角度而言，明命這些做法非常現代，但他推動這些政策的嚴厲手段，造成了排山倒海般洶湧的抵抗與排越仇恨。

一八三二年（甚至還更早），明命下令解散賓童龍保護國，廢除占人王室與占族政府，將賓童龍併為平順省，並任命一名越人主持省務。占人法庭與占越合議的仲裁庭也取消了。越帝國的軍隊抵達地方，維持治安，執行新的勞役、稅與土地法。如本書第二章所述，明命帝對南高棉人採行同樣政策，並在高棉全境推動殖民。他規定占人與高棉人必須像越人一樣穿、像越人一樣吃，必須學習越文。明命帝並且積極勸阻（往往是查禁）回教、南傳佛教與印度教活動，認為這些宗教信仰都是中越文明與儒家模式衍生的劣質產物。

對占人與高棉人而言，殖民同化不僅永遠粉碎了他們的政治獨立，還對他們不一樣文化與宗教認同的存在形成威脅。占人留下一些紀錄，說明他們在越族殖民剝削下承受的苦難。一八三〇年代的一件文獻上寫道：「占的貴族（被迫）放棄他們崇拜祖先的儀式。他們被迫說，（占的）傳統不好，必須放棄；越的傳統才適當，必須遵行。」占人社群一片荒廢：「我們身前身後已經一無所有。過去辛苦工作的一切成果全被奪光。我們已經無以為繼。」就像在開鑿文德運河時強徵高棉人當勞工一樣，阮朝也強徵占人與高棉勞工修路、架橋、開運河。殖民政權強徵勞役不是法國人發明的。法國也絕不是第一個面對反殖民抵抗的國家。[23]

就在這極度悲慘的環境下，一名名叫卡提・蘇馬的占族回教徒從高棉來到賓童龍。他剛從麥加朝聖回來，決心組建反抗越南人的抵抗運動，一方面散播伊斯蘭教（即回教）。為達到這個目標，他召募占人與附近高地人組織游擊隊，宣布對阮朝異端發動「聖戰」。明命立即調軍，武裝地方越族屯墾民，並呼籲軍民聯手敉平「叛黨」與這種外國信仰。在軍隊血腥鎮壓下，一些占族精英發現蘇馬未必是為他們謀福，支持蘇馬的民眾於是越來越少。另一名名叫賈薩克的在地占人回教徒取代蘇馬，成為抵抗運動領導人。賈薩克與占族王室殘餘成員、幾個高地族群以及一些與順化朝廷不和的越人（這類人士不在少數）結成聯盟。不過明命撐過這一險關，他的軍隊在一八三五年初擊潰賈薩克與其他占族叛亂分子。這次事件為占人帶來慘重後果：占人因此像南高棉人一樣，成為生活在自己土地上的二等公民。若不是泰國（不是法國）在這時出兵高棉進行干預，高棉帝國可能早已完全淪亡，成為越南一部分了。[24]

高地越南：殖民同化的極限[25]

雖說越南殖民擴張總以低陸地區為重心，阮朝像之前河內那些朝廷一樣，也很重視環繞低陸的高地。儘管許多越南人認為高地髒亂，不宜人居，想找人進高地工作很難，但阮朝不斷派遣官吏、商人與軍隊進入高地探勘、觀測，對非越裔人口進行鎮壓，並且想辦法課他們稅。阮朝在一六九七年實施的「蠻人稅」就是例證。不到一百年後，由於這類稅負實在太重，高地人民終於在西山兄弟領軍下造反。

阮朝在十九世紀之交統一越南時，加強與中央高地與北部高地的關係。阮朝君王往往透過中國商人與嘉萊的酋長交易肉桂。明命帝甚至因這項買賣獲利太可觀，而將肉桂生產納為公賣，加以壟斷。泰國人從西方擴張進入寮國土地，也使阮朝更加重視在高地的利益。在北方，如前文所述，清朝鎮壓太平軍以及華南高地人暴亂，使數以萬計泰人與孟人湧入越南北方，與地方民兵以及土匪聯成一氣。其中活躍於中越邊界的黑旗軍（見第二章）就是例證。[26]

邊疆地區的這一切活動讓阮朝憂心，於是開始蒐集有關高地民族的情資，了解他們的語言、風俗習慣與社會組織，一方面探索更好的管理高地之道。在北部高地，願意在帝國這個艱苦邊區工作的越人官員可以獲得加薪與迅速晉升。在北方，順化朝廷沿用中國的「土司」系統，任用地方頭目統治泰人聚居的山區。舉例說，順化當局授權地方首領刁文治，讓他在地方收稅，經營鴉片買賣，還讓他負責地方治安與司法工作，條件是刁文治必須保障西北邊區的安全，必須向朝廷納貢，必須讓他的人民做阮朝臣民。這種十一世紀的經典間接統治形式，讓忠於阮朝的世襲地方領導人可以與越族官員並肩治理大片地區。就連熱衷同化的明命帝，也不得不在一八三〇年代承認，想在帝國這一部分進行直接統治根本辦不到。[27]

在俯瞰順化的中央高地，阮朝重新啟動納貢關係，推動另一種間接統治。一八三一年，明命歡迎嘉萊使者造訪他的宮廷，當他們莊重地向他呈獻象徵臣服於阮帝國統治的貢品時，明命尤其欣喜。在一八三〇年代一次這樣的場合中，明命帝欣然說道：「今天來到皇宮接受這些使節的貢品，我親眼見到他們獲得適當的保護，而且也都按照規定向我鞠躬行禮。」阮朝也派遣使節前往嘉萊與埃地的土地，參加「宣誓儀式」。根據阮朝史官記述，雙方代表在儀式中「用酒摻進清水，攪拌之後倒進瓶子裡，再用竹管吸起來喝」。在數百名高地精英面前舉行的這種公開儀式，一方面顯示低陸地區的阮朝尊敬高地人民，但同時也確認嘉萊對阮帝國主權的順服。法國人之後基於同樣理由，也舉行這種儀式。在這個地區，他們不是第一個進行殖民的。[28]

高地人與阮朝也都相互築牆，不過並非只是為了對立。一八一九年，爾人為阻止越人進入他們的土地，對越人發動攻擊。阮朝於是在廣義省築了一道一百二十七公里長的牆以自保。不過，近年來的研究也顯示，這道牆是越人與爾人一起合建的，部分目的是維護安全，以保障區間貿易與外交關係。這類高地與低陸地區之間的交往已經持續了許多世紀。「牆」是這類交往的一個具體成果，市場是又一個成果。雖說權力均勢逐漸不利於高地人，但兩造間的關係往往比我們乍看之下更加複雜。[29]

從帝國秩序到高地國家秩序？

法國人在建立高地控制權過程中的難題

法國在將高地土地與人民納入印度支那聯邦殖民國的過程中，自然也向他們之前的越人一樣，面對許多類似問題。這些問題讀者們現在想必已不陌生：需要與來自西方的其他勢力角逐高地控制權（例如泰國人，不過這時英國人也在蠢蠢欲動），清朝逐漸瓦解在中、越邊界造成的長期混亂，對印度支那高地知識的極度欠缺，以及統治這片廣大地區的文官人手永遠不夠等等。

這兩個殖民高地的帝國方案有一項重大差異：法國人推翻了既已存在的阮帝國，引發一場越人反殖民運動。越人保皇派精英不僅逃亡到日本、中國與泰國，就近逃入中央高地的也不在少數。潘廷逢、尊室說等阮朝廷學者出身的愛國分子，還有當法國人於一八八五年洗劫皇都時，由這些保皇派偷偷送出順化的孩子皇帝咸宜，情況都是這樣。為了壓制崛起於高地的越人反殖民主義，法國人立即採取鼓動非越民族、讓非越民族與法國聯手對抗越人的政策。這意謂法國當局啟用法國官員以及新一代高地軍事與行政管理精英，換下越裔帝國行政人員。它同時也意謂保護高地民族與文化，不讓它們遭到越裔移民侵蝕（儘管這項政策實際上運作得一直不甚理想）。不過法國的帝國策略也造就了新的高地人認同與土地空間，以及從未出現過的種族對立，這些因素直到今天仍繼續影響著現代越南的風貌。

第一批在中央高地擔任行政管理工作的法國人不是殖民官員，當是為躲避明命帝迫害而逃進中央高地的歐洲天主教傳教士。這些被逐出低陸的傳教士立即集中精神展開「教化」，使高地人皈依基督教。一名法國神父在一八三〇年代寫的一句話頗能說明當年傳教士的心態：「想讓他們成為基督徒，得先讓他們成為人才行。」高地人大規模皈依雖說是日後的事，這些傳教士將基督教首先傳進高地，並且在傳教過程中，為高地人帶來新宗教做法、認同與儀式，與既已存在的信仰混合，為本書討論到的融合更添增一分多樣性。教會在高地出現，而且各有專屬教區，神父們對這些非越族人民的習性也有了進一步認識。[30]法國征服越南當然為傳教士帶來安全保障，讓傳教士在高地的宣教更加方便。為示回報，傳教士也為法國軍官與政府官員提供情資，幫他們在這些偏遠地區進行統治，一方面對付在高地重整勢力的保王派，一方面也與正積極進取高地的英國人、泰國人與德國人競爭。[31]

殖民早期，法國當局需人孔急，甚至找上愛吹噓、自大狂的冒險家德馬漢納（Marie-Charles David de Mayréna）。一八八五年，反殖民的勤王運動崛起，德馬漢納夥同一小群神父在中央高地的崑嵩組織非越民族邦聯。但問題仍是老問題：這些人並不可靠。一八八八年，法國官員駭然發現，德馬漢納不但沒有留在邦聯為邦聯效力，還成立一個獨立的新國家，叫做色當王國（色當是崑嵩一個部落的名字）。對德馬漢納而言，這個新王國有自己的郵票、旗幟與海關，是獨立主權國。他甚至自立為王，還宣布天主教為新王國的國教。法國殖民當局雖說迅速結束了這項令人難堪之至的間接統治實驗（他們顯然是被騙了），但就像之前儂智高建的王國，與出現在其他地方的類似案例一樣，德馬漢納的王國也讓法國當局提高警覺：必須搶在其他人之前控制中央高地。許多法國共和派官員也因此相信不能信任傳教士。一名共和派人士甚至寫道，德馬漢納事件證明法國傳教士想建一個「像耶穌會在巴拉圭建的一樣的自由國」。共和派對這種可能性真是畏若蛇蠍。[32]

在這段期間，法國主要依賴軍隊與軍官進行統治，一方面由外交官員組建在一九〇〇年代初期逐漸成形的所謂法屬印度支那。像之前的阮朝一樣，法國也在北部高地與寮國建立軍區。他們還將高地領土（與疆界）在交趾支那、安南、東京、寮國與高棉之間不斷來回移轉，以找出統治這些所謂「苗子」的最佳之道。所謂「苗子」本是中越用詞，指的是東亞文化世界以外、未經「文明教化」的「野蠻人」。但法國人用「苗子」指住在安南境內中央高地的非越族山地土著，後來用它泛指所有住在高地的居民。在一九三一年，占有交趾支那北部部分地區與安南的中央高地住了六十萬「苗子」。再往北方，在東京高地也有七十萬「少數族裔」居民（包括泰族、滿族、孟族、倮倮等等）。此外，生活在湄公河三角洲的三十一萬二千名高棉人也經法國納為少數族裔類型。總計，在深入湄公河沼澤地帶的安南山脈高地，當時住了約一百七十萬非越人民族。[33]

在杜美上任、潘廷逢也於世紀之交去世後，法國人更集中全力，加緊對高地的控制。杜美果然在高地建了百里居、多樂與同奈等新省，之後更多省分陸續出現。他的一名部屬說，在中央高地採行「直接統治系統」很重要：「不瞞你說，管理像苗子這樣原始的民族，這似乎是比較實際的做法。」不過，殖民當局所謂「直接統治」指的並不是「同化」。儘管安南是法國保護國，法國理應維護原有阮朝政府與官吏系統，在安南全境（包括非越人地區）實施間接統治，但法國人不相信安南高地的王室、也不相信當地地方官，也因此不願意在安南實施間接統治。法國決定將大多數越裔行政人員撤出中央高地，派遣法國官員進駐，並由這些官員與地方首領——例如在多樂省與嘉萊領導人崑加諾，在西北部高地與刁文治——合作進行統治。法國依賴越裔官僚協助他們在寮國與高棉統治，但在高地，法國人大體上不任用越裔人。[34]

同時，法國殖民主義引發與孤立政策背道而馳的改變。首先，法國以前所未見的方式像棋盤一樣，在印度支那建了許多道路。其次，在第一次世界大戰之後，法國金融集團、投資人與印度支那銀行忙著在高地開更多礦，建更多種植場，加速高地經濟發展。在整個越南高地地區，橡膠、咖啡與茶樹都能長得很好。第三，由於道路情況改善，在科技與現代金融手段加持下，更多屯墾民與公司進入高地，或圈地開墾，或建種植場，或炸山開闢新礦。這些活動造成前所未有的勞工需求。當高地人不願加入這種商業新世界時，屯墾民會毫不猶豫地引進越裔勞工，或對非越裔人強徵勞役。基於同樣理由，越裔企業家也熱衷於高地開發。越式殖民主義在法國統治下開始往西拓展，也因此順理成章，不足為奇。在一九四三年，四萬二千名越裔人與五千一百名法國人住在高地。儘管中央高地在第二次世界大戰爆發時已經住了一百萬，這些歐越殖民人口規模微不足道，但他們只是開端，更多的工人與屯墾民之後不斷湧入。有些越裔種植場老闆生意做得甚至比法國老闆還大。不過，法國與越裔人這種對高地的入侵，往往造成高地原住民的暴力抗拒。[35]

這種對高地的商業滲透導致另一波活動，在相當程度上造成殖民官員與高地精英的結盟，並因此產生一種個別的「苗子」認同。這波活動的靈魂人物是薩巴奇。在一九一三至一九二六年間，受過專業行政管理訓練的薩巴奇在他的邦美蜀辦公室裡不倦工作，拉攏嘉萊人與多樂省其他高地民族。與德馬漢納不同的是，薩巴奇對法屬殖民國絕對忠誠。與巴斯齊（第一次世界大戰過後法國駐安南專員）交厚的薩巴奇，很了解高地人在保護印度支那、壓制越南民族主義這件工作上的重要性。（一九一六年，又一名越南皇帝維新帝，為了不願扮演法國人強迫他扮演的傀儡角色，而企圖逃入這處高地。）巴斯齊與薩巴奇也決心保護這些「純潔」的高地人，不讓高地人遭到法越屯墾民與他們代表的商業經濟的侵害。薩巴奇竭力為高地人創建了一種有所分別但與法國結盟的認同。在巴斯齊支持下，他設計、發表一種羅馬化埃地文字系統，主持創作埃地習慣法法典與司法系統，為成千上萬年輕人開辦法國－埃地學校，徵召男子加入法國領導的殖民軍服役，設立醫院，引進現代醫藥。薩巴奇親自參加高地宣誓儀式，在儀式中公開聲稱法國政府對高地人的崇敬，以換取高地人承認法國主權。他也在北部高地人與交趾支那高棉人族群展開類似工作，讓他們的子弟進入在法國——不在越南——控制下、經過整修的佛學校念書。[36]

但薩巴奇意圖孤立高地的做法，招來一些有權勢、有財務利益的人痛恨。他們在一九二〇年代要他去職。最重要的是，薩巴奇在任期間適逢全球橡膠需求暴漲之際。隨著價格飛漲，金融集團開始向巴黎政府與殖民當局施壓，要求開放高地做進一步商業開發：中央高地是種植橡樹的理想地方。法國與越南地主以及屯墾民亦與他們聯手，要求罷黜薩巴奇。儘管巴斯齊也曾竭力保護他這位忠實門徒，但法越集團終於在一九二六年將薩巴奇趕下台。他的去職再次說明一件事：無論就種族或就經濟意義而言，「殖民者」未必都同屬單一集團。在這次事件中，法國與越南屯墾民就採取聯合陣線。

儘管法國與越南屯墾民指責薩巴奇，說他偏袒高地人，但他在殖民政府與軍方內部聲望很高。事實上，後來上任的行政官員為了壓制越南民族主義者與共產黨，為了保護印度支那免於外來威脅，都用他建立的埃地系統做為工作藍圖。一九三五年，在安沛與義安低陸地區發生大規模越人暴亂結束後數年，一名法國將領強烈要求當局根據薩巴奇總督的指導原則，建一個苗子自治政權。另一名將領也強調法國必須「拯救這個種族，透過直接行政管理，幫它掙脫所有有害的外國勢力，將這些部落拉向我們……這些驕傲且充滿獨立精神的民族，能為我們提供精銳部隊，一旦發生內亂可以做為我們的安全閥門，面對外來戰爭時，還能成為強大的戰鬥部隊」。一九三〇年代末期，總督布黑維耶堅持苗子是獨特的種族，應該成立個別屬地政府加以管理。一九三九年，當日本軍沿華南海岸南下時，布黑維耶建立苗區總監處。當法國控制的越南遭日軍占領時，維琪總督戴古莊嚴地參與宣誓儀式，設法將殖民首都遷往多樂。儘管從未經正式認可，高地地區整體而言是一個法國保護國，其中一部分位於安南中央高地，其他集中在東京西北部。一名法國官員在一九三七年談到中央高地時，堅持所謂印度支那並非只有寮國、高棉、東京、安南與交趾支那而已：「要想精確而完整地表達（印度支那）這個地緣名稱，一定要加入第六個部分，就是苗區。」我們也將在下文中見到，一個個別的高地認同就要在這「第六部分」出現。[37]

保有法國對高地的控制

對高地民族主義者與強人而言，法國保護國統治雖說令人鼓舞，但當日軍一九四五年推翻法國這個殖民國且於幾個月以後向盟軍投降時，這種統治也為高地人民帶來非常危險的處境。越南民族主義者乘機踏進這處權力真空奪權。一九四五年九月二日，胡志明宣布越南民主共和國誕生。這個政府立即頒布法令，將東京、安南與交趾支那統一為一個主權領土，並將絕大多數出生或居住在「越南」疆界內的人變成「越南公民」。住在高地的兩百萬非越裔居民也包括在內。胡志明不承認法國在高地的法規或其他任何特殊殖民規則。他堅持，一切都是「越南」，就這麼簡單。

不過法國還不打算就這麼放棄他們的印度支那殖民地，或放棄對高地的直接管理。從一九四五年九月起，法國人以西貢為起點，開始一點一點收回他們的印度支那殖民地，直到一九四六年底引發與越南民主共和國的全面大戰為止。新任印度支那高級專員達尚禮埃，在一群印度支那資深官員協助下，立即設法策動中央高地與當地人民反抗越南民族主義者。一九四六年五月，在建立交趾支那共和國臨時政府的同時，達尚禮埃主持創辦了南印度支那高地自治區。由法國官員管理的這個自治區由安南中央高地幾個省組成。像他一直可以回溯到阮朝的那些前輩一樣，達尚禮埃也往訪邦美蜀參與宣誓儀式。越南民主共和國官員極力抗議，堅持高地是越南領土，但沒有結果。

重要的是，法國這時意圖建立越南國，自然不願將高地讓給越南政府。儘管在一九四八至一九五〇年間擔任法國高級專員的畢榮同意將高地併入，他的團隊刻意把高地政務交給越南皇帝保大，相信他們可以像過去一樣控制保大，並透過保大控制中央高地。南高地皇家專屬區就在這種思維下於一九五〇年成立。在保大的合作下，法國設計了一套方法，透過個別途徑保有對印度支那這處軍事要地的控制權。法國儘管表面上承認越南對高地的主權，實際上基於「特殊法國義務」而保有在高地的「特殊地位」。一九五〇年，畢榮與保大穿著潔白的西裝來到邦美蜀，在兩千名高地族長面前參與宣誓儀式。保大當年本可以迫使法國完全放棄印支殖民，但他沒有這麼做，而南高地皇家專屬區也因此成為這項歷史發展前因後果的一項個案研究。事實上所謂「皇家專屬區」，不過將法國對這印度支那「第六部分」的保護統治換個新名目而已。

直到一九五四年，法國繼續支持個別的區域性行政管理、高地人教育、語言訓練與兵役。在推動這些政務的過程中，法國人將原本各自孤立的高地人前所未有地團結在一起。數以百計來自中央高地各處的青年，在新落成的薩巴奇學院課室共聚一堂。許多人在學成之後離鄉背井擔任管理職，並且在工作過程中，建立跨越高地各處、歷久彌堅的關係。高地戰鬥部隊的情況也一樣。跨派系通婚的個案增加了。法語與埃地語相繼開始成為共同語言。主要是美國人與法國人的清教傳教士在高地讓數以千計民眾皈依。他們的學校與教會也幫著高地青年跨越部落界線，相互交往。從一九五〇年起，法國人與美國人還在這裡推動特別農耕與基礎設施方案。[38]

法國將這些政策擴大到北部高地。特別讓法國擔心的是，越南民主共和國從一九四六年年底起向北部高地展開的遷徙，會使胡志明手下乘機策動大批住在北部高地的泰族、孟族與壯族高地人反法。越南民主共和國當然這麼做。一九四六年二月，法國從華南（日本於一九四五年三月在印度支那發動政變之後，法軍撤入華南）調軍進入越南西北部的泰族區。在全面戰爭於那一年稍後爆發之後，法國官員重新建立與泰族派閥的聯繫。這些泰族首領以刁文治最為知名，刁文治的兒子刁文龍當時主政。一九四八年，為換取泰族對法國效忠，在行政管理與軍事行動上聯手對付越南民主共和國，法國允許泰族成立泰族聯邦，在西北地區自治。在刁文龍領導下，泰族聯邦將萊州、封土與山羅等幾個具有戰略重要性的西北部省分重新整合。法國也在這裡提倡泰族語言、教育、軍事訓練，並建立一個新世代的泰族原住民文官。就像對中央高地採取的做法一樣，法國人也用保大做為橋梁，聯繫泰族聯邦。許多高地精英、村落首領與殖民當局訓練的文武官員，都主張撇開越裔領導人的意圖，另建一個更廣的國家認同。決定印度支那命運的戰爭爆發之後，交戰的越南國以及逐漸獲得美國支持的法國，開始以高地史上前所未見的規模對高地進行組織與軍事化。就像他們的越南對手一樣，法國與之後的美國軍官開始跟高地人密切合作。[39]

民族主義策略與高地人自治

對越南共產黨而言，一切強硬的同化手段都因戰爭而不得不放緩，至少在印度支那戰爭初期情況如此。為對抗法國與法國的盟友，越南民主共和國新成立的高地人事務局負責人謹言慎行，對地方傳統、語言與文化表示尊重，還保證自治。胡志明手下那些專家或許沒受過薩巴奇這類人士的專業訓練，也沒有既已存在由越裔經營的高地文官系統可資運用，但談到高地的認識，他們絕非新手。就像之前那些叛亂的王一樣，被法國人追緝多年的共產黨也經常在高地避難。更何況，據筆者了解，在一九四五年以前，共產黨組織是唯一對高地人民表示真正關注，並向他們敞開大門的現代政黨（天主教與清教教會是唯一例外）。到第二次世界大戰爆發時，一些最重要的共產黨領導人，如黃文樹、黃廷同與黃文歡等，都是來自極北方的泰裔人士。這些人物通曉多種方言，擁有在地淵源，對中、越邊界兩邊高地的情事也知之甚詳，成為共產黨在高地營造勢力不可或缺的媒介。一九四一年，基於類似原因，共產黨吸收、提拔了一名叫朱文晉的壯族人，在後來成為越南人民軍的黨組裡擔任最高領導職。在一九四九至一九五四年間，朱文晉擔任整個北越南行政區負責人，證明像他這樣所謂「少數族裔」出身的人也能在越南黨、政、軍晉升最高階。在保大的越南想找類似這樣的例子很難，而且再怎麼說，這類型民族整合正是法國人反對的對象。在法國控制下，非越裔精英而能在阮朝當官的少之又少。到二十世紀末葉，隨著與中國關係的瓦解，越南共產黨開始走回頭路，官式種族歧視又一次露出醜陋嘴臉，中、越邊界沿線的忠誠也重歸模糊。一九七九年，越裔占大多數的越南共產黨將朱文晉將軍軟禁，關在遠離中、越邊界，遠離他親友的地方。了解歷史的讀者看到這裡，應會聯想到前文提到的儂智高吧。

最後，一九四一年以前在印度支那外工作的越南共產黨，精通國際主義共產黨對「少數族裔問題」的規則。我們別忘了，蘇聯與中國也是既已存在多族裔帝國的繼承人。在一九三〇年代那段留在莫斯科的冗長歲月中，胡志明應有足夠時間探討這個問題，鑽研共產黨理論家為統治蘇聯而設計的聯邦構想。印度支那共產黨在一九三五年派了又一名泰族人黃須友前往莫斯科，出席共產國際大會。胡志明於一九三八年離開莫斯科以後，經由內陸穿過中國的中亞邊界，取道雲南、廣西兩省與印度支那接壤的多種族高地，然後返回越南。當他在高平省北坡石灰岩洞建立越盟基地時，他的成功取決於非越裔人士的合作，到一九五四年以前，情況一直就是這樣。像范文同一樣，胡志明也從個人經歷中知道高地不是荒無人煙的不毛之地。[40]

共產黨在高地的工作極具彈性，這當然不足為奇。在地非越裔精英只要保證效忠越南民主共和國，保證不幫助敵人，共產黨就願意透過他們運作，維持安全、取得食物、徵召勞工與士兵。胡志明與他的副手竭力融入在地文化，他們主辦識字班，並至少學幾句方言。胡志明刻意穿著本地人服裝，以顯示共產黨對邊區民族的重視。越南民主共和國避免課徵重稅，不推動文化同化，尊重地方語言，協助地方發展文字，而且暫時延滯土地改革與激進的社會革命。共產黨為高地兒童開辦學校，引進衛生知識與醫藥，訓練地方精英投入公職與軍職，不過總是以一種強調國家整合的方式，將他們視為「越南大家族」的一部分。

越南民主共和國自一九五〇年起改採傳統戰爭路線，使交戰雙方更加依賴泰族、孟族與壯族為他們提供兵員、挑夫、情報與食物，幫他們在高地作戰。由於共產黨在高地動員，準備作戰，高地人直到這一刻享有的政治自治開始消逝。戰事越打越猛，進入高地的美國人也越來越多（不過美國清教徒自一九二〇年代起已經進了越南）。這時本身也在朝鮮半島與中國作戰的美國人，認定共產黨意圖將勢力伸入東南亞，於是極力向法國施壓，要法國在高地建立特種部隊以插入中國小腹。就像在第二次世界大戰期間一樣，越戰期間的美國人，也忙著在這塊深入中國腹地的高地地緣政治區蒐集情報、騷擾共產黨，為民族主義者建立安全區，並爭取高地人人心。（中央情報局這時還支持西藏人抵抗中國。）由於迫切需要經費，法國默許在高地建立兩支美國支持的特種部隊，分別是突擊隊與空降機動突擊群，一直運作到一九五四年。刁文龍加入空降機動突擊群，讓他的泰族聯邦直接與法國、間接與美國進一步靠攏。[41]

在這塊越南西北部極具戰略重要性的高地，越南共產黨與他們的中國顧問也竭盡全力，爭取泰族支持。第一次印度支那戰爭傳統戰的決定性戰役，戰場就在高地的奠邊府。更重要的是，正是迫於這種全面戰爭的需求，越南共產黨將泰族人納入黨政系統。在這場法國與越南民主共和國之間的

惡戰把它整個夷為平地以前，奠邊府本是一個泰人聚居的小城。越南史演進過程之中，高地民族扮演的絕非只是龍套角色。㊷

戰國：高地越南的分分合合（一九五四到一九七五年）

北越南共產黨自治？㊸

日內瓦會議結束後，共產黨領導層迅速解散它們的軍隊在奠邊府戰後還沒有占領的泰族聯邦殘部。越南人民軍與保安部隊追捕與法國人合作的「叛黨」領導人，特別是刁氏家族成員尤為追捕重點。許多最重要的高地領導人已經隨同法國人一起撤離。刁文龍後來葬在法國。兩萬多名壯族、泰族與孟族人遷往南越南。為管理仍然留在高地的幾十萬人，越南共產黨搬出中蘇聯邦的構想。舉例說，越南民主共和國在一九五五年五月建立「泰孟自治區」。一九五六年，河內正式將這個組織擴大為「北越南自治區」，將幾乎所有北部山區含括一百多萬多族裔人口完全納入轄區。儘管自治法規尊重在地的語言、行政、宗教與文化，共產黨透過黨組系統、越裔與非越裔幹部、保安情治人員，必要時還動用軍隊，以控制全局。像南方的吳廷琰一樣，胡志明的政府也鼓勵越裔移民高地，甚至還因實施土地改革政策，而在北部高地許多地區造成高地人的苦難與暴力反抗。但與越南共和國不一樣的是，共產黨領導層可以在沒有國際監視的情況下為所欲為。中國人當然不會批判河內，因為越南共產黨用的，往往是中國自己那套毛派做法。

不過，根據日內瓦停火協議，越南民主共和國不能控制中央高地。在一九五四到一九五五年間，共產黨調遣幾千名越裔與高地人幹部進入越南北部的越南民主共和國。不久情勢逐漸明朗，一九五六年不會舉行選舉（選舉可能可以透過和平手段統一越南），內戰再次爆發，事情也出現變化。到一九六〇年，河內滲透了幾千名幹部回到中央高地，在北緯十七度線南方重建基地與平行的政府組織，中央高地遂淪為流彈四射的戰場。共產黨的宣傳全力批判吳廷琰在高地的同化政策，還保證會讓任何加入國家統一「正義鬥爭」的人享有自治。一九六〇年成立的民族解放陣線於是成了共產黨的新越盟，與設在南方的影子政府。民族解放陣線在憲章中保證給予高地民族政治自治，宣布「所有民族都有權使用、發展他們自己的口語與文字，都有權維護或改變他們的風俗與習慣」。當然，憲章中絕口不提河內的土地改革與北部高地不很自治的統治。一九六一年，民族解放陣線成立由伊比・艾利歐領導的高地民族會議，保證讓高地人自治。艾利歐是埃地領導人，也是民族解放陣線成員。就像在第一次印支戰爭期間一樣，共產黨也在高地開辦新小學，倡導醫療與衛生，訓練高地官僚與軍官，派遣許多高地人到北方接受進一步訓練。越南民主共和國迫切需要這些高地人，需要借助他們的土地，沿胡志明小徑運送人員與補給進入南印度支那。事實上，高地在越戰中扮演的角色，就像西北泰族區在奠邊府之役前哨戰中一樣，非常重要。在越來越多軍隊進駐高地的情況下，為確保高地補給線暢通、基地運作無阻，河內重新啟動之前用過的一些項目，開始訓練越裔官員學習高地語言與習俗，然後送他們前往寮國東部與高棉東北部等等胡志明小徑中軍隊與補給流通的地區。這些越裔官員往往能說流利的埃地、巴拿、寮語與高棉語。他們與高地精英合作，滲入村落，建立安全區，爭取民眾支持。一九六九年，在高地工作的越南民主共和國幹部，訝然發現他們的一名幹部早自一九四六年起就像土著一樣生活著：

> 我們一開始以為他是少數族裔。他很瘦，皮膚黝黑……他將一頭灰髮梳成髮髻，像頭上頂了

顆洋蔥一樣。他的牙齒已經殘破，耳垂上還穿了個大洞。他沒有穿衣服，只在腰上纏了塊布。他背上背了一個小袋，手握一柄彎刀。我訝然發現他能說流利的越語。沒多久我才知道，他原是太平省人，在一九四六年因響應南進運動而來到高地。在對抗法國的抵抗戰爭期間，他以幹部身分組織群眾。一九五四年和平重新降臨以後，他奉命留在南方，繼續進行地下活動。在西貢政府頒布10／59命令後，他因遭到通緝而逃進中央高地。他把自己的牙齒磨了，穿了耳洞，看起來像少數族裔一樣，一方面可以避免敵人疑心，一方面也有助於他推動組織工作。[44]

以上這段精彩的描述也說明一件事：共產黨為爭取高地人支持，除了參加宣誓活動以外，還有更深入的行動。

越南共和國的非共同化

吳廷琰獲悉法國在一九四八年決定建立泰族聯邦、一九五〇年又決定建立高地皇家專屬區之後，震怒不已。一九五五年，吳廷琰在先後擔任越南共和國總理與總統之後開始拆除皇家專屬區。他撤換法國專員，另立聽命於西貢中央政府的越裔省級與地區領導人取而代之。他把在位已久的法國殖民官員，特別是庫素逐出國境。但就像他那些法國前任一樣，吳廷琰也莊嚴地在邦美蜀參加宣誓儀式。但對高地人而言，在這種越南統治形式下，事情變得與過去不一樣，也變得更加困難。自一八三〇年明命帝以來，高地人現在第一次面對一名決心同化他們、要他們採納越南秩序的越裔領導人。吳廷琰也確實相信越南文明秩序的優越性，相信它的現代化先進優勢，相信他有權將高地人納入中央政府控制下。他非常重視共和主義，決心拋開聯邦模式以建立一個多族裔共和國。內政部於是接管高地事務。中央政府開始管理高地教育，強制以越語為共同語言，拋開殖民教材，改上越語共同課程。薩巴奇學院變成阮攸學校。同樣重要的是，吳廷琰還解散了殘餘的法國特種部隊（這些部隊仍然控制許多高地團體，不在越南控制下。）[45]

吳廷琰在北緯十七度線以南的中央高地，也找出一個解決辦法：他把自一九五四年以來抵達南方的八十萬北方難民，大舉遷往中央高地。這些難民中有天主教徒與佛教徒，也有壯族、孟族與泰族軍人與他們的家眷。吳廷琰的構想是，盡可能把這些難民遷入高地「不毛之地」。他推出一項土地開發計畫，分給每一個移民家庭五公頃土地，提供他們農具，還給他們一些種子。許多家庭因此自願遷往高地。也有許多家庭因為別無選擇，只得遷往高地。到一九五九年七月，五十七個土地開發中心已經在高地作業，四萬四千名新的越裔屯墾民開墾了一萬一千公頃土地，生產稻米、咖啡、橡膠與棉花。雖說許多越裔屯墾民之後返回低陸，但留在高地的也不在少數。從這以後，持續了好幾個世紀的越南殖民擴張，在沒有法國制壓的情況下再次恢復。此外，美援使越南政府能夠開闢進入高地的新路，讓更多越裔屯墾民進入高地。[46]

不過高地人並沒有閒著。隨著法國撤出越南，吳廷琰宣布接掌控制權，高地精英開始討論對策。高地領導人主要是曾在殖民學校與基督教會念書，在法國統治時期擔任文官、教師、護理人員，或在第一次印度支那戰爭期間在特種部隊與法軍並肩作戰的人。中央高地最著名的埃地領導人伊班，十幾歲時曾在薩巴奇學院念書。在從薩巴奇學院畢業後，他先在多樂省衛生處當會計，之後在法國軍中擔任醫護助理。他因為反對吳廷琰的同化政策，在一九五五年與其他人聯手建立高地人民解放陣線。他們向吳廷琰請願，要求吳廷琰根據皇家專屬區條款繼續給予高地人自治權，尊重他們的習俗與語言，保護他們的土地。吳廷琰雖說也想保護高地人的土地，不讓高地人遭到屯墾民與貪腐官員侵害，但吳廷琰推動同化政策，又支持越裔移民高地，看在高地人眼裡自然不敢信任。一九五八年，隨著關係不斷惡化，伊班、艾諾（Y Bham Enuol）與伯怒（Paul Nur）等人聯手，建立「巴嘉卡」（Bajarka，是巴拿〔Bahnar〕、嘉萊〔Jarai〕、埃地〔Rhadé〕與郭和〔Khoho〕人的縮寫字）運動。這個運動因反對根據越裔路線進行中央化而廣獲高地人民支持。它要求高地自治，要求結束越裔移民，還要求當局停止文化同化。吳廷琰的反應是，加強警方對巴嘉卡活躍分子的監視，對「叛徒」懲處重刑，加倍同化政策，派遣更多越裔官員管理中央高地事務。吳廷琰逐漸將巴嘉卡運動視為叛黨，而巴嘉卡運動領導人則認為，像低陸的占人與高棉人過去侵入高地一樣，越南現在的殖民擴張也意在毀掉他們的生活方式，他們是在為正義而奮鬥。[47]

一九六〇年代初期，隨著內戰轉劇，各種團體競逐高地人忠誠，緊張情勢亦趨於沸騰。共產黨的影子政府——民族解放陣線——保證給予高地人自治，還讓高地人進入他們的政府與軍隊。美國人也回來了。甘迺迪總統為打擊民族解放陣線這類共產黨游擊組織，開始運用特種部隊。自一九六一年起，中央情報局與一群特種部隊開始吸收高地人，與高地人合作蒐集民族解放陣線、越南民主共和國，以及（透過中央高地聯繫這兩個組織的）胡志明小徑的情報。中央情報局於一九六二年主持、開辦了它的第一所高地學校，逐漸介入地方事務與政治。要與共產黨作戰就必須這樣做。

但吳廷琰的強硬政策引發占人與高棉人強烈抗拒，還使美國人無法集中全力對付共產黨。吳廷琰關閉三角洲的高棉宗教學校，禁止地方人士講高棉話。一九六〇年，南高棉民族主義者憤而建立南柬埔寨解放陣線，先後在薩莫森與喬達拉領導下，宣布要收回越南人在法國人抵達以前奪取的高棉帝國國土。不滿的占人也在柯森上校領導下建立占婆解放陣線。柯森上校是來自高棉的占族回教徒，像南高棉人一樣，他也決心收回占婆。高棉的民族主義領導人，包括龍諾與施亞努，對這兩個陣線都表態支持。法國在一九四九到一九五〇年決定不將越南帝國強占的土地歸還高棉，而將交趾支那與越南合併，這些決定讓龍諾與施亞努等人非常憤怒。直到一九七五年，高棉始終支持占人與南高棉人分離運動，希望藉以重建高棉昔日版圖。[48]

一九六三年底，吳廷琰遇刺，河內與華府同時決定作戰，情勢動盪於是達至鼎沸。一九六四年，在金邊領導人幕後運作下，占人與南高棉人乘機建立「受壓迫民族聯合鬥爭陣線」（United Front for the Struggle of Oppressed Races，簡稱FULRO），以結合占人、南高棉人與高地人的解放組織與武力。問題是，受壓迫民族聯合鬥爭陣線領導人柯森上校與烏薩福打從一開始就沒有獲得巴嘉卡運動的支持。巴嘉卡運動領導人當時猶豫不決，不知道是否應該相信後吳廷琰時代西貢當局的高地改革保證，或是應該採取聯合鬥爭陣線的武裝鬥爭路線。聯合鬥爭陣線如果想成功，高棉境內的占人與南高棉人迫切需要巴嘉卡運動的支持（還有巴嘉卡運動代表的一百萬中央高地居民的支持）。一九六四年年中，艾諾帶著幾千名武裝會眾加入聯合鬥爭陣線，留下來的巴嘉卡領導人設法與西貢的新改革派共事，巴嘉卡運動於是分裂。

聯合鬥爭陣線領導人利用美軍特種部隊中的高地人發動第一次攻擊，但攻擊對象不是越南共產黨，而是與美軍共事的越南軍人。一九六四年九月二十日，就在詹森總統準備東京灣決議案的同時，聯合鬥爭陣線的戰士攻擊高地一處美軍特種部隊營區，打死幾名越南軍人，但刻意避免傷及任何美軍。在戰鬥過程中，聯合鬥爭陣線的一名戰士對一名遭他繳械的美軍陸戰隊員說：「今天晚上要看我們的！我們要殺越南人！」聯合鬥爭陣線戰士升起他們的旗幟，呼籲高地獨立。西貢官員聞訊憤怒不已，一方面害怕這次叛亂事件會擴大，同時也懷疑美國人，認為美國人或許也像法國反制叛軍專家在第一次印度支那戰爭期間一樣，在玩弄分化離間的把戲。美國人向事件雙方施壓，要雙方停止內鬨，集中力量對付共產黨。事件暫時平息，但聯合鬥爭陣線並沒有就此消失，因為幾百年殖民統治（無論來自法國或越南）對高地與高地人民造成的衝擊始終就在那裡。[49]

直到一九七五年，越南共和國領導人採取的政策一直游走在胡蘿蔔（改革）與大棒（高壓）之間。許多高地人歡迎改革，但艾諾與柯森上校等其他人則撤入高棉，繼續從高棉境內基地騷擾越南人。直到一九八〇年代，受壓迫民族聯合鬥爭陣線強硬派仍然拒絕與共產黨談判，反對一切越南帝國主義形式。當然，共產黨不打算放棄這塊阮朝早在法國人抵達以前已經殖民、已經納入今日越南版圖的土地。[50]

但在中央高地打的這場極度血腥的越戰中，聯合鬥爭陣線的游擊戰不過是一段小章節而已。因為如果詹森總統選擇於一九六四年在東京灣發動他的戰爭，一年以後，越南民主共和國也出兵在中央高地的百里居發動反擊。一九五四年六月，越南人民軍就是在這裡結束了印度支那戰爭。此外，如果第一次印度支那戰爭在北部高地造成毀滅，最後還於一九五四年將泰族小城奠邊府夷為平地，第二次印度支那戰爭在中央高地造成的破壞更添匪夷所思。在一九六二至一九七一年間，美軍在越南上空投下八千萬公升落葉劑，其中或許有半數以上落在胡志民小徑穿過的中央高地。美軍B－52轟炸機在空中對高地大肆蹂躪，河內的一九六八年春節攻勢搗毀了邦美蜀。到一九七二年，中央高地八五%的村落已經因為一九四五年展開的印度支那之戰而化為廢墟。在一次建立隨意攻擊區的行動中，美軍強迫一萬嘉來人離開他們的村落。當年參與這項行動的一名美軍軍官後來回憶說：「村民還沒有撤，我們先放火燒房子，讓他們知道我們不是鬧著玩的。」越南共產黨的軍隊手段同樣野蠻，造成的後果也一樣可怕。許多高地人與占人在戰火平息後回到村落自己的家園時，發現它們已遭越裔人霸占。戰爭與美軍的抵達，吸引許多越裔移民進入高地。（許多美軍駐在高地，他們需要各式各樣越南人提供後勤支援，包括補給人員、餐廳老闆與妓女，為他們建房子，提供餐食與娛樂。）住在高地的越裔居民人數，從一九五四年的約五萬人增加到二十年過後的四十五萬人。但非越裔人在越戰期間付出高昂代價。據估計，約二十萬高地人因這場戰爭死亡，其中絕大多數是平民百姓。在越南現代史上，非越裔人並非僅僅占有邊緣地位而已，他們扮演的是中間要角。他們一直就是這樣。[51]

The Penguin History
of
Modern Vietnam

結論

獨裁專制、共和主義與政治改變

二〇〇五年，越南因擴展經濟逐漸走出貧窮深淵，越南社會主義共和國的共產黨當局於是准許黃明正前往美國接受治療。黃明正在一九三〇年代加入印度支那共產黨，在第一次印度支那戰爭期間因擔任突擊隊而聲名大噪，之後成為越南著名馬克思理論專家。他曾與領導層密切合作，為越南民主共和國量身打造共產主義。一九六三年，他因為質疑政治局專橫武斷的作戰決定，惹禍上身。當史達林主義在一九五〇年代末期散播共產世界時曾留學莫斯科的黃明正，在回國以後與領導層爭論，認為社會主義透過和平演進的方式實施才能達到最佳成果。但對河內那些主戰派（這派人馬因主戰而獲得毛派支持）而言，黃明正這種觀點是「修正主義」。他因此在監獄進進出出，直到蘇聯的戈巴契夫於一九八〇年代領導第二波共產黨改革之後，黃明正甫掙脫半犯罪的修正主義身分，獲得平反。

這使他更加暢所欲言。戈巴契夫當時鼓勵蘇聯與東歐人民以自有一格的民主形式取代無產階級專政，黃明正也積極響應，呼籲越南共產黨這麼做。他就帶著這個訊息在二〇〇五年前往美國。他在訪問、演說與會議中，呼籲越南共產黨推動法治、言論與宗教自由、新聞解放、自由選舉與多黨政治。為提醒共產黨領導人，讓他們知道他們站在歷史錯誤的一邊，黃明正還讚揚十九世紀德國的一群社會主義者。儘管因主張「修正主義」而遭馬克思指斥，這群人於一八七五年在東德的哥達推出一項劃時代的政制改革方案（這項方案之後成為現代社會民主的一項重要基礎）。直到二〇〇八年去世為止，黃明正一直鼓吹越南在資本主義經濟架構下建立這樣一個社會主義民主國。❶

越南共產黨當然另有看法。儘管他們放任資本主義經濟抬頭，但列寧式的一黨專政讓他們可以輕鬆統治。引進市場經濟以後，越南對非共世界開放，國際組織開始進駐越南，國際法規與資金開始流入，越南與國際人文社會的互動與日俱增，政治的改變自然也在所難免。但今天的越南共產黨領導人仍然小心翼翼詮釋政治改革，以安撫那些意圖廢除共產黨前衛角色的改革派。這一切發展會為越南帶來什麼樣的政治前途，沒有人能夠斷言。不過如果歷史可以為鑑，越南共和派會繼續反對獨裁統治，越南人民也會在日常生活中要求更多的政治改革。

在後共產黨世界維護共產黨法統

越南共產黨既然採取資本主義經濟政策，既然為鼓勵民營企業而放棄中央計畫式經濟，它的領導人自然也只能改變意識形態，不再鼓吹「階級鬥爭」與「國際無產階級專政」，轉而倡導經濟繁榮與包容所有社會群體的民族主義。透過學校教科書、官方歷史、博物館、告示牌與媒體，越南共產黨現在開始標榜它對抗法國、日本、美國與中國入侵，保衛國家獨立的歷史性角色。學童學習共產黨如何在一九四五年領導八月革命、邁向勝利，如何十年後在奠邊府擊敗法國殖民主義者，如何在一九七五年排除萬難以統一全國，為越南兩千年來抵抗外侮的傳統寫下最新的一章。越南共產黨表達的訊息很明確：共產黨乃合法統治者，因為就像先輩祖宗一樣，他們是越南保護者。

另一方面，黨史作者得小心謹慎地修飾一些歷史性問題。舉例說，六〇年代與毛澤東治下中國的親密關係，就與中、越目前在南中國海的爭議有衝突。胡志明或許在一九三〇年創辦印度支那共產黨，但他將共產主義散播到泰國、馬來西亞、高棉與寮國的做法，卻讓今天的越南共產黨當局感到尷尬，因為這與今天身為東南亞國家協會共同市場一分子的越南，應該扮演的角色不符。二〇一四年九月，河內辦了一項一九五〇年代土地改革運動特展，由於前往參觀的年輕人訝然發現共產黨竟以如此暴力手段對付自己的人民，一些農民也藉機發洩他們對當前土地爭議的憤怒，展出之後

不到幾天就遭當局查禁。❷

黨的御用歷史專家特別用盡心機，不讓土改這類改造社會大型運動的犯行與胡志明扯上關係。說胡志明在土改期間容許幹部攻擊自己的人民，使越南共產黨不能借助胡志明的名望將民族主義與共產主義編織為強有力的統治法統。正因為胡志明一生志業對共產黨統治的潛在意義過於重大，儘管胡志明在一九六九年死前曾要求將自己遺體火化，撒在越南全境，他的門徒在他死後並未遵命照辦。他們在河內市區建了一座巨型陵墓，將經過防腐處理的胡志明遺體陳列其間，直到今天。每天不斷有學童、幹部、公務員、軍官與黨工列隊前往瞻仰這位越南國父的遺容。陵墓進口處花崗石上刻著胡志明的一句名言：「自由與獨立無比珍貴」。❸

越南共產黨自一九四五年起，就以胡志明為核心，透過儀式、假日、博物館、偶像塑造與無數傳記營造一種個人崇拜。一九九一年，在全球各地共產政權一片崩解聲中，越南共產黨將「胡志明思想」也納入這項個人崇拜運動。教師、教科書、紀錄片、郵票與圖畫都訴說著胡志明的故事：胡志明如何在第一次世界大戰前夕離開西貢，想辦法讓越南掙脫殖民枷鎖；在經過廣泛而深入的研究之後，他發現可以用馬列之道爭取獨立；在有了這項認知以後，他在一九三〇年建立印度支那共產黨，在一九四一年建立越盟民族主義陣線，領導越南於一九四五年獨立。在這整個個人崇拜運動中，首要強調的就是胡志明的愛國精神。❹

直到今天，胡志明、他的一生與他的思想，仍是密不透風的官式崇拜的對象。阮愛國黨校的工作人員必須研讀胡志明作品集，以探討他的理論。他們學習胡志明獨特的領導「風格」，強調他的公正、清廉與愛國。官方口號很清楚：「效法胡志明的道德行為典範」。胡志明思想要求每個人在生活言行中，學習這位慈父一般溫和有人情味的儒家紳士。無論是誰，軍人、黨員、教師、農民、工人、年輕人與老人，都應該效法胡志明。但就像越南史上早先那些事例一樣，這種政治宗教最主要的目標，也在於統一意識形態，加強黨由上而下來控制國家與社會的能力。這種做法的實際效果如何是個問號。但就像北韓搞的金日成個人崇拜一樣，在越南，任何膽敢抗拒神化胡志明做法的人，也難免被扣上「叛徒」帽子。❺

在後共產黨世界，共產黨統治者同時也想辦法，不讓在世有領導魅力的人插進來，與胡志明角逐代表民族主義的象徵地位。宗教領導人仍是官方嚴密監控的對象。河內當局最怕見到的就是宗教勢力復甦，像一九三〇年代和好教的黃富楚一樣有神祕魅力的法師，像一九六〇年代的釋一行一樣能夠號召成千上萬信眾的佛教禪師，或是享有教廷淵源的天主教神父，都是共產黨統治者刻意防範的對象。透過一連串經過官方批准的教會，越南共產黨竭力控制境內佛教、天主教、清教、和好教、高台教信眾，控制他們的教士與教產。就像過去的越南與法國殖民當局一樣，他們會毫不猶豫地逮捕不守規定的宗教領導人。為防範非越裔民眾推動族裔獨立與族裔宗教認同，而與強調全國一體的官方路線衝突，共產黨統治者也對非越裔民眾採取同樣控制手段。任何越南人，想學捷克的哈維爾（Václev Havel）或波蘭的華勒沙（Lech Walesa）一樣，在越南鼓吹結束共產黨統治，都難免被捕下獄。軍隊、警察與情治單位仍為政權牢牢掌控。就像中國當局一樣，越南當局也在科技上投資不惜工本，讓情治人員可以在網路、社交媒體與電子郵件中搜尋有煽動性的活動。❻

在一九八六年正式展開「革新開放」政策後，共產黨統治法統遭到的最重大挑戰都來自越戰老兵。當河內領導層迫切需要「光榮抵抗」的大旗來轉移注意力，為共黨政策的失敗遮醜之際，這些老兵認為，共產黨無權以愛國主義方式來詮釋這場打了三十年的戰爭。在越南，控制戰爭的意義不是一件小事。在這塊從一九四五至一九七五年間可能有三百萬人死於戰火的土地上，共產黨一直竭盡全力將如此龐大的災難描繪成一種聖戰。在領導層精心策畫下，全國性典禮儀式紀念推崇「為祖國」戰死的人。官方經營的退伍軍人協會、整潔的公墓、莊嚴的紀念館與紀念碑、動人的塑像，以及數不清的紀錄片，都在訴說這場大戰的神聖。就像第一次世界大戰結束後，英、法兩國領導人忙著為這場血腥大戰添加英雄色彩一樣，越南當局亦竭盡所能為越戰增添一分榮光貴氣。[7]

不過，黨對戰爭與戰後紀念活動的壟斷，隨著一九八〇年代展開的經濟改革而逐漸瓦解。就若干程度而言，黨要怪也只能怪自己。為鞏固它的新經濟政策，時任共黨總書記的阮文靈呼籲知識分子、公務員與記者說出他們的想法，講出事實真相。當他們就效率低落與貪汙腐敗問題提出建設性批判時，共產黨表示歡迎，還將它們在報刊發表。但當時政治局領導人沒能預見的是，許多人會藉這個機會針對三十年戰爭帶來的社會苦難發抒自己的感想。

鮑寧在一九九一年出版的暢銷小說《戰爭哀歌》，最能淋漓盡致地曝露這種現象。身為越戰老兵的鮑寧，用幾百頁文字詳細描述這場偉大愛國戰爭給越南人民帶來的苦難。共產黨雖然大唱戰爭神聖的高調，鮑寧卻用親身經歷的戰鬥經驗提醒讀者戰爭其實醜陋至極。戰爭造成傷亡，它不管你是戰士或是平民百姓，不管你是老是少，也不管你是越裔或是非越裔。而且不僅如此，鮑寧告訴讀者：第二次印度支那戰爭在越南社會播下的悲哀過深，直到今天仍然揮之不去，甚至還侵入靈異世界。《戰爭哀歌》從頭至尾，處處可見數十萬戰死、失蹤越南戰士的鬼影。（這本小說在開場白中，就說主角「堅」在搜尋這些失蹤的戰士。「堅」顯然就是鮑寧自己。）這些男女由於連屍體也找不著，得不到妥善的埋葬，他們的靈魂無法超生進入下一個世界。他們就這樣困在「嘶喊之魂」中，在越南全境恐怖的無人荒地中四處遊走。他們遺下的家人知道他們在「那裡」，但只能在夢——噩夢——裡與他們重逢。[8]

這本小說問世後造成爆炸性震撼，這不僅因為它揭發了黨的官方機構、儀式與無神論點無法癒合的社會創傷，也因為它以政府無法控制的方式，成功詮釋了戰爭的意義。儘管鮑寧寫這本書的本意不在於打擊黨的法統（他寫這本書最主要的初衷，只是要吐露藏在腦海中逼得他幾乎發瘋的那些戰時記憶），但他在故事一開始就透過一名士兵的嘴，問了一個許多年來一直在他腦海中盤旋不去的疑問，而徹底顛覆了黨的戰爭神話：「流了這麼多血，犧牲了這麼多人，所為何來？」第一次世界大戰英國詩人戰士歐文（Wilfred Owen）曾說，所謂「為國捐軀，死得其所」（Dulce et decorum est pro patria mori）根本是「老謊言」。越戰老兵鮑寧也用他的小說駁斥了共產黨有關戰爭的謊言。沒隔多久，鮑寧就因此遭到軟禁。[9]

另一位退伍軍人作家楊秋香更加深入。她不僅指責戰爭的殘酷與無意義，甚至還抨擊黨的統治權。她毫不留情地痛批一九五〇年代的暴力土改方案，以及推動它們的那些貪腐幹部。楊秋香在她的小說中毫不遮掩地說，她認為共產黨根本沒有讓越南現代化的能力。在所著《頂點》（*Zenith*）中，她甚至說胡志明不過是個凡人而已。對當權派而言，是可忍孰不可忍？總書記阮文靈氣得暴跳如雷，把楊秋香開除黨籍下監，還公開罵她，說她是「那個亂放炮的爛女人」。楊秋香服了一段刑期，出獄後又遭軟禁，最後於二〇〇六年獲得法國政治庇護。她在法國呼籲越南當局將政治系統民主化、推動法治、保護個人權益。[10]

回到未來？漫漫二十世紀的越南共和主義

楊秋香的擁抱民主並不新鮮。在她以前，已經有非常多的越南人挺身而出反對專制政權。談現代越南史談到這裡，我們自然可以輕輕鬆鬆地將一九八六年以來的政治變革做一總結。但且讓我們最後再退一步自我提醒：獨裁專制與多元政治在今日越南的尖銳對立，可以回溯到漫漫二十世紀。越南共和主義不是一九八六年以後特有的現象。改革也不是。它在一個多世紀以前，早在共產主義還沒有進入越南以前便已出現。想了解今天現代越南的政治變化、展望未來，得從二十世紀尋根。

如本書前文所述，早在一九〇〇年代初期，許多共和理念已經透過印刷媒體，從香港取道東京灣，經由港口、透過法國殖民政府湧入西貢。許多人開始成為共和主義信徒。事實上，早年皈依共和主義信徒的名單，讀起來彷彿是二十世紀初期越南名人錄一樣：潘佩珠、潘周楨、潘文忠、阮世充、黃吴康、阮太學、阮祥三、陳仲金，或許越南最偉大的民主鬥士阮安寧也是這一時期的人物。他們都擁抱人民主權、法治、自由選舉與代議制政府理念。甚至是年輕的保大帝，也曾在一九三〇年代之初提議建立君主立憲，而讓他那些殖民主子嚇一跳。畢竟，從沒有一個當皇帝的人願意放棄神授君權去支持共和。

胡志明在一開始也是其中一分子。雖說官方傳記立傳人喜歡以他在巴黎歸從共產主義為起點訴說他的故事，但他們有意無意地忘了一件事：這位共產黨越南的國父在一開始倡導的，是從海外流入越南的民主理念。他在第一次世界大戰前夕前往歐洲，希望迫使法國遵守政治改革承諾。在旅法期間，他加入人權聯盟、共濟會與社會黨。一九一九年，當戰勝的盟國在凡爾賽集會欲決定戰後世界秩序時，胡志明在巴黎夥同其他共和派人士，要求法國在越南推動尊重越南人個人權利的改革，讓越南人有政治發言權。一九一九年「安南人宣言」就有濃厚的共和主義色彩：

1. 大赦政治犯；

2. 改革司法系統，以保證歐洲人與越南人享有同樣合法權益，包括徹底而永久地廢除用來恐嚇、壓迫越南人的特別法庭；
3. 新聞自由與言論自由；
4. 集會自由與結社自由；
5. 遷徙自由與旅行海外的自由；
6. 教育自由，在每個省建立技術與專業學校；
7. 終止特別法；
8. 在法國國會成立常設代表團，向政府轉達越南人民的願望。⓫

總督薩活一九一九年在河內發表的那篇著名演說，讓許多人重燃希望，認為第三共和終於要以民主方式改革它的專制殖民國了。但不出幾年，越南人已經察覺所謂殖民改革只是用來駕馭、擊垮越南共和主義的工具，這樣的希望化歸泡影。薩活確實開放新聞自由，也為少數越南精英擴大了投票權，但同時也建立勢力龐大的政治警察「公共安全部」。新聞檢查手段仍然嚴厲。法國當局在審查新聞媒體作業執照時，態度之嚴謹與共產黨今天監督網路一般無二。沒有法治，加上一味高壓，仍是殖民政策的重要內容。總督授權特別委員會與法庭審判、定罪、監禁與處決「叛徒」。甚至在法國左派聯盟於一九三〇年代當政、組成「人民陣線」聯合政府以後，仍然不能在印度支那建立像印度國會一樣的民主機構。極度沮喪之餘，胡志明這類人士遂成為馬列主義信徒。但並非所有共和派都這樣。許多人仍然篤信共和，運用既有體制盡可能推動殖民改革，利用法國與國際情勢壓縮專制極權。

同等重要的是，各式各樣新協會、俱樂部、慈善、自助、文藝與反貧窮團體，也開始以新方式改造社會與地方政治。都市計畫、稅務、政府專賣與經濟開發案引起激烈辯論，形成新政治文化。國語字印刷的報刊圖書將理念散播到各處，也將各處的人結合在一起。越南人律師專業階級崛起（不過他們打的多半是土地糾紛官司，不是政治性官司）。知識分子、作家、記者、藝術家更加重視都市窮人與廣大農民的日常生活。地方市政廳與村民委員會往往成為土地改革的論壇。在人民陣線控制法國的短短幾年間（一九三六至一九三八年），阮安寧爭取到包括工人在內的眾多支持者，在地方選舉中所向披靡。直到當局採取封殺行動，才為這段殖民民主政治史上短暫但重要的實驗畫上句點。⓬

越南共和主義亦有激進派。一九二〇年代末，越南國民黨內一群男女黨員達成結論，認為只有以暴力手段才能建立真正獨立的民主國。殖民改革是一條政治死胡同。一九三〇年東京安沛暴亂主謀阮太學，於遭處決之前幾天寫了一封致巴黎法國國會的信，他在信中解釋說，法國不能在越南實施真正政治改革，使他的國民黨別無選擇，只有以暴力手段建立「越南共和國」。另一名越南國民黨高官也對記者說，他要的不多不少，都是法國人已經有的：「一個民主政府、全民參政權、新聞自由、尊重人權與公民權，當然，還有獨立。」⓭

不過，殖民專制與越南共和主義間的緊張情勢只說了半個故事。越南共和派與共產黨因越南前途問題而起的衝突，也同樣重要。雙方都想推翻殖民政府，但雙方各有如何達到這個目標的迥異意識形態道路圖，對於一旦目標達到以後，新國家應該像什麼樣子，雙方也各執己見。官方歷史學者想讓我們相信，在安沛暴亂（見第五章）結束後，越南國民黨與其他地方的真正民族主義者都成了共產黨。這可以讓官方故事說得天衣無縫，只不過他們忘了一項事實：一整代越南共和派人士繼續擁抱以全民主權、全民參政、多黨政治、自由選舉，以及獨立國會與司法系統為基礎的代議式政府。另一方面，胡志明等共產黨則以民主中央集權、階級鬥爭與透過土改的農業集體化，做為達標道路圖。他們設計的後殖民共產國要以保護工人與農民建立法統，以無產階級專政的形式進行運作。簡言之，從一九二〇年代末期以降（而不是從一九八六年才開始），一群民族主義者向大西洋共和主義取經，希望建立自由統治政體；另一派則以蘇聯式馬列主義為藍圖，意圖建立一黨專政的國家。⓮

儘管這兩派統治類型的競爭當時出現在全球各地，在印度支那，由於殖民專制政權既反對越南共和主義又反對共產主義，兩派之間的競爭也變得非常不一樣。兩派之間的第一波辯論（應該說是衝突）所以出現在法國專關政治犯的昆崙島監獄，原因就在這裡。在人民陣線左派聯合政府在法國執政的短短幾年間，兩派人馬也在新聞媒體與政治運動上交火。不過到最後，當胡志明領導的聯合政府，在一九四五至一九四六年間，以越南民主共和國的形式極力掙扎求存之際，兩派之間的緊張衝突漸趨於表面化。由於八十年來殖民控制首次消失，也由於盟國當局在一九四五年九月派進越南、接受北印度支那日軍投降的中國國民黨部隊，越南民主派與共產黨能透過相當開放的媒體表達理念，能在沒有殖民政府干擾的情況下組織政治示威與集會，建立政黨。越南政治史上幾次最生動的政治辯論就出現在這短短幾年間。特別是在一九四六年三月成立的國會，代表們為訂定越南第一部憲法所進行的辯論尤其激烈非常。儘管這種共和局面僅局限於北方（因為法國人這時已經在南方發動攻擊），現代越南史上終於第一次出現了一個脆弱的民主國。保大帝在一九四五年八月宣布遜位，結束了千年來的君權統治，不啻是促成這項發展的重要推手。保大刻意在遜位後自稱「公民永瑞」，與高棉國王施亞努的作為形成強烈對比。施亞努為保全自己的統治、拯救王朝而歡迎法國人再次入主，還與主張建立憲政民主的一派人戰鬥。[15]

越南境內這波共和潮持續了不到一年。全面戰爭於一九四六年年底爆發之後，隨著軍隊進駐，殖民政權逐漸復辟，法國當局也立即採取行動，廢止民主權益。一九四六年十二月，法國在越南宣布正式「緊急狀態」，授權軍隊接管警察、行政與司法事務。新聞檢查恢復，特別委員會與法庭開始審理越來越多在這場戰爭中淪為戰犯的「叛黨者」。但法國不肯宣戰，因為這麼做等於承認對手國的存在。就這樣，數以萬計政治犯淪為殖民監獄囚犯，或在軍方控制的勞工營充當幾乎沒有人權的勞工。[16]

另一方面，共產黨亦無意讓他們的越南對手利用民主憲法與多黨政府迫使他們在自由選舉中競爭，迫使他們只能像法國與義大利這類共和國的共產黨一樣爭取執政。而且說老實話，就像共產黨一樣，中國占領軍與他們的越南盟友，包括阮海臣與武鴻卿等人，也願意使用不民主手段，加強對越南民主共和國的控制或甚至將它推翻。當中國軍隊於一九四六年年中撤軍後，法國殖民政權與越南共產黨都首先展開行動對付他們共同的越南敵人，之後再相互廝殺，原因也就在這裡。

在北方，越南共產黨以強制或吸收買通手段關閉反對黨，控制所有報刊媒體，禁止未經授權的示威，逮捕違規者。當新憲法於一九四六年十一月八日至九日通過成為法律時，只有兩名反對黨成員參與投票。在南方，法國人對付越南民族主義者的手段也沒什麼不同。

不過，一九四六年的憲法，確實也將太多越南人早在二十世紀之交就爭取的許多政治權益，如全民參政權、獨立的國會與司法體系、法治、言論自由、新聞自由、宗教自由、受教育的權利、旅行自由、私有財產等等形諸於法律明文。這是越南政治理論的一塊里程碑。此外，它完全由越南人一手促成，既非法國、也不是美國推動的產品。它同時也是越南人聯手合作、而不是共產黨強加的結果。大多數（對中國支持的政黨感到不滿的）共和派人士，在堅決反對法國殖民主義重返越南的共同信念團結下，在一九四五至一九四六年加入胡志明的聯合政府，相信一旦戰爭結束、國家獨立，他們可以參與打造憲法保證的多黨政府。⑰

只是事與願違。共產黨雖說靠著與民主派人士聯手，才讓越南民主共和國在驚滔駭浪下存活，但自一九五〇年起，毛澤東提供的軍援、政治模式與顧問，讓胡志明與他的信徒將這個國家轉變為一個一黨專政的共產國。一九四六年憲法的規定或共和國內部非共人士的看法均已無足輕重。共產黨推動（中國式的）改造與學習，沒有經過辯論。共產黨將政府官僚、警察、司法與軍隊系統收歸黨有，沒有經過投票。在整個第一次印度支那戰爭期間，國會只開過一次會——在一九五三年集會，批准胡志明一夥人已經與他們的顧問（包括蘇聯顧問，但最重要的是中國顧問）擬妥了的土地改革政策。

在一九五四年日內瓦會議後，共產黨控制整個越南北部，而且不斷在這個戰火下誕生的國家擴展勢力。在掌控軍警之後，共產黨不想再像一九四五至一九四六年那樣與其他黨派共享政權。遭到邊緣化的共和派這時也只能眼睜睜看著一九六〇年新憲通過，將原本實行代議制社會主義民主的越南民主共和國轉型為一黨專政的共黨國。根據蘇聯模式打造的一九六〇年新憲法，以「社會主義」為官方意識形態（因為當時吳廷琰在南方打造一個反共國，為了避免落入吳廷琰的圈套，新憲法刻意避開「共產主義」一詞）。對今天的共產黨而言，越南基本法是一九六〇年，非一九四六年那部憲法。越南的共和派今天極力爭取要求恢復一九四六年那部「真正的」憲法，原因就在這裡。因為一旦施行一九四六年憲法，共產黨必須交回他們在第一次印度支那戰爭期間據有的政府控制權。⑱

不過，專制獨裁不是共產主義或殖民主義的專利。越南民主共和國的競爭對手——保大領導的越南國，沒能創建一個可以運作的國會，部分原因固然是法國人不肯放棄殖民統治，但也因為本身做法不當。吳廷琰在法國撤出後奪權，當了越南共和國總統，統有北緯十七度線以南的原越南國版圖。但談到尊重個人自由、法治、代議政治與新聞自由，他的作為不比胡志明強。在一九五五年的選舉中，吳廷琰得到幾乎百分之百的票，當了總統，讓人乍看之下以為是共黨國家的選舉。他與他的家族控制國會與司法體系，而且以命令進行統治。如果說胡志明政權用一九五〇年代的土改發動階級鬥爭來對付「資產階級」與「地主」，吳廷琰則運用特別權力與法庭剷除「共產黨」，同樣也在那個年代迫使數以十萬計的農民遷入戰略村。對那些呼籲法治的越南民主派，吳廷琰完全不能容忍。就這樣，許多民主派或淪為階下囚，或倒向另一邊，相信一旦戰爭結束，共產黨會遵守他們的民主承諾。雖說近年來的研究顯示，越南共和國在吳廷琰於一九六三年遇刺後開始步上民主，但共產黨在一九七五年的最後勝利，使它沒有機會像台灣與南韓一樣，從反共專制轉型為議會民主。厭惡共產黨的人當然這麼認為。但如果越南共和國一直存活到今天，它同樣有可能像緬甸軍政權一樣至今仍然獨裁，至少直到不久以前仍為如此。反事實思維的歷史有許多走向，對那些用它們來滿足目前需求的人而言尤其如此。只是到最後，我們永遠無法知道事情會怎樣發展。[19]

共和主義與共產主義：轉捩點？

越南公領域的全球聯網

我們確實知道，專制獨裁與共和主義之間的競爭不會很快消逝。共產黨因採取市場導向政策而促發影響深遠的改革，也使它自己的人在監督公領域、塑造輿論、控制人民、限制人民與外界接觸的工作更加窒礙難行。共產黨擁抱資本主義的做法，使它整合融入世界銀行、國際貨幣基金與東南亞國家協會等等各式各樣國際組織，還在二〇一五年底加入擬議中的「跨太平洋夥伴協定」（Trans-Pacific Partnership，簡稱TPP），但也因此為它本身的迴旋餘地設下限制。這類機構訂有具約束力的規則，加入它們的國家當局必須遵守，才能獲得貸款、吸引投資與貿易。河內與胡志明市的新股票市場情況也一樣。這些股市或許能為投資人帶來豐厚報酬，能衍生迫切需要的投資資金，但它們同時也與世界金融市場息息相關，受全球市場起伏波動的影響。[20]

一九八六年展開的市場經濟轉型，為越南帶來難得一見的經濟繁榮。在六〇年代末期毀於戰火以前，南方曾經享有幾年類似榮景，不過十年後遭共產黨破壞。革新開放政策導致中產階級崛起，這些新興中產階級渴望購物——漂亮的洗衣機、大屏幕智慧電視機、更快的車、更大的房子，以及投資不動產。許多家庭縮衣節食，讓子女進入越南最好的私校就讀，還有許多人更不惜花大錢把子女送到海外念書。在家庭、政府或國際支援下，數以萬計越南人現在可以留學海外，在科學、醫藥、法律、銀行、金融、數學、工程、農業經濟、畜牧等等各種領域攻讀高等學位。這些受過高等教育，熟悉現代經濟、法學與治理的人，逐漸在各階層顯露頭角，在現代越南的轉型過程中扮演領導角色。

不過，改變不是都市特有的現象。如果說共產黨被迫放棄它一九六〇年代在北方，以及一九七五年以後在南方的大規模集體農場計畫，迫使它這麼做的是農民在日常生活中的抗拒。八〇年代的革新政策大幅降低了農村的貧窮。農民現在只要多生產就能多賺錢。在國家計畫經濟於一九八〇年代結束後，稻米生產開始起飛。新科技、肥料與機械引入農業，使越南成為今天全球第二大稻米生產國。家庭收入亦因此增加。農民可以隨意投入多角經營，生產水果、蔬菜與咖啡這類商業作物。越南同時也是全球第二大咖啡生產國，僅次於巴西。過去二十年，商業化養豬與養魚蔚為風潮，飼料業於是也迅速擴張，以跟上腳步。[21]

由於以提供自由市場原則的經濟繁榮為統治法統基礎，像中國共產黨一樣，越南共產黨也必須不計一切代價維持高成長。越南共產黨的法統現在靠的是經濟成長，不再是光榮戰爭的神話。都市中產階級、專業人士與農民，現在都指望經濟不斷成長。每年進入勞工市場的大批年輕人也一樣。在二〇一五年，越南估計約九千四百萬人口有半數年齡不到二十九歲。這些年輕人對戰爭歲月所知甚少，他們看的只是未來。一旦經濟問題壓垮共產黨，讓執政階級無力造就民眾指望的成長，這些族群會透過經濟與政治途徑發出聲音。因為事情攸關過於重大，他們非這樣做不可。一旦益趨複雜的經濟出軌，證明當權派無力匡正，受過高度訓練的銀行家、投資人、律師、工程師、科學家與商業精英會立即提出建言。[22]

黨政要員的大規模貪腐所以遭致如此嚴厲的批判，而且批判源頭不僅來自激進共和派，還來自擁有經濟實權、決意保護這些權力的都市與鄉村經濟領導人，原因就在這裡。一旦經濟萎縮，勢力逐漸膨脹的中產工薪階級會如何反應很難預測，但他們未必就會站在共產黨這一邊。直到今天，共產黨始終抗拒勞工工會化。無論如何，事情演變的訊息非常明確：不能有效管理經濟發展與資本主義的人，就得面對巨大政治風險。[23]

但是，全球化不只是將大西洋資本主義散播到全球各地而已。它也是整合科技改革的一種加速流程。法國人引進印刷術、印刷媒體（報紙、小說、傳單與教科書）、電台、電話、電報、電影與新運輸系統，在越南主導了早期的全球化。在一九五〇年代與一九六〇年代，越南共和國由於比它的共產黨競爭對手更加對外開放，在短短幾年統治過程中將全球化做得更加徹底（見本書第十二章的討論）。但二十世紀末展開的又一場科技革命，進一步加速了這項相互聯繫的整合過程。像在其他地方一樣，它也透過電腦、網際網路、電子郵件、社交媒體（臉書、推特、YouTube、部落格）與行動電話出現在越南。到二〇一四年為止，三九%的越南人已經上線，上線人口比率比泰國或菲律賓都高。二二%的越南人使用社交媒體，主要是臉書，有兩千萬活躍帳戶。在上線的成人中，七二%的人使用社交網路，五一%的人在行動電話上使用網際網路。三六%的越南人擁有智慧電話。網咖已經逐漸過時，因為住宅現在已經連線：八五%的線上使用者可以在住宅上網（不過相較而言非高速上網）。越南的新創公司現在使用科技移轉以開發、商業化它們自己的高科技產品。[24]

對越南而言，這種全球聯網的重要意義至為明顯。無論是住在城市或住在鄉間的越南人，都可以獲得有關他們的國家、區域與世界的另類訊息。越南人還可以或用電子郵件、或透過臉書這類社交平台、或經由線上請願，只須點擊一下就能傳達他們的要求，就能與友人共享他們對政府政策的看法。鄰里與村落社群可以針對非常特定的地方問題連線討論，人們還可以透過聯網在第一時間與更多更廣的人議論國家大事。二〇一五年四月，熟稔電腦科技的河內市民建了一個臉書網頁，呼籲市民走上街頭，抗議市政府砍伐六千多棵老樹的決定，就是一個例子。臉書網頁建立後不久，請願書如潮湧至，數以百計市民走上街頭，市政府最後只得放棄砍樹。[25]

在政府默認下，越來越充滿活力的公民社會也出現了。共產黨建立無所不包的群眾組織「祖國陣線」（Fatherland Front，共產黨控制的越盟的嫡傳產品），用意當然是想用它控制結社。但它也允許數以百計社團，以慈善、家庭、經濟發展、環保、少數族裔、科技、婦女議題與專業俱樂部等各式各樣活動為核心組織會員。這些社團許多在運作上相當獨立，也有許多儘管在名義上接受黨的控制，實際運作空間卻越來越廣。非正式與線上社群網路也參與公民社會活動，針對各種社會經濟議題表達意見，提供支持（通常透過捐款與籌款方式進行）。

共產黨當局經常發現，與這些團體合作十分有用，因為這麼做能改善治理、提升透明度，從而增加效率與合法性。地方團體也發現，與其反對政府，不如與政府合作更能幫他們達成目標。環保、家庭與婦女權益等議題的合作尤其有效。國際非政府組織的情況亦然。政府或許可以控制、監督非政府組織的活動，但與它們合作也能使政府獲益良多。在越南境內作業的非政府組織數目，已經從一九九〇年代初期的兩百個增加到今天的將近兩千個。共產黨或許能壟斷最高層控制權，但它對較低層社會的控制談不上極權獨裁。[26]

改革或革命？

共產黨今天面對的問題，與殖民主義者在兩次世界大戰期間面對的問題頗相類似：政府推動的改革，可能在什麼時間點上演為革命？倒不是說越南共產黨是殖民主義者。問題在於反對政治獨裁與主張經濟改革。自「革新開放」政策於八〇年代末期上路以來，要求民主改革的呼聲以許多形式出現。在剛開始幾年，推動政治改革的呼聲來自共黨內部，首先呼籲改革的，是黃明正這類遭革命打入冷宮的人士，隨後發動批判的是那些已經退休而且不復存有幻想，反正無論怎麼說也不會有什麼損失的資深領導人。首先起來批判共產黨效率蕩然與貪汙腐敗的，還包括退伍軍官與資深黨員。他們大多數並不主張以武力推翻共產黨，而只是利用他們的聲望與絕佳的抵抗履歷，呼籲領導層以和平手段改革政治系統。九〇年代出現在東歐、轉型過程不很血腥的多黨國會系統，最令他們心動。

在身為共產黨黨員，而直言反對黨的貪腐，認為必須建立民主系統以遏制貪腐歪風的人士中，陳度將軍是重量級人士。他在一九四〇年入黨，在歷史性的奠邊府戰役中帶兵，之後與美軍作戰直到一九七五年，然後擔任國會副議長。陳度認為，共產黨結束集體農場與中央規畫、改變經濟政策的做法很對。但他又說，國家繁榮以後，人民會有更多要求，為因應這些要求，推動政治改革也同樣重要。他透過信件、文章、請願書，還在九〇年代末期透過網際網路來要求共產黨恢復一九四六年共和憲法，領導全國推動民主化。這表示實施自由選舉，將反對黨的地位合法化。但一旦這麼做，共產黨一黨專政的局面也很可能就此告終。領導層於是拒絕他的建議。政治局於一九九九年將陳度開除黨籍。共產黨不能容許一九四六年共和憲法死灰復燃。黨或許可以在一九九二年修訂憲法，轉而擁抱資本主義經濟，但儘管面對空前呼聲，黨不能放棄對政治的壟斷（憲法第四條）。陳度是這全國性改革呼聲的一部分。[27]

越來越多越南人已經相信，共產黨所謂改革最重要的目的，不過是迴避越南人百年來不斷爭取的共和主義目標而已。十年來，不滿情緒開始在越南逐漸升溫。像阮安寧在一九二五年說薩活的改革是唬人假話一樣，今天許多越南人——而且與一九二〇年代不同的是，不只是二十幾歲的年輕人——已經在實際行動上要求終止共產黨統治，開始對河內政權採取更有抗爭性的做法。抗爭已經重回越南政治舞台，許多抱持共和理念的越南人，無分老幼，似乎都願意為伸張他們的理想而坐牢。在一九二〇年代，阮安寧得靠國語字、印刷科技與報紙向人民表達他的理念。今天的民主運動人士可以透過網際網路、臉書、YouTube、群組郵件，還可以創造網頁、部落格，在城市及鄉間鼓吹他們的政治與社會改革構想。

二〇〇六年，一群越南民主派人士利用網際網路傳播他們的「自由與民主宣言」，要求共產黨當局為人民建立一種代議政府形式，賦予人民新聞自由、結社自由、宗教自由，保護個人權益。

他們甚至呼籲政權撤換。宣言中說，共產黨政權「沒有逐步改革或修訂的能力」，應該「全面撤換」。二〇〇六年這篇宣言作者之一的杜南海出身共產世家，有無懈可擊的抵抗履歷，但對他來說，共產黨氣數已盡：它沒有全面現代化的能力，貪汙腐敗毀了一切。杜南海曾經留學海外，見到台灣與南韓、最後就連菲律賓與印尼都能將政治多元主義跟成功的市場經濟相結合，令他仰慕不已。既然這些國家能夠做到，越南也做得到。杜南海在二〇〇四年就曾寫道，越南「所以有這許多苦難，所以這麼落後」，共產主義「過去一直是、現在是、將來也會是所有理由的理由，一切問題的問題」。[28]

杜南海還與其他志同道合的民主派人士在二〇〇六年建立「八四〇六集團」（八四〇六這號碼代表集團創辦日期二〇〇六年四月八日），以「迫使」越南共產黨放棄對政治系統的全面把持。八四〇六集團在一開始有成員一百多人，成員來自各行各業，有激進共和派、宗教領導人、記者、醫生、作家、教師等等。集團在線上與報刊雜誌上發表文章，鼓吹民主。儘管八四〇六集團沒能存活幾個月，就遭共產黨動用公安力量查禁，但它的成員已經將改革與革命間的界線模糊了。

像之前一樣，鼓吹個人權益、對抗極權的運動也少不了律師。從一九九〇年代末期起，武古輝河與他的妻子阮氏堂河就決定為保護平民百姓而獻身，讓他們不受政府濫權、玩忽職守與貪腐之害。巴黎大學法學院畢業的武古輝河，是共產黨著名文化偶像之子，但他喜歡承辦的卻都是政府貪贓枉法的案子。二〇〇五年，武古輝河夫婦指控中越南地方當局建造休閒中心、違反文物遺產保護法，並且打贏了這場官司。二〇〇八至二〇一〇年，他為一名因「傷害國家」罪被判刑坐牢的軍官辯護。他提出證據顯示，他的當事人是正直的軍官，只因揭露峴港高層官員貪腐而遭到非法控罪。二〇〇九年，武古輝河把他的法律攻勢升高到阮安寧作夢也想不到的高度：他指控越南總理非法授權中國公司在高地開採鋁土礦。他打輸了這場官司，因為法官認定，無論是河內人民法院或越南最高法院都無權審判一名總理。但在許多人心目中，他揭發了共產黨弄權，贏得一場大勝。武古輝河公開呼籲建立共和政府的行徑，終於惹毛共產黨，於二〇一一年將他判處七年徒刑。他抗議不公，於二〇一三年發動絕食抗議，引起越南國內外的注意。二〇一四年四月，當局同意讓武古輝河夫婦接受美國政治庇護，將他們快快送出國境。

不過，開採鋁土礦這個問題比武古輝河要大得多。越南共產黨願意讓中國公司在中央高地大片地區露天開礦這件事激起眾怒，民主運動人士、維權分子、科學家與工程師、環保人士、關心的公民、異議人士、海外越南僑民——甚至連武元甲將軍，都因此結合在一起，發出抗議怒吼。鋁土礦的爭議由來已久，而且內容很複雜。所以引發這場抗議風暴的導火線，如前文所述，是因為黨政當局決定讓中國公司在中央高地開採好幾百萬噸鋁土礦。當中國方面帶著相關人員準備進駐時，政府內部一群科研人員與環保人士聯手，想辦法透過法律途徑討論這個議題，要政府在剷開中央高地表土、開採當地鋁土礦以前，務必再三考慮此舉可能造成的慘重環保、經濟與政治效應。領導這個聯盟的是陳氏蓮、阮青山這類人士。陳氏蓮自一九九〇年代起投身非政府組織，為環保、婦女與高地事務效力；阮青山是奉政府之命在鋁土礦專案工作的科研人員，但他憑經驗知道露天開採會惹出大亂子。他們聯合起來，組織研討會，在媒體與線上發表文章，讓人們了解這種竭澤而漁做法可能帶來的危害。胡志明市經濟大學前校長也表示同意，說政府這項專案「會使中央高地死亡」。[29]

由於總理對這個問題不聞不問，十七名幾乎全部與政府有關的科研人員在二〇〇八年十一月提出一項內部請願，要求領導當局在採取進一步行動以前，更仔細地研究此問題。為加強他們的論點，他們還加上一些新內容，強調高地對越南「國家安全」的重要性。總理阮晉勇下定決心開採鋁土礦。二〇〇九年初，他禁止新聞媒體報導這件事，重申這項專案對越南有利，也和黨與政府的既定路線一致。但阮晉勇沒料到會有一名將領出來反對，這名將領不是泛泛之輩，而是共產黨越南最重要的將領武元甲。武元甲知道這件事，也知道許多政府專業人士反對這項專案。這些專業人士都曾在一九八〇年代聽過蘇聯專家要他們勿破壞高地開礦的建議（越南可能擁有全世界最大的鋁土礦礦藏）。武元甲寫了一封內部信函給黨，提醒領導層注意這個問題，並要求他們暫時停止開礦，等到做完進一步研究之後再說。武元甲還指出，讓中國人派遣自己的人馬進駐高地或許不是個好主意。這封信不到幾天就洩漏，政府還來不及建防火牆，它已經在網上流傳。不到幾星期，又一名將領出面，直言這項鋁土礦專案不僅是潛在性環保災難而已，它還涉及國家安全問題。越南共產黨若按預定計畫開礦，等於放任歷史性敵人——中國人——進入越南心腹。

二〇一〇年，全越南一片反對呼聲。海外越僑、異議人士、八四〇六集團、律師、科學家、非政府組織，以及天主教神父與佛教僧侶都匯聚在一起，反對這項鋁土礦開採案。他們指控河內當局，說河內在中國強行在南中國海擴張領土主權之際進行這項專案，就是向北京屈服。反對鋁土礦開採案不再是政府科學家、環保人士與著名共產黨將領的專利。它已經成為一項更加全面、藏在排華情緒中，爭取言論自由、要求政治改革的運動。一項反對鋁土礦開採案線上請願，蒐集到成千上萬、來自各行各業民眾的簽名。沒隔多久，國會那些通常只知俯首聽命的議員也開始辯論這個議題，而且辯論場面激烈火爆，為一九四六年來僅見。

中國公司已經進駐，鋁土礦開採案直到今天亦仍在繼續進行。不過河內共產黨保證會根據越南訂定的條件進行開採，同時會尊重環境與高地人民。但並非每一個人都相信這套說詞，開採案激起的反對政治浪潮至今仍然波濤洶湧。二〇一四年，反對中國於南中國海行動的抗議群眾，在全國各地走上街頭，要求越南政府對中國採取更強硬的行動。儘管河內抓了許多做得過火的人，還封殺一些「危言聳聽」的網站，但十年來各式各樣反政府聲浪已經蔚為風潮，而將這些民眾團結在一起最主要的原因是，他們不再像過去一樣畏首畏尾了，願意為伸張自我權益而採取更具抗爭性的手段。對許多越南人來說，他們的權益現在包括建立民主政府。在這些越南人心目中，唯有民主政府才能調和越南人各種不同的需求與聲音。

只有時間才能告訴我們結果如何。二〇一五年十二月，在越南共產黨二〇一六年一月黨代表大會召開前夕，軍官、教授、教師、共產黨黨員、牧師、佛教僧侶等等越南著名共和派人士，在線上聯名發表了一封給越南共產黨的公開信。公開信作者提醒河內當局，領導層最重要的職責就是保護國家、對抗中國擴張主義，暗批河內當局在越南愛國路線上站錯了邊。其次，他們與黃明正聯合陣線，指共產主義在二十一世紀是個行不通的主義。像黃明正一樣，公開信作者也呼籲共產黨領導當局採取措施，讓越南走上西歐式的社會主義民主。他們膽敢簽署如此具有挑釁意味的文件，還將它公開發表，說明一件事：越南共和派這次不會輕易雌伏了。民運人士、企業家、專業人士、都市中產階級、農民與公民社會保護人的這些呼聲，會仍然只是絕望的雜音？或會匯為洪流，改寫越南或創造一個新越南，仍有待觀察。30

謝啟

過去五十年，來自各式領域的學者，就越南問題發表了許多精彩豐富的研究。若不是因為有了這些資料做為參考，我不可能寫成這本書。我就許多方面而言，仰仗了他們的臂助，也希望能在本書內頁能給他們應得的表彰。因為要在謝啟裡面向他們一一申謝根本辦不到，那名單會拖了幾頁也寫不完。

許多人在百忙之中抽空，審閱我的書稿，還為我置評，提供有關這本書的參考或修正建議，雖說他們未必對我的一切立論都表同意，但我希望能在這裡向他們申致謝忱。他們是（未有定序）：阿加特・拉契（Agathe Larcher）、諾拉・庫克（Nola Cooke）、利亞・凱利（Liam Kelley）、李唐娜（Li Tana）、菲立普・泰勒（Philip Taylor）、凱斯琳・包丹薩（Kathlene Baldanza）、喬治・杜登（George Dutton）、瓊・海特（Jon Heit）、馬克・勞倫斯（Mark Lawrence）、凱斯・泰勒（Keith Taylor）、克里斯多佛與蘇珊・拜利（Christopher and Susan Bayly）、夏恩・麥克海（Shawn McHale）、傑夫・韋德（Geoff Wade）、阮費文（Phi Van Nguyen）、法蘭西斯・吉耶莫（François Guillemot）、蘇菲・昆恩－佐吉（Sophie Quinn-Judge）、阮國清（Nguyen Quoc Thanh）、襄于（Tuong Vu）、納西－卡萊・阿布杜（Nasir-Carime Abdoul）、菲立普・巴賓（Philippe Papin）、

大衛・馬爾（David Marr）、查爾斯・凱斯（Charles Keith）、彼得・吉諾曼（Peter Zinoman）、歐加・德洛（Olga Dror）、艾曼紐・普松（Emmanuel Poisson）與威廉・特立（William Turley）。

我也必須特別在此向我在企鵝／藍燈書屋（Penguin / Random House）的編輯賽蒙・溫德（Simon Winder）致謝。能與溫德以及他的團隊，特別是與瑪麗亞・貝德福（Maria Bedford）一起工作，真是何其榮幸。若是沒了賽蒙妙筆生花的編輯技巧、分析思考，以及絕佳的幽默感與耐性，這本書無論有什麼短處都會變得更加惡劣。此外，我也要向路薏莎・史拉登・華森（Louisa Sladen Watson）獻上誠摯謝意，她的專業編輯技術與建議讓這本書增益匪淺。

http://secdev-foundation.org/wp-content/uploads/2015/02/Vietnam.ControlandDissent .Feb15.pdf, accessed 13 January 2016; 'Vietnam's Internet Connection Speed among Asia- Pacific's Lowest: Report', *Tuoi Tre*（20 January 2015）, at http://tuoitrenews.vn/ business /25503/vietnams-internet-connection-speed-among-asiapacifics-lowest-report, accessed 22 January 2016; and Shara Tibken, 'Meet the Vietnamese Smartphone Maker Gunning to Be the Next Apple'（31 July 2015）, at http://www.cnet.com/news/meet-the-vietnamese -smartphone-maker-gunning-to-be-the-next-apple/, accessed 20 January 2016.

㉕ Michael Gray, 'Hanoians Use Social Media Tools to Help Save Their Trees', *FlashNotes*, vol. 3（20 April 2015）, at http://secdev-foundation.org/wp-content/uploads/2015/04 / flashnotes-vietnam-FINAL.pdf, accessed 13 January 2016.

㉖ Among others: Andrew Wells-Dang, 'The Political Influence of Civil Society in Vietnam', in London, ed., *Politics in Contemporary Vietnam*, pp. 162–83; Mark Sidel, *Law and Society in Vietnam*（Cambridge: Cambridge University Press, 2008）, chapter 6; and Christina Schwenkel, 'Reclaiming Rights to the Socialist City: Bureaucratic Artefacts and the Affective Appeal of Petitions', *South East Asia Research*, vol. 23, no. 2, pp. 205–25. On the contrary, see Philippe Papin and Laurent Passicousset, *Vivre avec les Vietnamiens*（Paris: L'Archipel, 2010）.

㉗ Sidel, *The Constitution of Vietnam*, chapter 5; and Bui Hai Thiem, 'Pluralism Unleashed: The Politics of Reforming the Vietnamese Constitution', *Journal of Vietnamese Studies*, vol. 9, no. 4（2014）, pp. 1–32.

㉘ Both citations in Kerkvliet, 'Regime Critics', pp. 370–71.

㉙ Jason Morris-Jung, 'The Vietnamese Bauxite Controversy: Towards a More Oppositional Politics', *Journal of Vietnamese Studies*, vol. 10, no. 1（2015）, pp. 63–109; and Jason Morris, *The Vietnamese Bauxite Mining Controversy: The Emergence of a New Oppositional Politics*（Berkeley: University of California Press, 2013）, at http:// digitalassets.lib .berkeley.edu/etd/ucb/text/Morris_berkeley_0028E_14018.pdf, accessed 26 January 2016.

㉚ 'Thu gui Bo Chinh tri, Ban Chap hanh Trung uong khoa XI, cac dai bieu du Dai hoi lan thu XII va toan the dang vien Dang Cong san Viet Nam', at http://indomemoires .hypotheses.org/20792, accessed 19 January 2016.

Minh, pp. 43–58. The irony on the French side, of course, is that French Republicans supported the monarchies in Indochina until the very end, including Sihanouk's assault on parliamentary democracy. Many authors like to connect Vietnamese Republicanism at this time to the American model, citing Ho's reliance on the American Declaration of Independence of 1776 to craft his own in 1945. This American-centered view completely overlooks half a century of Vietnamese Republicanism.

⑱ Sidel, *The Constitution of Vietnam*, chapters 1–3.

⑲ Bernard Fall, 'Representative Government in the State of Vietnam', *Far Eastern Survey*, vol. 23, no. 8（August 1954）, pp. 122–5. On the Republic of Vietnam, see: the contributions in Keith Taylor, ed., *Voices from the Second Republic of South Vietnam*（*1967– 1975*）（Ithaca: Cornell University Southeast Asia Program, 2015）.

⑳ I rely heavily in this section on the work of many scholars: Benedict Kerkvliet, Carlyle Thayer, Tuong Vu, Ken Maclean, Zachary Abuza, Alexander L. Vuving, Jonathan London, Benoît de Tréglodé, Andrew Wells-Dang, Hy Van Luong, David Marr, Terry Rambo, Michael DiGregario, among others. For some important overviews, see Benedict Kerkvliet, 'Regime Critics: Democratization Advocates in Vietnam, 1999–2014', *Critical Asian Studies*, vol. 47, no. 3（2015）, pp. 359–87; Zachary Abuza, *Renovating Politics in Contemporary Vietnam*（Boulder: Lynne Rienner Publishers, 2001）; Anita Chan, Benedict Kerkvliet and Jonathan Unger, eds., *Transforming Asian Socialism: China and Vietnam Compared*（Lanham: Rowman & Littlefield, 1999）; Benedict Kerkvliet and David Marr, eds., *Beyond Hanoi: Local Government in Vietnam*（Copenhagen: NIAS Press, 2004）.

㉑ See Benedict Kerkvliet, *The Power of Everyday Politics: How Vietnamese Peasants Transformed National Policy*（Ithaca: Cornell University Press, 2005）.

㉒ CIA Factbook, Vietnam, https://www.cia.gov/library/publications/the-world-fact book/geos/vm.html, accessed 19 January 2016.

㉓ Benedict Kerkvliet, 'Workers Protests in Contemporary Vietnam', *Journal of Vietnamese Studies*, vol. 5, no. 1（2010）, pp. 162–204. Significantly, one of the stipulations accepted by the government in the Trans-Pacific Partnership of 2015 holds it to legalize collective bargaining rights.

㉔ Michael Gray, 'Control and Dissent in Vietnam's Online World', *Tia Sang Vietnam Research Report*, February 2015, chart 1, 'Vietnam Internet Use in 2013–2014', p. 2, at

sensitive and often brilliant studies of the impact of war on the spiritual realm of Vietnamese existence. See Shaun Malarney, *Culture, Ritual, and Revolution in Vietnam* (Honolulu: University of Hawai'i Press, 2002); Heonik Kwon, *Ghosts of War in Vietnam* (New York: Cambridge University Press, 2008), and his *After the Massacre: Commemoration and Consolation in Ha My and My Lai* (Berkeley: University of California Press, 2006); and Christina Schwenkel, *The American War in Contemporary Vietnam: Transnational Remembrance and Representation* (Bloomington: Indiana University Press, 2009). 'How sweet and right it is to die for your country' as cited in *Poems of the Great War, 1914–1918* (Harmondsworth: Penguin, 1998), pp. 30–31.

⑩ See Nina McPherson's entry for Duong Thu Huong on the Viet Nam Litterature Project website: http://vietnamlit.org/wiki/index.php?title=Duong_Thu_Huong, accessed 11 January 2016. Some of Duong Thu Huong's best-known books abroad are: *Beyond Illusions* (1987), *Paradise of the Blind* (1988), *Novel Without a Name* (1995), *Memories of a Pure Spring* (1996), *No Man's Land* (2002) and her recent venture into the life of Ho Chi Minh, *The Zenith* (2009). For an overview of post-1986 Vietnamese literature, see Cam Thi Poisson, 'La Littérature au Vietnam depuis 1986', in Benoît de Tréglodé and Stéphane Dovert, eds., *Vietnam Contemporain* (Paris: Les Indes savantes/ Irasec, 2009).

⑪ Online at http://indomemoires.hypotheses.org/532, accessed 6 December 2015.

⑫ Nguyen-Marshall, *In Search of Moral Authority*; Hémery, *Révolutionnaires vietnamiens et pouvoir colonial en Indochine*; Woodside, *Community and Revolution in Modern Vietnam*, and his 'The Development of Social Organizations in Vietnamese Cities in the Late Colonial Period'.

⑬ Cited by Roubaud, *Viet-Nam*, pp. 119–20 and 147–8.

⑭ And, lest we forget, millions of religious men and women had—and still do have— their own takes on social organization and politics.

⑮ Marr, *Vietnam: State, War, and Revolution (1945–1946)*, chapter 2; and Fall, *Le Viet-Minh*, pp. 43–109.

⑯ 'L'Etat de siège s'étend à tout l'Indochine du Nord', *Le Monde*, no. 624 (24 December 1946), p. 1; and Christopher Goscha, *Historical Dictionary of the Indochina War (1945–1954)* (Honolulu: University of Hawai'i Press, 2011), pp. 165 and 389–90.

⑰ Marr, *Vietnam: State, War, and Revolution (1945-1946)*, chapter 2; and Fall, *Le Viet*

accessed 14 January 2016. For a glimpse of this world, one need only Google 'tu tuong Ho Chi Minh'.

❺ 在提到胡志明時，如果說「他」，會涉嫌對胡不敬。在批准外文胡志明傳記發行以前，檢察當局要求作者必須刪除書中任何胡志明娶中國女人的部分。On North Korea's political cult, see Grace Lee, 'The Political Philosophy of Juche', *Stanford Journal of East Asian Affairs*, vol. 3, no. 1（2003）, at https://web.stanford.edu/group/sjeaa/journal3/korea1 .pdf, accessed 11 January 2016.

❻ For an overview, see Claire Tran Thi Lien, 'Communist State and Religious Policy in Vietnam: A Historical Perspective', *Hague Journal on the Rule of Law*, no. 5（2013）, pp. 229–52; Pascal Bourdeaux and Jean Paul Williame, 'Special Issue: Religious Reconfigurations in Vietnam', *Social Compass*, vol. 57, no. 3（2010）, pp. 307–10; Nguyen The Anh, 'Le Sangha bouddhiste et la société vietnamienne d'aujourd'hui', *Institut d'Etudes bouddhiques*, no date, at http://www.bouddhismes.net/node/463, accessed 22 January 2016; Tam T. T. Ngo, 'Protestant Conversion and Social Conflict: The Case of the Hmong in Contemporary Vietnam', *Journal of Southeast Asian Studies*, vol. 46, no. 2（June 2015）, pp. 274–92. On the police and its surveillance of the web, see Carlyle Thayer, 'The Apparatus of Authoritarian Rule in Vietnam', in Jonathan London, ed., *Politics in Contemporary Vietnam: Party, State, and Authority Relations*（Basingstoke: Palgrave Macmillan, 2014）, pp. 135–61. On censorship in Vietnam, see Thomas Bass, 'Swamp of Assassins', https://www .indexoncensorship.org/?s=thomas+bass&x=0&y=0, accessed 11 January 2016.

❼ Shaun Malarney, 'The Fatherland Remembers Your Sacrifice: Commemorating War Dead in North Vietnam', in Hue-Tam Ho Tai, ed., *The Country of Memory: Remaking the Past in Late Socialist Vietnam*（Berkeley: The University of California Press, 2001）, pp. 46–76; Christina Schwenkel, 'Exhibiting War, Reconciling Pasts: Photographic Representation and Transnational Commemoration in Contemporary Vietnam', *Journal of Vietnamese Studies*, vol. 3, no. 1（2008）, pp. 36–77; and de Tréglodé, *Heroes and Revolution in Vietnam*. On the Great War and memory, see Jay Winter, Sites of Memory, *Sites of Mourning: The Great War in European Cultural History*（Cambridge: Cambridge University Press, 1995）.

❽ Bao Ninh, *The Sorrow of War*（London: Vintage, 1998）.

❾ Bao Ninh, *The Sorrow of War*, p. 38（for the quote）. Anthropologists have provided

2005）, at http://www.bbc.com/vietnamese/vietnam/story/2005/09/050930_hoangmchinh speech.shtml, accessed 7 January 2016. On Hoang Minh Chinh, see Sophie Quinn-Judge, 'Hoang Minh Chinh: The Honorable Dissident', *OpenDemocracy*（30 April 2008）, at https ://www.opendemocracy.net/article/vietnams_1968_dissidents_shadow, accessed 7 January 2016, and her 'Vietnam: The Necessary Voices', *OpenDemocracy*（29 April 2007）, at https ://www.opendemocracy.net/democracy-protest/vietnam_voices_4576.jsp, accessed 7 January 2016.

❷ Martin Rathie has recently revealed that the famous 1966 Vietnamese photo showing Ho Chi Minh and his Lao counterpart, Kaysone Phoumvihane, together in Hanoi actually initially included a third person—the Khmer Rouge's Pol Pot. Andrew Walker, 'Two's Company', *New Mandala*（21 August 2012）, at http://asiapacific.anu.edu.au/new mandala/2012/08/21/twos-company, accessed 26 January 2016. On the ASEAN Common Market, see the Asian Development Bank's 'ASEAN Economic Community: 12 Things to Know' http://www.adb.org/features/asean-economic-community-12-things-know, accessed 26 January 2016; 'Special Exhibition: Land Reform, 1946-1957', at http://baotang lichsu.vn/subportal/en/News/Special-exhibition/2014/09/3A9241EC/, accessed 11 January 2016; David Brown, 'Vietnam Quickly Shutters "Land Reform" Exhibit'（13 September 2014）, at http://www.asiasentinel.com/politics/vietnam-quickly-shutters-land-reform -exhibit, accessed 11 January 2016; and Alex-Thai D. Vo, 'Nguyen Thi Nam and the Land Reform in North Vietnam, 1953', *Journal of Vietnamese Studies*, vol. 10, no. 1（2013）, pp. 1–62.

❸ 直到第十二屆黨大會開幕時情況還是如此。'Les Délégués au 12e Congrès national du PCV rendent hommage au Président Ho Chi Minh', 20 January 2016', at http://fr.vietnamplus.vn/les-delegues-au-12e-congres-national-du-pcv-rendent -hommage-au-president-ho-chi-minh/71497.vnp, accessed on 21 January 2016.

❹ Hue-Tam Ho Tai, 'Monumental Ambiguity: The State Commemoration of Ho Chi Minh', in Keith Taylor and John Whitmore, eds., *Essays into Vietnamese Pasts*（Ithaca: Cornell University Southeast Asia Program, 1995）, pp. 272–88. On the political use of Ho Chi Minh, see the chapters by William Duiker, Daniel Hémery, Benoît de Tréglodé and Sophie Quinn-Judge, in Goscha and de Tréglodé, eds., *The Birth of a Party State*, chapters 6–9. Ho Chi Minh, 'The Path Which Led Me to Leninism'（April 1960）, at https ://www.marxists.org/reference/archive/ho-chi-minh/works/1960/04/x01.htm,

㊴ Mark McLeod, 'Indigenous Peoples and the Vietnamese Revolution, 1930–1975', *Journal of World History*, vol. 10, no. 2（1999）, pp. 353–89.

㊵ Marr, *Tradition on Trial*, p. 404; Woodside, *Community and Revolution*, p. 219.

㊶ Goscha, Vietnam: Un Etat né de la guerre, chapter 10 and conclusion; Charles Keith, 'Protestantism and the Politics of Religion in French Colonial Vietnam', *French Colonial History*, vol. 13（2012）, pp. 141–74; and Goscha, *Historical Dictionary*, pp. 191–4, especially note 6, p. 192, and pp. 424–5.

㊷ Christian Lentz provides an excellent account of how the war drove DRV state-making in the Tai highlands of northwestern Vietnam. Christian Lentz, 'Making the Northwest Vietnamese', *Journal of Vietnamese Studies*, vol. 6, no. 2（2011）, pp. 68–105, and his 'Mobilization and State Formation on a Frontier of Vietnam', *Journal of Peasant Studies*, vol. 38, no. 3（2011）, pp. 559–86.

㊸ I rely heavily here on McCleod, 'Indigeneous Peoples', pp. 353–89.

㊹ Cited by Vatthana Pholsena, 'Highlanders on the Ho Chi Minh Trail', *Critical Asian Studies*, vol. 40, no. 3（2008）, p. 457.

㊺ Hickey, *Free in the Forest*, pp. 9–13.

㊻ Hickey, *Free in the Forest*, pp. 18–45.

㊼ Stan Tan Boon Hwee, 'Swiddens, Resettlements, Sedentarizations, and Villages', pp. 210–52; Hickey, *Free in the Forest*, pp. 47–60; and Po Dharma, *Du FLM au FULRO: une lutte des minorités sud indochinoise, 1955–1975*（Paris: Les Indes savantes, 2006）.

㊽ Shawn McHale, 'Ethnicity, Violence, and Khmer-Vietnamese Relations: The Significance of the Lower Mekong Delta, 1757–1954', *The Journal of Asian Studies*, vol. 72, no. 2（2013）, pp. 367–90; Thomas Engelbert, 'Ideology and Reality: Nationalitätenpolitik in North and South Vietnam of the First Indochina War', in Thomas Engelbert and Andreas Schneider, eds., *Ethnic Minorities and Nationalism in Southeast Asia*（Frankfurt: Peter Lang, 2000）, pp. 105–42; Po Dharma, *Du FLM au FULRO*, pp. 34–9; Hickey, *Free in the Forest*, pp. 60–62.

㊾ Po Dharma, *Du FLM au FULRO*, pp. 41–56; Hickey, *Free in the Forest*, pp. 96–107.

㊿ Hickey, *Free in the Forest*, p. 116.

(51) Hickey, *Free in the Forest*, p. 165, 166–7, 253.

【結論】獨裁專制，共和主義與政治改變

❶ 'Mr. Hoang Minh Chinh speaks at Harvard', *BBC Vietnamese Service*（28 September and chapters 1 and 2.

㉛ Salemink, *The Ethnography of Vietnam's Central Highlands*, chapter 2（citation on p. 43）.

㉜ Hickey, *Sons of the Mountains*, pp. 230–33; and Salemink, *The Ethnography of Vietnam's Central Highlands*, p. 52.

㉝ *La Pénétration scolaire dans les minorités ethniques*（Hanoi: Imprimerie d'Extrême-Orient, 1931）, p. 5.

㉞ Salemeink, *The Ethnography of Vietnam's Central Highlands*, p. 77（for the citation）and Hickey, *Sons of the Mountains*, p. 311.

㉟ Hickey, *Sons of the Mountains*, p. 370. See the fascinating study by Olivier Tessier 'Les Faux-semblants de la "révolution du thé"（1920–1945）dans la province de Phú Tho.（Tonkin）', *Annales. Histoire, Sciences Sociales*, vol. 1（2013）, pp. 169–205; and 'Trong mua nay dan Moi o Quang Nam hay ra riet nhieu nguoi Annam', *Trung Bac Tan Van*（29 April 1936）, p. 1（on outbreaks of violence）.

㊱ Oscar Salemink, 'Primitive Partisans: French Strategy and the Construction of a Montagnard Ethnic Identity in Indochina', in Hans Antlov and Stein Tønnesson, eds., *Imperial Policy and South East Asian Nationalism*（Copenhagen: NIAS Press, 1995）, pp. 265–6; Guérin, Hardy, Nguyen and Tan, *Des montagnards aux minorités ethiques*, pp. 9–82; Hickey, *Sons of the Mountains*, pp. 297–308; Agathe Larcher-Goscha, 'A rebours de la civilisation: Les transgressions de Léopold Sabatier au Darlac', paper presented at the meeting of the Réseau Asie, Paris, 24 September 2003; Léopold Sabatier, *La Palabre du serment du Darlac*（Paris: Ibis Press, 2012）; Pascale Bezançon, 'Louis Manipoud, un réformateur colonial méconnu', *Revue française d'histoire d'outre-mer*, vol. 82, no. 309（1995）, pp. 455–87; and Penny Edwards, *Cambodge, The Cultivation of a Nation, 1860–1945*（Honolulu: University of Hawai'i Press, 2007）, pp. 183–209.

㊲ Salemink, 'Primitive Partisans', p. 267; Eric Jennings, *Imperial Heights: Dalat and the Making and Undoing of French Indochina*（Berkeley: University of California Press, 2011）; Hickey, *Sons of the Mountains*, pp. 140–43, 323–43; Salemink, 'Primitive Partisans', pp. 267–74; and on the 'sixth part' of Indochina, M. Guerrini, 'La question moi', dossier Indochine, 1, box 25, Bf, Guernet, Centre des Archives d'Outre-mer.

㊳ Hickey, *Sons of the Mountains*, pp. 392–7, 406–26; and Salemink, 'Primitive Partisans', pp. 267–82.

Ethnography of Vietnam's Central Highlanders: A Historical Contextualization, 1850–1990（London: RoutledgeCurzon, 2003）; Philippe LeFailler, *La Rivière Noire: L'Intégration d'une marche frontière au Vietnam*（Paris: CNRS Editions, 2014）; Stan Tan Boon Hwee, 'Swiddens, Resettlements, Sedentarizations, and Villages: State Formation among the Central Highlanders of Vietnam under the First Republic, 1955– 1961', *Journal of Vietnamese Studies*, vol. 1, no. 2（February–August 2006）, pp. 210–52; Sarah Turner, Christophe Bonnin and Jean Michaud, eds., *Frontier Livelihoods: Hmong in the SinoVietnamese Borderlands*（Seattle: University of Washington Press, 2015）.

㉖ Gerald Hickey, *Sons of the Mountains*, pp. 168–78; Guérin, Hardy, Nguyen and Tan, *Des montagnards aux minorités ethniques*, p. 28.

㉗ Emmanuel Poisson, 'Unhealthy Air of the Mountains: Kinh and Ethnic Minority Rule on the Sino-Vietnamese Frontier from the Fifteenth to the Twentieth Century', in Martin Gainsborough, ed., *On the Borders of State Power: Frontiers in the Greater Mekong Sub-region*（London: Routledge, 2009）, pp. 12–24, and especially Bradley Davis, 'Black Flag Rumors and the Black Flag River Basin', *Journal of Vietnamese Studies*, vol. 6, no. 2（Summer 2011）, pp. 16–41.

㉘ Hickey, *Sons of the Mountains*, p. 173, 175（for the citation）. The famous French explorer Auguste Pavie relied on pre-existing Sino-Vietnamese models for ruling distant non-Sinitic and Viet lands, including a Chinese text dating from the thirteenth and fourteenth centuries, signed by the Chinese scholar Ma Duanlin. See Davis, 'Black Flag Rumors', p. 21 and chapter 1 of this book.

㉙ Andrew Hardy, 'Chams, Khmers, Hrê, la mosaïque ethnique', L'Histoire, no. 62（2014）, pp. 18–20; and Andrew Hardy and Nguyen Tien Dong, *Khao co hoc Truong luy: 5 nam nghien cuu*（Hanoi: Nha xuat ban khoa hoc xa hoi, 2011）, pp. 17–19.

㉚ Salemink, *The Ethnography of Vietnam's Central Highlands*, chapter 2（citation on p. 43）. For French ethnography, see Jean Michaud, *'Incidental Ethnographers. French Catholic Missions on the Tonkin–Yunnan Frontier, 1880–1930*（Leiden: Brill Academic Publishers, 2007）. Global historians who master Chinese, Vietnamese and a range of other languages, sources, concepts, and theories are making it clear that Western, colonial ethnography is not as new or as modern as we might think. See the work of Bradley Davis, Emmanuel Poisson,Philippe LeFailler and especially that of Geoff Wade, James Anderson, Kathlene Baldanza, John Whitmore and others cited in this chapter

⓯ Whitmore, 'The Last Great King of Classical Southeast Asia', pp. 168–203.

⓰ Danny Wong, 'Vietnam Champa Relations during the Seventeenth and Eighteenth Centuries', in Tran Ky Phuong and Lockhart, *The Cham of Vietnam*, pp. 238–62.

⓱ Wong, 'Vietnam Champa Relations'.

⓲ Nicolas Weber, 'The Destruction and Assimilation of Campa 1832–1835, as seen from Cam Sources', *Journal of Southeast Asian Studies*, vol. 43, no. 1（February 2012）, pp. 158–80.

⓳ Danny Wong, 'Vietnam Champa Relations'.

⓴ Carol Kersten, 'Cambodia's Muslim King: Khmer and Dutch Sources on the Conversion of Reameathipadei I, 1642–1658', *Journal of Southeast Asian Studies*, vol. 37, no. 1（February 2006）, pp. 1–22. For Khmer population and relations with the Vietnamese, see Shawn McHale, 'Ethnicity, Violence, and Khmer–Vietnamese Relations: The Significance of the Lower Mekong Delta, 1757–1954', *Journal of Asian Studies*, vol. 72, no. 2（May 2013）, pp. 367–390. Jean-Pascal Bassino puts the number of Cham for 1913 at 20–30,000. See his *Vietnam in Historical Statistics*, p. 31.

㉑ Li Tana, *Nguyen Cochinchina: Southern Vietnam in the Seventeenth and Eighteenth Centuries*（Ithaca: Southeast Asia Program Publications, Cornell University）, pp. 149–50.

㉒ Li, *Nguyen Cochinchina*, pp. 148–53; Po Dharma, *Le Panduranga（Campa）, 1802– 1835: Ses rapports avec le Viet Nam*（Paris: Ecole française d'Extrême-Orient, 1987）, pp. 84–5; and Weber, 'The Destruction', pp. 158–80.

㉓ Po Dharma, *Le Panduranga（Campa）*, pp. 93–144（p. 178 for the citations）, 169–70; and David Chandler, 'An Anti-Vietnamese Rebellion in Early 19th Century Cambodia: Precolonial Imperialism and a Pre-nationalist Response', *Journal of Southeast Asian Studies*, vol. 4, no. 1（March 1975）, pp. 16–24.

㉔ Po Dharma, *Le Panduranga（Campa）*, pp. 127–58.

㉕ 近年來的學術研究大幅提升了我們對高地越南的了解。I rely heavily here on the work of Andrew Hardy, *Red Hills: Migrants and the State in the Highlands of Vietnam*（Copenhagen: NIAS, 2005）; Gerald Hickey, *Sons of the Mountains: Ethnohistory of the Vietnamese Central Highlands to 1954*（New Haven: Yale University Press, 1982）; Gerald Hickey, *Free in the Forest: Ethnohistory of the Vietnamese Central Highlands to 1954–1976*（New Haven: Yale University Press, 1982）; Oscar Salemink, *The*

histoire (Paris: Les Indes savantes, 2007) ; and Tran Ky Phuong and Bruce Lockhart, eds., *The Cham of Vietnam: History, Society and Art* (Singapore: NUS Press, 2011) . For a *longue durée* approach, Jacques Népôte, 'Champa: Propositions pour une histoire de temps long', *Péninsule*, no. 26 and no. 27 (1993) , pp. 3–54 and pp. 65–123, respectively. For a bibliography, see http://www.champapura.fr/ mediatheque/bibliographie.html, accessed 29 August 2015.

❾ See the texts by Southworth and Vickery in Bellwood and Glover, eds., *Southeast Asia: From Prehistory to History*.

❿ O. W. Wolters, *History, Culture, and Region in Southeast Asian Perspectives* (Singapore: Institute of Southeast Asian Studies, 1982) , pp. 1–33 (citation on p. 14) ; Hermann Kulke, 'The Early History and the Imperial Kingdom in Southeast Asian History', in Marr and Milner, eds., *Southeast Asia in the Ninth to Fourteenth Centuries*, pp. 1–22; Denys Lombard, 'Le Campa vu du Sud', *Bulletin de l'Ecole française d'Extrême-Orient*, vol. 76, no. 1 (1987) , pp. 311–17; and Nguyen Quoc Thanh, 'Le Culte de la baleine dans le Centre Vietnam, devenir d'un héritage multiculturel', *Péninsule*, no. 55 (2007) , pp. 97–125.

⓫ Andrew Hardy, 'Eaglewood and the Economic History of Champa and Central Vietnam' and John Guy, 'Artistic Exchange, Regional Dialogue and the Cham Territories', in Andrew Hardy, Mauro Cucarzi, and Patrizia Zolese, eds., *Champa and the Archaeology of My Son (Vietnam)* (Singapore: NUS Press, 2009) , pp. 107–26, pp. 127–54 respectively. See the contributions by Michael Vickery, William Southworth, Ian Glover, Nguyen Kim Dung in Bellwood and Glover, eds., *Southeast Asia: From Prehistory to History*.

⓬ For overviews of the penetration of Islam into Cham lands, see Nasir Abdoul Carime, 'L'Historique de l'islamisation dans le basse vallée du Mékong, note de synthèse et bibliographique', *Péninsule*, vol. 56, no. 1 (2008) , pp. 31–50; and Anthony Reid, *Charting the Shape of Early Modern Southeast Asia* (Singapore: Institute of Southeast Asian Studies, 2000) , chapter 2.

⓭ John Whitmore, 'The Last Great King of Classical Southeast Asia: "Che Bong Nga" and Fourteenth-Century Champa', in Tran Ky Phuong and Lockhart, *The Cham of Vietnam*, pp. 168–203.

⓮ James Anderson, *The Rebel Den of Nung Tri Cao, Loyalty and Identity along the Sino Vietnamese Frontiers* (Seattle: University of Washington Press, 2007) .

Vietnam did not start with the Republic of Vietnam in 1955. A nationalist narrative celebrating Nam Tien took off in the early twentieth century, but existed even before. Nguyen Hoang urged his followers to keep on moving south. See: Hung Giang, 'La Formation du pays d'Annam', *Nam Phong*, no 131（July 1928）, pp. 1–5; Nguyen The Anh, 'Le Nam Tien dans les textes vietnamiens', in *Parcours d'un historien*, pp. 18–22; and Claudine Ang, 'Regionalism in Southern Narratives of Vietnamese History', *Journal of Vietnamese Studies*, vol. 8, no. 3（Summer 2013）, pp. 1–26. A new generation of scholars too numerous to cite exhaustively but on whose work I rely heavily for this chapter are: Nguyen Van Chinh, Pamela McElwee, Jean Michaud, Andrew Hardy, Philip Taylor, Sarah Turner, Philippe LeFailler, Emmanuel Poisson, Oscar Salemink, Mathieu Guérin, Stan Tan Boon Hwee and so many more. For an overview see: Philip Taylor, 'Minorities at Large: New Approaches to Minority Ethnicity in Vietnam', in Philip Taylor, ed., *Minorities at Large: New Approaches to Minority Ethnicity in Vietnam*（Singapore: Institute of Southeast Asian Studies Center, 2011）, pp. 3–43.

❻ For this early period, I rely on the work of Peter Bellwood, Ian Glover, James Fox among others. See Ian Glover and Peter Bellwood, eds., *Southeast Asia: From Prehistory to History*（London: Routledge/Curzon, 2004）; Peter Bellwood, *First Migrants: Ancient Migration in Global Perspective*（London: John Wiley & Sons, 2013）; Peter Bellwood, *Man's Conquest of the Pacific: The Prehistory of Southeast Asia and Oceania*（Oxford: Oxford University Press, 1979）. Not all scholars are in agreement over the early settlement of Asia, such as Roger Blench at 'Roger Blench: Papers in Southeast Asian Archaeology' at http:// rogerblench.info, accessed 29 August 2015.

❼ 就像我們在第一章將它視為華南海岸的一種延伸一樣。

❽ The scholarship on the Linyi and Champa is massive. Some of the most recent interpretive syntheses—grouping together some of the world's best specialists—and on which I draw extensively are: Andrew Hardy, Mauro Cucarzi and Patrizia Zolese, eds., *Champa and the Archaeology of My Son*（*Vietnam*）（Singapore/ Honolulu: NUS Press/University of Hawai'i Press, 2009）; William Southworth, 'The Archeology of the Indianised States of Champa（Southern Vietnam）', in Bellwood and Glover, *Southeast Asia: From Prehistory to History*, pp. 209–33; Bernard Gay, *Actes du séminaire sur le Campa*（Paris: Travaux du Centre d'Histoire et Civilisations de la Péninsule Indochinoise, 1988）; Pierre-Bernard Lafont, ed., *Le Campa, géographie, population,*

㊷ Masahiko Ebashi, 'The Economic Take-off'.

㊸ CIA World Factbook, Vietnam, at https://www.cia.gov/library/publications/the -world-factbook/geos/vm.html, accessed 28 August 2015.

㊹ Martin Grossheim, *Fraternal Support: The East German 'Stasi' and the Democratic Republic of Vietnam during the Vietnam War*（Washington: Cold War International History Project, Working Paper No. 71, September 2014）, at https://www.wilsoncenter.org /sites/default/files/CWIHP_Working_Paper_71_East_German_Stasi_Vietnam_War.pdf, accessed 28 August 2015.

㊺ Nguyen Vu Tung, 'The Paris Agreement and Vietnam–ASEAN Relations in the 1970s', in Westad and Quinn-Judge, *The Third Indochina War*, pp. 103–25.

㊻ Quinn-Judge, 'Victory on the Battlefield', p. 225; Tatsumi Okabe, 'Coping with China', in Morley and Masashi Nishihara, *Vietnam Joins the World*, p. 140.

㊼ Quinn-Judge, 'Victory on the Battlefield', pp. 219–20.

㊽ Morley and Masashi Nishihara, *Vietnam Joins the World*, pp. 45–6.

㊾ Quinn-Judge, 'Victory on the Battlefield', p. 223.

【第十四章】紅河外的越南

❶ Mathieu Guérin, Andrew Hardy, Nguyen Van Chinh and Stan Tan Boon Hwee, eds., *Des montagnards aux minorités ethniques*（Paris/Bangkok: L'Harmattan-Irasec, 2003）, p. 110.

❷ Administratively and militarily, Interzone V was in charge of almost all of the central highlands, with Pham Van Dong in charge until 1950. Goscha, *Historical Dictionary*, pp. 232–3, 375.

❸ Keith Taylor, 'Surface Orientations in Vietnam: Beyond Histories of Nation and Region', *Journal of Asian Studies*, vol. 57（1998）, pp. 949–78.

❹ 當赤柬共產黨控告越南又在搞古時越南帝國主義時，第三次印度支那戰爭更加凸顯了這事實。

❺ See William Cronon, George Miles and Jay Gitlin, eds., *Under an Open Sky: Rethinking America's Western Past*（New York: W. W. Norton, 1992）; Patricia Limerick, *The Legacy of Conquest: The Unbroken Past of the American West*（New York: W. W. Norton, 1987）; and Richard White, *The Middle Ground: Indians, Empires, and Republics in the Great Lakes Region, 1650–1815*（New York: Cambridge University Press, 2011（first published in 1991））. The 'Go South/Nam Tien', heroic version of an expanding

QuinnJudge, eds., *The Third Indochina War*, pp. 152–86; and on the misalliance analogy, Edward Miller, *Misalliance: Ngo Dinh Diem, the United States, and the Fate of South Vietnam*（Cambridge, MA: Harvard University Press, 2013）.

㉝ On the importance of the Soviet invasion of Prague in 1968 for Mao, see Chen Jian, 'China, the Vietnam War, and the Sino–American Rapprochement, 1968–1973', in Westad and Quinn-Judge, *The Third Indochina War*, pp. 32–64. That the Czech 'rebels' want to get rid of communism mattered less to the Chinese than the fact that the Soviets had intervened in the internal affairs of another sovereign country. On Sino-Vietnamese and Sino-Soviet rifts over Indochina, I rely heavily on Chen Jian, 'China, the Vietnam War, and the Sino-American Rapprochement, 1968–1973', and his Chen Jian, *Mao's China and the Cold War*（Chapel Hill: The University of North Carolina Press, 2001）; Qiang Zhai, *China and the Vietnam Wars, 1950–1975*（Chapel Hill: The University of North Carolina Press, 2000）; and Lorenz Lüthi, *The Sino-Soviet Split*（Princeton: Princeton University Press, 2008）.

㉞ Ilya V. Gaiduk, 'The Soviet Union Faces the Vietnam War', in Maurice Vaïsse and Christoper Goscha, *Europe et la guerre du Vietnam 1963–1973*（Paris: Bruylant, 2003）, p. 201（for the citation）.

㉟ 中國在一九七〇年代沒有值得一提的海軍。蘇聯海軍很強，在亞洲也駐有重兵。

㊱ The classic study of the Third Indochina War remains to this day Nayan Chanda, *Brother Enemy: The War After the War*（New York: Harcourt, 1986）.

㊲ Jane Perlez, 'Shadow of Brutal '79 War Darkens Vietnam's View of China Relations', *New York Times*（4 July 2014）, at http://www.nytimes.com/2014/07/06/world/asia/06vietnam.html?_r=0, accessed 28 August 2015. For the Chinese side, see: Xiaoming Zhang, *Deng Xiaoping's Long War: The Military Conflict between China and Vietnam, 1979–1991*（Chapel Hill: The University of North Carolina Press, 2015）.

㊳ On the Eurasian nature of this war, see: Goscha, 'La Géo-politique vietnamienne vue de l'Eurasie: Quelles leçons de la Troisième guerre d'Indochine', pp. 23–38.

㊴ Sophie Quinn-Judge, 'Victory on the Battlefield; Isolation in Asia: Vietnam's Cambodia Decade, 1979–1989', in Westad and Quinn-Judge, *The Third Indochina War*, p. 222.

㊵ 不過越南的盟友洪森直到今天仍當權，身為高棉國家元首。

㊶ Lee Lescaze, 'Journey into an American Nightmare', *Wall Street Journal*（17 October 1982）, p. 28.

collectivization, see Benedict Kerkvliet, *The Power of Everyday Politics*.

㉒ Ngo Vinh Long, 'The Socialization of South Vietnam', p. 127–32.

㉓ I rely on the following sources for this section: W. Courtland Robinson, *Terms of Refuge: The Indochinese Exodus and the International Response*（London: Zed Books, 1998）; Barry Wain, The Refused, *the Agony of the Indochina Refugees*（New York: Simon & Schuster, 1981）; William Shawcross, *The Quality of Mercy*（New York: Simon & Schuster 1984）; and the UNHCR, *Flight from Indochina*, chapter 4, pp. 80–105, at http://www.unhcr .org/3ebf9bad0.html, accessed 14 November 2013.

㉔ UNHCR, *Flight from Indochina*, p. 81, 82.

㉕ UNHCR, *Flight from Indochina*, p. 98, figure 4.3.

㉖ See Christopher Goscha, 'Geneva 1954 and the "De-internationalization" of the Vietnamese Idea of Indochina?', unpublished paper.

㉗ Christopher Goscha, 'Vietnam and the World Outside: The Case of Vietnamese Communist Advisers in Laos（1948–62）', *South East Asia Research*, vol. 12, no. 2（July 2004）, p. 158.

㉘ Goscha, 'Vietnam and the World Outside', p. 141.

㉙ See Goscha, 'Geneva 1954 and the De-internationalization of the Vietnamese Idea of Indochina', note 1.

㉚ 越南民主共和國與法國代表，分別以獨立高棉、高棉皇家政府、巴特寮國以及寮國皇家政府的名義簽署高棉與寮國停火文件，這件事很重要。On Laotian cadres sent to Hanoi, see: Vatthana Pholsena, 'Une génération de patriotes: L'Education révolutionnaire du Laos au Nord Vietnam', *Communisme*（2013）, pp. 231–58; and also Vatthana Pholsena, 'In the Line of Fire: The Revolution in the Hinterlands of Indo-China（1957–1961）', in Christopher Goscha and Karine Laplante, eds., *The Failure of Peace in Indochina, 1954–1962*（Paris: Les Indes savantes, 2010）, pp. 341–59.

㉛ Karl Jackson, 'The Ideology of Total Revolution', in Karl Jackson, ed., *Cambodia, 1975–1978: Rendezvous with Death*（Princeton: Princeton University Press, 1989）, pp. 37–78.

㉜ I rely heavily on Ben Kiernan, *How Pol Pot Came to Power: Colonialism, Nationalism, and Communism in Cambodia, 1930–1975*, 2nd edn（New Haven: Yale University Press, 2004）; Grant Evans and Kelvin Rowley, *Red Brotherhood at War*（London: Verso, 1984）, especially chapter 4 on 'perfect sovereignty'; Christopher Goscha, 'Vietnam, the Third Indochina War and the Meltdown of Asian Internationalism', in Westad and

⓭ Ann-Marie Leshkowich, 'Standardized Forms of Vietnamese Selfhood: An Ethnographic Genealogy of Documentation', *American Ethnologist*, vol. 41, no. 1（2014）, pp. 143–62.

⓮ All citations from Stephen Denny, *Human Rights and Daily Life in Vietnam, Report Prepared for the Lawyers Committee for Human Rights*, 25 March 1990, at http:// www.ocf.berkeley.edu/-sdenney/SRV-Discrimination-1990, accessed 28 August 2015; and also see Stephen Denny, Re-*education in Unliberated Vietnam*,at http://www.ocf.berkeley .edu/-sdenney/Vietnam-Reeducation-Camps-1982, accessed 28 August 2015.

⓯ Denny, *Human Rights and Daily Life in Vietnam.*

⓰ Philippe Langlet and Quach Thanh Tam, *Introducton à l'histoire contemporaine du Vietnam*（Paris: Les Indes savantes, 2001）, pp. 23–28, 45–47; Hue-Tam Ho Tai, 'Monumental Ambiguity: The State Commemoration of Ho Chi Minh', in Keith Taylor and John Whitmore, eds., *Essays into Vietnamese Pasts*（Ithaca: Cornell Southeast Asia Program, 1995）, pp. 272–88.

⓱ United Nations High Commissioner for Refugees（UNHCR）, *Flight from Indochina*, chapter 4, p. 82, at http://www.unhcr.org/3ebf9bado.html, accessed 14 November 2013. On reeducation camps, see among others Minh Tri, *Saigon à l'heure de Hanoï, 1975–1980*（Paris: L'Harmattan, 2000）; P. V. Tran, *Prisonnier politique au Viet Nam*（Paris: L'Harmattan, 1990）; Nguyen Cong Luan, *Nationalist in the Viet Nam Wars, Memoirs of a Victim Turned Soldier*（Bloomington: Indiana University Press, 2012）; and for the poem, Thanh Tam Tuyen, *Resurrection*, translated by Linh Dinh, http://poeticinvention. blogspot .ca/2006/12/poet-and-fiction-writer-thanh-tam.html, accessed 19 January 2014.

⓲ Ngo Vinh Long, 'The Socialization of South Vietnam', p. 132.

⓳ Dovert and Lambert, 'La Relation Nord-Sud', p. 92; and Laurent Pandolfi, 'Transition urbaine et formes émergentes de construction de la ville vietnamienne', in Dovert and de Tréglodé, *Viet Nam Contemporain*, p. 359.

⓴ Dovert and Lambert, 'La Relation Nord-Sud', pp. 95–7 and Langlet and Quach, *Introduction à l'histoire contemporaine du Vietnam*, pp. 43–4.

㉑ Masahiko Ebashi, 'The Economic Take-off ', in James W. Morley and Masashi Nishihara, eds., *Vietnam Joins the World*（Armonk: M. E. Sharpe, 1997）, pp. 37–8; Ngo Vinh Long, 'The Socialization of South Vietnam', pp. 142–3; Dovert and Lambert, 'La Relation Nord-Sud', pp. 95–7; Marie Sybille de Vienne, *L'Economie du Viet Nam, 1955–1995, Bilan et prospective*（Paris: CHEAM, 1994）. On peasant resistance to

【第十三章】悲劇與現代越南的崛起

❶ I rely here on William J. Duiker, *Vietnam Since the Fall of Saigon*, rev. edn（Athens: Ohio University Center for International Studies, 1985）; Nguyen Van Canh（with Earle Cooper）, *Vietnam under Communism, 1975–1982*（Stanford: Hoover Institution Press, 1983）; Stéphane Dovert and Philippe Lambert, 'La Relation Nord-Sud', in Stéphane Dovert and Benoit de Tréglodé, eds., *Viet Nam contemporain*（Paris: IRASE C/Les Indes savantes, 2009）, pp. 90–114.

❷ François Guillemot, 'Saigon 1975: La mise au pas', *L'Histoire*, no. 62（2014）, pp. 72–4.

❸ Van Tien Dung, *Our Great Spring Victory: An Account of the Liberation of South Vietnam*, pp. 156, 162, 164; and Truong Nhu Tang, *A Viet Cong Memoir*, pp. 264–5.

❹ Quoted in Mai Thu Van, *Vietnam: Un peuple, des voies*（Paris: Pierre Horay, 1982）, p. 182.

❺ Doan Van Toai, *The Vietnamese Gulag*（New York: Simon & Schuster, 1986）, p. 196（for the citation）.

❻ Nguyen Cong Hoan, in Chanoff and Toai, *Vietnam*, pp. 190–91（for the citation）.

❼ On the gulf between theory and practice, see: Ken MacLean, *The Government of Mistrust: Illegibility and Bureaucratic Power in Socialist Vietnam*（Madison: University of Wisconsin Press, 2013）. On peasant resistance to collectivization, see: Benedict Kerkvliet, *The Power of Everyday Politics: How Vietnamese Peasants Transformed National Policy*（Ithaca: Cornell University Press, 2005）.

❽ On all sorts of compromises in daily life between people and the powers that be, see: Philippe Papin and Laurent Passicousset, *Vivre avec les Vietnamiens*（Paris: L'Archipel, 2010）, chapters 1–2 in particular.

❾ Vo Nhan Tri, *Vietnam's Economic Policy since 1975*（Singapore: Institute of Southeast Asian Studies, 1991）, p. 69; Dovert and Lambert, 'La Relation Nord-Sud', p. 92; and Ngo Vinh Long, 'The Socialization of South Vietnam', in Odd Arne Westad and Sophie Quinn-Judge, eds., *The Third Indochina War*（London: Routledge, 2006）, pp. 127–35.

❿ Ngo Vinh Long, 'The Socialization of South Vietnam', p. 135; Dovert and Lambert, 'La Relation Nord-Sud', pp. 92–3; and Alexander Woodside, 'Nationalism and Poverty in the Breakdown of Sino-Vietnamese Relations', *Pacific Affairs*, vol. 52（1979）, pp. 381–409.

⓫ Trinh Duc, as translated in Chanoff and Toai, *Vietnam*, p. 200.

⓬ Ngo Vinh Long, 'The Socialization of South Vietnam', p. 135.

History, vol. 54, no. 4 (2012), pp. 798–831.

41 *In the Year of the Pig* (1968), directed by Emile de Antonio. On Mus during the Indochina War, see Christopher Goscha, 'So What Did You Learn from War?' Violent Decolonization and Paul Mus's Search for Humanity', *South East Asia Research*, vol. 20, no. 4 (December 2012), pp. 569–93.

42 *Kinh te Viet Nam* (Hanoi: Nha Xuat Ban Khoa Hoc, 1966), pp. 372, 379, 399, 400.

43 See in particular Kim N. B. Ninh, *A World Transformed*.

44 On Pham Duy, see Eric Henry, 'Pham Duy and Modern Vietnamese History' (2005) at http://www.uky.edu/Centers/Asia/SECAAS/Seras/2005/Henry.htm, accessed 28 August 2015; quotes cited by Jamieson, *Understanding Vietnam*, p. 264.

45 William Turley, 'Women in the Communist Revolution in Vietnam', Asian Survey, vol. 12, no. 9 (September 1972), pp. 793–805; and François Guillemot, *Des Vietnamiennes dans la guerre civile. L'autre moitié de la guerre. 1945–1975* (Paris: Les Indes savantes, 2014).

46 Marr, *Tradition*, p. 251.

47 On cultural change, anticommunism and nationalism in the Republic of Vietnam, I rely heavily on the path-breaking work of Nu-Anh Tran, 'South Vietnamese Identity, American Intervention and the Newspaper Chinh Luan, 1965–1969', *Journal of Vietnamese Studies*, vol. 1, no. 1–2 (February/August 2006), pp. 169–209; Nu-Anh Tran, 'Contested Identities: Nationalism in the Republic of Vietnam, 1954–1963', PhD Dissertation (Berkeley: University of California at Berkeley, 2013); Tuan Hoang, 'The Early South Vietnamese Critique of Communism', in Tuong Vu and Wasana Wongsurawat, eds., *Dynamics of the Cold War in Asia: Ideology, Identity, and Culture* (Basingstoke: Palgrave Macmillan, 2009), pp. 17–32; and Phi Van Nguyen, 'Les Résidus de la guerre'.

48 On Tran Duc Thao, see: Philippe Papin, 'Itinéraire II. Les exils intérieurs', pp. 62–89; and Jamieson, Understanding Vietnam, p. 249. On Nguyen Sa's poem, Jamieson, *Understanding Vietnam*, p. 253.

49 On Trinh Cong Son, see: John Schafer, 'Death, Buddhism, and Existentialism in the Songs of Trinh Cong Son', *Journal of Vietnamese Studies*, vol. 2, no. 1 (Winter 2007), pp. 144–86. Extracts of the poem come from Jamieson, *Understanding Vietnam*, p. 253.

50 Cited by Jamieson, *Understanding Vietnam*, p. 322.

above all: Peter Zinoman, *Vietnamese Colonial Republican: The Political Vision of Vu Trong Phung* （Berkeley: University of California Press, 2013）.

㉝ Nhung Tuyet Tran, 'Beyond the Myth of Equality: Daughter Inheritance Rights in the Le Code', in Nhung Tuyet Tran and Anthony Reid, eds., *Vietnam Borderless Histories* （Madison: The University of Wisconsin Press, 2006）, pp. 121–2; Georges Boudarel, 'L'Evolution du statut de la femme dans la République démocratique du Vietnam', *Revue Tiers Monde*, vol. 11, nos 42–3（April–September 1976）, pp. 493–526; and George Dutton, 'Beyond Myth and Caricature: Situating Women in the History of Early Modern Vietnam', *Journal of Vietnamese Studies*, vol. 8, no. 2（Spring 2013）, pp. 1–36.

㉞ Hue-Tam Ho Tai, *The Memoirs of Bao Luong*（Berkeley: University of California Press, 2010）; and Sophie Quinn-Judge, 'Women in the Early Vietnamese Communist Movement: Sex, Lies, and Liberation', *South East Asia Research*, vol. 9, no. 3（November 2001）, pp. 245–69.

㉟ Boudarel, 'L'Evolution du statut de la femme', pp. 493–526; Hue-Tam Ho Tai, *Radicalism*, chapter 3; Marr, *Tradition*, chapter 5; and Shawn McHale, 'Printing and Power: Vietnamese Debates over Women's Place in Society, 1918–1934,' in Keith W. Taylor, ed., *Essays into Vietnamese Pasts*（Ithaca: Cornell Southeast Asia Program, 1995）, pp. 173–94.

㊱ Penny Edwards, *Cambodge: The Cultivation of a Nation, 1860–1945*（Honolulu: University of Hawai'i Press, 2007）, pp. 227–44.

㊲ Tony Day and Maya H. T. Liem, eds., *Cultures at War: The Cold War and Cultural Expression in Southeast Asia*（Ithaca: Cornell Southeast Asia Program Publications, 2010）; and Tuong Vu and Wasana Wongsurawat, eds., *Dynamics of the Cold War in Asia: Ideology, Identity, and Culture*（Basingstoke: Palgrave Macmillan, 2009）.

㊳ See Christopher Goscha, '"The Modern Barbarian": Nguyen Van Vinh and the Complexity of Colonial Modernity in Vietnam', *European Journal of East Asian Studies*, vol. 3, no. 1（2004）, pp. 135–69.

㊴ On the cultural politics of Buddhism in Southeast Asia, see: Eugene Ford, *Cold War Monks: An International History of Buddhism, Politics and Regionalism in Thailand and Southeast Asia, 1941–1976*（New Haven: Yale University Press, in press）.

㊵ See Christopher Goscha, 'Wiring Decolonization: Turning Technology against the Colonizer during the Indochina War, 1945–1954', *Comparative Studies in Society and*

⑲ Lai Nguyen An, ed., *Phan Khoi viet va dich Lo Tan*（Hanoi: Nha Xuat Ban Hoi Nha Van, 2007）. My thanks to Peter Zinoman for bringing this publication to my attention.

⑳ Cited by Daniel Hémery; 'L'Homme, un itinéraire vietnamien. Humanisme et sujet humain au XXe siècle', *Moussons*, nos. 13–14（2009）, pp. 11–12.

㉑ Cited by Hémery, 'L'Homme, un itinéraire vietnamien', p. 13.

㉒ Nguyen Van Ky, *La Société vietnamienne*; and George Dutton, 'Ly Toet in the City: Coming to Terms with the Modern in 1930s Vietnam', *Journal of Vietnamese Studies*, vol. 2, no. 1（February 2007）, pp. 80–108.

㉓ Jamieson, *Understanding Vietnam*, p. 106.

㉔ Jamieson, *Understanding Vietnam*, p. 119（for the citation）.

㉕ Jamieson, *Understanding Vietnam*, pp. 144–5（for the citations）.

㉖ 不過使用第一人稱的轉型過程很緩慢，而且對婦女仍有歧視。See Ben Tran, 'I Speak in the Third Person: Women and Language in Colonial Vietnam', *Positions: East Asia Cultures Critique*, vol. 21, no. 3（Summer 2013）, pp. 579–605. See also Jamieson, *Understanding Vietnam*, p. 110.

㉗ Thomas D. Le, 'Vietnamese Poetry'（June 2005）, at www.thehuuvandan.org/viet poet.html, accessed 28 August 2015（for the citation）; and Jamieson, *Understanding Vietnam*, p. 171.

㉘ On Xuan Dieu's life and problems with the communist party during the First Indochina War, see: Lai Nguyen Ai and Alec Holcombe, 'The Heart and Mind of the Poet Xuan Dieu: 1954–1958', *Journal of Vietnamese Studies*, vol. 5, no. 2（Summer 2010）, pp. 1–90.

㉙ Nora Taylor, *Painters in Hanoi*（Honolulu: University of Hawai'i Press, 2004）; and Nadine André-Palois, *L'Indochine: Un lieu d'échange culture?*（Paris: Publications de l'Ecole française d'Extrême-Orient, 1998）.

㉚ Martina Nguyen makes this point convincingly in her PhD dissertation, 'The Self-Reliant Literary Group'.

㉛ For a brilliant social history of the poor of French Saigon, see Haydon Cherry, 'Down and Out in Saigon: The Social History of the Urban Poor and the Making of the Vietnamese Revolution in Late Colonial Saigon, 1918–1954', PhD dissertation（New Haven: Yale University, 2009）, to be published soon; and Lockhart, *Light of the Capital*, p. 113（for the citation）.

㉜ Lockhart, *Light of the Capital*, pp. 154–6（for the citation）. On Vu Trong Phung, see

in Gisèle Bousquet and Pierre Brocheux, eds., *Vietnam Exposé*（Ann Arbor: The University of Michigan Press, 2002）, pp. 278–309.

⓬ Emmanuelle Affidi, 'Vulgarisation du savoir et colonisation des esprits par la presse et le livre en Indochine française et dans les Indes néerlandaises（1908–1936）', *Moussons*, nos. 13–14（2009）, pp. 95–121, and her 'Créer des passerelles entre les mondes . . . L'œuvre interculturelle de Nguyen Van Vinh（1882–1936）', *Moussons*, no. 21（2014）, pp. 33–55; and Marr, *Tradition*, pp. 31–8.

⓭ Hue-Tam Ho Tai, *Radicalism*, p. 121; Marr, *Tradition*, p. 176; and Haydon Cherry, 'Traffic in Translations: Dao Duy Anh and the Vocabulary of Vietnamese Marxism', Association for Asian Studies Annual Conference, San Diego, California（21–24 March 2013）, copy kindly provided by Dr Cherry.

⓮ Marguerite Duras, *Cahiers de la guerre*（Paris: POL Editeurs, 2006）, p. 92; and Hazel Hahn, 'The Rickshaw Trade in Colonial Vietnam, 1883–1940', *Journal of Vietnamese Studies*, vol. 8, no. 4（Fall 2013）, pp. 47–85.

⓯ Jamieson, *Understanding Vietnam*, p. 101（for the citation）; Nguyen Van Ky, *La Société vietnamienne face à la modernité*（Paris: L'Harmattan, 1995）; and Martina Nguyen, 'The Self-Reliant Literary Group（Tu Luc Van Doan）: Colonial Modernism in Vietnam, 1932–1941', PhD dissertation（Berkeley: University of California at Berkeley, 2013）.

⓰ Greg Lockhart, *The Light of the Capital: Three Modern Vietnamese Classics*（Oxford: Oxford University Press, 1996）, p. 122; Erica Peters, 'Manger: pratiques vietnamiennes et identités européennes', in François Guillemot and Agathe Larcher-Goscha, *La Colonisation des corps, de l'Indochine au Viet Nam*（Paris: Vendémiaire, 2014）, pp. 176–99. The tobacco used is called *Nicotiana rustica*, also known in South America as *mapacho*. Mark McLeod and Nguyen Thi Dieu, *Culture and Customs of Vietnam*（Greenwood, 2001）, p. 130（for the citation）; and Nguyen Xuan Hien et al., 'La Chique de bétel au VietNam: Les récentes mutations d'une tradition millénaire', *Péninsule*, no. 58（2009）, pp. 73–125.

⓱ I rely here on Nguyen Van Ky, *La Société vietnamienne face à la modernité. Le Tonkin de la fin du XIXe siècle à la Seconde Guerre mondiale*（Paris: L'Harmattan, 1995）; and Martina Nguyen in her PhD dissertation, 'The Self-Reliant Literary Group'.

⓲ On non-Western conceptions of the individual, see: Jack Goody, *The Theft of History*（Cambridge: Cambridge University Press, 2012）.

（December 2003）, pp. 26–31; J. Veith, *Black April: The Fall of South Vietnam, 1973–75*（New York: Encounter Books, 2012）, pp. 35–52, J. Veith, 'A Short Road to Hell: Thieu, South Vietnam and the Paris Peace Accords', in Nathalie Huynh Chau Nguyen, ed., *New Perceptions of the Vietnam War*（Jefferson: McFarland & Company, 2014）, pp. 21–40. Veith cites scores of communist and non-communist Vietnamese documents to make his case.

㊾ 共產黨文件沒有證實越南共和國軍在軍事上一面倒的廣泛傳言。See Veith, *Black April*. 勞倫茲・魯西（Lorenz Luthi）認為中國與蘇聯曾在一九七〇年代初期「出賣」河內。See: Lüthi, 'Beyond Betrayal', pp. 57–107.

【第十二章】漫漫二十世紀的文化改變

❶ Olga Dror, *Mourning Headband for Hue: An Account of the Battle for Hue, Vietnam 1968*（Bloomington: Indiana University Press, 2014） and her excellent introductory essay.

❷ Nguyen The Anh, 'The Vietnamization of the Cham Deity Po Nagar'.

❸ David Marr, *Tradition on Trial*（*1920–1945*）（Berkeley: University of California Press, 1984）, p. 33–4; and Nguyen Du, *The Kim Vân Kieu of Nguyen Du*（*1765–1820*）, translated by Vladislav Zhukov（Ithaca: Cornell Southeast Asia Program, 2013）.

❹ For a discussion of the *Romance of the Three Kingdoms* in Vietnam, see Woodside, *Community and Revolution*, pp. 33–4.

❺ Neil Jamieson, *Understanding Vietnam*（Berkeley: University of California Press, 1995）, p. 67.

❻ On the failure of *Nom*, see Marr, *Tradition*, pp. 141–3, 145–8.

❼ Marr, *Tradition*, p. 35; and Hue-Tam Ho Tai, *Radicalism*, pp. 33–7, 98.

❽ Tracy Barrett, 'A Bulwark Never Failing: The Evolution of Overseas Chinese Education in French Indochina, 1900–1954', in Sherman Cochran and Paul Pickowicz, eds., *China on the Margins*（New York: East Asia Program, Cornell University, 2009）, pp. 221–42.

❾ Agathe Larcher, 'D'un réformisme à l'autre: La redécouverte de l'identité culturelle vietnamienne, 1900–1930', Série Etudes et Documents Etudes indochinoises IV（May 1995）, pp. 85–96.

❿ Marr, *Tradition*, p. 35; Hue-Tam Ho Tai, *Radicalism*, pp. 33–7; and Alexander Woodside, 'The Development of Social Organizations in Vietnamese Cities in the Late Colonial Period', *Pacific Affairs*, vol. 44, no. 1（1971）, pp. 39–64.

⓫ Claire Tran Thi Lien, 'Henriette Bui: The Narrative of Vietnam's First Woman Doctor',

500; and Lien-Hang T. Nguyen, *Hanoi's War*.

42 這就是所謂「溪生之謎」：為什麼越南人民軍大舉投入溪生，而沒有投入在南方城市發動的春節攻勢？河內想在溪生打一場「奠邊府」，或只是一場牽制性攻擊？Ray Stubbe and John Prados, *Valley of Decision: The Siege of Khe Sanh*（New York: Houghton Mifflin, 1991）. On Europe and the Vietnam War, see Goscha and Vaïsse, eds., *La Guerre du Vietnam et l'Europe*.

43 Again, the bibliography on the end of the war is massive. See among others: Larry Berman, *No Peace, No Honor: Nixon, Kissinger and Betrayal in Vietnam*（New York: The Free Press, 2001）; Jeffrey Kimball, *Nixon's Vietnam War*（Lawrence: University of Kansas Press, 1998）, Ang Cheng Guan, Ending the Vietnam War（London: Routeledge/Curzon, 2004）; Pierre Asselin, *A Bitter Peace: Washington, Hanoi, and the Making of the Paris Agreement*（Chapel Hill: The University of North Carolina Press, 2002）; and Lorenz Luthi, 'Beyond Betrayal: Beijing, Moscow, and the Paris Negotiations, 1971–1973', *Journal of Cold War Studies*, vol. 11, no. 1（Winter 2009）, pp. 57–107.

44 See the party documents in Van Kien Dang, Toan Tap, vol. 29（1968）（Hanoi: Nha Xuat Ban Chinh Tri Quoc Gia, 2004）, pp. 164–6, 243; *Vo Van Sung, Chien Dich Ho Chi Minh giua long Paris*（Hanoi: Nha Xuat Ban Quan Doi Nhan Dan, 2005）, pp. 32–7; and Nguyen Dinh Bin, *Ngoai Giao Viet Nam, 1945–2000*（Hanoi: Nha Xuat Ban Chinh Tri Quoc Gia, 2002）, p. 283. On the NLF and the PRG more generally, see Brigham, *Guerrilla Diplomacy*.

45 Xuan Vu, in Chanoff and Toai, *Vietnam*, p. 187. Turley for the numbers, see pp. 177–8; and Charles Stuart Callison, *Land-to-the-Tiller in the Mekong Delta*（Lanham: University Press of America, 1983）.

46 See Dale Andradé, *America's Last Vietnam Battle*（Lawrence: University of Press, 2001）.

47 The Military Institute of Vietnam, *Victory in Vietnam*, p. 339. On Hanoi's relationship with the PRG and other political entities in the south, see: documents in *Van Kien Dang, Toan Tap*, vol. 30（1969）（Hanoi: Nha Xuat Ban Chinh Tri Quoc Gia, 2004）, pp. 188–90.

48 Asselin, *A Bitter Peace*; Berman, *No Peace, No Honor*; Jeffrey Kimball, 'Decent Interval or Not? The Paris Agreement and the End of the Vietnam War.', Passport, vol. 34, no. 3

㊲ For Hanoi's total death count, see: *Lich su Khang Chien Chong My Cuu Nuoc, 1954–1975, tap VIII Toan Thang*（Hanoi: Nha Xuat Ban Chinh Tri Quoc Gia, 2008）, p. 463（my thanks to Merle Pribbenow for bringing this document to my attention）. If one accepts Bernard Fall's estimate that as many as one million people died during the First Indochina War, the total loss of Vietnamese life exceeds four million for the period between 1945 and 1975. Fall, 'This Isn't Munich, It's Spain', p. 23. On Bernard Fall, see: my 'Sorry about that . . . Bernard Fall, the Vietnam War and the Impact of a French Intellectual in the U.S.', in Christopher Goscha and Maurice Vaïsse, eds. *La Guerre du Vietnam et l'Europe*（*1963–1973*）（Brussels: Bruylant, 2003）, pp. 363–82.

㊳ On the Phoenix Program, see Dale Andradé, *Ashes to Ashes: The Phoenix Program and the Vietnam War*（Lexington: Lexington Books, 1990）; Mark Moyar, *Phoenix and the Birds of Prey*（Lincoln: University of Nebraska Press, 1997）; and Race, *War Comes to Long An*. On war-driven urbanization, see: Samuel Huntington, 'The Bases of Accomodation', *Foreign Affairs*, vol. 46, no. 4（July 1968）, p. 652; Tam Quach-Langlet, 'Saigon, capitale de la République du Sud Vietnam（1954–1975）: Ou une urbanisation sauvage', P. B. Lafont, ed., *Péninsule indochinoise, études urbaines*（Paris: L'Harmattan, 1991）, pp. 185–206; and Nguyen Van Thich, in Chanoff and Toai, *Vietnam*, p. 170（for the citation）.

㊴ Nguyen Tan Thanh, in Chanoff and Toai, *Vietnam*, pp. 44–5.

㊵ François Guillemot, 'Death and Suffering at First Hand: Youth Shock Brigades during the Vietnam War, 1950–1975', *Journal of Vietnamese Studies*, vol. 4, no. 3（Fall 2009）, pp. 17–63; and François Guillemot, *Des Vietnamiennes dans la guerre civile. L'Autre Moitié de la guerre. 1945–1975*（Paris: Les Indes savantes, 2014）.

㊶ The bibliography on the Tet Offensive is massive. I've relied mainly on the following: James H. Willbanks, *The Tet Offensive: A Concise History*（New York: Columbia University Press, 2007）; Turley, *The Second Indochina War*, pp. 143–4; Merle Pribbenow, 'General Vo Nguyen Giap and the Mysterious Evolution of the Plan for the 1968 Tet Offensive', *Journal of Vietnamese Studies*, vol. 1, no. 2（Summer 2008）, pp. 1–33; Lien-Hang T. Nguyen, 'The War Politburo: North Vietnam's Diplomatic and Political Road to the Tet Offensive', *Journal of Vietnamese Studies*, vol. 1, nos. 1–2（Fall 2006）, pp. 4–58; Sophie Quinn-Judge, 'The Ideological Debate in the DRV and the Significance of the Anti-Party Affair, 1967–1968', *Cold War History*, vol. 5, no. 4（2005）, pp. 479–

York: Hill and Wang, 1997）.

㉖ For a detailed, often counterfactual account of Johnson's decision-making, see Logevall, *Choosing War*.

㉗ On Le Duc Tho's angry reply to non-communist southerners in his entourage in 1949, see: Goscha, *Vietnam: Un Etat* né de la guerre, p. 88.

㉘ Chen Jian, 'China and the Vietnam Wars', in Peter Lowe, ed., *The Vietnam War*（New York: St Martin's Press, 1998）, pp. 170–75; and Qiang Zhai, *China and the Vietnam Wars*, pp. 134–9.

㉙ Peter Busch argues that British support for Kennedy in Vietnam was intense: *All the Way with JFK?*（Oxford: Oxford University Press, 2003）. Malaya became independent in 1957, Singapore in 1965.

㉚ Turley, *The Second Indochina War*, pp. 98–9. For the mercenary view, see Logevall, *Choosing War* and Robert Blackburn, *Mercenaries and Lyndon Johnson's 'More Flags'*（McFarland & Co., 1994）. For a non-mercenary approach, see Richard Ruth, *In Buddha's Company: Thai Soldiers in the Vietnam War*（Honolulu: University of Hawai'i Press, 2010）.

㉛ Turley, *The Second Indochina War*, p. 110.

㉜ Vu Hung, in Chanoff and Toai, *Vietnam*, p. 160（for the citation）.

㉝ Fall, 'This Isn't Munich, It's Spain', p. 27.

㉞ Fall, 'This Isn't Munich, It's Spain', p. 24. On the bombing of Cambodia, see: Taylor Owen and Ben Kiernan, 'Bombs over Cambodia', *The Walrus*（October 2006）at http://www.yale.edu/cgp/Walrus_CambodiaBombing_OCT06.pdf, accessed 28 August 2015. For Laos, see Vatthana Pholsena, 'Life under Bombing in Southeastern Laos（1964–1973）through the Accounts of Survivors in Sepon', *European Journal of East Asian Studies*, vol. 9, no. 2（2010）, pp. 267–90; and Turley, *The Second Indochina War*, p. 123. Helping the Americans in the air war were partner countries, such as Australia, New Zealand and the Republic of Vietnam. North Korea flew jets for the DRV.

㉟ Truong Nhu Tang, with David Chanoff and Doan Van Toai, *A Viet Cong Memoir*（New York: Vintage Books, 1986）, pp. 167–8.

㊱ Citations come from Huong Van Ba, in Chanoff and Toai, *Vietnam*, p. 154; Tran Xuan Niem, in Chanoff and Toai, *Vietnam*, p. 67; Le Thanh, in Chanoff and Toai, *Vietnam*, pp. 63–4; and Xuan Vu, in Chanoff and Toai, *Vietnam*, p. 186.

Vintage, 1989）.

⓲ Edward Miller, 'Religious Revival and the Politics of Nation Building: Re-interpreting the 1963 "Buddhist Crisis" in South Vietnam', *Modern Asian Studies*（August 2014）, pp. 1–60; Phi Van Nguyen, 'Les Résidus de la guerre'; and Giac Duc, in Chanoff and Toai, *Vietnam*, pp. 39–40.

⓳ See John Prados, 'Ngo Dinh Diem in the Crosshairs', National Security Archives（2 October 2013）, http://nsarchive.wordpress.com/2013/10/02/ngo-dinh-diem-in-the-crosshairs, accessed 21 October 2013. See also his 'Kennedy Considered Supporting Coup in South Vietnam, August 1963', ibid., at http://www2.gwu.edu/-nsarchiv/NSAEBB/NSAE BB302, accessed 21 October 2013. The coup（though not the assassination）had received a green light from Kennedy.

⓴ Judy Stowe, 'Révisionnisme au Vietnam', *Communisme*, nos. 65/6（2001）, pp. 233–52; Martin Grossheim, 'Revisionism in the Democratic Republic of Vietnam: New Evidence from the East German Archives', *Cold War History*, vol. 5, no. 4（2006）; Pierre Asselin, Hanoi's Road to the Vietnam War, 1954–1965（Berkeley: University of California Press, 2013）; Lien Hang T. Nguyen, *Hanoi's War: An International History of the War for Peace in Vietnam*（Chapel Hill: University of North Carolina Press, 2012）; Ang Cheng Guan, *The Vietnam War from the Other Side*（London: Routeledge/Curzon, 2002）; and Ralph Smith, 'Ho Chi Minh's Last Decade, 1960–69', *Indochina Report*, no. 27（April June 1991）, unpaginated.

㉑ On the question of conventional vs. guerilla war, see Christopher Goscha, '"A Total War" of Decolonization? Social Mobilization and State-Building in Communist Vietnam（1949–54）', *War & Society*, vol. 31, no. 2（October 2012）, pp. 136–62.

㉒ Using the Party's recently published documents, Pierre Asselin and Lien Hang Nguyen have provided us the most up-to-date version of this debate. See: Asselin, *Hanoi's Road to the Vietnam War*; and Nguyen, *Hanoi's War*.

㉓ Turley, *The Second Indochina War*, p. 83.

㉔ Nguyen Chi Thanh sent the famous army writer and veteran of Dien Bien Phu, Tran Dan, to re-education camp for daring to call into question the army's war.

㉕ See among others: Larry Berman, *Lyndon Johnson's War: The Road to Stalemate in Vietnam*（New York: W. W. Norton, 1991）; Logevall, *Choosing War*; and Michael Hunt, *Lyndon Johnson's War: America's Cold War Crusade in Vietnam, 1945–1968*（New

Fredrik Logevall, *Choosing War: The Lost Chance for Peace and the Escalation of War in Vietnam*（Berkeley: University of California Press, 2001）.

⑩ Lorenz Luthi, *The Sino-Soviet Split*（Princeton: Princeton University Press, 2008）, chapter 10.

⑪ Turley, *The Second Indochina War*, p. 62.

⑫ Lansdale quote cited in Philip Catton, *Diem's Final Failure*（Lawrence: University Press of Kansas, 2002）, p. 20. Walt Rostow, *The Stages of Economic Growth: A Non Communist Manifesto*（Cambridge: Cambridge University Press, 1960）. Studies of US modernization theory in the global South are numerous. For a useful historiographical account, see Christopher T. Fisher, 'Nation Building and the Vietnam War: A Historiography', *Pacific Historical Review*, vol. 74（August 2005）, pp. 441–56; and Nick Cullather, 'Development? It's History,' *Diplomatic History* 24（Fall 2000）, pp. 641–53. For a study of the Kennedy era, see Michael E. Latham, *Modernization as Ideology: American Social Science and 'Nation Building' in the Kennedy Era*（Chapel Hill: University of North Carolina Press, 2000）. For an excellent discussion of the Republic of Vietnam's attempts at modernization, see: Edward Miller, *Misalliance: Ngo Dinh Diem, the United States, and the Fate of South Vietnam*（Cambridge, MA: Harvard University Press, 2013）.

⑬ For more on the difficulties of putting theory into practice, see Miller, *Misalliance*; and Catton, *Diem's Final Failure.*

⑭ Frances Fitzgerald, *Fire in the Lake: The Vietnamese and the Americans in Vietnam*（Boston: Little, Brown & Company, 1972）, especially the first section, 'The Vietnamese', pp. 3–230. The American diplomat quote is cited by Catton, *Diem's Final Failure*, p. 24.

⑮ On France and collaboration, see Henry Rousso, *The Vichy Syndrome*（Cambridge, MA: Harvard University Press, 1991）. The *Times of Vietnam* quote as cited by Catton, *Diem's Final Failure*, p. 79.

⑯ Race, *War Comes to Long An* on the expansion of the NLF in the south.

⑰ For more on the strategic hamlets project, see Miller, *Misalliance*; and Catton, *Diem's Final Failure*. Vann's quote as cited in Mark Moyar, *Triumph Forsaken: The Vietnam War, 1954–1965*（Cambridge: Cambridge University Press, 2009）, p. 194. See also Neil Sheehan, *A Bright Shining Lie: John Paul Vann and America in Vietnam*（New York:

❸ On Chinese and Soviet policies, I rely on: Mari Olsen, *Soviet–Vietnam Relations and the Role of China, 1949–1964, Changing Alliances*（London: Routledge, 2006）; Ilya V. Gaiduk, *Confronting Vietnam: Soviet Policy towards the Indochina Conflict, 1954–1963*（Stanford: Stanford University Press, 2003）; Ilya V. Gaiduk, *The Soviet Union and the Vietnam War*（Chicago: Ivan R. Dee, 1996）; Qiang Zhai, *China and the Vietnam Wars, 1950– 1975*（Chapel Hill: University of North Carolina Press, 2000）; Chen Jian, *Mao's China and the Cold War*（Chapel Hill: The University of North Carolina Press, 2001）.

❹ Carl Thayer, *War by Other Means: National Liberation and Revolution in Viet-Nam, 1954–60*（Sydney: Allen & Unwin, 1990）; David Hunt, *Vietnam's Southern Revolution: From Peasant Insurrection to Total War, 1959–1968*（Amherst: University of Massachusetts Press, 2009）; and especially David Elliott, *The Vietnamese War: Revolution and So- cial Change in the Mekong Delta, 1930–1975*（Armonk: M. E. Sharpe, 2007） and Jeffrey Race, *War Comes to Long An*（Berkeley: University of California Press, 1972）.

❺ 《日內瓦停火協定》將巴特寮國重組成兩個與越南民主共和國接壤的北寮省分：豐沙里省與桑怒省。寮國皇家政府是前寮國合眾國。See the contributions in Christopher Goscha and Karine Laplante, eds., *The Failure of Peace*, 1954–1962（Paris: Les Indes savantes, 2010）.

❻ John Prados, *The Blood Road: The Ho Chi Minh Trail and the Vietnam War*（Wiley, 2000）; and Christopher Goscha, 'The Maritime Nature of the Wars for Vietnam:（1945– 75）: A Geo-Historical Reflection', *War & Society*, vol. 24, no. 2（November 2005）, pp. 53–92.

❼ Thayer, *War by Other Means*; Robert Brigham, *Guerrilla Diplomacy: The NLF's Foreign Relations and the Viet Nam War*（Ithaca: Cornell University Press, 1999）; William S. Turley, *The Second Indochina War*, 2nd edn（Lantham: Rowman & Littlefield, 2009）, p. 65. On PAVN troops numbers, see The Military Institute of Vietnam, *Victory in Vietnam*, translated by Merle L. Pribbenow（Lawrence: University Press of Kansas, 2002）, p. 311, endnote 6. In all 50,000 military personnel went south between 1959 and 1964, most of them southerners who had regrouped to the north in 1954–5.

❽ The PLAF was an institutional part of the PAVN. Turley, *The Second Indochina War*, pp. 45, 63.

❾ See among many others: David Kaiser, *American Tragedy: Kennedy, Johnson, and the Origins of the Vietnam War*（Cambridge, MA: Harvard University Press, 2002）; and

of Michigan Press, 2002）. Created in 1950, the political directorate served, as in Maoist China, to establish the party's control over the army and the training of political commissars for the army. Nguyen Chi Thanh also served with Vo Nguyen Giap on the party's central military committee, the organ placing the PAVN under party leadership.

㉛ Conversations with liberal-minded Soviet legal experts in Moscow in mid-1956 emboldened Nguyen Mang Tuong in his calls for legal reform. Nguyen Manh Tuong, *Un Excommunié*.

㉜ 向他施壓的，是在一九五三至一九五四年土改期間受創逃往南方、現在想索償的天主教徒。他們經常對吳廷琰與教廷當局過度施壓，讓吳廷琰與教廷都無法接受。See Phi Van Nguyen, 'Les Résidus de la guerre'. On Tran Duc Thao, see: Philippe Papin, 'Itinéraire II. Les exils intérieurs', in Jocelyn Benoist and Michel Espagne, eds., *L'Itinéraire de Tran Duc Thao, phénoménologie et transferts cultures*（Paris: Armand Colin, 2013）, pp. 62–89.

㉝ Ngo Dinh Diem, 'Statement of June 16, 1949', in *Major Policy Speeches by President Ngo Dinh Diem*（Saigon: Presidency of the Republic of Viet Nam, Press Office, 1957）, p. 3. On Diem, his thinking and background, I rely heavily on Miller, *Misalliance* and Catton, *Diem's Final Failure*.

㉞ Sidel, *The Constitution of Vietnam*, pp. 15–26. On Diem's internal politics, see: Nu Anh-Tran,*Contested Identities: Nationalism in the Republic of Vietnam*（*RVN*）*, 1954–1963*,（forthcoming）; and Phi Van Nguyen, 'Les Résidus de la guerre'.

㉟ Catton, *Diem's Final Failure*, pp. 52–7; and Miller, *Misalliance*, chapters 4–6.

㊱ Catton, *Diem's Final Failure*, pp. 55–6; and Miller, *Misalliance*, chapters 2, 4–6; and William Turley, *The Second Indochina War*, 2nd edn（Lanham: Rowan & Littlefield Publishers, 2009）, pp. 35–8.

㊲ Catton, *Diem's Final Failure*, pp. 57–63; and Miller, *Misalliance*, chapters 4–6.

㊳ Turley, *The Second Indochina War*, pp. 35–8.

【第十一章】走向一個越南

❶ Cited by Martin Grossheim, 'The Lao Dong Party: Culture and the Campaign against Modern Revisionism: The Democratic Republic of Vietnam before the Second Indochina War', *Journal of Vietnamese Studies*, vol. 9, no. 1（2013）, pp. 80–129, p. 94（for the citation）.

❷ William Duiker, *Ho Chi Minh*（New York: Hyperion, 2000）, pp. 493–4.

dat）: Regards croisés sur la réforme agraire en République démocratique du Viet Nam', *Bulletin de l'Ecole française d'Extrême-Orient*, nos. 95–96,（2008–2009）, pp. 73–134; Alex-Thai D. Vo, 'Nguyen Thi Nam and the Land Reform', *Journal of Vietnamese Studies*, pp. 1–62; Alex Holcombe, 'Socialist Transformation in the Democratic Republic of Vietnam', PhD dissertation（Berkeley: University of California at Berkeley, 2014）; Balazs Szalontai, 'Political and Economic Crisis in North Vietnam, 1955–56', *Cold War History*, vol. 5, no. 4（2006）, pp. 325–426.

㉕ Georges Boudarel, *Cent fleurs écloses dans la nuit du Vietnam*（Paris: Editions Jacques Bertoin, 1991）, pp. 202–4; Szalontai, 'Political and Economic Crisis in North Vietnam', p. 401. Quote from Nguyen Trong Tan, 'I Know Mr Cu, Mr Dinh, and Many Other Stories that Land Reform Cadre Boi Has Not Told', *Journal of Vietnamese Studies*, vol. 2, no 2（Summer 2007）, pp. 254–5.

㉖ Fall, *Le Viet Minh*, pp. 102–3（for the citation on bringing back the dead）; Alec Holcombe, 'The Complete Collection of Party Documents: Listening to the Party's Official Voice', *Journal of Vietnamese Studies*, vol. 3, no. 2（Summer 2010）, pp. 231–8. The party's responsibility is what Lise London said that Ho Chi Minh admitted to her and her husband, both victims of Czech Stalinists, during the Vietnamese president's visit to Prague in November 1957. Lise London, *Le Printemps des camarades*（Paris: Editions du Seuil, 1996）, pp. 190–94.

㉗ Nguyen Manh Tuong, *Un excommunié: Hanoi, 1954–1991*（Paris: Que Me, 1991）; and Fall, *Le Viet Minh*, p. 104. For an institutional history of the National Assembly in the 1950s, see Bertrand de Hartingh, *Entre le peuple et la nation: La République démocratique du Viet Nam de 1953 à 1957*（Paris: EFEO, 2003）.

㉘ On Vietnamese constitutionalism, see Mark Sidel, *The Constitution of Vietnam: A Contextual Analysis*（Oxford: Hart Publishing, 2009）, chapters 1–3 and Fall, Le Viet Minh, pp. 45–61, 75–85, 96–106; and Bernard Fall, 'North Vietnam's Constitution and Government', *Pacific Affairs*, vol. 33, no. 3（1960）, p. 282.

㉙ Fall, *Le Viet Minh*, pp. 55–8; and Szalontai, 'Political and Economic Crisis', p. 412.

㉚ See Boudarel, *Cent fleurs*; Peter Zinoman, 'Nhan Van Giai Pham and Vietnamese Reform Communism" in the 1950s: A Revisionist Interpretation', *Journal of Cold War Studies*, vol 13, no 1（Winter 2011）, pp. 80–100; Kim N. B. Ninh, *World Transformed: The Politics of Culture in Revolutionary Vietnam, 1945–1965*（Ann Arbor: University

one, see: Christopher Goscha, 'La Géopolitique vietnamienne vue de l'Eurasie: Quelles leçons de la troisième guerre d'Indochine pour aujourd'hui?', *Hérodote*, no. 157（2015）, pp. 23–38. No one puts their finger on the global, *longue durée* origins of America's informal empire in the Pacific better than William Appleman Williams, *The Tragedy of American Diplomacy*（New York: Norton & Norton, 2009）. On early American trading missions visiting the newly created Vietnam born in 1802, see: Robert Hopkins Miller, *The United States and Vietnam, 1787–1941*（Honolulu: University Press of the Pacific, 2005）.

⑯ He was the son of Nguyen Van Tam discussed earlier in this book.

⑰ Officers now had the task of keeping Algeria French.

⑱ Phi Van Nguyen, 'Les Résidus de la guerre: La Mobilisation des réfugiés du Nord pour un Vietnam non-communiste, 1954–1965', PhD dissertation（Montreal: Université du Québec à Montréal, 2015）; Peter Hansen, 'The Virgin Heads South: Northern Catholic Refugees and their Clergy in South Vietnam, 1954–64', in Thomas Dubois, ed., *Casting Faiths: Imperialism and the Transformation of Religion in East and Southeast Asia*（Basingstoke: Palgrave Macmillan, 2009）; his 'Bac Di Cu: Catholic Refugees from the North of Vietnam, and Their Role in the Southern Republic, 1954–1959', *Journal of Vietnamese Studies*, vol. 4, no. 3（Fall 2009）, pp. 173–211; and Van Nguyen Marshall, 'Tools of Empire?' Vietnamese Catholics in South Vietnam', *Journal of the Canadian Historical Association*, vol. 20, no. 2（2009）, p. 138–59.

⑲ Catton, *Diem's Final Failure*, p. 32. Lansdale's official job was head of the Saigon Military Mission in Saigon. He worked for the CIA.

⑳ Cited by Mark Lawrence, *The Vietnam War: A Concise International History*（New York: Oxford University Press, 2010）, p. 59.

㉑ Jessica Chapman, 'Staging Democracy: South Vietnam's 1955 Referendum to Depose Bao Dai', *Diplomatic History*, vol. 30, no. 4（September 2006）, pp. 671–703.

㉒ On the extension of the DRV's state control to all of northern Vietnam after the Geneva conference, see: Fall, Le Viet-Minh, pp. 75–85.

㉓ See Alex-Thai D. Vo, 'Nguyen Thi Nam and the Land Reform in North Vietnam, 1953', *Journal of Vietnamese Studies*, vol. 10, no. 1（Winter 2015）, pp. 1–62.

㉔ On the land reform, I rely on a new body of scholarship based on Vietnamese and former East Bloc archives. Olivier Tessier, 'Le "grand bouleversement"（*long troi lo*

American-centered view.

❽ Pierre Grosser, 'La France et l'Indochine（1953–1956）', PhD dissertation（Paris: Institut d'Etudes politiques de Paris, 2002）. On French policy toward German rearmament and the European army, see William Hitchcock, *France Restored*（Chapel Hill: University of North Carolina Press, 1998）, chapters 5–6.

❾ Cited by Philip Catton, *Diem's Final Failure*（Lawrence: University Press of Kansas, 2002）, p. 7.

❿ John Prados, 'The Numbers Game: How Many Vietnamese Fled South in 1954?', *The VVA Veteran*（January/February 2005）, at http://www.vva.org/archive/TheVeteran/2005_01/feature_numbersGame.htm, accessed 16 September 2013.

⓫ Nguyen Cong Luan, *Nationalist in the Vietnam Wars*（Bloomington: Indiana University Press, 2012）, pp. 135–6（for the citation）.

⓬ Duong Van Mai Elliott, *The Sacred Willow*（New York: Oxford University Press, 1999）, pp. 240–42（for the first citation）; and Goscha, *Historical Dictionary*, pp. 297–8（on Jean Moreau）.

⓭ On the early years of the Republic of Vietnam, I rely on the following: Catton, *Diem's Final Failure*; Edward Miller, *Misalliance: Ngo Dinh Diem, the United States, and the Fate of South Vietnam*（Cambridge, MA: Harvard University Press, 2013）; Dommen, *The Indochinese Experience*; Chapman, *Cauldron of Resistance*; and Nu-Anh Tran, 'Contested Identities: Nationalism in the Republic of Vietnam（1954–1963）', PhD dissertation（Berkeley: University of California, 2013）.

⓮ 骨牌理論認為，如果越南落入共產黨手中，亞洲其他國家也會相繼落入共產黨手中。巴基斯坦既是東南亞公約組織，又是中東公約組織（成立於一九五五年，會員國包括伊朗、伊拉克、巴基斯坦、土耳其、英國）會員國，並非偶然。印度、緬甸與印尼沒有加入東南亞公約組織也並非偶然。這些新成立的國家都抗拒大西洋方面的壓力，不願承認保大領導的越南合眾國，也不願在韓戰中選邊。杜勒斯認為，印度保持中立威脅到他的計畫——他意圖打造一個公約網，涵蓋從巴格達直到馬尼拉的歐亞大陸腹地——原因就在這裡。

⓯ Jean-Jacques Servan-Schreiber, founder of *L'Express* and close to Mendès France, put it this way on 22 July 1953（citation）; Kathryn Statler, *Replacing France: The Origins of American Intervention in Vietnam*（Lexington: University Press of Kentucky, 2009）; Frederick Logevall, *Embers of War*. For a Eurasian perspective instead of an American

the 1954 Geneva Conference on Indochina, Cold War International History Project 2006, Washington DC, 17–18 February 2006, unpublished paper, pp. 1–47.

㊳ Goscha, 'Geneva 1954 and the "De-internationalization" of the Vietnamese Idea of Indochina?'.

㊴ Qiang Zhai, *China and the Vietnam Wars*, pp. 58–60; Chen Jian, *Mao's China and the Cold War*, pp. 142–3.

㊵ See note 36 for the evidence.

【第十章】兩個共和國的故事

❶ Neil Jamieson, *Understanding Vietnam*（Berkeley: University of California Press, 1995）, pp. 241–446.

❷ For this section, I rely heavily on François Guillemot, *Dai Viet, indépendance et révolution au Viet-Nam*（Paris: Les Indes savantes, 2012）; Jessica Chapman, *Cauldron of Resistance: Ngo Dinh Diem, the United States, and 1950s Southern Vietnam*（Ithaca: Cornell University Press, 2013）; Ellen Hammer, *The Struggle for Indochina*（Stanford: Stanford University Press, 1966）; Arthur Dommen, *The Indochinese Experience of the French and the Americans*（Bloomington: Indiana University Press, 2001）; and Edward Miller, 'Vision, Power and Agency: The Ascent of Ngo Dinh Diem, 1945–54', *Journal of Southeast Asian Studies*, vol. 35, no. 3（October 2004）, pp. 433–58.

❸ Dommen, *The Indochinese Experience*, pp. 282–3. Kennedy quote cited by Dommen, *The Indochinese Experience*, p. 213; and on Kennedy's visit to French Indochina, see especially Fredrik Logevall, *Embers of War*（New York: Random House, 2012）, pp. xi–xxii.

❹ Miller, 'Vision, Power, Agency', pp. 433–58.

❺ Miller, 'Vision, Power, Agency', pp. 433–58（citation at page 446）.

❻ John Hellman, *Emmanuel Mounier and the New Catholic Left*（Toronto: University of Toronto, 1981）; and Michel Winock, *Esprit*（Paris: Editions du Seuil, 1996）.

❼ Bao Dai, *Le Dragon d'Annam*（Paris: Plon, 1980）, pp. 328–9（for the citation）. American diplomatic historian Seth Jacobs insists in his book on Ngo Dinh Diem that '[f]rom the beginning, Diem's government was an American creation'. Seth Jacobs, *America's Miracle Man in Vietnam: Ngo Dinh Diem, Religion, Race, and U.S. Intervention in Southeast Asia*（Durham, NC: Duke University Press, 2004）. See the round table on this book（p. 26 for the citation） at http://h-diplo.org/roundtables/PDF/AmericasMiracleMan-Round table.pdf, accessed 29 August 2015. This is a very

68–70.

㉙ Maurice Rives, 'Les Supplétifs indochinois', in Yves Jeanclos, ed., *La France et les soldats d'infortune au XXe siècle*（Paris: Economica, 2003）, p. 211–20; Michel Bodin, 'Les Supplétifs du Tonkin, 1946–1954', *Revue historique des Armées*, no. 194（1994）, p. 17; and Ivan Cadeau, *Dien Bien Phu, 13 mars–7 mai 1954*（Paris: Tallandier, 2013）.

㉚ The three classic and unsurpassed studies of the battle of Dien Bien Phu remain to this day: Bernard Fall, *Hell in a Very Small Place*（Cambridge: Da Capo Press, 2002, reprinted）; Pierre Rocolle, *Pourquoi Dien Bien Phu?*（Paris: Flammarion, 1968）; and Jules Roy, *The Battle of Dien Bien Phu*, 2nd edn（New York: Carroll & Graff Publishers, 2002（first published in the French in 1963））.

㉛ Goscha, *Vietnam: Un Etat* né de la guerre, chapter 10 and conclusion.

㉜ The classic account of Vo Nguyen Giap's decision to cancel the January attack is Georges Boudarel and François Caviglioli, 'Comment Giap a failli perdre la bataille de Dien Bien Phu', *Nouvel Observateur*（8 April 1983）, pp. 35–6, 90–92, 97–100. See also Christopher Goscha, 'Building Force: Asian Origins of 20th Century Military Science in Vietnam（1905–1954）', *Journal of Southeast Asian Studies*, vol. 34, no. 3（2003）, pp. 535– 60; and Goscha, *Vietnam: Un Etat* né de la guerre, chapters 9, 10 and conclusion.

㉝ John Prados, *Operation Vulture*（New York: Ibooks, 2002）.

㉞ Goscha, *Historical Dictionary*, pp. 389 and 165.

㉟ The classic study of the Geneva negotiations on Indochina remains François Joyaux's *La Chine et le règlement du premier conflit d'Indochine, Genève 1954*（Paris: Publications de la Sorbonne, 1979）.

㊱ Pierre Asselin, 'The Democratic Republic of Vietnam and the 1954 Geneva Conference: A Revisionist Critique', Cold War History, vol. 11, no. 2（2011）, pp. 155–95; his 'Choosing Peace: Hanoi and the Geneva Agreement on Vietnam, 1954–55', *Journal of Cold War Studies*, vol. 9, no. 2（2007）, pp. 95–126; Goscha, *Vietnam: Un Etat* né de la guerre, chapters 9, 10, conclusion; Goscha, 'A Total War of Decolonization?', in *War & Society*, vol. 31, no. 2（August 2012）, pp. 136–62; Goscha, 'Cold War and Decolonisation in the Assault on the Vietnamese Body at Dien Bien Phu', *European Journal of East Asian Studies*, vol. 9, no. 2（2010）, pp. 201–23.

㊲ Christopher Goscha, 'Geneva 1954 and the "De-internationalization" of the Vietnamese Idea of Indochina?', paper delivered during the conference entitled New Evidence on the French and DRV 'associated states'. Joseph Starobin, *Eyewitness in Indo-China*（New York: Cameron & Kahn, 1954）, pp. 50, 61–3.

⑰ 'L'Union française et les Etats Associés de l'Indochine', speech by Albert Sarraut opening the Conference of Pau, October 1950, p. 20.

⑱ Tuong Vu, 'From Cheering to Volunteering: Vietnamese Communists and the Coming of the Cold War, 1940–1951', in Goscha and Ostermann, eds., *Connecting Histories*, pp. 172–206; Goscha, 'Choosing between the Two Vietnams: 1950', in Goscha and Ostermann, eds., *Connecting Histories*, pp. 207–37; Goscha, 'Courting Diplomatic Disaster? The Difficult Integration of Vietnam into the Internationalist Communist Movement（1945–1950）', *Journal of Vietnamese Studies*, vol. 1, nos. 1–2（Fall 2006）, pp. 59–103.

⑲ For the Chinese side, I rely on Chen Jian, *Mao's China and the Cold War*（Chapell Hill: The University of North Carolina Press, 2001）; and Qiang Zhai, *China and the Vietnam Wars*, 1950–1975（Chapel Hill: The University of North Carolina Press, 2000）.

⑳ Goscha, *Vietnam: Un Etat né de la guerre*.

㉑ Benoît de Tréglodé, *Heroes and Revolution in Vietnam*（Singapore: National University of Singapore Press, 2012）; Georges Boudarel, 'L'Idéocratie importée au Vietnam avec le maoïsme', in Daniel Hémery et al., *La Bureaucratie au Vietnam*（Paris: L'Harmattan, 1983）, pp. 31–106; and Goscha, *Vietnam: Un Etat* né de la guerre, pp. 434–49.

㉒ Ngo Van Chieu, *Journal d'un combatant Viet-Minh*, pp. 154–5.

㉓ Nguyen Cong Hoan, in David Chanoff and Doan Van Toai, *'Vietnam': A Portrait of Its People at War*, 2nd edn（London: Tauris Park Paperbacks, 2009）, p. 13.

㉔ Cited in Goscha, *Historical Dictionary*, p. 304.

㉕ Cited in Goscha, *Vietnam: Un Etat* né de la guerre, pp. 428–9.

㉖ Nguyen Ngoc Minh, ed., *Kinh te Viet Nam tu cach mang thang tam den khang chien thang loi*（*1945–1954*）（Hanoi: Nha Xuat Ban Khoa Hoc, 1966）, p. 359, and note 16; Christian Lentz, 'Making the Northwest Vietnamese', *Journal of Vietnamese Studies*, vol. 6, no. 2（2011）, pp. 68–105; his 'Mobilization and State Formation on a Frontier of Vietnam', *Journal of Peasant Studies*, vol. 38, no. 3（2011）, pp. 559–86.

㉗ Nguyen Ngoc Minh, *Kinh te*, p. 355. Quote from Thanh Huyen Dao, ed., *Dien Bien Phu vu d'en face, paroles de bo doi*（Paris: Nouveau Monde Editions, 2010）, p. 37.

㉘ *Annuaire des Etats-Associés, 1953*（Paris: Editions de l'outre-mer et Havas, 1953）, pp.

❾ Lucien Bodard, *La Guerre d'Indochine*（Paris: Bernard Grasset, 1997）, p. 131.

❿ Varga, 'Léon Pignon, l'homme-clé de la solution Bao Dai', pp. 277–313; Mark Atwood Lawrence, *Assuming the Burden: Europe and the American Commitment to War in Vietnam*（Berkeley: University of California Press, 2005）, and his 'Recasting Vietnam: The Bao Dai Solution and the Outbreak of the Cold War in Southeast Asia', in Christopher Goscha and Christian Ostermann, eds., *Connecting Histories: Decolonization and the Cold War in Southeast Asia*（*1945–1962*）（Stanford: Stanford University Press, 2009）, pp. 15–38.

⓫ Léon Pignon, 'Reconnaissance de Ho Chi Minh par Mao Tse Tung', pp. 10–11, 24 January 1950, no. 16/PS/CAB, signed Léon Pignon, dossier 6, box 11, series XIV, SLOT - FOM, Centre des Archives d'Outre-mer, France.

⓬ Matthew Connelly, *A Diplomatic Revolution: Algeria's Fight for Independence and the Origins of the Post-Cold War Era*（New York: Oxford University Press, 2002）.

⓭ Bodard, *La Guerre d'Indochine*, p. 153.

⓮ Ellen Hammer, *The Struggle for Indochina*（Stanford: Stanford University Press, 1966）, p. 246; Bodard, *La Guerre d'Indochine*, p. 502; Christopher Goscha, 'Colonial Kings and the Decolonization of the French Empire: Bao Dai, Mohammed V, and Norodom Sihanouk', forthcoming; and Bui Diem, *In the Jaws of History*（Bloomington: Indiana University Press, 1999）, pp. 67–70.

⓯ For the international context, see among others: Laurent Césari, *Le Problème diplomatique de l'Indochine, 1945–1957*（Paris: Les Indes savantes, 2013）; Pierre Grosser, 'La France et l'Indochine（1953–1956）. Une "carte de visite" en "peau de chagrin"', PhD dissertation（Paris: Institut d'études politiques, 2002）; Mark Thompson, 'Defending the Rhine in Asia: France's 1951 Reinforcement Debate and French International Ambitions', *French Historical Studies*, vol. 38, no. 3（August 2015）, pp. 473–99（p. 473 for the citation）; Lawrence Kaplan, 'The United States, NATO, and French Indochina', in Lawrence Kaplan and Denise Artaud, *Dien Bien Phu and the Crisis of Franco-American Relations, 1954–1955*（Wilmington: Scholarly Resources, 1990）; and Jasmine Aimaq, *For Europe or Empire?*, PhD dissertation（Lund: Lund University, 1994）.

⓰ Goscha, 'Le Contexte asiatique', section Indochine. During his travels through the DRV in the early 1950s, American communist Joseph Starobin confirms the linkage between *d'Indochine, 1945–1954*.

❷ Pignon's quote cited in Christopher Goscha, 'Le Premier Echec contre-révolutionnaire au Vietnam'（Paris: Mémoire de DEA, Université de Paris VII, 1994）, notes 119–20, at p. 38. D'Argenlieu quote cited by Devillers, *Histoire du Vietnam de 1940 à 1952*, p. 367.

❸ Claire Tran Thi Lien, 'Les Catholiques vietnamiens pendant la guerre d'indépendance（1945–1954）: Entre la reconquête coloniale et la résistance communiste', PhD dissertation（Paris: Institut d'études politiques, 1996）; Charles Keith, *Catholic Vietnam: A Church from Empire to Nation*（Berkeley: University of California Press, 2012）, pp. 208–41. The French knew, too, that Catholics were often anticolonialists. François Méjan, *Le Vatican contre la France d'outre-mer?*（Paris: Librairie Fischbacher, 1957）, pp. 122–30.

❹ 傑奧吉・畢杜的黨直到走上日內瓦談判桌，始終維持這個立場，但當時越南民主共和國不可能知道這一點。Jacques Dalloz, 'L'Opposition M.R.P. à la guerre d'Indochine', *Revue d'histoire moderne et contemporaine*, vol. 43, no 1（January–March 1996）, pp. 106–18.

❺ On non-communist nationalism and nationalist parties, see François Guillemot, *Dai Viêt, indépendance et révolution au Viêt-Nam: L'Echec de la troisième voie*（1938–1955）（Paris: Les Indes savantes, 2012）. On the genesis of the Associated State of Vietnam, see: Marie-Thérèse Blanchet, *La Naissance de l'Etat associé du Viet-Nam*（Paris: Editions M.-Th. Génin, 1954）.

❻ I have been unable to locate the exact contents of the 'secret protocol'. French scholar Philippe Devillers states, however, that they limited the Associated State of Vietnam's independence.

❼ On Léon Pignon, see Daniel Varga, 'La Politique française en Indochine（1947–50）: Histoire d'une décolonisation manquée', PhD dissertation（Aix-en-Provence: Université d'Aix-Marseille I, 2004）, and his 'Léon Pignon, l'homme-clé de la solution Bao Dai et de l'implication des États-Unis dans la Guerre d'Indochine', *Outre-mers*, nos. 364–5（December 2009）, pp. 277–313.

❽ Christopher Goscha, 'Le Contexte asiatique de la guerre franco-vietnamienne: réseaux, relations et économie（1945–1954）', PhD dissertation（Paris: Ecole Pratique des Hautes Etudes, 2000）, section Indochine. On the creation of the Associated State of Laos, see Jean Deuve, *Le Royaume du Laos*（Paris: L'Harmattan, 2003）.

an analysis of available Western sources. See http://www.hawaii.edu/powerkills/SOD.CHAP6.HTM, accessed 17 June 2013. For the one million estimate for total Vietnamese deaths during the First Indochina War, see Bernard Fall, 'This Isn't Munich, It's Spain', *Ramparts*（December 1965）, p. 23. Given that the DRV administered around ten million people during the conflict, this means it lost 5 percent of its total population. Of the 110,000 French Union deaths, 20,000 French nationals perished, that is 0.05 percent of the total population for 1954 in France（43 million）. I am unaware of any Vietnamese attempt to assassinate French officials, sabotage French military installations, bomb or harm French civilians in France, though the DRV did assassinate Vietnamese enemies there. My thanks to Shawn McHale for help on this.

㉕ Nguyen Cong Luan, *Nationalist in the Viet Nam Wars*, p. 79.

㉖ Nguyen Cong Luan, *Nationalist in the Viet Nam Wars*, chapters 6 and 7; Michel Bodin, *Les Africains dans la guerre d'Indochine, 1947–1954*（Paris: L'Harmattan, 2000）; and Henri Amoureux, *Croix sur l'Indochine*（Paris: Editions Domat, 1955）, p. 33（for the number of children left behind）.

㉗ I rely here on David Marr, *Vietnam: State, War, and Revolution*（*1945–46*）（Berkeley: University of California Press, 2013）; Bernard Fall, *Le Viet Minh*（Paris: Librairie Armand Colin, 1960）; and Goscha, *Vietnam: Un Etat né de la guerre*.

㉘ 'Oral History Interview of Dinh Xuan Ba, Entrepreneur and Former Assault Youth Member', DVD 03, Hanoi, 5 June 2007（by Merle Pribbenow）.

㉙ See the ministerial decision of 31 August 1945 in *Viet Nam Dan Quoc Cong Bao*（29 September 1945）, p. 13.

㉚ Politically astute Vietnamese may not have recognized Ho Chi Minh in August–September 1945, but they certainly knew from the Popular Front days that Vo Nguyen Giap, Truong Chinh,Tran Huy Lieu and others running the DRV were ICP members.

㉛ See Marr, *Vietnam: State, War, and Revolution*（*1945–46*）, chapter 2.

㉜ Fall, *Le Viet Minh*, pp. 51–2.

㉝ Fall, *Le Viet Minh*, pp. 76–79, and Goscha, *Vietnam: Un Etat né de la guerre*, chapter 2.

【第九章】國際化的交戰國

❶ I rely on Devillers, *Histoire du Vietnam de 1940 à 1952*; his Book 8, 'Vietnam', in Devillers et al., *L'Asie du Sud-Est*, vol. 2（Paris: Sirey, 1971）, pp. 791–847; his *Vingt ans et plus avec le Viet-Nam, 1945–1969*（Paris: Les Indes savantes, 2010）; and Dalloz, *La Guerre*

Su That, in 1947. For more on Sino-Vietnamese communist connections, see Greg Lockhart, *Nation in Arms: The Origins of the People's Army of Vietnam*（Sydney: Allen and Unwin, 1989）.

⓲ Goscha, 'A Rougher Side of "Popular" Resistance', pp. 325–53.

⓳ William Turley, 'Urbanization in War: Hanoi, 1946–1973', *Pacific Affairs*, vol. 48, no. 3（Autumn 1975）, pp. 370–97; and Christopher Goscha, 'Colonial Hanoi and Saigon at War: Social Dynamics of the Viet Minh's "Underground City", 1945–1954', *War in History*, vol. 20, no. 2（2013）, pp. 222–20.

⓴ Goscha, 'Colonial Hanoi and Saigon at War', p. 246（for the first citation）; and Lucien Bodard, *La Guerre d'Indochine: L'Humiliation*（Paris: Bernard Grasset, 1997）, p. 373（for the second citation）.

㉑ Paul and Marie-Catherine Villatoux. *La République et son armée face au 'péril subversif': Guerre et actions psychologiques（1945–1960）*（Paris: Les Indes savantes, 2005）; and Christopher Goscha, 'Vietnam and the World Outside: The Case of Vietnamese Communist Advisors in Laos（1948–1962）', *South East Asian Research*, vol. 12, no. 2（2004）, pp. 141–85.

㉒ *Annuaire des Etats-Associés, 1953*（Paris: Editions de l'Outre-mer et Havas, 1953）, pp. 22, 66, 68. Quote from Nguyen Cong Luan, *Nationalist in the Viet Nam Wars, Memoirs of a Victim Turned Soldier*（Bloomington: Indiana University Press, 2012）, p. 86.

㉓ To listen to the song and follow the words, see http://us.nhac.vui.vn/ba-me-gio -linh-mp3–pham-duy-m62839c3p1823a3510.html, accessed 29 August 2015. No detailed study of torture during the Indochina War exists, but non-communist Vietnamese memoirs provide terrible accounts of French Union violence. See Nguyen Cong Luan, *Nationalist in the Viet Nam Wars*, pp. 1–87 and Duong Van Mai Elliott, *The Sacred Willow*（New York: Oxford University Press, 1999）, pp. 148–9 for one example of many. For a Vietnamese account of the My Trach massacre, see: 'Vu Tham Sat Lang My Trach', at http:// www2.quangbinh.gov.vn/3cms/?cmd=130&art=1186213703100&cat=1179730730203; and Goscha, *Historical Dictionary*, p. 302.

㉔ On the population increase of Saigon, see: http://recherche-iedes.univ-paris1.fr/ IMG/pdf/200206GubryLeThiHuongPresentationHCMV.pdf, accessed 19 June 2013. For deaths on the Vietnamese side during the Indochina War, see: Ngo Van Chieu, *Journal d'un combatant Viet-Minh*, p. 106; R. J. Rummel provides a very similar number based on

article on Vichy's nationalist revolution in *La Gazette de Hue*. On the same page, Pham Quynh published his famous elegy of Maurras and Vietnamese royalist patriotism. See chapter 7.

❼ For a glimpse into the mindsets of these administrators, see Pierre Gentil, ed., *Derniers chefs d'un empire*（Paris: Académie des Sciences d'Outre-Mer, 1972）, pp. 235–363, especially the text of Albert Torel（pp. 310–15, p. 312 for the citation）.

❽ Daniel Hémery, 'Asie du Sud-Est, 1945: Vers un nouvel impérialisme colonial?', in Charles-Robert Ageron and Marc Michel, eds., *L'Ere des décolonisations*（Paris: Karthala, 1995）, pp. 65–84.

❾ Bui Diem, *In the Jaws of History*（with David Chanoff）（Bloomington: Indiana University Press, 1999）, p. 44.

❿ Dalloz, *Francs-Maçons d'Indochine*, 1868–1975, pp. 94–5.

⓫ 就我所知，無論是法國或越南，沒有學者研究過交趾支那分割的問題。My discussion here relies largely on Devillers' *Histoire du Vietnam de 1940 à 1952*, who had unparalleled access to the historical actors of the time. The francophile Catholic intellectuals Pham Ngoc Thao, Pham Ngoc Thuan and Thai Van Lung crossed over to the communists on anticolonial grounds. The French tortured Thai Van Lung to death. Goscha, *Historical Dictionary*, pp. 372–4, 443.

⓬ Reproduced in *Luoc Su Chien Si Quyet Tu: Sai Gon, Cho Lon, Gia Dinh, 1945– 1954*（Ho Chi Minh City: Cau Lac Bo Truyen Thong Vu Trang, 1992）, p. 149.

⓭ 讀者或會想到十七世紀之初，阮氏因不肯向鄭氏納稅才引發內戰。 On the complex series of events leading to the outbreak of war on 19 December, see Tonnesson, *Vietnam 1946*; Shipway, *The Road to War*; and Turpin, *De Gaulle, les Gaullistes et l'Indochine*（Paris: Les Indes savantes, 2005）, p. 310. The new national terms as cited by Philippe Devillers, *Paris, Saigon, Hanoi: Les Archives de la guerre, 1944–1947*（Paris: Gallimard, 1988）, p. 334.

⓮ Devillers, Paris, *Saigon, Hanoi*, pp. 334–5.

⓯ I borrow here from the title of Alistair Horne's *A Savage War of Peace: Algeria, 1954–1962*（New York: Macmillan, 1977）.

⓰ See Goscha, *Vietnam: Un Etat né de la guerre*.

⓱ Vo Nguyen Giap, *Muon hieu ro tinh hinh quan su o Tau*（Hanoi: no publisher, 1939）; and Truong Chinh, *Khang chien nhat dinh thang loi*, first serialized in the party journal, the Indochina War（Nam Bo 1947）', *European Journal of East Asian Studies*, vol. 9, no 2（2010）, pp. 225–65; and Shawn McHale, 'Understanding the Fanatic Mind? The Viet Minh and Race Hatred in the First Indochina War（1945–1954）', *Journal of Vietnamese Studies*, vol. 4, no. 3（Fall 2009）, pp. 98–138.

㊱ Christopher Goscha, *Vietnam: Un Etat né de la guerre, 1945–1954*（Paris: Armand Colin, 2011）, pp. 255–63.

【第八章】交戰國

❶ Christopher Goscha, 'A Popular Side of the Vietnamese Army: General Nguyen Binh and the War in the South', in Christopher Goscha and Benoit de Tréglodé, eds., *Naissance d'un Etat-Parti*（Paris: Les Indes savantes, 2004）, pp. 324–53.

❷ I rely here on the following: Devillers, *L'Asie du Sud-est*, pp. 791–847; his *Vingt ans et plus avec le Viet-Nam, 1945–1969*（Paris: Les Indes savantes, 2010）; Jacques Dalloz, *La Guerre d'Indochine, 1945–1954*（Paris: Editions du Seuil, 1987）; Shipway, *The Road to War*; Tonnesson, *Vietnam 1946: How the War Began*; Brocheux and Hémery, *Indochina: An Ambiguous Colonization*.

❸ *L'Humanité*（30 August 1944）, p. 1, cited by Pierre Daprini, 'From Indochina to North Africa: French Discourses on Decolonisation', in Robert Aldrich and Martyn Lyons, eds., *The Sphinx in the Tuileries and Other Essays in Modern French History*（Sydney: University of Sydney, 1999）, p. 223, note 5.

❹ A. J. Stockwell, 'Southeast Asia in War and Peace: The End of European Colonial Empires', in Nicholas Tarling, ed., *Cambridge History of Southeast Asia*（Cambridge: Cambridge University Press, 1993）, p. 346; Shipway, *Decolonization and Its Impact*; and Martin Thomas, *Fight or Flight: Britain, France, and Their Roads from Empire*（Oxford: Oxford University Press, 2014）. Quote from de Gaulle as cited by Jean-Marie Domenach, 'Paul Mus', Esprit, no. 10（October 1969）, p. 605.

❺ Devillers, *Histoire du Vietnam de 1940 à 1952*, p. 244.

❻ Christopher Bayly and Tim Harper, *Forgotten Armies: The Fall of British Asia, 1941–1945*（Cambridge, MA: Harvard University Press, 2005）, pp. 419–22; Charles Maurras was a rightwing French nationalist and monarchist who supported Pétain's Vichy France; and Christopher Goscha, *Historical Dictionary of the Indochina War: An International and Interdisciplinary Approach（1945–1954）*（Copenhagen/Honolulu: NIAS/University of Hawai'i Press, 2011）, p. 63. In 1942, this man, Camir Biros, published a Fascist-minded

地區進行軍事作業。在日本投降後，杜魯門發布一號命令，讓中國與英國在各自的作業區主持接受日本投降事宜。

㉘ François Guillemot, *Dai Viet*, pp. 316–21.

㉙ Peter Dunn, who can hardly be accused of being hostile to the French, demonstrates this in his *The First Vietnam War*（London: C. Hurst & Company, 1985）. On de Gaulle and the First Indochina War, see Frédéric Turpin, *De Gaulle, les gaullistes et l'Indochine*（Paris: Les Indes savantes, 2005）.

㉚ See Lin Hua, *Chiang Kai-Shek, De Gaulle contre Hô Chi Minh: Viêt-Nam, 1945– 1946*（Paris: L'Harmattan, 1994）. Defeated Japanese troops fought on both sides of the colonial/national line. On the one hand, they helped the French reconquer southern Vietnam in late 1945. On the other hand, hundreds crossed over to the DRV and fought against that very colonial reconquest. See Christopher Goscha, 'Alliés tardifs: Le Rôle technicomilitaire joué par les déserteurs japonais dans les rangs du Viet Minh（1945–1950）', *Guerres mondiales et conflits contemporains*, nos. 202–3（April–September 2001）, pp. 81–109.

㉛ Stein Tønnesson, 'La Paix imposée par la Chine: L'Accord franco-vietnamien du 6 mars 1946', *Cahiers de l'Institut d'histoire du temps présent*（1996）, pp. 35–56; and Stein Tønnesson, *Vietnam 1946: How the War Began*（Berkeley: University of California Press, 2009）, pp. 39–64. The idea that Ho's words show that he harbored early on 'traditional' Vietnamese hostility toward 'historic' Chinese 'imperialism' is inaccurate. Ho made the comment with direct reference to the very difficult negotiations with the French over the annex and its requirement for the French to withdraw their troops within five years. On the 6 March accords, see Shipway, *The Road to War*, pp. 150–75; and Tønnesson, *Vietnam 1946*, pp. 39–64.

㉜ I rely heavily on Guillemot, *Dai Viet*, chapters 6 and 7.

㉝ Christopher Goscha, 'Intelligence in a Time of Decolonization', *Intelligence and National Security*, vol. 22, no. 1（February 2007）, pp. 100–138; and Marr, *Vietnam, 1945*, pp. 232–7.

㉞ Ngo Van Chieu, *Journal d'un combattant Viet-Minh*（Paris: Editions du Seuil, 1955）, pp. 84–90; and Nguyen Cong Luan, *Nationalist in the Viet Nam Wars*（Bloomington: Indiana University Press, 2012）, p. 66.

㉟ François Guillemot, 'Autopsy of a Massacre: On a Political Purge in the Early Days of

⓮ 一九三四至一九三五年間，中國共產黨逃進華北的延安，以避開國民黨的攻擊，在延安一直運作到二次大戰結束。

⓯ David Marr, *Vietnam, 1945*（Berkeley: University of California Press, 1995）, p. 174.

⓰ Marr, *Vietnam, 1945*, p. 174.

⓱ Tung Hiep, 'Pha Tuong Paul Bert', *Trung Bac Chu Nhat*（12 August 1945）, p. 1.

⓲ 國璽與寶劍之後交還法國，再還給保大與他的家人。http://www.vietnamheritage.com.vn/pages/en/1031294845453–Conversation-piece-of-the-Nguyen-Dynasty.html, accessed 26 August 2015. Quote cited by Devillers, *Histoire du Vietnam de 1940 à 1952*（Paris: Editions du Seuil, 1952）, p. 138.

⓳ 他的天主教妻子南芳皇后也遜位，並在同一天發表一封信，為丈夫的決定以及越南獨立的神聖性辯解。Bernard Fall, *Le Viet Minh*（Paris: Armand Colin, 1960）, p. 165.

⓴ Marr, *Vietnam, 1945*; and Gabriel Kolko, *Un siècle de guerres*（Laval: Presses de l'Université de Laval, 2000）, pp. 290–302.

㉑ This is one of the core arguments of David Marr's book, *Vietnam, 1945*.

㉒ Martin Thomas, 'Silent Partners: SOE's French Indo-China Section, 1943–1945', *Modern Asian Studies*, vol. 34, no. 4（October 2000）, pp. 943–76.

㉓ Martin Shipway, *The Road to War: France and Vietnam 1944–1947*（New York: Berghan Books, 2003）; Daniel Hémery, 'Asie du Sud-Est, 1945: Vers un nouvel impérialisme colonial?', in Charles-Robert Ageron and Marc Michel, eds., *L'Ere des décolonisations*（Paris: Karthala, 1995）, pp. 65–84; and Stein Tønnesson, *The Vietnamese Revolution of 1945*（London: Sage Publications, 1991）.

㉔ Pierre Brocheux, 'De l'empereur Duy Tan au prince Vinh San: L'Histoire peut-elle se répeter?', *Approches-Asie*, n.s.（1989–90）, pp. 1–25.

㉕ On this process, see Alec Holcombe, 'Socialist Transformation in the Democratic Republic of Vietnam', PhD dissertation（Berkeley: University of California at Berkeley, 2013）; Pierre Brocheux, *Ho Chi Minh: du révolutionnaire à l'icône*（Paris: Payot, 2003）; and Daniel Hémery, 'Ho Chi Minh: Vie singulière et nationalisation des esprits', in Christopher Goscha and Benoît de Tréglodé, eds., *The Birth of a Party-State: Vietnam since 1945*（Paris: Les Indes savantes, 2004）, pp. 135–48.

㉖ See in particular: Hans van de Ven, Diana Lary and Stephen Mackinnon, *Negotiating China's Destiny in World War II*（Stanford: Stanford University Press, 2014）.

㉗ 在一開始，由於波茨坦會議在日本占領以前已經召開，英國與中國獲得授權在這兩個

Revolution in Madagascar, Guadeloupe, and Indochina, 1940–1944 (Stanford: Stanford University Press, 2001); Jacques Cantier and Eric Jennings, eds., *L'Empire sous Vichy* (Paris: Odile Jacob, 2004); Sébastien Verney, *L'Indochine sous Vichy. Entre Révolution nationale, collaboration et identités nationales 1940–1945* (Paris: Riveneuve éditions, 2012); Anne Raffin, *Youth Mobilization in Vichy Indochina and Its Legacies, 1940–1970* (Lanham: Lexington Books, 2005); Chizuru Namba, *Français et Japonais en Indochine* (1940–1945) (Paris: Karthala, 2012); Paul Isoart, 'Aux origines d'une guerre: L'Indochine française (1940–1945)', in Isoart, ed., *L'Indochine française* (*1940–1945*), p. 20; and François Guillemot, *Dai Viet indépendence et révolution au Viet-Nam, l'échec de la troisième voie* (1938– 1955) (Paris: Les Indes savantes, 2012), pp. 33–168.

❽ Quote from Jennings, *Vichy in the Tropics*, p. 184. Interpolations as for the text quoted. On Vichy politics, see: Philippe Devillers, *L'Asie du Sud-Est*, volume 2 (Paris: Sirey, 1971), p. 794; and Jennings, *Vichy in the Tropics*, p. 182. In 1943, under pressure from the settler community, Decoux transformed the Council into a Mixed Assembly with thirty Indochinese and twenty-five French citizens. *Notabilités indochinoises* at http://indomemoires.hypotheses.org/6926, accessed 26 August 2015.

❾ All quotes from Pham Quynh, 'L'Accord politique de Confucius et de Maurras', La *Patrie Annamite* (20 April 1942), pp. 1–4. See also Clive Christie, *Ideology and Revolution in South-East Asia, 1900–1980* (London: Curzon, 2001), pp. 88–9.

❿ Norodom Sihanouk, *L'Indochine vue de Pékin* (Paris: Editions du Seuil, 1972), p. 34.

⓫ Soren Ivarsson, *Creating Laos: The Making of Lao Space between Siam and Indochina, 1860–1945* (Copenhagen: Nordic Institute of Asian Studies, 2008); and Thongchai Winichakul, *Siam Mapped: A History of the Geo-Body of a Nation* (Chiang Mai: Silkworm Books, 1994).

⓬ See excerpts from Jean Deoux's memoirs, 'French Indochina in the Co-Prosperity Sphere', in Harry J. Benda and John A. Larkin, eds., *The World of Southeast Asia, Selected Historical Readings* (New York: Harper & Row, Publishers, 1967), pp. 242–4. On the Tran Trong Kim government, see: Vu Ngu Chieu, 'The Other Side of the 1945 Vietnamese Revolution: The Empire of Viet-Nam (March–August 1945)', *Journal of Asian Studies*, vol. 45 (1986), pp. 293–328.

⓭ Alec Holcombe, 'Staline et les procès de Moscou vus du Vietnam', *Communisme* (2013), pp. 109–58.

42 I rely here on Daughton, *An Empire Divided*; Owen White and J. P. Daughton, eds., *In God's Empire: French Missionaries and the Modern World*（New York: Oxford University Press, 2012）; Charles Keith, *Catholic Vietnam: A Church from Empire to Nation*（Berkeley: University of California Press, 2012）; and Charles Keith, 'Catholicisme, bouddhisme et lois laïques au Tonkin（1899–1914）', *Vingtième siècle*（July–September 2005）, pp. 113–28.

43 Daughton, *An Empire Divided*, pp. 105–9.

44 Keith, *Catholic Vietnam*, pp. 1–3.

45 Keith, *Catholic Vietnam*.

46 Charles Keith, 'Annam Uplifted: The First Vietnamese Catholic Bishops and the Birth of a National Church, 1919–1945', *Journal of Vietnamese Studies*, vol. 3, no. 2（2008）, p. 137.

47 Keith, *Catholic Vietnam*, p. 139.

48 Keith, *Catholic Vietnam*, p. 156.

49 Keith, *Catholic Vietnam*; and especially Claire Tran Thi Lien, 'Les Catholiques vietnamiens et la RDVN（1945–1954）: Une approche biographique', in Goscha and de Tréglodé, *Naissance d'un Etat Parti*, pp. 253–76, and her 'Les Catholiques vietnamiens, entre la reconquête coloniale et la résistance communiste（1945–1954）', *Approches-Asie*, no. 15（1997）, pp. 169–88.

【第七章】相互角逐的帝國與民族國家

1 Christopher Goscha, 'This Is the End? The French Settler Community in Saigon and the Fall of Indochina in 1945', paper delivered at the annual meeting of the French Historical Society, held on 24–6 April 2014.

2 See Akira Iriye, *The Origins of the Second World War in Asia and the Pacific*（Harlow: Longman, 1987）, pp. 2–4.

3 Mark Mazower, *Hitler's Empire: How the Nazis Ruled Europe*（London: Penguin, 2008）.

4 Robert O. Paxton, *Vichy France, Old Guard and New Order, 1940–1944*（New York: Columbia University Press, 1972）.

5 Paul Isoart, ed., *L'Indochine française*（1940–1945）（Paris: PUF, 1982）.

6 The Go East program was the ancestor of the Viet Nam Phuc Quoc Dong Minh Hoi.

7 On Vichy in Indochina, see Eric Jennings, *Vichy in the Tropics: Pétain's National*

no. 3（November 2007）, pp. 303–24; Li, *Nguyen Cochinchina*, pp. 101–12; Elise Anne de Vido, 'Buddhism for This World: The Buddhist Revival in Vietnam, 1920–1951', in Philip Taylor, ed., *Modernity and Re-Enchantment: Religion in Post-Revolutionary Vietnam*（Singapore: Institute of Southeast Asian Studies, 2007）, pp. 256–81; and her 'The Influence of Chinese Master Taixu on Buddhism in Vietnam', *Journal of Global Buddhism*, vol. 10（2009）, pp. 413–58.

㉟ De Vido, 'The Influence of Chinese Master Taixu on Buddhism in Vietnam', pp. 413–58.

㊱ De Vido, 'Buddhism for This World', pp. 256–81.

㊲ Philippe Papin, 'Saving for the Soul: Women, Pious Donations and Village Economy in Early Modern Vietnam', *Journal of Vietnamese Studies*, vol. 10, no. 2（Spring 2015）, pp. 82–102; McHale, *Print and Power*, pp. 179–80; and de Vido, 'Buddhism for This World', pp. 256–81.

㊳ I rely here on the following: Hue-Tam Ho Tai, *Millenarianism and Peasant Politics in Vietnam*（Cambridge, MA: Harvard University Press, 1983）; Jane Werner, Peasant Politics and Religious Sectarianism: *Peasant and Priest in the Cao Dai in Viet Nam*（New Haven: Yale University, Southeast Asia Center, 1981）; Jérémy Jammes, *Les Oracles du Cao Dai*（Paris: Les Indes savantes, 2014）; Pascal Bourdeaux, 'Approches statistiques de la communauté du bouddhisme Hoa Hao（1939–1954）', in Christopher Goscha et Benoît de Tréglodé, eds., *Naissance d'un Etat parti, le Viet Nam depuis 1945*（Paris: Les Indes savantes, 2004）, pp. 277–304; Ralph Smith, 'An Introduction to Caodaism', *Bulletin of the School of Oriental and African Studies*, vol. 33（1970）, pp. 335–49, 574–89; Victor Oliver, *Caodai Spiritism*（Leiden: Brill, 1972）; Tran My-Van, 'Beneath the Japanese Umbrella: Vietnam's Hoa Hoa during and after the Pacific War', *Crossroads*, vol. 17, no 1（2003）, pp. 60–107.

㊴ Alexander Woodside, *Community and Revolution in Modern Vietnam*（Boston: Houghton Mifflin, 1976）, pp. 120–22; and more generally Nguyen-Marshall, *In Search of Moral Authority*.

㊵ Frances Hill, 'Millenarian Machines in South Vietnam', *Comparative Studies in Society and History*, vol. 13, no. 3（July 1971）, pp. 325–50; and Hue-Tam Ho Tai, *Millenarianism and Peasant Politics in Vietnam*.

㊶ Jean Pascal Bassino, 'Indochina', p. 2; and Woodside, *Community and Revolution*, pp. 32–3.

㉘ Tsai Maw-Kuey, *Les Chinois au Sud Vietnam*（Paris: Bibliothèque nationale, 1968）, p. 54; and Goscha, *Going Indochinese*, chapter 4.

㉙ On the Minh Huong, see Tsai Maw-Kuey, *Les Chinois au Sud Vietnam* and Elise Virely, 'Métissage "asiatique" au Cambodge et en Cochinchine: Les Métis sino-vietnamiens et sino-cambodgiens, enjeux politiques et identité, 1863–1940', MA dissertation（Lyon: Université de Lyon II, 2005）.

㉚ The author of *Métisse blanche*, Kim Lefevre, owes the first part of her name to her Chinese stepfather. Kim Lefèvre, *Métisse blanche*, pp. 114–15, 174–5. Ho Chi Minh married Tang Tuyen Minh. See his letter to his wife, written in Chinese, in Daniel Hémery, *Ho Chi Minh, de l'Indochine au Vietnam*（Paris: Découvertes Gallimard, 1990）, p. 145 and William Duiker, *Ho Chi Minh, A Life*（New York: Hyperion, 2000）, pp. 143, 198–9.

㉛ Jean-Dominique Giacometti, 'Prices and Wages in Vietnam before 1954', Discussion Paper no. D98–14（Tokyo: Institute of Economic Research, Hitosubahsi University, February 1999）, p. 21.

㉜ See the nuanced study by Solène Granier, *Domestiques indochinois*（Paris: Vendémiaire, 2014） and Le Manh Hung, *The Impact of World War II on the Economy of Vietnam*（Singapore: Eastern University Press, 2004）, pp. 77–80.

㉝ See Nola Cooke, 'Colonial Political Myth and the Problem of the Other: French and Vietnamese in the Protectorate of Annam', PhD dissertation（Canberra: Australian National University, 1992）; Christopher Goscha, 'La Fabrique indochinoise des rois coloniaux', in François Guillemot and Larcher-Goscha, eds., *La Colonisation des corps, de l'Indochine au Viet Nam*（Paris: Vendémiaire, 2014）, pp. 127–75; and Pascale Bezançon, 'Louis Manipoud, un réformateur colonial méconnu', *Revue française d'Histoire d'Outremer*, vol. 82, no. 309（1995）, pp. 455–87.

㉞ I rely heavily here on Cuong Tu Nguyen, 'Rethinking Vietnamese Buddhist History: Is the Thien Uyen Tap Anh a "Transmission of the Lamp"Text?' in Keith Taylor and John Whitmore, eds., *Essays into Vietnamese Pasts*（Ithaca: Cornell University Press, 1995）, pp. 81–115; Shawn McHale, *Print and Power: Confucianism, Communism, and Buddhism in the Making of Modern Vietnam*（Honolulu: University of Hawai'i Press, 2003）, pp. 70–151; Charles Wheeler, 'Buddhism in the Re-ordering of an Early Modern World: Chinese Missions to Cochinchina in the Seventeenth Century', *Journal of Global History*, vol. 2,

（1865–1954）', MA dissertation（Rennes: Université de Haute-Bretagne, Rennes 2, 2001）; and Jacques Weber, 'Les Pondichériens et les Karikalais en Indochine, 1865 à 1954', http:// cidif.go1.cc/index.php?option=com_content&view=article&id=130:26–261–le-combat -des-renoncants-en-cochinchine-pour-la-reconnaisance-de-leur-statut-de-n-leconte &catid=29:lettre-nd26&Itemid=3, accessed 28 August 2015.

⓴ For an in-depth study of the 'Indians' in Indochina, see: Natasha Pairaudeau, *Mobile Citizens: The French of India in Colonial Indochina, 1858–1954*（Copenhagen: NIAS, 2016）, and her 'Vietnamese Engagement with Tamil Migrants in Colonial Cochinchina', *Journal of Vietnamese Studies*, vol. 5, no. 3（Fall 2010）, pp. 1–71.

㉑ For more on Corsicans, see Pascal Bonacorsi, 'Les Corses en Indochine（XIXème–XXème siècles）', MA dissertation（Paris: Université Paris I Panthéon-Sorbonne, 2013）; Jean-Louis Prestini, 'Saigon Cyrnos', in Philippe Franchini, *Saigon, 1925–1945*（Paris: Autrement, 1992）, pp. 92–103; Robert Aldrich, 'France's Colonial Island: Corsica and the Empire', at http://www.h-france.net/rude/rudevolumeiii/AldrichVol3.pdf, accessed 20 January 2014.

㉒ Brocheux and Hémery, *Indochine*, pp. 185–6 for the citation; and Natasha Pairaudeau, 'Vietnamese Engagement', pp. 1–71, second citation at p. 17.

㉓ Goscha, *Going Indochinese*, p. 68.

㉔ Vu Trong Phung, *The Industry of Marrying Europeans*, trans. Thuy Tran Viet（Ithaca: Southeast Asia Program Publications/Cornell, 2005）; and Vu Trong Phung, *Luc Xi*, trans. Shaun Malarney（Honolulu: University of Hawai'i Press, 2011）; Malarney's introductory essay to this novel, pp. 1–41; and Isabelle Tracol-Huynh, 'La Prostitution au Tonkin colonial, entre races et genres', *Genre, sexualité & société*, no. 2（Fall 2009）, https:// gss.revues.org/1219, accessed 28 August 2015.

㉕ Kim Lefèvre, *Métisse blanche*（Paris: Editions Bernard Barrault, 1989）.Christina Firpo, 'Crises of Whiteness and Empire in Colonial Indochina: The Removal of Abandoned Eurasian Children from the Vietnamese Milieu, 1890–1956', *Journal of Social History*, vol. 43, no. 3（2010）, pp. 587–613. It is no secret that many a soldier or even an administrator just up and left once their time in Indochina had expired.

㉖ Frederick Cooper and Ann Stoler, eds., *Tensions of Empire: Colonial Cultures in a Bourgeois World*（Berkeley: University of California Press, 1997）, pp. 198–237.

㉗ Duras, *Cahiers*, pp. 41–2（for the citation）.

Brocheux, *The Mekong Delta: Ecology, Economy, and Revolution, 1860–1960*（Madison: Center for Southeast Asian Studies, 2009）. On the sea in the making of modern Vietnam, see Charles Wheeler, 'Re-thinking the Sea in Vietnamese History', *Journal of Southeast Asian Studies*, vol. 37, no. 1（February 2006）, pp. 123–53.

❼ Brocheux, *Histoire économique*, pp. 64–7.

❽ Brocheux and Hémery, *Indochine*, pp. 129–30.

❾ Maks Banens, 'Vietnam: A Reconstitution of its 20th Century Population History', *Asian Historical Statistics*, COE Project, Institute of Economic Research（Tokyo: Hitotsubashi University, January 2000）, p. 39, appendix 4. See also Bassino, 'Indochina', p. 2.

❿ Bassino, 'Indochina', p. 2, 3; and Maks Banens, 'Vietnam: A Reconstitution of its 20th Century Population History', p. 39, appendix 4.

⓫ Brocheux, *Histoire économique*, pp. 76–7.

⓬ Brocheux, *Histoire économique*, pp. 83–8; Brocheux and Hémery, *Indochine*, pp. 125–6.

⓭ Tran Tu Binh, *The Red Earth*, Southeast Asia Series no. 66（Athens: Ohio University, 1985）, p. 30（for the citation）. On the rubber economy, see above all Eric Panthou, *Les Plantations Michelin au Viêt-Nam*（Clermont-Ferrand: Editions 'La Galipote', 2013）.

⓮ Brocheux, *Histoire économique*, pp. 82–9; Brocheux and Hémery, *Indochine*, p. 125.

⓯ Brocheux and Hémery, *Indochine*, pp. 124–5.

⓰ 第一名美國官員其實是個叫艾米・方薩萊（Aimée Fonsales）的法國人，他是貿易公司丹尼斯・傅萊利（Denis Frères）的合夥人，也是標準石油派在當地的代表。在第一名美國外交官於一九〇七年抵達以前，負責這個美國領事館的也是其他為傅萊利工作的法國人。James Nach, *A History of the U.S. Consulate, Saigon, 1889–1950*, unpublished manuscript kindly provided to the author by Mr. Nach.

⓱ Tracy C. Barrett, *The Chinese Diaspora in South-East Asia: The Overseas Chinese in Indochina*（New York: I. B. Tauris, 2012）, pp. 13–15; Thomas Engelbert, 'VietnameseChinese Relations in Southern Vietnam during the First Indochina Conflict', *Journal of Vietnamese Studies*, vol. 3, no 3（Fall 2008）, pp. 191–230.

⓲ Frédéric Roustan, 'Français, japonais et société coloniale du Tonkin: L'exemple de représentations coloniales', *French Colonial History*, vol. 6（2005）, pp. 179–204.

⓳ Nadia Leconte, 'La Migration des Pondichériens et des Karikalais en Indochine ou le combat des Indiens renonçants en Cochinchine pour la reconnaissance de leur statut impérial?', in Pierre Nora（ed.）, *Les Lieux de mémoire*, vol. 1（Paris: Gallimard, 1997）, pp. 493–515.

【第六章】殖民社會與經濟

❶ Simon Creek, *Body Work: Sport, Physical Culture, and the Making of Modern Laos*（Honolulu: University of Hawai'i Press, 2014）, pp. 1–3; Agathe Larcher-Goscha, 'Du football au Vietnam（1905–1949）: Colonialisme, culture sportive et sociabilités en jeux', *Outre-mers*, vol. 97, no. 363–5（2009）, pp. 61–89; and my reading of the *Annam Nouveau* coverage of this incident.

❷ Gerard Sasges, *Imperial Intoxication: Alcohol, Indochina, and the World（1897– 1933）*,（Honolulu: University of Hawaii Press, forthcoming）; Olivier Tessier, 'Outline of the Process of Red River Hydraulics Development during the Nguyen Dynasty', in Mart Stewart and Peter Coclanis, eds., *Environmental Change and Agricultural Sustainability in the Mekong Delta*（New York: Springer Science, 2011）, pp. 45–68; and Arthur Dommen, *The Indochina Experience of the French and the Americans*（Bloomington: Indiana University Press, 2001）, p. 27.

❸ Paul Mus, *Sociologie d'une guerre*（Paris: Editions du Seuil, 1952）, p. 125.

❹ Marguerite Duras, *Cahiers de la guerre*（Paris: POL Editeurs, 2006）, p. 41; Goscha, *Going Indochinese*（Copenhagen: NIAS/University of Hawaii, 2013）, pp. 46–7（for the citation）; Aline Demay, *Tourism and Colonization in Indochina*（1898–1939）（London: Cambridge Scholar Publishing, 2014）; and especially Erich DeWald, 'Vietnamese Tourism in Late-Colonial Central Vietnam, 1917–1945', PhD dissertation（London: SOAS , 2012）. On colonial Dalat, leisure, and society, see: Eric Jennings, *Imperial Heights: Dalat and the Making and Undoing of French Indochina*（Berkeley: University of California Press, 2011）.

❺ David del Testa, 'Imperial Corridor', *Science Technology Society*, vol. 4, no. 2（September 1999）, pp. 319–54; Pierre Brocheux, *Histoire économique du Vietnam de 1860 à nos jours*（Paris: Les Indes savantes, 2009）, pp. 63–4; and Brocheux and Hémery, Indochine, pp. 127–8; Jean-Pascal Bassino, 'Indochina', p. 2.

❻ Brocheux and Hémery, *Indochine*, p. 127; Brocheux, *Histoire économique*, p. 64; and http://transmekong.com/fr_3.5_Messageries_Fluviales. On the Mekong Delta, development and the environment, see David Biggs, *Quagmire: Nation-Building and Nature in the Mekong Delta*（Seattle: University of Washington Press, 2011）; and Pierre and how seriously they actually took Wilson's ideas. For the American side, see Erez Manela, *The Wilsonian Moment: Self-Determination and the International Origins of Anticolonial Nationalism*（New York: Oxford University Press, 2007）.

㉓ 這訊息是潘文忠對法國殖民政策自訴的要點。Phan Van Truong, *Une histoire de conspirateurs annamites à Paris*（Montreuil: L'Insomniaque, 2003（first published in 1926–8））. Quote cited by Quinn-Judge, *Ho Chi Minh*, p. 17.

㉔ Scott McConnell, *Leftward Journey: The Education of Vietnamese Students in France 1919–1939*（New Brunswick: Transaction Publishers, 1989）.

㉕ I rely heavily in this section on Quinn-Judge, *Ho Chi Minh*; and Céline Marangé, *Le Communisme vietnamien 1919–1991: Construction d'un État-nation entre Moscou et Pékin*（Paris: SciencesPo, Les Presses, 2012）; and her 'La Politique coloniale du parti communiste français: Le Rôle du Komintern et de Ho Chi Minh, 1920–1926', *Communisme*（2013）, pp. 47–76.

㉖ Christopher Goscha, 'Pour une histoire transnationale du communisme vietnamien', *Communisme*（2013）, pp. 19–46.

㉗ Quinn-Judge, *Ho Chi Minh*, pp. 159–90; and Tobias Rettig, 'Special Issue: Revisiting and Reconstructing the Nghê Tinh Soviets, 1930–2011', *South East Asia Research*, vol. 19, no. 4（2011）, pp. 677–853; Hémery and Brocheux, *Indochine*, pp. 307–9.

㉘ Christopher Goscha, 'Bao Dai et Sihanouk'.

㉙ 'Conservative Nationalism in Vietnam', in Benda, *The World of Southeast Asia*, pp. 179–81（for the citation）.

㉚ Bruce Lockhart, *The End of the Vietnamese Monarchy*（New Haven: Yale Center for International and Area Studies, 1993）; Philippe Devillers, *Histoire du Vietnam, de 1940 à 1952*（Paris: Editions du Seuil, 1952）, pp. 63–4.

㉛ Section française de l'Internationale ouvrière, the origin of the French Socialist Party. On Nguyen An Ninh and the Popular Front period in Indochina, see: Judith Henchey, 'Performing Modernity'; Daniel Hémery, *Révolutionnaires vietnamiens*; and his 'A Saigon dans les années trente, un journal militant: "La Lutte"', *Histoire et débats*（2005）, at http://www.europe-solidaire.org/spip.php?page=article_impr&id_article=2852, accessed 26 August 2015.

㉜ Brocheux and Hémery, *Indochina*, p. 334.

㉝ Charles-Robert Ageron, 'L'Exposition coloniale de 1931: Mythe républicain ou mythe *of Vietnamese Tradition*, pp. 382–9（for the citation）.

⓫ Hue-Tam Ho Tai, *Radicalism*, p. 13; and Nguyen An Ninh, 'France in Indochina（1925）', in Truong Buu Lam, *Colonialism Experienced*, pp. 190–207.

⓬ Cited by Hue-Tam Ho Tai, *Radicalism*, p. 143.

⓭ Cognacq quote cited by Hue-Tam Ho Tai, *Radicalism*, pp. 143–144.

⓮ Agathe Larcher, 'D'un réformisme à l'autre: La Redécouverte de l'identité culturelle vietnamienne, 1900–1930', Série Etudes et Documents Etudes indochinoises IV（May 1995）, pp. 85–96; Herman Lebovics, *Real France*（Ithaca: Cornell University Press, 1992）.

⓯ Thanks in no small part to materials that continued to flow into Vietnam via the overseas Chinese community. See chapter 4.

⓰ On the VNQDD, I have relied on Hy Van Luong, *Revolution in the Village: Tradition and Transformation in North Vietnam, 1925–1988*（Honolulu: University of Hawai'i Press, 1992）.

⓱ Roubaud, *Viet-nam*, p. 120.

⓲ Roubaud, *Viet-nam*, p. 120（for the citation）. See also Paul Monet's *Les Jauniers: Histoire Vraie*（Paris: Gallimard, 1930）; Nguyen Thai Hoc, 'Radical Nationalism in Vietnam', in Harry J. Benda, et al., *The World of Southeast Asia: Selected Historical Readings*（New York: Harper & Row, Publishers, 1967）, pp. 182–5. Pierre Pasquier argued just the opposite to the Vietnamese on 15 October 1930. See his 'In Defense of the Mission Civilisatrice in Indochina', in Benda, *The World of Southeast Asia*, pp. 137–41.

⓳ I rely on the following studies for my discussion of Ho Chi Minh: Daniel Hémery, 'Jeunesse d'un colonisé, genèse d'un exil, Ho Chi Minh jusqu'en 1911', *Approches Asie*（4th semester 1992）, pp. 114–17, 137; Quinn-Judge, *Ho Chi Minh: The Missing Years*; William Duiker, *Ho Chi Minh: A Life*（New York: Hyperion, 2000）; Pierre Brocheux, *Ho Chi Minh: Du révolutionnaire à l'icône*（Paris: Payot, 2003）; Daniel Hémery, *Ho Chi Minh: De l'Indochine au Vietnam*（Paris: Gallimard, 1990）; and Martin Grossheim, *Der geheimnisvolle Revolutionär: Leben und Legende*（Munich: Beck, 2011）.

⓴ See Hémery, 'Jeunesse d'un colonisé', p. 151.

㉑ Pierre Trolliet, *La Diaspora chinoise*, 3rd edn（Paris: PUF, 2000）, pp. 11–16; and Fautereau, 'Le Nationalisme vietnamien', chapters 1–2.

㉒ Quinn-Judge, *Ho Chi Minh*, pp. 15–19. We still know little about how Asians understood

（Paris: Editions L'Harmattan, 1990）, p. 276; Pierre Brocheux, 'Elite, bourgeoisie, ou la difficulté d'être', in Philippe Franchini, ed., *Saigon, 1925–1945*（Paris: Autrement, 1992）, pp. 135–61; and especially Philippe Peycam, *The Birth of Vietnamese Political Journalism, Saigon, 1916–1930*（New York: Columbia University Press, 2012）.

❸ 'L'Echo annamite: The Wish List of the Vietnamese People（1925）', in Truong Buu Lam, *Colonialism Experienced: Vietnamese Writings on Colonialism, 1900–1931*（Ann Arbor: The University of Michigan Press, 2000）, pp. 208–27; and Louis Roubaud, *Viet-Nam, la tragédie indo-chinoise*（Paris: Librairie Valois, 1931）, p. 262.

❹ Huynh Thuc Khang, 'Speech Delivered at the Opening Ceremony of the Third Session of the Chamber of People's Representatives in Annam, 1 October 1928', in Truong Buu Lam, *Colonialism Experienced,* pp. 262–3（for the citation）.

❺ Truong Buu Lam, *Colonialism Experienced*, p. 78.

❻ On the Constitutionalists and India, see Larcher-Goscha, 'Bui Quang Chieu in Calcutta', pp. 131–50. On the Indian National Congress and the making of the British Empire, see John Darwin, *The Empire Project: The Rise and Fall of the British World-System, 1830–1970*（New York: Cambridge University Press, 2009）.

❼ On the rise of the youth and its radicalization, I have relied on the following: HueTam Ho Tai, *Radicalism*; David Marr, *Vietnamese Tradition on Trial*, 1920–1945（Berkeley: University of California Press, 1981）; Shawn McHale, *Print and Power: Confucianism, Communism, and Buddhism in the Making of Modern Vietnam*（Honolulu: University of Hawai'i Press, 2004）. For the statistics, see Marr, *Vietnamese Tradition*, chapter 1; and McHale, *Print and Power*, chapter 1.

❽ Marr, *Vietnamese Tradition*, pp. 30–33. On censorship, see McHale, *Print and Power*, chapter 2. On Ho Chi Minh's use of *quoc ngu* in France, see Sophie Quinn-Judge, *Ho Chi Minh: The Missing Years*（Berkeley: University of California Press, 2002）, pp. 39–40.

❾ Judith Henchey, 'Performing Modernity in the Writings of Nguyen An Ninh and Phan Van Hum', PhD dissertation（Seattle: University of Washington, 2005）; Daniel Hémery, 'Nguyen An Ninh', in Franchini, *Saigon* 1925–1945, pp. 159–88; Hue-Tam Ho Tai, Radicalism, chapter 4; and Daniel Hémery, *Révolutionnaires vietnamiens et pouvoir colonial en Indochine: Communistes, trotskystes, nationalistes à Saigon de 1932 à 1937*（Paris: François Maspero, 1975）.

❿ Nguyen An Ninh, 'The Ideal of the Annamese Youth（1923）', in Dutton et al., *Sources*

㊱ All citations are in Goscha, *Going Indochinese*, chapters 1–2.

㊲ 這顯然是阮文榮的政治主張之精髓。Goscha, *Going Indochinese*, chapter 2.

㊳ Christopher Goscha, 'Bao Dai et Sihanouk: La Fabrique indochinoise des rois coloniaux', in François Guillemot and Agathe Larcher-Goscha, eds., *La Colonisation des corps*（Paris: Vendémiaire, 2014）, pp. 127–77; 'Phan Chau Trinh, sujet de l'Empire d'Annam adresse cette lettre à l'Empereur régnant de l'Annam', translated from the original in Chinese characters, dated 1922, Marseille, in box 371, Service de Protection du Corps Expéditionnaire（SPCE）, Centre des Archives d'Outre-Mer, France; and Pasquier's letter to Sarraut, 9 November 1922, in box 371.

㊴ Cited by Charles Ageron, *France coloniale ou parti colonial*（Paris: PUF, 1978）, pp. 230–31. On Sarraut's anticommunism, see Martin Thomas, 'Albert Sarraut, French Colonial Development, and the Communist Threat, 1919–1930', *The Journal of Modern History*, vol. 77, no. 4（2005）, pp. 917–55. On Euro-American collaboration against Southeast Asian nationalist and communist movements, see Frances Gouda, *American Visions of the Netherlands East Indies/Indonesia*（Amsterdam: Amsterdam University Press, 2002）; and Anne Foster, *Projections of Power: The United States and Europe in Colonial Southeast Asia, 1919–1941*（Durham, NC: Duke University Press, 2010）.

㊵ Cited in Goscha, 'Bao Dai et Sihanouk', pp. 137–8.

【第五章】殖民共和主義的失敗

❶ Based on Agathe Larcher-Goscha, 'Bui Quang Chieu in Calcutta（1928）: The Broken Mirror of Vietnamese and Indian Nationalism', *Journal of Vietnamese Studies*, vol. 9, no. 4（Fall 2014）, pp. 67–114.

❷ On the Constitutionalists, I have relied on the following: Ralph Smith, 'Bui Quang Chieu and the Constitutionalist Party in French Cochinchina, 1917–30', *Modern Asian Studies*, vol. 3, no. 2（1969）, pp. 131–50; Hue-Tam Ho Tai, 'The Politics of Compromise', pp. 371–91; Hue Tam Ho Tai, *Radicalism and the Origins of the Vietnamese Revolution*（Cambridge, MA: Harvard University Press, 1992）, pp. 41–3; Megan Cook, *The Constitutionalist Party in Cochinchina: The Years of Decline, 1930–1942*（Melbourne: Centre for Southeast Asian Studies, Monash University, 1977）; Milton Osborne, 'The Faithful Few: The Politics of Collaboration in Cochinchina in the 1920s', in Walter Vella, ed., *Aspects of Vietnamese History*（Honolulu: University of Hawai'i Press, 1973）, pp. 160–90; Patrice Morlat, *La Répression coloniale au Vietnam, 1908–1940*

145–67; and Le Van Ho, Des *Vietnamiens dans la grande guerre*, the most important book published in any language on the Vietnamese in France during the Great War.

㉗ Agathe Larcher, 'Réalisme et idéalisme en politique coloniale: Albert Sarraut et l'Indochine, 1911–1914', MA dissertation（Paris: Université Paris VII, 1992）, pp. 9–30（citation p. 30）. The Section française de l'Internationale ouvrière emerged officially in 1905. Despite his economic critique of colonialism as an extension of capitalism, Jaurès accepted the Republic's empire but insisted that Republicans had to promote a humanist colonial policy with the needs of the colonized in mind. See Jean Jaurès, 'Les Compétitions coloniales', *La Petite République*（17 May 1896）, in *Revue Histoire*（2010）.

㉘ Peter Zinoman, 'Colonial Prisons and Anti-colonial Resistance in French Indochina: The Thai Nguyen Rebellion, 1917', *Modern Asian Studies 34*（2000）, pp. 57–98.

㉙ Patrice Morlat, *La Répression coloniale au Vietnam, 1908–1940*（Paris: Editions L'Harmattan, 1990）; and Larcher, 'Réalisme et idéalisme', p. 131.

㉚ See Christopher Goscha, '"The Modern Barbarian": Nguyen Van Vinh and the Complexity of Colonial Modernity in Vietnam', *European Journal of East Asian Studies*, vol. 3, no. 1（2004）, pp. 135–69.

㉛ Agathe Larcher, 'La Voie étroite des réformes coloniales et la "collaboration francoannamite", 1917–1928', *Revue francaise d'histoire d'outre mer*, vol. 82, no 309（4th trimester 1995）, pp. 387–419.

㉜ Albert Sarraut, 'Discours prononcé le 17 avril 1919 au Van-Mieu', annex in Larcher, 'Réalisme et idéalisme', p. 1. On the French policy of collaboration, see Larcher, 'La Voie étroite des réformes coloniales', pp. 387–420.

㉝ See Christopher Goscha, *Going Indochinese*（Honolulu/Copenhagen: University of Hawai'i Press/Nordic Institute of Asian Studies, 2012）, p. 23.

㉞ 西印度支那官僚分成兩個行政次系統，第一個是「法國行政局」，是由越南人運作的印度支那聯邦層級官僚系統。第二個是保護國行政局，由寮國與高棉王室管理，由法國專員監督，由高棉與寮國官僚運作。印度支那聯邦系統負責海關、移民、保安，以及高棉與寮國的行政管理事務。

㉟ 法國運了五千越南人到新克里多尼亞殖民地開礦、農墾，或在小工廠工作。André Chastain, 'La Main-d'œuvre asiatique en Nouvelle-Calédonie', *La Dépêche coloniale et maritime*（1 October 1929）, p. 1.

Duy Tan au prince Vinh San: L'Histoire peut-elle se répeter?', *Approches-Asie*, n.s.（1989–1990）, pp. 1–25; Hoang Van Dao, *Viet Nam Quoc Dan Dang: A Contemporary History of a National Struggle: 1927–1954*（Pittsburg: RoseDog Books, 2008）, pp. 165–6; Robert Aldrich, 'Imperial Banishment: French Colonizers and the Exile of Vietnamese Emperors', *French History & Civilization*, vol. 5（2014）, at http://fliphtml5.com/vdxa/dxse, accessed 31 August 2015; and his *Banished Potentates: The Deposition and Exile of Indigenous Monarchs under Colonial Rule, 1815–1945*（forthcoming）.

㉓ Ngo Van, *Au pays de la Cloche Fêlée*（Cahors: L'Insomniaque, 2000）, pp. 90–91（for the citation）. For the Atlantic, see Peter Linebaugh and Marcus Rediker, *The Many-Headed Hydra: Sailors, Slaves, Commoners, and the Hidden History of the Revolutionary Atlantic*（Boston, MA: Beacon Press, 2013）. Christoph Giebel analyzes the construction of an official historiography about Vietnamese communism through Ton Duc Thang in his *Imagined Ancestries of Vietnamese Communism: Ton Duc Thang and the Politics of History and Memory*（Seattle: University of Washington Press, 2004）. Maritime revolutionary connections are completely missing from his study. Indeed, the history of Chinese and Vietnamese maritime labor organization and revolution still await their historians. For an impressive early effort, see Didier de Fautereau, 'Le Nationalisme vietnamien: Contribution des marins vietnamiens au nationalisme vietnamien（période entre deux guerres）', MA dissertation（Paris: Université de Paris, 1975）, chapters 1–2.

㉔ See Mireille Le Van Ho, *Des Vietnamiens dans la grande guerre*（Paris: Vendé- miaire, 2014）; Tyler Stovall, 'The Color Line behind the Lines: Racial Violence in France during the Great War', *The American Historical Review*, vol. 103, no. 3（June 1998）, pp. 737–69; John Horne, 'Immigrant Workers in France during World War I', *French Historical Studies*, vol. 14, no. 1（Spring 1985）, pp. 57–88; Kim Loan Vu Hill, *Coolies into Rebels*（Paris: Les Indes savantes, 2011）; and Li Ma, ed., *Les Travailleurs Chinois en France dans la Première guerre mondiale*（Paris: CNRS Editions, 2012）, including Tobias Rettig, 'Prevented or Missed Chinese-Indochinese Encounters during WWI: Spatial Imperial Policing in Metropolitan France', pp. 387–407.

㉕ CGT is the Confédération générale du Travail.

㉖ Duong Van Giao, *L'Indochine pendant la guerre de 1914–1918*（Paris: LibrairieEdition, 1925）; Mireille Le Van Ho, 'Le Général Pennequin et le projet d'armée jaune（1911–1915）', *Revue française d'histoire d'outre-mer*, vol. 75, no. 279（2nd trimester 1988）, pp.

Southeast Asia Studies（New Haven: Yale University Press, 1967）, pp. 89–103. For more on Nguyen Truong To, see Mark McLeod, 'Nguyen Truong To: A Catholic Reformer at Emperor Tu-Duc's Court', *Journal of Southeast Asian Studies*, vol. 25, no. 2（September 1994）, pp. 313–30. On Chu Nom, see John Phan, 'Rebooting the Vernacular in 17th Century Vietnam,' in *Rethinking East Asian Languages, Vernaculars, and Literacies 1000– 1919*（Leiden: Brill, 2014）, pp. 96–128, and his 'Chu Nôm and the Taming of the South: A Bilingual Defense for Vernacular Writing in the Chi Nam Ngoc Am Giai Nghia', *The Journal of Vietnamese Studies*, vol. 8, no. 1（2013）, pp. 1–33.

⑰ Poisson, *Mandarins et subalternes*, pp. 98–9, 135.

⑱ 事實上，福澤諭吉的教育政策很可能是東京義塾的主導原則，見Poisson, *Mandarins et subalternes*, chapter 5. Marr, *Anticolonialism*, p. 164。由於法國沒有出資，它算是私校。此外，它也像既已存在的中國與越南私校一樣教授古典研究。類似「免費學校」直到二十世紀過了相當時間，仍繼續出現。憲政黨在一九二〇年代開始建立這樣的學校。殖民當局從一九二四年起開始嚴厲監管它們。R. B. Smith, 'Bui Quang Chieu and the Constitutionalist Party in French Cochinchina, 1917–30', *Modern Asian Studies*, vol. 3, no. 2（1969）, p. 138.

⑲ Marr, *Anticolonialism*, pp. 166–9.

⑳ Cited by Marr, *Anticolonialism*, p. 170.

㉑ A. E. Babut, 'A propos de Phan Chu Trinh', *Nam Phong*, no. 109（1926）, p. 26. On the prison, see Peter Zinoman, *The Colonial Bastille: A History of Imprisonment in Vietnam, 1862–1940*（Berkeley: University of California Press, 2001）.

㉒ Amadine Dabat, 'Ham Nghi artiste: le peintre le sculpteur', at http://aejjrsite .free.fr/goodmorning/gm136/gm136_HamNghiArtistePeintreSculpteur.pdf, accessed 26 January 2016; Lorraine Patterson, *Exiles from Indochina in the Transcolonial World*（Oxford: Oxford University Press, forthcoming）, and her 'Prisoners from Indochina in the Nineteenth Century French Colonial World', in Ronit Ricci, ed., *Exile in Colonial Asia: Kings, Convicts, Commemoration*（Honolulu: University of Hawai'i Press, 2016）; Hua Dong Sy, *De la Mélanésie au Vietnam: Itinéraire d'un colonisé devenu francophile*（Paris: L'Harmattan, 1993）; Danielle Donet-Vincent, 'Les Bagnes des Indochinois en Guyane（1931–1963）', *Outre-mers*, vol. 88, nos. 330–31（2001）, pp. 209–21; Christian Schnakenbourg, 'Les Déportés indochinois en Guadeloupe sous le Second Empire', Outre-mers, vol. 88, nos. 330–31（2001）, pp. 205–8; Pierre Brocheux, 'De l'empereur in Southern Vietnam 1880–1940', Past & Present, no. 54（February 1972）, pp. 94–104（p. 103 for the numbers）; Pierre Brocheux, 'Note sur Gilbert Chieu（1867–1919）', Approches Asie（4th trimester, 1992）, pp. 72–81（p 77, note 87, for the number of 300 students）. Gia Long's primary wife was from the delta and her family tombs were maintained by the Nguyen until 1867. Marr, Anticolonialism, p. 102, note 13.

⑨ Marr, Anticolonialism, pp. 114–19.

⑩ See Vinh Sinh, 'Chinese Characters as the Medium for Transmitting the Vocabulary of Modernization from Japan to Vietnam in the Early Twentieth Century', Asian Pacific Quarterly（October 1993）, pp. 1–16. Chau's quotes cited by Marr, Anticolonialism, p. 129.

⑪ 日本大哲人福澤諭吉在一八六八年在東京建立「慶應義塾」鼓吹西學。這所公立學校在一九〇〇年名氣已經十分響亮，現在是日本最著名大學之一。On Phan Boi Chau and Fukuzawa, see Vinh Sinh, 'Phan Boi Chau and Fukuzawa Yukichi: Perceptions of National Independence', in Vinh Sinh, Phan Boi Chau and the Dong-Du Movement, pp. 101–49.

⑫ Eugene Weber, Peasants into Frenchmen: The Modernization of Rural France（1870–1914）（Stanford: Stanford University Press, 1976）.

⑬ Jacques Dalloz, Francs-Maçons d'Indochine, 1868–1975（Paris: Editions Maçonniques de France, 2002）; Daniel Hémery, 'L'Indochine, les droits humains entre colonisateurs et colonisés, la Ligue des Droits de l'Homme（1898–1954）', Revue française d'histoire d'Outre-mer, vol. 88, no. 330–31（2001）, pp. 223–39; J. P. Daughton, An Empire Divided: Religion, Republicanism, and the Making of French Colonialism, 1880–1914（New York: Oxford University Press, 2006）, pp. 89–93; and Jules Roux, 'Le Triomphe définitif en Indochine du mode de transcription de la langue annamite à l'aide des caractères romains ou "quôc ngu"', conférence'（Hanoi: Bibliothèque de la 'Revue indigène', 1912）. Roux later translated Trinh's *Complete Account of the Peasants' Uprising in the Central Region*, which I have been unable to locate.

⑭ Phan Boi Chau, *Overturned Chariot*, p. 105.

⑮ Phan Chu Trinh, 'Lettre de Phan Chu Trinh à Paul Beau', *Bulletin de l'Ecole française d'Extrême-Orient*, nos. 1–2（1907）, pp. 166–75.

⑯ Cited in Document 10, 'Nguyen Truong To', in Truong Buu Lam, ed., *Patterns of Vietnamese Response to Foreign Intervention, 1858–1900*, monograph series no. 11, Yale for the Heritage of Gia Long', in Gisèle Bousquet and Pierre Brocheux, eds., Viet Nam Exposé（Ann Arbor: The University of Michigan Press, 2002）, pp. 187–215; and Tran My Van, A Vietnamese Royal Exile in Japan: Prince Cuong De（1882–1951）（London: Routledge, 2005）.

❷ Marr, Anticolonialism, p. 107.

❸ 梁啟超與康有為都於一八九八年在清廷主張改革變法。在「百日維新」之後，清廷變卦，鎮壓改革派，梁啟超、康有為遂逃亡海外。 Lai To Lee, Hock Guan Lee, eds., Sun Yat-Sen, Nanyang and the 1911 Revolution（Singapore: ISEAS, 2011）; and J. Kim Munholland, 'The French Connection that Failed: France and Sun Yat-Sen, 1900–1908', The Journal of Asian Studies, vol. 32, no. 1（November 1972）, pp. 77–95. Some 15 million Chinese were moving between China and Southeast Asia during the period of Western colonial domination. In the late twentieth century, 80 percent of the global overseas Chinese population resided in Southeast Asia. Pierre Trolliet, La Diaspora chinoise, 3rd edn（Paris: PUF, 2000）, pp. 16, 43. An overseas Chinese safely transported the future general secretary of the Vietnamese Workers Party, Le Duan, from southern Vietnam to Hanoi shortly after the First Indochina War ended in 1954.

❹ Both citations from Marr, Anticolonialism, p. 125. For earlier periods, see Li Tana, 'The Imported Book Trade and Confucian Learning in Seventeenth- and Eighteenthcentury Vietnam', in Michael Aung-Thwin and Kenneth Hall, eds. New Perspectives on the History and Historiography of Southeast Asia（London: Routledge, 2011）, pp. 167–82.

❺ On Japan's notions of racial and civilizational superiority, see Lionel Babicz, Le Japon face à la Corée à l'époque de Meiji（Paris: Maisonneuve & Larose, 2002）; and Louise Young, Japan's Total Empire: Manchuria and the Culture of Wartime Imperialism（Berkeley: University of California Press, 1998）.

❻ Cited by Vinh Sinh, introduction, Overturned Chariot: The Autobiography of PhanBoi-Chau（Honolulu: University of Hawai'i Press, 1999）, p. 12. See also Hiraishi Masaya, 'Phan Boi Chau in Japan', in Vinh Sinh, ed., Phan Boi Chau and the Dong-Du Movement（New Haven: Yale Center for International and Area Studies, 1988）, pp. 52–82.

❼ Letter to Okuma Shigenobu, cited by Marr, Anticolonialism, p. 113. See also Shiraishi Masaya, 'Phan Boi Chau in Japan', pp. 54–6.

❽ Vinh Sinh, Phan Boi Chau and the Dong Du Movement, p. 10; Marr, Anticolonialism, pp. 104–5, 136, 143–5; Ralph Smith, 'The Development of Opposition to French Rule

㉗ Duong Van Mai Elliott, *The Sacred Willow: Four Generations in the Life of a Vietnamese Family*（New York: Oxford University Press, 1999）, p. 13（for the citation）. See also: Poisson, *Mandarins et subalternes*, pp. 78–145.

㉘ Poisson, *Mandarins et subalternes*, pp. 78–9, 88–9, 101, 144–5（on Hoang Cao Khai）; and Fourniau, *Annam Tonkin* pp. 70–71.

㉙ Brocheux and Hémery, *Indochine*, table 3, p. 98. Indochina also included the small concession of Guangzhouwan（Zhanjiang）.

㉚ On the 'native code', see James Barnhart, 'Violence and the Civilizing Mission: Native Justice in French Colonial Vietnam, 1858–1914', PhD dissertation（Chicago: University of Chicago, 1999）; and Emmanuelle Saada, 'Citoyens et sujets de l'empire français: les usages du droit en situation coloniale', *Genèses*, vol. 4, no. 53（2003/2004）, pp. 4–24; Paul Isoart, 'La Création de l'Union indochinoise', *Approches-Asie*（4th trimester, 1992）, p. 45. Until 1874, Tu Duc refused to sign any document recognizing the French occupation of western Cochinchina. Until that date, only eastern Cochinchina was a legally recognized colony. The French military administered the western provinces as occupied territories, by force.

㉛ Hue Tam Ho Tai, 'The Politics of Compromise: The Constitutionalist Party and the Electoral Reforms of 1922 in French Cochinchina', *Modern Asian Studies*, vol. 18, no. 3（1984）, pp. 374–5; and Osborne, *The French Presence*, table 1, p. 289. Between 1880 and 1904, land alienated from the indigenous population totaled 543,493 hectares.

㉜ 事實上，高棉農民也背負沉重的財務負擔，為往往包括越南的建設項目出錢。

㉝ David Marr, *Vietnamese Anticolonialism（1885–1925）*（Berkeley: University of California Press, 1971）, pp. 50–52.

㉞ Cited by Brocheux and Hémery, *Indochine*, p. 57.

㉟ Cited by Marr, *Anticolonialism*, p. 63.

㊱ Hoang Cao Khai and Phan Dinh Phung, Document 15, in Truong Buu Lam, Patterns, p. 124（for the citation）. See also Marr, Anticolonialism, pp. 66–8.

㊲ See Mark McLeod, 'Nguyen Truong To: A Catholic Reformer at Emperor TuDuc's Court', Journal of Southeast Asian Studies, vol. 25, no. 2（September 1994）, p. 319, citing Phan Dinh Phung textually to this effect.

【第四章】重新思考越南

❶ Agathe Larcher-Goscha, 'Prince Cuong De and the Franco-Vietnamese Competition on the Chinese Mac family, see chapter 2.

⑫ Cited by Fourniau, *Vietnam*, p. 103.

⑬ Fourniau, *Vietnam*, pp. 205, 297; and Ramsay, *Mandarins and Martyrs*, pp. 162–6.

⑭ Fourniau, *Vietnam*, pp. 193–5; and Osborne, *The French Presence* pp. 84–5.

⑮ Descours-Gatin, *Quand l'opium*, pp. 97–102; and Fourniau, *Vietnam*, p. 197.

⑯ Fourniau, *Vietnam*, pp. 217–18.

⑰ Cited by Osborne, *The French Presence*, p. 38.

⑱ Cited by Fourniau, *Vietnam*, p. 105; and Osborne, *The French Presence*, pp. 95–6.

⑲ Cited by Osborne, *The French Presence*, p. 38.

⑳ Ramsay, *Mandarins and Martyrs*, pp. 163–4; and Osborne, *The French Presence*, chapter 4; Fourniau, Vietnam, pp. 104–6.

㉑ I rely here on Nguyen The Anh, *Monarchie et fait colonial au Viet-Nam*（1875– 1925）: *Le Crépuscule d'un ordre traditionnel*（Paris: L'Harmattan, 1992）; and Charles Fourniau, *Annam-Tonkin, 1995–1896: Lettrés et paysans vietnamiens face à la conquête coloniale*（Paris: L'Harmattan, 1989）.

㉒ Cited by Fourniau, *Vietnam*, p. 374.

㉓ 在法蘭西帝國，「常設督察」、「常設總督」的職位約略相當於英帝國系統的高級「專員」。在二十世紀之交，「常設督察」一詞取代了「常設總督」。這個新職銜存在於區域（東京、安南與交趾支那）、省與地區層級。雖說有些翻譯上的瑕疵，我在這本書使用的名詞是安南高級「專員」而不是「常設督察」。

㉔ Poisson, *Mandarins et subalternes*, chapter 5 in particular; Pasquier quote cited by Pierre Brocheux and Daniel Hémery, *Indochine, la colonisation ambiguë*（Paris: La Découverte, 2001）, p. 93.

㉕ Jan T. Gross, 'Themes for a Social History of War Experience and Collaboration', in Istvan Deak et al., *The Politics of Retribution in Europe: World War II and Its Aftermath*（Princeton: Princeton University Press, 2000）, p. 26; J. Kim Munholland, '"Collaboration Strategy" and the French Pacification of Tonkin, 1885–1897', *The Historical Journal*, vol. 24, no. 3（September 1981）, pp. 629–50; and Michael Kim, 'Regards sur la collaboration coréenne', *Vingtième siècle*, no. 94（April–June 2007）, pp. 35–44.

㉖ Munholland, '"Collaboration Strategy"', pp. 629–50; Charles Fourniau, *AnnamTonkin*, chapter 2 in particular; and quote cited by Fourniau, *Annam-Tonkin*, p. 74.

【第三章】變了樣的國家

❶ Mark McLeod, 'Truong Dinh and Vietnamese Anti-Colonialism, 1859–64: A Reappraisal', *Journal of Southeast Asian Studies*, vol. 24, no. 1（March 1993）, pp. 88–105; Mark McLeod, *The Vietnamese Response to French Intervention*, 1862–1874（New York: Praeger, 1991）, pp. 66–70; 'Truong Cong Dinh to Phan Thanh Gian', document 6, in Truong Buu Lam, ed., *Patterns of Vietnamese Response to Foreign Intervention, 1858–1900*（New Haven: Yale Southeast Asian Studies, 1967）, pp. 23–74.

❷ Aurousseau, 'Sur le nom de Cochinchine'.

❸ See Peter Zinoman, *The Colonial Bastille: A History of Imprisonment in Vietnam, 1862–1940*（Berkeley: University of California Press, 2001）. The Poulo Condor prison closed in 1975 and now serves as a major tourist attraction. In the early eighteenth century, the British East India Company had first operated this island, not the Nguyen. The *Bulletin officiel de la Cochinchine française* appeared for the first time in 1865.

❹ Ramsay, *Mandarins and Martyrs*, p. 156; and Fourniau, *Vietnam*, p. 106.

❺ Fourniau, *Vietnam*, p. 217. Although he focused on northern Vietnam, Emmanuel Poisson's work on the Nguyen bureaucracy at this conjuncture is required reading: *Mandarins et subalternes*; and his 'L'Infrabureaucratie vietnamienne'.

❻ Fourniau, *Vietnam*, p. 108（for the citation）; and Louis Vignon, *Un programme de politique coloniale: Les Questions indigènes*（Paris: Librairie Plon, 1919）, pp. 238–9.

❼ Fourniau, *Vietnam*, p. 107 for the citation.

❽ On his efforts, see document 8, translated and commented by Truong Buu Lam, *Patterns*, pp. 81–6.

❾ Poisson, *Mandarins et subalternes*, chapter 5. Quote cited by Milton Osborne, *The French Presence in Cochinchina and Cambodia, 1859–1905*（Ithaca: Cornell University Press, 1970）, p. 71. See also Vignon, *Un programme de politique coloniale*, pp. 239–40.

❿ Fourniau, *Vietnam*, p 573. This mirrored similar take-offs in Chinese immigration to other colonial states in the region, such as British Singapore and Malaya and Dutch Indonesia.

⓫ Chantal Descours-Gatin, *Quand l'opium finançait la colonisation en Indochine*（Paris: L'Harmattan, 1992）, pp. 52–63; Philippe Lefailler, *Monopole et prohibition de l'opium en Indochine. Le pilori des chimères*（Paris: L'Harmattan, 2001）; Fourniau, *Vietnam*, pp. 196–7; Gerard Sages, *Imperial Intoxication: Alcohol, Indochina, and the World（1897–1933）*（Honolulu: University of Hawai'i Press, forthcoming）. On the Nguyen reliance

Bonin, Catherine Hodeir and Jean-François Klein, eds., *L'Esprit économique impérial? Réseaux et groupes de pressions du patronat colonial en France et dans l'Empire*（*1830–1962*）（Paris: SFHOM, 2008）.

31 See chapter 3 for a discussion of the meaning of 'Cochinchina'.

32 Charles-Robert Ageron, *France coloniale ou parti colonial?*（Paris: Presses Universitaires de France, 1978）; Marc Meuleau, *Des pionniers en Extrême-Orient. Histoire de la Banque de l'Indochine*（*1875–1975*）（Paris: Fayard, 1990）.

33 Charles-Robert Ageron, 'L'Exposition coloniale de 1931: Mythe républicain ou mythe impérial', in Pierre Nora, ed., *Les Lieux de mémoire. La République*（Paris: Gallimard, 1997（first published in 1984））, pp. 493–551, and his 'L'Opinion publique face aux problèmes de l'Union française（étude de sondages）', in *Les Chemins de la décolonisation de l'Empire français, 1936–1956*（Paris: Editions du CNRS, 1986）, pp. 33–48; Alice Conklin, *In the Museum of Man: Race, Anthropology, and Empire in France, 1850–1950*（Ithaca: Cornell University Press, 2013）.

34 Pierre Loti in *Le Figaro*, 17 October 1883, published in its original uncensored version in *Gulliver*, no 5（January, February, March 1991）, pp. 211–12. The censored version is also available in this edition. A comparison of the two makes for instructive reading.

35 Cited by Henry McAleavy, *Black Flags in Vietnam: The Story of a Chinese Intervention*（London: George Allen and Unwin, 1968）, pp. 213–14.

36 日本人也在同一時間開始將韓國從中國軌道中抽出來。像法國人一樣，他們也在幾乎同一時間在天津簽署條約，迫使中國承認北京在對韓關係上不再擁有排他獨占的權利。

37 儘管喬治・克里蒙梭批判費里欺壓外國人，他沒隔多久也支持殖民，甚至還為奧古斯・巴維的「和平」征服寮國的報導作序。Agathe Larcher-Goscha, 'On the Trail of an Itinerant Explorer: French Colonial Historiography on Auguste Pavie's Work in Laos', in Christopher Goscha and Soren Ivarsson, eds., *Contesting Visions of the Lao Past*（Copenhagen: NIAS , 2003）, pp. 209–38.

38 Thongchai Winichakul, *Siam Mapped: A History of the Geo-Body of a Nation*（Chiang Mai: Silkworm Books, 1994）; Patrick Tuck, *The French Wolf and the Siamese Lamb*, 2nd edn（Bangkok: White Lotus, 2009）; and Soren Ivarsson, *Creating Laos: The Making of Lao Space between Siam and Indochina, 1860–1945*（Copenhagen: Nordic Institute of Asian Studies, 2008）.

83, pp. 202–11, respectively. On rural population growth, see Steve Déry, *La Colonisation agricole du Viet-Nam*（Laval: Presses de l'Université du Québec, 1994）, p. 54.

㉖ Emmanuel Poisson, 'Détruire ou consolider les digues du delta du fleuve Rouge', *Aséanie*（2009）, pp. 77–96; Nguyen-Marshall, *In Search of Moral Authority*, pp. 1–30; HueTam Ho Tai, *Millenarianism and Peasant Politics in Vietnam*（Cambridge, MA: Harvard University Press, 1983）; and Ramsay, *Mandarins and Martyrs*.

㉗ Nguyen-Marshall, *In Search of Moral Authority*, p. 10; Langlet, *L'Ancienne Historiographie de l'Etat au Vietnam*, p. 86; Ramsay, *Mandarins and Martyrs*, p. 117（for the statistics）.

㉘ For general accounts of the French conquest of Vietnam, see Mark W. McLeod, *The Vietnamese Response to French Intervention, 1862–1874*（New York: Praeger, 1991）; Hémery and Brocheux, Indochina; and Charles Fourniau, *Vietnam. Domination coloniale et résistance nationale*（*1858–1914*）（Paris: Les Indes savantes, 2002）.

㉙ Jan de Vries, 'The Industrial Revolution and the Industrious Revolution', *Journal of Economic History*, vol. 54, no. 2（1994）, pp. 249–70; Christopher Bayly, *Imperial Meridian: The British Empire and the World 1780–1830*（New York: Longman, 1989）; and John Darwin, *The Empire Project: The Rise and Fall of the British World-System, 1830–1970*, 2nd edn（Cambridge, Cambridge University Press, 2011）; David Todd, 'A French Imperial Meridian, 1814–1870', *Past and Present*, no. 210（February 2011）, pp. 155–86; Christopher Bayly, *The Birth of the Modern World 1780–1914: Global Connections and Comparisons*（Oxford: Blackwell, 2004）; Kenneth Pomeranz,*The Great Divergence: China, Europe, and the Making of the Modern World Economy*（Princeton: Princeton University Press, 2001）. On 'gentlemanly capitalism', see Peter Cain and Anthony Hopkins, *British Imperialism: Innovation and Expansion 1688–1914*（London: Longman, 1993）. For a Burmese case study, see Anthony Webster, Gentlemen *Capitalists: British Imperialism in South East Asia 1770–1890*（London: Tauris Academic Studies, 1998）.

㉚ John Laffey, 'Municipal Imperialism in France: The Lyon Chamber of Commerce, 1900–1914', in *Proceedings of the American Philosophical Society*, vol. 119, no. 1（February 1975）, pp. 8–23（on 'municipal imperialism'）; John Laffey, 'Roots of French Imperialism in the Nineteenth Century: The Case of Lyon', *French Historical Studies*, vol. 6, no. 1（1969）, pp. 78–92; Jean-François Klein, *Un Lyonnais en Extrême-Orient. Ulysse Pila Vice-roi de l'Indo-Chine*（*1837–1909*）（Lyon: Lugd, 1994）; and Hubert

Monarchie et pouvoirs locaux au Viêt Nam: Le Cas de la marche frontière de Cao Bang（*1820–1925*）, PhD dissertation（Paris: Université Paris Diderot, 2015）.

⑱ Frédéric Mantienne, *Pierre Pigneaux*（Paris: Les Indes savantes, 2012）.

⑲ I rely here on Ramsay, *Mandarins and Martyrs*, pp. 41–91. Langlet, *L'Ancienne Historiographie d'Etat au Vietnam*, pp. 86–9, 131–44; Ta Chi Dai Truong, *Than, Nguoi va Dat Viet*（California: Van Nghe, 1989）, pp. 238–9.

⑳ Ramsay, *Mandarins and Martyrs*, pp. 68–91.

㉑ Ramsay, *Mandarins and Martyrs*.

㉒ 'The Society for the Propagation of the Faith,' New Avent, www.newadvent.org/cathen/12461a.htm, accessed 25 September 2014; Nola Cooke, 'Early Nineteenth-Century Vietnamese Catholics and Others in the Pages of the Annales de la Propagation de la foi', *Journal of Southeast Asian Studies*, vol. 35, no. 2（June 2004）, pp. 261–85; and Ramsay, *Mandarins and Martyrs*, chapter 4.

㉓ Laurent Burel, 'L'Action missionnaire française en Centre et Nord Vietnam（1856–1883）', *Revue française d'histoire d'outre mer*, vol. 82, no. 309（1995）, pp. 489–503.

㉔ See the contributions by Anthony Reid, Yumio Sakurai, James Kong Chin, Li Tana, Choi Byung Wook, Nola Cooke, Geoff Wade and Carl Trocki, in Cooke and Li, *Water Frontier*; Li, 'Ships and Shipbuilding'; Nguyen The Anh, 'Traditional Vietnam's Incorporation of External Cultural and Technical Contributions: Ambivalence and Ambiguity', in *Parcours d'un historien*, pp. 732–46（for the citation）; Mark McLeod, 'Nguyen Truong To: A Catholic Reformer at Emperor Tu-Duc's Court', *Journal of Southeast Asian Studies*, vol. 25, no. 2（September 1994）, pp. 313–30; Georges Boudarel, 'Un Lettré catholique qui fait problème: Nguyen Truong To', in Alain Forest and Yoshihara Tsuboi, eds., *Catholicisme et sociétés asiatiques*（Paris/Tokyo: L'Harmattan/Sophia University, 1988）, pp. 175–6; and Ta Trong Hiep, 'Le Journal de l'ambassade de Phan Thanh Gian en France（4 juillet 1863–18 avril 1864）', in Claudine Salmon, ed., *Récits de voyage des Asiatiques*（Paris: EFEO, 1996）, pp. 335–66.

㉕ On the destabilizing effects of natural disasters, see Katie Dyt, 'King Tu Duc's "Bad Weather": Nature Disasters in Vietnam, 1847–1883', Conference, Vietnam Update 2011, Australian National University; Nguyen The Anh, 'Quelques aspects économiques et sociaux du problème du riz au Vietnam dans la première moitié du XIXe siècle', and his 'La Réforme de l'impôt foncier de 1875 au Viet Nam', in *Parcours d'un historien*, pp. 171–

❼ I rely here on Wook, *Southern Vietnam*; Woodside, *Vietnam and the Chinese Model*; Langlet, *L'Ancienne Historiographie de l'Etat au Vietnam*; Poisson, *Mandarins et subalternes*; Yoshiharu Tsuboï, *L'Empire vietnamien face à la France et à la Chine 1847–1885* (Paris: L'Harmattan, 1987).

❽ Cited in Norman Owen, *The Emergence of Modern Southeast Asia* (Honolulu: University of Hawai'i Press, 2005), p. 115.

❾ Lieberman, *Strange Parallels*, vol. 1; and Nguyen The Anh, 'Dans quelle mesure le XVIIIème siècle a-t-il été une période de crise dans l'histoire de la péninsule indochinoise', in Philippe Papin, ed., *Parcours d'un historien du Viêt Nam: Recueil des articles écrits par Nguyen The Anh* (Paris: Les Indes savantes, 2008), pp. 159–70.

❿ Claudine Salmon and Ta Trong Hiep, 'Li Van Phuc et sa découverte de la cité du Bengale (1830)', in Frédéric Mantienne and Keith Taylor, eds., *Monde du Viet Nam* (Paris: Les Indes savantes, 2008), pp. 143–95.

⓫ Cited in Wook, *Southern Vietnam*, p. 59.

⓬ Wook, *Southern Vietnam*, chapters 4 and 5; Woodside, *Vietnam and the Chinese Model,* chapters 1–3; Ramsay, *Mandarins and Martyrs*, chapter 2.

⓭ Wook, *Southern Vietnam*, chapters 4 and 5; and Ramsay, *Mandarins and Martyrs*, chapter 2.

⓮ Woodside, *Vietnam and the Chinese Model,* pp. 234–95; Nguyen The Anh, 'Les Conflits frontaliers entre le Vietnam et le Siam à propos du Laos au XIXe siècle', in *Parcours d'un historien*, pp. 31–43; Nguyen The Anh, 'Siam-Vietnamese Relations in the First Half of the Nineteenth Century as Seen through Vietnamese Official Documents', in *Parcours d'un historien*, pp. 44–57.

⓯ Woodside, *Vietnam and the Chinese Model*, pp. 234–95; quote cited by David P. Chandler, *A History of Cambodia* (Boulder: Westview Press, 1983), p. 126. See also Li Tana's translation of 'Tran Tay Phong Tho Ky': The Customs of Cambodia', *Chinese Southern Diaspora Studies*, vol. 1 (2007), pp. 148–57.

⓰ Chandler, *A History of Cambodia*, chapter 7; and David P. Chandler, 'An AntiVietnamese Rebellion in Early Nineteenth Century Cambodia: Pre-Colonial Imperialism and a Pre-Nationalist Response', *Journal of Southeast Asian Studies*, vol. 6, no. 1 (March 1975), pp. 16–24.

⓱ Emmanuel Poisson, 'Les Confins septentrionaux du Viet Nam et leur administration', in Mantienne and Taylor, *Monde du Viet Nam*, pp. 329–39; and especially Nguyen Thi Hai, *française d'Extrême-Orient*, vol. 81, no. 1（1994）, pp. 125–49; Chen Ching-ho, 'Les "Missions officielles dans les Ha chau" ou "contrées méridionales", de la première période des Nguyen', *Bulletin de l'Ecole française d'Extrême-Orient*, vol. 81, no. 1（1994）, pp 101–21; and Liam Kelley, 'Batavia through Vietnamese Eyes', at http://scholarspace.manoa.hawaii .edu/bitstream/id/11148/license.txt/;jsessionid=4F45DB5950FCD029343C74CDEEEABBFA, accessed 13 August 2015.

❷ For two excellent examples of this, see Thien Do, *Vietnamese Supernaturalism: Views from the Southern Region*（London: RoutledgeCurzon, 2003）; Philip Taylor, *Goddess on the Rise: Pilgrimage and Popular Religion in Vietnam*（Honolulu: University of Hawai'i Press, 2004）.

❸ Alexander Woodside, *Vietnam and the Chinese Model*, 2nd edn（Cambridge, MA: Harvard University Press, 1988）.

❹ On Confucianism and the Nguyen bureaucracy, I rely heavily on Poisson, *Mandarins et subalternes*; his 'L'Infrabureaucratie vietnamienne au Bac Ky（Tonkin） de l'indépendance au protectorat（fin du XIXe –début du XXe siècles）', *Le Mouvement social*, no. 194（2001）, pp. 7–24; Wook, *Southern Vietnam*; Woodside, *Vietnam and the Chinese Model*; Nola Cooke, 'Nineteenth-Century Vietnamese Confucianism in Historical Perspective: Evidence from the Palace Examinations（1463–1883）', *Journal of Southeast Asian Studies*, vol. 25, no. 2（September 1994）, pp. 270–312; and Kelley, 'Confucianism in Vietnam'.

❺ Philippe Langlet, *L'Ancienne Historiographie d'Etat au Vietnam*（Paris: Publications de l'Ecole française d'Extrême-Orient, 1990）; Nola Cooke, 'The Myth of Restoration: Dang-Trong Influences in the Spiritual Life of the Early Nguyen Dynasty（1802–1847）', in Anthony Reid, ed., *The Last Stand of Asian Autonomies*（New York: St Martin's Press, 1997）, pp. 269–95; and Nola Cooke, 'Southern Regionalism and the Composition of the Nguyen Ruler Elite', *Asian Studies Review*, vol. 23, no. 2（1999）, pp. 205–31.

❻ Frédéric Mantienne, 'The Transfer of Western Military Technology to Vietnam in the Late Eighteenth and Early Nineteenth Centuries: The Case of the Nguyen', *Journal of Southeast Asian Studies*, vol. 34, no. 3（October 2003）, pp. 519–34; Li Tana, 'Ships and Shipbuilding in the Mekong Delta, c. 1750–1840', in Nola Cooke and Li Tana, eds., *Water Frontier. Commerce and the Chinese in the Lower Mekong Region, 1750–1880*（Singapore: Rowman and Littlefield, 2004）, pp. 119–38.

Expansions, pp. 92–119.

57 Claudine Salmon, 'Réfugiés Ming dans les Mers du sud vus à travers diverses inscriptions（ca. 1650–ca. 1730）', *Bulletin de l'Ecole française d'Extrême-Orient*, vol. 90, no. 1（2003）, pp. 177–227.

58 Richard White, *The Middle Ground: Indians, Empires, and Republics in the Great Lakes Region, 1650–1815*（Cambridge: Cambridge University Press, 2010（first published in 1991））; Charles Wheeler, 'One Region, Two Histories: Cham Precedents in the History of the Hoi an Region', in Nhung Tuyet Tran and Reid, eds., *Viet Nam*, pp. 163–93; and Wheeler, 'One Region, Two Histories', p. 183.

59 Nguyen The Anh, 'The Vietnamization of the Cham Deity Po Nagar', in K. W. Taylor and John K. Whitmore, eds., *Essays into Vietnamese Pasts*（Ithaca: Cornell Southeast Asia Program, 1995）, pp. 42–50.

60 Nguyen Hoang 'Deathbed Statement to his Son（1613）', in Dutton et al., *Sources of Vietnamese Tradition*, p. 155（for the citation）

61 My discussion of the Tay Son relies heavily on the work of Ta Chi Dai Tuong, *Lich su noi chien Viet Nam tu 1771 den 1802*（Los Angeles: An Tiem, 1991（first published in 1973））; George Dutton, *The Tay Son Uprising*; Li, *Nguyen Cochinchina: Southern Vietnam in the Seventeenth and Eighteenth Centuries*; and Maurice Durand, *Histoire des Tây Son*（Paris: Les Indes savantes, 2006）.

62 Emmanuel Poisson, 'Ngo The Lan et la crise monétaire au Viet Nam à la fin du XVIIIe siècle', *Cahiers numismatiques*（2007）, pp. 45–59.

63 Keith Taylor, 'Surface Orientations in Vietnam: Beyond Histories of Nation and Region', *Journal of Asian Studies*, vol. 57, no. 4（November 1998）, p. 965; and Dutton, *The Tay Son Uprising*, p. 17.

64 Dutton, *The Tay Son Uprising*, p. 3; and Le Quang Dinh, 'Vietnamese Geographical Expansion（1806）' in Dutton et al., *Sources of Vietnamese Tradition*, p. 260（for the citation）.

65 Nguyen Du, 'A Dirge for all Ten Classes of Beings'（1815?）, in Dutton et al., *Sources of Vietnamese Tradition*, p. 300.

【第二章】分裂與法國帝國主義的子午線

1 Claudine Salmon and Ta Trong Hiep, 'L'Emissaire vietnamien Cao Ba Quat（1809–1854）et sa prise de conscience dans les "contrées méridionales"', *Bulletin de l'Ecole*

française d'histoire d'outre-mer, vol. 85, no. 318（1998）, pp. 21–54.

47 See Olga Dror and Keith Taylor, eds., *Views of Seventeenth-Century Vietnam*（Ithaca: Southeast Asia Program Publications, 2006）; Forest, *Les Missionnaires français au Tonkin et au Siam, Livre II*, pp. 213–14, and *Les Missionnaires française, livre III*, pp. 289–318; and Ramsay, *Mandarins and Martyrs*, pp. 27–8. Dutton provides higher numbers for Tonkin for an earlier period. George Dutton, *The Tay Son Uprising: Society and Rebellion in Eighteenth-Century Vietnam*,（Honolulu: University of Hawai'i Press, 2006）, pp. 176–9.

48 See Father Adriano di St Thecla, *A Small Treatise*.

49 George Dutton, *Moses to Lisbon: Philiphê Binh as an Envoy of the Padroado Catholics of Tonkin*, forthcoming.

50 Subrahmanyam, 'Connected Histories'.

51 Father Adriano di St Thecla, *A Small Treatise*; Olga Dror's discussion of this matter on pp. 40–41; and Ueda Shin'ya, 'On the Financial Structure and Personnel Organisation of the Trinh Lords in Seventeenth to Eighteenth-Century North Vietnam', *Journal of Southeast Asian Studies,* vol. 46, no. 2（June 2015）, pp. 246–73.

52 Keith Taylor, 'Nguyen Hoang and Vietnam's Southward Expansion', in Anthony Reid, ed., *Southeast Asia in the Early Modern Era: Trade, Power, and Belief*（Ithaca: Cornell University Press, 1993）, p. 64. See also Li, *Nguyen Cochinchina*.

53 'A comprehensive archaeological map of the world's largest preindustrial settlement complex at Angkor, Cambodia', *Proceedings of the National Academy of Sciences*（*PNAS*）, vol. 104, no. 36（September 2007）, at www.pnas.org/content/104/36/14277.full, accessed 22 September 2014.

54 Salmon, 'Les Persans à l'extrémité orientale', pp. 23–58.

55 For a fascinating discussion of such things, including Mongol and Arabic perceptions of the region, see Léonard Aurousseau, 'Sur le nom de Cochinchine', *Bulletin de l'Ecole française d'Extrême-Orient*, vol. 24, no. 1（1924）, pp. 563–79; and Nasir Abdoul-Carime, 'In memoriam Gabriel Ferrand 1864–1935', *Péninsule*, no. 68（2014）, pp. 213–26.

56 Li Tana, 'The Eighteenth-Century Mekong Delta and Its World of Water Frontier' in Nhung Tuyet Tran and Anthony Reid, eds., *Viet Nam: Borderless Histories*（Madison: University of Wisconsin Press, 2006）, pp. 147–62; Victor Lieberman, *Strange Parallels*, vol. 1, and his 'The Southeast Asian Mainland and the World Beyond', in Wade, *Asian*

and Southeast Asia, vol. 2（London: Routledge, 2009）, pp. 118–41; Geoff Wade, 'Ming Colonial Armies in Southeast Asia', in ibid., pp. 212–44.

37 Baldanza, *Ming China and Vietnam*, pp. 90–91.

38 Geoff Wade, 'Ming China and Southeast Asia in the 15th Century: A Reappraisal', Working Paper Series no. 28（Singapore: Asia Research Institute, National University of Singapore, 2004）, pp. 1–7; John Whitmore, *Vietnam, Ho Quy Ly and the Ming*（1371–1421）（New Haven: Yale Center for International and Area Studies, 1985）.

39 Whitmore, 'The Thirteenth Province', pp. 120–43; Wade, 'Ming China and Southeast Asia in the 15th Century', pp. 1–7; and Woodside, *Lost Modernities*, more generally.

40 Sun Laichen, 'Assessing the Ming Role', in Wade and Sun, *Southeast Asia in the Fifteenth Century*, p. 98; Whitmore, *Vietnam, Ho Quy Ly and the Ming*; and Li Tana, 'The Ming Factor and the Emergence of the Viet in the 15th Century', in Wade and Sun, *Southeast Asia in the Fifteenth Century*, pp. 83–103.

41 Li, 'The Ming Factor and the Emergence of the Viet in the 15th Century'; and Whitmore, 'Literati Culture and Integration in Dai Viet'.

42 Liam Kelley, 'Vietnam as a "Domain of Manifest Civility"（Van Hien Chi Bang）', *Journal of Southeast Asian Studies*, vol. 34, no. 1（February 2003）, pp. 63–76; Whitmore, 'The Thirteenth Province'; and Kathlene Baldanza, 'De-civilizing Ming China's Southern Border', in Yongtao Du and Jeff Kyong-McClain, eds., *Chinese History in Geographical Perspective*（Lanham: Lexington Books, 2015）, pp. 55–69.

43 Le Thanh Tong, 'Edict on Champa（1470）', in Dutton et al., *Sources of Vietnamese Tradition*, p. 142（for the citation）; and Roxanne Brown, *The Ceramics of South-East Asia*（Oxford: Oxford University Press, 1988）, pp. 28–9.

44 Li, 'The Ming Factor and the Emergence of the Viet in the 15th Century', pp. 87–90; John Whitmore, 'The Last Great King of Classical Southeast Asia, Che Bong Nga and the Fourteenth Century Chams', in Tran Ky Phong and Bruce Lockhart, eds., *The Cham of Vietnam, History, Society, and Art*（Singapore: National University of Singapore Press）, pp. 168–203.

45 Alain Forest, *Les Missionnaires français au Tonkin et au Siam, Livres I–III*（Paris: Harmattan, 1998）.

46 雖說一般認為如此，「法國人」並沒有獨力創建羅馬化系統。See Roland Jacques, 'Le Portugal et la romanisation de la langue vietnamienne. Faut-il réécrire l'histoire?', *Revue*

㉚ Le Van Huu, 'Music of Champa（1272）', in Dutton et al., *Sources of Vietnamese Tradition*, pp. 82–3（for the citation）; Shiro, 'Dai Viet and the South China Sea Trade from the 10th to the 15th Century'; Whitmore, 'The Rise of the Coast: Trade, State and Culture in Early Dai Viet'.

㉛ Shiro, 'Dai Viet and the South China Sea Trade from the 10th to the 15th Century'; Whitmore, 'The Rise of the Coast: Trade, State and Culture in Early Dai Viet'.

㉜ Jack Weatherford, *Genghis Khan and the Making of the Modern World*（New York: Random House, 2004）.

㉝ Shiro, 'Dai Viet and the South China Sea Trade'; Li Tana, 'A View from the Sea', pp. 83–102; Nola Cooke, 'Nineteenth-Century Vietnamese Confucianization in Historical Perspective: Evidence from the Palace Examinations（1463–1883）', *Journal of Southeast Asian Studies*, vol. 25, no. 2（September 1994）, pp. 270–312; and Shawn McHale, '"Texts and Bodies": Refashioning the Disturbing Past of Tran Vietnam（1225–1400）', *Journal of the Economic and Social History of the Orient*, vol. 42, no. 4（1999）, pp. 494–518.

㉞ I rely heavily on John Whitmore's research on the role Ming colonization played in the making of a new, postcolonial Vietnam under the Le. Whitmore, 'Literati Culture and Integration in Dai Viet'; his *Vietnamese Adaptations of Chinese Government Structure in the Fifteenth Century*, Yale Southeast Asian Studies（New Haven: Yale University Press, 1970）, and his 'The Thirteenth Province: Internal Administration and External Expansion in Fifteenth-Century Dai Viet', in Wade, *Asian Expansions*, pp. 120–43, among others.

㉟ Geoff Wade and Sun Laichen, eds., *Southeast Asia in the Fifteenth Century: The China Factor*（Singapore: National University of Singapore Press, 2010）; Timothy Brook, *The Troubled Empire: China in the Yuan and Ming Dynasties*（Belknap Press, 2013）; and Geoff Wade, 'The 'Native Office' System: A Chinese Mechanism for Southern Territorial Expansion over Two Millennia', in Wade, *Asian Expansions*, pp. 69–91.

㊱ Sun Laichen, 'Military Technology Transfers from Ming China and the Emergence of Northern Mainland Southeast Asia（c. 1390–1527）', *Journal of Southeast Asian Studies*, vol. 34（2003）, pp. 495–517; Sun Laichen, 'Saltpetre Trade and Warfare in Early Modern Southeast Asia', in Fujita Kayoko, Momoki Shiro and Anthony Reid, eds., *Offshore Asia*（Singapore: Institute of Southeast Asian Studies, 2013）, pp. 130–84; Geoff Wade, 'The Zheng He Voyages: A Reassessment', in Geoff Wade, ed., *China*

Ninth to Fourteenth Centuries, pp. 139–76; John Whitmore, 'Chu Van An and the Rise of "Antiquity" in Fourteenth-Century Dai Viet', *Vietnam Review*, no. 1（1996）, pp. 50–61; and more generally Dror, *Cult, Culture, and Authority*.

㉖ Taylor, 'Authority'; Dror, Cult, *Culture, and Authority*; and Liam Kelley, 'Constructing Local Narratives: Spirits, Dreams, and Prophecies in the Medieval Red River Delta', in Anderson and Whitmore, *China's Encounters on the South and Southwest*, pp. 78–105; and for the citation, see: Le Te Xuyen, 'The Cult of Phung Hung（1329）', in Dutton et al., *Sources of Vietnamese Tradition*, pp. 37–8.

㉗ Ly Nhan Tong, 'Poems on a Buddhist Land（ca. 1100）', in Dutton et al., *Sources of Vietnamese Tradition*, p. 35（for the first citation）; Le Van Huu, 'Buddhist Cults（1272）', in Dutton et al., *Sources of Vietnamese Tradition*, pp. 46–7（for the second citation）; O. W. Wolters, *Two Essays on Dai-Viet in the Fourteenth Century*（New Haven: Yale University Southeast Asia Studies, 1988）; Nguyen The Anh, 'From Indra to Maitreya: Buddhist Influence in Vietnamese Political Thought', *Journal of Southeast Asian Studies*, vol. 33, no. 2（June 2002）, pp. 225–41; Nguyen The Anh, 'Le Bouddhisme dans la pensée politique du Viêt-Nam traditionnel', *Bulletin de l'Ecole française d'Extrême-Orient*, vol. 89, no. 1（2002）, pp. 127–43. On the Chinese parallel, see Cuong Tu Nguyen, *Zen in Medieval Vietnam*.

㉘ 'Lady God of the Earth（Late Eleventh Century）', in Dutton et al., *Sources of Vietnamese Tradition*, pp. 47–8.

㉙ Jacques Gernet, *Le Monde chinois*（Paris: Armand Colin, 1999）, pp. 290–306; John Stevenson, John Guy, Louise Cort, eds., *Vietnamese Ceramics: A Separate Tradition*（London: Art Media Resources, 1997）; John Guy, 'Vietnamese Ceramics and Cultural Identity, Evidence form the Ly and Tran Dynasties', in Marr and Milner, *Southeast Asia in the Ninth to Fourteenth Centuries*, pp. 255–70; Momoki Shiro, 'Dai Viet and the South China Sea Trade from the 10th to the 15th Century', *Crossroads*, vol. 12, no 1（1998）, pp. 1–34; John Whitmore, 'The Rise of the Coast: Trade, State and Culture in Early Dai Viet', *Journal of Southeast Asian Studies*, vol. 37, no. 1（February 2006）, pp. 103–22. For the immediate postcolonial period, see James Anderson, '"Slipping Through Holes": The Late Tenth- and Early Eleventh-Century Sino-Vietnamese Coastal Frontier as a Subaltern Trade Network', in Cooke et al., *The Tongking Gulf Through History*, pp. 87–100.

August 2015; Jean-Claude Schmitt, *Le Saint Lévrier, guérisseur d'enfants depuis le XIIIe siècle* (Paris: Flammarion, 1979); and Sanjay Subrahmanyam, 'Connected Histories: Notes towards a Reconfiguration of Early Modern Eurasia', in Victor Lieberman, ed., *Beyond Binary Histories, Re-imagining Eurasia to c. 1830* (Ann Arbor: The University of Michigan Press, 1999), pp. 289–316.

⑱ Holcombe, 'Early Imperial China's Deep South', pp. 137–41.

⑲ See Schafer, *The Vermilion Bird*; Holcombe, 'Early Imperial China's Deep South', pp. 135–144; and for the citation: Shen Quanqi, 'Life in the South', in Dutton et al., *Sources of Vietnamese Tradition*, p. 12.

⑳ Holcombe, 'Early Imperial China's Deep South', pp. 155–6.

㉑ Holcombe, 'Early Imperial China's Deep South', pp. 139–56; Li Tana, 'The Tongking Gulf through History', pp. 9–10; Li Tana, 'A View from the Sea'; Bin Yang, 'Horses, Silver, and Cowries: Yunnan in Global Perspective', *Journal of World History*, vol. 15, no. 3 (September 2004), pp. 281–322. Perso-Arab trade with Chinese ports was particulary intense. Claudine Salmon, 'Les Persans à l'extrémité orientale de la route maritime (IIe A.E.–XVIIe siècle),' *Archipel*, vol. 68 (2004), pp. 23–58.

㉒ I rely heavily on Keith Taylor, 'The "Twelve Lords" in Tenth Century Vietnam', *Journal of Southeast Asian Studies*, vol. 14, no. 1 (March 1983), pp. 46–62.

㉓ On early statecraft in Southeast Asia and Eurasia, see the essays in Marr and Milner, *Southeast Asia in the Ninth to Fourteenth Centuries*; Kenneth Hall and John Whitmore, eds., *Explorations in Early Southeast Asian History: The Origins of Southeast Asian Statecraft* (Ann Arbor: The University of Michigan Press, 1976); Victor Lieberman, *Strange Parallels*, vol. 1: *Integration on the Mainland: Southeast Asia in Global Context, c. 800–1830* (New York: Cambridge University Press, 2003), and his Beyond Binary Histories.

㉔ Liam Kelley, 'The Biography of the Hong Bang Clan as a Medieval Vietnamese Invented Tradition', *Journal of Vietnamese Studies*, vol. 7, no. 2 (2012), pp. 87–130; and more generally Eric Hobsbawm and Terence Ranger, eds., *The Invention of Tradition* (Cambridge: Cambridge University Press, 1983); Patrick Geary, *The Myth of Nations: The Medieval Origins of Europe* (Princeton: Princeton University Press, 2002).

㉕ Kelley, 'The Biography of the Hong Bang Clan', pp. 87–130; Keith Taylor, 'Authority and Legitimacy in Eleventh Century Vietnam', in Marr and Milner, *Southeast Asia in the*

Tongking Gulf Through History, pp. 39–52 and 53–66.

⓭ Jürgen Osterhammel and Niels Petersson, *Globalization: A Short History*（Princeton: Princeton University Press, 2003）, pp. 31–81; and John D. Phan, 'Re-Imagining "Annam": A New Analysis of Sino-Viet-Muong Linguistic Contact', *Chinese Southern Diaspora Studies*, vol. 4（2010）, pp. 3–24. My thanks to Liam Kelley for drawing out the Norman analogy for me.

⓮ Woodside, *Lost Modernities*; Benjamin Elman, ed., *Rethinking Confucianism*（Los Angeles: University of California, 2002）; Liam Kelley, 'Confucianism in Vietnam: A State of the Field Essay', *Journal of Vietnamese Studies*, vol. 1, nos. 1–2（2006）, pp. 314–70; Kelley, *Beyond the Bronze Pillars*, 1–36. Ralph Smith spoke of 'cycles of Confucianization' in 'The Cycle of Confucianization in Vietnam', in Walter Vella, ed., *Aspects of Vietnamese History*（Honolulu: University of Hawai'i Press, 1973）, pp. 1–29.

⓯ For more on the origins of the Vietnamese language, see: Mark Alves, 'Linguistic Research on the Origins of the Vietnamese Language: An Overview', *Journal of Vietnamese Studies*, vol. 1, nos. 1–2（2006）, pp. 110–11.

⓰ On linguistic matters, see: Alves, 'Linguistic Research on the Origins of the Vietnamese Language', pp. 104–30 and John Phan, 'Muong Is Not a Subgroup', *Mon-Khmer Studies*, no. 40（2011）, pp. 1–18; and Cuong Tu Nguyen, *Zen in Medieval Vietnam*（Honolulu: University of Hawai'i Press, 1997）.

⓱ On cults and spirits in Vietnam, see Ta Chi Dai Truong, *Than, nguoi va dat Viet*（Westminster, CA: Nha Xuat Ban Van Nghe, 1989）; Olga Dror, *Cult, Culture, and Authority, Princess Lieu Hanh in Vietnamese History*（Honolulu: University of Hawai'i Press, 2007）, and her translation and discussion of Father Adriano Di St Thecla, *A Small Treatise on the Sects among the Chinese and Tonkinese*（Ithaca: Southeast Asia Program Publications, 2002）; Alain Forest, Yoshiaki Ishizawa and Leon Vandermeersch, eds., *Cultes populaires et sociétés asiatiques*（Paris: L'Harmattan, 1991）; Léopold Cadière, *Croyances et pratiques religieuses des Vietnamiens*（Paris: Publications de l'Ecole française d'ExtrêmeOrient, 1992）; Maurice Durand, 'Recueil des puissances invisibles du pays de Viet de Ly Te Xuyen', *Dan Viet Nam*, no. 3（1949）, pp. 1–44. For Eurasian comparisons, see: Patrick Geary, 'Peasant Religion in Medieval Europe', *Cahiers d'Extrême-Asie*, vol. 12（2001）, pp. 185–209, http://www.persee.fr/web/revues/home/prescript/article/asie_0766-1177_2001_ num_12_1_1170, accessed 10

Papin, 'Géographie et politique dans le Viêt-Nam ancien', pp. 609–28; James Anderson and John Whitmore, eds., *China's Encounters on the South and Southwest*（Leiden: Brill, 2015）; Papin, 'Le Pays des Viets du Sud', p. 8; Taylor, *A History of the Vietnamese*, pp. 19–50; Erica Brindley, *Ancient China and the Yue: Perceptions and Identities on the Southern Frontier, c.400 BCE–50 CE*（New York: Cambridge University Press, 2015）.

❼ 雒越部落生活在紅河三角洲地區，但遠至北方的湖南省與河北省，也有他們的蹤跡。Holcombe, 'Early Imperial China's Deep South', pp. 131–2, 145–7.

❽ Holcombe, 'Early Imperial China's Deep South', pp. 135–6; Papin, 'Le Pays des Viets du Sud', pp. 612–14; Taylor, *A History of the Vietnamese*, pp. 19–50; Nola Cooke, Li Tana and James Anderson, eds., *The Tongking Gulf through History*（Philadelphia: University of Pennsylvania Press, 2011）, pp. 1–24, 39–52; Papin, 'Géographie et politique dans le Viêt-Nam ancien', pp. 609–28.

❾ Li Tana, 'A Geopolitical Overview', in Cook et al., *The Tongking Gulf through History*, pp. 1–24; Bérénice Bellina and Ian Glover, 'The Archaeology of Early Contact with India and the Mediterranean World'; Pierre-Yves Manguin, 'The Archaeology of Early Maritime Polities of Southeast Asia', both in Ian Glover and Peter Bellwood, eds. *Southeast Asia, From Prehistory to History*（London: Routledge, 2004）, chapters 4 and 12; O. W. Wolters, 'The Development of Asian Maritime Trade from the Fourth to the Sixth Centuries', in Geoff Wade, ed., *China and Southeast Asia*, vol. 1（London: Routledge, 2009）, pp. 75–104. For the citation, see: Dutton et al., *Sources of Vietnamese Tradition*, pp. 15–16. Lapis lazuli is a deep-blue gemstone that can be ground into a much sought-after pigment.

❿ Edward Schafer, *The Vermilion Bird: T'ang Images of the South*, 2nd edn（no place: Floating World Editions, 2008）; and for the citation: Xue Zong, 'Customs of the South, 231 ad', in Dutton et al., *Sources of Vietnamese Tradition*, p. 26.

⓫ Kathlene Baldanza, *Ming China and Vietnam: Negotiating Borders in Early Modern Asia*（New York: Cambridge University Press, 2016）; and Kelley, *Beyond the Bronze Pillers*. Nguyen Son made the Long March with Mao Zedong in the 1930s and went on to become a General in the Chinese Red Army before returning to Vietnam in 1945 to become a general during the war against the French.

⓬ Li Tana, 'Jiaozhi（Giao Chi）in the Han Period Tongking Gulf', and Brigitte Borell, 'Han Period Glass Vessels in the Early Tongking Gulf Region', both in Cooke et al., *The*

❸ On the nature of the early Vietnamese state, see: O. W. Wolters, *History, Culture, and Region in Southeast Asian Perspectives*（Singapore: Institute of Southeast Asian Studies, 1982）, pp. 1–33（the mandala citation is on p. 14）; Hermann Kulke, 'The Early History and the Imperial Kingdom in Southeast Asian History', in Marr and Milner, *Southeast Asia in the Ninth to Fourteenth Centuries*, pp. 1–22; Nam C. Kim, 'Lasting Monuments and Durable Institutions: Labor, Urbanism, and Statehood in Northern Vietnam and Beyond', *Journal of Archaeological Research*, vol. 21, no. 3, pp. 217–67; Nam Kim, Lai Van Toi and Trinh Hoang Hiep, 'Co Loa: An Investigation of Vietnam's Ancient Capital', *Antiquity*, no. 84（2010）, pp. 1011–27; and Nam C Kim, *The Origins of Ancient Vietnam*（New York: Oxford University Press, 2015）.

❹ On early Chinese imperial expansion, see: Geoff Wade, ed., *Asian Expansions: The Historical Experiences of Polity Expansion in Asia*（London: Routledge, 2015）, starting with Wade's insightful introduction, pp. 1–30. For early Eurasian parallels, see: Jane Burbank and Mark von Hagen, eds., *Russian Empire: Space, People, Power, 1700–1930*（Bloomington: Indiana University Press, 2007）

❺ See: Peter Bol, 'Geography and Culture: The Middle Period Discourse on the Zhong guo—the Central Country', in Ying-kuei, *Space and Cultural Fields: Spatial Images, Practices and Social Production*（Taibei: Center for Chinese Studies, 2009）, pp. 61–106; Kenneth Pomeranz, 'Empire and "Civilising" Missions, Past and Present', Daedalus（Spring 2005）, pp. 34–45; Keith Taylor, *A History of the Vietnamese*（New York: Cambridge University Press, 2013）, pp. 14–29; Philippe Papin, 'Géographie et politique dans le Viêt-Nam ancien', *Bulletin de l'Ecole française d'Extrême-Orient*, vol. 87, no. 2（2000）, pp. 609–28; Philippe Papin, 'Le Pays des Viets du Sud', *L'Histoire*, no. 62（2014）, pp. 7–17; Erica Brindley, 'Representations and Uses of Yue Identity along the Southern Frontier of the Han—200–111 bce, *Early China*, nos. 33–4（2010–11）, pp. 1–35, and her 'Barbarians or Not? Ethnicity and Changing Conceptions of the Ancient Yue（Viet） Peoples（400–50 bc）', *Asia Major*, vol. 16, no. 1（2003）, pp. 10–15. The names of today's 'Yunnan' and 'Hainan' provinces also reflect this southern orientation in the Middle Kingdom's early imperial gaze. Yunnan means 'South of the Clouds', whereas Hainan means the 'South of the Sea'.

❻ I rely heavily in this section on Charles Holcombe, 'Early Imperial China's Deep South: The Viet Regions through Tang Times', *T'ang Studies*, vols. 15–16（1997–8）, pp. 125–56;

regional superpower. Powerful Tai/Lao, Cham, Khmer and Yunnanese（Nanzhao）states came very close to eliminating the fledgling state in the Red River. century one. Ta Chi Dai Tuong, *Lich su noi chien Viet Nam tu 1771 den 1802*（Los Angeles: An Tiem, 1991 [first published in 1973]）. Wynn Wilcox, 'Allegories of the U.S.-Vietnam War: Nguyen Anh, Nguyen Hue and the "Unification Debates"',*Crossroads*, vol. 17, no. 1 (2003), pp. 129–60. Upon exiting the Chinese empire in the tenth century, the Vietnamese were hardly a regional superpower. Powerful Tai/Lao, Cham, Khmer and Yunnanese (Nanzhao) states came very close to eliminating the fledgling state in the Red River.

⓭ See William Cronon et al., *Under an Open Sky: Rethinking America's Western Past*（New York: W. W. Norton, 1992）; and Richard White, *The Middle Ground: Indians, Empires, and Republics in the Great Lakes Region, 1650–1815*, 2nd edn（Cambridge: Cambridge University Press, 2011）. On Said's discomfort with Frances Fitzgerald's *Fire in the Lake*, see: John Carlos Rowe, *The Cultural Politics of the New American Studies*, note 21, online at http://quod.lib.umich.edu/o/ohp/10945585.0001.001/1:4.1/--cultural-politics -of-the-new-american-studies?rgn=div2;view=fulltext, accessed 28 August 2014. Professor Rowe says that Said 'had conceived Orientalism in angry response to the liberal Western scholarship represented by Frances Fitzgerald's *Fire in the Lake: The Vietnamese and the Americans in Vietnam*. That might be pushing it a bit far, but Edward Said was definitely aware of Fitzgerald's heavy reliance on the French Orientalist Paul Mus. See Edward Said, *Culture and Imperialism*（London: Vintage, 1993）, p. 252 and p. 423, note 43. For a critique of Orientalism in French Indochina, see: Nola Cooke, 'Colonial Political Myth and the Problem of the Other: French and Vietnamese in the Protectorate of Annam', PhD dissertation（Canberra: Australian National University, 1992）.

【第一章】北方態勢

❶ Charles Wheeler, 'Buddhism in the Re-ordering of an Early Modern World: Chinese Missions to Cochinchina in the Seventeenth Century', *Journal of Global History*, vol. 2, no. 3（November 2007）, pp. 303–24; Li, *Nguyen Cochinchina*, pp. 108–10; and Liam Kelley, 'Vietnam through the Eyes of a Chinese Abbot: Dashan's Haiwai Jishi（1694–95）', MA dissertation（Honolulu: University of Hawai'i, 1996）.

❷ Haydon Cherry, 'Digging up the Past: Prehistory and the Weight of the Present in Vietnam', *Journal of Vietnamese Studies*, vol. 4（2009）, pp. 84–144; and Charles Higham, *The Bronze Age of Southeast Asia*（Cambridge: Cambridge University Press, 1996）.

Allegories of the Vietnamese Past, Yale Southeast Asia Studies, no. 61（New Haven: Yale University Press, 2011）, pp. 62–83. Contrary to Foucauldian takes on modern discipline and incarceration, Peter Zinoman has shown that in colonial Vietnam the French were quite 'un-modern', content to rely on the pre-existing Vietnamese prison system rather than transform it in panoptic ways. Peter Zinoman, *The Colonial Bastille: A History of Imprisonment in Vietnam, 1862–1940*（Berkeley: University of California Press, 2001）.

⑩ On the need to break with Eurocentric periodizations of modernity and history in general, see: Jack Goody's *The Theft of History*（London: Cambridge University Press, 2012） and Jerry Bentley, 'Cross-cultural Interactions and Periodization in World History', *The American Historical Review*, Vol. 101, No. 3,（June 1996）, pp. 749–770.

⑪ Darwin, *After Tamerlane*; Dominic Lieven, *Empire: The Russian Empire and Its Rivals*（New Haven: Yale University Press, XXX）; Jane Burbank, Mark von Hagen, and Anatolyi Remnev, eds., *Russian Empire: Space, People, Power, 1700–1930*,（Bloomington: Indiana University Press, XXX）; Népôte, 'Quelle histoire?'; Hermann Kulke, 'The Early History and the Imperial Kingdom in Southeast Asian History', in David Marr and A. C. Milner, eds., *Southeast Asia in the 9th to Fourteenth Centuries*, 2nd edn（Singapore: Institute of Southeast Asian Studies, 1990）, pp. 1–22; Jane Burbank and Frederick Cooper, *Empires in World History: Power and the Politics of Difference*（Princeton: Princeton University Press, 2010）; Gabriel Martinez-Gros, *Brève histoire des empires*（Paris: Seuil, 2014）; James Millward, *New Qing Imperial History: The Making of Inner Asian Empire at Qing Chengde*（London: RoutledgeCurzon, 2004）; Pierre Boilley and Antoine Marès, 'Empires, Introduction', *Monde*（*s*）, no. 2（2012）, pp. 7–25; Peter Perdue, *China Marches West: The Qing Conquest of Central Eurasia*（Cambridge, MA: Harvard University Press, 2005）; and Millward, New Qing Imperial History; and Geoff Wade, 'Ming Chinese Colonial Armies in Southeast Asia', in Karl Hack and Tobias Rettig, eds., *Colonial Armies in Southeast Asia*（London: Routledge, 2006）, pp. 73–104.

⑫ Bernard Fall, *The Two Vietnams*（New York: Frederick A. Praeger, 1963）. Ta Chi Dai Truong was the first to take up the question of Vietnam's eighteenth-century civil war being a part of its twentieth-'Allegories of the U.S.-Vietnam War: Nguyen Anh, Nguyen Hue and the "Unification Debates"', Crossroads, vol. 17, no. 1（2003）, pp. 129–60. Upon exiting the Chinese empire in the tenth century, the Vietnamese were hardly a

Fayard, 2011), p. 12; Pierre Brocheux and Daniel Hémery, *Indochina: An Ambiguous Colonization (1858–1954)* (Berkeley: University of California Press, 2010), introduction. See also the roundtable review of this book in the *Journal of Vietnamese Studies*, vol. 4, no. 3 (Fall 2010), pp. 244–58; see Brocheux's epilogue, in Histoire du Vietnam contemporain, pp. 251–2; Christopher Goscha, *Vietnam or Indochina? Contesting Concepts of Space in Vietnamese Nationalism* (Copenhagen: NIAS, 1995).

❾ A selection of those who have started rethinking the question of modernity in less Western centric ways, see: John Darwin, *After Tamerlane: The Rise and Fall of Global Empires, 1400–2000*, (New York: Bloomsbury Press, 2008), pp. 25-27; Dror Ze'evi, 'Back to Napoleon?', pp. 73–94; R. B. Wong, *China Transformed: Historical Change and the Limits of European Experience* (Ithaca: Cornell University Press, 1997); Kenneth Pomeranz, *The Great Divergence: China, Europe, and the Making of the Modern World Economy* (Princeton: Princeton University Press, 2001); Alexander Woodside, *Lost Modernities: China, Vietnam, Korea and the Hazards of World History* (Cambridge, MA: Harvard University Press, 2006); S. L. Eisenstadt, 'Multiple Modernities', *Daedalus*, 129, 1 (2000), pp. 1–29; Emmanuel Poisson, 'Les Mandarins sont-ils modernes?', *Revue Histoire*, no. 62 (2014), pp. 22–4. On Voltaire and China, see: Arnold H. Rowbotham, 'Voltaire, Sinophile',*Modern Language Association*, vol. 47, no. 4 (December 1932), pp. 1050–65. For the ways by which Western colonial states pick up on preexisting non-Western ones they take over, see: Christopher Bayly, *Empire and Information: Intelligence Gathering and Social Communication in India, 1780–1870* (Cambridge: Cambridge University Press, 2000); Poisson, *Mandarins et subalterns*; Olivier Tessier, 'Outline of the Process of Red River Hydraulics Development during the Nguyen Dynasty', in Mart Stewart and Peter Coclanis, eds., *Environmental Change and Agricultural Sustainability in the Mekong Delta* (Springer Science, 2011), pp. 45–68; and Jean-Pascal Bassino, 'Indochina', in Joel Makyr, *The Oxford Encyclopedia of Economic History* (Oxford, Oxford University Press, 2005), online at http://oxfordindex.oup.com/view/10.1093/acref/9780195105070.013.0365, accessed 25 June 2015. For a path-breaking account of Minh Mang's reign, see Choi Byung Wook, *Southern Vietnam under the Reign of Minh Mang (1820–1841): Central Policies and Local Response* (Ithaca: Cornell Southeast Asia Program, 2004). Wynn Wilcox provides a useful critique of the French colonial myth demonizing Minh Mang as a 'cruel tyrant'. Wynn Wilcox,

❸ 至少到十五世紀，越裔與非越裔民族還在中國與中越南之間的海岸沿線繁衍。John Whitmore, 'Ngo（Chinese） Communities and Montane-Littoral Conflict in Dai Viet, ca. 1400–1600', *Asia Major*, 3rd series, vol. XXVII, part 2（2014）, pp. 53–85; his 'The Rise of the Coast: Trade, State and Culture in Early Dai Viet', *Journal of Southeast Asian Studies*, vol. 37, no. 1（2006）, pp. 103–22; and Li Tana, 'A View from the Sea: Perspectives on the Northern and Central Vietnamese Coast', in ibid., pp. 83–102.

❹ See among others: Jacques Népote, 'Quelle histoire? Pour quels Vietnams?', *Pé- ninsule*, nos. 11/12（1985/6）, http://peninsule.free.fr/articles/peninsule_11_12_article_1 .pdf, accessed 11 January 2016; Liam Kelley, *Beyond the Bronze Pillars: Envoy Poetry and the Sino-Vietnamese Relationship*（Honolulu: University of Hawai'i Press, 2005）; Olga Dror, *Cult, Culture, and Authority: Princess Lieu Hanh in Vietnamese History*（Honolulu: University of Hawai'i Press, 2007）; Emmanuel Poisson, *Mandarins et subalternes au nord du Viêt Nam, une bureaucratie à l'épreuve*（Paris: Maisonneuve & Larose, 2004）; Li Tana, *Nguyen Cochinchina: Southern Vietnam in the Seventeenth and Eighteenth Centuries*（Ithaca: Cornell University Press, Southeast Asia Program Publications, 1998）; Keith Taylor, *A History of the Vietnamese*（Cambridge: Cambridge University Press, 2013）, pp. 620–26; and Keith Taylor, 'Surface Orientations in Vietnam: Beyond Histories of Nation and Region', *Journal of Asian Studies*, vol. 57（1998）, pp. 949–78.

❺ Frances Fitzgerald, *Fire in the Lake*（New York: Little, Brown & Company, 1972）.

❻ Andrew Delbanco, 'The Civil War Convulsion', *The New York Review of Books*（19 March 2015）, at http://www.nybooks.com/articles/archives/2015/mar/19/civil-war -convulsion, accessed 20 April 2015. A highly influential scholar of the Vietnam War, Gabriel Kolko, welcomed the Vietnamese communist victory in his *Anatomy of a War: Vietnam, the United States, and the Modern Historical Experience*（New York: Pantheon Books, 1994 [first published in 1985]）, p. xii. In 1999, Robert Templer started to move us beyond the Vietnam War generation's American war-centered take on Vietnam's past. See his *Shadows and Wind: A View of Modern Vietnam*（London: Penguin, 1999）.

❼ R. B. Wong, 'Redefining the Modern World', at http://afe.easia.columbia.edu/china wh/web/s2/index.html, accessed 3 July 2014（for the citation）; Dror Ze'evi, 'Back to Napoleon? Thoughts on the Beginning of the Modern Era in the Middle East', *Mediterranean Historical Review*, vol. 19, no. 1（June 2004）, pp. 73–94.

❽ Pierre Brocheux, *Histoire du Vietnam contemporain: La nation résiliente*（Paris: Editions

附註

【用詞說明】

❶ On the question of names, see: 'Naming the Country Viet Nam', in George Dutton, Jayne Werner and John Whitmore, eds., *Sources of Vietnamese Tradition* (New York: Columbia University Press, 2012), pp. 258–9; 'Naming the Country Dai Nam (1838)', in Dutton et al., *Sources of Vietnamese Tradition*, pp. 259–60; Alexander Woodside, *Vietnam and the Chinese Model: A Comparative Study of Vietnamese and Chinese Government in the First half of the Nineteenth Century* (Cambridge, MA: Harvard University Press, 1988 (first published in 1971)), pp. 120–21. For an excellent discussion of this matter and more generally of Sino-Vietnamese interactions running to the fifteenth century, see Kathelene Baldanza, *Ming China and Vietnam: Negotiating Borders in Early Modern Asia* (New York: Cambridge University Press, 2016).

【前言：各式各樣的越南】

❶ 1. For an overview of this bay, see: Ian Storey and Carlyle Thayer, 'Cam Ranh Bay: Past Imperfect, Future Conditional', *Contemporary Southeast Asia*, vol. 23, no. 3, December 2001. On the 7th Fleet, see Edward Marolda, *Ready Seapower: A History of the U.S. Seventh Fleet* (Washington, DC: Naval History & Heritage Command, Department of the Navy, 2011).

❷ 嘉隆於一八〇二年統一越南，法國於一八五八年攻擊交趾支那／南越南。我將一八五八年減去一八〇二年，得到五十六年這個數。又因為自一八三四到一八四七年的十三年間，大南帝國的版圖除越南以外，還包括大部分高棉，以及今天寮國東部大部地區，所以我用五十六年再減十三年，遂得到四十三年這個數。雖說胡志明領導的越南民主共和國與保大領導的越南合眾國都宣稱享有對越南全境的主權，在一九四五至一九五四年整個印度支那戰爭期間，兩國都未能全面控制越南土地。這種情況一直持續到一九五四年過後。兩個越南繼續並存。越南民主共和國靠軍事力量在一九七五年消滅了越南共和國，從一九七六年起，一個由共產黨領導、享有完整領土主權的單一民族國於是正式成立，就是越南社會主義共和國。這也就是說，S形的越南在十九世紀存在了四十三年，在一九四五年有六個月，在二十世紀與二十一世紀（到二〇一六年為止）有四十年，兩個數目加起來是八十三年又幾個月。

全球視野80

越南：世界史的失語者

2018年4月初版　　定價：新臺幣580元
2021年5月初版第五刷

著者	Christopher Goscha
譯者	譚天
叢書編輯	王盈婷
校對	林碧瑩
封面設計	廖韡
內文排版	林婕瀅

出版者	聯經出版事業股份有限公司
地址	新北市汐止區大同路一段369號1樓
叢書主編電話	(02)86925588轉5316
台北聯經書房	台北市新生南路三段94號
電話	(02)23620308
台中分公司	台中市北區崇德路一段198號
暨門市電話	(04)22312023
郵政劃撥帳戶第	0100559-3號
郵撥電話	(02)23620308
印刷者	文聯彩色製版印刷有限公司
總經銷	聯合發行股份有限公司
發行所	新北市新店區寶橋路235巷6弄6號2F
電話	(02)29178022

副總編輯	陳逸華
總編輯	涂豐恩
總經理	陳芝宇
社長	羅國俊
發行人	林載爵

行政院新聞局出版事業登記證局版臺業字第0130號

本書如有缺頁，破損，倒裝請寄回台北聯經書房更換。　　ISBN 978-957-08-5099-4 (平裝)
聯經網址 http://www.linkingbooks.com.tw
電子信箱 e-mail:linking@udngroup.com

The Penguin History of Modern Vietnam
Original English language edition first published by Penguin Books Ltd, London

國家圖書館出版品預行編目資料

越南：世界史的失語者/ Christopher Goscha著．
譚天譯．初版．新北市．聯經．2018.04．
648面．17×23公分（全球視野：80）
譯自：The Penguin history of modern Vietnam
ISBN 978-957-08-5099-4（平裝）
[2021年5月初版第五刷]

1.越南史 2.殖民地

738.31 107003740